MATHEMATIK NEUE WEGE

ARBEITSBUCH FÜR GYMNASIEN

Rheinland-Pfalz

8. Schuljahr

Herausgegeben von
Arno Lergenmüller
Günter Schmidt

Schroedel

MATHEMATIK NEUE WEGE 8
ARBEITSBUCH FÜR GYMNASIEN
RHEINLAND-PFALZ

Herausgegeben von:
Arno Lergenmüller, Prof. Günter Schmidt

erarbeitet von:
Ellen Ebbes, Nieder-Olm
Dr. Nicola Haas, Essen
Johanna Heitzer, Aachen
Ariane Keil, Neustadt
Elke Kuhnert, Berlin
Arno Lergenmüller, Roxheim
Hellen Ossmann, Bingen
Peter Ossmann, Bingen
Kerstin Peuser, Roetgen
Michael Rüsing, Essen
Prof. Günter Schmidt, Stromberg
Thomas Vogt, Hargesheim
Martin Zacharias, Molfsee

Für **Rheinland-Pfalz** bearbeitet von:
Frank Klemm, Spabrücken
Ruth Mayer, Bingen
Rudolf Müller, Bingen

Druck A ^{5} / Jahr 2013
Alle Drucke der Serie A sind im Unterricht parallel verwendbar.

Redaktion: Dr. Klaus-Peter Schrage
Herstellung: Udo Sauter
Umschlagentwurf: Janssen Kahlert Design & Kommunikation GmbH, Hannover
Illustrationen: M. Pawle, München
techn. Zeichnungen: M. Wojczak, Butjadingen
Satz: CMS – Cross Media Solutions GmbH, Würzburg
Druck und Bindung: westermann druck GmbH, Braunschweig

ISBN 978-3-507-**85568**-7

Inhalt

Zum Aufbau dieses Buches

Grün – Weiß – Grün: Jeder Lernabschnitt ist in drei Ebenen unterteilt.

Die erste grüne Ebene

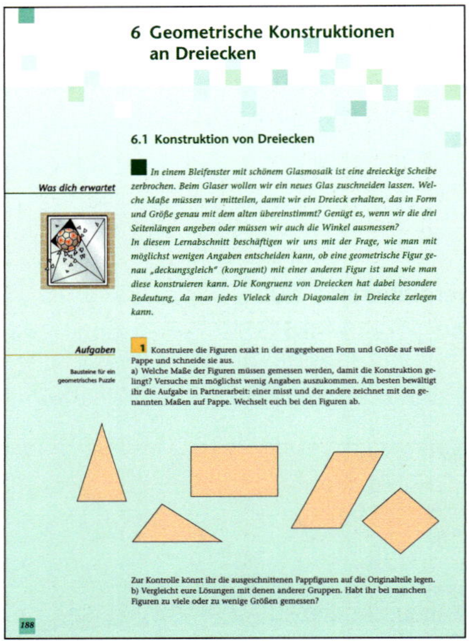

6 Geometrische Konstruktionen an Dreiecken

6.1 Konstruktion von Dreiecken

Was dich erwartet

In einem Bleifenster mit schönem Glasmosaik ist eine dreieckige Scheibe zerbrochen. Beim Glaser wollen wir ein neues Glas zuschneiden lassen. Welche Maße müssen wir mitteilen, damit wir ein Dreieck erhalten, das in Form und Größe genau mit dem alten übereinstimmt? Genügt es, wenn wir die drei Seitenlängen angeben oder müssen wir auch die Winkel ausmessen?
In diesem Lernabschnitt beschäftigen wir uns mit der Frage, wie man mit möglichst wenigen Angaben entscheiden kann, ob eine geometrische Figur genau „deckungsgleich" (kongruent) mit einer anderen Figur ist und wie man diese konstruieren kann. Die Kongruenz von Dreiecken hat dabei besondere Bedeutung, da man jedes Vieleck durch Diagonalen in Dreiecke zerlegen kann.

Aufgaben

Bausteine für ein geometrisches Puzzle

1 Konstruiere die Figuren exakt in der angegebenen Form und Größe auf weiße Pappe und schneide sie aus.
a) Welche Maße der Figuren müssen gemessen werden, damit die Konstruktion gelingt? Versuche mit möglichst wenig Angaben auszukommen. Am besten bewältigt ihr die Aufgabe in Partnerarbeit: einer misst und der andere zeichnet mit den genannten Maßen auf Pappe. Wechselt euch bei den Figuren ab.

Zur Kontrolle könnt ihr die ausgeschnittenen Pappfiguren auf die Originalteile legen.
b) Vergleicht eure Lösungen mit denen anderer Gruppen. Habt ihr bei manchen Figuren zu viele oder zu wenige Größen gemessen?

188

Was dich erwartet

„Das Ziel vor Augen"

In wenigen Sätzen, Bildern und Fragen erfährst du, worum es in diesem Abschnitt geht.

Einführende Aufgaben

In vertrauten Alltagsproblemen ist bereits viel Mathematik versteckt. Mit diesen Aufgaben kannst du interessante Zusammenhänge des Themas selbst entdecken und verstehen.

Dies gelingt besonders gut in der Zusammenarbeit mit einem oder mehreren Partnern.

In dem vielfältigen Angebot könnt ihr nach euren Erfahrungen und Interessen auswählen.

Die weiße Ebene

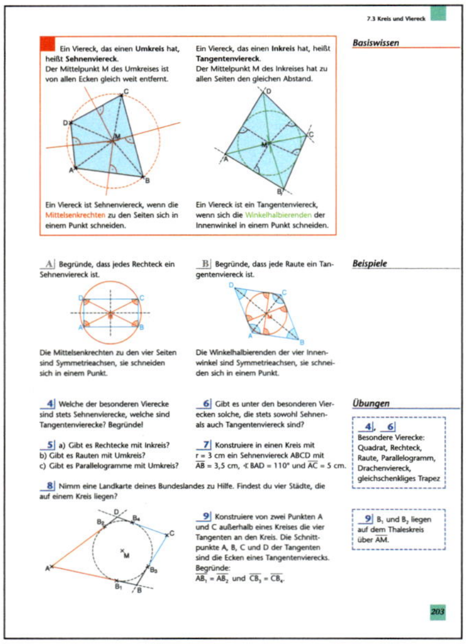

7.3 Kreis und Viereck

Basiswissen

Ein Viereck, das einen **Umkreis** hat, heißt **Sehnenviereck**.
Der Mittelpunkt M des Umkreises ist von allen Ecken gleich weit entfernt.

Ein Viereck, das einen **Inkreis** hat, heißt **Tangentenviereck**.
Der Mittelpunkt M des Inkreises hat zu allen Seiten den gleichen Abstand.

Ein Viereck ist Sehnenviereck, wenn die Mittelsenkrechten zu den Seiten sich in einem Punkt schneiden.

Ein Viereck ist ein Tangentenviereck, wenn sich die Winkelhalbierenden der Innenwinkel in einem Punkt schneiden.

Beispiele

A Begründe, dass jedes Rechteck ein Sehnenviereck ist.

Die Mittelsenkrechten zu den vier Seiten sind Symmetrieachsen, sie schneiden sich in einem Punkt.

B Begründe, dass jede Raute ein Tangentenviereck ist.

Die Winkelhalbierenden der vier Innenwinkel sind Symmetrieachsen, sie schneiden sich in einem Punkt.

Übungen

4 Welche der besonderen Vierecke sind stets Sehnenvierecke, welche sind Tangentenvierecke? Begründe!

5 a) Gibt es Rechtecke mit Inkreis?
b) Gibt es Rauten mit Umkreis?
c) Gibt es Parallelogramme mit Umkreis?

6 Gibt es unter den besonderen Vierecken solche, die stets sowohl Sehnen- als auch Tangentenviereck sind?

7 Konstruiere in einen Kreis mit $r = 3$ cm ein Sehnenviereck ABCD mit $\overline{AB} = 3{,}5$ cm, $\sphericalangle BAD = 110°$ und $\overline{AC} = 5$ cm.

4, 6 Besondere Vierecke: Quadrat, Rechteck, Raute, Parallelogramm, Drachenviereck, gleichschenkliges Trapez

8 Nimm eine Landkarte deines Bundeslandes zu Hilfe. Findest du vier Städte, die auf einem Kreis liegen?

9 Konstruiere von zwei Punkten A und C außerhalb eines Kreises die vier Tangenten an den Kreis. Die Schnittpunkte A, B, C und D der Tangenten sind die Ecken eines Tangentenvierecks.
Begründe:
$\overline{AB_1} = \overline{AB_2}$ und $\overline{CB_3} = \overline{CB_4}$.

9 B_1 und B_2 liegen auf dem Thaleskreis über $\overline{AM}$.

203

Basiswissen

Im roten Kasten findest du das Wissen und die grundlegenden Strategien kurz und bündig zusammengefasst.

Beispiele

Die durchgerechneten Musteraufgaben helfen dir beim eigenständigen Lösen der Übungen.

Übungen

„Mathematik lernt man weniger durch Zuschauen als durch eigenes Tun".

Die Übungen bieten reichlich Gelegenheit zu eigenen Aktivitäten zum Verstehen und Anwenden. Zusätzliche „Trainingsangebote" führen zur Sicherheit.

Bei vielen Aufgaben findest du

hilfreiche Tipps und Lösungshinweise

Möglichkeiten zur Selbstkontrolle

Die zweite grüne Ebene

Aufgaben

„Mathematik ist überall"

Hier findest du Anregungen zum Entdecken überraschender Zusammenhänge der Mathematik mit vielen Bereichen deiner Lebenswelt und anderer Fächer.

Die Aufgaben hier sind meist etwas umfangreicher, deshalb ist oft Teamarbeit angesagt.

In eigenen Projekten gibt es Anregungen zu mathematischen Exkursionen oder zum Erstellen eigener Produkte. Dies führt auch zu Präsentationen der Ergebnisse in größerem Rahmen.

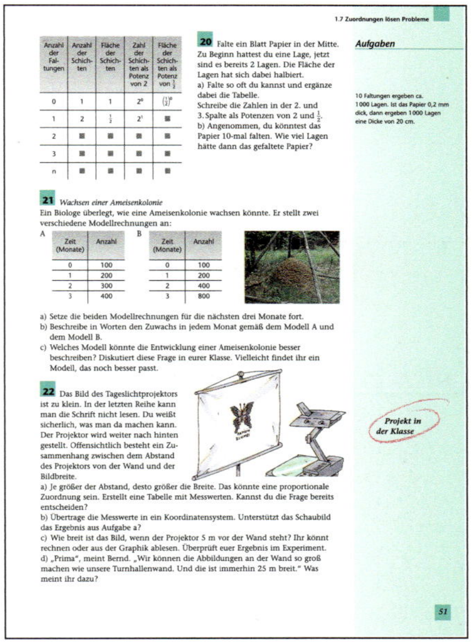

1.7 Zuordnungen lösen Probleme

Aufgaben

Anzahl der Faltungen	Anzahl der Schichten	Fläche der Schichten	Zahl der Schichten als Potenz von 2	Fläche der Schichten als Potenz von $\frac{1}{2}$
0	1	1	2^0	$(\frac{1}{2})^0$
1	2	$\frac{1}{2}$	2^1	■
2	■	■	■	■
3	■	■	■	■
n	■	■	■	■

20 Falte ein Blatt Papier in der Mitte. Zu Beginn hattest du eine Lage, jetzt sind es bereits 2 Lagen. Die Fläche der Lagen hat sich dabei halbiert.
a) Falte so oft du kannst und ergänze dabei die Tabelle.
Schreibe die Zahlen in der 2. und 3. Spalte als Potenzen von 2 und $\frac{1}{2}$.
b) Angenommen, du könntest das Papier 10-mal falten. Wie viel Lagen hätte dann das gefaltete Papier?

10 Faltungen ergeben ca. 1000 Lagen. Ist das Papier 0,2 mm dick, dann ergeben 1000 Lagen eine Dicke von 20 cm.

21 *Wachsen einer Ameisenkolonie*
Ein Biologe überlegt, wie eine Ameisenkolonie wachsen könnte. Er stellt zwei verschiedene Modellrechnungen an:

A

Zeit (Monate)	Anzahl
0	100
1	200
2	300
3	400

B

Zeit (Monate)	Anzahl
0	100
1	200
2	400
3	800

a) Setze die beiden Modellrechnungen für die nächsten drei Monate fort.
b) Beschreibe in Worten den Zuwachs in jedem Monat gemäß dem Modell A und dem Modell B.
c) Welches Modell könnte die Entwicklung einer Ameisenkolonie besser beschreiben? Diskutiert diese Frage in eurer Klasse. Vielleicht findet ihr ein Modell, das noch besser passt.

22 Das Bild des Tageslichtprojektors ist zu klein. In der letzten Reihe kann man die Schrift nicht lesen. Du weißt sicherlich, was man da machen kann. Der Projektor wird weiter nach hinten gestellt. Offensichtlich besteht ein Zusammenhang zwischen dem Abstand des Projektors von der Wand und der Bildbreite.
a) Je größer der Abstand, desto größer die Breite. Das könnte eine proportionale Zuordnung sein. Erstellt eine Tabelle mit Messwerten. Kannst du die Frage bereits entscheiden?
b) Übertrage die Messwerte in ein Koordinatensystem. Unterstützt das Schaubild das Ergebnis aus Aufgabe a?
c) Wie breit ist das Bild, wenn der Projektor 5 m vor der Wand steht? Ihr könnt rechnen oder aus der Graphik ablesen. Überprüft euer Ergebnis im Experiment.
d) „Prima", meint Bernd. „Wir können die Abbildungen an der Wand so groß machen wie unsere Turnhallenwand. Und die ist immerhin 25 m breit." Was meint ihr dazu?

Projekt in der Klasse

51

„Check-Up", „Mathekisten" und „Zum Erinnern und Wiederholen" – damit kannst du dein Wissen und Können gegen das Vergessen sichern.

Check-Up

„Alles klar?"

Nach jedem Kapitel findest du nochmals das Wichtigste übersichtlich zusammengefasst.

„Abschlusstraining"

Zusätzlich findest du passende Aufgaben, mit denen du dein Wissen festigen und dich für die Klassenarbeit vorbereiten kannst. Die Lösungen dieser Aufgaben findest du am Ende des Buches.

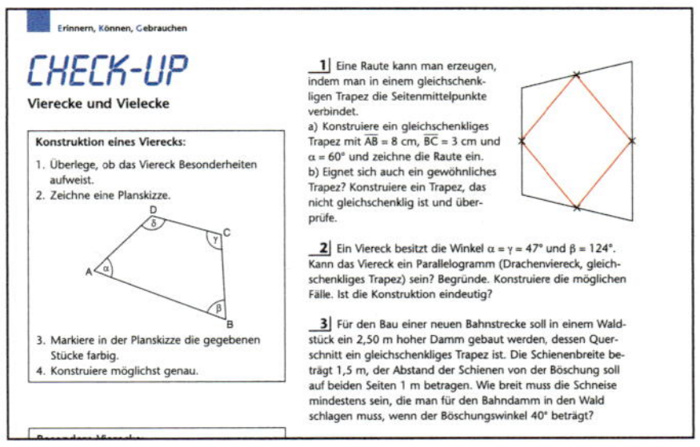

Erinnern, Können, Gebrauchen

CHECK-UP

Vierecke und Vielecke

Konstruktion eines Vierecks:
1. Überlege, ob das Viereck Besonderheiten aufweist.
2. Zeichne eine Planskizze.
3. Markiere in der Planskizze die gegebenen Stücke farbig.
4. Konstruiere möglichst genau.

1 Eine Raute kann man erzeugen, indem man in einem gleichschenkligen Trapez die Seitenmittelpunkte verbindet.
a) Konstruiere ein gleichschenkliges Trapez mit $\overline{AB} = 8$ cm, $\overline{BC} = 3$ cm und $\alpha = 60°$ und zeichne die Raute ein.
b) Eignet sich auch ein gewöhnliches Trapez? Konstruiere ein Trapez, das nicht gleichschenklig ist und überprüfe.

2 Ein Viereck besitzt die Winkel $\alpha = \gamma = 47°$ und $\beta = 124°$. Kann das Viereck ein Parallelogramm (Drachenviereck, gleichschenkliges Trapez) sein? Begründe. Konstruiere die möglichen Fälle. Ist die Konstruktion eindeutig?

3 Für den Bau einer neuen Bahnstrecke soll in einem Waldstück ein 2,50 m hoher Damm gebaut werden, dessen Querschnitt ein gleichschenkliges Trapez ist. Die Schienenbreite beträgt 1,5 m, der Abstand der Schienen von der Böschung soll auf beiden Seiten 1 m betragen. Wie breit muss die Schneise mindestens sein, die man für den Bahndamm in den Wald schlagen muss, wenn der Böschungswinkel 40° beträgt?

Mathekisten

„Vergessen ist menschlich!"

Deshalb kannst du in den eingestreuten Mathe-Kisten früher erworbene Kenntnisse wiederholen und auffrischen.

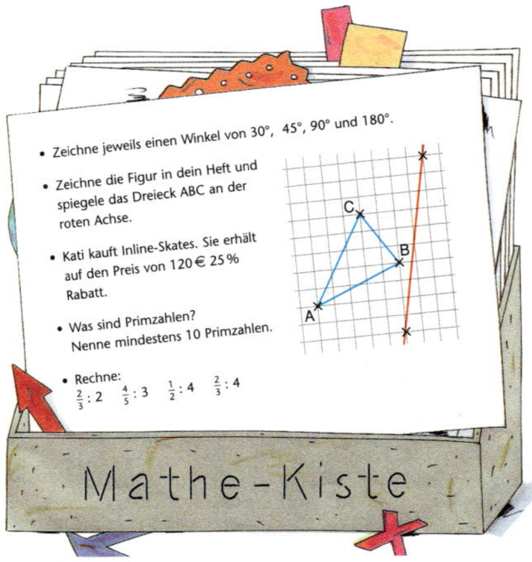

Zum Erinnern und Wiederholen

Hier wird Grundlegendes aus den vorhergehenden Jahrgangsbänden knapp und übersichtlich zusammengestellt.

Exkurse

„Informationen und Geschichten über Mathematik"

Auch im Mathematikbuch gibt es einiges zu erzählen, über Menschen, Probleme und Anwendungen oder auch Seltsames und Lustiges.

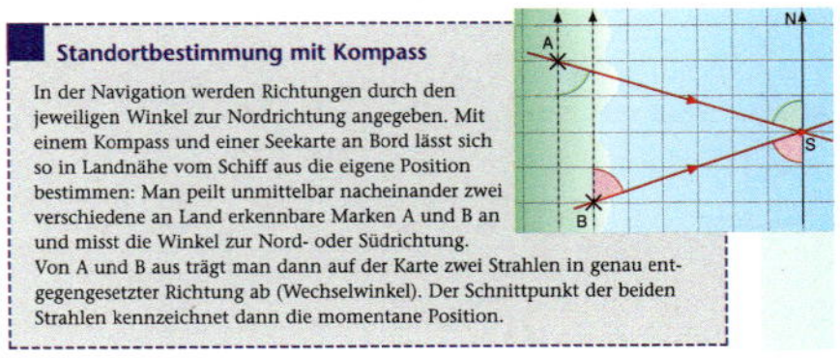

Standortbestimmung mit Kompass

In der Navigation werden Richtungen durch den jeweiligen Winkel zur Nordrichtung angegeben. Mit einem Kompass und einer Seekarte an Bord lässt sich so in Landnähe vom Schiff aus die eigene Position bestimmen: Man peilt unmittelbar nacheinander zwei verschiedene an Land erkennbare Marken A und B an und misst die Winkel zur Nord- oder Südrichtung.
Von A und B aus trägt man dann auf der Karte zwei Strahlen in genau entgegengesetzter Richtung ab (Wechselwinkel). Der Schnittpunkt der beiden Strahlen kennzeichnet dann die momentane Position.

1 Die Sprache der Algebra – Terme und Gleichungen

1.1 Rechnen mit Termen – Summen und Produkte

Was dich erwartet

Die Sprache der Algebra ist dir schon recht vertraut. Sie hilft dir nicht nur Rechengesetze zu formulieren. Auch beim Aufstellen und Lösen von Gleichungen, bei Formeln und bei Zuordnungsvorschriften sind Terme und Variablen besonders nützlich:

Drei gleichwertige Terme für den Umfang eines Rechtecks:

$U(a, b) = a + b + a + b$
$= 2a + 2b$
$= 2 \cdot (a + b)$

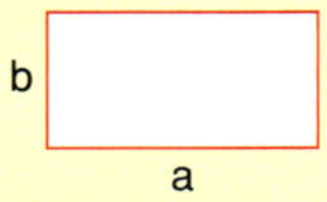

Das Fünffache einer um 3 verminderten Zahl ist 60.

$5 \cdot (x - 3) = 60$
$5x - 15 = 60$
$5x = 75$
$x = 15$

Oft kann ein Problem mit verschieden aufgebauten, aber gleichwertigen Termen beschrieben werden. Das Umformen und Vereinfachen von Termen ist ein wichtiger Schritt zum Lösen des Problems. Bei diesem „Rechnen mit Termen" kommt es darauf an, die Rechengesetze richtig anzuwenden. Hierzu werden in diesem Lernabschnitt hilfreiche Strategien entwickelt und trainiert.

Aufgaben

1 Was kannst du noch aus Klasse 7?

a) Berechne ohne Taschenrechner:
① $2{,}4 \cdot 3 - 24 : 5$ ② $2{,}4 \cdot (3 - 24 : 5)$ ③ $2{,}4 \cdot (3 - 24) : 5$

b) Vereinfache: ① $3a - 5 + 2a + 15$ ② $5(x + 2) - 3x$
③ $3a + 4b - a - 7b + b$ ④ $4(x - 2) + 3(2 - x)$

c) Stelle jeweils einen möglichst einfachen Term für den Umfang des Vielecks auf:

①
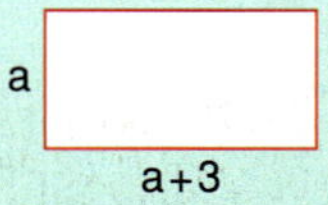

②
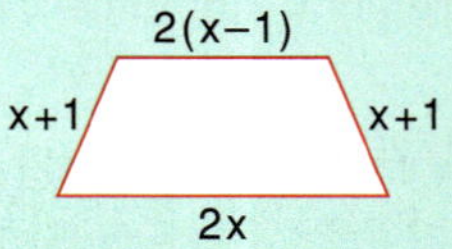

d) Drei der fünf Terme beschreiben den Flächeninhalt richtig. Welche sind dies?

$T_1(x) = 5 \cdot 3 - x^2$; $T_2(x) = 5 \cdot (3 - x)$;
$T_3(x) = 5 \cdot (3 - x) + x \cdot (5 - x)$;
$T_4(x) = 5x - 3x$; $T_5(x) = 3 \cdot (5 - x) + x \cdot (3 - x)$

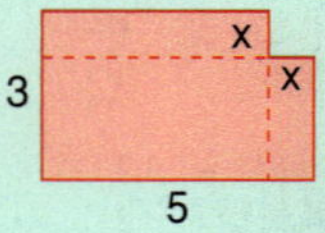

e) Löse die folgenden Gleichungen
① $4x + 2 = 2x + 4$ ② $4(x + 2) = 2(x + 4)$
③ $4(x - 2) = 2x - 2 - 3x$ ④ $3 \cdot (2x - 6) = 3 + 3(x + 3)$

Informiere dich ab S. 222 über Vorfahrtsregeln, Rechengesetze und Strategien.

Aufgaben

2 *Terme haben einen Namen.*

a + b ist eine **Summe** | **a – b** ist eine **Differenz** | **a · b** ist ein **Produkt** | **a : b** ist ein **Quotient**

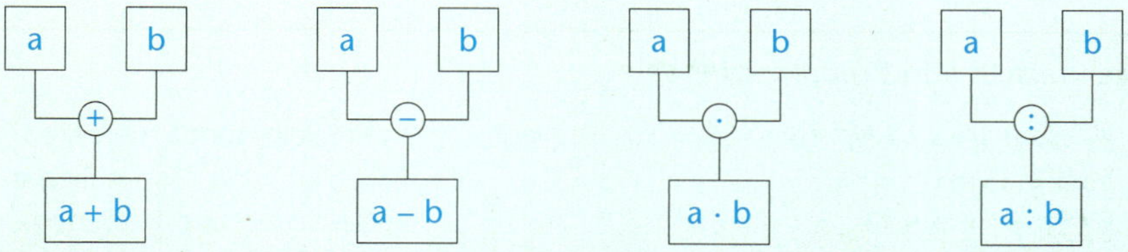

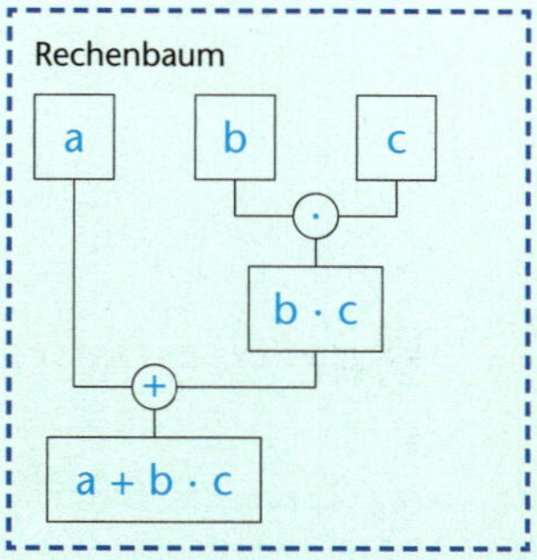

Doch welchen Namen hat der Term $a + b \cdot c$?
Hier hilft eine einfache Regel:

> Die Rechenoperation, die zuletzt ausgeführt wird, gibt dem Term den Namen.

Demnach ist $a + b \cdot c$ eine Summe (Punktrechnung geht vor Strichrechnung).

a) Übertrage den Term jeweils in einen Rechenbaum und gib dem Term seinen Namen.

① $a \cdot (b + c)$ ② $\frac{(x + y)}{z}$ ③ $a \cdot b - c \cdot d$ ④ $\frac{a}{c + b \cdot d}$

b) Berechne den jeweiligen Wert der Terme aus a) durch Einsetzen:

$a = 0{,}5$ $b = -2$ $c = 4$ $d = 3$ $x = 13$ $y = 7$ $z = 10$

3 a) Vereinfache den Term $3a + 8a - 5a$.
Begründe, warum sich der Term $3a + 8b - 5c$ nicht vereinfachen lässt.
b) Die Bildfolge verdeutlicht die „Berechnung" des Terms $3xy + 8xy - 5xy$.

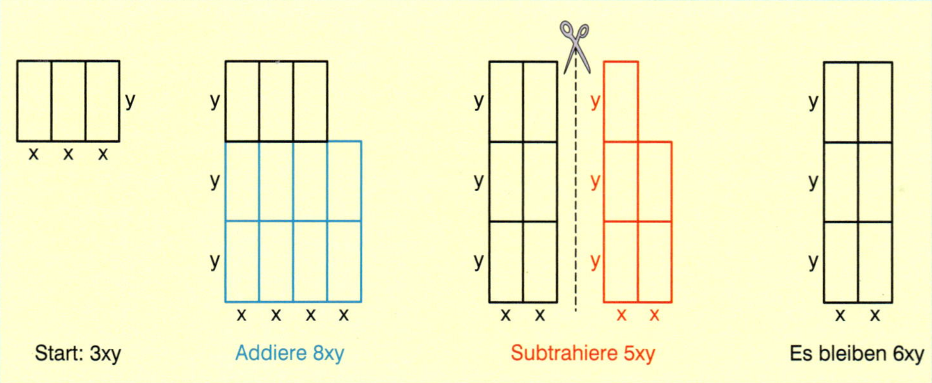

xy = x · y kann als Flächeninhalt eines Rechtecks gedeutet werden.

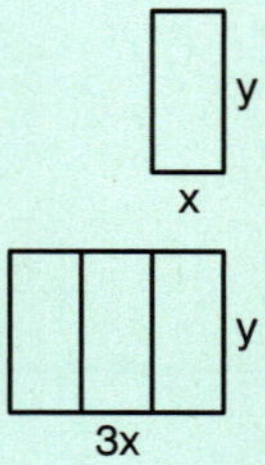

$3xy = 3 \cdot x \cdot y$

Erkläre das Vorgehen und skizziere eine entsprechende Bildfolge zur Berechnung des Terms $6ab + 3ab - 2ab$.
c) Warum lässt sich eine solche Bildfolge nicht für den Term $3ab + 2bc - 5ac$ zeichnen?

4 Katrins Lehrer hat eine „Musterlösung" zur Vereinfachung des Terms angegeben:
Erkläre das Vorgehen und vereinfache auf die gleiche Weise.

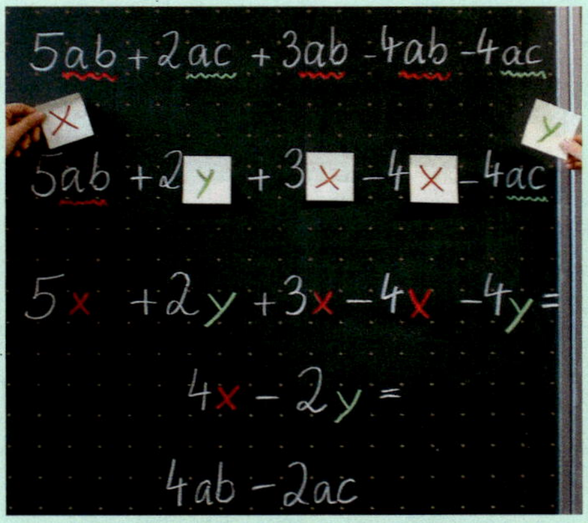

a) $7ab + 2ac - 5ab + 2ac + 2ab$
b) $0{,}12ac - 0{,}7bd + 0{,}4ac - 0{,}6bd + 0{,}3ac$
c) $5ab + 3b^2 + 2ab - 2b^2$
d) $0{,}5a^2 + 2ab + 4ba + a^2 - 5ab$

Basiswissen

Beim Berechnen von Produkten kannst du dir durch Vertauschen (Kommutativgesetz anwenden) und Zusammenfassen von Faktoren (Assoziativgesetz anwenden) Vorteile verschaffen.

Vereinfachen von Produkten

$2 \cdot 7 \cdot 5 \cdot 0{,}1 = (2 \cdot 5) \cdot (0{,}1 \cdot 7) = 10 \cdot 0{,}7 = 7$
$7a \cdot 5b = 35ab$
$2 \cdot x \cdot y \cdot 3 \cdot x = 6 \cdot x \cdot x \cdot y = 6x^2y$

In Produkten mit mehreren Faktoren kann man beliebig vertauschen und klammern.

Reihenfolge der Faktoren alphabetisch

Beispiele

A Beim Vereinfachen des Produkts $3 \cdot (x \cdot 4)$ werden das Kommutativgesetz und das Assoziativgesetz angewendet.

$3 \cdot (x \cdot 4) \xrightarrow{\text{Kommutativgesetz}} 3 \cdot (4 \cdot x) \xrightarrow{\text{Assoziativgesetz}} (3 \cdot 4) \cdot x = 12x$

B Wie verändert sich das Volumen des Quaders, wenn man die Seiten a und b verdoppelt und die Höhe c verdreifacht?
Das Volumen des neuen Quaders ist zwölfmal so groß:
$(2a) \cdot (2b) \cdot (3c) = (2 \cdot 2 \cdot 3) \cdot (abc) = 12abc$

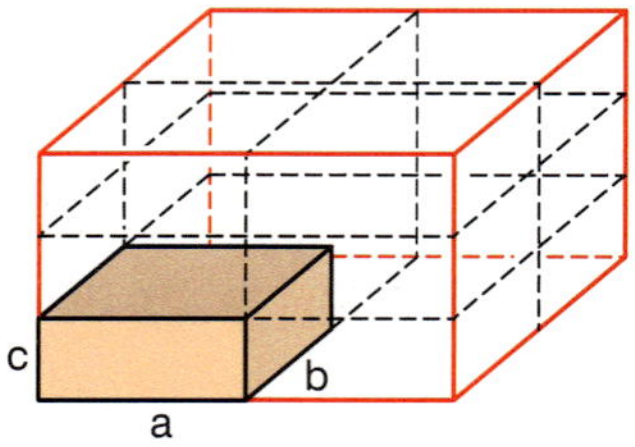

Übungen

5 $5 \cdot 9 \cdot 2 \cdot 9 =$
$10 \cdot 81 = 810$

$-7x = (-7) \cdot x$

5 *Kopfrechnen*
Berechne die folgenden Produkte.
Wie kommst du möglichst schnell und sicher zu dem Ergebnis?
a) $2 \cdot 17 \cdot 5$ c) $0{,}5 \cdot 17 \cdot 20 \cdot 0{,}1$
b) $5 \cdot 11 \cdot 4 \cdot 11$ d) $2 \cdot \frac{1}{7} \cdot 3 \cdot 21 \cdot \frac{1}{3}$

6 Erkläre an dem folgenden Bild:
$3x \cdot 2y = 6xy.$

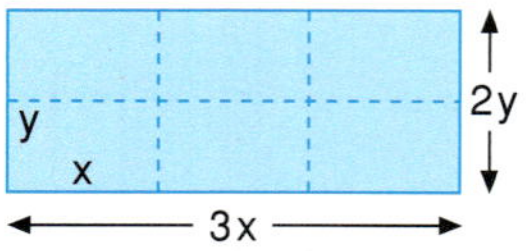

7 Vereinfache die Produkte.
a) $3a \cdot 12b$ b) $5x \cdot 0{,}2y$ c) $24x \cdot \frac{1}{2}y \cdot \frac{1}{6}xy$ d) $3a \cdot (-6) \cdot b$
e) $(-7x) \cdot (-3y)$ f) $\frac{1}{2}x \cdot (-2yx)$ g) $3xy \cdot (-3xy) \cdot (-2x)$ h) $4xy \cdot 0{,}5x \cdot 0{,}5y$

8 Ersetze die Leerstellen.
a) $■ \cdot 6xy = 30x^2y$ b) $3a \cdot ■ = -18a^2$ c) $5xy \cdot ■ = x^2y$ d) $■ \cdot 4ab = 2a^2b^2c$
e) $\frac{1}{3}x \cdot ■ = 10x^2$ f) $a^2b^2 = ■\, 0{,}2 \cdot ab$ g) $■ \cdot a^2b = \frac{a^2b^2}{5}$ h) $e \cdot f \cdot ■ = 4e \cdot 4f$

9 Welche Terme gehören zu welchem Bild?
a) $4x \cdot 3y$ b) $6 \cdot (x^2y)$ c) $12 \cdot xy$ d) $x \cdot 2y \cdot 3x$

(1)
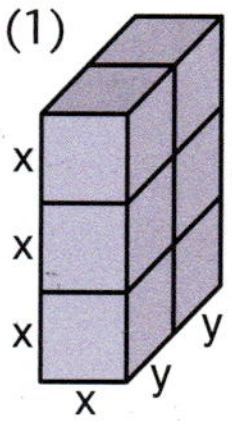

(2)
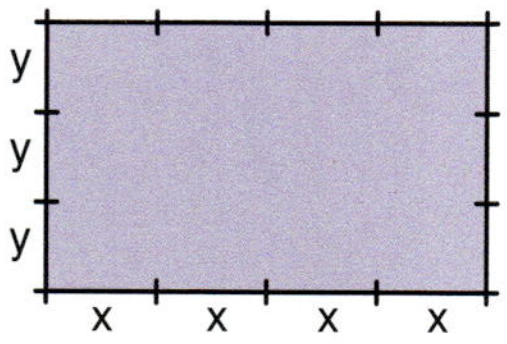

(3)
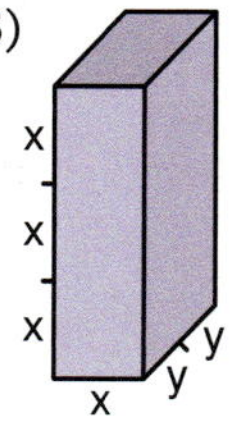

(4)
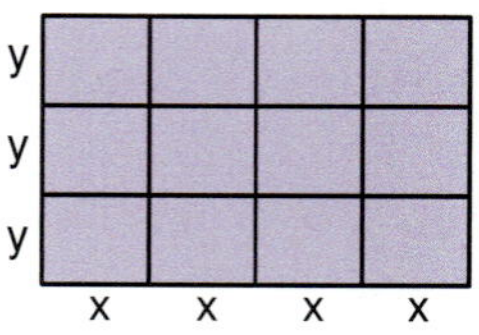

Übungen

10 Wie verändert sich

a) der Flächeninhalt eines Rechtecks mit den Seiten a und b, wenn man beide Seiten verdreifacht (halbiert)?

b) der Rauminhalt eines Quaders mit den Seiten a, b und c, wenn man alle drei Seiten verdoppelt (verdreifacht)?

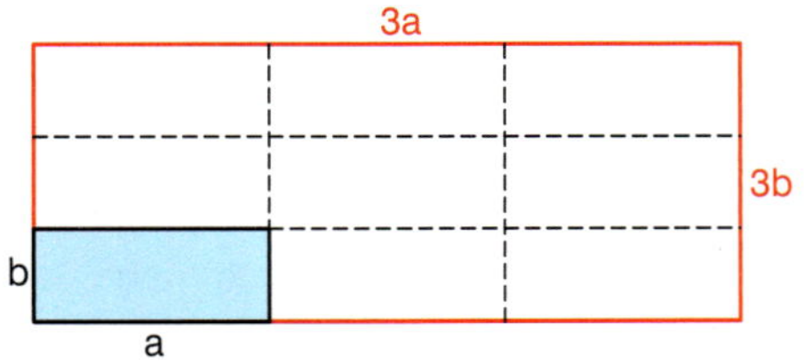

$A(a,b) = a \cdot b$

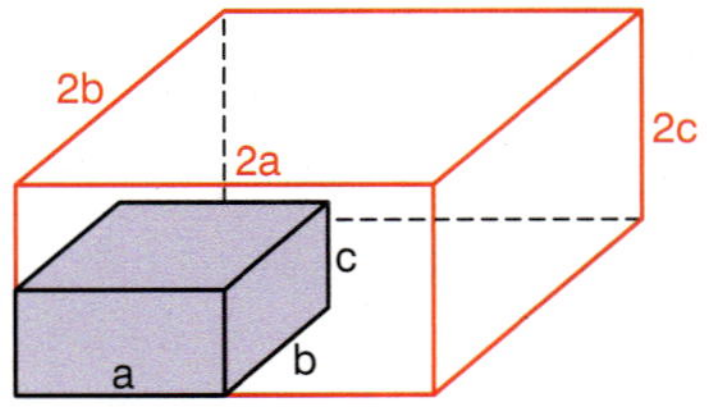

$V(a,b,c) = a \cdot b \cdot c$

Begründe jeweils mithilfe des Bildes und mithilfe der Formel.

11 Wie verändert sich die Oberfläche der quadratischen Säule (rechts), wenn man die Seiten x verdoppelt und die Höhe h verdreifacht?

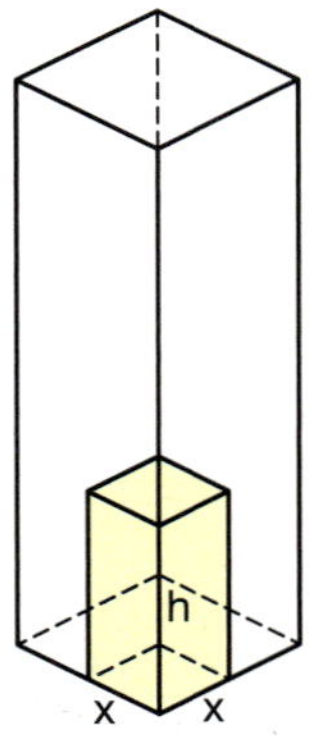

Basiswissen

Summen und Differenzen von Produkten lassen sich häufig vereinfachen. Die farbigen Unterlegungen im folgenden Kasten helfen dir, die Terme zu erkennen, die du zusammenfassen kannst.

Addieren und Subtrahieren von Produkten

$4ab + 7ac - 5ac + 3ab + 6bc$	In dem Term werden Produkte addiert und subtrahiert.
Vereinfachen des Terms: $4ab + 7ac - 5ac + 3ab + 6bc =$ $4ab + 3ab + 7ac - 5ac + 6bc =$	Gleichartige Produkte werden gekennzeichnet
$7ab + 2ac + 6bc$	und dann zusammengefasst.

4ab ist die abgekürzte Schreibweise für das Produkt $4 \cdot a \cdot b$

Beispiele

C Vereinfache den Term $y \cdot 10x - 6xz - 5xy + 11zx$.

$y \cdot 10x - 6xz - 5xy + 11zx =$

$10xy - 6xz - 5xy + 11xz =$	Kommutativ- und Assoziativgesetz der Multiplikation
$10xy - 5xy + 11xz - 6xz =$	Kennzeichnen und Zusammenfassen
$5xy + 5xz =$	gleichartiger Terme
$5(xy + xz)$	Ausklammern (Distributivgesetz)

Ordnen der Faktoren in alphabetischer Reihenfolge

D Vereinfache die Terme $T_1 = 8b + 9a^2 + 14a - 3a^2 - 18a + 13b - 2a^2$ und $T_2 = 5x + 6y + 3x^2$.

Der Term T_1 enthält Produkte mit a, b, und a^2.
Wir kennzeichnen gleichartige Produkte und fassen zusammen:

$8b + 9a^2 + 14a - 3a^2 - 18a + 13b - 2a^2 =$
$14a - 18a + 8b + 13b + 9a^2 - 3a^2 - 2a^2 =$
$-4a + 21b + 4a^2$

Der Term T_2 kann nicht vereinfacht werden, da er keine gleichartigen Produkte enthält.

Übungen

12 Fülle die Lücken aus.

a) $26a + ■ - 18a = 10a$
b) $4ab - 2■ + 3ac - ■ = ab + ac$
c) $4x^2 - 3■ = x^2$
d) $2ab + ■b - ■ = 5b$
e) $7xy - 2x■ + ■xy + ■ = 10xy + 5xz$

Übungen

13 Lösungen:
$3(ab^2 - 2ab)$
$2(ab + ac)$ $5xy$
$-2xy - 7xz$
$2ab - 3b + 3b^2$
$a^2 + 2ab + b^2$

13 Vereinfache die folgenden Terme.
a) $7ab - 3ac + 5ac - 5ab$ b) $7xy + 3yx - 5yx$ c) $6ab - 3b - 4ab + 3b^2$
d) $4xy - 3zx - 6xy - 4xz$ e) $3ab^2 + 3ab - 9ba$ f) $a^2 + 3ab + b^2 - ab$

14 Finde die Fehler.
a) $4a + 3b + 2b = 9ab$ b) $12xy - 6xz = 6yz$ c) $0{,}5ab - 0{,}2a - 0{,}2b = 0{,}1ab$

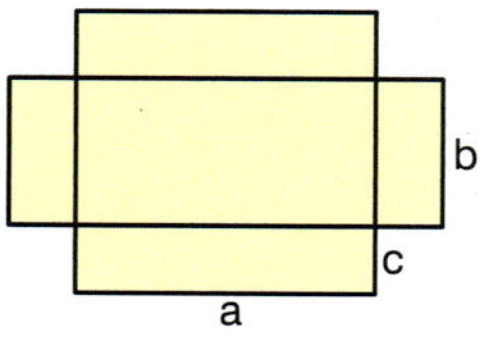

15 Eine Firma stellt offene Kartons verschiedener Größen her. In der Klasse 8 soll eine Formel für den Materialverbrauch (O: Oberfläche) angegeben werden:
Thea: $O = ac + bc + ac + bc + ab$
Kai: $O = ab + 2ac + 2bc$
Sven: $O = b(a + 2c) + 2ac$
a) Sind alle drei Formeln richtig? Beschreibe mithilfe des Netzes, wie die drei jeweils zu ihrer Formel gekommen sind.
b) Vereinfache die Terme so weit wie möglich. Findest du noch eine andere Formel?

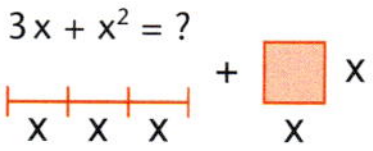

16 Johannes meint: „Produktterme mit x und x^2 sind gleichartige Terme. Sie enthalten beide nur die Variable x." Tabea widerspricht: „Das kann nicht sein. Wenn x eine Streckenlänge angibt, dann steht x^2 für einen Flächeninhalt." Wer hat Recht?

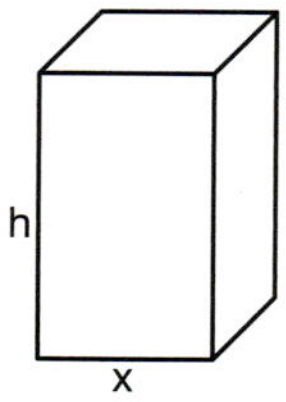

17 a) Finde einen möglichst einfachen Term zur Berechnung der Oberfläche einer quadratischen Säule mit der Seitenlänge x und der Höhe h.
b) Für den Zusammenbau der Säule werden in dem Netz die notwendigen Klebelaschen der Breite b angebracht. Stelle einen möglichst einfachen Term zur Berechnung der Fläche des Netzes mit den Klebelaschen auf.

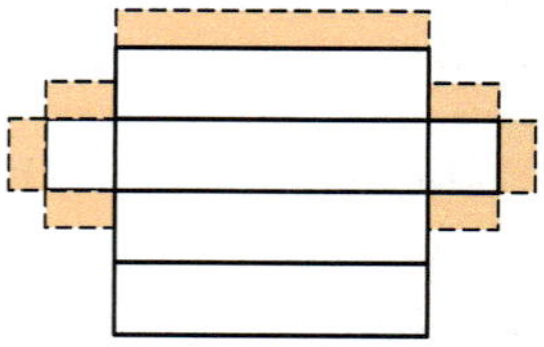

Vergleiche mit dem Beispiel in Aufgabe 3.

18 a) Übersetze die folgende Bildsequenz in die Sprache der Algebra.

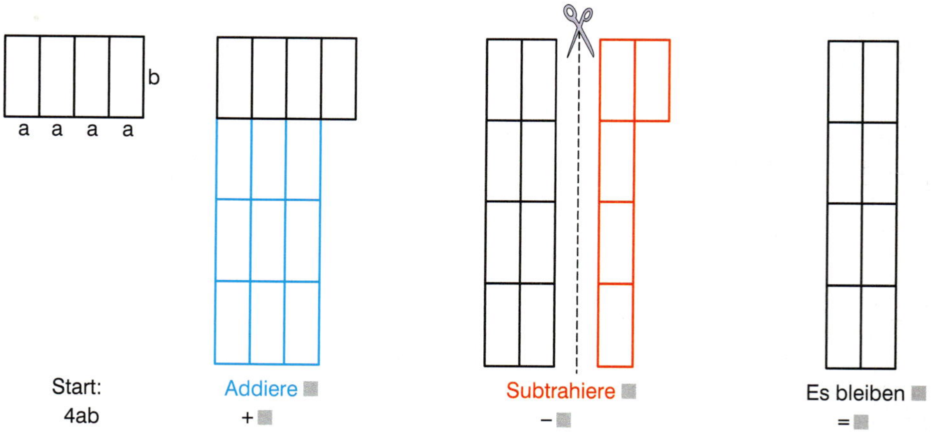

b) Zeichne eine Bildsequenz zu der Termumformung $12ab - 7ab + 3ab = 8ab$.
c) Erfinde selbst je eine Aufgabe wie in a) und b) und stelle sie deinem Nachbarn.

19 *Teste deine Fähigkeiten.*
Vereinfache:
a) $(3x) \cdot (2y) - 4xy$ b) $a \cdot 6ab + 4a^2b$ c) $x \cdot 4y \cdot x - 3x^2y + (x \cdot y) \cdot (5x)$
Fülle die Lücken aus: d) $6u^2v - 5u \cdot ■ = u^2v$ e) $3 \cdot ■ - 5x \cdot ■ + xy \cdot ■ = xy^2$
Wo steckt der Fehler? f) $12abc - 12ab = c$ g) $ab + ac + bc = 6abc$
h) Drei der vier Terme sind gleichwertig:
$T_1 = (-2xy) \cdot (-2y) : 2$ $T_2 = 2xy^2$ $T_3 = -2x^2y$ $T_4 = 4xy^2 - (2y) \cdot (xy)$

Aufgaben

Vielleicht erinnerst du dich noch an den Termtrainer. Er erleichtert dir das Üben und bringt dir Sicherheit beim Umgang mit Termen.

Projekt

Term-Trainer
Schreibe etwa 30 Karteikarten (DIN A7) mit verschiedenen Aufgaben zum Rechnen mit Termen. Schreibe auf die Rückseite jeweils die Lösung, ggf. auch verschiedene mögliche Lösungen. Stelle die Karteikarten gut durchmischt in einen Kasten.

Tipps zur Erstellung des *Term-Trainers:*
Die Karteikarten erstellt ihr am besten in Gruppenarbeit. Dabei wählen wir verschiedene Aufgabenkategorien, die am Rand mit verschiedenfarbigen Streifen gekennzeichnet werden. Für das Training nach längerer Pause ist es sehr nützlich, wenn zu jedem Aufgabentyp noch jeweils zwei goldene Karteikarten erstellt werden, bei denen auf der Rückseite der ausführliche Lösungsweg dargestellt ist.

Aufgaben, die du noch nicht sicher lösen kannst, steckst du in den vorderen Teil der Kiste, die anderen nach hinten. Die Aufgaben aus dem vorderen Teil nimmst du dir bei Gelegenheit dann noch einmal vor. Wenn alle Karten im hinteren Teil gelandet sind, bist du fit. Von Zeit zu Zeit (z. B. zur Vorbereitung der Klassenarbeit) kannst du deine Fähigkeiten mit neu durchmischten Karten auffrischen.

Hier sind einige Aufgabenbeispiele, zum Teil bereits mit Lösungen. Schreibe sie auf Karten. Weitere Aufgaben könnt ihr nach den Mustern der Aufgaben selbst entwickeln oder aus anderen Übungsaufgaben des Kapitels gewinnen.

I Vereinfache die Terme.
a) $8a - 6b + 8b - 6a$
b) $2{,}5x^2y - yx^2 + 0{,}5xy$
c) $a^2 + ab - ab + b^2$

II Vereinfache die Produktterme.
a) $2x \cdot 3y \cdot 4x$
b) $\frac{3}{2}x \cdot \frac{1}{3}y \cdot 2y$
c) $12a \cdot 5b \cdot (-5)$

III Fasse soweit wie möglich zusammen.
a) $4x^2y - 2xy + 3yx - 10xy^2$
b) $7uv - 7u + 7vu + 7v - 14uv$
c) $\frac{1}{2}a + \frac{1}{2}b + 2a - \frac{3}{4}b$

IV Vereinfache die Terme.
a) $a \cdot (3 \cdot b) \cdot (-3c)$
b) $(-x) \cdot 2xy \cdot (-y)$
c) $2a \cdot (-0{,}5b) + 9ab$

V Welchen Namen hat der Term?
a) $a + b \cdot (c - d)$
b) $a \cdot b - a \cdot d$
Tipp: Übersetze in einen Rechenbaum.

VI Finde die Fehler.
$4xy + 4xy = 16xy$
$3x \cdot 3x = 6x^2$
$\frac{1}{2}ab \cdot 6ab = 3ab$
$20xy + 7 \cdot x \cdot (-3) \cdot y = xy$

VII Fülle die Lücken.
a) $12x \cdot ■ = 60xy$
b) $20xy + ■ = 5xy$
c) $(-8) \cdot 3x + 2 \cdot ■ = 0$

VIII Gesucht: Terme für Umfang und Flächeninhalt der Figur:

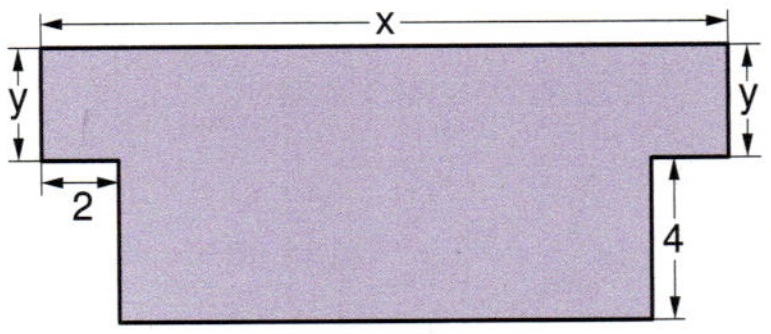

Lösungen zu den Karten I, II, III und IV:

$a^2 + b^2 - 9abc$
$24x^2y$ $2a + 2b$
$-9a^2b^2$ $-300ab$
$7v - 7u$ $2x^2y^2$
$1{,}5x^2y + 0{,}5xy$
$2{,}5a - \frac{1}{4}b$ x^2y
$xy + 4x^2y - 10xy^2$

Von Quadratpflanzen, Lochteppichen, Treppenbelägen und Würfeltürmen

Aufgaben

20 *Die Quadratpflanze*

Auf jeder Seite a des gelben Quadrats wächst ein blaues Quadrat mit halber Seitenlänge.
Auf den freien Seiten des blauen Quadrats wächst mit wiederum halbierter Seitenlänge ein rotes Quadrat.
Stelle für jede Stufe der Quadratpflanze einen (möglichst einfachen) Term auf zur Berechnung

a) des gesamten Flächeninhalts,

b) des gesamten Umfangs.

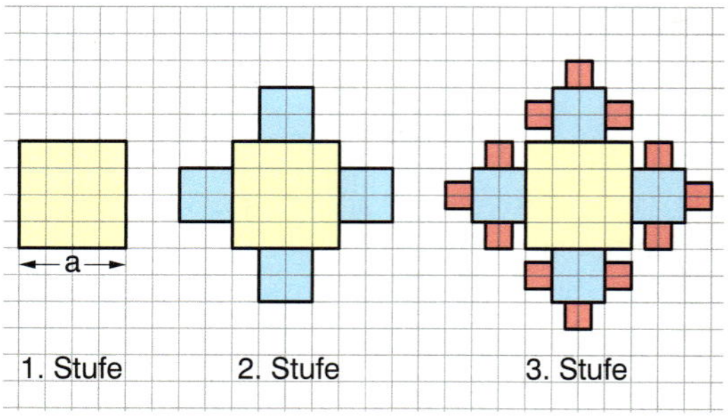

$(\frac{1}{2}a) \cdot (\frac{1}{2}a) = \frac{1}{4}a^2$

21 *Der Lochteppich*

Aus einem Teppich mit den Seitenlängen 3a und 3b wird in der Mitte ein Rechteck mit den Seiten a und b herausgeschnitten.
Aus den verbleibenden Rechtecken wird wiederum jeweils ein Mittenrechteck mit den Seiten $\frac{a}{3}$ und $\frac{b}{3}$ herausgeschnitten.

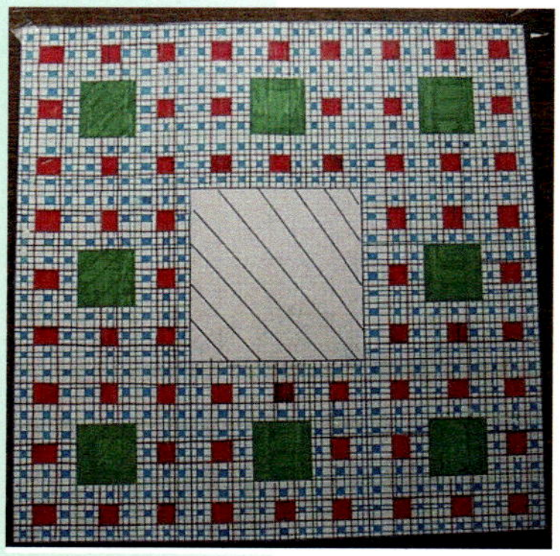

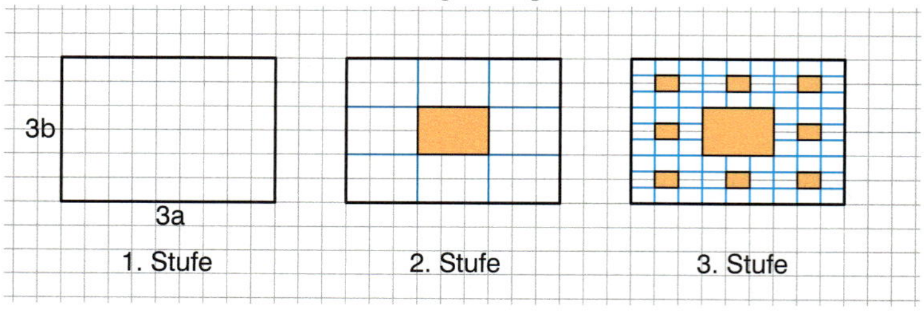

Stelle für jede Stufe des Lochteppichs einen (möglichst einfachen) Term auf zur Berechnung

a) des Flächeninhalts,

b) des Umfangs.

Kannst du dir vorstellen, wie der Lochteppich in den nächsten Stufen aussieht, wenn der gleiche Vorgang immer wiederholt wird?

22 Auf einer Treppe wird ein roter Teppich ausgelegt. Stelle einen Term zur Berechnung der gesamten Fläche des Teppichs auf. Vergleiche mit deinem Nachbarn.
Findet ihr verschiedene Terme? Welcher ist der einfachste?

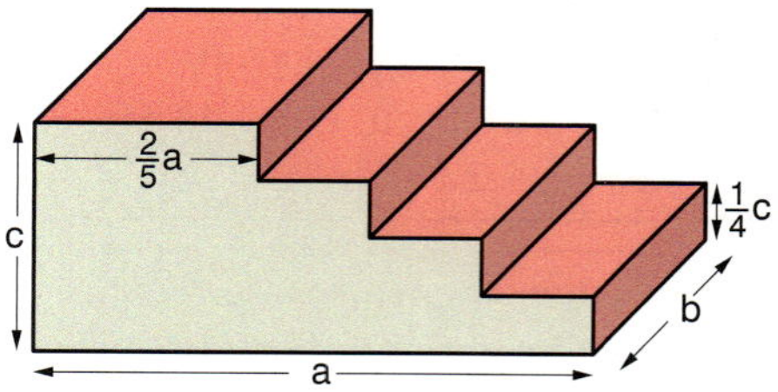

$\frac{3}{4}a \cdot \frac{3}{4}a = \frac{9}{16}a^2$

$\frac{3}{4}a \cdot \frac{3}{4}a \cdot \frac{3}{4}a = \frac{27}{64}a^3$

23 Ein Würfelturm aus vier Würfeln wird gebaut. Der untere Würfel hat die Seitenlänge a. Bei jedem der folgenden Würfel wird die Seitenlänge auf $\frac{3}{4}$ der vorherigen verkürzt.
Stelle einen Term auf zur Berechnung

a) der Höhe,

b) der Oberfläche,

c) des Volumens des Turms.

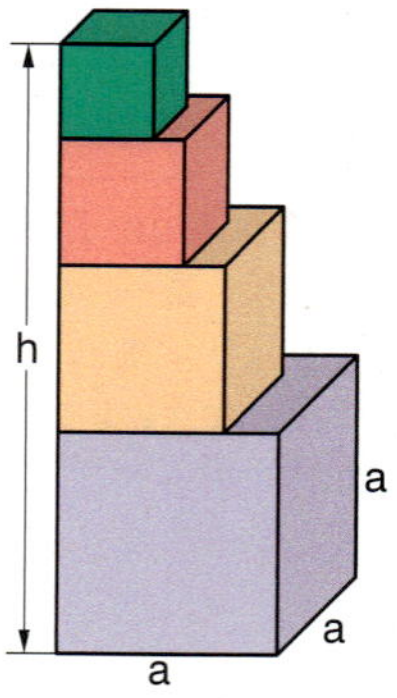

1.2 Klammern setzen und auflösen

Was dich erwartet

Beim Aufstellen von Termen sind Klammern von großer Bedeutung. Sie helfen beim Übersetzen der gegebenen Problemstellung in den passenden Term.

„Subtrahiere von einer Zahl a die Differenz der Zahlen b und c.
a −(b − c)

Um wie viel Meter muss man die Seite des Grundstücks verlängern, um eine Fläche von 420 m² zu erhalten?

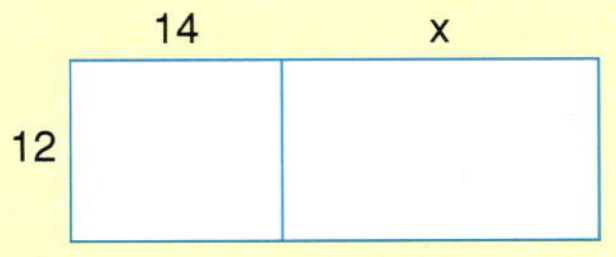

12 · (14 + x) = 420

Für das Weiterverarbeiten der Terme ist es oft nützlich, sie in gleichwertige Terme ohne Klammern umzuformen. Hierfür werden in diesem Lernabschnitt die Regeln entwickelt, trainiert und zum Lösen von Problemen angewendet.

Aufgaben

1 a) Jeweils zwei der folgenden Zahlenterme sind gleichwertig. Berechne die einzelnen Terme und finde die passenden Paare.

$12 - 5 + 3$ $\quad 12 - (5 + 3)$ $\quad 12 - 5 - 3$ $\quad 12 + (5 + 3)$

$12 - (5 - 3)$ $\quad 12 + 5 + 3$ $\quad 12 + 5 - 3$ $\quad 12 + (5 - 3)$

b) Fällt dir eine Gesetzmäßigkeit zwischen den passenden Termen mit und ohne Klammern auf? Formuliere deine Vermutung und prüfe sie an eigenen Beispielen.

2 a) Übertrage die Wertetabelle in dein Heft und fülle sie aus. Kannst du für die einzelnen Terme jeweils einen einfacheren Term angeben, der dieselben Werte erzeugt? Überprüfe deine Vermutung durch eine weitere Einsetzung für x.

x	15 − (9 − x)	6x − (4x − 2)	36 − 3(x + 12)	3(6 − 3x) − 2(9 − 5x)
1	7	■	■	■
2	■	■	−6	■
3	■	8	■	■
10	■	■	■	10

b) Versuche, den einfacheren Term jeweils auch durch Termumformung zu finden.

3 An einem Papierstreifen werden Teile abgeschnitten und hinzugefügt.

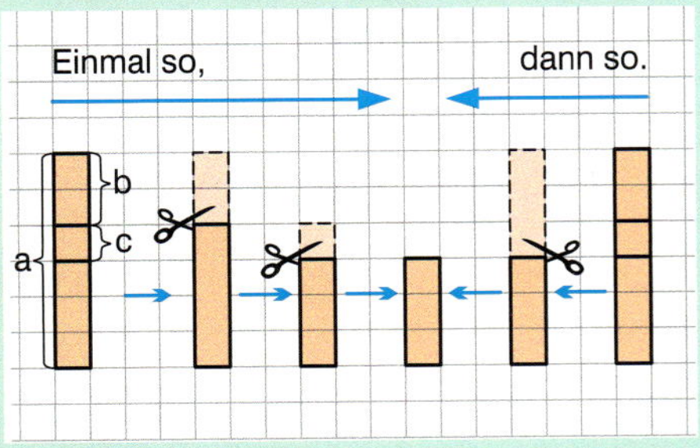

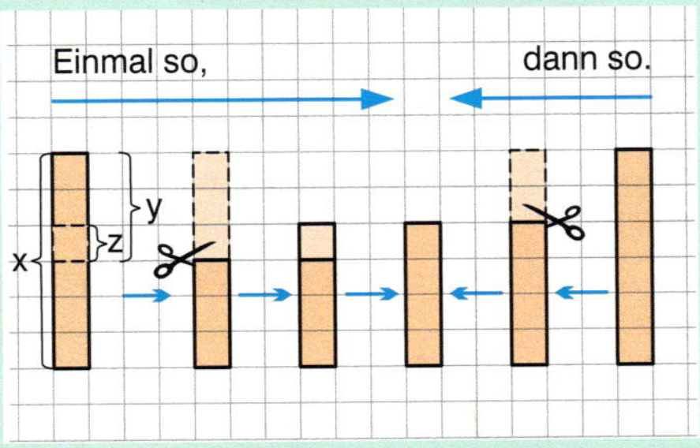

a) Begründe mithilfe des Bildes:
$a - b - c = a - (b + c)$

b) Begründe mithilfe des Bildes:
$x - y + z = x - (y - z)$

c) Zeichne eine Bildfolge zur Begründung von $a - b - c - d = a - (b + c + d)$.

Aufgaben

4 Beim Termumformen und beim Gleichungslösen hast du schon häufig das Distributivgesetz angewandt. Erkläre mithilfe der Bilder:

$a(b + c) = ab + ac$ $\qquad$ $a(b - c) = ab - ac$ $\qquad$ $a(b + c + d) = ab + ac + ad$

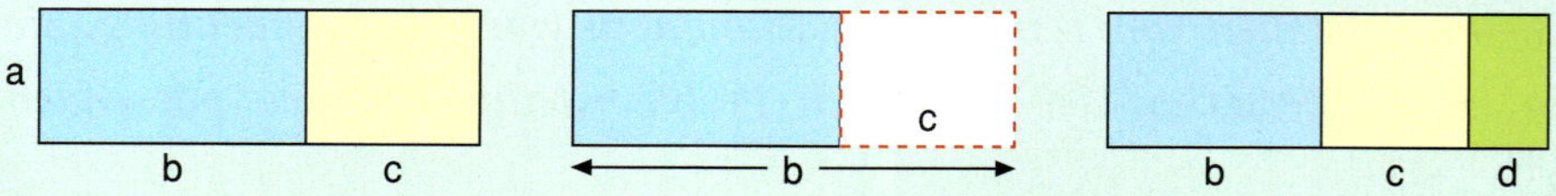

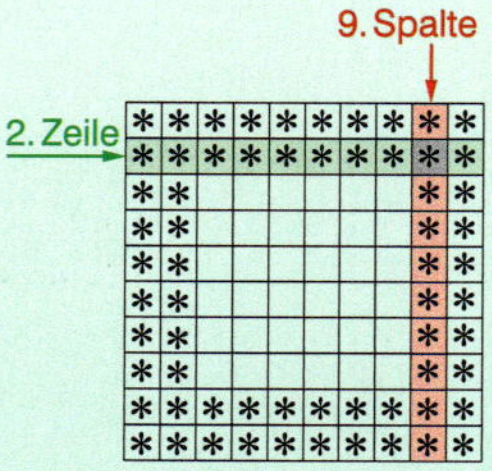

5 *Zählen in Mustern*

a) In einer quadratischen Tabelle mit 10 Zeilen und 10 Spalten werden jeweils die äußeren zwei Zeilen und Spalten mit Sternen gefüllt. Zähle die Anzahl der Sterne. Findest du eine schnelle Zählstrategie? Vergleicht eure Strategien.

b) Wie viele Sterne liegen in einer entsprechenden Tabelle mit n Zeilen und n Spalten? Sven, Katja und Doldur finden jeweils einen Term zur Berechnung. Dabei wenden sie unterschiedliche Strategien an, die sie in Bildern erklären.

① $8n - 16$

② $4n + 4(n - 4)$

③ $4(n - 1) + 4(n - 3)$

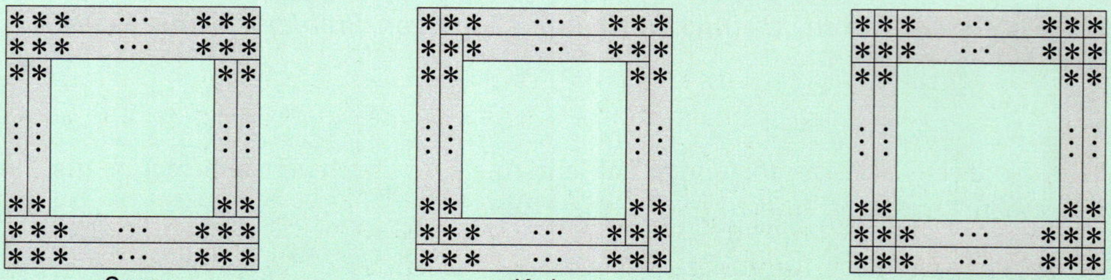

Sven $\qquad$ Katja $\qquad$ Doldur

Welcher der angegebenen Terme gehört zu welchem Bild? Erkennst du deine eigene Zählstrategie wieder?

c) Zeige für $n = 10$, dass jeder der drei Terme zur gleichen Anzahl führt. Kannst du die Gleichwertigkeit der Terme auch durch Termumformung nachweisen?

Basiswissen

Klammerregeln bei Addition und Subtraktion

$a + (b + c) = a + b + c$	$a - (b + c) = a - b - c$
$a + (b - c) = a + b - c$	$a - (b - c) = a - b + c$

Auflösen von „Plusklammern": Klammer einfach weglassen.

Auflösen von „Minusklammern": Rechenzeichen in der Klammer umkehren – Klammer weglassen

Beispiele

A Vereinfache den Term $8x - (3 - 5x)$.

$8x - (3 - 5x) =$

$8x - 3 + 5x =$ $\quad$ „Weglassen der Minusklammer, Umkehren der Rechenzeichen"

$13x - 3$ $\quad$ Zusammenfassen gleichartiger Glieder

B Vereinfache den Term $2xy + xz - (3xz - xy)$.

$2xy + xz - (3xz - xy) =$

$2xy + xz - 3xz + xy =$ $\quad$ „Weglassen der Minusklammer, Umkehren der Rechenzeichen"

$3xy - 2xz$ $\quad$ Zusammenfassen gleichartiger Glieder

Übungen

6 Löse zuerst die Klammern auf und vereinfache dann.

a) $3a - (b - a)$ b) $6x - (2 + 3x)$ c) $(a + b) - (b - a)$ d) $(a + b) - (a + b)$
e) $(2x + y) - (0{,}5x - 1{,}5y)$ f) $(3a^2 - 2a) - (a - a^2)$ g) $\frac{x}{2} - \frac{y}{2} - (\frac{y}{2} - \frac{x}{2})$

7 a) Jeweils zwei der folgenden Terme sind gleichwertig. Schreibe die Paare auf:

$a - b - c$ $4b - (2b + 1)$ $2b - 1$ $8a - (2b + 6a)$

$2a + (b - a)$ $a - (b + c)$ $2(a - b)$ $a + b$

b) Stelle zu jedem Paar einen weiteren gleichwertigen Term mit Addition oder Subtraktion einer Klammer auf.

b) $a + b = 2a - (a - b)$

8 Bei den folgenden Termumformungen haben sich einige Fehler eingeschlichen. Entlarve sie und korrigiere.

a) $3x - (x - 3) = 2x - 3$ b) $a + b + (b - a) = 2a + 2b$ c) $x - (x + y) = y$

9 Ersetze die fehlenden Rechenzeichen.

a) $3x - 2 = 2x$ ■ $(2 - x)$ b) $5b$ ■ $2a - b = 5b - (2a$ ■ $b)$ c) $\frac{1}{2}u$ ■ $(u$ ■ $\frac{1}{2}u) = u$

10 Kai erklärt eine Klammerregel mithilfe des Kontostandes:
„Wenn ich 120 € auf meinem Konto habe und nacheinander 25 € und 48 € abbuche, so kann ich den neuen Kontostand auf zwei verschiedene Arten berechnen: Entweder subtrahiere ich nacheinander die Abbuchungen oder ich addiere zunächst die Abbuchungen und subtrahiere dann diese Summe."

a) Welche Klammerregel hat Kai damit erklärt?
b) Buche vom Konto zuerst 85 € ab und zahle dann 32 € ein.
Erkläre damit die Regel $a - b + c = a - (b - c)$.

Kreissparkasse	
Kontostand (alt)	120 €
Überweisung	25 €
Barabhebung	48 €
Kontostand (neu)	47 €

11 Das Distributivgesetz kann in zwei „Richtungen" angewendet werden:

Ausmultiplizieren:
Einmal wird ein Produkt in eine Summe (oder Differenz) umgewandelt.
$3(x + 2) = 3x + 3 \cdot 2 = 3x + 6$
$a(b - 5) = ab - a \cdot 5 = ab - 5a$

Multipliziere aus:
a) $3 \cdot (x + y)$ b) $x \cdot (5 - 5y)$
c) $2a \cdot (3a + b - 5)$ d) $(5y - 2 + x) \cdot x$

Ausklammern oder **Faktorisieren:**
Umgekehrt wird eine Summe (oder eine Differenz) in ein Produkt umgeformt.
$ab + 7a = a \cdot (b + 7)$
$zy - xy = (z - x) \cdot y$

Faktorisiere:
e) $2x + 2y$ f) $ab - 3b$
g) $xy + xz - 2x$ h) $x^2 + x$

Basiswissen

Anwenden des Distributivgesetzes

Ausmultiplizieren

Eine Summe wird mit einem Faktor multipliziert.

$x \cdot (y + 2 + x)$

Jeder Summand in der Klammer wird mit dem Faktor multipliziert, die entstehenden Produkte werden dann addiert.

$x \cdot (y + 2 + x) = x \cdot y + 2x + x^2$

Ausklammern

Mehrere Produkte werden addiert.

$a \cdot b + a \cdot c + 3 \cdot a$

In jedem dieser Produkte kommt der gleiche Faktor a vor. Dann kann der Faktor a ausgeklammert werden.

$a \cdot b + a \cdot c + 3 \cdot a = a \cdot (b + c + 3)$

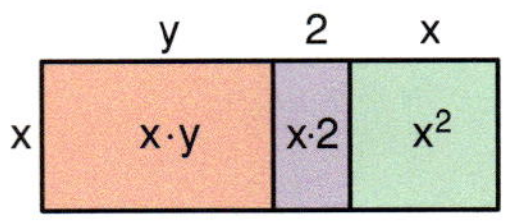

Beispiele

C Vereinfache den Term $5x^2 - 2x(x + 3)$. Zeichne zunächst einen Rechenbaum.

Rechenbaum zeichnen

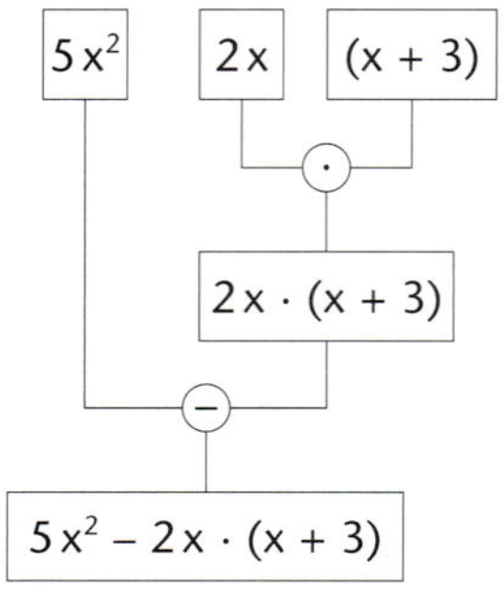

Der Rechenbaum zeigt, dass der Term recht kompliziert ist.

Um diesen Teilterm zu vereinfachen musst du das Distributivgesetz anwenden.

Vorsicht: hier steht ein Minus!

Term vereinfachen

$5x^2 - 2x(x + 3) =$	Distributivgesetz anwenden
$5x^2 - (2x^2 + 6x) =$	„Minusklammer" auflösen
$5x^2 - 2x^2 - 6x =$	gleichartige Terme zusammenfassen
$3x^2 - 6x$	fertig

D Gegeben ist der Term $12ab + 3ac$. Klammere gemeinsame Faktoren aus.

$12ab + 3ac =$	a ist gemeinsamer Faktor, aber auch 3, denn $12 = 4 \cdot 3$.
$4 \cdot 3 \cdot a \cdot b + 3 \cdot a \cdot c =$	Der größte gemeinsame Faktor wird ausgeklammert.
$3a \cdot (4b + c)$	fertig

Übungen

12 *Tipps und Tricks beim Ausmultiplizieren und Ausklammern*

Zu jeder Karte mit Termumformungen gibt es eine Karte mit der passenden Erläuterung.

a) Finde die passenden Paare und notiere sie in einer Tabelle in deinem Heft.

b) Erstelle eine Rangliste: Welche Termumformung ist deiner Meinung nach am schwierigsten, welche am leichtesten zu verstehen – vergleicht!

- $(b + c + 2)a = a(b + c + 2) = ab + ac + 2a$
- $4rs - 4st = 4s \cdot r - 4s \cdot t = 4s(r - t)$
- $a(b - c - d) = ab - ac - ad$
- $ax + x = a \cdot x + 1 \cdot x = x \cdot (a + 1)$
- $3xy + 2x = x(3y + 2)$
- $2x(y + x + 3) = 2xy + 2x^2 + 6x$

- x ist der gemeinsame Faktor und wird ausgeklammert.
- x lässt sich als Produkt $1 \cdot x$ oder $x \cdot 1$ schreiben. Dann kann ausgeklammert werden.
- Der Faktor vor der Klammer kann ein Term sein.
- Das Distributivgesetz kann auch angewendet werden, wenn in der Klammer eine Differenz steht.
- Es spielt keine Rolle, ob der Faktor vor oder nach der Klammer steht.
- Der gemeinsame Faktor 4s kann auch aus einer Differenz ausgeklammert werden.

Übungen

13 Multipliziere aus.

a) $2(4a + 3b)$ b) $(x + 2y)\,3x$ c) $(p - q + 3) \cdot 2r$ d) $(4a - 6b) : 4$
e) $a(2b - 3c)$ f) $(-2)(a - b)$ g) $16xy(0{,}8x - 1{,}5y + 0{,}25x)$ h) $\frac{1}{4}(4a - 6b)$

14 Klammere einen gemeinsamen Faktor aus.

a) $6a - 12b$ b) $7x + 7xz$ c) $a^2 - a$ d) $4ab + 2b$
e) $\frac{1}{5}a + 0{,}2b$ f) $5uv - 2u$ g) $\frac{1}{2}a^2 + 2ab$ h) $xy + zx - x$

15 Multipliziere zuerst die Klammern aus und vereinfache dann den Term.

a) $6a + 3(b - 2a)$ b) $x(y - 2) + y(2 - x)$ c) $0{,}8(a + b) + 2(0{,}1b - 0{,}4a)$
d) $3(x + y) + y(x - 3)$ e) $(-2)(a + 2b) + 2(2b - a)$ f) $5a(b - a) + 3a(a - b)$

16 Fülle die Lücken aus.

a) $0{,}5(\blacksquare x + y) = x + 0{,}5y$
b) $12ab - \blacksquare = 3b(4a - 2)$
c) $\blacksquare(2u + v) = 6uv + \blacksquare v^2$
d) $c(\blacksquare + \blacksquare b) = 3ac - abc$

17 Jeweils zwei Terme sind gleichwertig.

$xy + xz$ $3(x - 1)$ $0{,}5y(x - 4)$
$0{,}5xy - 2y$ $x(y + z)$ $3x - 3$

18 Klammere aus und mache dann die Probe durch Ausmultiplizieren.

a) $ab + 3b$ b) $ab - a$ c) $0{,}25xy + 0{,}5x - 0{,}75xz$
d) $6ab - 12ac + 3a$ e) $\frac{2}{5}xy + \frac{1}{5}xz - \frac{3}{5}x$ f) $5r^2 - 10rs + 20r$

18
$3xy + y = y(3x + 1)$
Probe:
$y(3x + 1) = 3xy + y$

19 Wo steckt der Fehler?

a) $4(3x + y) = 12x + y$ b) $3a(7b + 2c) = 10ab + 5ac$
c) $8u(4v - 2w) = 32uv + 16uw$ d) $\frac{2}{5}xy - xz = \frac{2}{5}x(y - \frac{2}{5}z)$
e) $0{,}5ab + b = 0{,}5b(a + 1)$ f) $27x + 7xy = 7x(2 + y)$

Beschreibe, wie du die Fehler entdeckt hast.
Katrin setzt für die Variablen Zahlen ein und vergleicht die beiden Seiten.
Was hältst du davon?

20 Klammere zwei gemeinsame Faktoren aus.

a) $72a - 81a^2$ b) $35xy + 28y$ c) $\frac{3}{4}ab + 2ab^2$
d) $11p^2 - 88pq$ e) $16xy + 24y^2 - 40y$ f) $120ab - 36a^2b + 48a^2$

Mit den Aufgaben 20 bis 22 kannst du den Termtrainer erweitern.

21 *Keine Angst vor Termen mit Brüchen!*

Das Distributivgesetz hilft dir auch Terme wie $\frac{2x^2 + 6}{2}$ zu vereinfachen.

Weg 1: $\frac{2x^2 + 6}{2} = \frac{1}{2} \cdot (2x^2 + 6) = \frac{1}{2} \cdot 2x^2 + \frac{1}{2} \cdot 6 = x^2 + 3$

Weg 2: $\frac{2x^2 + 6}{2} = \frac{2 \cdot (x^2 + 3)}{2 \cdot 1} = \frac{(x^2 + 3)}{1} = x^2 + 3$

Mache es wie im Beispiel, vereinfache die Terme:

a) $\frac{8x - 4}{4}$ b) $\frac{20c + 8}{4}$ c) $\frac{36y^2 - 60y}{12}$
d) $\frac{30x^2 + 20x}{-5}$ e) $\frac{27x - 18y}{-9}$ f) $\frac{-10x + 45}{5}$

g) Denk mal darüber nach: was hat das Vereinfachen von Bruchtermen (Weg 1 oder Weg 2) mit dem Distributivgesetz zu tun?

22 *Gleichwertige Terme*

a) Welche der folgenden Terme sind gleichwertig?
① $\frac{1}{6} \cdot (6 - 12x)$ ② $\frac{6 - 12x}{6}$ ③ $1 - 12x$ ④ $6 - 2x$ ⑤ $1 - 2x$
b) Beschreibe deine Strategie.

23 Überprüfe, ob die folgenden Terme gleichwertig sind.

a) $2x + 3$ $5x$ b) $4a + 6$ $2(a + 3 + a)$ c) $2 \cdot (4x)$ $(x + x + x + x) \cdot 4$

Übungen

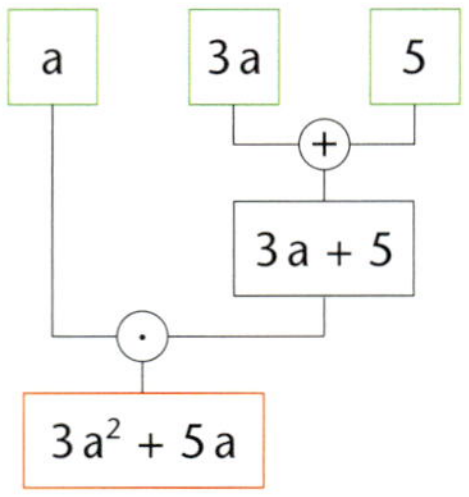

Achtung: Es kann mehrere Möglichkeiten geben.

24 *„Training am Rechenbaum"*

Wähle drei Terme aus der Kiste aus und setze sie in die oberen Felder des Rechenbaums ein. In dem roten Feld steht dann das Ergebnis.

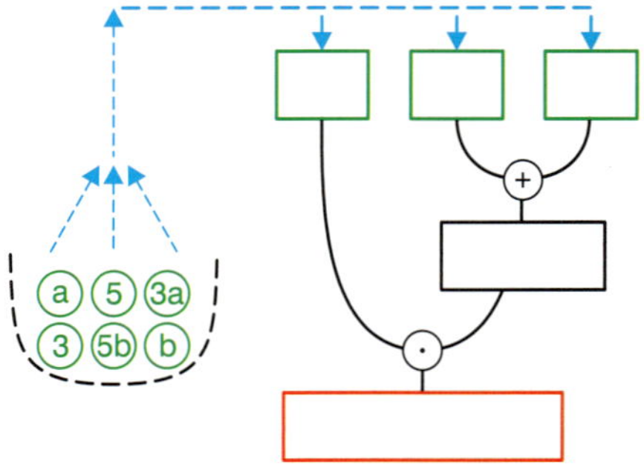

a) Setze zu den folgenden Ergebnissen jeweils passende Ausgangsterme ein.

$3b + 3a$ $\quad$ $5b + 3ab$ $\quad$ $3a + 15$

$15ab + 5b^2$ $\quad$ $3a^2 + 15ab$ $\quad$ $5(ab + b^2)$ $\quad$ $3(a^2 + 5ab)$ $\quad$ $20a$

b) Findest du noch weitere Ergebnisterme? Wie viele?

c) Du kannst das Training variieren, indem du andere Terme in die Kiste legst oder in dem Rechenbaum das + durch ein – ersetzt. Berechne dann einige Ergebnisse und stelle sie deinen Mitschülern als Aufgabe.

25 *Training mit Flächenberechnungen*

Zu jeder der drei farbig markierten Flächen ist in der gleichen Farbe der passende Term zur Berechnung des Flächeninhalts angegeben:

$x \cdot (x + y)$ $\quad$ $(x + y + 1) \cdot x$ $\quad$ $y \cdot 1 + y^2$

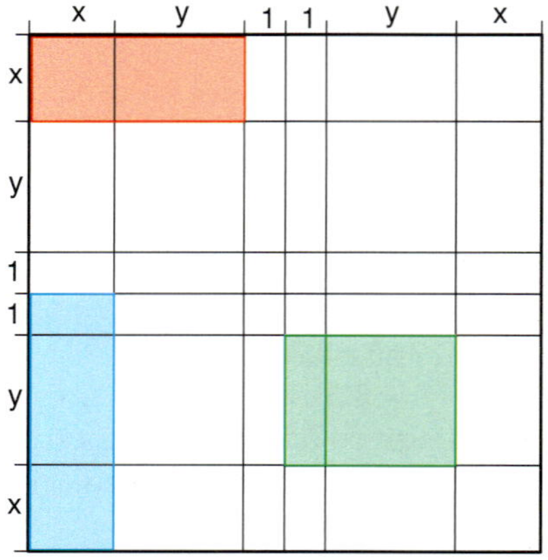

Es lohnt sich, ein leeres Musterquadrat mehrmals zu kopieren.

a) Zeichne das Quadrat mit den Unterteilungen in dein Heft. Markiere dann jeweils Rechtecke mit dem durch den Term angegebenen Flächeninhalt.

$y \cdot (1 + y)$ $\quad$ $(x + y + 1) \cdot 2$ $\quad$ $y \cdot (2 + y)$

$2 \cdot y + 2 \cdot 2$ $\quad$ $x^2 + y \cdot x + 1 \cdot x$ $\quad$ $(x + y + 2) \cdot x$ $\quad$ $x^2 + 2x \cdot y + y^2$

b) Erstelle selbst weitere Flächeninhaltsformeln für Flächen in dem Quadrat und stelle sie deiner Nachbarin als Aufgabe. Du kannst dazu auch ein Quadrat mit anderen Unterteilungen entwerfen.

26 Lösungen: $40 - 2a$, $-2a - 40$, $8a - 40$

26 Kai und Kristin vereinfachen den Term $4x - 4(x - 1)$ und kommen zu verschiedenen Ergebnissen:

Kai: $4x - 4(x - 1) =$
$4x - 4x - 4 = -4$

Kristin: $4x - 4(x - 1) =$
$4x - (4x - 4) = 4x - 4x + 4 = 4$

a) Wer hat richtig gerechnet? Überprüfe deine Vermutung durch Einsetzen von $x = 5$ in den Ausgangsterm. Wo steckt der Fehler?

b) Fehler erkannt? Dann löse die Klammern richtig auf:

① $3a + 5(a - 8)$ $\quad$ ② $3a - 5(a - 8)$ $\quad$ ③ $3a - 5(a + 8)$

27 *Aus Summen und Differenzen werden Produkte.*

Du erinnerst dich: Gleichartige Glieder in einer Summe können zusammengefasst werden, z. B.: $12a + 9a = 21a$. Was hat dies mit dem Distributivgesetz zu tun?

a) Erkläre mit der Umformung $12a + 9a = (12 + 9)a = 21a$.

b) Erkläre ebenso durch Ausklammern des gemeinsamen Faktors:

$7y - 3y = 4y$ $\quad$ $2a + 6a - 3a = 5a$ $\quad$ $12xy - 3xy - 2xy = 7xy$

$x^2 + x = x(x + 1)$
Summe Produkt

28 Verwandle die Summen und Differenzen jeweils in ein Produkt.

a) $2ac + 4ab$ $\quad$ b) $\frac{5}{6}ab - \frac{1}{6}ac$ $\quad$ c) $x^2 + 2x$ $\quad$ d) $3y^2 - \frac{1}{3}y$ $\quad$ e) $2ab - ac + 3a^2$

Aufgaben

29 *Zahlentricks*

a) Spielt die Zahlentricks mit verschiedenen Zahlen durch – Experten probieren auch Bruchzahlen und negative Zahlen aus. Was fällt euch auf?
b) Lüftet das Geheimnis um die Zahlentricks!

①
- Denke dir eine Zahl
- Subtrahiere 3
- Multipliziere mit 2
- Addiere 8
- Dividiere durch 2
- Subtrahiere die gedachte Zahl

②
- Denke dir eine Zahl
- Multipliziere mit 3
- Subtrahiere 6
- Dividiere durch 3
- Addiere 7
- Subtrahiere die gedachte Zahl

③
- Denke dir eine Zahl
- Multipliziere mit 5
- Subtrahiere die um 3 verminderte gedachte Zahl
- Subtrahiere 3
- Dividiere durch 4

Was ist jeweils das Ergebnis des Zahlentricks? Vereinfache dazu den letzten Term.

①
x
$(x - 3)$
$(x - 3) \cdot 2$
…

30 Yvonne und Petra haben Terme zur Berechnung des Flächeninhalts der abgebildeten Fläche aufgestellt.
Yvonne: $a \cdot (2b) - (a - 2c) \cdot b$
Petra: $4(b \cdot c) + b \cdot (a - 2c)$
Überprüfe, ob die Terme richtig sind. Findest du noch einen einfacheren Term?

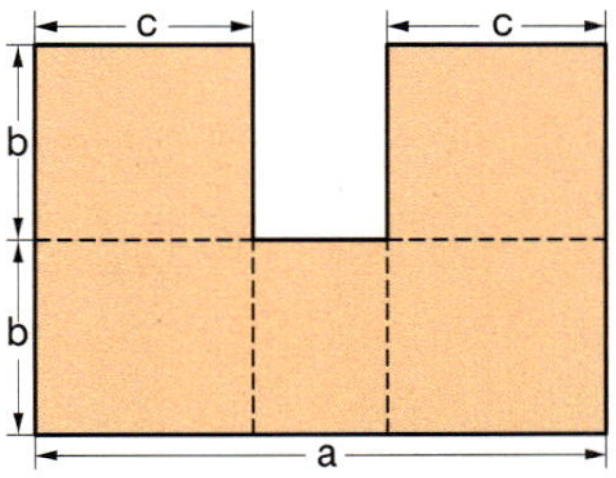

31 Drei der fünf Terme beschreiben den Flächeninhalt richtig. Entscheide und begründe.

① $2a \cdot b - a \cdot (b - c)$
② $2a \cdot (b - c) + a \cdot c$
③ $a \cdot b + a \cdot (b - c)$
④ $a \cdot (b - c) + 2a \cdot c$
⑤ $2a \cdot b - a \cdot c$

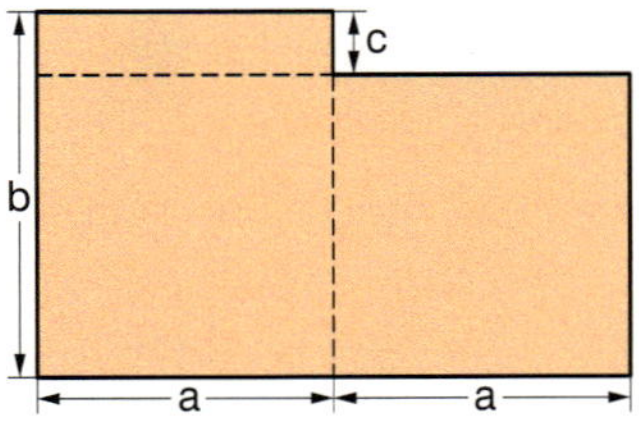

32 Schreibe möglichst viele verschiedene Terme auf zur Berechnung
a) des Volumens,
b) der Oberfläche.
Wer findet die einfachsten Terme?

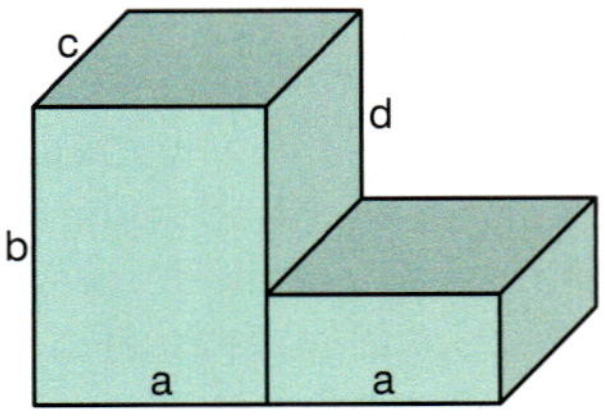

33 Schreibe einen möglichst kurzen Term zur Berechnung:

Eine Ware kostet ohne Mehrwertsteuer x €. Wie hoch ist der Preis mit 19 % Mehrwertsteuer?

Auf den Nettoverkaufspreis von x € einer Ware werden 30 % Rabatt gewährt. Wie hoch ist der Verkaufspreis mit Mehrwertsteuer?

Eine Spareinlage von x € wird im 1. Jahr mit 2 %, im 2. Jahr mit 3 % verzinst. Auf welchen Betrag ist die Spareinlage nach 2 Jahren angewachsen?

33 Eine Lösung:
$x \cdot 0{,}7 \cdot 1{,}19$

34 *Etwas zum Knobeln*

Ritter Kuniberts Burgmauer ist ganz regelmäßig aufgebaut. Sein Hofmathematiker sucht noch nach den Termen für Umfang und Flächeninhalt.

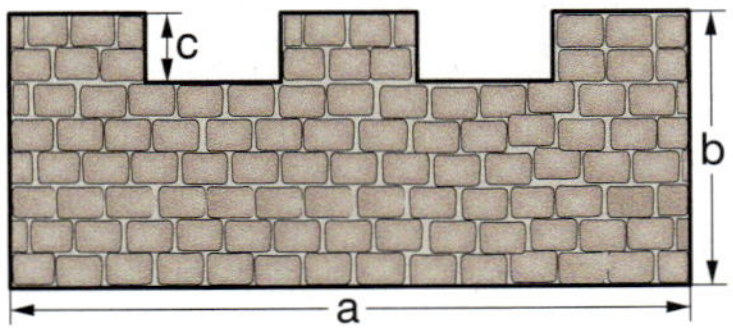

1.3 Produkte von Summen

Was dich erwartet

Rechenkünstler können große Zahlen leicht im Kopf miteinander multiplizieren. Dazu zerlegen sie die Zahlen häufig in Summen und multiplizieren diese miteinander – etwa $78^2 = (70 + 8) \cdot (70 + 8)$ – bringt das Vorteile? Was haben die drei binomischen Formeln damit zu tun? Die Erste beginnt so: $(a + b)^2 = \ldots$ Frag' doch bei deinen Eltern oder älteren Mitschülern nach, wie es weitergeht! Neben vielen Veranschaulichungen bietet dir dieser Lernabschnitt viel Platz für ein intensives Training. Du wirst auch erfahren, dass man Produkte von Summen anwenden kann – z.B. um rasch große Quadratzahlen zu berechnen.

Aufgaben

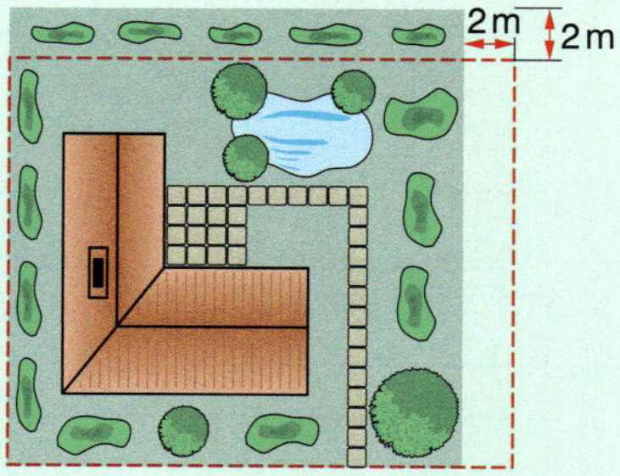

Zeichne die Flächen vor und nach der Veränderung in dein Heft. Was fällt dir auf?

1 *Nur Ärger mit der Baustelle?*
Wegen baulicher Maßnahmen soll das quadratische Grundstück von Familie Tammens einerseits um 2 m verkürzt, dafür jedoch andererseits um 2 m verlängert werden.

a) Was hältst du von der Veränderung?

b) Mit quadratischen Blättern und einer Schere kannst du die Veränderung selbst vornehmen. Bestimme den Flächeninhalt vorher und nachher. Beschreibe deine Beobachtungen. (Wähle 2 cm für 2 m.)

c) Was haben die Terme a^2 und $(a + 2) \cdot (a - 2)$ mit der Veränderung der Fläche zu tun? Setze für a in beide Terme Zahlen ein und vergleiche.

d) Was würdest du Familie Tammens raten?

2 *Ausmultiplizieren – mal anders!*
$(a + b) \cdot (c + d) = \ldots$? „Da sieht man ja vor lauter Buchstaben die Terme nicht" Kathrin hat auf ihrem Lösungsweg Klebepunkte benutzt. Sieh selbst, was sie geschrieben hat.

a) Beschreibe deiner Banknachbarin oder deinem Banknachbarn Kathrins Umformungen. Warum hat sie wohl Klebepunkte benutzt?

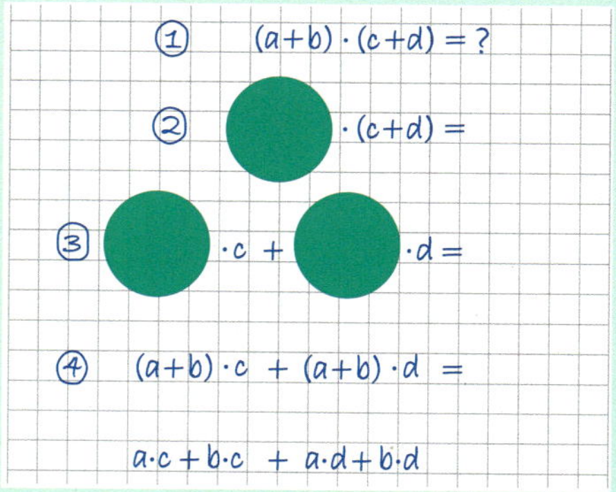

b) Probiere auch für folgende Produkte die Klebepunktmethode aus, achte auf die Vorzeichen der einzelnen Produkte:

① $(x + 2) \cdot (5 + x)$ ② $(5 + b) \cdot (3 + b)$
③ $(a + 3) \cdot (a + 3)$ ④ $(t - s) \cdot (t - s)$
⑤ $(b - 5) \cdot (b + 5)$ ⑥ $(a - b) \cdot (a + b)$

Aufgaben

Du benötigst folgende verschiedenen Puzzleteile in größerer Anzahl:

Unter dem englischen Begriff „algebra tiles" findest du im Internet viele Infos zu den Puzzleteilen.

3 *Mit Puzzleteilen kannst du rechnen*

Produkte von Summen kannst du dir mit rechteckigen Puzzleteilen besonders gut veranschaulichen. Der Grund dafür ist einleuchtend, denn Flächeninhalte von Rechtecken lassen sich immer als Produkt von Länge und Breite berechnen.

a) Eva möchte die Terme $(x + 1)$ und $(2x + 2)$ miteinander multiplizieren. Dazu hat sie die Puzzleteile passend angeordnet. Erkläre mit dem Bild: $(x + 1) \cdot (2x + 2) = 2x^2 + 4x + 2$

b) Multipliziere auch folgende Produkte mithilfe der Puzzle-Teile.

① $(3 + x) \cdot (2 + x)$ ② $(3 + x) \cdot (2 + 3x)$ ③ $(3 + x) \cdot (3 + x)$

④ $(x + 2) \cdot (3 + x)$ ⑤ $(2x + 1) \cdot (2 + x)$ ⑥ $(x + 1)^2$

c) Es funktioniert auch mit negativen Zahlen! Dazu benötigt man zusätzlich rote Puzzleteile. Annas Gruppe will $(x + 2) \cdot (1 - 2x)$ mithilfe der Puzzleteile berechnen. Übertrage das Puzzlebild in dein Heft und vervollständige.

4 *Multiplizieren von Summen mithilfe eines Diagramms*

a) Die folgende Aufgabe mit Lösung stammt aus einem amerikanischen Mathematikbuch. Lies sie dir in Ruhe durch. Verstehst du alles? Wozu dient wohl das Rechteckdiagramm?

EXAMPLE 1
Multiply $x - 3$ and $x + 4$.
The following diagram is helpful in illustrating the solution:

	x	4
x	x^2	4x
−3	−3x	−12

Solution:

$(x - 3) \cdot (x + 4) = x^2 - 3x + 4x - 12$
$= x^2 + x - 12$

Löse auf die gleiche Weise die folgenden Aufgaben. Zeichne jedesmal ein Rechteckdiagramm wie im amerikanischen Beispiel:

b) $(x + 5) \cdot (x + 12)$ c) $(3x + y) \cdot (y - 4x)$ d) $(x - 8) \cdot (x + 8)$ e) $(x + 5) \cdot (x + 5)$

f) $(2x - 7) \cdot (5x + 1)$ g) $(x - y) \cdot (x - y)$ h) $(2x + 4) \cdot (3x + 7)$ i) $(3 + 7x) \cdot (8x - 10)$

j) Welche Summen sollen hier miteinander multipliziert werden? Wie lauten die Ergebnisse?

	x	8
3x	$3x^2$	24x
−2	−2x	−16

	4	3x
8x	32x	$24x^2$
−2y	−8y	−6xy

	3b	7
3b	$9b^2$	21b
−7	−21b	−49

Basiswissen

„Produkte von Summen werden zu Summen von Produkten." Dieser Satz ist nicht nur ein Wortspiel, sondern er beschreibt sehr treffend den Inhalt des Kastens.

Produkte von Summen

„Jeder mit jedem"

$$(a + b) \cdot (c + d) = a \cdot c + a \cdot d + b \cdot c + b \cdot d$$

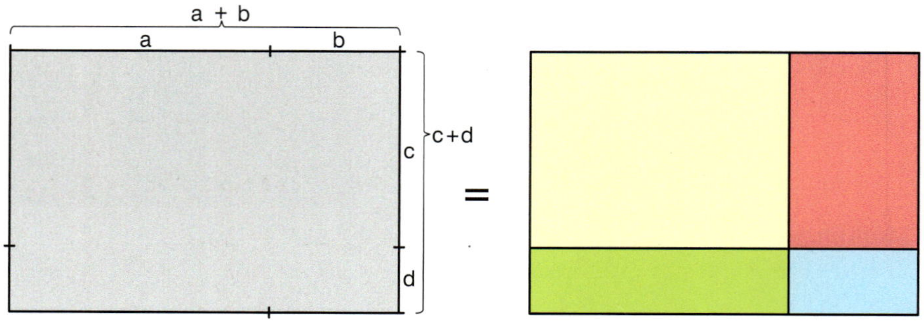

Spezialfälle:
Die drei binomischen Formeln

1. $(a + b)^2 = a^2 + 2ab + b^2$
2. $(a - b)^2 = a^2 - 2ab + b^2$
3. $(a + b) \cdot (a - b) = a^2 - b^2$

Die 1. binomische Formel

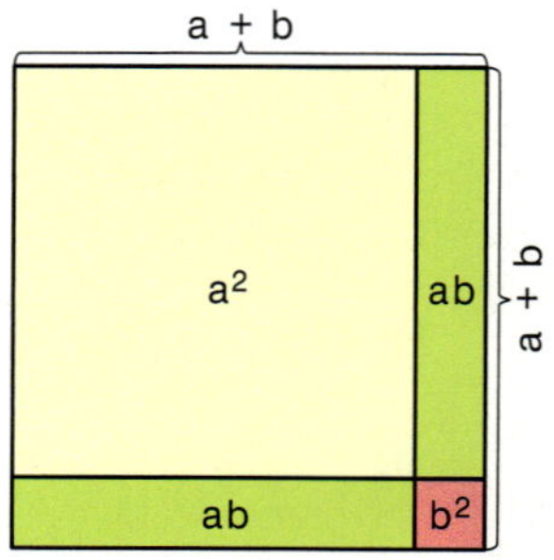

Beispiele

A Bestimme das Produkt. Schreibe mithilfe des Rechteckdiagramms.

$$(2x + 4) \cdot (3 - 4x) = 6x - 8x^2 + 12 - 16x$$
$$= -8x^2 + 6x - 16x + 12$$
$$= -8x^2 - 10x + 12$$

	3	$-4x$
$2x$	$6x$	$-8x^2$
4	12	$-16x$

B Forme mithilfe der *binomischen Formeln* um:

(2. binomische Formel) $(5t - s)^2 = (5t)^2 - 2 \cdot 5t \cdot s + s^2 = 25t^2 - 10st + s^2$

(3. binomische Formel) $(b - 4) \cdot (b + 4) = b^2 - 4^2 = b^2 - 16$

Übungen

5 Was gehört zusammen? Finde zu jedem ausmultiplizierten Produkt die passende Aufgabenstellung und das Rechteckdiagramm!

Geeignet für den Termtrainer

$(2x + 4) \cdot (3x + 7) =$
$(8x - 3y) \cdot (x - y) =$
$(5x^2 + 6) \cdot (x^2 + 2) =$
$(4x + 1) \cdot (y - 5) =$

	$3x$	7
$2x$	$6x^2$	$14x$
4	$12x$	28

	$8x$	$-3y$
x	$8x^2$	$-3xy$
$-y$	$-8xy$	$3y^2$

	y	-5
$4x$	$4xy$	$-20x$
1	y	-5

	x^2	2
$5x^2$	$5x^4$	$10x^2$
6	$6x^2$	12

$4xy - 20x + y - 5$
$5x^4 + 16x^2 + 12$
$6x^2 + 26x + 28$
$8x^2 - 11xy + 3y^2$

6 *Lückenfüller*

Vervollständige die Rechteckdiagramme und finde die richtige Aufgabenstellung.

		2
x	x^2	■
	■	6

	$3x$	5
	$12x^2$	■
	■	-20

	y	
	y^2	■
$3x$	■	$36x$

		-3
$5x$	$25x^2$	■
	■	9

	$4x$	
$6y$	■	$-30y$

		$-b$
a	■	■
	ab	$-b^2$

Übungen

	x	2
x	x^2	$2x$
3	$3x$	6

$(x + 2) \cdot (x + 3)$
$= x^2 + 5x + 6$

7 Multipliziere aus und fasse soweit wie möglich zusammen. Schaffst du die Aufgaben ab g) schon ohne Hilfsmittel?

a) $(a + 3) \cdot (a + 5)$ b) $(x + 6) \cdot (x + 6)$ c) $(5 + b)^2$ d) $(8 + x) \cdot (x + 7)$
e) $(x - 6) \cdot (x - 6)$ f) $(x - y) \cdot (y + x)$ g) $(a + 12)^2$ h) $(x + 3) \cdot (x - 3)$
i) $(3x + 5) \cdot (3x - 5)$ j) $(x + 3y) \cdot (5x + y)$ k) $(3x + 8y)^2$ l) $(3x - 8y)^2$

Egal ob mit Klebepunkten, Rechteckschema oder Hilfspfeilen, Hauptsache du kommst sicher zum Produkt von Summen!

8 *Fehler vermeiden*

Du hast zwar das Multiplizieren von Summen verstanden, doch beim Anwenden passieren immer noch Fehler. Im Termtrainer findest du Aufgaben, die zu diesen typischen Problemfällen passen.

a) Schreibe ohne Klammer:

$(3x)^2$ $(0{,}5)^2$ $(7x)^2$
$(a \cdot b)^2$ $(0{,}6a)^2$ $(\frac{3}{4}b)^2$
$(\frac{1}{2}x)^2$ $(\frac{1}{5}x)^2$ $(10xy)^2$

b) Fasse soweit wie möglich zusammen:

$2 \cdot 3x \cdot 4x$ $2 \cdot 5 \cdot 4y$ $2 \cdot 0{,}6a \cdot 0{,}5$
$2 \cdot \frac{1}{2}x \cdot 3$ $7x \cdot (-2)$ $3x \cdot 9y$
$2 \cdot 3x \cdot (-8x)$ $2 \cdot \frac{1}{3}a \cdot \frac{3}{4}b$ $7a^2 \cdot 4a$

8 Lösungen:

$0{,}36a^2$ $40y$ $-48x^2$
$\frac{1}{25}x^2$ $\frac{1}{2}ab$ $100x^2y^2$
$0{,}6a$ $9x^2$ $\frac{9}{16}b^2$
$49x^2$ a^2b^2 $24x^2$
$28a^3$ $27xy$ $-14x$
$0{,}25$ $\frac{1}{4}x^2$ $3x$

9 Multipliziere aus und fasse soweit wie möglich zusammen.

a) $(0{,}5 + 3b)^2$ b) $(7x - 9) \cdot (10 + 8x)$ c) $(0{,}7x - 4)^2$
d) $(\frac{1}{2}x + 4)^2$ e) $(\frac{1}{5}x + 2) \cdot (10x + 20)$ f) $(\frac{3}{4}x - \frac{1}{3})^2$
g) $(r + 0{,}5) \cdot (r - 0{,}5)$ h) $(r - 1) \cdot (2r + 0{,}8)$ i) $(\frac{3}{2}s + 6)^2$
j) $(\frac{1}{4} + 5y)^2$ k) $(5y - 10x)^2$ l) $(\frac{1}{4}x - \frac{1}{5}y)^2$

10 *Aus Fehlern kann man lernen!*

Bei der Besprechung der Hausaufgaben sind einige „beliebte“ Fehler aufgetaucht. Rechne nach, berichtige und erkläre, was falsch gemacht wurde.

a) $(3x + 5y)^2 = 3x^2 + 30xy + 5y^2$ *d)* $(2x - 4) \cdot (9x + 5) = 18x^2 - 46x - 20$
b) $(1 - x)(x + 1) = x^2 + 1$ *e)* $(9x - 7y) \cdot (9x + 7y) = 81x - 49y$
c) $(8x + 9y)^2 = 64x^2 + 81y^2$ *f)* $(-9 - x) \cdot (6 - x) = -x^2 + 3x + 54$

$9x^2 + 30xy + 25y^2$

11 *Schnellrechnen mit den binomischen Formeln*

Jan kann es kaum fassen, denn Judith rechnet folgende Aufgaben mühelos im Kopf:

$21 \cdot 19 = 399$ $29 \cdot 31 = \dots$ $49 \cdot 51 = \dots$
$59 \cdot 61 = \dots$ $32 \cdot 32 = \dots$ $29^2 = \dots$

Tricks:
$(x + 1) \cdot (x - 1) = \dots$
$(x + 1)^2 = \dots$

a) Wie macht sie das bloß? Finde die Lösung!
b) Löse im Kopf:

$71 \cdot 69$ $79 \cdot 81$ $99 \cdot 101$ 23^2 47^2 $48 \cdot 52$ 81^2 99^2

Die Quadratzahlen bis 20^2 zu kennen ist sehr nützlich!
$2^2 = 4$
⋮
$13^2 = 169$
⋮
$17^2 = 289$

Übungen

12 *Im Rückwärtsgang – Faktorisieren*

Von der Summe kommst du bei binomischen Formeln recht einfach zurück zum Produkt. Mache es wie im Beispiel:

a) $4x^2 + 12x + 9$ b) $81 - a^2$
c) $9 - 6y + y^2$ d) $25x^2 - 20x + 4$
e) $9a^2 - 30ab + 25b^2$ f) $36x^2 - 144$
g) $100x^2 + 20x + 1$ h) $81y^2 - 18y + 1$

$4x^2 + 28x + 49 = ?$
Der erste Term ist das Quadrat von $2x$: $(2x)^2 = 4x^2$
Der dritte Term ist das Quadrat von 7: $7^2 = 49$
Der mittlere Term ist: $2 \cdot 2x \cdot 7 = 28x$
Also $4x^2 + 28x + 49 = (2x + 7) \cdot (2x + 7) = (2x + 7)^2$

$x^2 + 3x + 9 = ?$ (3x eingekreist)
hier müsste $6x$ statt $3x$ stehen, geht also nicht!

13 *Rückwärts zum Zweiten*

Auch hier kannst du die binomischen Formeln rückwärts anwenden. Doch Vorsicht: Nicht in allen Fällen ist das möglich. Die Buchstaben dieser „schwarzen Schafe" ergeben eine europäische Hauptstadt.

$100 - y^2$ **L**	$36a^2 - 60ab + 25b^2$ **G**	$x^2 + xy + y^2$ **P**
$a^2 + 6ab + 9b^2$ **E**	$25x^2 - 15xy + 3y^2$ **A**	$0{,}36x^2 - y^2$ **D**
$0{,}81a^2 - 1{,}8ab + b^2$ **O**	$25a^2 + 49b^2$ **R**	$\frac{1}{16}u^2 - \frac{9}{25}v^2$ **N**
$49x^2 + 14xy + 4y^2$ **I**	$0{,}01x^2 + 0{,}2x + 1$ **F**	$x^2 + 3x + 1{,}5$ **S**

14 *Probleme mit Brüchen und Dezimalbrüchen?*

Zu jedem Term im linken Kasten gehört ein Term im rechten. Rechne nach und finde die Paare.

Geeignet für den Termtrainer

$0{,}3a \cdot 3a$	$(0{,}12)^2$	$(\frac{1}{5}ab)^2$
$(\frac{3}{8}b)^2$	$(0{,}3a)^2$	$(\frac{3}{5}a)^2$
$(\frac{2}{3}x)^2$	$\frac{1}{2}x \cdot 0{,}48x^3$	$(\frac{5}{7}ab)^2$

$\frac{9}{64}b^2$	$0{,}0144$	$0{,}09a^2$
$\frac{1}{25}a^2b^2$	$0{,}9a^2$	$0{,}24x^4$
$\frac{9}{25}a^2$	$\frac{4}{9}x^2$	$\frac{25}{49}a^2b^2$

15 Berechne. Bei welchen Aufgaben kannst du die binomischen Formeln anwenden?

a) $(6a + 5b) \cdot (6a - 5b)$ b) $(\frac{3}{4} + y) \cdot (1 - 5y)$ c) $(\frac{5}{6}x + y)^2$
d) $(3x - 4) \cdot (5 - 9x)$ e) $(x - 0{,}1y) \cdot (2x - 5y)$ f) $(\frac{1}{2}x + y)^2$
g) $(4x + 3y) \cdot (3y - 4x)$ h) $(0{,}4x + 9) \cdot (0{,}4x - 9)$ i) $(0{,}5t - 2{,}5) \cdot (0{,}5t + 2{,}5)$

16 Bei den folgenden Umformungen ist einiges verloren gegangen. Übertrage in dein Heft und fülle die Lücken!

a) $49 + 28b + \blacksquare = (\blacksquare + 2b)^2$ b) $\blacksquare - 10xy + \blacksquare = (2{,}5x - \blacksquare)^2$
c) $36x^2 - \blacksquare + 64 = (\blacksquare - \blacksquare)^2$ d) $\blacksquare + 10s + \blacksquare = (\blacksquare + s)^2$
e) $81x^2 - \blacksquare = (\blacksquare - 5y) \cdot (9x + \blacksquare)$ f) $\blacksquare - xy + \blacksquare = (\blacksquare - 0{,}5y)^2$

17 *Fast ein „Binom"*

Manchmal fehlt nicht viel und du könntest die binomische Formel anwenden. Das Beispiel zeigt einen Trick.
Mache es bei den folgenden Summen genauso:

a) $x^2 + 10x + 5$ b) $x^2 + 8x - 3$ c) $x^2 - 12x + 20$ d) $x^2 - 14x - 9$
e) $25x^2 + 20x - 3$ f) $25x^2 - 90x$ g) $x^2 + 4x + 8$ h) $x^2 + 6x$

„Wäre die 5 eine 9 könnte man die Summe schnell in ein Produkt umwandeln:"
$x^2 + 6x + 5 = \ldots$
$x^2 + 6x + 5 + 4 - 4 = \ldots$
$x^2 + 6x + 9 - 4 = \ldots$
$(x + 3)^2 - 4$

Übungen

18 *Begreife die binomischen Formeln!*

Puzzle zu den binomischen Formeln

Aus Moosgummi oder Pappe kannst du dir zu den binomischen Formeln eigene Puzzles bauen.

a) Erstelle zunächst die Puzzleteile für die dritte binomische Formel.
Die Bilderfolge ① bis ⑤ gibt wichtige Tipps.

b) Beschreibe: Was hat das Puzzle mit der dritten binomischen Formel zu tun?
Welches Bild stellt $a^2 - b^2$ dar, welches $(a - b) \cdot (a + b)$?

Die 3. binomische Formel oder „Das Quadrat, dem ein Quadrat fehlt"
$a^2 - b^2 = (a - b) \cdot (a + b)$

c) Für die *erste binomische Formel* haben wir die vier Puzzleteile verraten. Finde selbst die richtige Zusammenstellung. Finde für jedes Puzzleteil den richtigen Term.

$(a + b)^2 = a^2 + 2ab + b^2$

d) Zur *zweiten binomischen Formel* erhältst du zur Abwechslung das zusammengesetzte Puzzle. Finde selbst die richtigen Puzzleteile und gib eine genaue Bauanleitung für das Puzzle an. *Vorsicht:* Bei diesem Puzzle kann es sein, dass Teile überlappen! Finde heraus, warum das so ist.

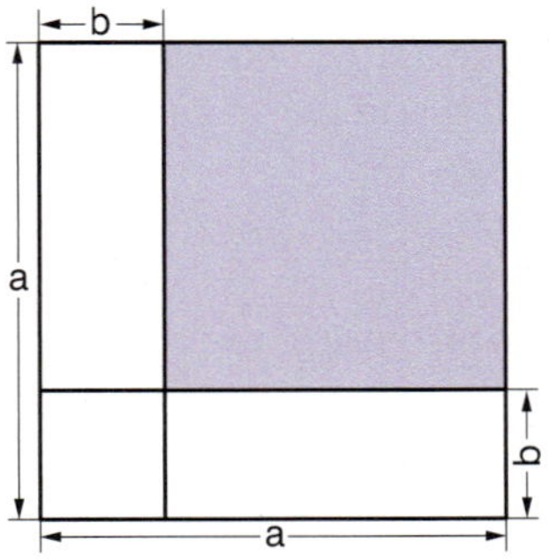

$(a - b)^2 = a^2 - 2ab + b^2$

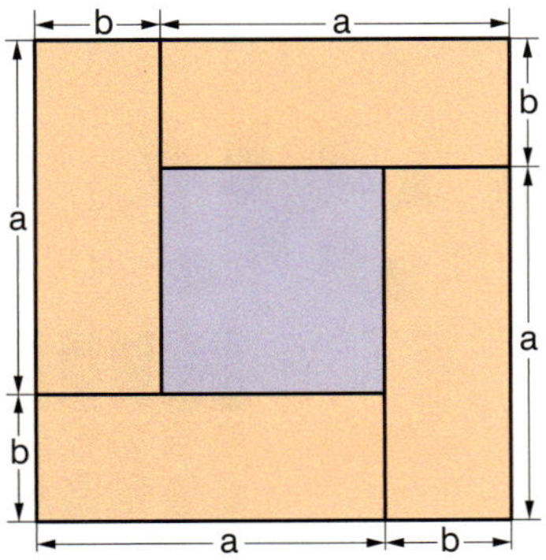

19 *Noch ein Puzzlebild*

Stimmt es, dass $(a + b)^2 - (a - b)^2 = 4ab$ ist?
Begründe!

Rechne auch mithilfe der binomischen Formeln nach!

Übungen

Flächeninhalte und Produkte von Summen

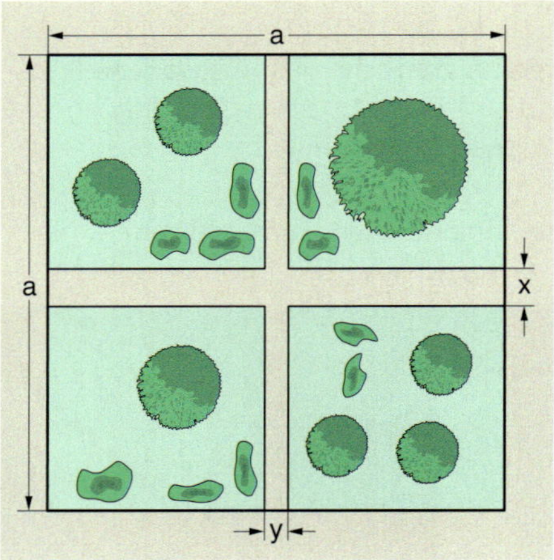

20 *Fußwege kreuzen sich im Stadtpark*

a) Finde einen Term, der den Flächeninhalt der Grünfläche (Rasen mit Bäumen) beschreibt.

b) Welcher Term beschreibt die Fläche der Wege? Es gibt verschiedene Möglichkeiten.

c) Wie viel Prozent des Parks wird durch Wege verbraucht, wenn a = 50 m, x = 3 m und y = 2 m? Welchen Flächeninhalt besitzen dann die Wege?

Mehrere Vorschläge können richtig sein!

21 Um ein Rasenstück der Breite a und der Länge b soll ein Weg der Breite c angelegt werden. Für den Term der den Flächeninhalt des Weges beschreibt gibt es unterschiedliche Ergebnisse.

Jean-Luc:	$2ac + 2bc + 4c^2$
Clara:	$2c(a + b + 2c)$
Moritz:	$(a + 2c) \cdot (b + 2c) - ab$

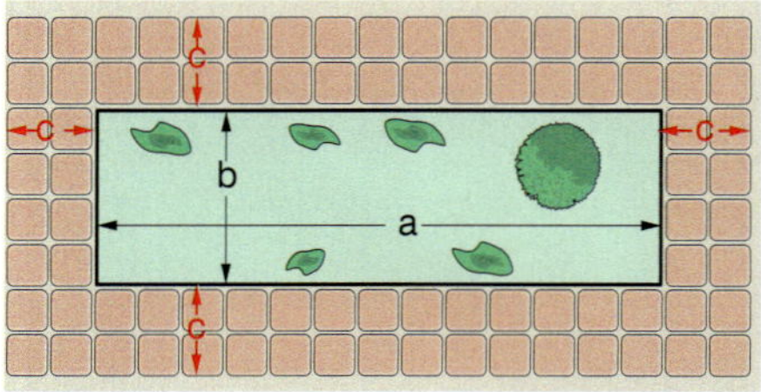

Wer hat eine richtige Lösung gefunden? Begründe auch geometrisch!

Faktorisieren bedeutet: Zerlege das Produkt in seine Faktoren

22 *Lässt sich jede Summe in ein Produkt verwandeln?*

Mit einem CAS-Taschenrechner und dem Befehl `factor` lässt sich diese Frage sehr schnell beantworten. Der Rechner sucht die Faktoren, aus denen das Produkt entstanden ist.

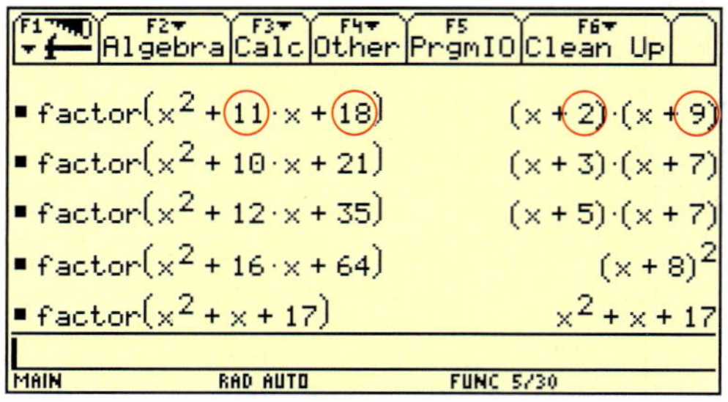

a) Von $x^2 + 11x + 18$ kommst du auf $(x + 2) \cdot (x + 9)$ durch geschicktes Probieren. Überlege: Was haben 18 und 11 mit den Zahlen 2 und 9 zu tun? Kannst du die Ergebnisse auch selbst finden?

b) Finde für die folgenden Summen die richtige Zerlegung der Form $(x + a) \cdot (x + b)$. (a und b sind ganze Zahlen):

$x^2 + 9x + 18$ $\quad x^2 + 10x + 21$ $\quad x^2 + 16x + 63$ $\quad x^2 + 15x + 26$ $\quad x^2 - 4x - 21$

c) Betrachte das letzte Beispiel im Bild des Rechners. Was ist hier los?

Das Rechteckdiagramm hilft weiter!

	x	2
x	x^2	$2x$
9	$9x$	18

23 *Faktorisieren mit Puzzleteilen*

Liegt keine binomische Formel vor, so ist das Aufspüren der Faktoren recht knifflig. Doch Clara hat eine Vermutung:

„Wenn es mir gelingt, die Puzzleteile als Rechteck anzuordnen, dann finde ich die Faktoren!"

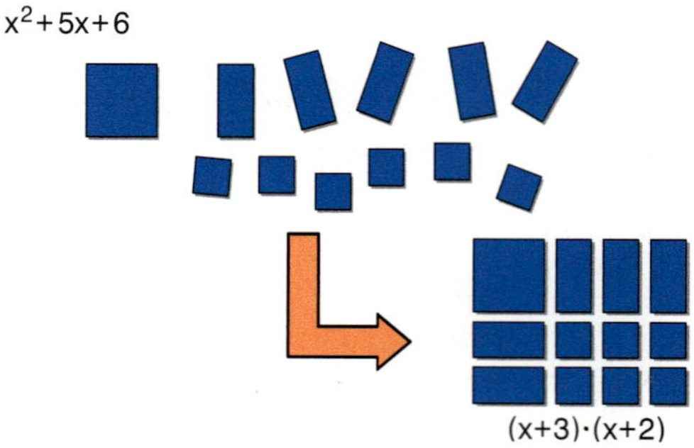

a) Mache es wie Clara:

① $x^2 + 8x + 7$ ② $2x^2 + 7x + 3$

③ $x^2 + 9x + 18$ ④ $3x^2 + 5x + 2$

b) Suche weitere Beispiele. Was hältst du von Claras Vermutung?

Übungen

Das Rechteckdiagramm verrät dir auch gleich die Anzahl der Teilprodukte.

24 *Noch mehr Summanden? Kein Problem!*

Man kann auch Summen miteinander multiplizieren, die mehr als nur jeweils zwei Summanden haben. Betrachte das Beispiel mit dem Rechteckdiagramm. Siehst du, welche Terme zusammengefasst wurden?

	$9x$	$-2y$	$-z$
$5x$	$45x^2$	$-10xy$	$-5xz$
$-7y$	$-63xy$	$14y^2$	$7yz$
$3z$	$27xz$	$-6yz$	$-3z^2$

9 Teilprodukte

$(5x - 7y + 3z) \cdot (9x - 2y - z) = 45x^2 + 14y^2 - 3z^2 - 73xy + 22xz + yz$

Multipliziere wie im Beispiel aus und fasse so weit wie möglich zusammen. Kannst du ohne zu rechnen schon die Zahl der Teilprodukte vorhersagen?

a) $(6a + 2b + 5) \cdot (8a + 7b + 3)$
b) $(2x + 10y + 4z) \cdot (x + 9y + z)$
c) $(a + b + c + d) \cdot (a + b + c + d)$
d) $(12x - 2y - 3z + 5) \cdot (x + y - 4z - 2)$
e) Finde eine Formel für $(a + b + c)^2$, $(a + b + c + d)^2$, $(a + b + c + d + e)^2$

Aufgaben

$(a + b)^3$
$= (a + b)^2 \cdot (a + b)$

25 *Variationen*

Mathematiker suchen ständig nach Verallgemeinerungen. Die Verallgemeinerung von $(a + b)^2$ zu $(a + b + c)^2$ hast du in Aufgabe 24 schon kennen gelernt. Doch was verbirgt sich hinter $(a + b)^3$?

a) Multipliziere $(a + b)^3$ aus und fasse so weit wie möglich zusammen.

b) Auch zu $(a + b)^3$ gibt es ein Puzzle, dieses Mal jedoch in Würfelform. Übertrage das Schrägbild des zusammengebauten Würfels in dein Heft.

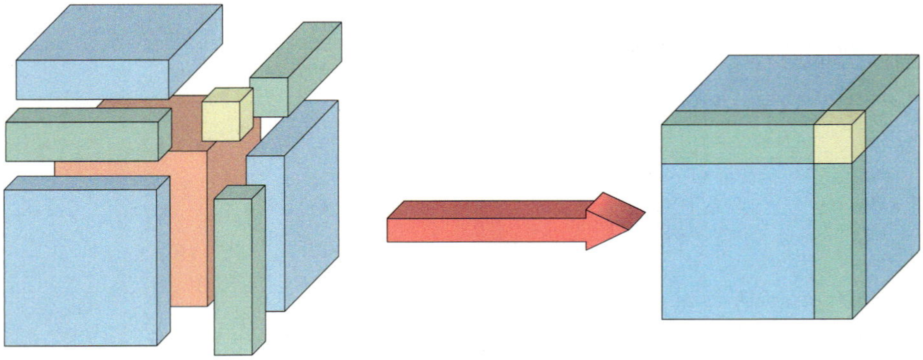

c) Ordne jedem Term aus Aufgabe a) ein passendes Puzzleteil zu.

26 *Rechenkünstler arbeiten mit Tricks.*

Der große Magier Don Morbido berechnet 67^2 und 98^2:

67	98
42	72
3649	8164
42	72
4489	9904

a) Berechne wie Don Morbido: 45^2, 59^2 und 83^2.

b) Beschreibe den Trick.

c) Was hat der Trick wohl mit $(10a + b)^2$ zu tun?

d) Klappt der Trick auch bei dreistelligen Zahlen?

Aufgaben

27 *Wie wachsen Quadratzahlen?*

a) Übertrage die Reihe der Quadratzahlen in dein Heft und setze sie bis 16^2 fort.

1^2	2^2	3^2	4^2	5^2	6^2	7^2	…
1	4	9	16	25	36	…	…

b) Auch die Abbildung und der Term geben Aufschluss darüber, wie Quadratzahlen wachsen. Untersuche diesen Zusammenhang! Zeichne, rechne.

Ist n eine natürliche Zahl, dann ist 2n + 1 immer ungerade!

n	2n + 1
1	3
2	5
3	7
⋮	⋮

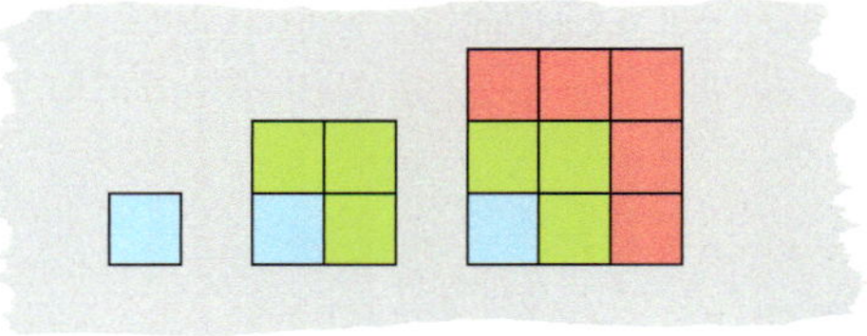

$(n + 1)^2 - n^2 = \dots$

c) Lüfte das Geheimnis des Rechentricks.

Blaise Pascal
* 1623 † 1662

28 *Was hat das Pascal'sche Dreieck mit den binomischen Formeln zu tun?*

$(a + b)^3$ hast du schon kennengelernt. Jetzt geht es um $(a + b)^4$, $(a + b)^5$ usw.

a) Berechne nacheinander $(a + b)^3$, $(a + b)^4$, $(a + b)^5$ und $(a + b)^6$. Mit einem Computer-Algebra-System kannst du überprüfen, ob du richtig gerechnet hast.

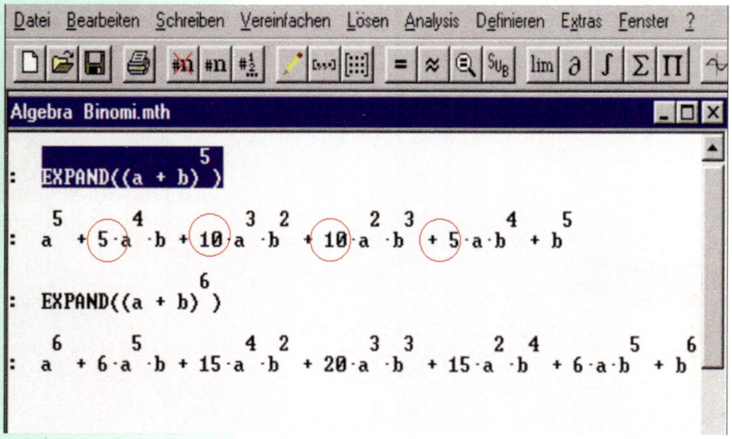

b) Vergleiche die *Koeffizienten* auf dem Computerbildschirm mit den Zahlen aus dem Pascal'schen Dreieck. Was fällt dir auf?

1
1 1
1 2 1
1 3 3 1
1 4 6 4 1
1 5 10 10 5 1
1 6 15 20 15 6 1
1 7 21 35 35 21 7 1
1 8 28 56 70 56 28 8 1

c) Mit welchen *Exponenten* (Hochzahlen) tauchen Produkte mit a und b auf? Erkennst du ein System? Beschreibe.

d) Kannst du $(a + b)^8$ ausmultiplizieren ohne zu rechnen?

29 In Aufgabe 25 hast du gesehen, dass man sich unter $(a + b)^3$ einen Würfel vorstellen kann, der aus 8 Teilen (2 verschieden großen Würfeln und je 3 gleichartigen Quadern) zusammengesetzt ist.
Welche Puzzle verstecken sich hinter $(a + b + c)^3$ oder $(a + b + c + d)^3$ und aus wie vielen Teilen werden diese bestehen? Findet ihr eine Gesetzmäßigkeit?

1.4 Gleichungen und Ungleichungen

Was dich erwartet

Gleichungen sind wie Rätsel. Du musst herausfinden, welche Zahlen sich hinter den Variablen verstecken. Manche Gleichungen kannst du schon durch „scharfes Hinsehen“ lösen: $x + 8 = 12$ ist ein Beispiel dafür.
Je komplizierter die Terme auf beiden Seiten einer Gleichung werden, desto aufwändiger wird auch das Finden der Lösung. Dann heißt es einen klaren Kopf zu behalten und Schritt für Schritt vorzugehen.
Bei den so genannten Ungleichungen wird das Gleichheitszeichen durch >, <, ≤ oder ≥ ersetzt und das hat Folgen: $x + 8 = 12$ hat genau eine Lösung; für $x + 8 > 12$ hingegen findest du unendlich viele Zahlen, die für x eingesetzt eine richtige Aussage ergeben.

Aufgaben

1 *Das kannst du noch.*
Löse die Gleichungen, überprüfe deine Lösungen durch Einsetzen in die Ausgangsgleichung (Probe).

a) $6x - 42 = 24$
b) $x + 4 = 2x$
c) $20 + 7x = 60 - 3x$
d) $25 - b = 11 + b$
e) $4 \cdot (f + 1) = 12$
f) $3 \cdot (8 - k) = -3k + 24$
g) $9 \cdot (2 + a) = (a + 14) \cdot 3$
h) $(x + 3)^2 = x^2 + 7x + 10$
i) $(g - 4) \cdot (g + 4) = g^2 - 16$
j) $y \cdot (y + 4) = y^2 + 2y + 6$

Vergleicht eure Lösungen. Was fällt euch auf?

2 *Texte führen zu Gleichungen*
Finde für die folgenden Situationen und Rätsel passende Gleichungen und löse sie.
Achtung: Zu einer Aufgabe findest du mehr als eine Lösung!

Zahlenrätsel I
Die Summe von drei aufeinander folgenden natürlichen Zahlen ergibt 372.
Wie lauten die Zahlen?

Zahlenrätsel II
Welche Zahl wird um 1 größer, wenn ich sie halbiere?

Altersrätsel
Der Vater von Moritz und Clara ist zehnmal so alt wie die beiden zusammen. Clara und Moritz sind zusammen drei Jahre alt.

Rätselhafte Flächenveränderung
Die Seiten eines Quadrates werden alle um 4 cm verkürzt. Dabei verringert sich der Flächeninhalt um 72 cm². Von welcher Seitenlänge ist man ausgegangen?

Zahlenrätsel III
Zwei aufeinander folgende Quadratzahlen unterscheiden sich um 17.

Zahlenrätsel IV
Kann man die Zahl 10 so in zwei Summanden zerlegen, dass der eine Summand das Siebenfache des anderen beträgt?

Zahlenrätsel V
Ziehst du vom Sechsfachen einer Zahl 2 ab, so erhältst du mehr als das Doppelte der Zahl.

Aufgaben

Diese Aufgabe könnt ihr in Gruppen bearbeiten.

3 *Mindestens oder höchstens*

Verkehrsschilder und Bestimmungen aus Gebührenordnungen lassen sich häufig mithilfe der Mathematik in Ungleichungen übersetzen.

a) Die Deutsche Post AG stellte bis 2004 für Päckchen bis zu einem Höchstgewicht von 2000 g folgende Forderung:

Mindestmaße: 15 cm lang, 11 cm breit

Höchstmaße: L + B + H maximal 90 cm, dabei keine Seite länger als 60 cm.

Erfüllen die Päckchen 1 und 2 die Vorgabe? Welche Maße kannst du für die Höhe H beim 3. Päckchen wählen?

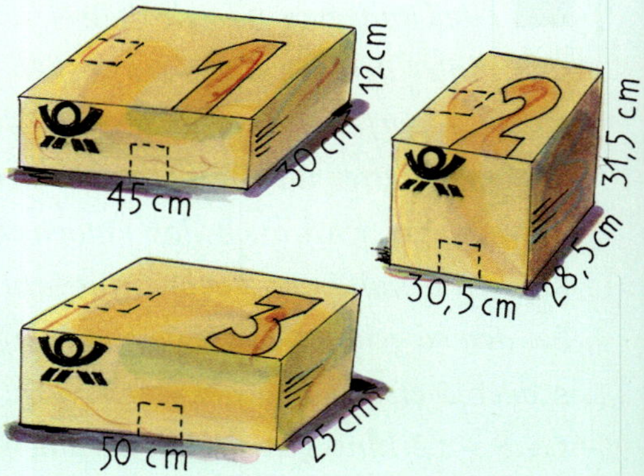

b) Formuliere die Forderungen als Ungleichungen mit den Zeichen <, ≤, >, ≥.

c) Ein Getränkelieferant will Getränkekisten zu einem Festzelt am Waldrand bringen. Der schmale Zufahrtsweg führt unter einer kleinen Brücke durch. Eine Getränkekiste ist 45 cm hoch. Wie viele Kisten kann man höchstens aufeinanderstapeln? Erstelle dazu eine Ungleichung.

4 *Aus Gleichungen werden Ungleichungen*

a) Löse zuerst die Gleichungen, betrachte anschließend die Ungleichungen. Was kannst du über deren Lösungen aussagen?

①	$x + 9 = 12$	$x + 9 > 12$
②	$2a + 1 = 5$	$2a + 1 < 5$
③	$5x - 2{,}5 = -4$	$5x - 2{,}5 \geq -4$
④	$3(x - 4) = -15$	$3(x - 4) \leq -15$

b) Welche Zahlen aus der Wolke sind Lösungen der *Ungleichungen*? Setze ein und rechne!

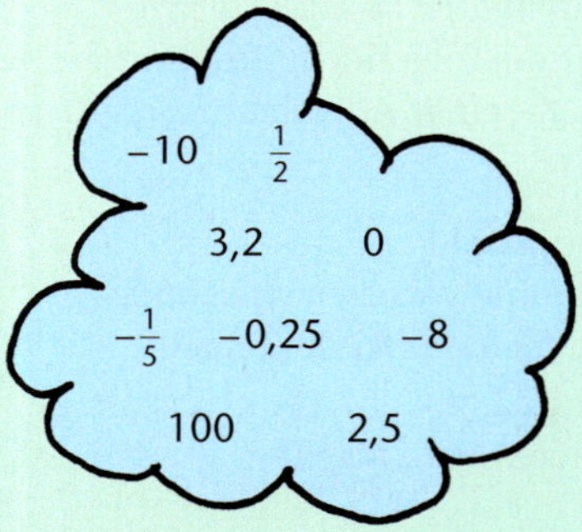

$\boxed{3{,}2} + 9 > 12$
$12{,}2 > 12$ ✓
3,2 ist Lösung.

$\boxed{-10} + 9 > 12$
$-1 > 12$ f
−10 ist keine Lösung.

c) Welches Bild der Zahlengerade gibt alle Lösungen der Ungleichung $2a + 1 < 5$ an?

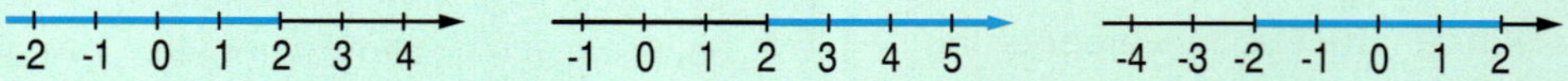

d) Stelle auch die Lösungen der anderen Ungleichungen aus a) als Zahlengerade dar.

5 Dirk erzielte in den letzten fünf Basketballspielen folgende Punkte: 27, 18, 27, 32 und 21. Wie viele Punkte müsste er im nächsten Spiel erzielen, um einen Durchschnitt von 28 (30) pro Spiel zu erreichen?
Informiere dich im Internet über die höchste Punktzahl, die je von einem Spieler der NBA in einem Spiel erzielt wurde.

Basiswissen

Viele Probleme und Rätsel kann man mit Gleichungen beschreiben und dann auch lösen. Die passende Gleichung zu finden ist dabei häufig der schwierigste Schritt. Ist das geschafft, hilft dir zunächst das Ordnen und Umformen beim Vereinfachen der Terme. Mithilfe der Äquivalenzumformungen kannst du die Gleichung dann schrittweise umformen, bis du die Lösung ablesen kannst.

Problem:
Die Seiten eines Quadrates werden alle um 2 cm verlängert. Dabei vergrößert sich der Flächeninhalt um 24 cm². Von welcher Seitenlänge ist man ausgegangen?

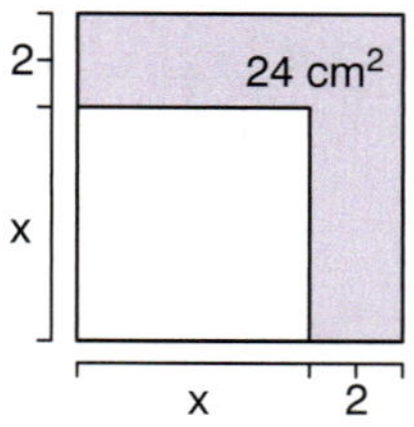

Gleichung aufstellen:

1. Variable festlegen

„Die Seiten eines Quadrates …“: x

2. Passende Terme finden

„… werden um 2 cm verlängert.“: $x + 2$
alter Flächeninhalt: x^2
neuer Flächeninhalt: $(x + 2)^2$

3. Gleichung aufstellen

$(x + 2)^2 = x^2 + 24$

Gleichung lösen:

1. Terme vereinfachen (z. B. Klammern auflösen oder Terme zusammenfassen)

2. Äquivalenzumformungen anwenden

- Du kannst auf beiden Seiten der Gleichung die *gleiche Zahl* oder den *gleichen Term addieren* oder *subtrahieren.*
- Du kannst beide Seiten der Gleichung mit der *gleichen Zahl* (≠ 0) *multiplizieren.*
- Du kannst beide Seiten der Gleichung durch die *gleiche Zahl* (≠ 0) *dividieren.*

$(x + 2)^2 = x^2 + 24$ Terme vereinfachen

$x^2 + 4x + 4 = x^2 + 24 \quad | -x^2$

$4x + 4 = 24 \quad | -4$ Äquivalenzumformungen

$4x = 20 \quad | :4$

$x = 5$

Lösung:
Die Seitenlänge des ursprünglichen Quadrates beträgt 5 cm.

Probe:

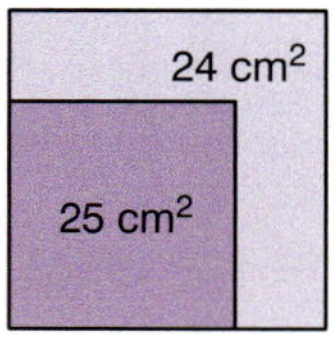

Problemprobe

Linke Seite:
$(5 + 2)^2 = 49$
Rechte Seite:
$5^2 + 24 = 49$

Einsetzprobe

Stimmt!

Beispiele

A Löse die Gleichung $2 \cdot (x + 3) = x - (1 + 3x)$.
Mache anschließend die Probe.

$$\begin{array}{lll} 2(x+3) & = x - 1 - 3x & \mid \text{Klammern auflösen, Terme vereinfachen} \\ 2x + 6 & = -2x - 1 & \mid +2x \\ 4x + 6 & = -1 & \mid -6 \\ 4x & = -7 & \mid :4 \\ x & = -1{,}75 & \end{array}$$

Probe:
Linke Seite: $2 \cdot (-1{,}75 + 3) = 2 \cdot 1{,}25 = 2{,}5$
Rechte Seite: $-1{,}75 - (1 + 3 \cdot (-1{,}75)) = -1{,}75 - (1 - 5{,}25) = -2{,}75 + 5{,}25 = 2{,}5$ ✓

B Löse die Gleichungen.

$$\begin{array}{rl} (x-4)^2 & = x^2 - 8x + 16 \\ x^2 - 8x + 16 & = x^2 - 8x + 16 \\ 0 & = 0 \end{array}$$

Die Gleichung ist *allgemeingültig.*
Jede Zahl löst die Gleichung.

$$\begin{array}{rl} 2(x+3) & = 2(x-5) \\ 2x + 6 & = 2x - 10 \\ 6 & = -10 \quad \text{falsche Aussage} \end{array}$$

Die Gleichung ist *nicht lösbar.*
Keine Zahl löst die Gleichung.

Übungen

6 Eine Gleichung hat keine Lösung, eine ist allgemeingültig und zwei haben die Lösung 0.

6 *x ist gesucht!*
Schau dir die Aufgaben genau an, bei manchen lohnt es sich auch zu probieren. Mit den Äquivalenzumformungen kommst du aber sicher zum Ziel.

a) $x + 4 = 2x$
b) $10x - 15 = 5x + 20$
c) $2x + 7 = 12x$
d) $7x + 3x = 2(3x + 2x)$
e) $(x + x) \cdot 3 = 36x$
f) $(x - 4) \cdot (x + 4) = x^2 + 5x + 9$
g) $x \cdot (x + 4) = x^2 + 2x + 6$
h) $x + 3 = x - 3$
i) $(x + 3)^2 = (x - 3)^2$

7 Löse die Gleichungen. Mache die Probe.

a)	b)	c)
$13x - 33 = 19$	$5 \cdot (2 - x) = 2x - 4$	$(2a + 48) : 2 = (6a + 3) : 3$
$\frac{1}{3} \cdot x + 4 = 13$	$3 \cdot a + 8 = 2 + 7a$	$-2x - x = 11 - (x + 3)$
$2{,}5 \cdot t - 23 = 2$	$5x - 2 \cdot (x + 3) = x + 8$	$(\frac{3}{4}x - 7) \cdot 4 = x - (1 + x)$
$-1{,}5 = 0{,}5 - 10a$	$4 \cdot (5 + 10y) = 100(y + y)$	$x + 3(1 - x) = 3 - 3x + x$
$4(5 - 2x) = -4 \cdot (x + 9)$	$(x + 3) \cdot 2 = 3(x + 1) - x$	$8s - 2(s + 3) = 2(0{,}5s - 2)$

8 *Geometrische Probleme*
Finde die passende Gleichung und löse sie. Überprüfe anschließend deine Lösung an einer passenden (maßstabsgerechten) Zeichnung.

nachher

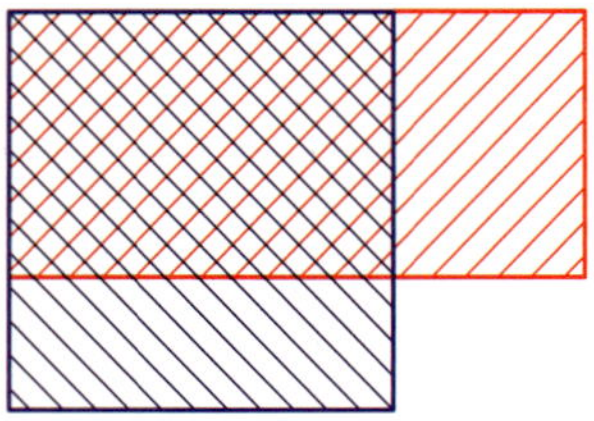

vorher

*Verkürzt man die eine Seite eines Quadrates um 2 cm und verlängert die andere Seite um 3 cm so erhält man ein Rechteck, das den gleichen Flächeninhalt wie das Quadrat hat.
Wie lang sind die Quadratseiten?*

*Das rechteckige Grundstück von Bauer Tammens hat einen Umfang von 56 m. Die eine Seite ist 4 m länger als die andere.
Wie lang sind die Seiten? Welchen Flächeninhalt hat das Grundstück?*

*Wird eine Seite eines Quadrates um 2 cm, die andere um 3 cm verlängert, so entsteht ein Rechteck. Sein Flächeninhalt ist um 31 cm² größer als der des Ausgangsquadrats.
Bestimme die ursprüngliche Quadratseitenlänge.*

*Ein Rechteck hat einen Umfang von 40 cm. Es ist dreimal so lang wie breit.
Bestimme Seitenlängen und Flächeninhalt.*

Übungen

9 *Zahlenrätsel*
Stelle eine Gleichung auf und löse sie.
a) Welche Zahl wird um 3 größer, wenn ich sie durch 4 dividiere?
b) Wenn du das Dreifache einer Zahl um 6 vergrößerst, so ergibt sich dasselbe, wie wenn du von 131 das Doppelte dieser Zahl abziehst!
c) Wenn du von 24 ein Drittel einer gedachten Zahl subtrahierst, ergibt sich 12.
d) Die Hälfte einer Zahl ist genau so groß wie das Zehnfache der Zahl!

9 Lösungen:
0 25
−4
36

10 Die Oberfläche eines Würfels nimmt um 750 cm² zu, wenn seine Kanten alle um 5 cm verlängert werden.
a) Welche Kantenlänge hat der Ausgangswürfel?
b) Diskutiert eure Lösungsansätze.

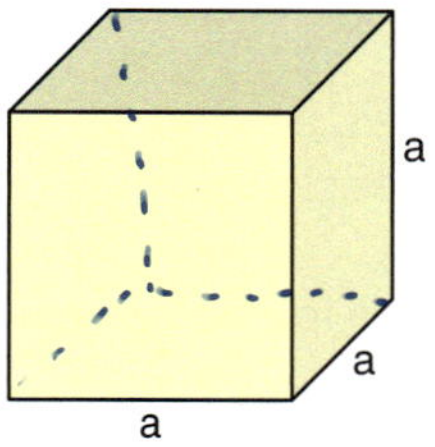

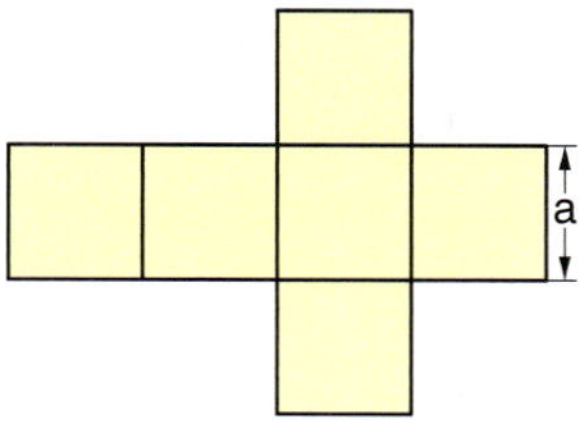

Aufteilungsprobleme

Bei vielen Problemen geht es darum, dass bestimmte Dinge unter mehreren Personen aufgeteilt werden müssen. Bruchteile der unbekannten Menge spielen in den Gleichungen dann eine große Rolle.

11 Auf der Sprint-Etappe führte Charly $\frac{1}{4}$ der Strecke die Gruppe an, für $\frac{1}{3}$ der Strecke übernahm dann Chris die Führung und Jonas war dann $\frac{2}{5}$ der Strecke Spitzenreiter; der letzte Kilometer wurde aber von Jan dominiert.
Wie lang war die Etappe?

11 Die richtige Gleichung ist dabei.
$\frac{1}{4} + \frac{1}{3} + \frac{2}{5} + 1 = x$
$\frac{1}{4}x + \frac{1}{3}x + \frac{2}{5}x + 1 = x$
$x - \left(\frac{1}{4} + \frac{1}{3} + \frac{2}{5}\right) \cdot x = 1$

12 *Gemeinsamer Garten*
a) Donald, Micky und Goofy haben zusammen ein Gartengrundstück gepachtet. Donald wird ein Drittel des Gartens bewirtschaften, Micky $\frac{3}{8}$ der Fläche und die restlichen 175 m² werden von Goofy genutzt. Wie groß ist der Garten?
b) Die Kirschenernte war ein voller Erfolg. 60 kg wurden geerntet. Sie sollen so verteilt werden, dass Micky 4 kg mehr als Goofy und Goofy 5 kg mehr als Donald bekommt.

13 *Wie war das vorher?*
Finde zu den Meldungen einfache Gleichungen und löse sie.

Die Zahl der Wildunfälle hat um 20 % auf 380 abgenommen!

Nach einer 10-prozentigen Preiserhöhung bieten wir nun Pauschalreisen ab 770 € an!

Inklusive 19 % Mehrwertsteuer kostet es 59,50 € …

Zuerst haben wir den Preis für den Wagen um 20 % gesenkt, vor der Werbeaktion dann aber doch noch mal um 15 % erhöht. So konnten wir für 4600 € verkaufen.

Gleichungen mit Prozenten

„Abnahme um 15 %" heißt „· 0,85".

„Zunahme um 16 %" heißt „· 1,16".

14 Frau Krummnagel möchte für den Urlaub einen Wagen mieten. Sie vergleicht die Angebote von 2 Autovermietungen.
a) Löse mit einer Gleichung: Für welche Fahrstrecke x sind die beiden Mietwagen gleich teuer?
b) Wie soll sich Frau Krummnagel entscheiden? Schreibe ihr eine Empfehlung.

Firma	Grundpreis	Preis pro km
Rentacar	40 €	0,50 €
Easyrent	30 €	0,60 €

Übungen

15 *Die Schülerzeitungsredaktion muss genau kalkulieren.*
Die Herstellungskosten für eine Schülerzeitung setzen sich aus einem Grundbetrag von 124 € für den Satz und einem Preis von 0,45 € pro Exemplar für den Druck zusammen. Verkauft werden soll die Schülerzeitung für 2 €.

„Schwarze Zahlen“ bedeutet: Einnahmen ≥ Kosten

a) Probiere: Ab welcher Auflage schreibt die Schülerzeitung „schwarze Zahlen“?
b) Kannst du die folgende „Ungleichung“ erklären?
$2 \cdot x \geq 124 + 0{,}45 \cdot x$

Basiswissen

Situationen, bei denen von höchstens oder mindestens die Rede ist, lassen sich häufig mit Ungleichungen in die Mathematik übersetzen. Anstelle des Gleichheitszeichens treten
$>$ (größer), $<$ (kleiner), $\geq$ (größer oder gleich) und $\leq$ (kleiner oder gleich).

Ungleichungen

Für das Lösen von Ungleichungen gelten die gleichen Gesetze und Regeln wie bei den Gleichungen – mit zwei wichtigen Ausnahmen:

- Multipliziert man eine Ungleichung mit einer negativen Zahl oder
- dividiert man eine Ungleichung durch eine negative Zahl,

so muss das Ungleichheitszeichen umgedreht werden.

$$\begin{array}{rll} 4(x-3) > & 6 + x & \mid \text{Ausmultiplizieren} \\ 4x - 12 > & 6 + x & \mid +12 \\ 4x > & 18 + x & \mid -x \\ 3x > & 18 & \mid :3 \\ x > & 6 & \end{array}$$

$$\begin{array}{rl} x(x-10) \leq (x-4)^2 & \mid \text{Ausmultiplizieren} \\ x^2 - 10x \leq x^2 - 8x + 16 & \mid -x^2 \\ -10x \leq -8x + 16 & \mid +8x \\ -2x \leq 16 & \mid :(-2) \\ x \geq -8 & \end{array}$$

„≥“ und „>“ kann man im Bild schwer unterscheiden.
Vereinbarung:

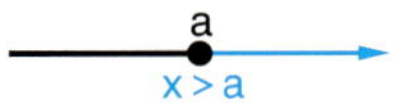

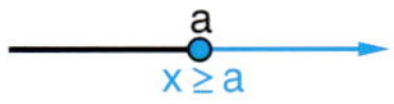

Ungleichungen können viele Lösungen besitzen. An der Zahlengeraden kann man die Lösungsmenge darstellen:

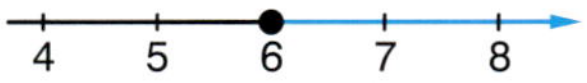

Warum muss bei der Multiplikation (oder Division) mit einer negativen Zahl das Ungleichheitszeichen umgedreht werden?
Erkläre mit den beiden Bildern an der Zahlengeraden.

Beispiele

C Übersetze in eine Ungleichung und löse diese.
„Wenn man eine Zahl verdoppelt und anschließend 4 addiert, so erhält man höchstens das Dreifache der gleichen Zahl.“

$2x + 4$ und $3x$ sind die beiden Terme. $2x + 4 \leq 3x$ ist die Ungleichung.

$$\begin{array}{rl} 2x + 4 \leq 3x & \mid -2x \\ 4 \leq x & \text{oder} \\ x \geq 4 & \end{array}$$

Die Zahl muss größer oder gleich 4 sein!

Übungen

16 Löse die Ungleichungen, achte auf Umformungen, bei denen das Ungleichheitszeichen umgedreht werden muss. Stelle die Lösung an der Zahlengeraden dar.

a) $-19 + 8x \geq 37$ b) $5 - 8x \leq -35$ c) $(x - 2)^2 > x^2$

d) $-3(6 - 2x) \leq 15$ e) $13 + 4 \cdot (7 - 2a) < 47$ f) $8 + 3(p - 2) \leq 38$

17 Die Darstellung der Lösungen von Ungleichungen an der Zahlengeraden ist sehr anschaulich. In der Mathematik verzichtet man oft auf Bilder und benutzt folgende Schreibweise für die *Lösungsmenge:*

$L = \{x \mid x \geq -2\}$ – „Lösungsmenge ist die Menge aller rationalen Zahlen, die größer oder gleich minus zwei sind."

Rechne nach: Welche Lösungsmenge gehört zu welcher Ungleichung?

$14x + 9 \leq 11 - 2(1 + x)$	$L = \{x \mid x > -1\}$
$4x - 9 < 8 + 7 \cdot (x - 2)$	$L = \{x \mid x \leq 0\}$
$\frac{1}{2}(4x + 3) < \frac{1}{3}(3x - 12)$	$L = \{x \mid x > 4\}$
$2(5x - 2{,}5) > 2x + 27$	$L = \{x \mid x \geq -40\}$
$\frac{3}{5}x + 2 \geq \frac{1}{2}x - 2$	$L = \{x \mid x < -5{,}5\}$

Geeignet für den Termtrainer

18 Bei zwei der Lösungswege haben sich Fehler eingeschlichen. Suche die Fehler und gib jeweils die richtige Lösungsmenge an.

$$x + 4 > \tfrac{3}{2}x - 2$$
$$-\tfrac{1}{2}x + 4 > -2$$
$$-\tfrac{1}{2}x > -6$$
$$x > 12$$
$$L = \{x \mid x > 12\}$$

$$1{,}5(x - 2) \leq x^2 - x(x + 3)$$
$$1{,}5x - 3 \leq x^2 - x^2 - 3x$$
$$1{,}5x - 3 \leq -3x$$
$$4{,}5x - 3 \leq 0$$
$$4{,}5x \leq 3$$
$$x \leq \tfrac{2}{3}$$
$$L = \{x \mid x \leq \tfrac{2}{3}\}$$

$$0{,}5x + 19 < 2{,}5x + 15$$
$$-2x + 19 > 15$$
$$-2x > -4$$
$$x > 2$$
$$L = \{x \mid x > 2\}$$

Die passenden Äquivalenzumformungen entlarven den Fehler.

19 *Geometrische Probleme mit Ungleichungen lösen*

a) Finde alle möglichen Längen von x.

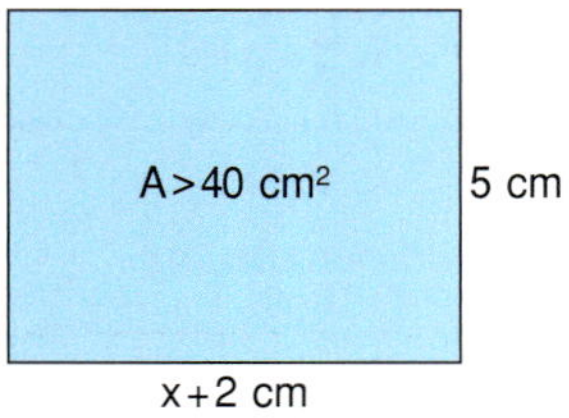

b) Der Umfang eines Quadrates beträgt höchstens 50 % des Dreieckumfangs. Welche Seitenlängen sind möglich?

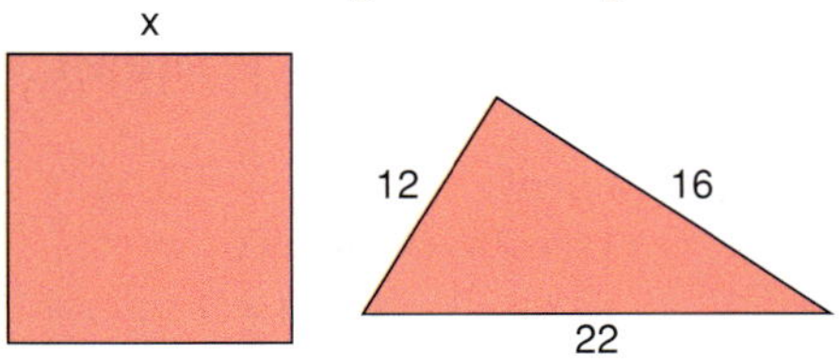

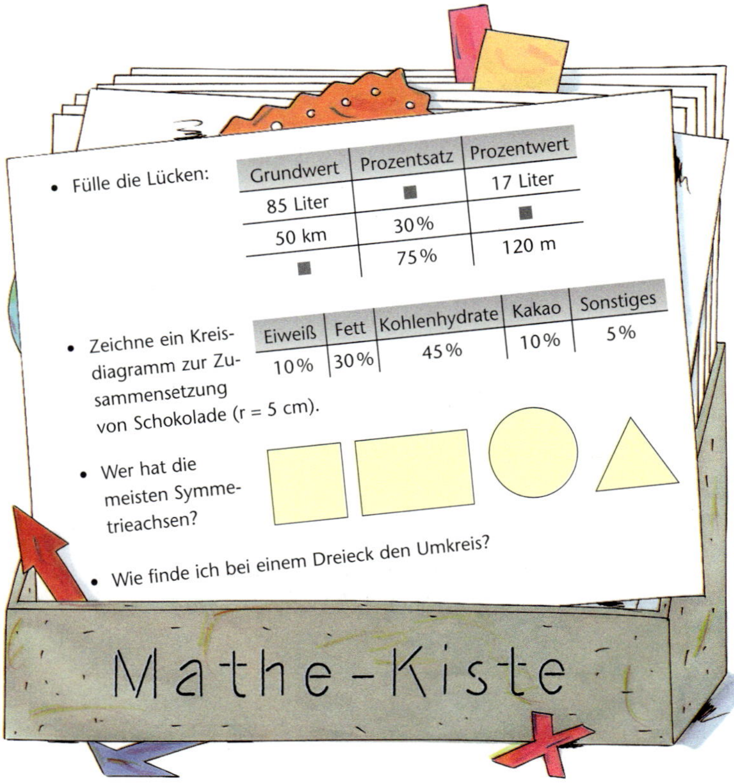

Übungen

Gemischtes Training

Geeignet für den Termtrainer

20 Vereinfache die Terme, löse die Gleichungen und Ungleichungen.

a)
$3 - 8x < 27$
$-5(x + 39) \geq -10$
$-4(3 - 2x) - (6 - 8x)$
$(a - 5) \cdot (a + 5) + 50$
$(7x - 1)^2$

b)
$9 - x(x + 3) + x^2 + 5$
$4 \cdot (3 - 2x) = 62$
$-\frac{2}{3}x = \frac{4}{5}$
$(1 - x) \cdot (x + 1)$

c)
$-3(6 - t) \leq 15$
$(x + 2) \cdot 3 = (x + 2)^2 - x^2$
$-4(3 - 2x) - (6 - 8x)$
$3 \cdot (-5n + 4) > 237$

21 Übersetze in eine Ungleichung und gib die Lösungsmenge an.
a) Der Umfang eines Rechtecks ist kürzer als 25 m. Eine Seite ist 7 m lang. Wie lang kann die andere Seite des Rechtecks höchstens sein?
b) Das Vierfache einer Zahl ist mindestens um 5 kleiner als das Dreifache der Zahl.

Die binomischen Formeln helfen weiter.

22 Löse die Ungleichungen und Gleichungen.
a) $(x - 7)^2 \geq x^2 + 21$
b) $(a - 3)^2 < a^2 - 9$
c) $(x - 9) \cdot (x + 9) = x^2 - 9x$
d) $x^2 - 4x \leq (x - 5) \cdot (x + 2)$

23 *Zwei auf einmal*
Wie sieht die Lösung für zwei Ungleichungen aus? Hier kommt es auf die Wörter *und* bzw. *oder* an:

Alle Zahlen, die auf der Zahlengerade zwischen 3 und 9 liegen, bilden ein Intervall.

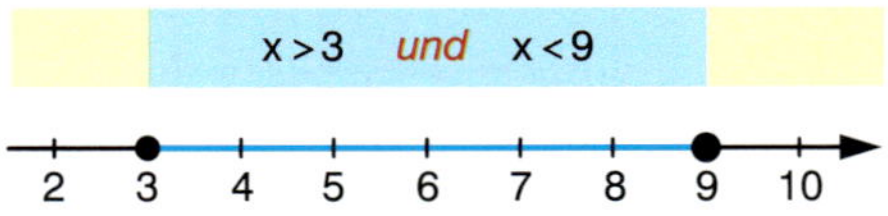

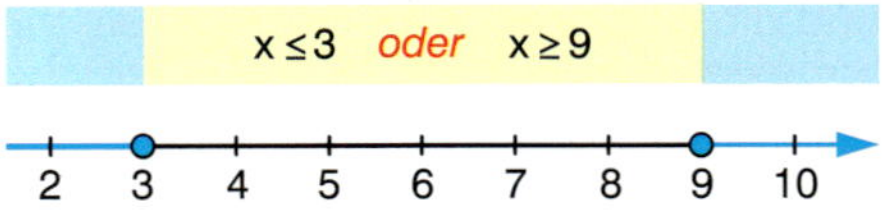

a) Finde zu den Ungleichungen das passende Bild der Lösungsmenge und begründe deine Wahl!

① $x + 3 < 1$ *und* $x - 2 > -7$
② $4x \leq 3$ *und* $-2x \leq 1$
③ $6x < 3x - 3$ *oder* $x \geq 10 - x$
④ $2(x + 3) \geq 8x$ *und* $5x + 5 > 5$

Ⓐ
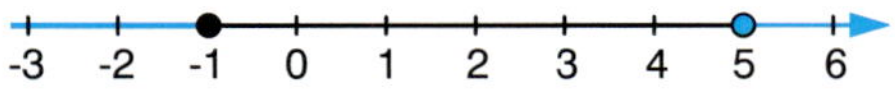

Ⓑ

Ⓒ
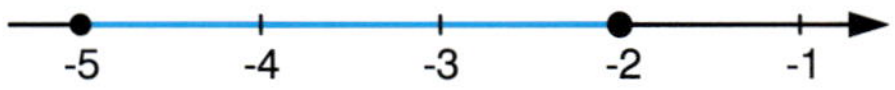

Ⓓ

b) Wieso kann man zu folgenden Ungleichungen kein passendes Bild der Lösungsmenge finden?

$x > 3$ *und* $x < 2$

$x > 0$ *und* $x < 0$

Spüre selbst einige solcher „unmöglichen" Ungleichungen auf.

$(4 - x) \cdot (x + 2) = 0$
1. Faktor: $(4 - x)$ ist Null, wenn $x = 4$ ist.
2. Faktor: $(x + 2)$ ist Null, wenn $x = -2$ ist.
4 und −2 sind Lösungen der Gleichung.

24 *Wann ist ein Produkt null ($a \cdot b = 0$)? Wenn einer der Faktoren (a oder b) null ist.*
Mit dieser Erkenntnis kannst du die folgenden Aufgaben lösen ohne die binomischen Formeln anzuwenden oder die Gleichungen umzuformen.
Aufgepasst: Drei der Gleichungen haben sogar zwei Lösungen!
a) $(3x - 6)^2 = 0$
b) $(5 + x)^2 = 0$
c) $(x + 2) \cdot (x - 6) = 0$
d) $(4x - 20) \cdot (4x + 8) = 0$
e) $(2x - 1)^2 = 0$
f) $(3x + \frac{3}{5}) \cdot (x - \frac{1}{7}) = 0$
g) $(5 - 2{,}5x)^2 = 0$
h) $(-\frac{1}{2}x + \frac{1}{3})^2 = 0$

25 *Teste deine Fähigkeiten*

In den folgenden Aufgaben wird der Stoff aus den vorangegangenen Lernabschnitten überprüft. Ungewöhnlich für dich ist bestimmt, dass bei vielen Aufgaben dieses Tests mehrere Lösungen vorgeschlagen werden. Eine solche Testform nennt man „Multiple-Choice"-Test.

Aufgabe 1

(mehrere Lösungen können richtig sein)
Welche Terme sind gleichwertig zu dem ersten Term?

① $(2a + 3b)^2$

a) $4a^2 + 24ab + 9b^2$
b) $(2a + 3b) \cdot (2a + 3b)$
c) $2a^2 + 12ab + 3b^2$

② $-3 \cdot (5 - x) + 2$

a) $-15 - x + 2$
b) $-15 + 3x + 2$
c) $-13 + 3x$

③ $4a + 2 \cdot (a + 7a)$

a) $4a + 9a^2$
b) $20a$
c) $4a + 2 \cdot 8a$

Aufgabe 2

(mehrere Lösungen können richtig sein)
Welcher Term beschreibt das Volumen des Quaders?

a) $10 \cdot x + 70$
b) $24 \cdot (x + 7)$
c) $(4x + 28) \cdot 6$

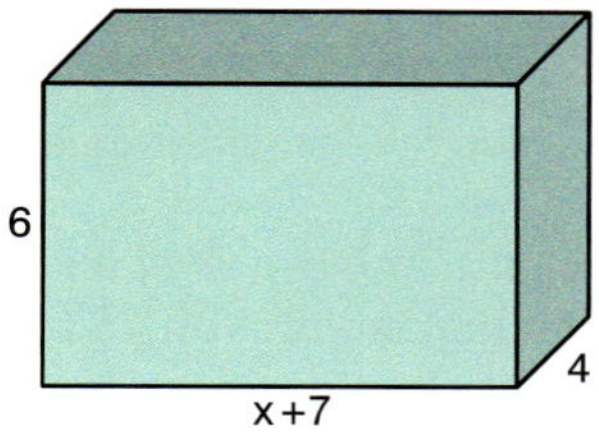

Aufgabe 3

Welche Lösung hat die folgende Gleichung?

$\frac{1}{2}x + 4 = 2{,}5$

a) $x = 0{,}5$
b) $x = 2$
c) $x = -3$

Aufgabe 4

Der Flächeninhalt des Rechtecks soll höchstens 100 cm^2 betragen.
Wie groß darf x sein?

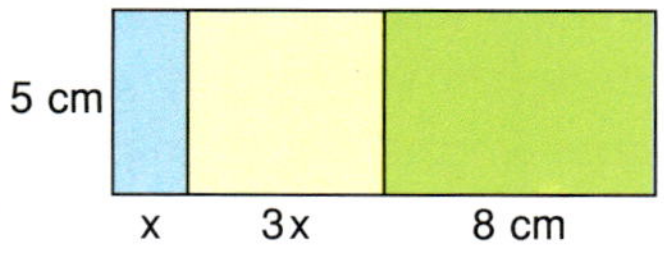

a) x muss kleiner oder gleich 3 cm sein
b) x muss 2 cm lang sein
c) x muss mindestens 3 cm lang sein

Aufgabe 5

Frauke und ihr Vater sind zusammen 59 Jahre alt. Der Vater ist 43 Jahre älter als Frauke. Das Alter von Frauke wird mit x bezeichnet.
Welche Gleichung beschreibt diesen Sachverhalt?

a) $2x = 59 + 43$
b) $59 - 43 = x$
c) $x + x + 43 = 59$
d) $x + 43 - x = 59$
e) $x + 43 = y$
f) Keine der Antworten a) bis e) ist richtig.

Aufgaben

Bearbeitungsdauer:
30 Minuten

Multiple choice bedeutet *Mehrfache Auswahlmöglichkeit*

1.5 Rechnen mit Formeln – Gleichungen mit Parametern

Was dich erwartet

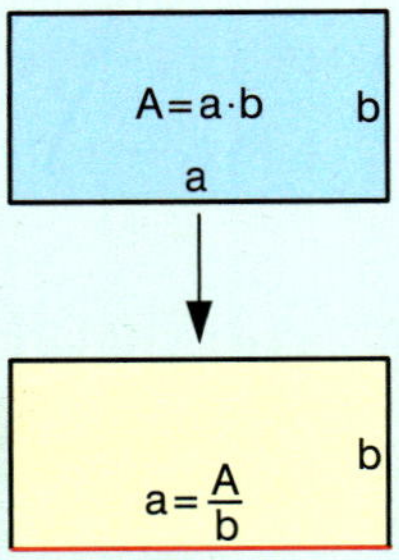

Formeln sind uns beim Anwenden von Mathematik schon häufig begegnet. Mit ihrer Hilfe können wir aus gegebenen Größen andere gesuchte Größen berechnen. In der Flächenformel für das Rechteck z. B. ($A = a \cdot b$) sind noch weitere Formeln versteckt, etwa $a = \frac{A}{b}$. Damit können wir zu einem Rechteck mit vorgegebenem Flächeninhalt A und der Breite b die zugehörige Länge a berechnen.

Wie man aus bekannten Formeln durch richtiges „Umstellen" weitere Formeln gewinnen kann und was dies mit dem Lösen von Gleichungen zu tun hat, damit beschäftigt sich dieser Lernabschnitt.

Aufgaben

1 Der optimale Puls bei Ausdauersportarten hängt vom Alter ab. In einem Fitnessbuch wird die folgende Faustregel angegeben:

(A: Alter, P: Puls)

$$4 \cdot P + 3 \cdot A = 660$$

a) Ein 35 Jahre alter Sportler hat nach dem Joggen einen Puls von 140. Passt das ungefähr zur Faustregel?

b) Wie hoch ist der optimale Puls für einen 20 Jahre alten Sportler? Welches Alter gehört nach der Faustregel zu einem optimalen Puls von 152?

c) Die Faustregel stellt eine Gleichung mit den Variablen P und A dar. Wenn man diese Gleichung nach P auflöst, so erhält man eine Formel, mit der man den optimalen Puls durch Einsetzen des Alters sofort bestimmen kann.

$$\begin{aligned} 4 \cdot P + 3 \cdot A &= 660 && \mid -3A \\ 4 \cdot P &= 660 - 3 \cdot A && \mid :4 \\ \mathbf{P} &= \mathbf{165 - 0{,}75 \cdot A} \end{aligned}$$

Bestimme damit den optimalen Puls für das Alter von 24 (32, 36, 48) Jahren.

d) Stelle eine Gleichung auf, mit der man das Alter durch Einsetzen des Pulses errechnen kann. Überprüfe durch Einsetzen der in c) ermittelten Wertepaare.

2 *Drei Aufgaben und eine Formel*

Jonas fährt eine Strecke von 45 km mit einer Durchschnittsgeschwindigkeit von 18 km/h. Wie lange hat er für die Strecke benötigt?

Ein Radrennfahrer benötigt für eine Etappe von 180 km 4 h und 15 min. Mit welcher Durchschnittsgeschwindigkeit ist er gefahren?

Lina fährt 25 min zu ihrer Freundin. Als sie angekommen ist, zeigt der Radcomputer eine Durchschnittsgeschwindigkeit von 16 km/h an. Wie weit ist Lina gefahren?

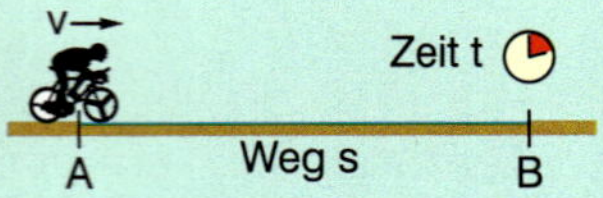

a) Kai findet in der Formelsammlung: Geschwindigkeit $= \frac{\text{Weg}}{\text{Zeit}}$; $v = \frac{s}{t}$.
Welche der drei obigen Aufgaben lässt sich direkt mit dieser Gleichung lösen?

b) Durch „Umstellen" gewinnt Kai zwei weitere Formeln. Löse damit die anderen Aufgaben.

$$\begin{aligned} v &= \tfrac{s}{t} && \mid \cdot t \\ v \cdot t &= s \\ s &= v \cdot t \end{aligned} \qquad \begin{aligned} v &= \tfrac{s}{t} && \mid \cdot t \\ v \cdot t &= s && \mid :v \\ t &= \tfrac{s}{v} \end{aligned}$$

c) Erkläre, wie Kai die beiden Gleichungen gefunden hat.

Aufgaben

3 *Ein berühmtes Optimierungsproblem und Tabellenkalkulation*

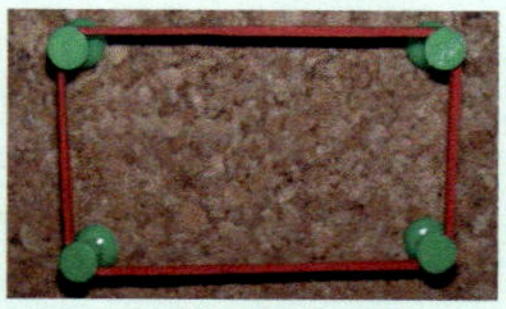

Mit einer Schnur der Länge U kann ein rechteckiges Grundstück abgesteckt werden.
Wie soll man Länge und Breite wählen, damit man eine möglichst große Fläche erhält?
a) Mit der Tabellenkalkulation erhält man schnell einen Überblick: In den beiden Tabellenausschnitten ist das Problem für zwei verschiedene Schnurlängen (Umfang des Rechtecks) durchgerechnet.
Welche Vermutung kannst du aus den beiden Beispielen gewinnen? Prüfe deine Vermutung auch für U = 120 und U = 60.

Einen schönen Beweis für die Vermutung findest du auf Seite 45.

Wir schauen uns die Tabellenkalkulation etwas genauer an:
In Spalte A wird jeweils der Umfang eingegeben, in Spalte B nacheinander die verschiedenen gewählten Längen. Die zugehörige Breite (in Spalte C) und der Flächeninhalt (in Spalte D) werden dann von der Tabellenkalkulation automatisch errechnet, allerdings musste man hier vorher die passenden Gleichungen eingeben.

b) Die Gleichungen in Spalte D lauten:
D2=B2*C2
D3=B3*C3
...
Begründe, wieso damit der jeweilige Flächeninhalt berechnet wird.

D2 = =B2*C2

	A	B	C	D
1	Umfang	Länge	Breite	Flächeninhalt
2	240	20	100	2000
3	240	40	80	3200
4	240	60	60	3600
5	240	80	40	3200
6	240	100	20	2000
7				

c) In der Spalte C stehen die Gleichungen:
C2=A2/2-B2
C3=A3/2-B3
...
Begründe, wieso damit jeweils die Breite des Rechtecks berechnet wird.

C2 = =A2/2-B2

	A	B	C	D
1	Umfang	Länge	Breite	Flächeninhalt
2	100	10	40	400
3	100	20	30	600
4	100	25	25	625
5	100	30	20	600
6	100	40	10	400
7				

c) Schreibe die Formel $U = 2 \cdot L + 2 \cdot B$ als Gleichung $u = 2l + 2x$ und löse die Gleichung nach x auf.

4 *Verschiedene Gleichungen von gleicher Form*

a) Löse die folgenden drei Gleichungen durch Äquivalenzumformungen:

① $3 \cdot x + 2 = 14$ ② $0{,}7 \cdot x + (-0{,}5) = 3$ ③ $(-5) \cdot x + \frac{3}{2} = 21{,}5$

Vergleiche die einzelnen Lösungsschritte in den drei Fällen.
Kannst du Gemeinsamkeiten feststellen?
b) Lisa behauptet: Ich habe für die drei Gleichungen eine gemeinsame Lösungsformel gefunden.

$a \cdot x + b = c \quad | -b$
$a \cdot x \quad = c - b \quad | : a$

$$x = \frac{c-b}{a}$$

Wenn ich jetzt z. B. für a, b, c die Zahlen 3, 2 und 14 aus der Gleichung ① einsetze, so erhalte ich mit der Formel die Lösung $x = \frac{14-2}{3} = 4$.

Achtung: Die Formel gilt nur für $\mathbf{a \neq 0}$.

Kannst du das Vorgehen von Lisa erklären? Bestimme mit der Formel auch die Lösungen der Gleichungen ② und ③. Vergleiche mit deinen Lösungen aus a).
c) Bei der Gleichung $4x + 7 = 35 + 2x$ kannst du die Lösung nicht sofort mit der Lösungsformel von Lisa bestimmen. Warum nicht?
Allerdings genügt eine Äquivalenzumformung, dann lässt sich die Lösung mit der Formel bestimmen. Führe dies aus.
d) Begründe, warum die Formel nur für $a \neq 0$ gilt.

Basiswissen

Formeln werden bei der Lösung von praktischen Problemen eingesetzt, z. B. bei der Bestimmung des Umfangs eines Rechtecks. Mathematisch gesehen ist eine Formel eine Gleichung mit mehreren Variablen. Durch Einsetzen von bekannten Zahlen für die Variablen a und b (Parameter) erhält man den gesuchten Wert für die Variable U (Lösungsvariable).

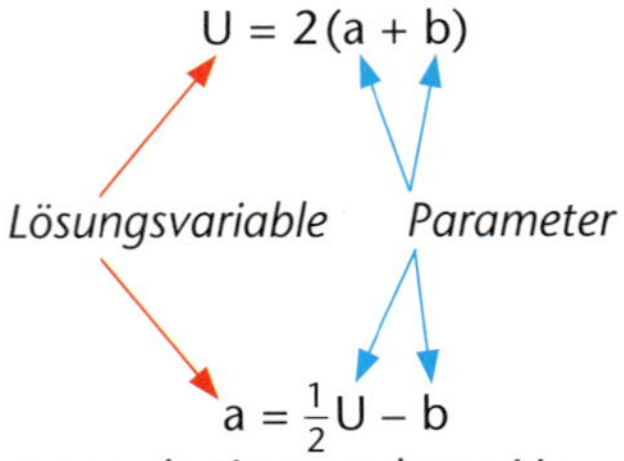

Parameter kommt aus dem Griechischen und bedeutet „Nebengröße".

Oft ist es günstig, eine Formel umzustellen, d. h. die Gleichung nach einer anderen Variablen aufzulösen. Man gewinnt damit eine neue Formel für eine veränderte Problemstellung, z. B. eine Formel zur Berechnung der Länge a eines Rechtecks, wenn die Breite b und der Umfang U bekannt sind.

Auflösen von Gleichungen nach einem Parameter

Zusammenhang zwischen optimalem Puls und Alter beim Ausdauersport: **4p + 3a = 660**
p: Puls (Herzschläge pro Minute)
a: Alter in Jahren

bekannt	Alter **a**	Puls **p**
gesucht	Puls **p**	Alter **a**
Gleichung auflösen…	…nach **p:** $4p + 3a = 660 \mid -3a$ $4p = 660 - 3a \mid :4$ $p = 165 - \frac{3}{4}a$	…nach **a:** $4p + 3a = 660 \mid -4p$ $3a = 660 - 4p \mid :3$ $a = 220 - \frac{4}{3}p$
Formel	$p = p(a)$	$a = a(p)$
Zahlenbeispiel	$p(36) = 138$	$a(150) = 20$

Beispiele

A Mit der Formel $P = G \cdot \frac{p}{100}$ kann man bei gegebenem Grundwert G und Prozentsatz p den Prozentwert P berechnen. Stelle die Formel so um, dass man zu gegebenem Prozentwert und Prozentsatz den Grundwert berechnen kann.

Gegebene Formel: $P = G \cdot \frac{p}{100}$

Auflösen der Gleichung nach G:

$$P = G \cdot \frac{p}{100} \quad | \cdot 100$$
$$P \cdot 100 = G \cdot p \quad | : p \quad (p \neq 0)$$
$$P \cdot \frac{100}{p} = G$$
$$G = P \cdot \frac{100}{p}$$

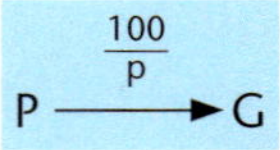

B Löse die Gleichung $2x - 4y = 12$ nach beiden Variablen auf.

Auflösen nach x:

$$2x - 4y = 12 \quad | + 4y$$
$$2x = 12 + 4y \quad | : 2$$
$$x = 6 + 2y$$

Auflösen nach y:

$$2x - 4y = 12 \quad | -2x$$
$$-4y = 12 - 2x \quad | : (-4)$$
$$y = -3 + \frac{1}{2}x$$

Übungen

5 a) Stelle eine Formel für den Umfang des gleichschenkligen Dreiecks auf.
Stelle die Formel dann so um, dass man
b) aus dem gegebenen Umfang U und der Basislänge x die Länge des Schenkels y,
c) aus dem gegebenen Umfang U und der Schenkellänge y die Basislänge x berechnen kann.

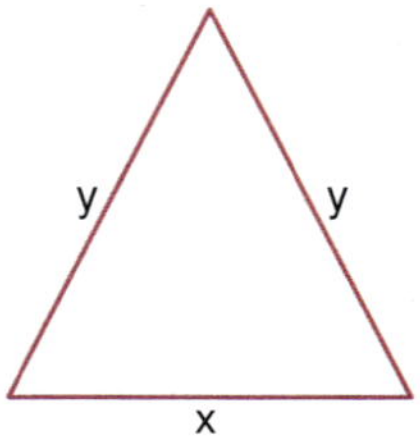

Bei Aufgabe h) darf der Parameter a nicht 0 sein.

6 Löse die folgenden Gleichungen nach x auf.

a) $3x - b = 6$
b) $\frac{1}{2}a + \frac{3}{2}x = a$
c) $6b - x = 3b + 2x$
d) $5(x + a) = x - a$
e) $3x - b = a$
f) $0{,}7x - 0{,}1a + 1{,}4b = 0$
g) $\frac{a + b}{2} = 2x + a$
h) $3ax - 2 = b$

Übungen

7 Löse jeweils nach allen auftretenden Variablen auf.
a) $a = b + c$ b) $3a - 15 = 5b$ c) $a = 2b + 3c$ d) $b = a - (2b - 1)$
e) $a = b \cdot c$ $(b \neq 0,\ c \neq 0)$ f) $ab + 2a = 1$ $(a \neq 0,\ b \neq -2)$
Begründe die Einschränkungen für die Parameter bei e) und f).

8 Das arithmetische Mittel d zweier Zahlen a und b berechnet sich nach der Formel $d = \frac{a+b}{2}$. Pascal stellt fest: „Auf dem Zahlenstrahl liegt d genau in der Mitte zwischen a und b."

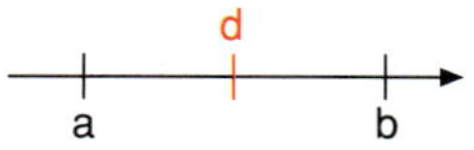

a) Prüfe die Behauptung von Pascal für die nebenstehenden Werte von a und b.

a	3	−2	$\frac{1}{2}$	−0,3	0,25
b	7	3	$\frac{5}{4}$	1,2	0,75

b) Löse die Formel für d jeweils nach den Variablen a und b auf. Bestimme mit der passenden Formel dann jeweils die fehlende Zahl.

a	2,5	■	1,7	■	■
b	■	4	■	$\frac{3}{4}$	0,15
d	3,2	−1	2,4	$\frac{1}{2}$	−0,72

9 a) Du kennst sicher die Scherzfrage: „Was ist schwerer? Ein Kilogramm Federn oder ein Kilogramm Blei?" Wie lautet die korrekte Antwort?

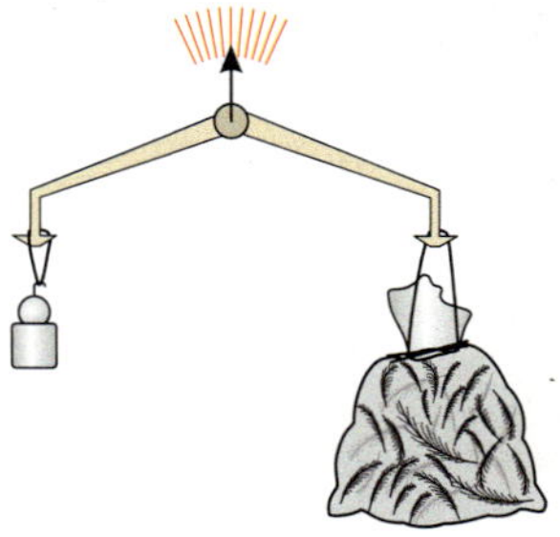

b) Im Physikbuch steht eine Formel für die „Dichte" eines Stoffes:

$\text{Dichte} = \frac{\text{Masse}}{\text{Volumen}}$; $\varrho = \frac{m}{V}$

Ein Bleiwürfel von 3 cm Kantenlänge hat eine Masse von 306,2 Gramm, der gleiche Würfel aus Eis hat die Masse 24,8 Gramm. Berechne die Dichte von Blei und Eis. Warum findet man im Physikbuch keine Angabe für die Dichte von Federn?
c) Stelle die Formel so um, dass du
- die Masse aus gegebener Dichte und Volumen,
- das Volumen aus gegebener Dichte und Masse berechnen kannst.

Berechne mithilfe der passenden Formel die fehlenden Größen in der Tabelle.

	Gold	Eisen	Wasser	Salz	Glas	Luft
Volumen	0,012 cm^3	1000 cm^3	750 ml	■	■	400 dm^3
Masse	0,232 g	■	750 g	1000 g	2,4 kg	■
Dichte	■	7,87 g/cm^3	■	2,16 g/cm^3	2,4 g/cm^3	1,29 g/dm^3

d) Welche Masse hat die Luft in deinem Klassenraum?

10 Zu einem gegebenen Kapital K und dem Zinssatz p kann man die Jahreszinsen Z mithilfe der Zinsformel $Z = K \cdot \frac{p}{100}$ berechnen.

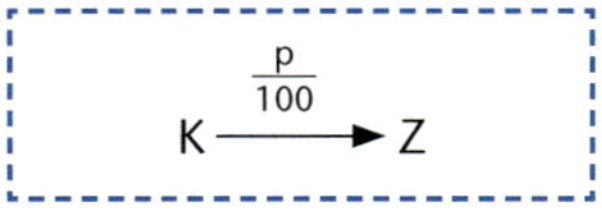

a) Ermittle durch Umstellen der Formel zwei weitere Formeln zur Berechnung
- des Kapitals aus gegebenen Jahreszinsen und Zinssatz,
- des Zinssatzes aus gegebenem Kapital und den Jahreszinsen.

b) Berechne mithilfe der Formeln die fehlenden Größen in der Tabelle:

Kapital	500 €	■	3 700 €	■	3 265 €
Zinssatz	2,5	3,25	■	7,5	3,25
Jahreszinsen	■	150 €	251,6 €	240,5 €	■

11 *Training zum Umstellen von Formeln*
a) Stelle eine Formel für die Oberfläche O des Quaders auf. Löse die Formel dann jeweils nach den Variablen a, b und c auf.

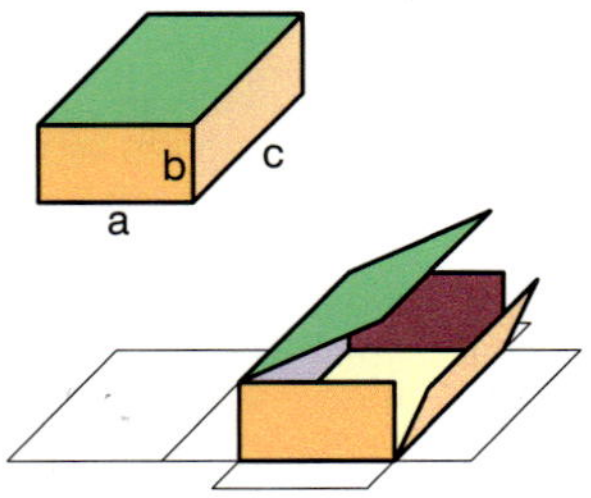

b) Berechne mit den passenden Gleichungen jeweils die fehlende Größe.
① a = 3,5 cm, b = 3 cm, c = 3,5 cm
② O = 49,2 cm^2, b = 3,2 cm, c = 2 cm
③ O = 43,82 cm^2, a = 3,5 cm, b = 2,1 cm
④ O = 41,4 cm^2, a = 3,2 cm, c = 2,5 cm

Übungen

12 Mit der Tabellenkalkulation kann man die drei Grundaufgaben zur Prozentrechnung lösen.
Wenn man z. B. in Zelle B5 den Grundwert und in Zelle C5 den Prozentsatz eingibt, so wird in Zelle E5 automatisch der zugehörige Prozentwert berechnet. Dies geschieht mithilfe der Formel E5=B5*C5/100.

E8 = =B8/C8*100

	A	B	C	D	E
1	**Eingabe**	Grundwert	Prozentwert	**Ausgabe**	Prozentsatz
2		22,4	45		200,89
3					
4		Grundwert	Prozentsatz		Prozentwert
5		100	2,00		2,00
6					
7		Prozentwert	Prozentsatz		Grundwert
8		25	3,00		833,33

a) Begründe diese Formel mit dem bekannten Diagramm $G \xrightarrow{\frac{p}{100}} P$.
b) Die Formel in der Zelle E8 ist oben in der Tabellenkalkulation noch angezeigt. Begründe auch diese Formel.
c) Welche Formel steht in der Zelle E2?
d) Berechne mithilfe der Formeln die fehlenden Größen in der Tabelle:

Grundwert	240 €	■	2050 €	■	67,45 €
Prozentsatz	3	5,2	■	8,5	2,25
Prozentwert	■	170 €	1800 €	136,8 €	■

13 Beim Umstellen von Formeln kann einem leicht ein Fehler unterlaufen, die neue Formel ist dann leider wertlos. Wie kann man den Fehler finden?
Hier ist eine schnelle Probe:
Die Formel U = 2(a + b) wurde nach b aufgelöst: Drei Formeln stehen zur Diskussion:

Probe durch „Rückeinsetzen" in die Ausgangsformel

① $b = U - 2a$ ② $b = \frac{U}{2} - a$ ③ $b = U - a$

a) Berechne b nach allen drei Formeln für die gegebenen Werte U = 20 cm und a = 7,2 cm.
Kannst du jetzt schon eine falsche Umstellung entlarven? Begründe.
b) Setze nun jeweils den Wert von b zusammen mit U = 20 cm und a = 7,2 cm in die Ausgangsformel U = 2(a + b) ein. In welchen Fällen erhältst du eine falsche Aussage? Wieso kannst du damit die falschen Umstellungen entlarven?

14 a) Die Fläche lässt sich nach der Formel $A = a \cdot b - 2 \cdot 3$ berechnen. Begründe diese Formel.
b) Die Formel wurde nach der Lösungsvariablen a aufgelöst. Bei welcher der beiden Umstellungen ist ein Fehler unterlaufen?

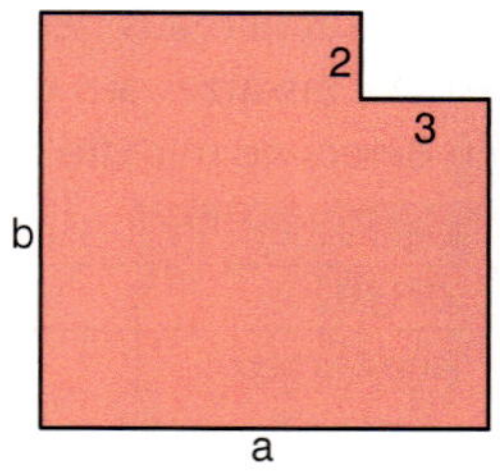

① $a = \frac{A + 6}{b}$ ② $a = \frac{A}{b} + 6$

Wie hast du den Fehler gefunden?

15 Aus dem Diagramm $K \xrightarrow{\frac{p}{100}} Z \xrightarrow{\frac{t}{360}} Z_t$ ergibt sich die Zinsformel $Z_t = \frac{K \cdot p \cdot t}{100 \cdot 360}$.
a) Was wird jeweils durch die Variablen Z_t, K, p und t beschrieben?
b) Berechne mithilfe der Formel die Zinsen, die man für ein Kapital von 1200 € und einem Zinssatz von 3 % nach einer Laufzeit von 200 Tagen erhält.
c) Löse die Formel nach der Variablen t auf. Berechne damit die Anzahl der Zinstage, in denen ein Kapital von 350 € bei 5 % Zinssatz auf 370 € anwächst.

1 Jahr entspricht bei der Bank 360 Tagen

Aufgaben

Algebra und Geometrie kennzeichnen zwei verschiedene Teilbereiche der Mathematik. Zwischen diesen Bereichen gibt es aber zahlreiche Querverbindungen und Beziehungen, die sich bei vielen Beweisen und Problemlösungen als nützlich erweisen.

16 *Ein Beweis mit Geometrie und Algebra*

Das in Aufgabe 3 dieses Lernabschnitts gestellte Problem ist eines der berühmten Probleme der Mathematik, das in ganz verschiedenen Zusammenhängen immer wieder auftauchte und gelöst wurde:

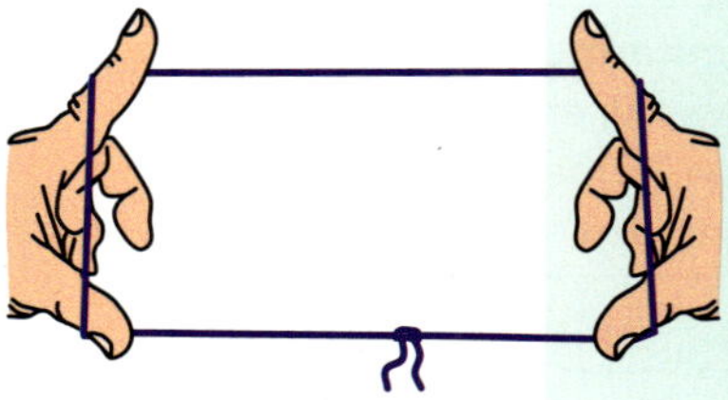

„Unter allen umfangsgleichen Rechtecken hat das Quadrat den größten Flächeninhalt."

In Aufgabe 3 haben wir diese Vermutung an Beispielen gewonnen und bestätigt. Mithilfe der passenden Formeln kannst du einen Beweis führen:

a) Welchen Flächeninhalt hat ein Quadrat mit dem Umfang $U = 4a$? Beschreibe dies mit der passenden Formel.

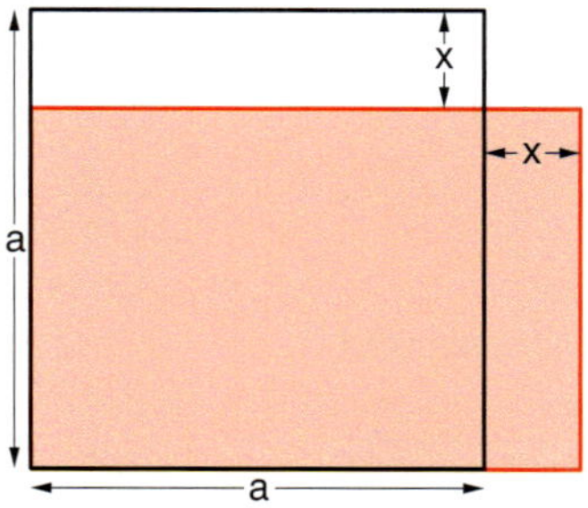

b) Wenn wir nun die eine Seite des Quadrats um x verlängern und die andere Seite um x verkürzen, so entsteht ein Rechteck mit den Seitenlängen $(a + x)$ und $(a - x)$.
Welchen Umfang hat dieses Rechteck?

c) Schreibe eine Formel für den Flächeninhalt dieses Rechtecks auf und multipliziere den Term aus (3. Binomische Formel).

d) Vergleiche diese Formel mit der Flächenformel des Quadrats. Begründe damit die Behauptung.

Denke daran: $x^2 \geq 0$

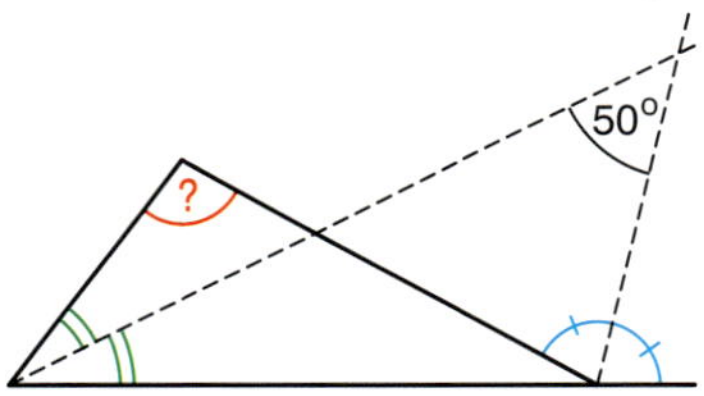

17 *Eine Problemlösung mit Geometrie und Algebra*

In einem Dreieck ABC sind die Winkelhalbierenden des Innenwinkels α und des Außenwinkels β' gezeichnet. Die beiden Winkelhalbierenden bilden einen Winkel von 50°. Wie groß ist der Winkel γ des Dreiecks?
Mit den folgenden Schritten kannst du das Problem lösen:

a) Erinnere dich an die geometrischen Sätze über Innenwinkel und Außenwinkel am Dreieck. Schreibe diese Sätze als Gleichungen mit den passenden Variablen.
① Die Summe der Innenwinkel im Dreieck beträgt …
② Die Summe der Außenwinkel im Dreieck beträgt …
③ Ein Außenwinkel am Dreieck ist so groß wie die Summe der beiden … Innenwinkel.

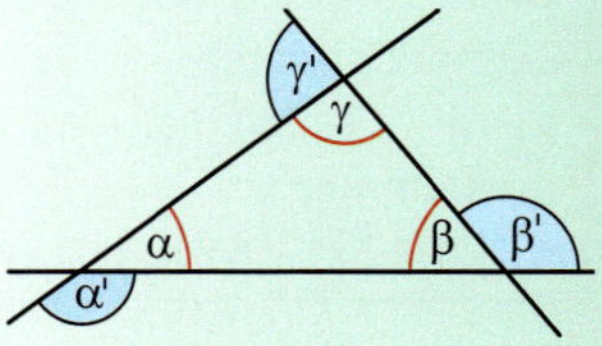

b) Begründe anhand des Dreiecks ABC:

$$\beta' = \alpha + \gamma.$$

Löse diese Gleichung nach γ auf.

c) Begründe anhand des Dreiecks ABD:

$$\tfrac{1}{2}\alpha + 50° = \tfrac{1}{2}\beta'.$$

Zeige nun mithilfe von Äquivalenzumformungen dieser Gleichung:

$$\beta' - \alpha = 100°.$$

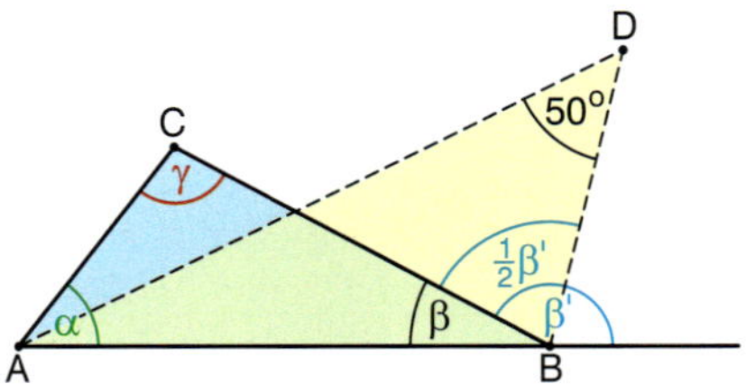

CHECK-UP

Terme, Gleichungen und Ungleichungen

Ziele beim Termumformen
- Terme als gleichwertig erkennen.
- Eigenschaften von Termen erkennen.
- Mit Termen begründen.

Terme umformen
Addieren und Subtrahieren von Produkten
$\mathbf{5xy} + 2y + 3y^2 - \mathbf{9xy} = -4xy + 3y^2 + 2y$
Nur *gleichartige Produkte* kann man *zusammenfassen.*
Produkte vereinfachen
$0{,}5x \cdot (-12xy) \cdot \frac{1}{3}y =$
$0{,}5 \cdot (-12) \cdot \frac{1}{3} \cdot x \cdot xy \cdot y =$
$-6 \cdot \frac{1}{3}x^2y^2 = -2x^2y^2$
Faktoren kann man *beliebig vertauschen* und *klammern.*

Klammerregeln
Addition und Subtraktion
Lässt man „Plusklammern“ weg, ändert sich nichts.
Lässt man „Minusklammern“ weg, so werden zuvor die Rechenzeichen in der Klammer umgedreht!
$x + (y + z) = x + y + z$
$x + (y - z) = x + y - z$
$x - (y + z) = x - y - z$
$x - (y - z) = x - y + z$

Distributivgesetz anwenden
Ausmultiplizieren
$a \cdot (a - c + 2b) = a^2 - ac + 2ab$
Ausklammern
$4xy + 12x^2 - 8x = 4x \cdot (y + 3x - 2)$

Terme benennen
Die Rechenoperation, die im Rechenbaum zuletzt ausgeführt wird, gibt dem Term den Namen.

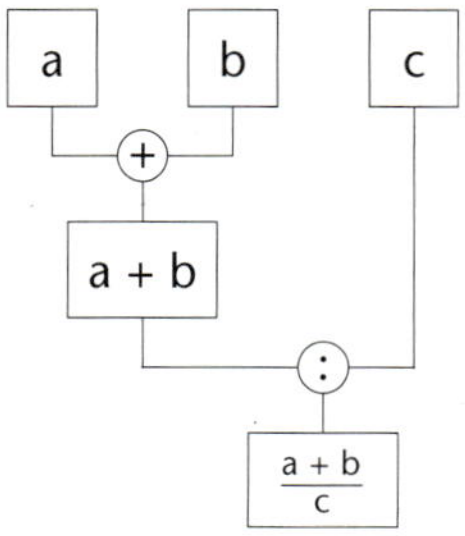

Quotient

1 Eine richtige und eine falsche Umformung stehen zusammen. Finde die falsche Umformung und verbessere.

$a_1)\ 4a + 5b = 9ab$ $a_2)\ 4a \cdot 5b = 20ab$	$c_1)\ a(ab + bc) = a^2b + abc$ $c_2)\ 3x \cdot 4y - 8xy = 4$
$b_1)\ 24ab - 23ab = ab$ $b_2)\ 12ac - 7c = 5a$	$d_1)\ 12ab + 60a = 12a \cdot (b + 5)$ $d_2)\ 12a - (b - 6a) = 6a - b$

2 Löse die Klammern auf und fasse die Terme soweit wie möglich zusammen.
a) $(2b) \cdot (5a^2)$ b) $(3a + 11a) \cdot (-\frac{1}{2}a)$ c) $(12a)^2$
d) $(-2x) \cdot (-2x)$ e) $x \cdot (3 \cdot x \cdot y) \cdot (-3y)$ f) $(x - 20) \cdot x - x^2$
g) $3ab - (3a + b)$ h) $0{,}25x \cdot (8 - 28x)$ i) $4a \cdot (\frac{1}{2}a - 3b)$
j) $(-0{,}5) \cdot (18x + 2)$ k) $0{,}25xy - (8 - \frac{3}{4}xy)$ l) $4a + (\frac{1}{2}a - 3b)$

3 *Terme und Termbilder*
Gib für jede Fläche einen Term für den Flächeninhalt und den Umfang an.

a)
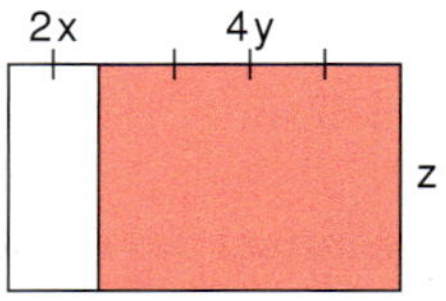

b)
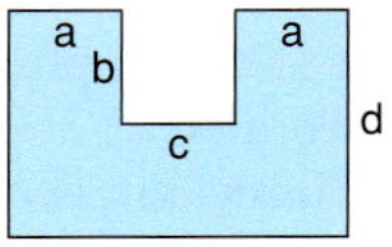

c)
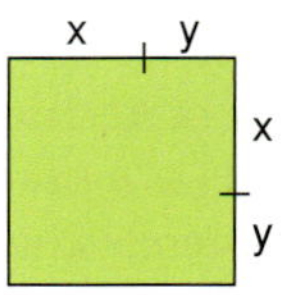

4 *Stimmt das?*
Begründe deine Antwort mit einem passenden Term.
a) „Das Volumen eines Quaders vervierfacht sich, wenn jede Seite verdoppelt wird.“
b) „Der Umfang eines Rechtecks wird 2 cm größer, wenn ich jede Seite um 0,5 cm verlängere.“
c) „Die Oberfläche eines Würfels verdoppelt sich, wenn jede Seitenlänge verdoppelt wird.“
d) Die Fläche eines Rechtecks verdoppelt sich, wenn ich eine Seitenlänge verdopple.

5 *Terme auswerten*
Übertrage die Tabelle in dein Heft und fülle sie aus. Benutze, falls möglich, vereinfachte Terme, um zum Ergebnis zu kommen.

x	$x \cdot (x - 3)$	$8x - (2 - 2x)$	$0{,}5 \cdot (-2x) + 2x$	$x^2 - x$
5	10	■	■	■
−3	■	■	■	■
0,1	■	■	■	■
0	■	■	■	■
$\frac{3}{4}$	■	■	■	■

6 Erstelle zu jedem Term einen Rechenbaum und gib ihm einen Namen.
a) $5x \cdot (6 - 2y)$ b) $a \cdot (a + b)$ c) $a \cdot a + b \cdot b$
d) $(x + 2) \cdot x - 3$ e) $(4x + 2) : (-2)$ f) $(-2x) + (-3) \cdot (4x)$

CHECK-UP

Terme, Gleichungen und Ungleichungen

7 Löse die Klammern auf und fasse die Terme soweit wie möglich zusammen.
a) $(5x + 2) \cdot (4x - 3)$ b) $(2n + 1)^2$ c) $n \cdot [(n + 1) \cdot (n + 2)]$
d) $(7 - 2x)^2$ e) $(\frac{3}{4}t + \frac{2}{3}s)^2$ f) $4x + (2x + 5)^2$
g) $(3s + 4t) \cdot (3s - 4t)$ h) $(x^2 + y^2)^2$ i) $4x \cdot (2x + 5)^2$

8 Übertrage in dein Heft und fülle die Lücken.
a) $(x + ■)^2 = x^2 + 16 + ■$ b) $(a - ■) \cdot (a + ■) = ■ - 81b^2$
c) $(r + s) \cdot (t + v) = ■ + rv + ■ + sv$
d) $(0{,}5x - ■)^2 = ■ - ■ + 1{,}44y^2$
e) $(■ - 5t)^2 = 49s^2 - ■ + ■$
f) $(4x + 5) \cdot (1{,}5x - 3) = ■ - 4{,}5x - ■$

9 Löse die Gleichungen. Mache die Einsetzprobe.
a) $2x - (4 - 5x) = 10$ b) $(x - 12)^2 = (x + 12)^2$
c) $(x + 3)^2 = x^2 + 18$ d) $2x^2 - (1{,}5 + x)^2 = (x + 0{,}5)^2$
e) $(12 - 5a) \cdot (3a + 2) = 15a \cdot (1 - a)$
f) $(x - \frac{1}{3})^2 = (\frac{1}{3} - x)^2$

10 Gib ein Beispiel für ein Problem, das man mit einer Ungleichung lösen kann.

11 Finde eine passende Gleichung (Ungleichung) und löse sie. Mache die Probe.
a) Ein Quadrat hat den gleichen Flächeninhalt wie ein Rechteck, dessen eine Seite 2 cm kürzer, die andere aber 4 cm länger ist als die Quadratseite.
b) Zählst du zum Dreifachen einer Zahl 15 hinzu, so erhältst du mehr als das Sechsfache der Zahl.

12 Löse die Ungleichungen. Gib die Lösungsmenge an und zeichne ihre Darstellung an der Zahlengerade.
a) $8 \cdot (3x - 2) \geq -64$ b) $(x - 7)^2 < x^2 - 13x - 1$
c) $2 + 3{,}5x > 3 \cdot (0{,}5x - 26)$ d) $(n + 1)^2 - n^2 \geq 25$

13 Finde zu jeder der folgenden Ungleichungen die passende Lösungsmenge.
a) $-2{,}5 \leq -x$ b) $-6x - (3x + 5) \leq -3 - 5x$
c) $(x - 3) \cdot (9 + x) < 24x + x^2$
① $L = \{x \mid x > -\frac{3}{2}\}$ ② 

③ $L = \{x \mid x \leq 2{,}5\}$

14 Löse die Gleichungen jeweils nach beiden Variablen auf.
a) $p \cdot V = 10$ b) $4x + 3y = 10$ c) $5(x - 2y) = y - (x + 3)$
d) $G \cdot \frac{p}{100} = 20$ e) $0{,}5 = v \cdot t$ f) $\frac{a + b}{2} = 2a + b$

15 Was könnten die Formeln in 14a), d), e) bedeuten? Sieh in einer Formelsammlung nach. (p: Druck, V: Volumen, G: …)

16 Löse die Formel für die Oberfläche eines Quaders nach h (l, b) auf: $O = 2 \cdot (l \cdot b + l \cdot h + b \cdot h)$

17 Löse mit einer Formel: Ein Quader hat ein Volumen von 20 cm³. Er ist 5 cm lang und 2,5 cm breit. Wie hoch ist er?

Produkte von Summen – Summe von Produkten

$(a + b) \cdot (c + d) = a \cdot c + a \cdot d + b \cdot c + b \cdot d$

$(3x - 4) \cdot (2 + 0{,}5x) = 1{,}5x^2 + 4x - 8$

	2	0,5 x
3 x	6 x	1,5 x²
−4	−8	−2 x

Binomische Formeln
$(a + b)^2 = a^2 + 2ab + b^2$
$(a - b)^2 = a^2 - 2ab + b^2$
$(a + b) \cdot (a - b) = a^2 - b^2$.

Gleichungen aufstellen und lösen
1. Variable festlegen
2. Passende Terme finden
3. Gleichung aufstellen
4. Terme vereinfachen
5. Gleichung mit Äquivalenzumformungen lösen
6. Probe (Einsetz- und Problemprobe)

Ungleichungen
Bei *Division* oder *Multiplikation* der Ungleichung mit einer negativen Zahl muss das *Ungleichheitszeichen umgedreht* werden.
$-2x < 8 \quad | : (-2)$
$x > -4$

Lösungsmenge:

$L = \{x \mid x > -4\}$

Umstellen einer Formel durch Auflösen nach einer Variablen
Beispiel: Mietwagen
x: Fahrstrecke in km; y: Mietpreis in €

$y = 0{,}45 \cdot x + 35 \rightarrow x = \frac{y - 35}{0{,}45}$

2 Lineare Funktionen

2.1 Lineare Gleichungen mit zwei Variablen

Was dich erwartet

Was hat das Lösen von Gleichungen mit Zuordnungen und Graphen zu tun? Eine Antwort findest du beim Lösen von Problemen, bei denen zwei verschiedene Größen in einem bestimmten Zusammenhang stehen. Besonders häufig kommen so genannte „lineare" Zusammenhänge vor. Spezialfälle davon sind die proportionalen Zuordnungen, mit denen du dich schon auskennst.

Aufgaben

1 *Zwei Zahlenrätsel*

Wenn man zum Doppelten der Zahl x das Dreifache der Zahl y addiert, erhält man 18.

Wenn man zum Doppelten der gesuchten Zahl 3 addiert, so erhält man 18.

a) Welches Rätsel kannst du leichter lösen? Warum?
b) Stelle zu jedem der beiden Rätsel eine Gleichung auf. Worin unterscheiden sich die beiden Gleichungen?

2 *Postkartenkauf*

„Ich habe für 30 € Postkarten gekauft", sagt Ellen. Ihre Freundin stellt fest: „Dann hast du 6 große und 21 kleine Postkarten gekauft."
a) Stimmt das? Gibt es noch andere Möglichkeiten?
b) Könnte Ellen auch 7 große Postkarten gekauft haben? Begründe.

3 *Gleichung gesucht*

In der Grafik ist eine Gleichung $a x + b y = 12$ versteckt. Jeder Punkt $P(x|y)$ auf der Geraden stellt eine Lösung der Gleichung dar.
a) Gib einige Wertepaare an, welche die Gleichung lösen.
b) Mit den beiden Punkten P und Q kannst du durch Einsetzen in die Gleichung a und b berechnen.

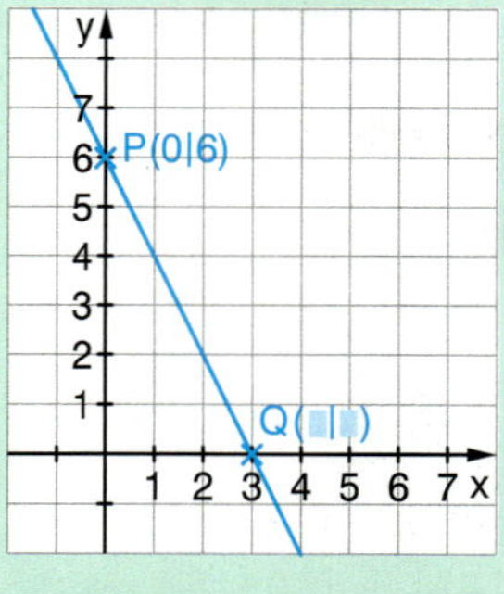

P(0|6) liefert: $a \cdot \mathbf{0} + b \cdot \mathbf{6} = 12$

$$6 \cdot b = 12 \quad |:6$$
$$b = 2$$

Berechne a mithilfe des Punktes Q.
c) Stellen die Punkte auf der Geraden auch Lösungen der Gleichung $16x + 8y = 48$ dar? Erkläre deinem Nachbarn, wie du dieses Problem gelöst hast.
d) Vergleiche die Gleichung aus c) mit der Gleichung aus b). Was stellst du fest? Gibt es noch andere Gleichungen mit der Geraden im Diagramm als Lösung?

Basiswissen

Lineare Gleichungen mit 2 Variablen

$ax + by = c$

- Lösungen der Gleichung sind Wertepaare $(x|y)$.
- Lösungen überprüft man durch Einsetzen.
- Es gibt normalerweise viele Lösungen.

$2x + 4y = 12$

Lösungen: z. B. $(4|1)$

$2 \cdot 4 + 4 \cdot 1 =$
$8 + 4 \quad = 12$

Weitere Lösungen: z. B. $(2|2)$, $(6|0)$.

Lösungen findet man leicht, wenn man die Gleichung z. B. nach y auflöst:

$$2x + 4y = 12 \qquad | -2x$$
$$4y = 12 - 2x \qquad | :4$$

Rechenvorschrift zum Finden von Lösungen:

$$\boxed{y = 3 - \tfrac{1}{2}x}$$

Tabelle mit Lösungen:

x	y
0	$3 - \frac{1}{2} \cdot 0 = 3$
2	$3 - \frac{1}{2} \cdot 2 = 2$
4	$3 - \frac{1}{2} \cdot 4 = 1$
6	$3 - \frac{1}{2} \cdot 6 = 0$

Graph:
Die *Gerade* stellt die *Lösungsmenge* dar.

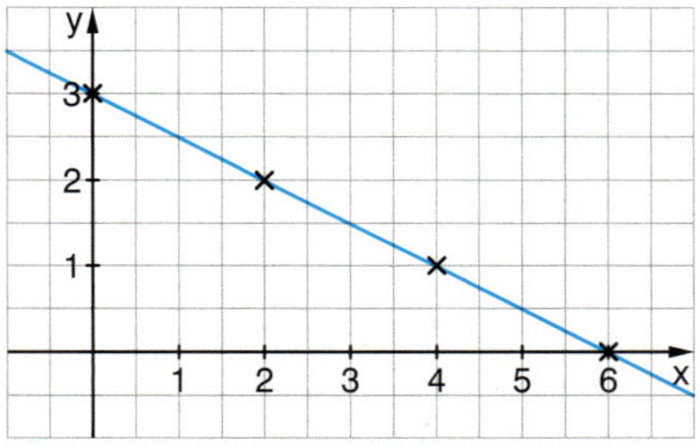

Beispiele

A Prüfe, ob $(-2|2)$ und $(5|4)$ Lösungen der linearen Gleichung $-3x + 7y = 20$ sind.

Einsetzprobe: $(-3) \cdot (-2) + 7 \cdot 2 = 20$
$\Rightarrow (-2|2)$ ist Lösung.
$(-3) \cdot 5 + 7 \cdot 4 = 13 \neq 20$
$\Rightarrow (5|4)$ ist keine Lösung.

B Stelle die Rechenvorschrift zur linearen Gleichung $2y - 3x = -4$ auf und gib in einer Tabelle und einem Graphen mehrere Lösungen an.

Rechenvorschrift:
$$2y - 3x = -4 \qquad | +3x$$
$$2y = -4 + 3x \qquad | :2$$
$$y = -2 + \tfrac{3}{2}x$$

Tabelle:

x	0	1	2	3	4
y	−2	−0,5	1	2,5	4

Graph:

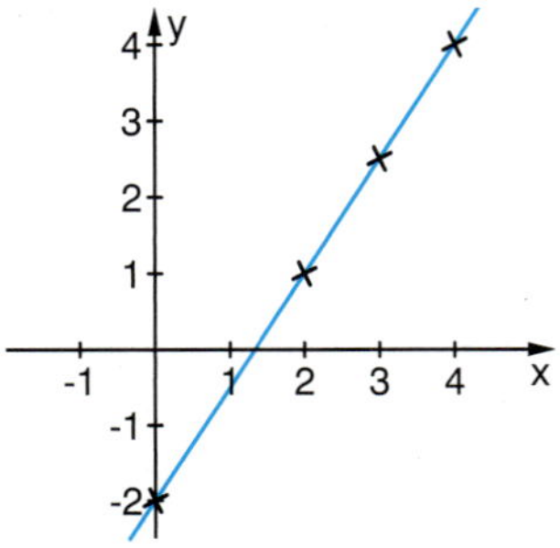

Übungen

4 Prüfe jeweils, ob die angegebenen Wertepaare Lösungen der linearen Gleichung mit zwei Variablen sind.

a) $5x + 8y = 26$	$(0|2)$ R,	$(2|2)$ F,	$(-6|7)$ E,	$(8|-2)$ R
b) $x - 5y = 15$	$(0|-3)$ L,	$(6|-5)$ J,	$(15|0)$ D,	$(5|4)$ O
c) $-x + y = \frac{1}{2}$	$(4|4{,}5)$ M,	$(1{,}5|1)$ N,	$(-7|3)$ G,	$(-2{,}5|-2)$ A
d) $-0{,}4x + 1{,}2y = -12$	$(0|10)$ K,	$(-3|2)$ P,	$(9|-7)$ U,	$(30|0)$ S

4 Die Buchstaben der Lösungen in der richtigen Reihenfolge ergeben den Namen eines Tieres.

Übungen

6 Die Summe der fehlenden Werte ist 13,2.

5 Erstelle eine Tabelle mit den x-Werten −1, 0, 1, 2, 3, und zeichne einen Graphen.
a) $6x + 4y = 20$ b) $3x - 5y = 10$ c) $-x + 2y = 12$

6 *Hier fehlt etwas.* Finde den fehlenden x- bzw. y-Wert, sodass das Wertepaar eine Lösung der linearen Gleichung $5x + 2y = 10$ ergibt:
a) (1 | ■) b) (■ | 5) c) (4 | ■) d) (■ | −10) e) (−1 | ■) f) (■ | −0,5)

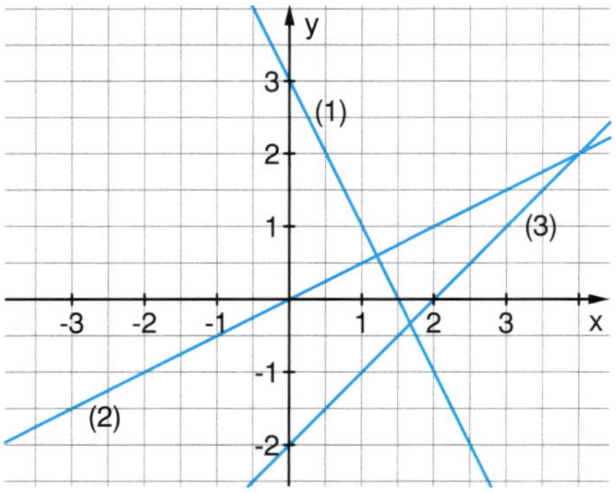

7 Jede Gerade stellt die Menge der Lösungen einer Gleichung dar. Welche der Gleichungen passt zu welcher Geraden? Zu einer Geraden können mehrere der Gleichungen passen.
a) $4x + 2y = 6$ b) $5y - 5x = -10$
c) $2y - x = 0$ d) $y = 3 - 2x$
e) $12x + 6y = 18$ f) $y = -2 + x$

8 *Eine seltsame Gleichung*
Woran erkennst du, dass es sich nicht um eine lineare Gleichung handelt? Gib mindestens zwei verschiedene Argumente an.
a) **Gleichung:** $y + x^2 = 25$
Nach y aufgelöst: $y = 25 - x^2$

Tabelle mit Lösungen:

x	y
−2	21
−1	24
0	25
1	24
2	21
3	16
4	9
5	0

Graph:

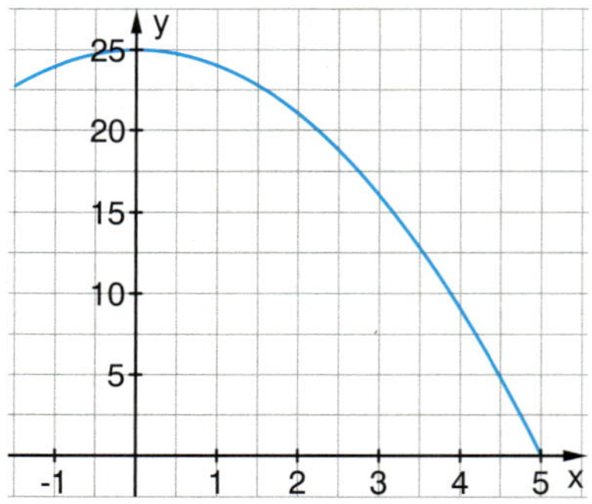

b) Welche der folgenden Gleichungen ist eine lineare Gleichung? Begründe.
(1) $x \cdot y = 4$ (2) $x + y = 4$ (3) $\frac{y}{x} = 4$

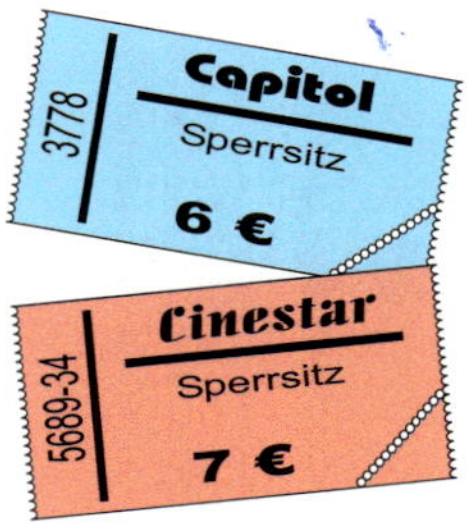

9 Peter war in den Ferien häufig im Kino. Dabei hat er 33 € für die Besuche im Cinestar und im Capitol ausgegeben.
a) Peters Schwester bemerkt: „Im Cinestar warst du mehr als einmal." Stimmt das?
b) Wie oft war Peter im Cinestar, wie oft im Capitol? Du kannst mithilfe eines Gleichungsansatzes herausfinden, ob man mit Peters Information diese Frage eindeutig beantworten kann.

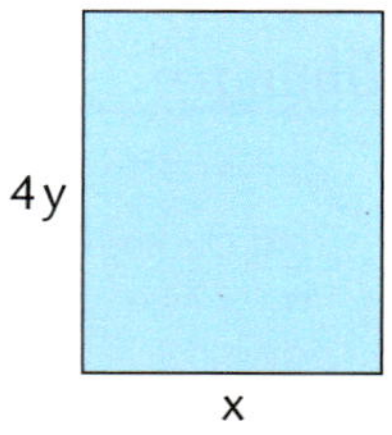

10 Bei dieser Aufgabe geht es um den Umfang eines Rechtecks.
a) Finde eine Gleichung, die ausdrückt, dass der Umfang des Rechtecks 36 cm beträgt.
b) Der Umfang soll 36 cm sein. Finde heraus, ob
(1) x = 4 cm und y = 2 cm (2) x = 10 cm und y = 2 cm (3) x = 6 cm und y = 3 cm
sein können.
c) Erstelle eine Tabelle mit 8 verschiedenen Wertepaaren (x | y), für die der Umfang des Rechtecks 72 cm beträgt.

Übungen

11 Ein Spielwarenhändler verkauft Sammelkarten in 5er- und 8er-Päckchen, die er selbst zusammenstellt. Gestern hat er eine Lieferung von 200 Sammelkarten bekommen.
a) Zunächst hat er 20 Fünfer-Päckchen „eingetütet". Der Rest der Karten soll in 8er-Päckchen abgepackt werden. Geht das?
b) Welche Möglichkeiten hat der Spielwarenhändler, die 200 Sammelkarten in 5er- und 8er-Päckchen zu verpacken, ohne dass eine übrig bleibt? Stelle zunächst eine Gleichung auf.

12 *Gleichung gesucht*
Die Lösungen einer linearen Gleichung $ax + by = 48$ sind in einem Graphen dargestellt. Bestimme a und b. Am besten gehst du in zwei Schritten vor:
(1) Lies aus dem Diagramm die Lösungen (0|■) und (■|0) ab.
(2) Setze die beiden in Teilaufgabe (1) abgelesenen Lösungen in die Gleichung ein und berechne a und b.

a)

b)
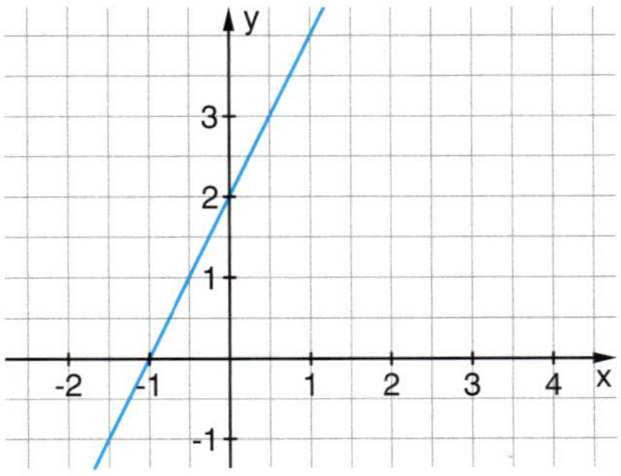

Selbstkontrolle:
Berechne mithilfe der gefundenen Gleichung weitere Lösungen und überprüfe, ob sie in den Graphen passen.

13 *Welche Gleichung passt?*
Gegeben ist eine Tabelle mit Lösungen der linearen Gleichung $ax + by = 20$.
a) Die Wertepaare in der Tabelle sind tatsächlich Lösungen einer linearen Gleichung. Wie kannst du dies feststellen, ohne die Gleichung zu kennen?
b) Durch Einsetzen der verschiedenen Wertepaare in die Gleichung kann man a und b bestimmen. Besonders einfach geht das mit den farbig markierten Wertepaaren.

x	y
0	8
5	6
10	4
15	2
20	0

14 Welche Pulsfrequenz sollte beim Training nicht überschritten werden?
In einem Sportstudio hängt eine Tabelle, aus der man zu jedem Alter die entsprechende maximale Pulsfrequenz ablesen kann. Finde heraus, welche Gleichung sich dahinter verbirgt.

Alter a (in Jahren)	15	20	25	30	35	40	50	60
Pulsfrequenz r (je Minute)	205	200	195	190	185	180	170	160

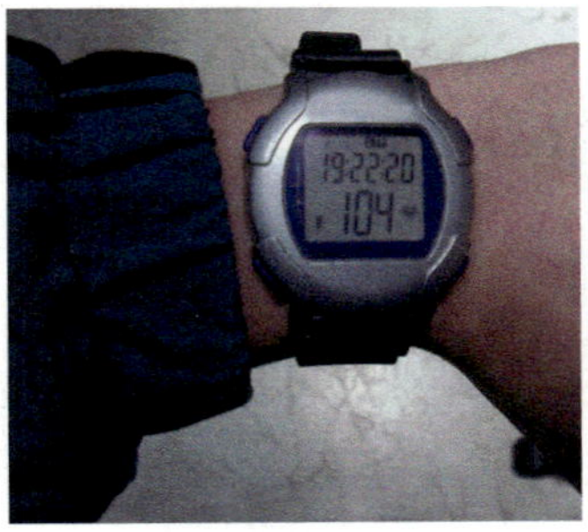

15 Gegeben sind 9 verschiedene lineare Gleichungen. Je drei davon haben dieselbe Lösungsmenge. Welche passen zusammen? Kannst du durch Äquivalenzumformungen die Gleichungen mit der gleichen Lösungsmenge ineinander überführen?

a) $4y - 3x = 12$
b) $y = 2x - 1$
c) $2x - 6y = 18$
d) $2y - 4x = -2$
e) $8y - 6x = 24$
f) $3y - x = -9$
g) $y = \frac{3}{4}x + 3$
h) $y = \frac{1}{3}x - 3$
i) $8x - 4y = 4$

Übungen

16 Alex ist Mathematikstudent und fährt in den Ferien Taxi. Er stellt fest, dass er den Fahrpreis P nach der Formel $P(a) = 0{,}6a + 3$ berechnen kann. Dabei ist a die Anzahl der gefahrenen Kilometer.

a) Erstelle eine Tabelle für den Preis für eine Fahrstrecke von 5 km, 10 km, 20 km, 30 km, 40 km, 50 km.

b) Zeichne diese Lösungen in einen Graphen (Rechtsachse: Anzahl der Kilometer, 1 cm ≙ 5 km; Hochachse: Preis in €, 1 cm ≙ 2 €).

Basiswissen

Wenn man eine lineare Gleichung auf die Form

$$y = mx + b$$

bringen kann, beschreibt sie eine Zuordnung. Eine solche Zuordnung nennen wir **lineare Funktion.**

Funktion:
Eine Zuordnung, bei der jedem x-Wert *genau ein* y-Wert zugeordnet wird, nennen wir eine Funktion.

Funktion: Fahrstrecke x → Mietpreis y

Text: Ein Mietauto kostet 75 € für ein Wochenende und 0,45 € pro km.

↓

Funktionsgleichung:
$y = 0{,}45x + 75$

Tabelle:

x (in km)	y (in €)
0	75
50	97,5
100	120
150	142,5
200	165

Graph:

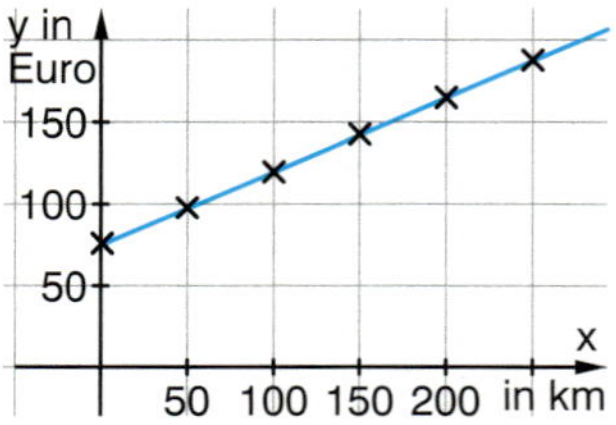

Die Punkte liegen auf einer Geraden.

Beispiele

Es gibt auch andere Formeln zur Berechnung des Idealgewichtes. Informiere dich z. B. über BMI oder WHI.

C Die Funktion: Größe x (in cm) → Idealgewicht y (in kg) ist eine lineare Funktion mit der **Funktionsgleichung**: $y = 0{,}9 \cdot (x - 100) = 0{,}9x - 90$

Tabelle:

Größe (in cm)	Idealgewicht (in kg)
160	54
170	63
175	67,5
180	72
185	76,5
190	81
200	90

Graph:

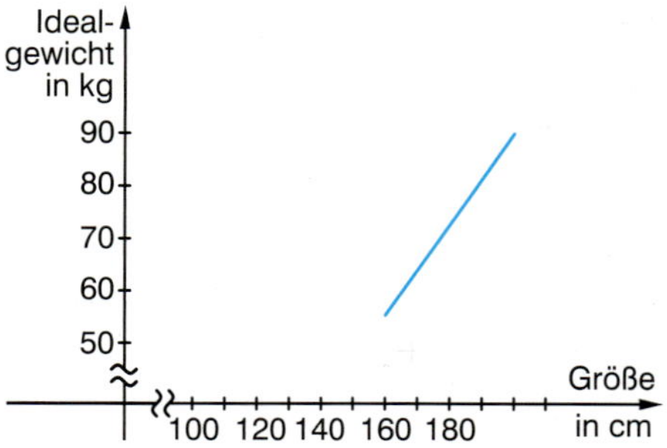

Text: Zur Ermittlung des Idealgewichts in kg subtrahiert man von der Größe in cm 100 und verringert dann das Ergebnis um 10 %.

Beispiele

D Eine **nichtlineare** Funktion: *Fallzeit t → Fallstrecke s*

Mit der Funktionsgleichung $s(t) = 5t^2$ kann man zu kurzen Fallzeiten in Sekunden die zugehörige Fallstrecke in Metern näherungsweise berechnen.

Fallzeit t (in s)	Fallstrecke s (in m)
1	5
2	20
3	45
4	80

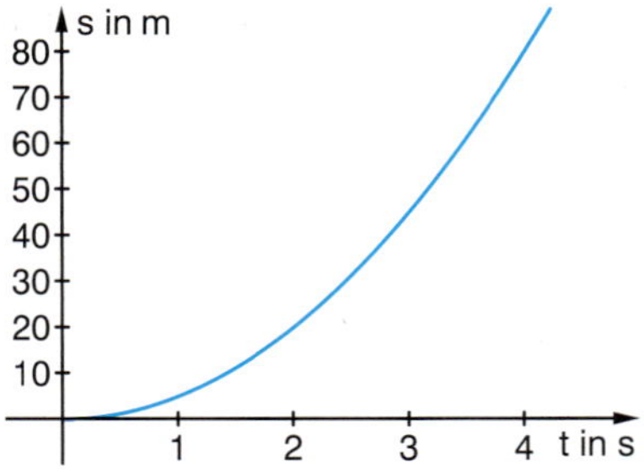

Der freie Fall

Übungen

17 Erstelle zu jeder Funktion eine Wertetabelle und zeichne den jeweiligen Graphen.
In welchen Fällen genügen zwei Wertepaare? Begründe.

a) $y = 6x + 21$
b) $y = -2x + 13$
c) $y = \frac{2}{x}$
d) $y = 3{,}5x - 15$
e) $y = 9 - x^2$

18 Begründe, wieso die beiden Gleichungen dieselbe Lösungsmenge haben.
Gib mindestens zwei verschiedene Argumente an.

$2x + 3y = 30$
$y = -\frac{2}{3}x + 10$

19 Welche Gleichung gehört zu welchem Graphen? Begründe. Wie hast du diese Aufgabe gelöst? Vergleiche mit deinen Klassenkameraden.

A: $y = 5x + 4$ B: $12x - 3y = -6$ C: $y = 2x - 6$ D: $y = 0{,}1x + 10$
E: $y + x = 1$ F: $y = -3x + 4$ G: $y = -x - 2$ H: $y = 4x - 0{,}5$

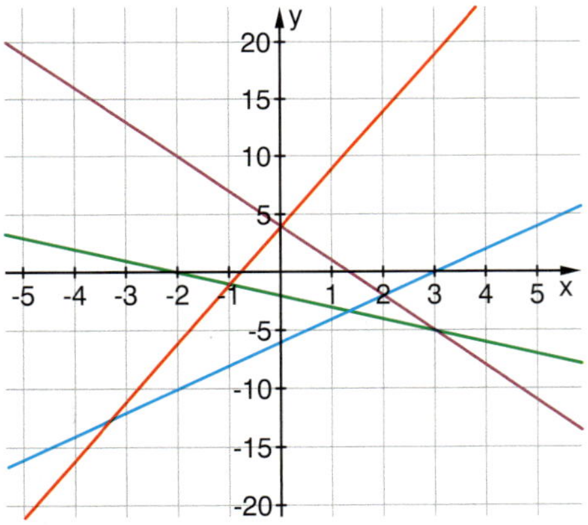

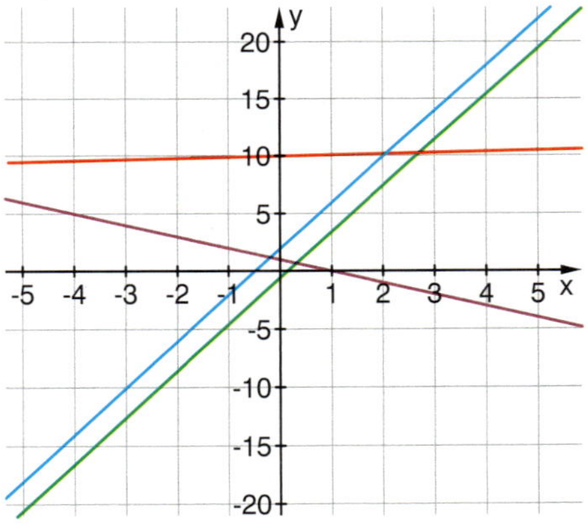

20 Erstelle zu jeder der folgenden linearen Funktionen eine Wertetabelle mit den x-Werten 0, 1, 2, 3, 4, 5, 6.
Erkennst du in den Tabellen irgendwelche Regelmäßigkeiten oder Muster?

a) $y = 2x + 5$ b) $y = 2x - 6$ c) $y = 110x$
d) $y = 40 + 110x$ e) $y = 8 - 0{,}5x$ f) $y = -3x$

x	y
0	0
1	5
2	10
3	15
4	20
5	25

x	y
0	3
1	8
2	13
3	18
4	23
5	28

x	y
0	80
1	70
2	60
3	50
4	40
5	30

x	y
0	5
1	6
2	7
3	8
4	9
5	10

21 Erkennst du Regelmäßigkeiten in den Tabellen?
a) Finde zu jeder Tabelle eine Funktion, die diese Tabelle beschreibt.
b) Zeichne jeweils den zugehörigen Graphen.

Schaue die Differenzen der y-Werte an.

Übungen

22 *Es gibt seltsame Linien*

a) Beide Geraden stellen die Lösungen einer linearen Gleichung dar. Erstelle jeweils eine Wertetabelle.

b) Wie könnten die entsprechenden Gleichungen lauten?

c) Eine der beiden Gleichungen lässt sich nicht nach y auflösen. Sie beschreibt keine lineare Funktion. Welche Gleichung ist es?

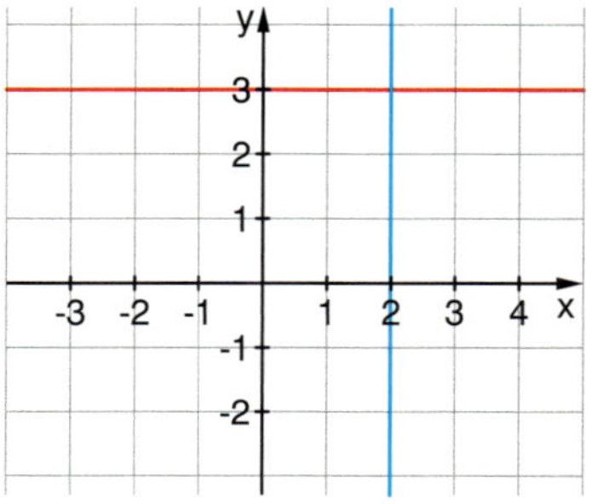

Was ist das Besondere an Funktionen?

Eine Funktion ist eine Zuordnung, bei der *jedem* x-Wert nur *ein* y-Wert zugeordnet wird.

Beispiel:
Eindeutige Zuordnung

Start eines Passagierflugzeuges

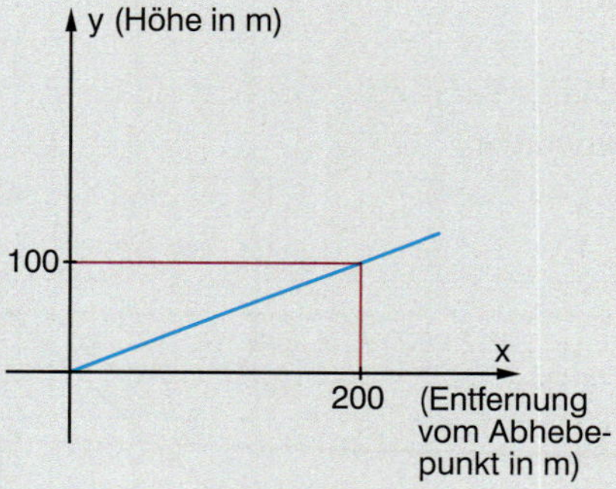

Kennt man den x-Wert, so kann man den zugehörigen y-Wert eindeutig bestimmen:

x = 200 m ⟶ y = 100 m

Gegenbeispiel:
mehrdeutige Zuordnung

Bewegung einer Gondel eines Riesenrades

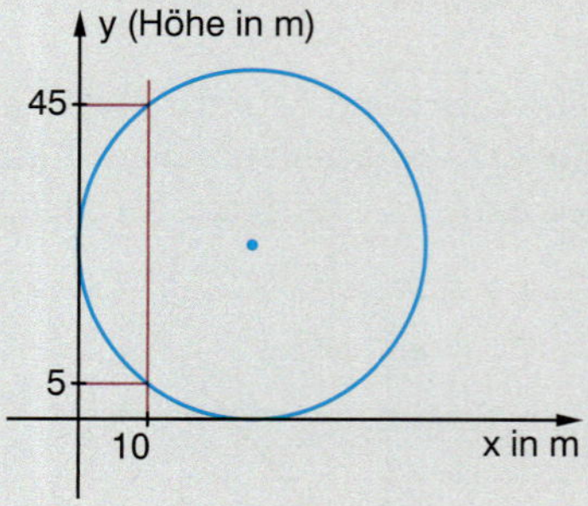

Kennt man den x-Wert, so kann man den y-Wert in der Regel nicht eindeutig bestimmen:

x = 10 m → y = 45 m
x = 10 m → y = 5 m

Der Senkrechten-Test

Schneidet jede Senkrechte zur x-Achse den Graphen einer Zuordnung in nur einem Punkt, dann handelt es sich um eine Funktion.

Senkrechten-Test

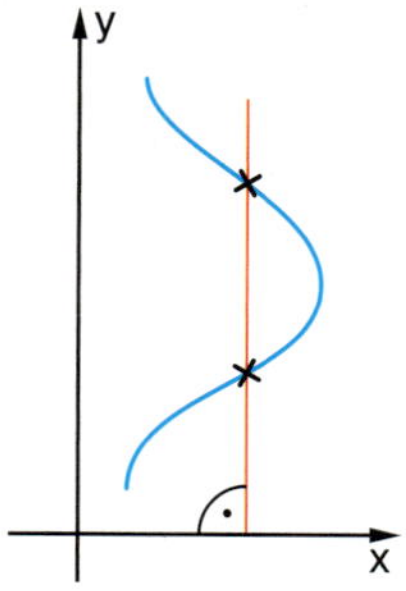

keine Funktion

23 In der EU wird viel Geld ausgegeben, um Computerprogramme zu entwickeln, die Texte „automatisch" von einer Sprache in eine andere übersetzen. Warum ist dies eigentlich so schwierig? Schaue dir den Ausschnitt aus einem englisch-deutschen Wörterbuch an. Beantworte die Frage, wobei du Begriffe wie eindeutig, mehrdeutig, Zuordnung, Funktion verwendest.

push (n) Stoß, Schub, Schwung
(v) stoßen, schieben, drücken, durchsetzen

put (v) setzen, stellen, legen, ausdrücken

Aufgaben

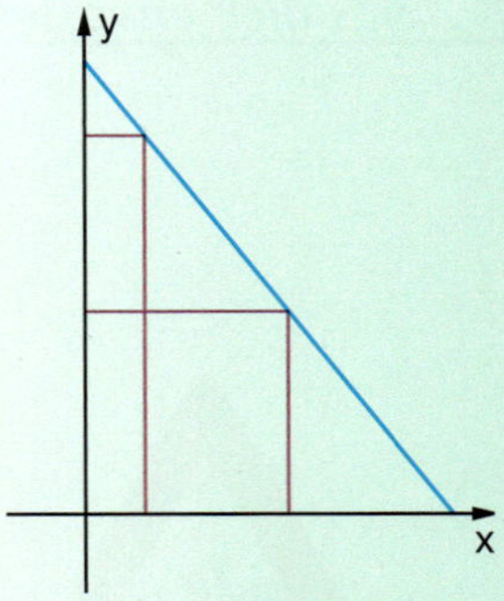

24 Auf der Wiese eines Bauern soll ein rechteckiges Stück als Weidefläche für Pferde eingezäunt werden. Dafür stehen 400 m Elektrozaunband zur Verfügung. Der Bauer möchte eine möglichst große Fläche einzäunen.
Sogar hier ist eine lineare Funktion hilfreich.

a) Zeichne vier verschieden große mögliche Rechtecke maßstabsgerecht (1 cm ≙ 20 m) in ein Koordinatenkreuz ein. Dabei soll die linke untere Ecke der Rechtecke im Ursprung des Koordinatenkreuzes liegen. Überprüfe, ob die rechten oberen Ecken der verschiedenen Rechtecke auf einer Geraden liegen. Gib die Gleichung dieser Geraden an.

b) Begründe: Zu jeder Länge x findet man mit der Funktion $y = 200 - x$ die entsprechende Breite y.

c) Damit lässt sich nun die größte Fläche herausfinden!

25 Auszug aus der Gebührenordnung eines Parkhauses:

Parkgebühren
- für die ersten zwei Stunden: 2 €
- für jede weitere angefangene Stunde: 2 €
- Tagesgebühr: 20 €

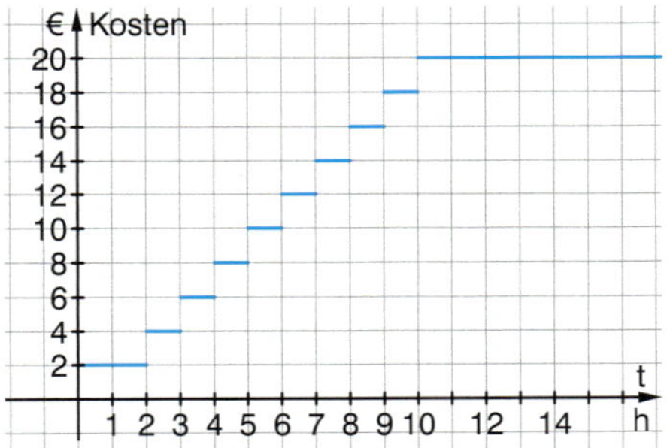

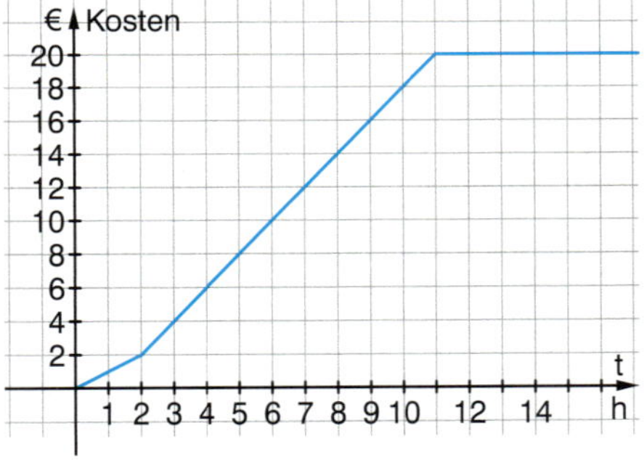

a) Berechne die Parkgebühren für:
1 h (2 h, 3 h, $3\frac{1}{2}$ h, 5 h, 10 h, 12 h)

b) Welches der Diagramme stellt die Parkgebühren in Abhängigkeit von der Parkdauer zutreffend dar?

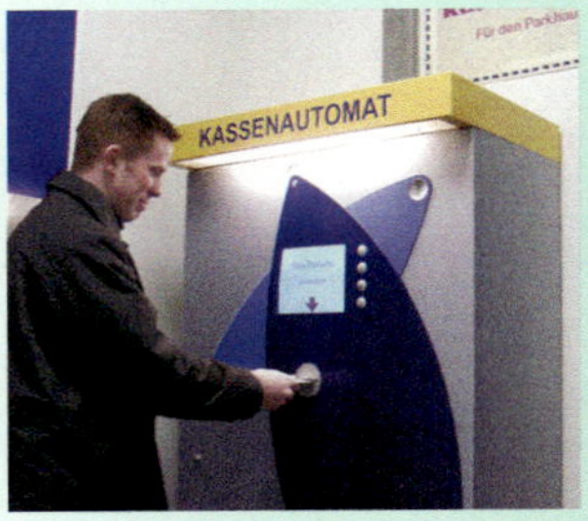

26 Prüfe jeweils, ob eine lineare Funktion vorliegt und begründe deine Antwort.

a) Gewicht eines Briefes → Portokosten

b) Stimmenzahl einer Partei bei der Bundestagswahl → Prozentsatz der Partei

c) Für eine elektrische Eisenbahn soll ein Schienenstrang von 2 m Länge aus Schienenteilen mit 20 cm bzw. 30 cm Länge gebaut werden.
Anzahl der 30 cm-Stücke → Anzahl der 20 cm-Stücke

d) Nach einem Pop-Konzert mit 6000 Zuschauern verlassen pro Minute 150 Zuschauer die Konzerthalle.
Vergangene Zeit → Anzahl der Zuschauer, die noch in der Halle sind

e) Eine Tippgemeinschaft gewinnt im Lotto.
Anzahl der Mitglieder → Gewinnsumme für ein Mitglied

f) Eine Algenart verdoppelt jeden Tag die von ihr bedeckte Wasseroberfläche.
Vergangene Tage → von Algen bedeckte Fläche

2.2 Entdeckungen am Graphen der linearen Funktion

Was dich erwartet

Lineare Funktionen sind häufig verwendete Funktionen. Viele Probleme der realen Welt lassen sich mit linearen Funktionen „modellieren". Daher ist es lohnend, sich lineare Funktionen genauer anzusehen. Wir werden entdecken, welch enge Beziehung zwischen der Funktionsgleichung der linearen Funktion und der zugehörigen Geraden besteht.

Hättest du gedacht, dass „Steigung" etwas mit linearen Funktionen zu tun hat? Steigt eine Straße z. B. um 11 %, so steigt die Straße auf 100 m um 11 m an. Gibt es so etwas wie Steigung und Gefälle auch bei linearen Funktionen? Unsere Erfahrungen mit linearen Funktionen lassen es vermuten. Wird z. B. der x-Wert größer, dann steigt oder fällt in der Regel der y-Wert. Im Gegensatz zu Straßen steigen oder fallen Graphen von linearen Funktionen gleichmäßig. Wie die Gerade im Koordinatensystem verläuft, kann man an der Funktionsgleichung direkt ablesen.

Aufgaben

1 Kannst du in den Tabellen eine Regelmäßigkeit erkennen? Setze die Tabellen jeweils fort und finde zu jeder Tabelle eine Gleichung, für die die angegebenen Wertepaare Lösungen sind. Zeichne jeweils ein Diagramm.

x	0	1	2	3	4	5
y	0	4	8	12	■	■

x	0	1	2	3	4	5
y	3	7	11	15	■	■

x	0	1	2	3	4	5
y	−4	−2	0	2	■	■

x	0	1	2	3	4	5
y	−4	1	6	11	■	■

2 Herr Sell ist Verkäufer. Er vereinbart mit seiner neuen Firma ein Grundgehalt von 2000 € monatlich. Dazu erhält er noch eine Beteiligung von 5 % an dem Umsatz, den er erzielt.

a) Übertrage die Tabelle mit dem Verdienst y in Abhängigkeit von dem monatlichen Umsatz x in dein Heft und ergänze.

b) Herr Sell erzählt seinem Kollegen: „Ich erhalte ein monatliches festes Gehalt von 2000 €. Daneben bin ich mit 15 Cent an jedem Euro Umsatz beteiligt." Stimmt das?

c) Finde eine Gleichung $y = ax + b$, die die Situation „modelliert".

Umsatz x (in €)	Verdienst y (in €)
1000	2050
2000	2100
3000	■
5000	■
10000	■
20000	■

3 *„Ursprungsgeraden"*

a) Trage in einem Koordinatensystem den Punkt $P(4|8)$ ein. Zeichne eine Gerade durch den Ursprung und den Punkt P.
Gib die zugehörige Gleichung $y = mx$ an.

b) Finde zu den Punkten $Q(6|3)$ und $R(4|-8)$ je eine Gerade, die durch den Ursprung und den betreffenden Punkt verläuft. Ermittle auch jeweils die zugehörige Gleichung $y = mx$.
Kannst du einen Zusammenhang zwischen m und den Koordinaten des jeweiligen Punktes erkennen?

Aufgaben

4 *Das Graphen-Laboratorium*

Mit etwas Ausdauer kannst du entdecken, was die Zahlen in der Funktionsgleichung einer linearen Funktion bedeuten.

a) Zeichne jeweils die zugehörigen Geraden in ein Diagramm. Fällt dir etwas auf?

(1)
$y = 3x + 2$
$y = 2x + 2$
$y = x + 2$
$y = -0{,}5x + 2$
$y = 2x - 3$

(2)
$y = 0{,}5x + 4$
$y = 0{,}5x + 2$
$y = 0{,}5x$
$y = 0{,}5x - 2$
$y = 2x - 2$

b) Versuche zu beschreiben, was die Zahlen in der jeweiligen Funktionsgleichung mit der entsprechenden Geraden zu tun haben.

c) Solltest du noch Probleme mit der Beantwortung der Frage b) haben, dann ergänze für jede der Funktionen die Tabelle.

x	0	1	2	3
y	■	■	■	■

Du kannst die Geraden bequem mit einem grafischen Taschenrechner zeichnen. Aber es geht auch per Hand recht schnell. Du musst dir nur zunächst überlegen, wie viele Wertepaare du berechnen musst.

Basiswissen

Lineare Funktion

Funktionsgleichung: $y = 1{,}5x + 2$ $\qquad$ $y = mx + b$

Wertetabelle:

+1 +1 +1 +1

x	−1	0	1	2	3	…
y	0,5	2	3,5	5	6,5	…

+1,5 +1,5 +1,5

+1 +1

x	0	1	2
y	b		

+m +m

b: y-Achsenabschnitt
m: Steigung

Graph:

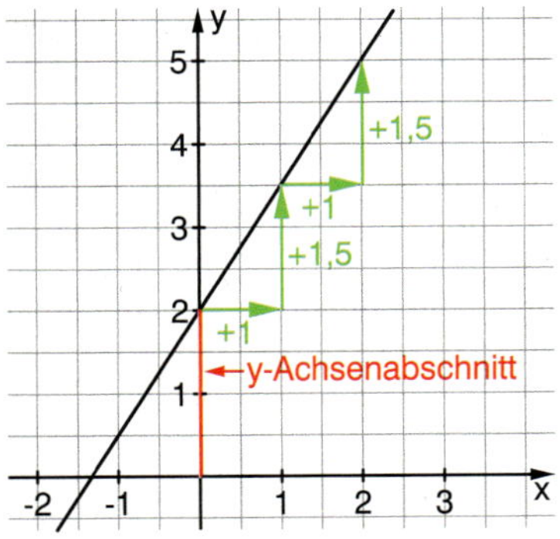

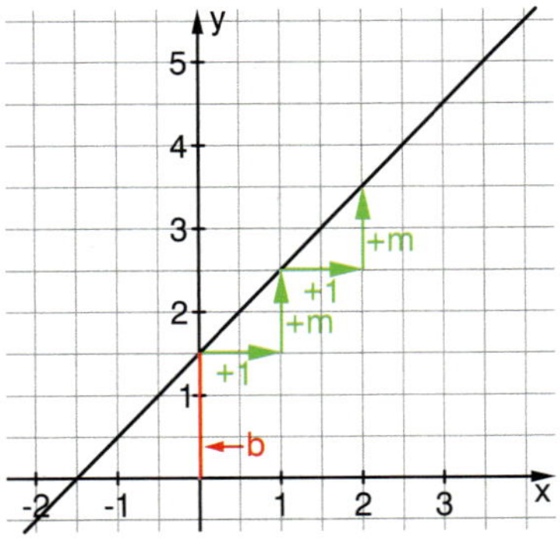

Die eingezeichneten „Dreiecke" nennt man **„Steigungsdreiecke"**.

Beispiele

A Zeichne die Gerade zu der Funktion mit $y = 2x + 1{,}5$.
Steigung $m = 2$
y-Achsenabschnitt $b = 1{,}5$

1. Vom Ursprung 1,5 hoch
2. Von dort 1 rechts, 2 hoch
3. Zeichne die Gerade.

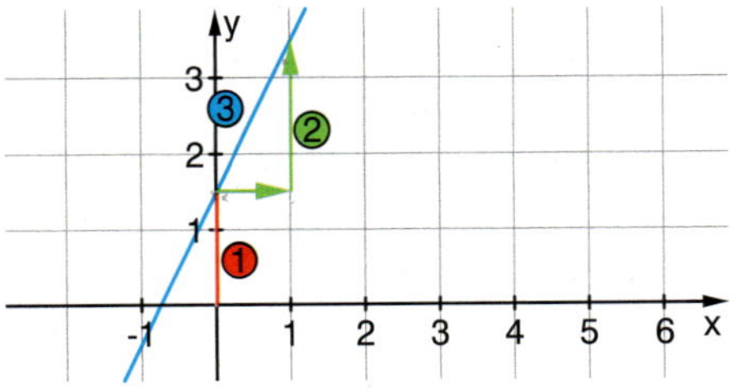

Beispiele

Die **Steigung** der grünen Geraden ist **negativ**.

B Wie lauten die Funktionsgleichungen der beiden Geraden?

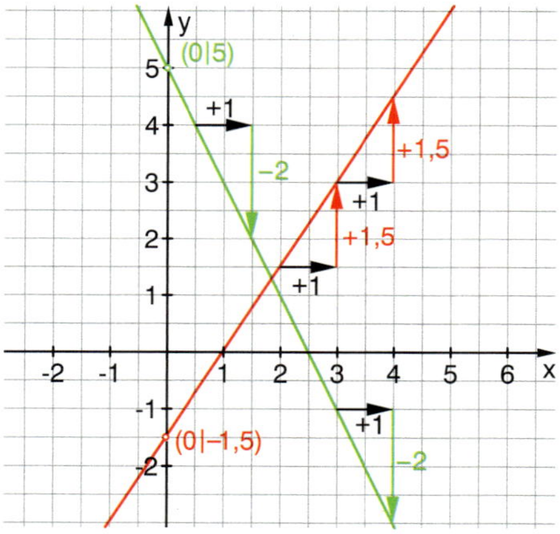

Grüne Gerade:
y-Achsenabschnitt: $b = 5$
Steigung: 1 nach rechts, 2 nach unten, $m = -2$
Gleichung: $y = -2x + 5$

Rote Gerade:
y-Achsenabschnitt: $b = -1,5$
Steigung: 1 nach rechts, 1,5 nach oben, $m = 1,5$
Gleichung: $y = 1,5x - 1,5$

C Gib die Steigung und den y-Achsenabschnitt von $y = 6$ an. Steigung $m = 0$, y-Achsenabschnitt $b = 6$, da $y = 6 = 0 \cdot x + 6$. Also verläuft die Gerade parallel zur x-Achse.

Übungen

5 Zeichne die Geraden mit der angegebenen Steigung m und dem y-Achsenabschnitt b.

a) $m = -3$, $b = 7$ b) $m = 1$, $b = -0,8$ c) $m = -0,5$, $b = -1,75$ d) $m = 3,5$, $b = 2,5$ e) $m = -2$, $b = 0$

Gib zu jeder der Geraden die Funktionsgleichung der jeweiligen linearen Funktion an.

6 In dem Diagramm sind 8 verschiedene Geraden eingezeichnet.
a) Welche der Geraden hat eine positive Steigung, welche eine negative?
b) Bestimme zu jeder Geraden den y-Achsenabschnitt b und die Steigung m. Schreibe dann die Funktionsgleichungen der jeweiligen Funktion auf.

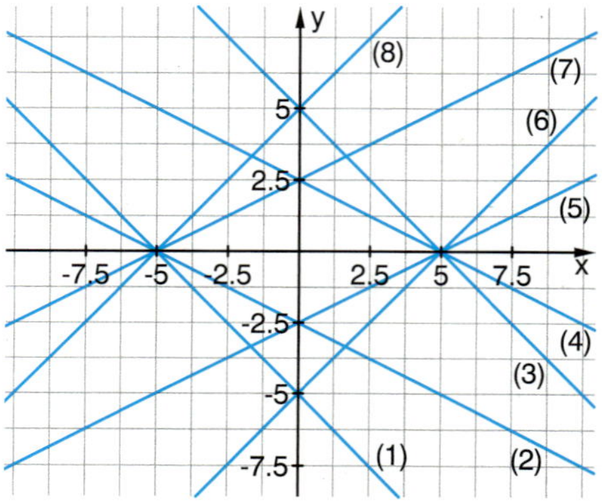

7 Wenn du alles richtig gezeichnet hast, treffen sich alle Geraden in einem Punkt.

7 Zeichne ein Koordinatensystem in dein Heft und versuche möglichst schnell die folgenden Geraden einzuzeichnen (siehe Beispiel A). Bestimme daher zuerst den jeweiligen y-Achsenabschnitt b und die Steigung m.

a) $y = x - 1$ b) $y = 2x - 4$ c) $y = -x + 5$ d) $y = -\frac{1}{3}x + 3$

Denke daran: $x = 1x$.

8 In einem Diagramm verlaufen Geraden mit einer *positiven Steigung* $(m > 0)$ aufwärts, wenn du dich auf der Geraden von links nach rechts bewegst. Geraden mit einer *negativen Steigung* $(m < 0)$ verlaufen abwärts, wenn du dich auf der Geraden von links nach rechts bewegst.
Erläutere mithilfe der beiden Abbildungen, warum man in der obigen Aussage den Zusatz „wenn man sich von links nach rechts bewegt" benötigt.

Übungen

9 Wie lässt sich die Gerade mit $y = \frac{1}{3}x + 2$ in ein Koordinatensystem zeichnen?
Die Steigung $\frac{1}{3}$ lässt sich nicht gut eintragen. Anna findet eine geschickte Methode. Beschreibe Annas Vorgehen. Hat sie die Steigung richtig eingetragen? Begründe.

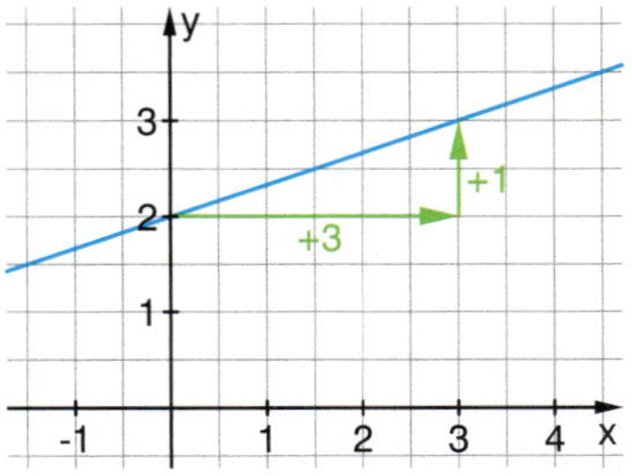

10 Eigentlich müsste doch für beide Schüler die Steigung der Bank die gleiche sein, oder? Rechne nach.

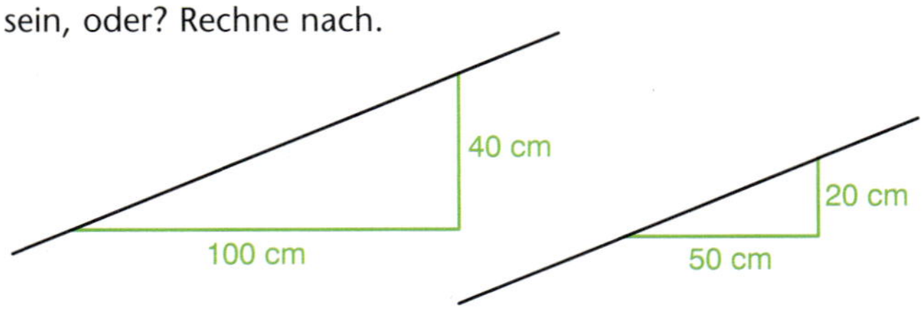

Basiswissen

Gerade – Steigung

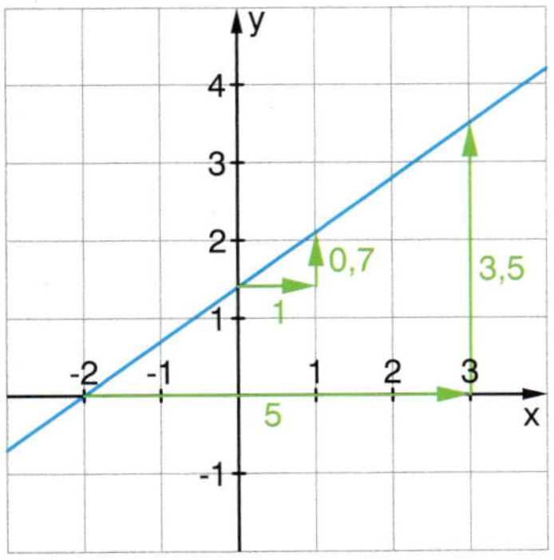

Steigung: $m = \frac{3,5}{5} = 0,7$

Tabelle – Änderungsrate

x	y
−2	0
−1	0,7
0	1,4
1	2,1
2	2,8
3	3,5

Statt von der Steigung spricht man bei linearen Funktionen auch von der Änderungsrate.
Änderungsrate: Die Änderungsrate gibt an, um wie viel sich der y-Wert ändert, wenn sich der x-Wert um 1 ändert.

Beispiele

D Aus einem Schwimmbecken wird mit einer Pumpe das Wasser gepumpt. Der Wasserstand in Abhängigkeit von der „Pumpzeit" ist in dem Diagramm dargestellt.
Mit dem Diagramm kann man die „Änderungsrate" des Wasserstandes ermitteln.
$m = \frac{-60}{5} \frac{\text{cm}}{\text{h}} = -12 \frac{\text{cm}}{\text{h}}$.
Der Wasserstand sinkt in der Stunde um 12 cm.

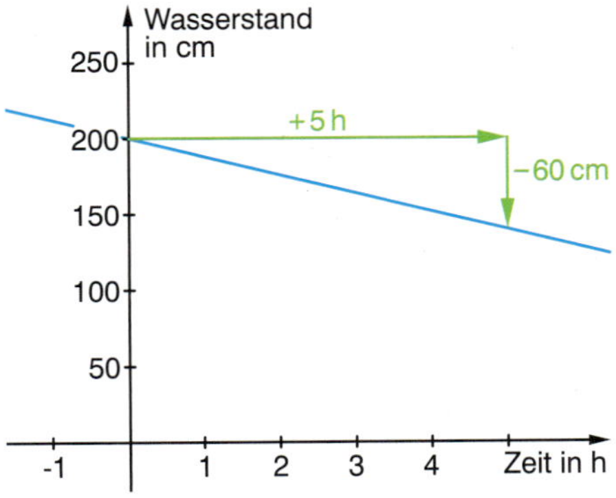

Beispiele

E Zeichne den Graphen der linearen Funktion $y = -\frac{2}{5}x + 4$.

1. y-Achsenabschnitt $b = 4$.
   Trage den Punkt (0|4) auf der y-Achse ein.
2. Steigung $m = -\frac{2}{5}$.
   Von dem Punkt (0|4) aus bewege dich 5 Einheiten nach rechts und dann 2 Einheiten nach unten. Zeichne dort den zweiten Punkt ein.
3. Zeichne eine Gerade durch die beiden Punkte.

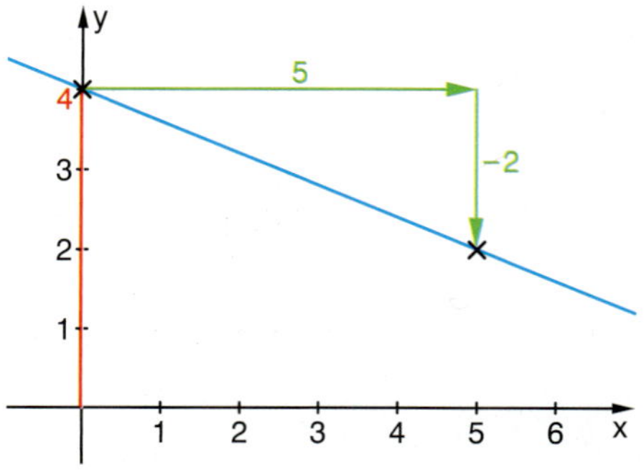

Übungen

11 a) Du kannst die Steigungen mithilfe eines Geobretts selbst legen oder in dein Heft auf kariertes Papier zeichnen. Ergänze.

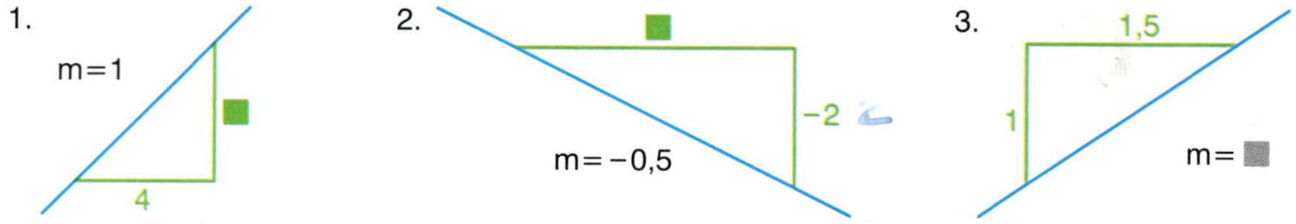

b) Arbeite mit deinem Nachbarn zusammen. Lege (zeichne) weitere „Steigungsdreiecke" auf dem Geobrett (kariertes Papier), der Nachbar soll dann die Steigung ermitteln.

c) Gib deinem Nachbarn die Steigung vor und lasse ihn das entsprechende Steigungsdreieck legen (zeichnen).

Steigung einer **Horizontalen:**
$m = 0$

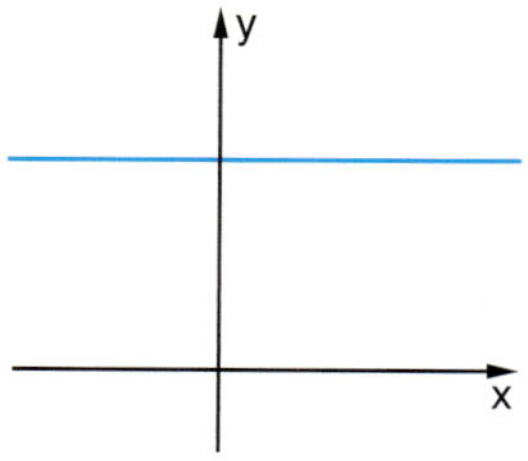

Steigung einer **Vertikalen:**
m ist nicht definiert.

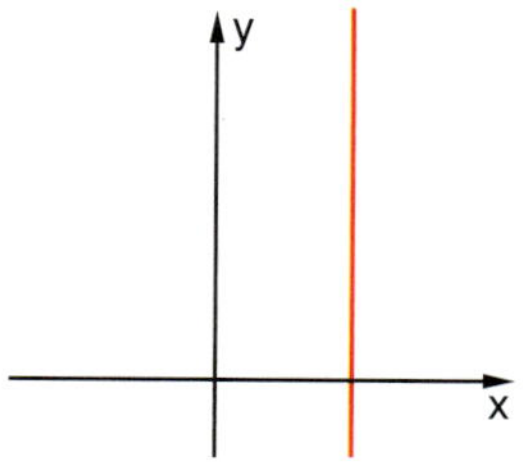

12 Bestimme jeweils die Steigung der Geraden.

a)

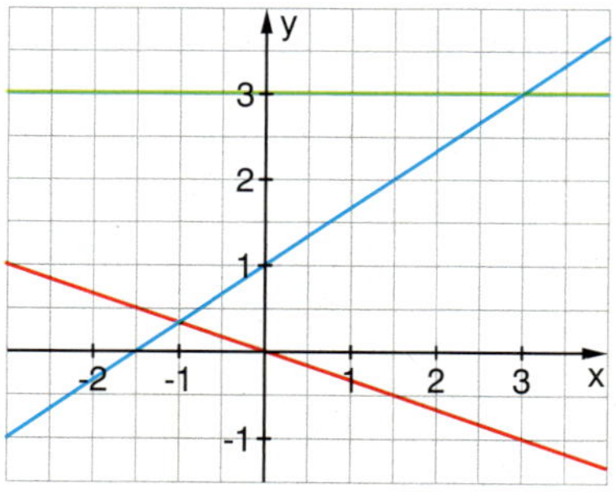

b)

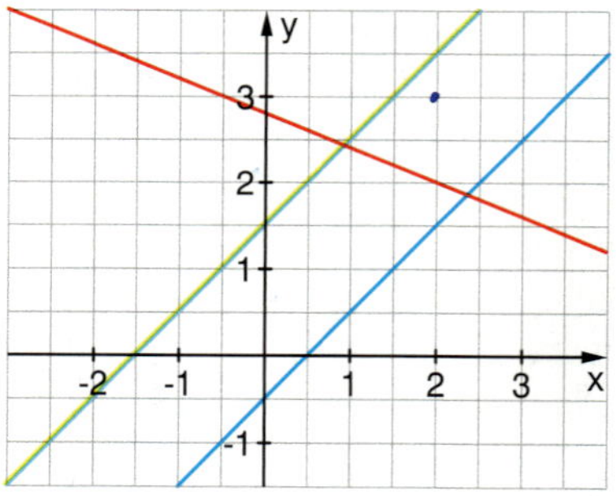

13 Trage die Punktepaare in ein Koordinatensystem ein, zeichne die Gerade durch die beiden Punkte und ermittle dann die Steigung.

a) A(2|5) B(4|9)
b) C(3|1) D(7|−1)
c) E(−4|0) F(−2|6)
d) G(5|5) H(1|5)
e) K(6|4) L(6|9)

14 Die Einwohnerzahl von Darthaus ist in den Jahren von 1990 bis 2000 jährlich um 400 gestiegen.
a) Ergänze die Tabelle.
b) Zeichne je ein Diagramm zum absoluten und zum prozentualen Bevölkerungswachstum. Beschreibe deine Beobachtungen.

Jahr	Bevölkerung	prozentuale Änderung
1990	11 600	
1991	12 000	≈ 3,4 %
1992		
…		
2000		

Änderungsrate:
Zunahme pro Jahr

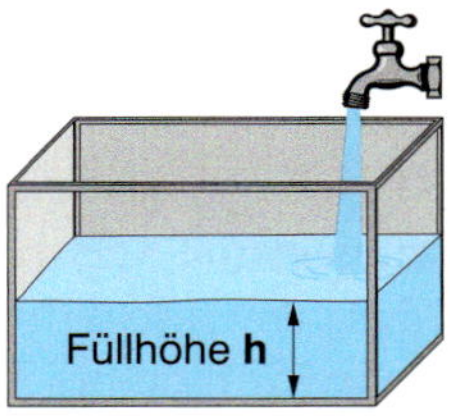

15 *Höhengraphen bei Füllvorgängen*
Vielleicht erinnerst du dich noch an die Füllkurven aus Klasse 7. Ein Gefäß wird gleichmäßig mit Wasser gefüllt.
Die Zuordnung Zeit → Füllhöhe wird als Graph gezeichnet.
In der Tabelle sind die Querschnitte von vier verschiedenen Gefäßen und die zugehörigen Füllgraphen dargestellt, allerdings nicht in der passenden Reihenfolge.

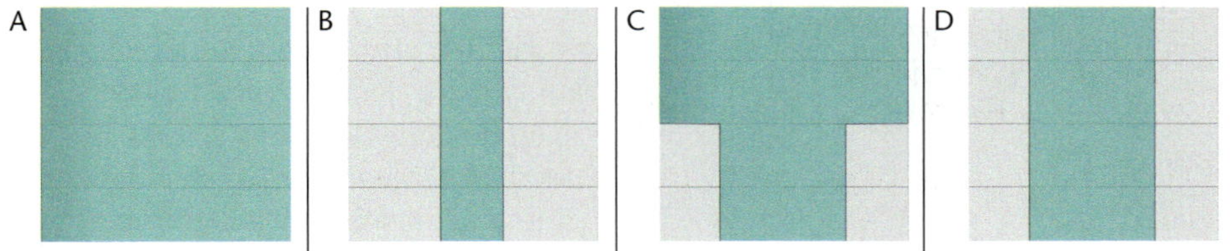

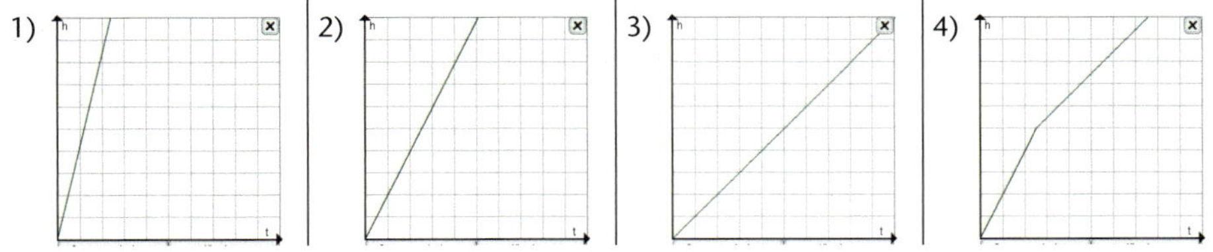

a) Welcher Graph gehört zu welchem Gefäß? Begründe.
b) Begründe, warum alle Graphen zu linearen Funktionen (bzw. aus stückweise linearen zusammengesetzten) gehören.
c) Welcher Zusammenhang besteht zwischen der Form des Gefäßes und der Steigung des zugehörigen Graphen?

Übungen

CD-ROM 7/8
Funktionen und Graphen
ISBN 978-3-507-**85497**-0.

16 *Graphen in Bewegung – Graphenlaboratorium 2*
Die Graphen von linearen Funktionen sind Geraden; $y = x$ ist die „Mutter" aller linearen Funktionen, ihr Graph ist die Winkelhalbierende. Was passiert mit dieser Geraden, wenn wir an der Funktionsgleichung Änderungen vornehmen? Mit dem GTR können wir dies erforschen.
a) Zeichne jeweils die Graphen einer Spalte in ein Koordinatensystem. Was fällt dir auf?

```
Plot1 Plot2 Plot3
\Y1=4X
\Y2=2.5X
\Y3=0.2X
\Y4=-3X
\Y5=-1.2X
\Y6=
\Y7=
```

```
Plot1 Plot2 Plot3
\Y1=X+3
\Y2=X-1
\Y3=2X-1
\Y4=2X+4
\Y5=-2X+1
\Y6=
\Y7=
```

```
Plot1 Plot2 Plot3
\Y1=(X-1)
\Y2=2(X-1)
\Y3=2(X+2)
\Y4=-3(X+1)
\Y5=0.5(X+2)+1
\Y6=
\Y7=
```

b) Versuche eine systematische Auswertung. Welche Veränderung bewirken die Parameter m, a und b der linearen Funktion $y = m(x - a) + b$ auf den Graphen dieser Funktion jeweils im Vergleich zur „Mutter" $y = x$? Schreibe einen Auswertungsbericht. Benutze dabei auch geometrische Begriffe wie Steigung, Verschiebung. …

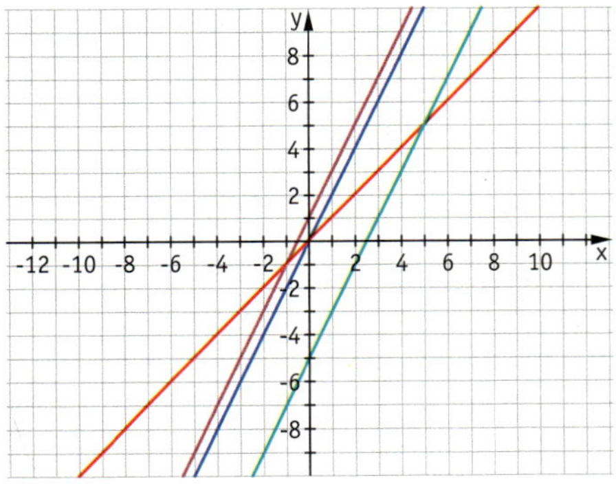

Strategie:
- Zunächst nur jeweils einen Parameter m, b oder a ändern, die anderen festhalten
- Probieren, Beobachten
- Tabellen sagen manchmal mehr als Graphen.
- Vermutungen formulieren.
- Überprüfen der Vermutung an weiteren selbst entworfenen Beispielen. Bei Bestätigung der Vermutung Versuch einer Begründung, ansonsten wieder zurück zu Probieren, Beobachten.

Ausblick:
Was du hier mit linearen Funktionen kennenlernst, wirst du später auch mit anderen Funktionen anwenden.

„steiler- flacher"
„rauf – runter"
„links – rechts"

$y_1(x) = x$
$y_2(x) = 2x$
$y_3(x) = 2x + 1$
$y_4(x) = 2(x - 3) + 1$

Projekt

„Grafikdesign" mit GTR und linearen Funktionen

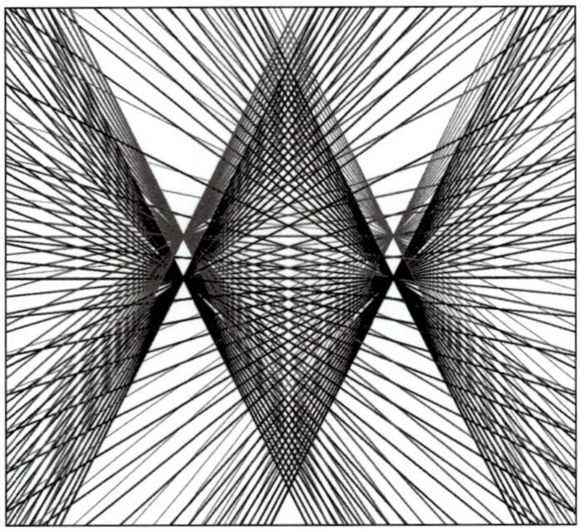

Alleine mit Geraden kannst du interessante Muster auf deinem Graphischen Taschenrechner oder dem Bildschirm deines Computers erzeugen. Dabei sind die Kenntnisse über lineare Funktionen und ihrer Graphen sehr hilfreich. Einige Muster sind im Folgenden angedeutet; du kannst sie auf deinem Rechner nachvollziehen, nach deinem Geschmack verändern oder auch ganz neue Muster erzeugen. Eine abschließende Ausstellung mit Prämierung rundet das Projekt ab.

In den Bildern sind als Erste Hilfe die Koordinatenachsen, Gitter und auch Skalierungen eingezeichnet. Diese können anschließend verborgen werden; damit wird das Bild in der Regel noch ansprechender.

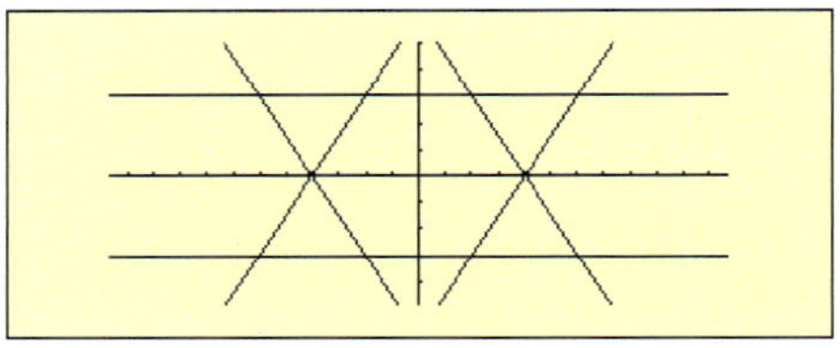

Kreuzungen

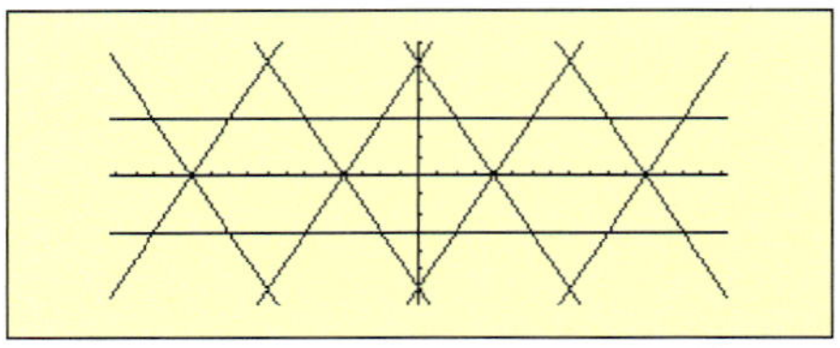

Rautenmuster mit Parallelen

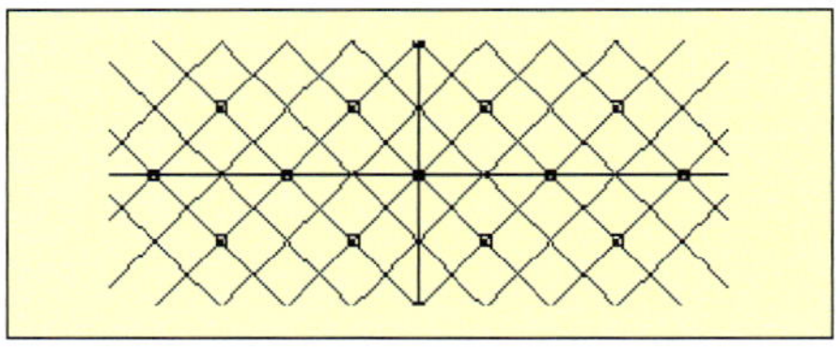

Rautenmuster mit Punkten

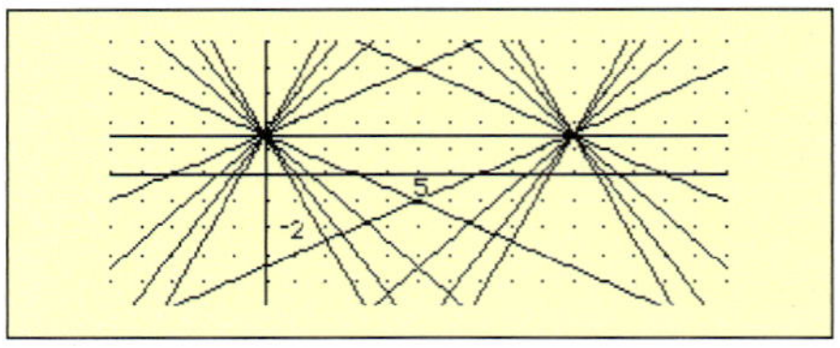

Geradenbüschel

Stückweise lineare Funktionen

Auf den meisten Rechnern kann man für das Zeichnen der Graphen von linearen Funktionen auch Einschränkungen angeben, d. h. die lineare Funktion wird auf ein bestimmtes Intervall begrenzt und damit nur ein Stück der Geraden dargestellt.

Raphael hat das HSV-Emblem mit seinem CAS-Rechner gezeichnet. In der Eingabezeile siehst du die Funktionsgleichung der dicker gezeichneten Strecke mit den Begrenzungen für die x-Werte. Bestimme die Funktionsgleichungen der anderen Geradenstücke und zeichne das Bild auf dem Display.

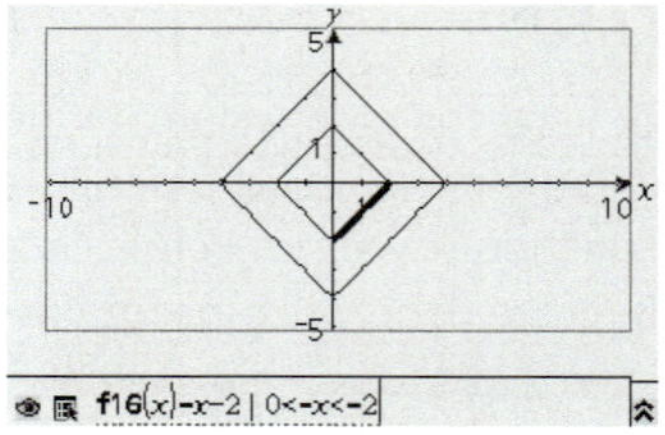

Nun sind der Phantasie keine Grenzen gesetzt. Zeichne eigene Bilder mit Geraden und Geradenausschnitten („Strecken").

Informiere dich, wie diese Begrenzungen bei stückweise linearen Funktionen auf deinem GTR/Funktionenplotter angegebenen werden können.

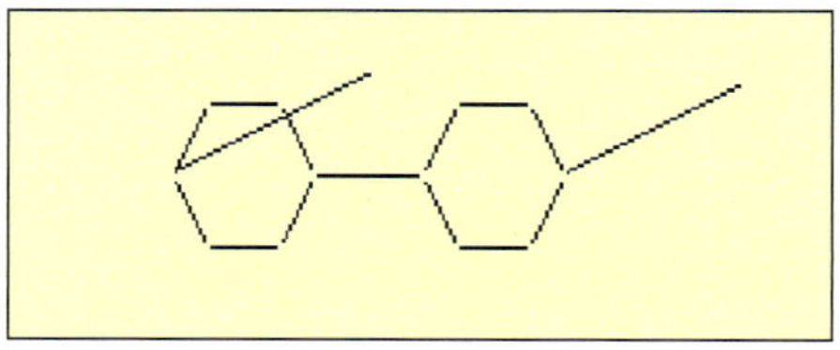

GTR-Brille

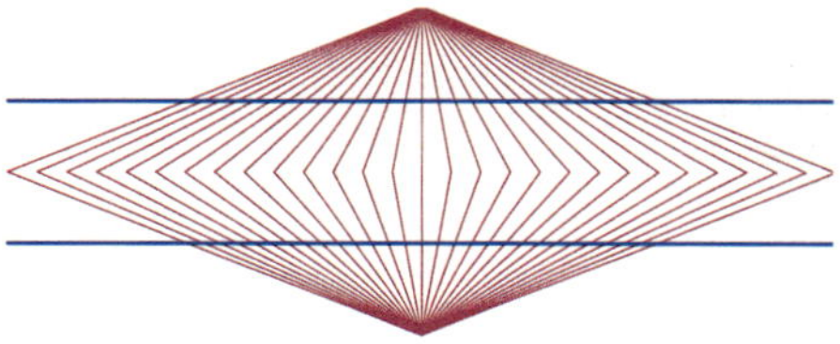

Optische Täuschung: parallel oder nicht?

17 Wachsen diese Pflanzen mit der gleichen Änderungsrate? Wenn nicht, welche Pflanze ist dann am 4.Tag die kleinste? Welche braucht am längsten, um eine Höhe von 8 cm zu erreichen?
Zeichne die Graphen neu, so dass du die Änderungsraten besser vergleichen kannst.

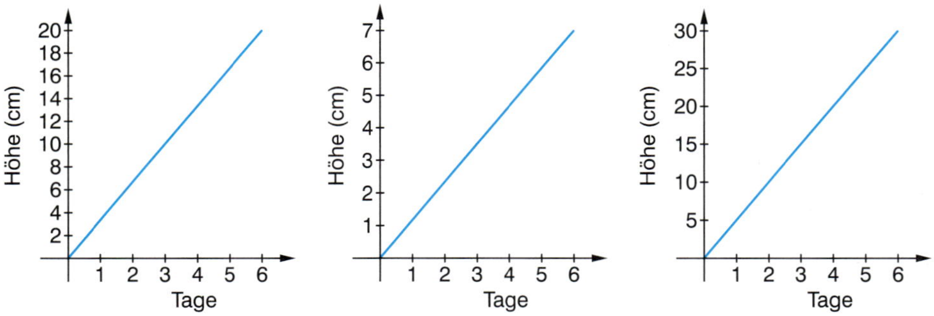

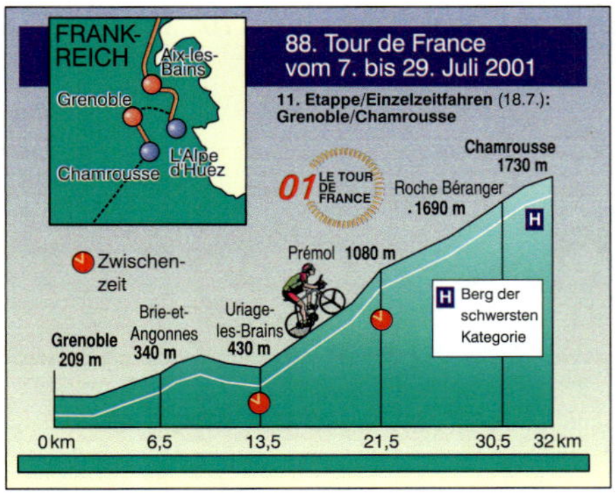

18 Das Bild zeigt das Streckenprofil des Bergzeitfahrens bei der Tour de France 2001.
a) Berechne die durchschnittliche Steigung von Grenoble nach Brie-et-Argonnes, Uriage-les-Bains nach Premol, Premol nach Roche Beranger, Roche Beranger nach Chamrousse.
b) Zeichne zu jeder Steigung ein entsprechendes Steigungsdreieck.

19 *Markante Punkte nutzen*
a) Schreibe die Schnittpunkte der Geraden 1 mit den Koordinatenachsen auf und ermittle damit die zugehörige lineare Gleichung.
b) Überprüfe, ob die Gerade 1 die Lösungen der Gleichung $\frac{x}{4} + \frac{y}{5} = 1$ darstellt. Diese Form der Gleichung nennt man **Achsenabschnittsform.**
c) Kannst du erklären, woher der Name „Achsenabschnittsform" kommt?
d) Stelle für die anderen Geraden auch die Achsenabschnittsform auf.

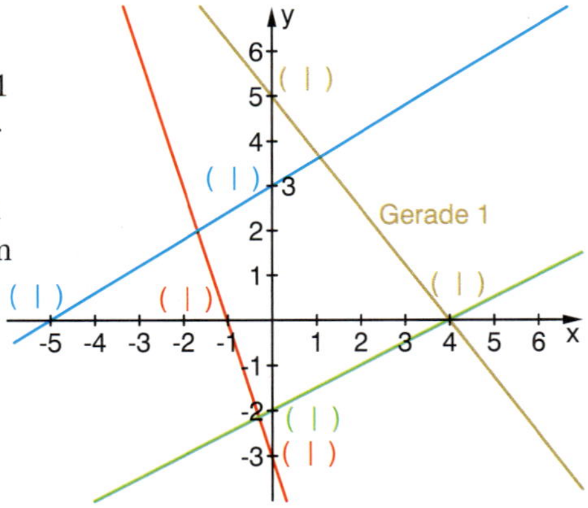

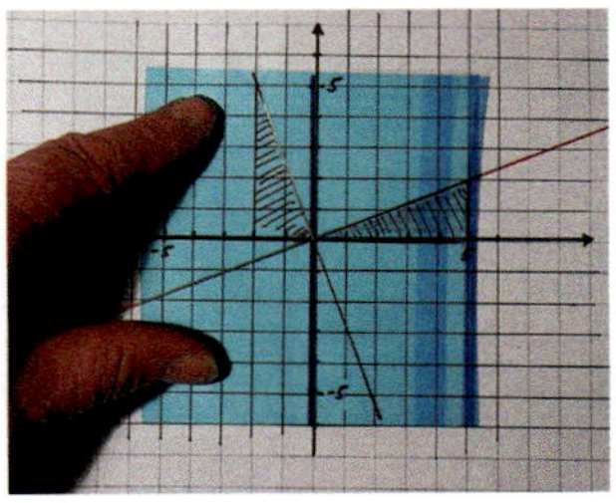

20 *Untersuchung an zueinander senkrechten Geraden*
Zeichne ein Koordinatensystem in dein Heft und trage eine Gerade mit der Steigung $\frac{2}{5}$ ein. Kopiere das Koordinatensystem mit der Geraden auf eine Folie. Drehe die Kopie um 90° und lege sie auf das Original. Sicher erkennst du, dass die Gerade und ihre Kopie aufeinander senkrecht stehen.
a) Bestimme die Steigung der gedrehten Geraden. Achte auf das Vorzeichen.
b) Welche Beziehung besteht zwischen den Steigungen von ursprünglicher und gedrehter Geraden?

2.3 Bestimmung von linearen Funktionen aus gegebenen Daten

Was dich erwartet

Durch zwei Punkte können wir genau eine Gerade zeichnen. Sind die Punkte im Koordinatensystem gegeben, so können wir mit den zwei Wertepaaren die Funktionsgleichung der zugehörigen linearen Funktion bestimmen. Auch zu mehreren Punkten kann man oft eine so genannte „Ausgleichsgerade" finden. In der Forschung vermutet man häufig einen linearen Zusammenhang zwischen zwei Größen (z. B. zwischen Körpergröße und Körpergewicht 30-jähriger Männer). Zur genaueren Untersuchung misst man beide Größen bei vielen Personen und überträgt die Wertepaare in ein Koordinatensystem. Liegen die Punkte ungefähr auf einer Geraden, so kann man eine passende Ausgleichsgerade zeichnen und deren Funktionsgleichung berechnen.

Aufgaben

1 *Funktionsgleichung gesucht*
Ermittle die Gleichung der Geraden durch die Punkte $P(5|-1)$ und $Q(-3|3)$.

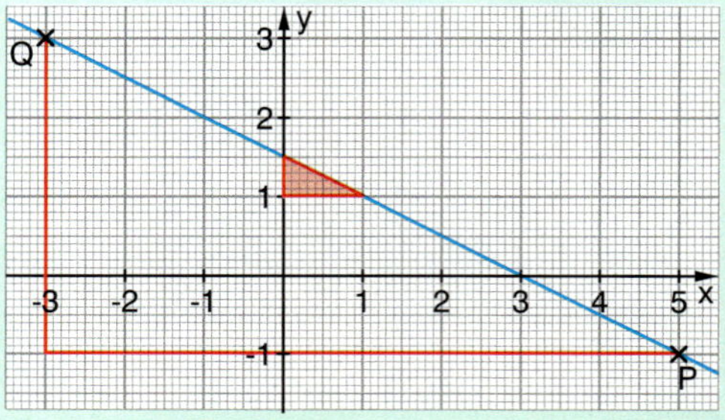

a) Anna zeichnet und liest die Steigung und den y-Achsenabschnitt der Geraden ab. Zeichne selbst auf Millimeterpapier und bestimme auf diese Weise die Funktionsgleichung.

b) Kai rechnet: $m = \frac{-1-3}{5-(-3)} = \frac{-4}{8} = -\frac{1}{2}$. Also $y = -\frac{1}{2}x + b$

$P(5|-1)$ liegt auf der Geraden: $-1 = -\frac{1}{2} \cdot 5 + b$. Also $b = -1 + \frac{5}{2} = \frac{3}{2}$.

Die Funktionsgleichung lautet also: $y = -\frac{1}{2}x + \frac{3}{2}$.

Kannst du die Lösung von Kai erklären? Begründe die einzelnen Schritte.

c) Bestimme nach der Methode von Kai die Gleichung der Geraden, die durch die Punkte $A(1|6)$ und $B(3|-4)$ geht. Überprüfe die Lösung durch eine Zeichnung.

Wenn eine Grille 124-mal pro Minute zirpt, so ist die Außentemperatur ungefähr 20 °C, bei 27 °C zirpt sie 173-mal pro Minute.

2 Biologen haben herausgefunden, dass das Zirpen der Grillen sich mit der Außentemperatur verändert. Der Zusammenhang der Anzahl der „Zirps" pro Minute und der Temperatur ist nahezu linear, d. h. er lässt sich recht gut durch eine lineare Funktionsgleichung beschreiben.

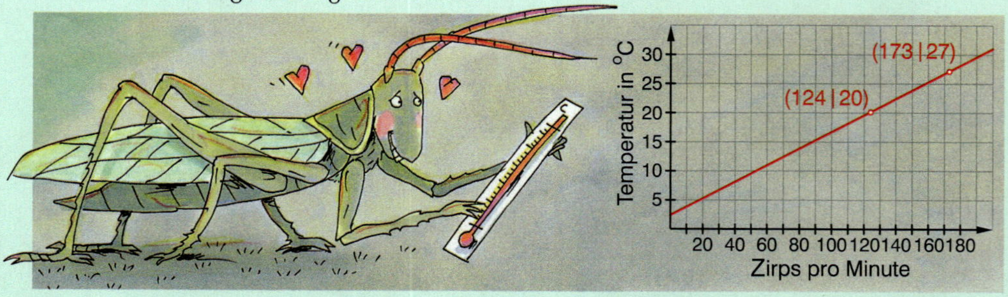

a) Bestimme die Funktionsgleichung der Geraden durch die beiden Punkte.

b) Bei welcher Temperatur zirpt die Grille ungefähr 100-mal pro Minute? Wie oft zirpt die Grille bei einer Temperatur von 0 °C?

Basiswissen

Geradengleichung zu zwei gegebenen Punkten

Zu zwei gegebenen Punkten im Koordinatensystem können wir die Funktionsgleichung der zugehörigen Geraden berechnen.

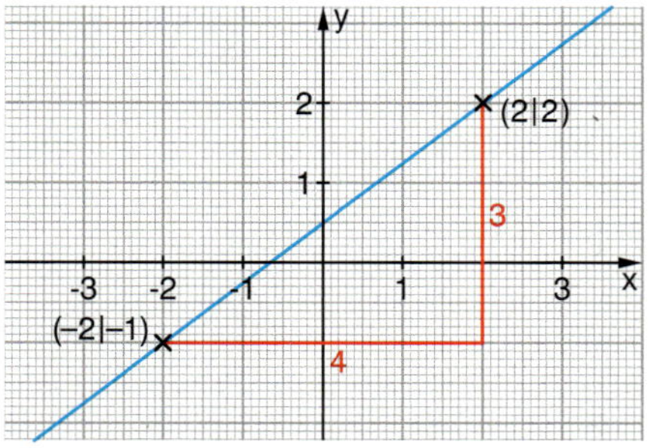

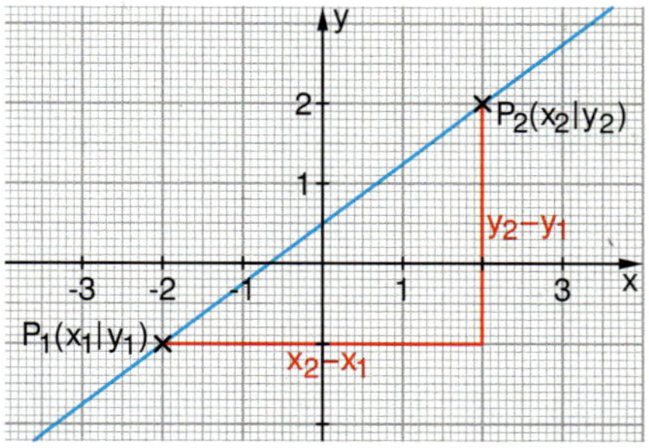

$m = \frac{2-(-1)}{2-(-2)} = \frac{3}{4}$

$y = \frac{3}{4}x + b$

$P_1(-2|-1)$: $-1 = \frac{3}{4} \cdot (-2) + b$

$b = \frac{1}{2}$

$y = \frac{3}{4}x + \frac{1}{2}$

1. Steigung m mithilfe der beiden Punkte berechnen
$m = \frac{y_2 - y_1}{x_2 - x_1}$

2. Die Koordinaten eines Punktes (z. B. P_1) in die Gleichung $y = mx + b$ einsetzen. Die Gleichung nach b auflösen.

3. Funktionsgleichung aufschreiben.

Beispiele

A Der Graph zeigt den linearen Zusammenhang zwischen den Temperaturangaben in Celsius und Fahrenheit. Wasser gefriert bei 32 °F und kocht bei 212 °F.
Aus den beiden Punkten können wir die Funktionsgleichung bestimmen:

$m = \frac{212-32}{100-0} = 1{,}8.$

In diesem Beispiel ist b = 32.
Die Funktionsgleichung lautet somit:
$F = 1{,}8C + 32.$

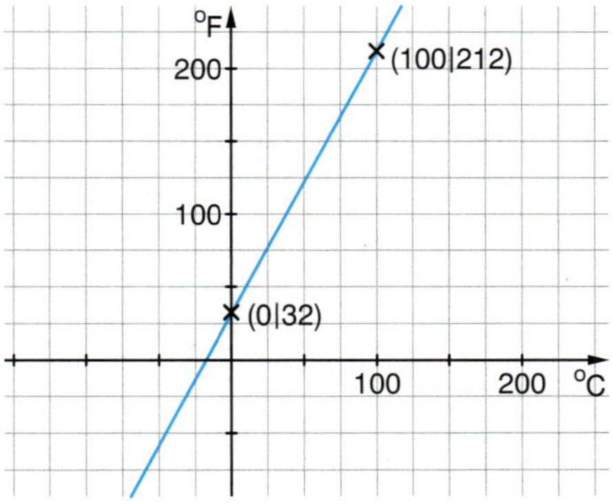

Änderungsrate:
Eine Temperaturänderung von 1 °C entspricht einer Temperaturänderung von 1,8 °F.

Übungen

3 Finde die Funktionsgleichung zu der Geraden, die durch die beiden Punkte geht.
a) P(1|0), Q(4|15) b) A(6|−3), B(−8|10) c) X(−3|0), Y(2,5|0) d) (−1|4), (3,5|4)

4 a) Die Punkte A(a|5) und B(−2|−4) liegen auf einer Geraden mit der Steigung $\frac{3}{4}$. Bestimme a.
b) Bestimme die Funktionsgleichung der Geraden mit der Steigung 7, die durch den Punkt (7|7) geht.

5 Liegen die Punkte A(−4|7), B(1|5) und C(16|−1) auf einer Geraden?

6 Bei der Füllung eines Gefäßes beträgt die Änderungsrate der Höhe 5 cm/s. Nach 2 s beträgt der Wasserstand 12 cm.
a) Bestimme die Gleichung der Höhenfunktion.
b) Liegen die Punkte P(6|32) und Q(5|26) auf der Geraden? Interpretiere die Ergebnisse im Sachzusammenhang.

Übungen

Die „Umkehrung" einer linearen Funktion ist wieder eine lineare Funktion.

7 Der Zusammenhang zwischen den Temperaturen Fahrenheit und Celsius wird durch die Gleichung $F = F(C) = 1{,}8 \cdot C + 32$ beschrieben (Beispiel A). Bestimme auch die „umgekehrte" Funktionsgleichung $C = C(F)$. Benutze dafür die in Beispiel A angegebenen Wertepaare für den Gefrierpunkt $(0|32)$ und den Siedepunkt $(100|212)$ von Wasser mit jeweils vertauschten Koordinaten. Zeichne den Graphen zu $C = C(F)$ und vergleiche mit dem Graph zu $F = F(C)$. Was fällt dir auf?

8 Bilde jeweils die Gleichung der Umkehrfunktion. Vergleiche die Steigung der Funktion mit der Steigung ihrer Umkehrung.

a) $y = 2x + 1$ b) $y = -x + 3$ c) $y = 0{,}5x - 2$ d) $y = -3x - 2$

Zunahme der Temperatur im Erdinnern

9 Zum Abbau von Mineralien müssen Minen oft tief unter der Erde angelegt werden. So gibt es zum Beispiel in Südafrika Minen, die mehr als 3 km tief liegen. Dort sind die Wände so heiß, dass das Arbeiten nur mit zusätzlicher Kühlung möglich ist.
Die Temperatur T (in °C) innerhalb der Erde lässt sich in Abhängigkeit von der Tiefe d (in km) in diesem Bereich durch eine lineare Funktion $T = m \cdot d + b$ beschreiben.
In einer 0,5 km tiefen Mine herrscht eine Temperatur von 25 °C, in 1,8 km Tiefe bereits 38 °C.

a) Zeichne den Graphen der zugehörigen linearen Funktion $d \rightarrow T$ und bestimme die Funktionsgleichung. Berechne damit die Temperaturen für d = 1,5 km, 2,9 km und 3,1 km.

b) Welche Temperatur herrscht an der Oberfläche beim Einstieg in die Mine?

10 Der „Eurotunnel" ist ein Tunnel, der von 1987–1994 unter dem Ärmelkanal gebaut wurde. Er ist eine der größten Ingenieurtaten des 20. Jahrhunderts.

a) Bestimme mit den Angaben in dem Diagramm die Gleichung der Geraden durch die Punkte A und B. Wie groß ist die Steigung dieser Geraden?

b) Bestimme die Steigung der Geraden durch die Punkte C und D.

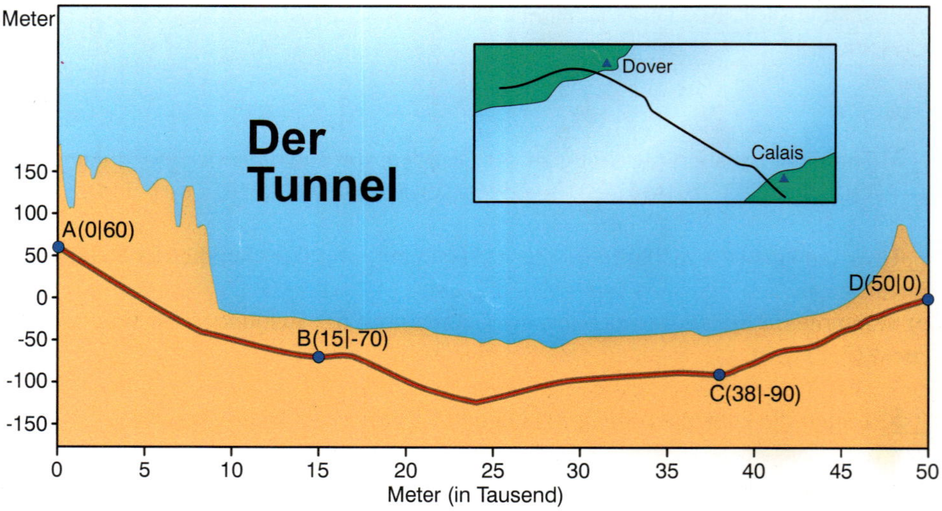

Auf welcher Seite ist der Tunnel steiler, auf der englischen oder auf der französischen?

Übungen

11 Die Gästezahl im Reiterhof ist in den letzten 10 Jahren jedes Jahr in etwa um die gleiche Anzahl gewachsen. Aus den Jahren 1993 (185 Gäste) und 2000 (490) liegen die Gästezahlen exakt vor. Der Computer zeigt die Grafik.

a) Bestimme mit diesen Werten die Funktionsgleichung und erstelle damit eine Tabelle für die Gästezahlen der Jahre von 1991 bis 2000.

b) Wie viele Gäste sind für das Jahr 2004 zu erwarten, wenn die Entwicklung so weiter geht?

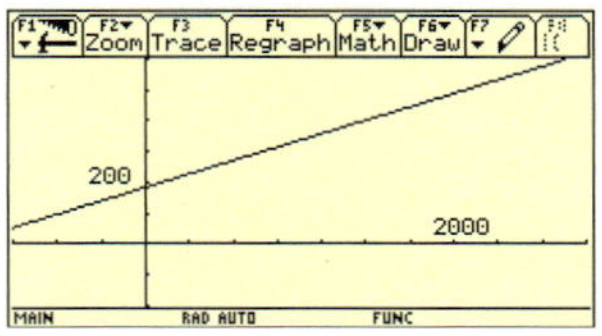

12 Durch die Tabelle wird das durchschnittliche Gewicht von Mädchen und jungen Frauen in Abhängigkeit vom Alter angegeben.

Alter in Jahren	0	0,25	0,5	0,75	1	1,5	2	3	4	5	6	7	8	9	10	11	12	13	14	15	16	17	18	19	20
Gewicht in kg	3,3	5,7	7,4	8,9	10	11,5	12,8	14,9	16,9	18,9	20,8	23,2	25,8	28,5	31,3	34,8	39,7	45	49,8	53,4	55,8	57,2	58,2	58,4	58,5

Übertrage die Daten in ein Diagramm. Untersuche, in welchen Altersabschnitten das Gewicht linear zunimmt. Bestimme für diese Abschnitte die Gewichtszunahmeraten und vergleiche sie miteinander.

13 Die Tabelle zeigt die Masse und die Flügelfläche bei verschiedenen Vogelarten. Die Punkte im Streudiagramm liegen in etwa auf einer Geraden, man kann einen linearen Zusammenhang zwischen den beiden Größen vermuten.

Vogel	Masse	Flügelfläche
Spatz	25 g	87 cm^2
Schwalbe	47 g	186 cm^2
Amsel	78 g	245 cm^2
Star	93 g	190 cm^2
Taube	143 g	357 cm^2
Krähe	440 g	1 344 cm^2
Möwe	607 g	2 006 cm^2

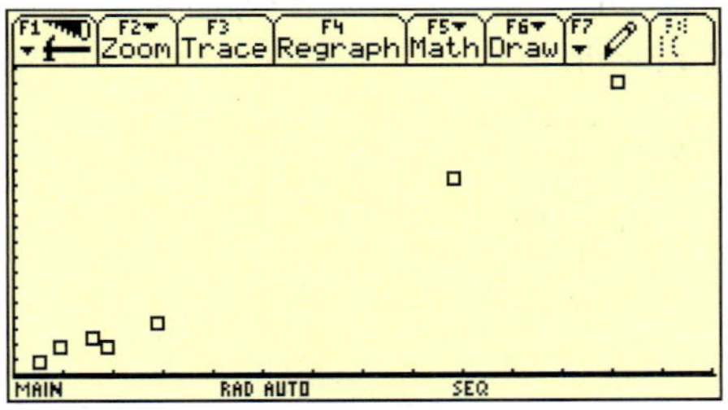

a) Übertrage das Streudiagramm in dein Heft und zeichne eine Ausgleichsgerade ein, die sich „möglichst gut" an die Punkte anpasst.

b) Was bedeutet für dich „möglichst gut"? Vergleiche mit den Lösungen deiner Nachbarn? Kommt ihr alle in etwa zu der gleichen Geraden?

c) Bestimme die Funktionsgleichung deiner Geraden.
Bestimme damit einen ungefähren Wert der Flügelfläche bei einer Masse 400 g.
Wie groß ist die Masse eines Vogels mit 500 cm^2 Flügelfläche?

d) Der Blaureiher wiegt 2 090 g und und hat eine Flügelfläche von 4 436 cm^2. Liegt dieser „Punkt" auch noch in etwa auf der Geraden?

Übungen

14 Bei den Olympischen Spielen 2000 in Sydney gewann Marion Jones den 100 m-Lauf der Frauen in 10,75 s, Maurice Green siegte im 100 m-Lauf der Männer in 9,87 s. Luici vergleicht mit den Siegerzeiten bei der Olympiade 1928 in Rom. Hier gewann Percy Williams bei den Männern in 10,8 s, Elizabeth Robinson bei den Frauen in 12,2 s.

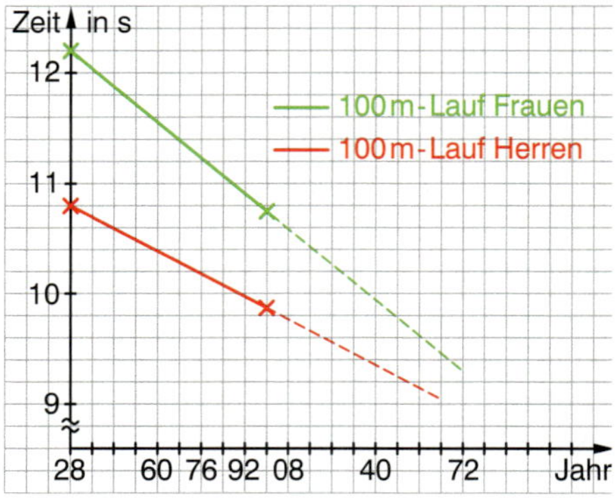

Luici zeichnet zwei Geraden in ein Koordinatensystem und stellt dann fest: „Wenn das so weitergeht, laufen die Frauen bei der Olympiade 2124 schneller als die Männer."

a) Wie kommt Luici zu dieser Aussage? Was hältst du davon?

b) Zeichne die Grafik mit den 4 Punkten vergrößert in dein Heft. Wähle dabei den Bildausschnitt so groß, dass der Schnittpunkt der beiden Geraden sichtbar wird. Welches Jahr und welche Zeit entsprechen diesem Schnittpunkt?

Welche Bedeutung hat jeweils der Wert für die Steigung?

c) Stelle die Funktionsgleichungen für die beiden Geraden auf. Wähle dazu für das Jahr 1928 den Wert 0 auf der x-Achse. Triff damit Voraussagen für die Siegerzeiten in den Jahren 2004 (x = 76) und 2008 (x = 80).

Tiefe in m	Temperatur in °C
0	15
4	14
8	13
12	6
16	5
20	4

15 Die Temperatur des Wassers in einem See ist abhängig von der Tiefe. Eine typische Funktion für einen 20 m tiefen See gibt die Tabelle wieder.

a) Zeichne ein Streudiagramm zu der Tabelle. Vermutest du einen linearen Zusammenhang? Begründe deine Antwort.

b) Zeichne einen passenden Graphen, der sich gut an die Punktwolke anpasst.

c) Wenn du nur die ersten drei Punkte des Streudiagramms berücksichtigst, so kannst du eine Ausgleichsgerade anpassen. Welche Wassertemperatur würdest du mit dieser Ausgleichsgeraden für 20 m Tiefe voraussagen?

Basiswissen

Den Zusammenhang zwischen zwei Größen kann man durch Messungen und Datenerhebungen untersuchen. Wenn die gemessenen Wertepaare im Streudiagramm in etwa auf einer Geraden liegen, so weist dies auf einen „linearen Zusammenhang" der Größen hin. Man kann „nach Augenmaß" eine Ausgleichsgerade zeichnen und eine Gleichung aufstellen. Damit kann man dann nicht gemessene Zwischenwerte oder bestimmte Trends und Voraussagen „berechnen".

Anpassen einer Ausgleichsgeraden an Daten

1. Streudiagramm zeichnen:
Übertrage die gemessenen Wertepaare (Tabelle) in ein Streudiagramm.

x	1	1,5	1,75	2,4	2,6	3	3,25	3,5	4
y	1,5	2	1,5	2	1,9	2,8	2,5	3,5	3,1

2. Gerade anpassen:
Zeichne eine Gerade, die sich „möglichst gut" dem Punktemuster im Streudiagramm anpasst.

3. Funktionsgleichung bestimmen:
Lies die Koordinaten von zwei Punkten auf der Geraden ab. Die Punkte P_1 und P_2 müssen keine Messpunkte sein. In der Regel nimmt man Punkte mit leicht ablesbaren Koordinaten.

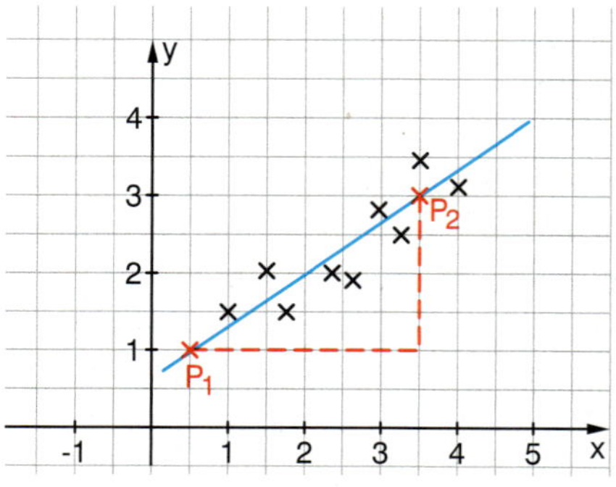

$y = m \cdot x + b$

Beispiele

B Die Breitenkreise auf der nördlichen Erdhalbkugel rangieren von 0° am Äquator bis 90° am Nordpol. Je höher der Breitengrad, umso geringer die Temperatur. In der Tabelle sind die Breitenkreise (n. B.) und die mittleren Höchsttemperaturen (T) im Monat April für einige ausgewählte Städte auf der nördlichen Halbkugel angegeben.

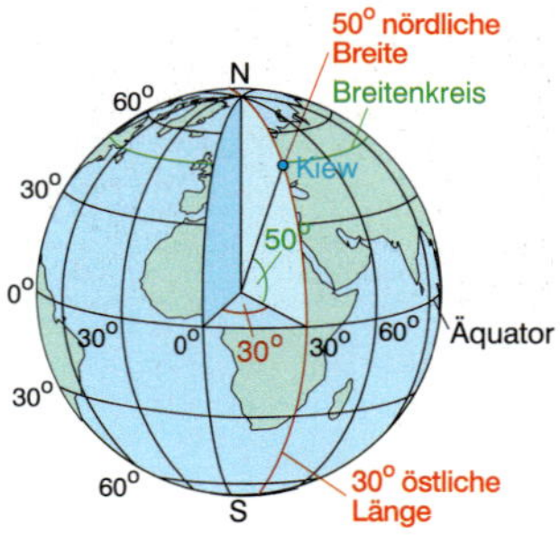

Tabelle:

Stadt	n. B.	T (°C)
Lagos, Nigeria	6°	31,7
San Juan, Puerto Rico	18°	28,9
Kalkutta, Indien	23°	36,1
Kairo, Ägypten	30°	28,3
Tokio, Japan	35°	17,2
Rom, Italien	42°	20
Quebec City, Kanada	47°	7,8
London, England	52°	13,3
Moskau, Russland	56°	8,3

Streudiagramm mit Ausgleichsgerade:

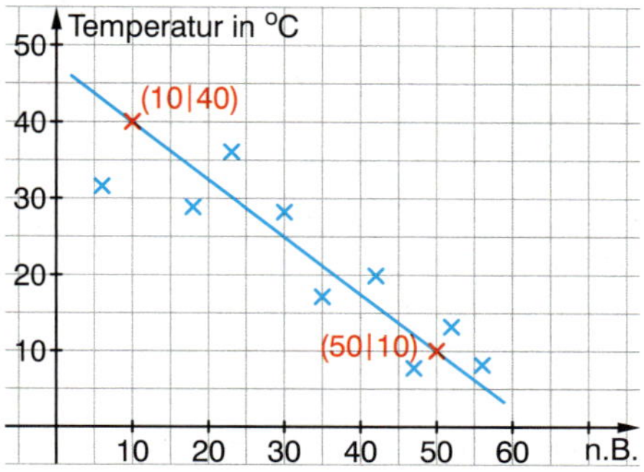

Funktionsgleichung bestimmen: Steigung: $m = \frac{10-40}{50-10} = -\frac{3}{4}$, $T = -\frac{3}{4} \cdot B + T_0$

T-Achsenabschnitt: $40 = -0{,}75 \cdot 10 + T_0$, $T_0 = 47{,}5$

Gleichung: $T = -0{,}75 \cdot B + 47{,}5$

Die Steigung $-0{,}75$ bedeutet: Wenn man sich um 1° nördliche Breite weiter bewegt, so ist die mittlere Höchsttemperatur im April um 0,75 °C kleiner.
Der T-Achsenabschnitt $T_0 = 47{,}5$ bedeutet, dass die mittlere Höchsttemperatur am Äquator ungefähr 47,5 °C beträgt.

Mittlere Höchsttemperaturen, berechnet nach der Funktionsgleichung:
Köln (51° n. B.): 9,3 °C
Nordpol (90° n. B.): −20 °C

Übungen

16 Welche der Punktwolken kann durch eine Ausgleichsgerade beschrieben werden? Begründe deine Entscheidung.

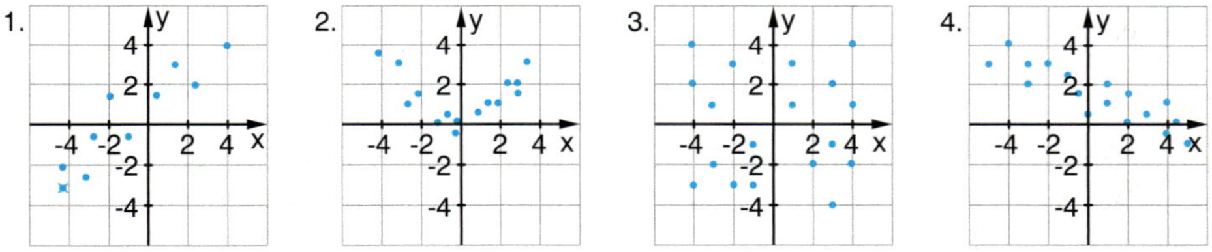

17 Ermittle mithilfe der Ausgleichsgeraden aus Beispiel B die mittlere Höchsttemperatur im April für die Städte München und Hamburg.

Erkundige dich beim Wetteramt (Internet), wie diese Durchschnittstemperaturen im letzten Jahr real waren.

18 Erstelle für die Punkte ein Streudiagramm und ermittle die Funktionsgleichung für eine passende Ausgleichsgerade. Vergleicht eure Ergebnisse in der Klasse.

a) (0|1), (1|2), (1|3), (2|3), (2|3,5), (3|4), (3|4,5), (4|5,5), (4|6), (5|5), (5|6), (5|6,5), (6|7), (6|8), (7|7,5)

b) (0|8), (1|7,5), (1|6), (2|6,5), (2|6), (3|5,5), (3|5), (4|4), (4|3,5), (5|3), (5|2,5), (6|2), (6|1,5), (7|1), (7|0)

19 Im Streudiagramm sind die Zeiten der Goldmedaillengewinner im 400 m-Freistil von 1948–1992 dargestellt.
a) Begründe, warum es nicht sinnvoll ist, in das Diagramm eine Ausgleichsgerade einzuzeichnen.
b) Was kannst du aus dem Diagramm über die Zeiten zukünftiger Olympiasieger vermuten?

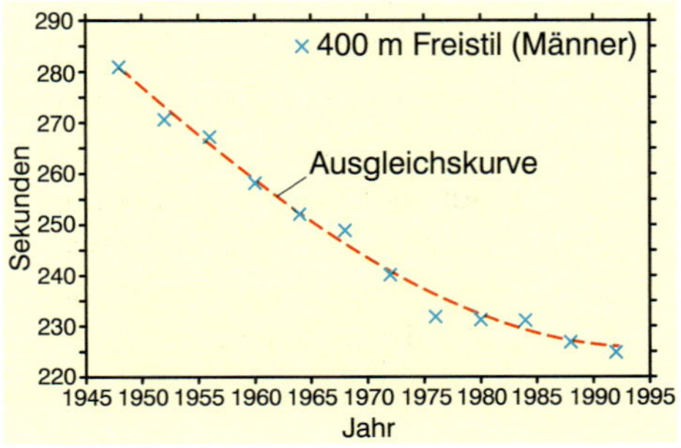

Regressionsgerade und Korrelationskoeffizient

Die Ausgleichsgerade soll sich „möglichst gut“ an die Daten anpassen. Was heißt das? Recht gute Ergebnisse erhalten wir mit der „Methode nach Augenmaß“.

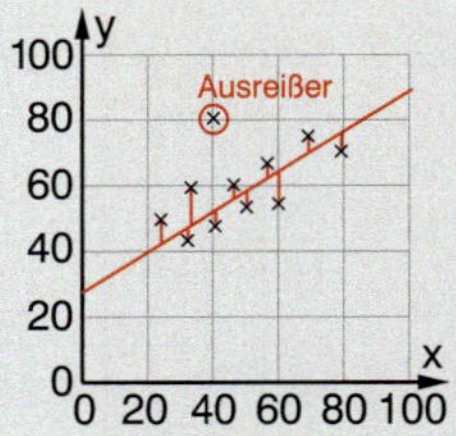

Darüber hinaus gibt es auch einige nützliche „Faustregeln“, z. B.

- etwa gleich viele Punkte über der Geraden wie darunter,
- die Summe der Punktabstände zur Geraden soll möglichst klein sein,
- „Ausreißer“ bleiben unberücksichtigt.

Auf dem grafischen Taschenrechner oder dem Computer gibt es Programme, die eine „gute Ausgleichsgerade“ nach einer festgelegten Methode berechnen. Sie heißt dort **Regressionsgerade**. Die Gleichung wird aus den eingegebenen Wertepaaren berechnet.
Häufig erscheint neben der Gleichung auch noch ein Zahlenwert, der so genannte **Korrelationskoeffizient r**. Er liegt immer zwischen –1 und 1 und ist ein Maß für die „Stärke“ des linearen Zusammenhangs zwischen den beiden Größen.

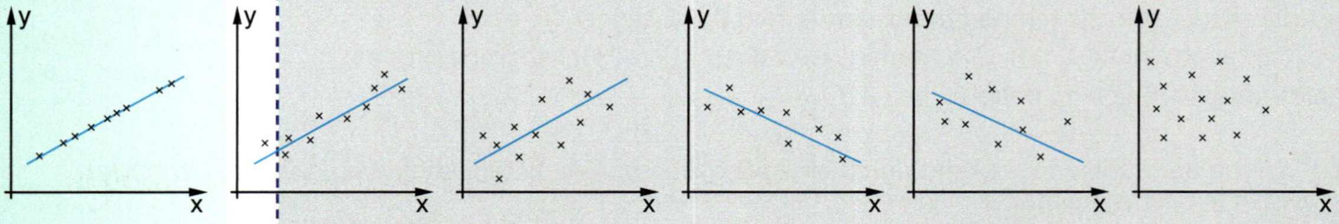

r=1 r=0,91 r=0,42 r=-0,91 r=-0,42 r=0

Je näher der Betrag von r an 1 liegt, umso besser kann der Zusammenhang zwischen den beiden Größen durch die lineare Funktion beschrieben werden.

Aufgaben

Projekt

Entdecken und Untersuchen von Zusammenhängen

1. Tabelle erstellen durch Erheben (Messen) von Daten.
2. Streudiagramm zeichnen und entscheiden, ob ein linearer Zusammenhang zu vermuten ist.
3. Gegebenenfalls eine Ausgleichsgerade anpassen und die Gleichung aufstellen.

Besteht zwischen dem Alter eines Menschen (zwischen 0 und 20 Jahren) und dessen Körpergröße ein linearer Zusammenhang? Aus der Erfahrung wissen wir, dass zwar die Länge in diesem Zeitraum wächst, aber sicher ist dies kein streng linearer Zusammenhang.

Ihr könnt selbst solche Zusammenhänge untersuchen. Hier sind einige Vorschläge, ihr könnt sie durch eigene Ideen ergänzen oder ersetzen.
Aus der eigenen Klasse:

Schuhgröße und Körperlänge

Armlänge und Körperlänge

Entfernung des Wohnortes zur Schule und Höhe des Taschengeldes

Aus der Abschlusstabelle der Fußballbundesliga:

Anzahl der geschossenen Tore und Anzahl der erhaltenen Tore

Tordifferenz und Anzahl der Punkte

2.4 Anwendung – Modellieren mit linearen Funktionen

Was dich erwartet

Die linearen Funktionen sind ein neues Werkzeug, das in vielen Anwendungen eine zentrale Rolle spielt. Hier werden Fragestellungen aus dem Alltag mithilfe der Mathematik bearbeitet und gelöst. Nicht immer beschreibt die lineare Funktion das gegebene Problem ganz genau oder umfassend, oft muss man gewisse Vereinfachungen vornehmen. Deshalb muss anschließend noch einmal überprüft werden, ob die mathematische Lösung ein sinnvolles Ergebnis für das ursprüngliche Anwendungsproblem liefert. Dieses Vorgehen ist typisch für das Anwenden von Mathematik. Man spricht von „Modellieren mit Mathematik".

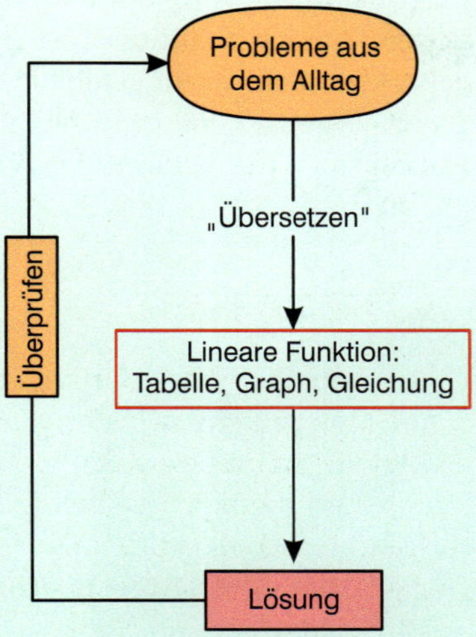

Aufgaben

1 Niklas Weishaupt braucht ein neues Auto, da stehen schwierige Entscheidungen an.

a) Wovon kann die Entscheidung abhängen? Erstelle eine Liste von Kriterien, die eine Rolle spielen können. Bei welchen Überlegungen kommt die Mathematik mit ins Spiel?

b) Nach langen Überlegungen kommen 2 Autos in die engere Wahl. Die beiden Graphen zeigen, welche Kosten bei jedem Typ auf Niklas Weishaupt zukommen.

- Was ist in dem Diagramm dargestellt?
- Wie viel muss er beim Kauf bezahlen?
- Übertrage den Graphen in eine Tabelle, in der man die Kosten in Abständen von 30 000 km ablesen kann.
- Welche Information liefert der Schnittpunkt der beiden Geraden?
- Wie kann man die Kosten pro Kilometer am Graphen ablesen? Vergleiche für die beiden Typen. Welche Kosten sind das?

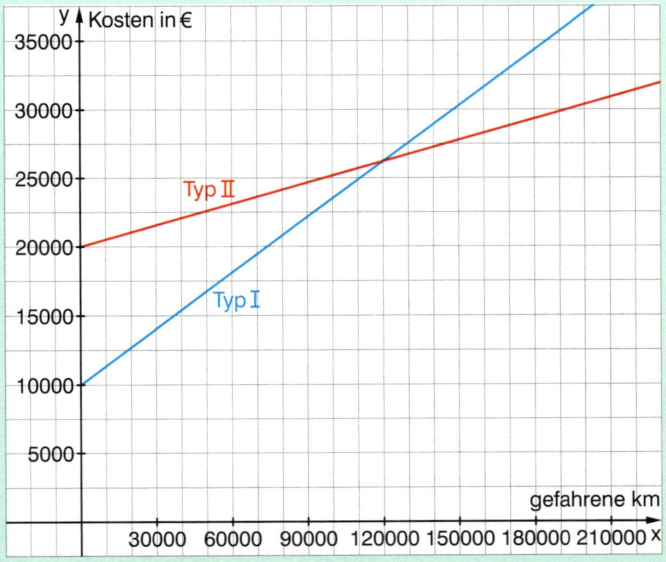

c) Welches Auto ist das günstigere? Begründe deine Entscheidung.

Aufgaben

2 *Was hat das Fallschirmspringen mit linearen Funktionen zu tun?*
In der folgenden Tabelle ist die Höhe eines Fallschirmspringers protokolliert. Das Flugzeug fliegt beim Absprung etwa 4000 m über dem Boden. Zunächst fällt der Springer mit noch gepacktem Schirm im „Freifall" der Erde entgegen. In etwa 1000 m Höhe öffnet sich der Fallschirm, dann beginnt der Gleitflug.

Zeit (in s)	Höhe (in m)	Zeit (in s)	Höhe (in m)	Zeit (in s)	Höhe (in m)
0	4000	20	3125	70	940
2	3980	30	2625	80	890
4	3930	40	2125	90	840
6	3860	50	1625	100	790
8	3760	60	1125	140	590
10	3610	63	975	200	290
1. Phase		2. Phase		3. Phase	
Freifall				Gleitflug	

Für die 1. Phase Freifall zeichnest du am besten zusätzlich einen eigenen Graphen als Ausschnittsvergrößerung („Zoom").

a) Beschreibe die drei Phasen des Fallens. Welche Phasen können durch eine lineare Funktion „modelliert" werden? Zeichne dazu auch einen Graphen zur Tabelle.
b) Wie lange dauert der Sprung bis zur Landung?
c) Mit welchen Geschwindigkeiten fällt der Fallschirmspringer in der 2. Phase des Freifalls und im Gleitflug? Du kannst dies aus dem Graphen oder der Tabelle bestimmen.

Die Geschwindigkeit v lässt sich mithilfe des zurückgelegten Weges s und der dafür benötigten Zeit t berechnen: $v = \frac{s}{t}$.

Zur Erinnerung: 1 m/s = 3,6 km/h

Fallschirmspringen

Fallschirmspringen ist eine Sportart, für die man viel Können und Training benötigt. In der Ausbildung und im Training müssen Fallschirmspringer ein Sprungbuch führen, in dem alle Sprünge mit allen relevanten Daten aufgezeichnet werden (Sprunghöhe, Freifallzeit, Gleitflugzeit, Landegenauigkeit usw.).

Der Freifall erfolgt zum Glück nicht so, wie ein Stein nach unten fällt. Nur in den ersten Sekunden wird der Fall immer schneller, aufgrund des Luftwiderstandes stellt sich nach etwa 10 s Fallzeit eine konstante Geschwindigkeit ein. Diese beträgt immerhin etwa 200 km/h.

Während des Öffnens des Fallschirms wird der Springer von dieser hohen Fallgeschwindigkeit auf eine Geschwindigkeit von etwa 18 km/h abgebremst. Damit dieses Bremsen nicht zu abrupt geschieht, wird das Öffnen durch eine spezielle Packtechnik verzögert, d. h. die vollständige Öffnung des Fallschirmes dauert eine gewisse Zeit. Der Aufprall des Springers auf der Erde mit 18 km/h entspricht aber immer noch dem eines Sprunges aus 1,25 m Höhe. Deshalb muss natürlich auch die Landetechnik trainiert werden.

Basiswissen

Um ein Problem zu lösen, geht man in der Regel in bestimmten Schritten vor. Ein besonders wichtiger Schritt ist die **Entwicklung eines mathematischen Modells**, d. h. man versucht herauszufinden, welcher Zusammenhang zwischen den Variablen besteht.

Aufgabe:
Ein Bäcker verkauft täglich 100 kg Brot. An dem Brotverkauf verdient er 60 €. Er plant, einen neuen Ofen für 8 000 € zu kaufen, mit dem er täglich 150 kg mehr Brot backen kann. Wie lange dauert es, bis der neue Ofen von dem Verdienst bezahlt ist?

Problem:
Was willst du herausfinden?
Wie lange dauert es, bis durch den Brotverkauf die Kosten für den Backofen erwirtschaftet sind?

Mathematisches Modell

Daten, Variable:
- t: Anzahl der nötigen Tage
- 100 kg Brot → 60 € Verdienst
- neuer Ofen kostet 8 000 €
- 150 kg mehr Brot mit neuem Ofen

Annahmen, Zusammenhänge, Vereinfachungen:
- Täglich werden 250 kg Brot verkauft.
- Der Verdienst pro kg Brot bleibt gleich.
- Verdienst pro 1 kg: 0,60 €
- Verdienst bei 250 kg: 0,60 € · 250 = 150,00 €
- Verdienst V in t Tagen: $V(t) = 150 \cdot t$
  Lineare Funktion

Grafische mathematische Lösung:

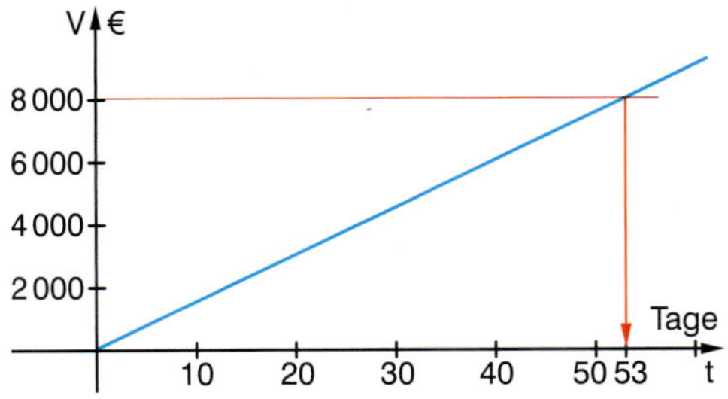

Ergebnis:
Innerhalb von 53 Tagen sind die Kosten für den Ofen erwirtschaftet.

Überprüfung:
z. B. 150 € · 53 = 7950 €

Anmerkung:
Hoffentlich kann jeden Tag das ganze Brot verkauft werden.

Übungen

3 *Vergleich von Handy-Tarifen*
Frau Fendt, die im Außendienst einer Firma arbeitet, hat die Wahl zwischen verschiedenen Handy-Tarifen. Sie telefoniert meistens in der Hauptzeit.
a) Stelle für jeden Tarif einen Funktionsterm auf, der die Kosten K in Abhängigkeit von den Minuten t in der Hauptzeit darstellt. Zeichne die zugehörigen Graphen in ein Koordinatensystem. Kannst du anhand der Grafik einige Entscheidungshilfen für Frau Fendt geben?

D2 - Tarifübersicht

	D2-Classik	D2-Fun	Call-Ya
Grundpreis monatlich	23,00 €	12,75 €	0,00 €
im Festnetz Hauptzeit/min.	0,25 €	0,50 €	0,86 €
Nebenzeit pro min.	0,20 €	0,20 €	0,35 €
Wochenende für Sonderfälle	0,20 €	0,20 €	0,08 €

b) Wie sieht es bei den verschiedenen Tarifen aus, wenn man Gespräche nur in der Nebenzeit oder nur am Wochenende führt?
c) Liefern die verschiedenen Graphen auch eine Entscheidungshilfe, wenn die Gespräche sich auf die verschiedenen Zeiten verteilen? Versuche es am Beispiel, wenn die Hälfte der Gesprächszeit in der Hauptzeit und je ein Viertel in der Nebenzeit und am Wochenende stattfindet.

Findest du noch andere Vorgänge im Alltag, die sich mithilfe einer linearen Funktion beschreiben lassen? Vielleicht kannst du deine Vermutung mit einem Experiment überprüfen.

4 *Ein Experiment:*
Wie lange braucht eine Kaffeemaschine?
a) Koche zu Hause 1, 2, 3, 4, 5 Tassen Kaffee mit der Kaffeemaschine. Stoppe die Zeit, in der jeweils die Tassen Kaffee durchgelaufen sind. Erstelle eine Tabelle und übertrage die Werte in ein Streudiagramm. Gibt es einen linearen Zusammenhang?
b) Bestimme ggf. eine Ausgleichsgerade und den zugehörigen Funktionsterm. Sage mit dem Streudiagramm voraus, wie lange es dauern wird, bis 10 Tassen durchgelaufen sind. Überprüfe deine Vermutung durch ein Experiment.

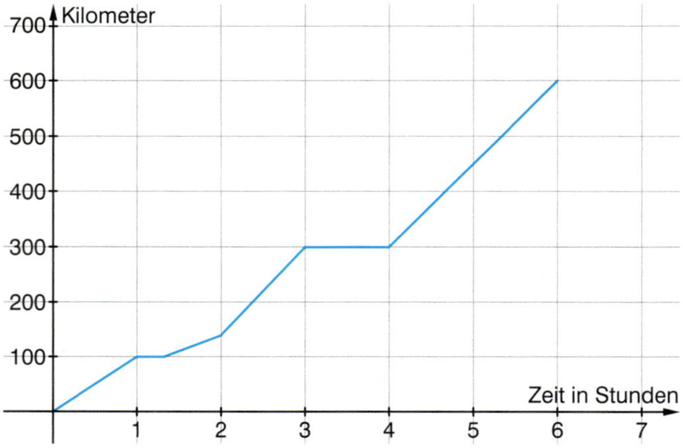

5 Margit Meyer fährt auf Geschäftsreise mit dem Auto von Mannheim nach Hamburg. Aus dem Weg-Zeit-Diagramm kann man einiges über den Reiseverlauf sagen.
a) Schreibe einen kurzen Reisebericht (Gesamtlänge und Dauer der Reise, Pausen, Geschwindigkeiten auf einzelnen Abschnitten, u. ä.).
b) Frau Meyer erhält nach einigen Tagen einen Strafzettel. Sie soll auf der Strecke zwischen dem Kirchheimer Dreieck (nach 200 km) und dem Kasseler Kreuz (nach 260 km) zu schnell gefahren sein. Kann das sein? Entscheide diese Frage mithilfe des Diagramms.
c) Der Graph stellt die Fahrt etwas vereinfacht dar, aber eine Fahrt auf der Autobahn kann damit doch recht gut modelliert werden. Durch welche Vereinfachung wurde die Darstellung mit linearen Funktionen in den einzelnen Abschnitten ermöglicht?
d) Wie sähe der Graph aus, wenn Frau Meyer die Gesamtstrecke immer im Durchschnittstempo der 1. Stunde hätte fahren können?
Zeichne auch einen Graphen mit drei halbstündigen Pausen und bestimme die Reisedauer.

Übungen

6 a) In dem grafischen Fahrplan sind die Fahrten eines ICE und eines Interregio auf der linksrheinischen Bahnstrecke von Koblenz nach Mainz dargestellt. Welcher Graph gehört zu dem ICE, welcher zu dem Interregio? Woran erkennst du das?
b) Welche Informationen kannst du aus den verschiedenen Teilabschnitten der beiden Graphen ablesen? Gib dafür möglichst genaue Zahlenwerte an.

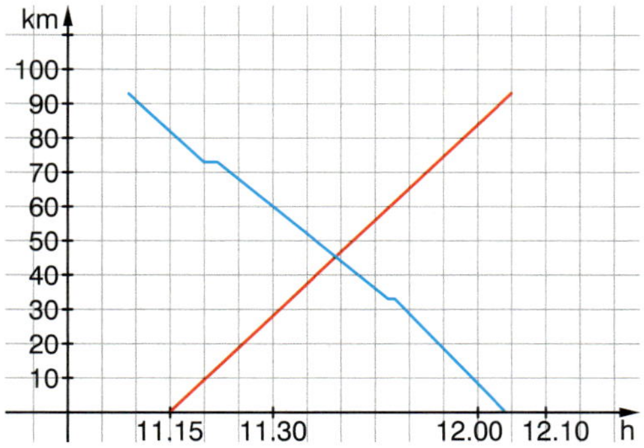

	An	Ab
Mainz Hbf		8:02
Ingelheim	8:17	8:18
Bingen Stadt	8:28	9:03
Bingen Hbf	9:06	9:13
Bacharach	9:25	9:25
St Goar	9:36	9:36
Boppard	9:47	9:48
Koblenz Hbf	10:00	

Nahverkehrszug

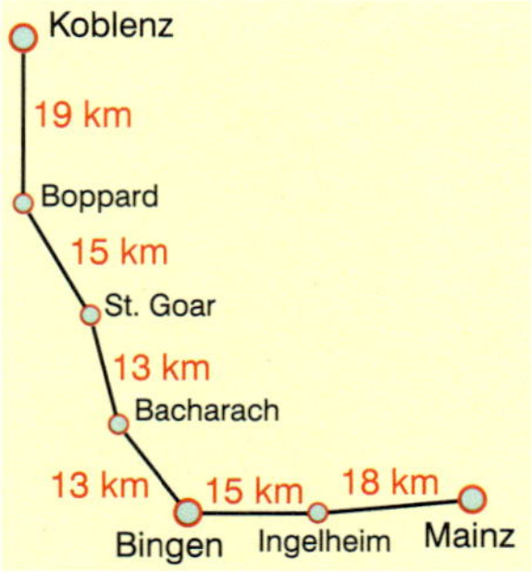

c) Übersetze den obigen Fahrplan eines Nahverkehrszugs in einen grafischen Fahrplan. Vergleiche mit den Graphen des ICE und des Interregio.

7 *Tragkraft von Drahtseilen*
Ein Seil mit 18 mm Durchmesser kann mit 1 500 kg belastet werden, bei 20 mm dürfen es schon 2 000 kg sein. Nun soll eine Last von 3 Tonnen gehoben werden. Hein, der Vorarbeiter, rechnet.
a) Welche Annahme steckt hinter der Überlegung von Hein? Was hat diese mit einer linearen Funktion zu tun?
b) Einem Handbuch entstammt die folgende Tabelle:

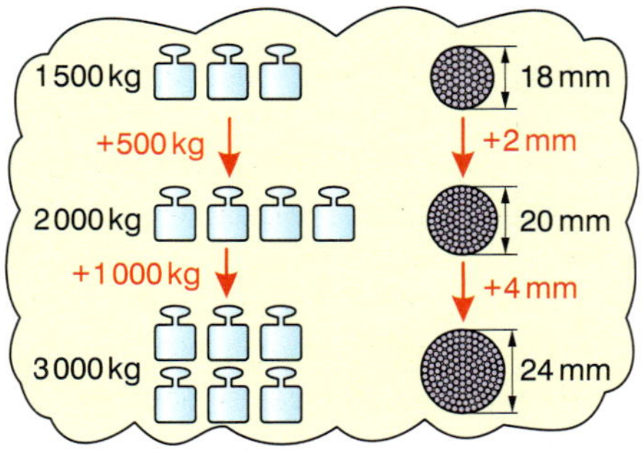

Heins Überlegung

Durchmesser des Drahtseils	12 mm	14 mm	18 mm	20 mm	28 mm
maximale Belastbarkeit	820 kg	1 000 kg	1 500 kg	2 000 kg	8 000 kg

Zeichne einen Graphen zur Tabelle. Was sagst du nun zu Heins Rechnung?
Versuche mit der Tabelle oder dem Graphen die für eine Last von 3 t nötige Seilstärke zu ermitteln.

8 An großen Silos werden Lastwagen mit Weizen beladen. Die Schüttanlage belädt den Laster gleichmäßig mit einem „Zufluss" von 1,5 t/min. Der Lastzug hat ein Leergewicht von 9 Tonnen.
a) Erstelle zu der **Funktion**
Zeit t → Gewicht des Lkw
eine Tabelle und zeichne den zugehörigen Graphen.
b) Der Lastzug hat ein zulässiges Gesamtgewicht von 36 Tonnen. Vor dem Beladen werden diese Daten in einen Computer eingegeben, auf dem Monitor erscheint dann jede Minute die jeweilige Tonnenzahl, die noch zugeladen werden kann.
Stelle einen Term auf für die **Funktion**
Zeit t → Restlademenge R und zeichne den Graphen.
c) Bei 90 % der Zuladung ertönt ein Warnton. Wie lange dauert es dann noch bis zur vollständigen Ladung?

Übungen

9 Eine Installationsfirma wird zu Reparaturarbeiten gerufen. Sie berechnet für ihren Anfahrtsweg pauschal 30 €. Für jede angefangene Viertelstunde muss der Kunde 15 € bezahlen.
Vervollständige die Tabelle. Begründe dann, welcher der beiden Graphen die Zuordnung *Arbeitszeit → Rechnungsbetrag* zutreffend beschreibt.

Auftrag	Arbeitszeit	Rechnungsbetrag
Peter	1:40 h	■
Müller	18 min	■
Schröder	$\frac{1}{2}$ h	■
Köhler	■	120 €

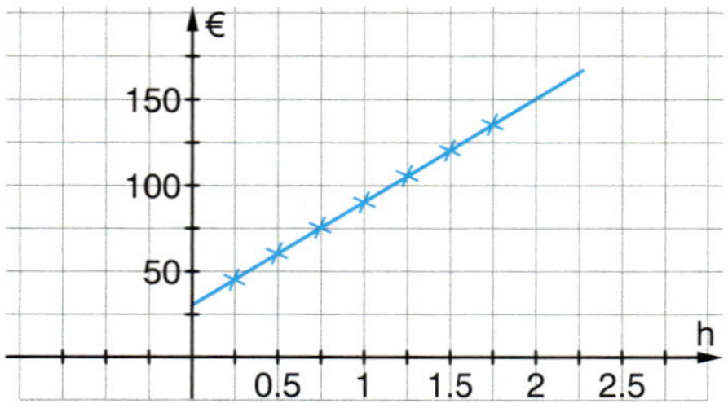

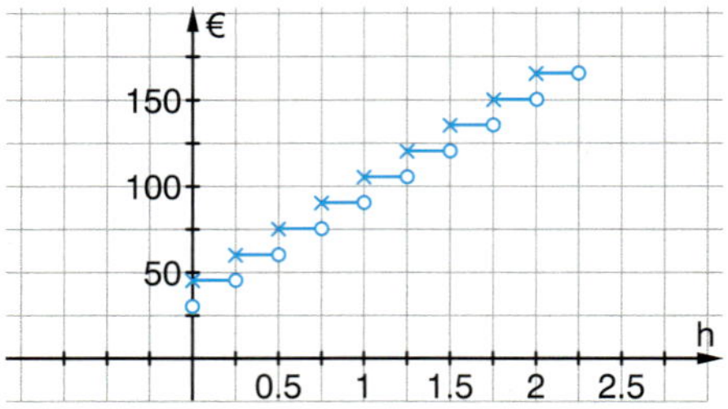

10 *Wir bauen (in Gedanken) zwei Türme aus Papier.*

100 cm
+5 cm
105 cm
+5 cm
110 cm
+5 cm
115 cm
⋮

Im ersten Fall benutzen wir Packungen von 500 Blatt Drucker-Papier (Höhe 5 cm). Wir beginnen mit 20 Packungen (100 cm Höhe) und setzen schrittweise neue Packungen darauf.

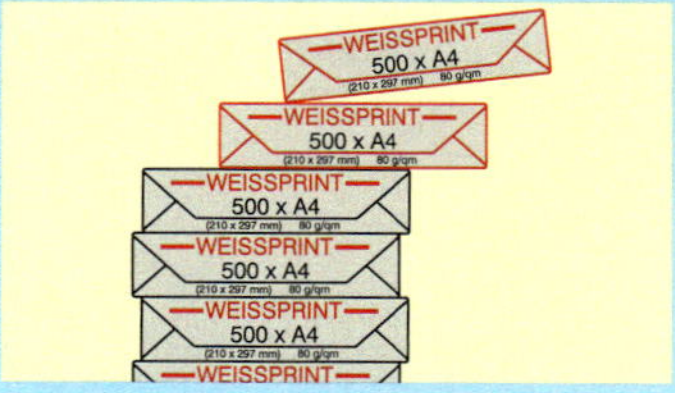

Im zweiten Fall beginnen wir mit einem Blatt Papier. Im ersten Schritt falten wir dieses zu einem Doppelblatt, im zweiten Schritt wird dieses Doppelblatt wieder gefaltet usw.

0,01 cm
· 2
0,02 cm
· 2
0,04 cm
· 2
0,08 cm
⋮

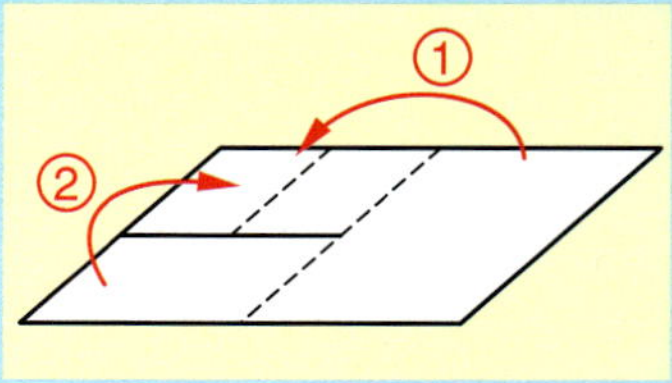

a) Wie wachsen die beiden Stapel? Versuche eine Voraussage für die Höhe nach 100 Schritten? Du darfst ruhig raten.
b) Stelle für beide Fälle einen Term auf, der die Höhe nach n Schritten angibt. Berechne damit die Höhen der beiden Stapel nach 30 (50, 100) Schritten (Taschenrechner). Vergleiche mit deiner Vorhersage.

Bei welchen Problemen „passt" das Modellieren mit linearen Funktionen?

Immer dann, wenn sich eine Größe in Abhängigkeit von einer anderen mit einer (in etwa) **konstanten Änderungsrate** entwickelt, kann man diese Abhängigkeit mit einer linearen Funktion modellieren.

Beispiele:
- Zeit → Weg bei konstanter Geschwindigkeit
- Zeit → Menge bei konstanter Zuflussrate
- Menge → Kosten bei konstantem Preis pro Einheit

Gegenbeispiele:
- Zeit → Weg beim freien Fall
- Durchmesser → Belastung bei Drahtseilen
- Schrittzahl → Höhe beim fortgesetzten Falten eines Papierblattes

Aufgaben

Projekt

Höhenmessung mit dem Thermometer

Bergsteiger, die im Himalaya in großer Höhe campieren, stellen fest, dass das Wasser bei einer niedrigeren Temperatur siedet (kocht) als zu Hause, z. B. in Hamburg. Dies liegt daran, dass der Siedepunkt von Wasser abhängig von der Höhe ist.

a) Informiere dich:
- Bei welcher Temperatur siedet Wasser in Hamburg?
- Wie hoch ist der höchste Berg der Welt und wo liegt er?
- Woran liegt es, dass der Siedepunkt von Wasser in großer Höhe niedriger ist als z. B. auf Meereshöhe? Frage deine(n) Physiklehrer(in).

Siedepunkt: die Temperatur, bei der eine Flüssigkeit zu sieden beginnt.

b) Die Funktion: *Höhe h (in m) → Siedepunkt S (in °C) von Wasser* lässt sich angeblich durch die folgende Vorschrift beschreiben:

$$S(h) = 100 - 0{,}003\,h$$

Mathematisches Modell

- Überprüfe mithilfe der Tabelle, ob die Funktionsgleichung ein gute Beschreibung (ein gutes Modell) für die Funktion ist.

Ort	Höhe (in m)	Siedepunkt (in °C)
Cuxhaven	0	100
Freiburg (Schweiz)	591	98,3
Mexico City	2240	93,1
Cuscu (Peru)	3326	90
Mt. Everest	8848	73,6

Warum konnte Reinhold Messner auf dem Mount Everest keine Kartoffeln kochen?

- Stelle die Funktion in einem Diagramm dar.

c) In dem vergangenen Jahrhundert zog es viele Entdeckungsreisende nach Afrika, dem damals noch weitgehend unerforschten Kontinent. Im Jahre 1881 brachen Florence und Samuel Baker auf, um die Quellen des Nils zu entdecken. Hier ein Auszug aus Samuel Bakers Reisebericht:

> Der Fluss war ungefähr 160 bis 180 Meter breit. Viele Felsen und Inseln lagen in dem Lauf des Flusses. Die Fließgeschwindigkeit des Wassers betrug ungefähr 7 km/h. Die Wasserfälle und Stromschnellen waren so zahlreich, dass man das Donnern des Wassers während unseres gesamten Marsches von Murchinson's Falls herhören konnten. Ich berechnete mit der Beobachtung von Casselas Thermometer die Höhe des Flusses über dem Meeresspiegel gegenüber der Insel von Patoona auf 106 m …

Etwas weiter, nach der Ermittlung verschiedener Höhen, schreibt Samuel Baker:

> Die Bestimmung der Höhen mit der Siedepunktmethode war sehr zufriedenstellend. Die Ergebnisse passten gut zusammen und widersprachen sich nicht.

- Erkläre, wie Samuel Baker die Höhe über dem Meeresspiegel ermittelt hat.
- Wie verändert sich der Siedepunkt von Wasser, wenn die Höhe sich um 150 m verändert?

2.5 Geraden in Parameterform

Was dich erwartet

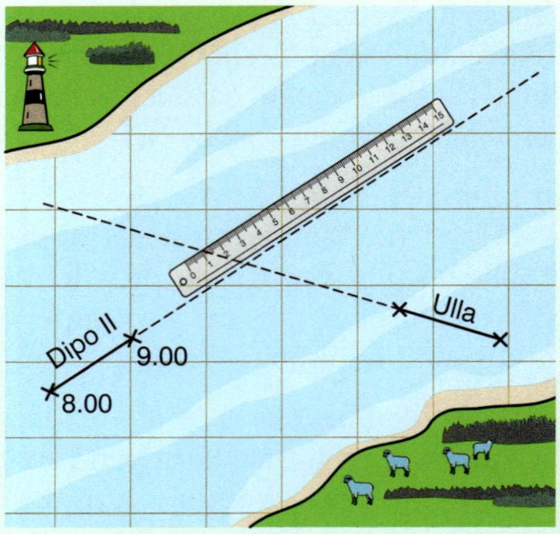

Es ist 21.00 Uhr. Kapitän Johansen beugt sich auf der Brücke der „Ulla" über die Seekarte, auf der der Kurs seines Schiffes und der des Frachters „Dipo II" eingezeichnet ist. Die Kurse kreuzen sich, aber kommen sich die Schiffe auch gefährlich nahe? Die geraden Linien, die die Kurse darstellen, lassen vermuten, dass man das Problem mit Geradengleichungen lösen kann. Aber natürlich spielt auch die Zeit eine wichtige Rolle. Hilfreich sind dabei Darstellungen von Geraden in Parameterform.
Mit Funktionen in Parameterform kann man viele reale Situationen darstellen, so z.B. die Bewegung von Schiffen oder von Flugzeugen. Daher wird uns diese Darstellung von Funktionen auch noch an anderen Stellen in diesem und den folgenden Büchern begegnen.

Aufgaben

1 Ein Sportflugzeug startet vom Flugplatz in Köln. Eine Sekunde nach dem Start ist das Flugzeug bereits 50 m in horizontaler Richtung geflogen und befindet sich 7 m über dem Boden. Das Flugzeug steigt zunächst mit gleichmäßiger Geschwindigkeit weiter.

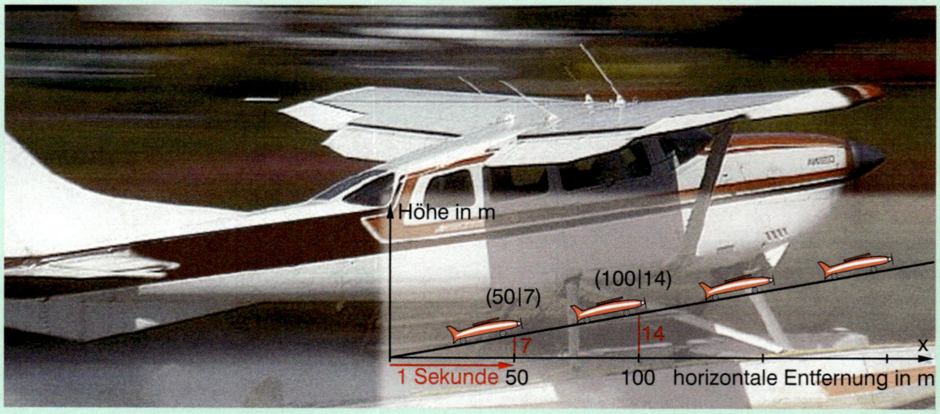

a) Übertrage die Tabellen in dein Heft und ergänze.

t (in s)	0	1	2	3	4
x(t) (in m)	0	50	100	■	■

t (in s)	0	1	2	3	4
y(t) (in m)	0	7	14	■	■

b) Die zurückgelegte Entfernung x in der Horizontalen und die Höhe y hängen von der Zeit t ab. Stelle diesen Zusammenhang jeweils mithilfe von Termen x(t) und y(t) dar. In welcher Höhe und in welcher Entfernung befindet sich das Flugzeug nach 120 Sekunden?
c) Wie lange wird es dauern, bis das Flugzeug eine Höhe von 2000 m erreicht hat? Welche horizontale Entfernung hat es dann vom Start aus zurückgelegt?

Aufgaben

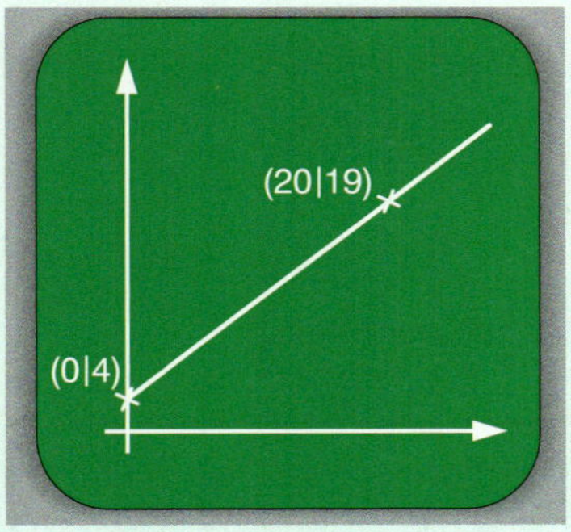

2 Ein Schiff erscheint auf dem Radarschirm im Punkt (0|4). Es fährt auf einem geradlinigen Kurs. Nach einer Stunde ist es 20 Seemeilen weiter östlich und 15 Seemeilen weiter nördlich.
Die Fahrt des Schiffes kann man mit zwei Gleichungen beschreiben:

$x(t) = 20t$
$y(t) = 4 + 15t$

a) Man kann überprüfen, ob die Gleichungen stimmen. Setze dazu in die Gleichungen für t einmal 0 und einmal 1 ein. Was stellst du fest?
b) Wo wird sich das Schiff in vier Stunden befinden, wenn es den Kurs und die Geschwindigkeit beibehält?
c) Übertrage das Koordinatenkreuz in dein Heft und trage den Kurs des Schiffes ein. Gib den Kurs auch mithilfe einer Geradengleichung $y = mx + b$ an. Vergleiche m und b mit den Daten in den Parametergleichungen.

3 Mit den folgenden beiden Gleichungen kann man zu jedem Wert t das zugehörige Wertepaar (x|y) berechnen.

$x(t) = t - 2$
$y(t) = -2t + 3$

a) Übertrage die Tabelle in dein Heft und ergänze.

t	x(t)	y(t)
−3	−3 − 2 = −5	−2 · (−3) + 3 = 9
−2	−2 − 2 = −4	−2 · (−2) + 3 = 7
−1	■	■
0	■	■
1	■	■
2	■	■
3	3 − 2 = 1	−2 · 3 + 3 = −3

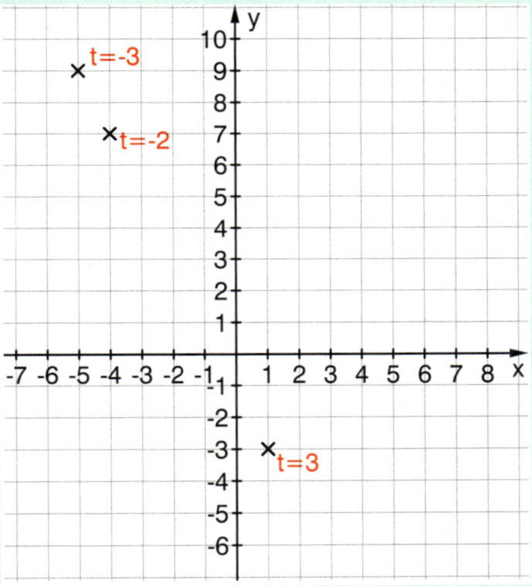

b) Zeichne das Diagramm in dein Heft und übertrage die Wertpaare (x|y) aus der Tabelle. Verbinde die Punkte. Was stellst du fest?
c) Bestimme zu der Geraden die zugehörige Funktionsgleichung $y = mx + b$.

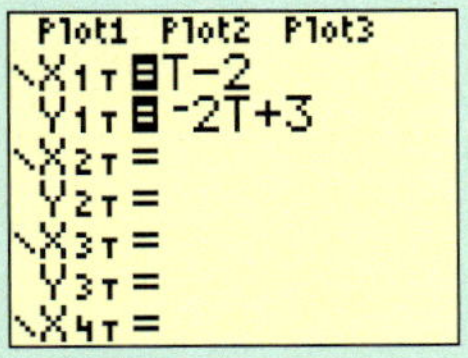

4 Zeichne die Grafik zu dem Gleichungspaar aus Aufgabe 3 mit dem **grafischen Taschenrechner**. Dazu musst du die folgenden Schritte abarbeiten:

- Schalte den Rechner in den Parameter-Modus um,
- gib die Gleichung für x(t) und y(t) ein,
- lege das Fenster (window) fest, insbesondere das Maximum und Minimum von t,
- zeichne (plot).

Du kannst im Taschenrechner-Handbuch nachlesen, wie du die Grafik in „Zeitlupe“ entstehen lassen kannst.

Basiswissen

Mit zwei Parametergleichungen x(t) und y(t) kann man zu jedem Wert des Parameters t ein Wertepaar (x|y) berechnen. Trägt man die Wertepaare in ein Koordinatenkreuz ein, so erhält man eine Kurve.

$x(t) = t$
$y(t) = 5 \cdot t \cdot t$

$t = 3$: $x = 3$
$y = 5 \cdot 3 \cdot 3 = 45$

Natürlich kann man auch Geraden mit Parametergleichungen darstellen.

Man nennt t den **Parameter**

Mit Kurven in Parameterform kann man sehr gut Bewegungen darstellen. Der Parameter t stellt dann die Zeit und das Wertepaar (x|y) den Ort dar, an dem sich ein Flugzeug, ein Schiff o. Ä. zu diesem Zeitpunkt befindet.

Eine Kurve in Parameterform ist gegeben durch zwei Gleichungen:
Eine Gleichung für x und eine Gleichung für y.

Geraden in Parameterform

$x(t) = 2t - 2$
$y(t) = 3t + 1$

t	x(t)	y(t)
0	−2	1
1	0	4
2	2	7
3	4	10
4	6	13
5	8	16
6	10	19

Die Wertpaare (x|y) liegen auf einer Geraden.

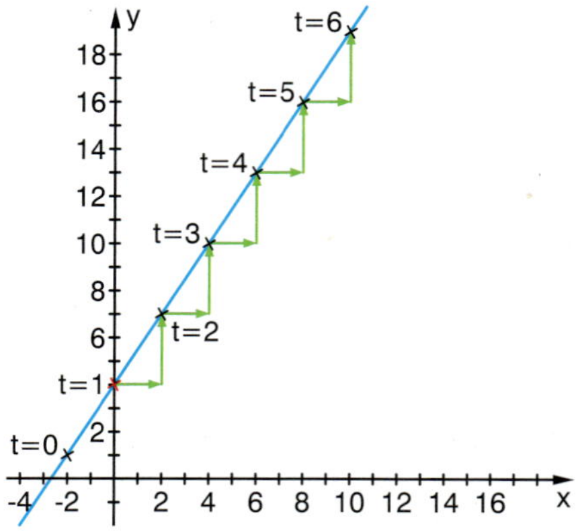

Die Steigung der Geraden ist $m = \frac{3}{2}$, der y-Achsenabschnitt ist b = 4. Die Geradengleichung ist $y = \frac{3}{2}x + 4$.

Beispiele

A *Zeichnen von Kurven in Parameterform.*

Wie sehen die Graphen aus? Zeichne die jeweilige Kurve für $0 \le t \le 5$

a)

$x(t) = 2t$
$y(t) = -t + 3$

$m = -\frac{1}{2}$
$b = 3$
$y = -\frac{1}{2}x + 3$

t	x(t)	y(t)
0	0	3
1	2	2
2	4	1
3	6	0
4	8	−1
5	10	−2

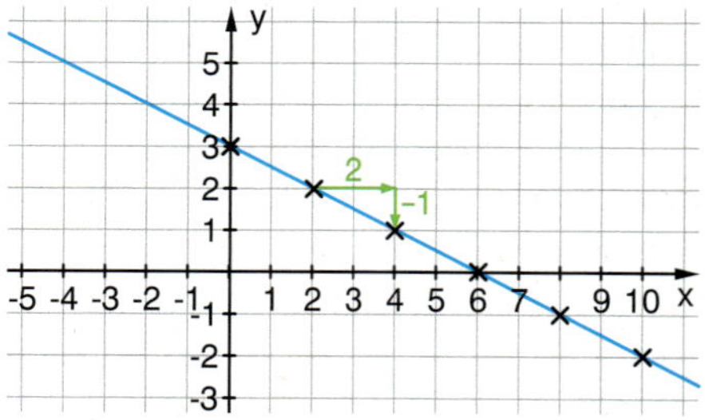

Der Graph ist eine Gerade.

b) Es gibt auch andere Kurven in Parameterform.

$x(t) = t$
$y(t) = 0,5\,t^2$

t	x(t)	y(t)
0	0	0
1	1	0,5
2	2	2
3	3	4,5
4	4	8
5	5	12,5

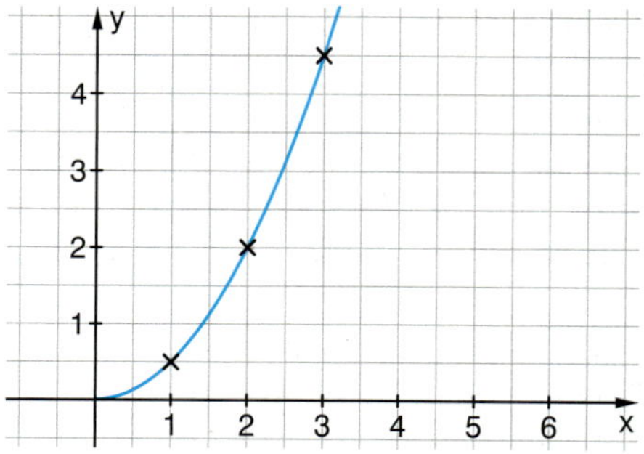

Der Graph ist eine „Parabel".

Beispiele

B Gegeben ist eine Kurve in Parameterform:

$x(t) = 2t - 4$
$y(t) = -2t + 6$

Wie lautet die zugehörige Funktionsgleichung?

1. Tabelle

t	x(t)	y(t)
0	−4	6
1	−2	4
2	0	2
3	2	0
4	4	−2
5	6	−4

$m = \frac{-2}{2} = -1$

$b = 2$

2. Graph

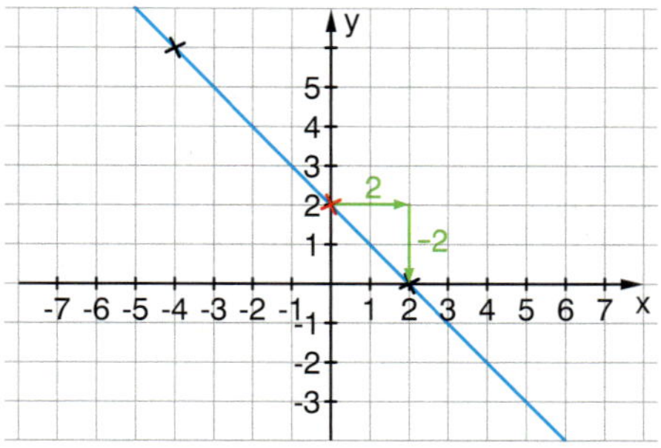

Der Graph ist eine Gerade.

Die zugehörige Funktionsgleichung ist $y = -x + 2$.

Übungen

5 Gegeben sind Geraden in Parameterform.

1.) $x(t) = 2t$, $y(t) = t$, $-3 \le t \le 3$
2.) $x(t) = 3t$, $y(t) = -5t$, $0 \le t \le 4$
3.) $x(t) = t - 2$, $y(t) = 2t$, $-5 \le t \le 3$
4.) $x(t) = 4 - 0{,}5t$, $y(t) = 0{,}25t - 2$, $0 \le t \le 8$

a) Zeichne die jeweilige Kurve für das angegebene Intervall von t. Erstelle zunächst jeweils eine Tabelle mit der Schrittweite 1.
b) Gib für jede der Geraden die zugehörige Funktionsgleichung an.

Intervall: „Bereich" aus dem der Wert der Variablen stammt.

6 Gegeben ist eine Gerade in Parameterform und durch die Funktionsgleichung:

$x(t) = 2t$
$y(t) = 3t - 2$ bzw. $y = \frac{3}{2}x - 2$

a) Finde heraus, ob die beiden Darstellungen wirklich dieselbe Gerade darstellen.
b) Was könnten die einzelnen Variablen in den Parametergleichungen in einer Sachaufgabe darstellen?
c) Angenommen, beide Darstellungen sollen die Bewegung eines Schiffes beschreiben. Mit welcher Darstellung kann man berechnen, wo sich das Schiff zu einem bestimmten Zeitpunkt befindet, mit welcher nicht. Begründe?

7 *Einige bemerkenswerte Linien*

Die folgenden Parametergleichungen stellen besondere Kurven dar.
a) Versuche ohne Tabelle und Zeichnung vorauszusagen, um welche Linien es sich handelt.
b) Überzeuge dich davon, dass du richtig vermutet hast, indem du jeweils eine Tabelle anfertigst und die Wertepaare $(x|y)$ in ein Diagramm überträgst.

1.) $x(t) = 5$, $y(t) = t$
2.) $x(t) = t$, $y(t) = 10$
3.) $x(t) = t$, $y(t) = 2t$
4.) $x(t) = 2t$, $y(t) = 4t$
5.) $x(t) = t$, $y(t) = t$
6.) $x(t) = t$, $y(t) = -t$

8 *Ganz schön krumm, oder?*

Zeichne jeweils die zugehörigen Graphen für $0 \le t \le 6$

a) $x(t) = 2t$, $y(t) = t$
b) $x(t) = t$, $y(t) = t^2$
c) $x(t) = t^2$, $y(t) = t$
d) $x(t) = t - 2$, $y(t) = t^2$

Übungen

9 Die Fahrt zweier Schiffe ist durch Parametergleichungen beschrieben. Dabei werden die Zeit t in Minuten und x und y in Meter angegeben.

Schiff 1	$x_1(t) = 500\,t$ $y_1(t) = 10$
Schiff 2	$x_2(t) = 750\,t$ $y_2(t) = 50$

a) Zeichne den Kurs der beiden Schiffe in ein Koordinatenkreuz. Erstelle dazu zunächst für jedes Schiff eine Tabelle. Übertrage dann die Wertepaare in ein Koordinatenkreuz.
b) Vergleiche die Kurse und die Fahrt der beiden Schiffe miteinander. Was hat Schiff 1 mit Schiff 2 gemeinsam, was ist verschieden?

10 Wenn du einen grafischen Taschenrechner hast, dann kannst du die Fahrt der beiden Schiffe aus Aufgabe 9 dynamisch darstellen, d. h. du siehst die Schiffe auf dem Bildschirm tatsächlich fahren:
a) Lasse die Schiffe auf dem GTR „fahren".
Lies dazu im Handbuch des GTR nach, wie man Parametergleichungen in den GTR eingibt und simultan darstellt.
Auf dem Bildschirm sieht man, dass sich die beiden Schiffe auf einem Parallelkurs befinden. Man sieht auch, dass eines schneller fährt.
b) Kannst du an den Parametergleichungen erkennen, dass die Schiffe
- sich auf Parallelkurs befinden,
- aber verschieden schnell sind?

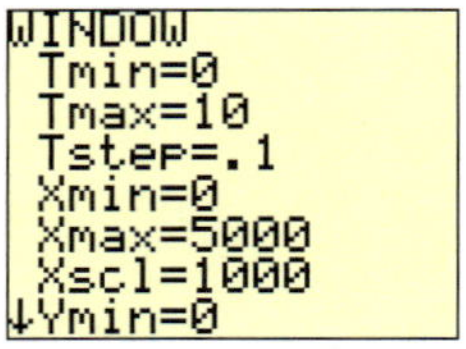

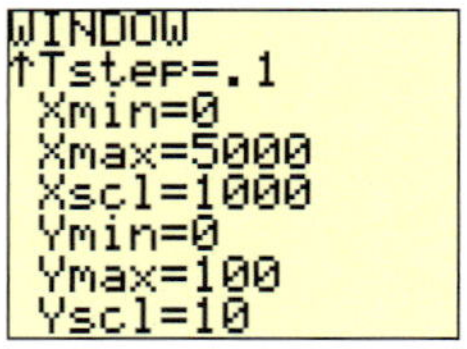

11 Ein Flugzeug befindet sich in einer Höhe von 1 000 m. Es beginnt seinen Landeanflug auf den Flughafen mit einer Sinkgeschwindigkeit von 3 m/s bei einer horizontalen Geschwindigkeit von 72 m/s.
a) Gib zwei Parametergleichungen an, die den Flug des Jets beschreiben.
b) Erstelle eine Tabelle. Zeichne den Kurs des Flugzeugs in ein Diagramm.
Nach wie viel Sekunden wird das Flugzeug aufsetzen?
Welche horizontale Strecke hat es dann zurückgelegt?

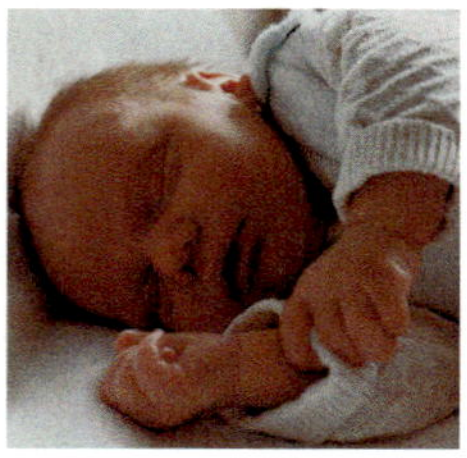

12 Ein neugeborenes Baby wiegt 3 600 g und hat eine Größe von 52 cm.
Babys wachsen in den ersten 6 Monaten monatlich um ungefähr 1,1 cm und werden monatlich um ca. 900 g schwerer.
a) Beschreibe mit Parametergleichungen das Gewicht und die Größe des Babys in den ersten 6 Monaten.
b) In wie viel Monaten etwa wiegt das Baby 8 kg? Wie groß ist es dann?
c) Warum sollte man diese Aufgabe nicht „zu ernst" nehmen?

13 Finde Parametergleichungen zu den folgenden Tabellen. Zeichne die Graphen.

a)

t	0	1	2	3	4
x(t)	1	4	7	10	13
y(t)	0	2	4	6	8

b)

t	0	1	2	3	4
x(t)	15	10	5	0	–5
y(t)	2	5	8	11	14

c)

t	0	1	2	3	4
x(t)	0	1	4	9	16
y(t)	0	3	6	9	12

Aufgaben

14 *Sind die Schiffe auf Kollisionskurs?*

Die Fahrt der „Auria“ und der „Stella“ sind durch Parametergleichungen gegeben. Dabei stellt t die Fahrtzeit in Stunden dar und x und y jeweils die Entfernung von einem Feuerschiff, das im Ursprung des Koordinatensystems ankert.

Parametergleichungen:

„Stella“
$x_1(t) = 10t$
$y_1(t) = 8t$

„Auria“
$x_2(t) = 8t$
$y_2(t) = -8t + 54$

Fahrttabelle „Stella“

t	$x_1(t)$	$y_1(t)$
0	0	0
1	10	8
2	20	16
3	30	24
4	40	32
5	50	40

Fahrttabelle „Auria“

t	$x_2(t)$	$y_2(t)$
0	0	54
1	8	46
2	16	38
3	24	30
4	32	22
5	40	14

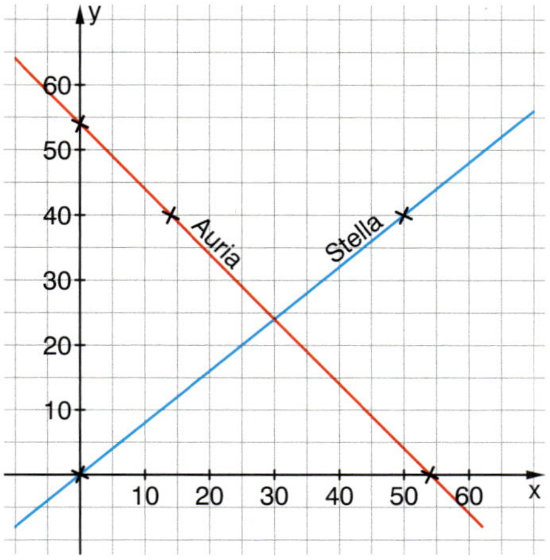

a) Befinden sich die beiden Schiffe auf Kollisionskurs? Begründe deine Antwort mit einer der gegebenen Darstellungen (der Parametergleichung, der Grafik der Fahrtrouten, den Tabellen).

b) Warum eignet sich die Grafik allein nicht, um die Frage zu beantworten?

15 Die Fahrt der Schiffe aus Aufgabe 14 kann man mithilfe eines grafischen Taschenrechners „dynamisch“ darstellen. Man „sieht die Schiffe auf dem Bildschirm fahren“. So kann man dann auch sehen, ob sich die beiden Schiffe gefährlich nahe kommen.

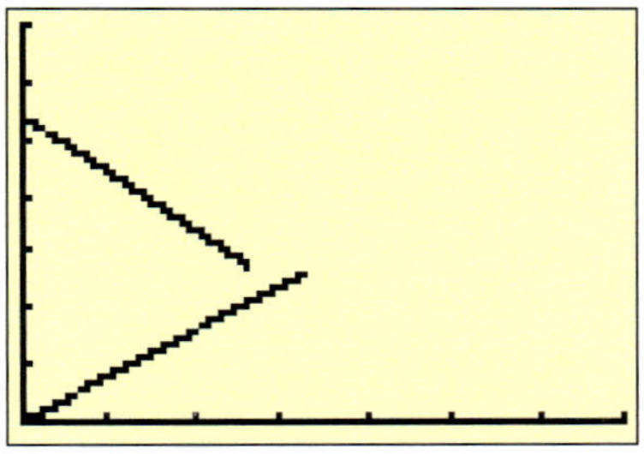

Eine Aufgabe für den GTR

a) Stelle die Fahrt der „Stella“ und der „Auria“ mit dem grafischen Taschenrechner dar. Achte dabei darauf, dass beide Schiffe „gleichzeitig fahren“. Schalte dazu den Rechner in den *Simultan-Modus*.

Simultan-Modus: Kurven werden gleichzeitig gezeichnet

b) Kannst du dir vorstellen, wie du die Parametergleichungen für die „Stella“ verändern musst, damit sie auf der gleichen Route wie vorher fährt, aber langsamer? Probiere verschiedene Möglichkeiten aus.

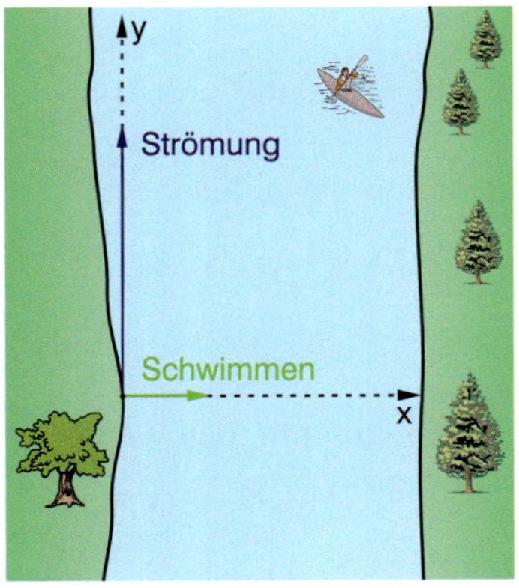

16 a) Ein Schwimmer schwimmt auf das gegenüberliegende Ufer eines Sees zu. Er schwimmt in einer Sekunde 0,5 m. Seine Bewegung kann mit den Parametergleichungen

$$x(t) = 0{,}5t$$
$$y(t) = 0$$

beschrieben werden. Wie lange braucht er, um den 100 m breiten See zu überqueren.

b) Anders sieht das bei einem Fluss aus. Von der Strömung des Flusses wird er in der Sekunde um 1,5 m nach Norden (y) abgetrieben.
Mit welchen Parametergleichungen kannst du seine Bewegung beschreiben? Erstelle eine Tabelle mit $0 \le t \le 200$, Schrittweite 10.
Wie weit nach Norden wird der Schwimmer abgetrieben, bis er das 100 m entfernte Ufer erreicht?

CHECK-UP

Lineare Funktionen

Lineare Gleichungen mit zwei Variablen

$ax + by = c$ $\qquad 6x + 2y = 20$

Rechenvorschrift: $y = 10 - 3x$

Tabelle:

x	−4	−1	0	1	2	5
y	22	13	10	7	4	−5

Diagramm:

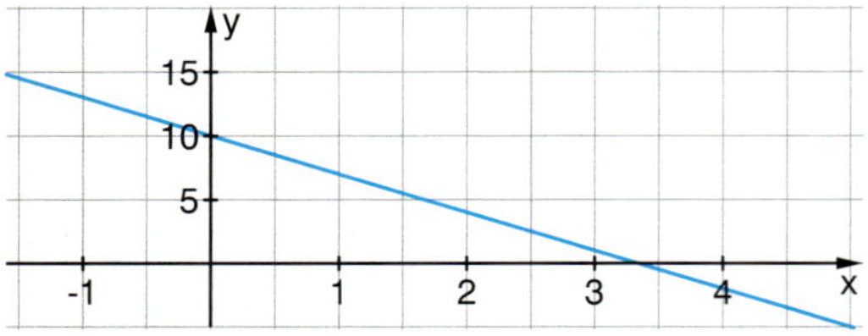

Lineare Funktion

Zeit x → Schneehöhe y

Text: Es schneit. Die Altschneedecke von 20 cm wächst pro Stunde um 5 cm.

Funktionsgleichung: $y = 5x + 20$

Graph:

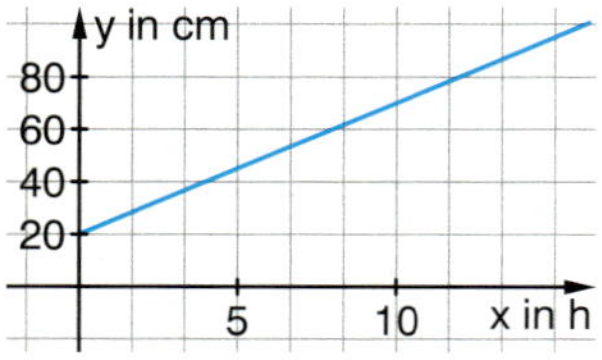

Wertetabelle:

x in h	y in cm
0	20
1	25
5	45
10	70

Steigung m, y-Achsenabschnitt b

Funktionsgleichung:

$y = mx + b$ $\qquad y = -2x + 5$

Tabelle:

x	0	1	2
y	b		

(+1, +1 von x zu x; +m, +m von y zu y)

x	0	1	2
y	5	3	1

(+1, +1 von x zu x; −2, −2 von y zu y)

m: Änderungsrate

Graph:

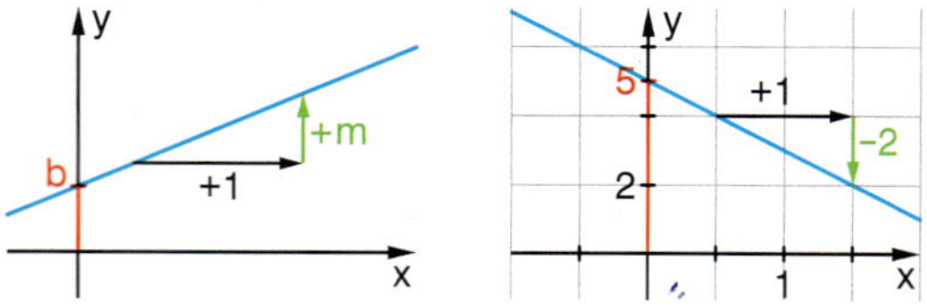

1 Stelle jeweils die Rechenvorschrift auf und zeichne ein Diagramm der Lösungsmenge.

a) $3x + 8y = 16$ b) $x - 2y = 5$ c) $\frac{1}{2}x - \frac{5}{4}y = 5$

2 Welche der Gleichungen sind linear? Begründe.

a) $4x + \frac{1}{2}y = 5$ b) $-x = 3y - 2$ c) $y = 10 - 16x$

d) $2x^2 + 3y^2 = 4$ e) $-2x \cdot 5y = 10$ f) $x = 9$ g) $y = -3{,}2$

3 Helena möchte einen Futtermittelgutschein über 50 € einlösen. 1 kg Maisflocken kostet 0,50 €, 1 kg Hafer 0,20 €.

a) Stelle eine Gleichung für den Gesamtpreis des Futters auf. Was bedeuten die in der Gleichung vorkommenden Variablen?

b) Welche Futtermengen kann sie einkaufen? Bestimme mindestens drei mögliche Lösungen.

4 Bestimme die linearen Gleichungen, deren Lösungen im Diagramm dargestellt sind.

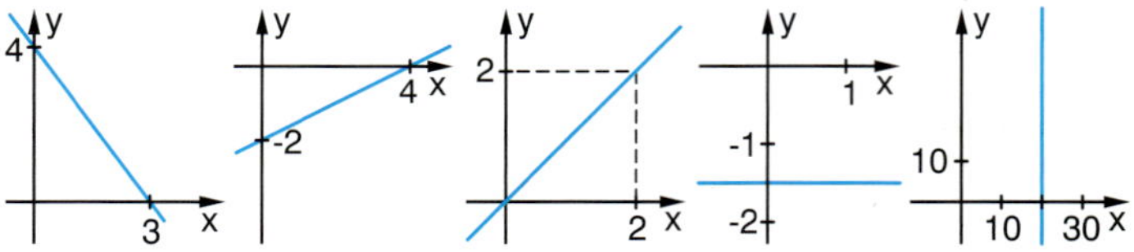

5 Zwei der Gleichungen haben dieselbe Lösungsmenge.

a) $\frac{1}{3}x - \frac{2}{5}y = 4$ b) $y = -4x + 5$ c) $y = 0{,}7x - 2{,}1$

d) $20y - 14x = -42$ e) $5x - 6y = 60$ f) $x = 1{,}25 - 0{,}25y$

6 Finde eine Funktion, zu der die folgende Wertetabelle passt und zeichne ihren Graphen.

x	−6	−3	3	6
y	−3,75	−2,75	−0,75	0,25

7 Ein Energiekonzern bietet einen Stromtarif mit 30 € Grundtarif und einem Preis von 13,75 € pro 100 kWh an.

a) Stelle einen Term zur Berechnung des Strompreises auf.

b) Was bezahlt ein Kunde, der im letzten Jahr 800 kWh verbraucht hat?

c) Stelle den Stromtarif grafisch dar und ermittle die Anzahl der kWh zu P = 65 €.

d) Schreibe für dieses Beispiel die „Änderungsrate" auf.

8 Zeichne die passenden Geraden und gib zu jeder die Funktionsgleichung an.

a) $m = -2$; $b = 5$ b) $m = \frac{1}{4}$; $b = \frac{1}{8}$

c) $m = -1{,}6$; $b = -0{,}4$ d) $m = 0{,}2$; $b = -3$

9 Bestimme zu jeder Geraden die Steigung m, den y-Achsenabschnitt b und die passende Funktionsgleichung.

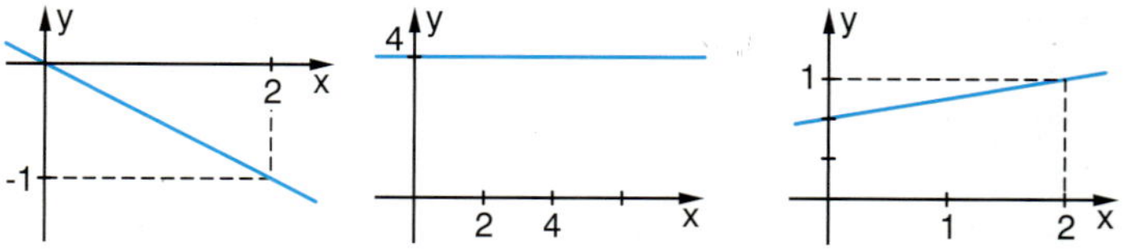

CHECK-UP

Lineare Funktionen

10 Finde die Funktionsgleichung zur Geraden, die durch die Punkte A und B geht. Liegt C auch auf dieser Geraden?
a) A(−2|−15); B(4|21); C(1,5|6)
b) A(−5|4); B(3|1); C(−1|2)

11 Welche der Punktwolken lässt sich durch eine Ausgleichsgerade beschreiben? Begründe deine Antwort.

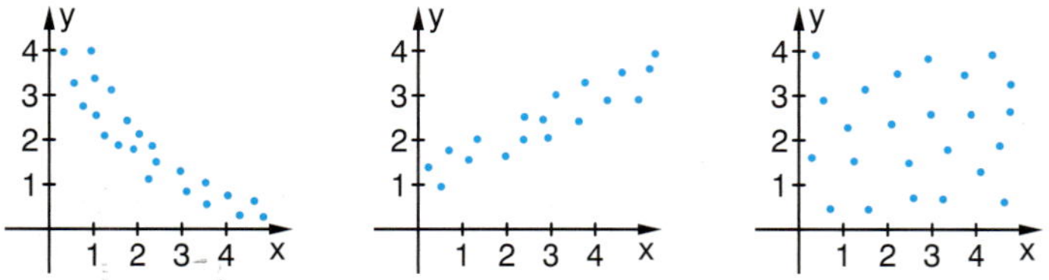

12 Erstelle für folgende Punkte ein Streudiagramm und ermittle eine Ausgleichsgerade. Bestimme deren Steigung m und y-Achsenabschnitt b und ordne die passende Funktionsgleichung zu. Vergleiche mit deinem Nachbarn.

x	0	1	2	3	4	5	6	7
y	2,0	2,4	2,9	3,5	4,2	4,6	4,9	5,5

13 Begründe, warum man den Wachstumsverlauf nicht sinnvoll durch *eine* Ausgleichsgerade beschreiben kann.
In welchen Bereichen besteht ungefähr ein linearer Zusammenhang?

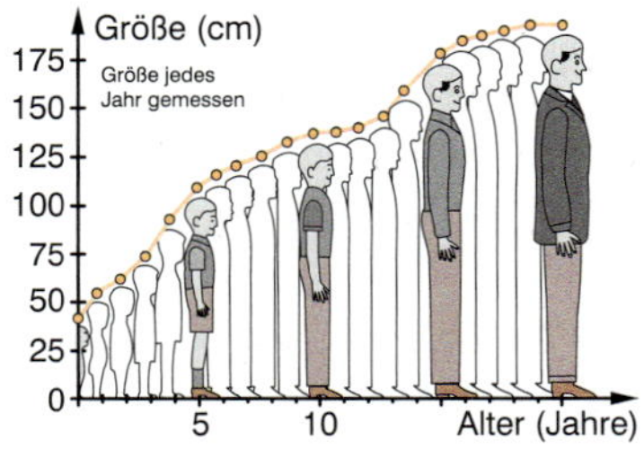

14 Bodo erhitzt Wasser aus dem Wasserhahn (10 °C) für eine Kanne Tee mit einem Tauchsieder. Dabei steigt die Wassertemperatur jeweils in zwei Minuten um 25°.
a) Stelle eine Funktionsgleichung auf, die den Temperaturverlauf des Wassers beschreibt und zeichne den Graphen.
b) Welche Temperatur hat das Wasser nach 3,5 min?
c) Nach wie viel Minuten kocht das Wasser?
d) Wie groß ist hier die Änderungsrate der Temperatur?

15 Untersuche, welche der folgenden Probleme sich durch eine lineare Funktion modellieren lassen.
a) Beim Tanken: Menge in Litern → Preis in Euro
b) Höhe eines Baumes in Abhängigkeit von seinem Alter
c) Füllkurven (Zeit → Wasserhöhe) der beiden Gefäße

16 Erstelle eine Wertetabelle für die t-Werte 0, 1, 2, 5 zu den folgenden in Parametergleichung gegebenen Kurven.
In welchen Fällen ergibt sich eine lineare Funktionsgleichung? Bestimme diese.

a) $x(t) = 4t + 6$, $y(t) = 2t$
b) $x(t) = -3t - 2$, $y(t) = t + 5$
c) $x(t) = t^2$, $y(t) = 3t$

Bestimmung der Funktionsgleichung
einer Geraden durch zwei Punkte A(−2|1) und B(3|3,5)

1. **Steigung bestimmen:**
$m = \frac{y_2 - y_1}{x_2 - x_1} = \frac{3{,}5 - 1}{3 - (-2)} = \frac{2{,}5}{5} = 0{,}5$
2. **b bestimmen:**
$1 = 0{,}5 \cdot (-2) + b \Rightarrow b = 2$
3. **Funktionsgleichung aufschreiben:**
$y = 0{,}5x + 2$

Streudiagramm

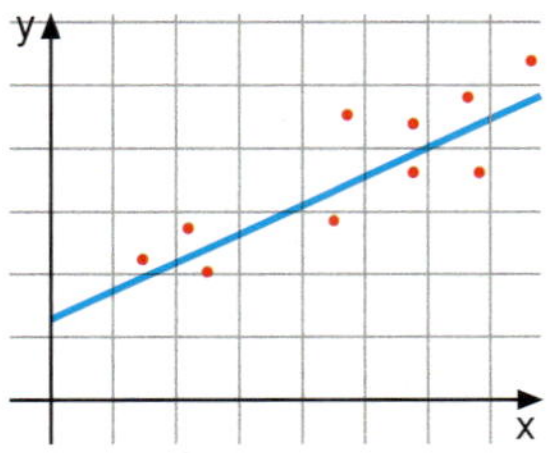

Ausgleichsgerade

Modellieren mit linearen Funktionen

Was willst du herausfinden?
↓ Daten sammeln, Variable festlegen
↓ Annahmen, Zusammenhänge formulieren, Vereinfachungen vornehmen
↓ Grafische mathematische Lösung
↑ Ergebnis formulieren
↑ Überprüfung des Ergebnisses (Anmerkung)
↑ Was willst du herausfinden?

Geraden in Parameterform

$x(t) = t - 1$ t: Parameter
$y(t) = 3t - 2$

Tabelle:

t	x(t)	y(t)
0	−1	−2
1	0	1
2	1	4
3	2	7

Graph: $y(x) = 3x + 1$

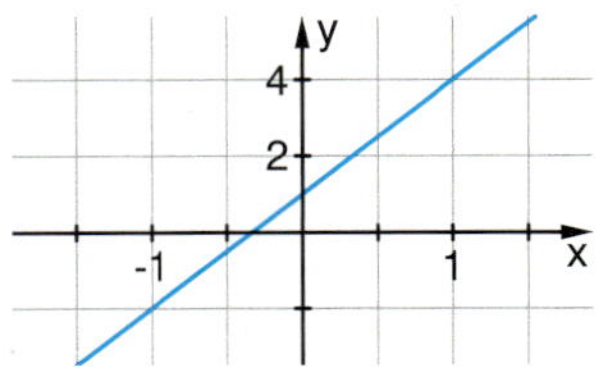

3 Kreis

3.1 Kreis und Tangente

Was dich erwartet

Hast du schon einmal den Begriff Südtangente gehört? Wo muss ein Diskuswerfer seinen Diskus loslassen, damit dieser in einer bestimmten Richtung wegfliegt? In welche Richtung fliegt Schmutz bei einem sich drehenden Reifen eines Fahrrades? Wie sieht der Funkenflug bei einem Schleifstein aus? Wie konstruiert man eine Gerade, die einen Kreis in einem Punkt berührt?

Dies alles sind Beispiele, die etwas mit Tangenten am Kreis zu tun haben.

Aufgaben

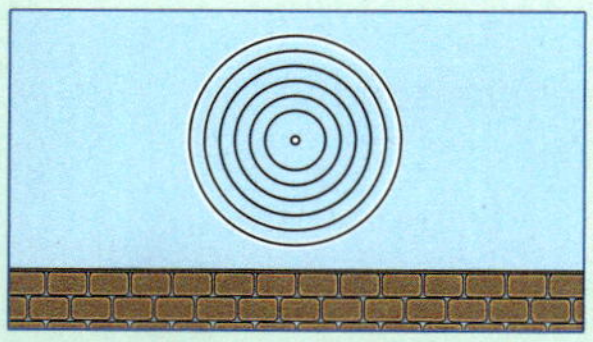

1 Wirft man einen Stein in einen See, so breitet sich in konzentrischen Kreisen um den Auftreffpunkt eine kreisförmige Wasserwelle aus.

a) Fertige eine Skizze an und zeichne 4 Momentaufnahmen der Welle ein, wenn sie das Ufer noch nicht erreicht hat.

b) Wo berührt die Wasserwelle zum ersten Mal das Ufer? Kannst du diesen Punkt auch konstruieren, ohne die Kreise zu zeichnen?

2 In jedem Bild wurde der Kreis K an einer Geraden gespiegelt. Übertrage die Bilder in dein Heft und zeichne jeweils die Spiegelachse ein. Beschreibe auch mit Worten, welche Lage die Spiegelgerade jeweils zu dem Kreis K hat.

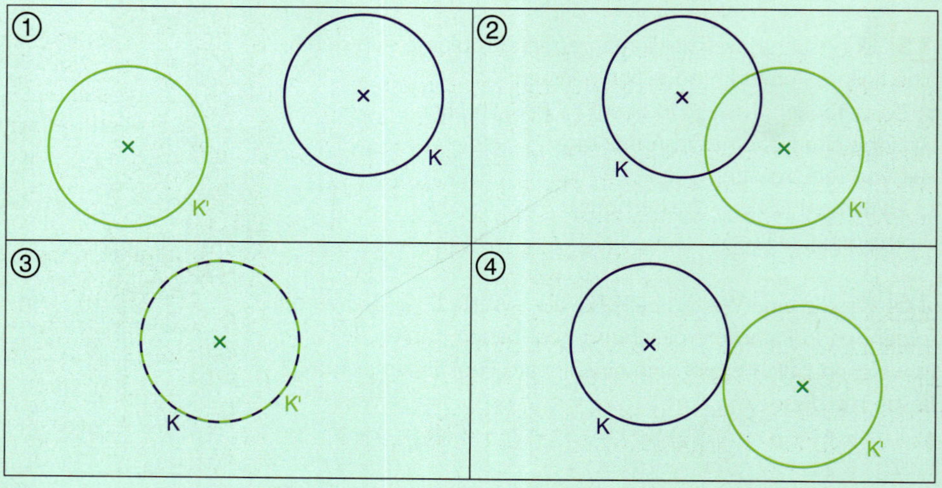

Aufgaben

Was ist eine „gute Definition“? In Kapitel 5 findest du Hinweise.

3 *Passanten, Sekanten, Sehnen, Tangenten*

Schreibe zu jedem der mathematischen Begriffe eine Definition auf. Vergleicht eure Definitionen und einigt euch für jeden Begriff auf eine gemeinsame Definition.

a) Sekante

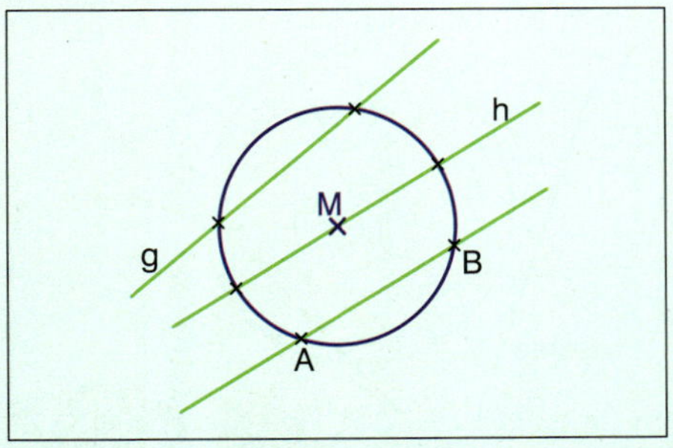

g, h und AB sind Sekanten des Kreises.

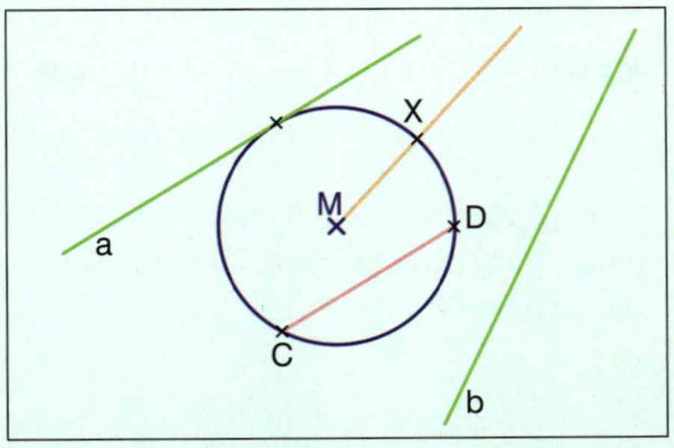

a, b, $\overline{CD}$ und $\overrightarrow{MX}$ sind keine Sekanten.

$\overrightarrow{MX}$, $\overrightarrow{WV}$ sind Halbgeraden

b) Tangente

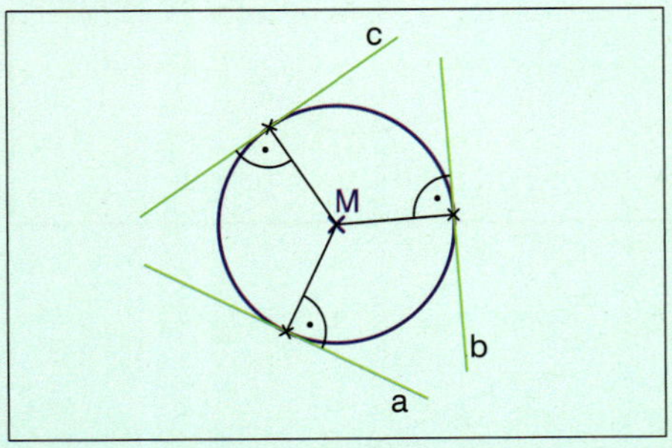

a, b und c sind Tangenten an den Kreis.

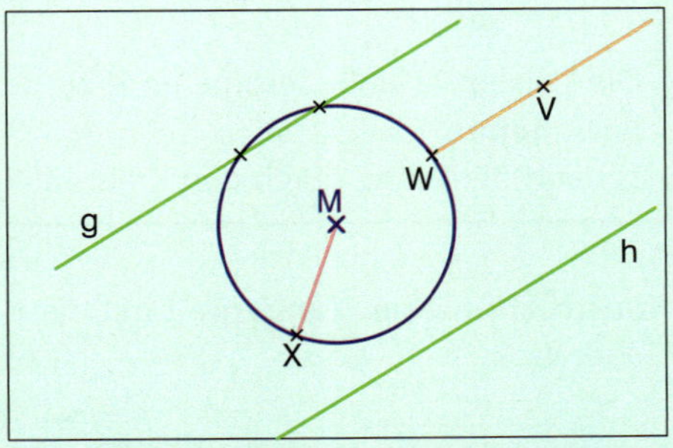

g, h, $\overline{MX}$ und $\overrightarrow{WV}$ sind keine Tangenten.

Die Gerade b in Aufgabe a) und h in Aufgabe b) sind **Passanten**. Sie besitzen keinen gemeinsamen Punkt mit dem Kreis.

c) Sehne

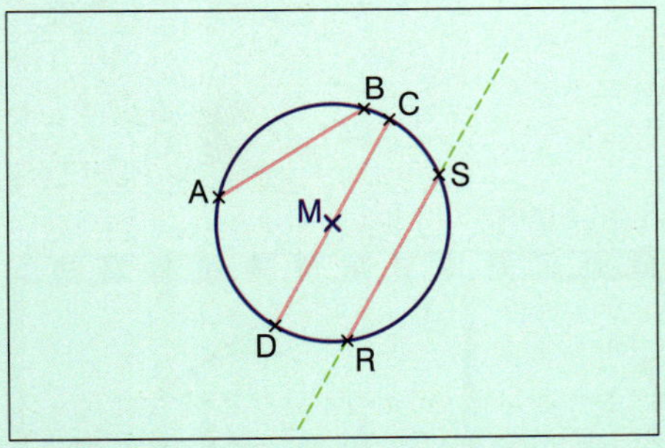

$\overline{AB}$, $\overline{CD}$ und $\overline{RS}$ sind Sehnen des Kreises.

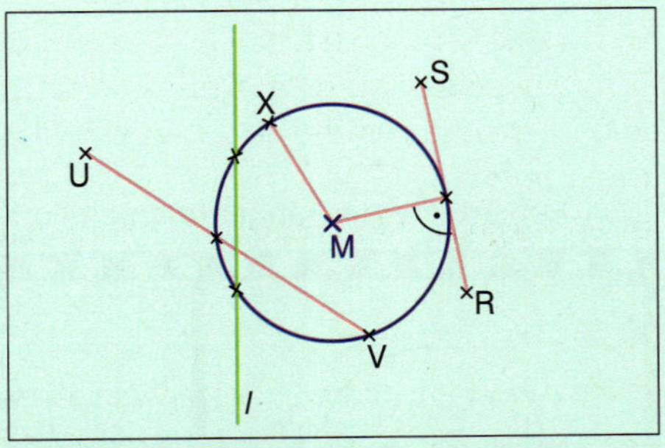

$\overline{UV}$, l, $\overline{RS}$ und $\overline{MX}$ sind keine Sehnen.

4 Das Maßwerk an den Fenstern und Türen gotischer Kirchen beruht auf vielfältigen geometrischen Konstruktionen. Dabei werden nur Kreise und Geraden verwendet. An den Portalen gotischer Kirchen findet man oft giebelförmige Bekrönungen auf den Spitzbögen, so genannte „Wimperge“.

a) Beschreibe in deinen Worten, was ein Wimperg ist, und welche Eigenschaften er hat.

b) Auf dem Foto ist ein solcher Wimperg am Kölner Dom zu sehen (hier rot gezeichnet). Konstruiere den Wimperg nach. Die Punkte A und B musst du in gleicher Höhe auf dem Spitzbogen wählen.

c) Wie erhältst du spitzere (stumpfere) Wimperge?

Schau dich in deiner Umgebung um. Findest du gotische Bauwerke mit Wimpergen?

Basiswissen

Kreis und Gerade können verschiedene Lagen zueinander haben. Je nach dieser Lage haben die Geraden spezielle Namen.

secare (lat.) schneiden

Eine **Sekante** schneidet den Kreis in zwei Punkten.

tangere (lat.) berühren

Eine **Tangente** hat mit dem Kreis genau einen Punkt gemeinsam, den Berührungspunkt

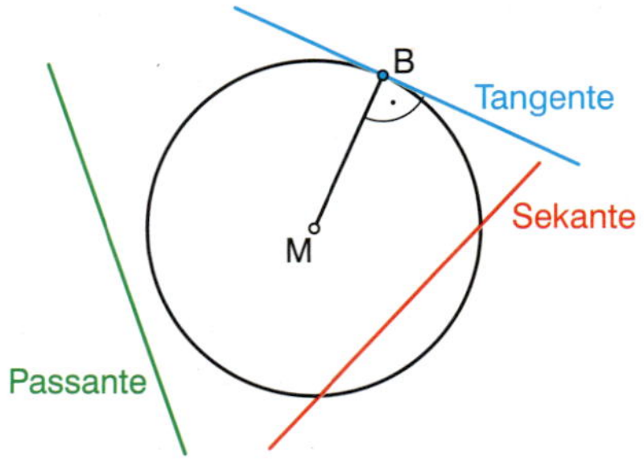

passer (frz.): vorbeigehen

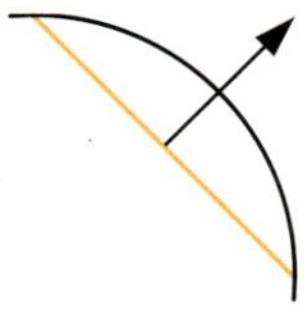

Eine **Passante** hat mit dem Kreis keinen Punkt gemeinsam.

Die Teilstrecke einer Sekante im Kreis heißt **Sehne**.

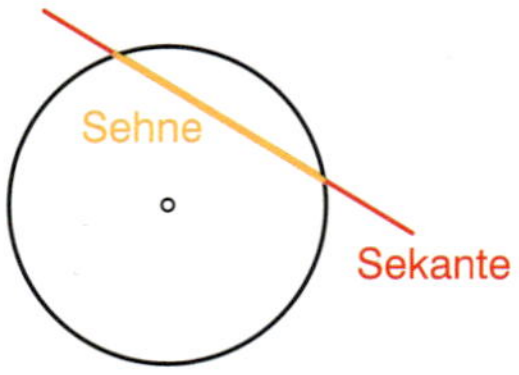

Verläuft die Sehne durch den Kreismittelpunkt, nennt man sie Durchmesser.

Konstruktion einer Tangente t mit dem Geodreieck

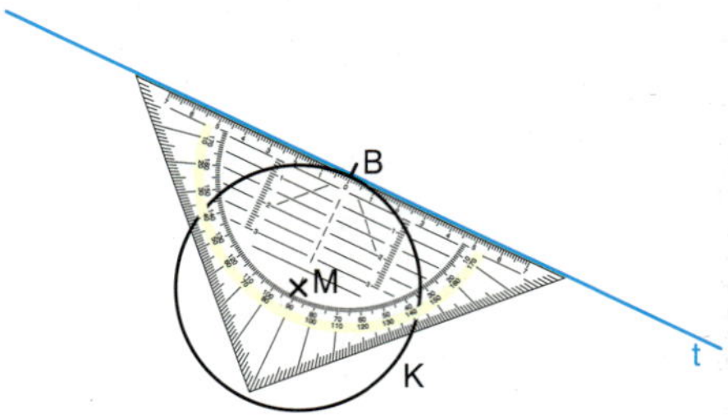

Beispiele

A Konstruiere die Tangente an einen Kreis K im Kreispunkt P.

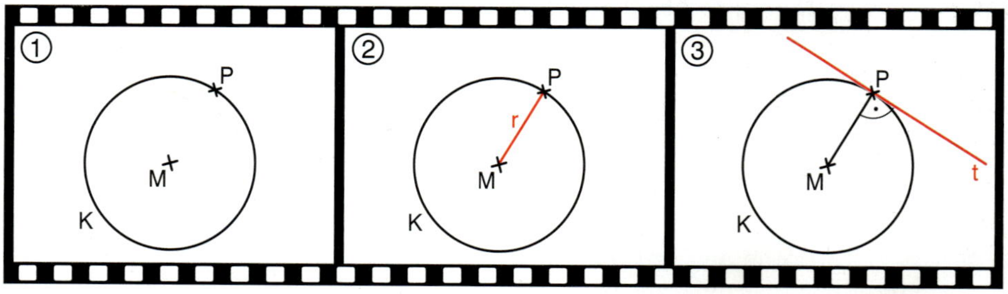

B Konstruiere einen Kreis, der die Gerade g im Punkt B berührt. Gibt es mehrere Möglichkeiten?

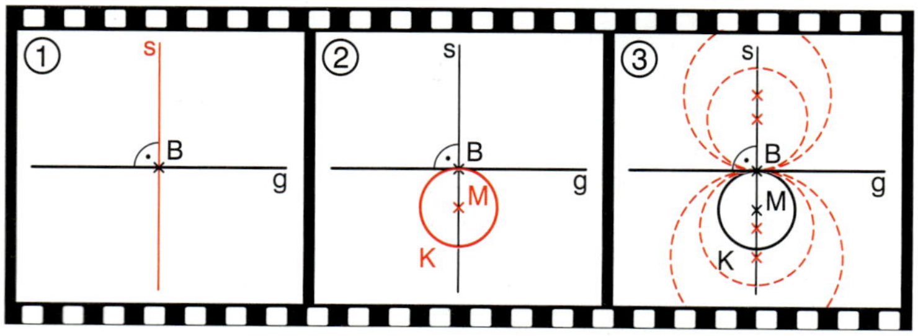

1) Zeichne die Senkrechte s zu g durch B.
2) Wähle einen Punkt M auf s und zeichne den Kreis um M mit Radius $\overline{MB}$.
3) Die Konstruktion ist nicht eindeutig, es gibt beliebig viele Möglichkeiten.

Übungen

5 Zeichne einen Kreis um M mit dem Radius r. Konstruiere dann die Tangente im Kreispunkt P.
a) M(2|1); r = 5 cm; P(5|5)
b) M(−1|0); r = 2,5 cm; P(−3|1,5)
c) M(0|3); r = 5 cm; P(4|0)

6 Zeichne einen Kreis K mit Radius 4,5 cm und wähle einen beliebigen Punkt B auf K.
a) Konstruiere die Tangente im Punkt B.
b) Zeichne zusätzlich drei Sekanten von K, die ebenfalls durch B verlaufen.
c) Zeichne die Sekante, die die längste Sehne enthält.

7 Konstruiere im Koordinatensystem Kreise, die beide Koordinatenachsen als Tangenten haben, und erkläre die Lage ihrer Mittelpunkte.

8 Zeichne eine Strecke $\overline{AB}$ der Länge 3 cm und vier Kreise, die $\overline{AB}$ als Sehne haben. Wo liegen die Mittelpunkte aller Kreise mit dieser Eigenschaft?

9 a) Zeichne die Gerade durch A(1|3) und B(6|8) und den Punkt M(6|4). Konstruiere den Kreis um M, der AB als Tangente hat. Der Berührpunkt hat ganzzahlige Koordinaten.
b) Zeichne die zu AB parallele Tangente an den Kreis K und gib die Koordinaten des Berührpunktes an.
c) Bestimme die Berührpunkte der beiden Tangenten, die senkrecht zu AB sind.

10 a) Finde eine passende Aufgabenstellung zu der folgenden Konstruktion.

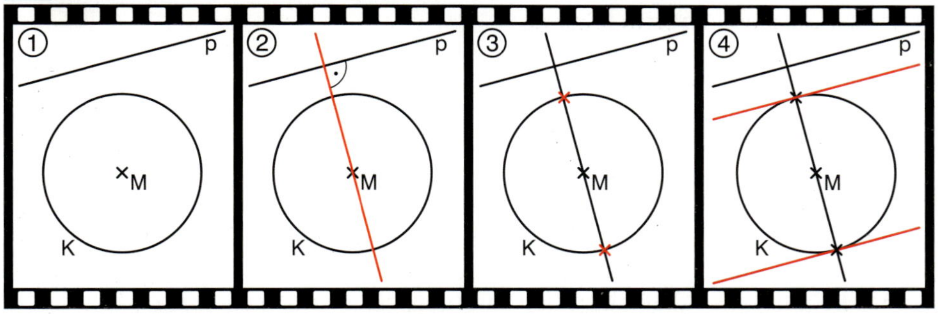

b) Beschreibe die Konstruktion in den einzelnen Schritten. Benutze u. a. die Begriffe Passante, Tangente, Senkrechte und Parallele.

11 Übertrage die Zeichnung in dein Heft. Konstruiere die zweite Tangente durch A an K.

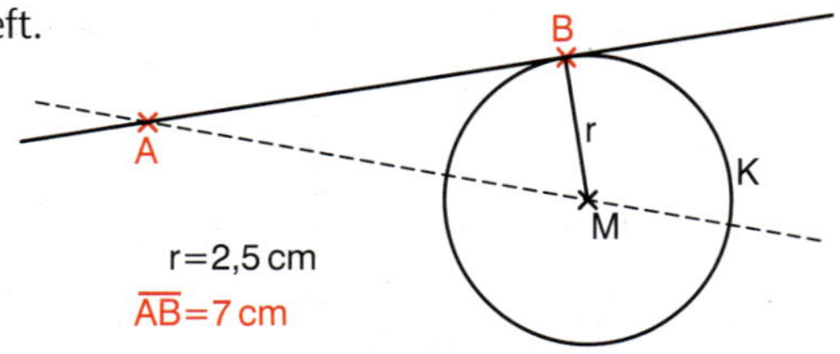

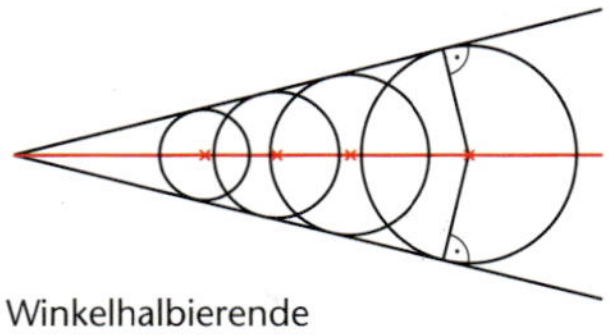

Winkelhalbierende

12 Die beiden Kreise K_1 und K_2 haben vier gemeinsame Tangenten. Kannst du zwei Kreise zeichnen, die
a) keine,
b) genau eine,
c) genau zwei gemeinsame Tangenten haben?

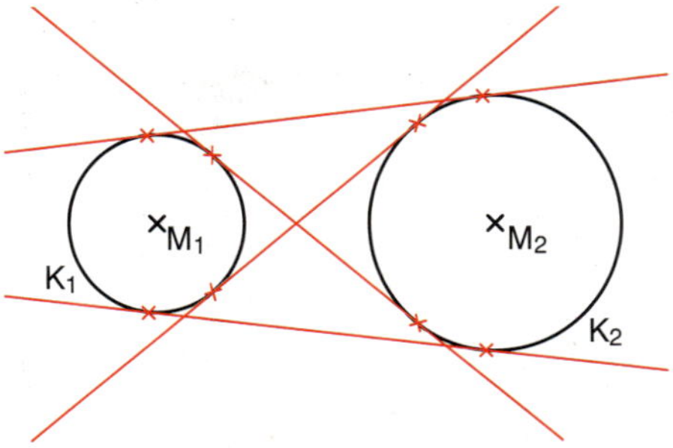

Versuche, in den Fällen b) und c) die Tangenten zu konstruieren.

Übungen

Für DGS-Experten: Erstelle ein Makro für Tangentenkonstruktion.

13 *Konstruktion einer Tangente mit Zirkel und Lineal*
Luigi hat sein Geodreieck vergessen. Trotzdem gelingt ihm nur mit Zirkel und Lineal die Konstruktion einer Tangente in einem Kreispunkt B.
a) Beschreibe die Konstruktion und führe sie selbst durch.
b) Begründe die Konstruktion.

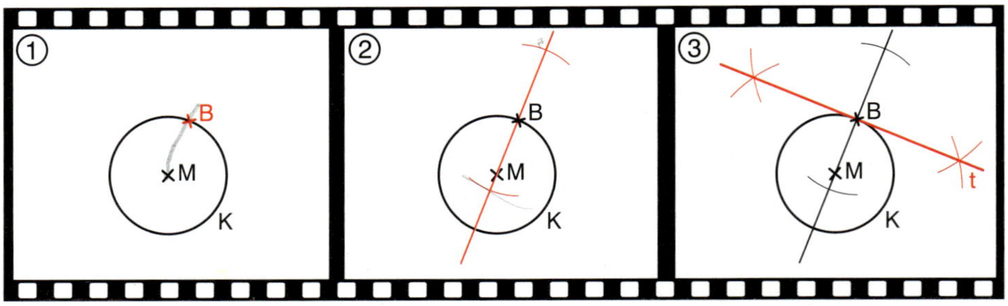

14 *Ein Euro in der Klemme*
Bestimme mit einem flachen Papierlineal und zwei Geodreiecken den Durchmesser einer 1 €-Münze (anderer Euro-Münzen). Wo findet dieses Verfahren seine praktische Anwendung?

Wahr oder falsch?

15 Was hältst du von den folgenden Aussagen? Überprüfe an Beispielen und versuche zu begründen oder zu widerlegen.
(1) Der Abstand einer Geraden zum Kreismittelpunkt verrät mir, ob die Gerade Passante, Tangente oder Sekante an den Kreis ist.
(2) Eine Sehne im Kreis kann höchstens so lang sein wie der Kreisradius.
(3) Die Sekante schneidet den Kreis in den Punkten A und B. Der Schnittpunkt der Tangenten in A und B liegt auf der Mittelsenkrechten der Sehne $\overline{AB}$.
(4) In den Endpunkten der Sehne $\overline{S_1S_2}$ werden die Tangenten an den Kreis gezeichnet. Die beiden Tangenten sind nur dann parallel zueinander, wenn die Sehne die Länge 2r hat.

16 Die Entscheidung fällt dir leicht, wenn du zu einigen Punkten die Länge der Sehne misst.

16 *Bewegte Sehnen*
a) Durch den Punkt P wird eine zum Durchmesser $\overline{AB}$ senkrechte Sehne s gezeichnet. Wie ändert sich die Länge der Sehne s, wenn P auf dem Durchmesser von A nach B wandert?
b) Welcher der vier Graphen beschreibt die Zuordnung *Länge* $\overline{AP}$ → *Länge s* zutreffend? Ergänze die Beschriftung der Achsen.

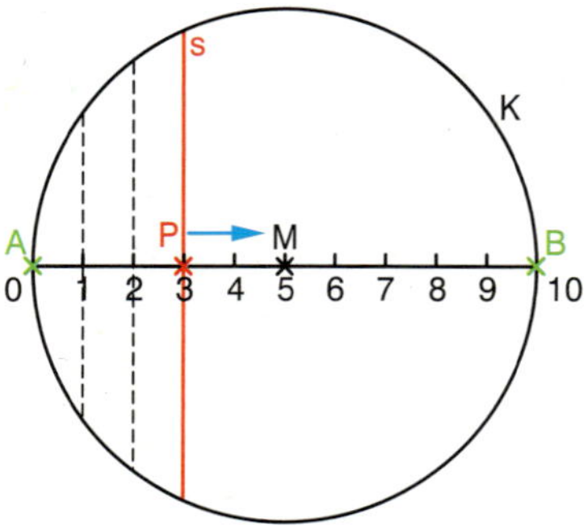

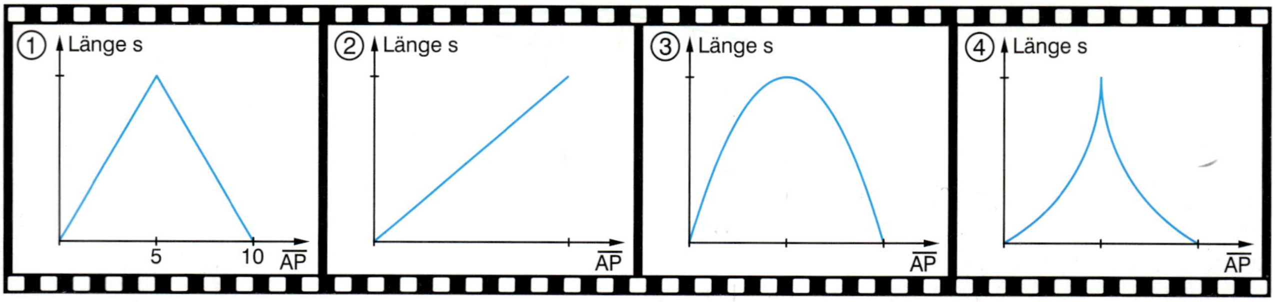

Aufgaben

17 Susanne schenkt ihrer Freundin eine CD zum Geburtstag. Dazu bastelt sie eine originelle Verpackung (gleichseitiges Dreieck).
Bastle selbst eine genau passende Hülle für eine CD.

18 a) Übertrage das folgende Muster in dein Heft, setze es fort und färbe es ein.
b) Konstruiere ein ähnliches Muster aus Sechsecken.

(1) *Quadrat im Visier*

(2) Erfinde einen eigenen Titel.

Die Aufgaben 18 und 20 eignen sich zur Arbeit mit dem DGS.

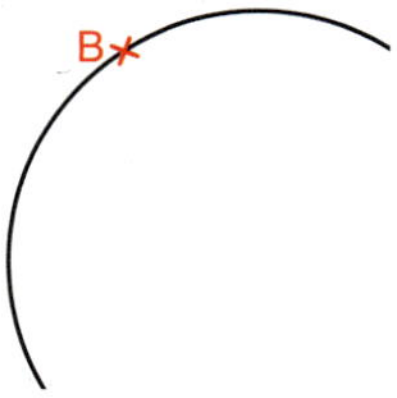

19 Zeichne mithilfe einer runden Dose einen Kreisbogen und kennzeichne einen Punkt B. Kannst du nun die Tangente in diesem Punkt konstruieren?
Gibt es verschiedene Verfahren? Vergleiche mit deinen Mitschülern.

20 Die Tangente spielt sogar beim Diskuswerfen eine Rolle. Der Diskus bewegt sich auf einer Kreisbahn, wird dann losgelassen und fliegt tangential weg.

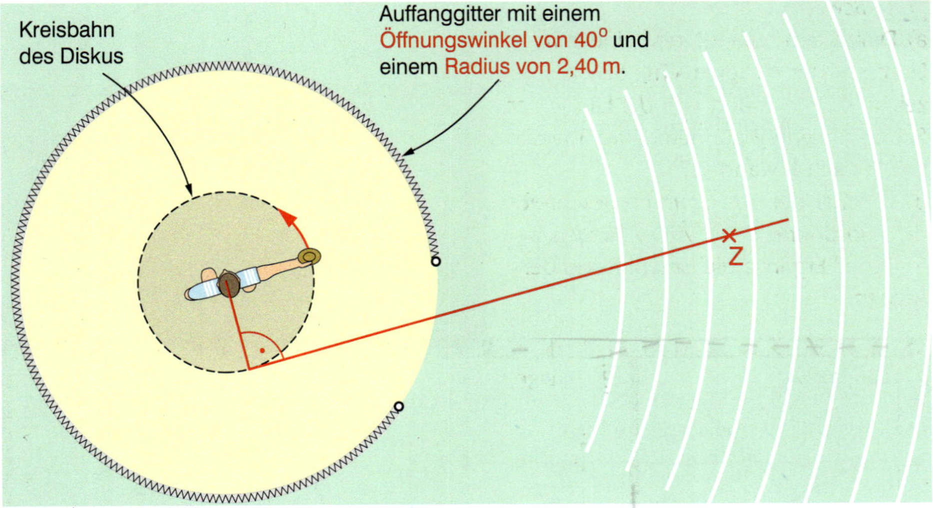

Lars Riedel gewann fünfmal den Weltmeistertitel im Diskuswerfen und wurde 1996 bei den Olympischen Spielen in Atlanta Sieger mit einer Weite von 69,39 m.

Übertrage die Zeichnung maßstabsgetreu ins Heft.
Kennzeichne farbig den Kreisbogen, in dem der Diskus losgelassen werden muss, damit er nicht im Auffanggitter landet.
Kennzeichne den zugehörigen Sektor im Außenbereich.

Hier musst du ein wenig probieren!

3.2 Winkel am Kreis – Satz des Thales

Was dich erwartet

Warum sind die Zuschauerplätze bei großen Bühnen und Stadien in Kreisbögen angeordnet? Wie konstruiert man von einem Punkt außerhalb des Kreises die Tangenten an den Kreis? Mit einigen erstaunlichen Erkenntnissen über Winkel am Kreis kannst du solche Fragen beantworten und viele weitere geometrische Probleme lösen. Dabei wirst du auch den berühmten und schon seit über 2000 Jahren bekannten Satz des Thales entdecken und beweisen.

Aufgaben

1 *Geometrie auf dem Schulhof*

Markiert auf dem Schulhof eine Strecke von 10 m. Zwei Schüler stellen sich als Eckpunkte A und B auf.

a) Stellt euch auf einer Parallelen zu dieser Strecke auf und peilt mit euren Armen die beiden Eckpunkte an. Der Winkel zwischen den Armen ist der Sehwinkel, unter dem jeder einzelne die Strecke $\overline{AB}$ sieht.
Was kannst du über die Winkel aussagen?
Wer hat den größten Sehwinkel?

b) Das Experiment wird nun leicht verändert. Diesmal stellt ihr euch in einem Halbkreis über der Strecke $\overline{AB}$ auf.
Was könnt ihr jetzt über die Sehwinkel feststellen?

c) Prüfe deine Beobachtungen durch eine Konstruktion im Heft nach. Formuliere ein Ergebnis deiner Experimente.

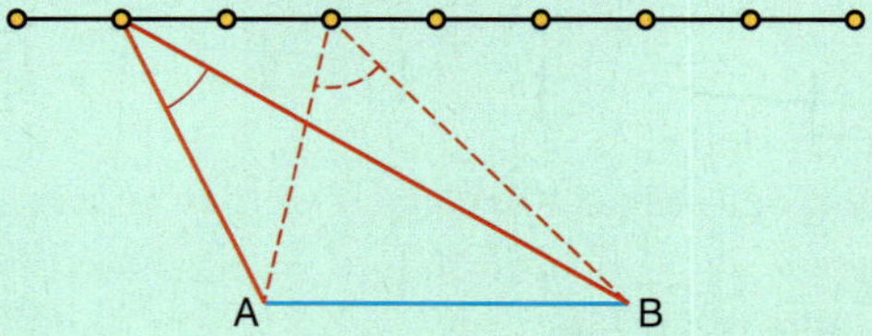

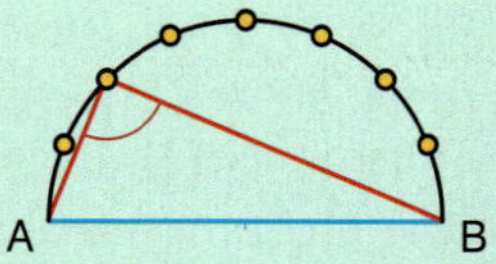

Aufgaben

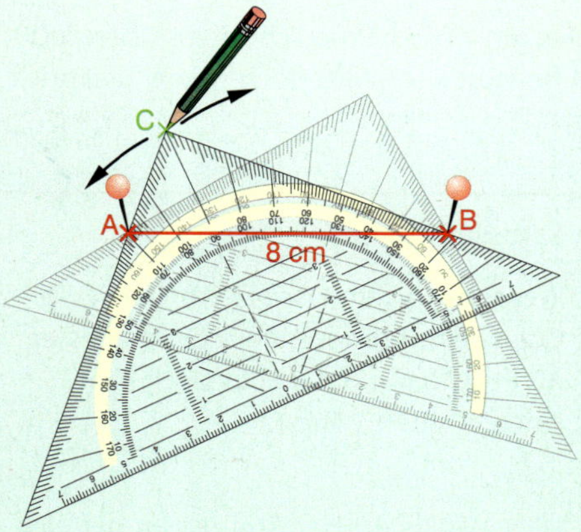

2 *Entdeckungen am Pinnboard*
Du brauchst eine Korkunterlage, ein weißes Blatt Papier, zwei Stecknadeln und ein Geodreieck. Lege das Blatt auf den Kork und befestige die Stecknadeln in einem Abstand von 8 cm.
a) Lasse das Geodreieck zwischen den Nadeln gleiten und markiere an möglichst vielen Punkten jeweils die Lage der Spitze C.
Beschreibe, was dabei herauskommt!
b) Was passiert, wenn du das gleiche Experiment mit anderen Dreiecken durchführst?

3 *Dynamische Geometrie*
Die folgenden Experimente lassen sich besonders gut mit einem dynamischen Geometriesystem am Computer ausführen. Damit kannst du Punkte, Strecken und Winkel durch Ziehen mit der „Hand" dynamisch verändern und gleichzeitig beobachten, wie sich andere Größen dabei verhalten.

DGS

a) Zeichne eine Strecke $\overline{AB}$ und dazu die Mittelsenkrechte m_{AB}.
Wähle einen beliebigen Punkt C auf m_{AB} und konstruiere das Dreieck ABC.
Was passiert mit den Winkeln des Dreiecks, wenn C auf m_{AB} wandert?
Notiere alle wichtigen Beobachtungen.

b) Zeichne die Strecke $\overline{AB}$ und konstruiere den Kreis um den Mittelpunkt der Strecke $\overline{AB}$ mit dem Radius $\overline{MA}$.
Markiere einen beliebigen Punkt C auf dem Kreis und konstruiere das Dreieck ABC.
Was passiert jetzt, wenn C auf dem Kreis wandert?

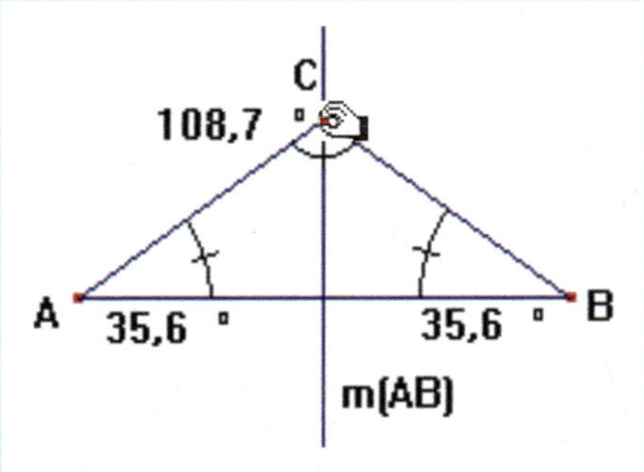

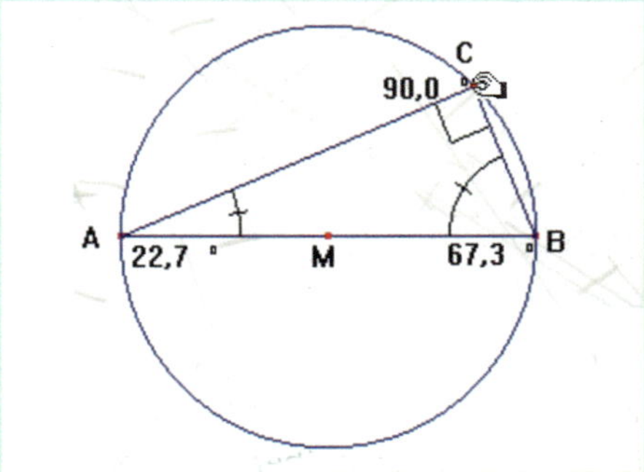

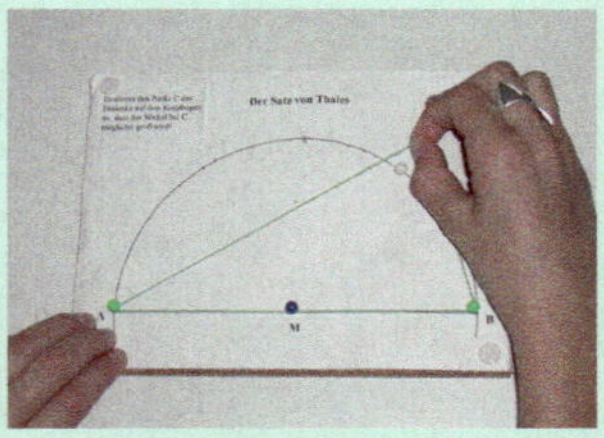

Die Experimente lassen sich auch gut mit einem Gummidreieck am Pinnboard oder einfach mit Zirkel und Geodreieck im Heft durchführen.

c) Zeichne eine Strecke $\overline{AB}$ und konstruiere einen Kreis mit $\overline{AB}$ als Durchmesser.
Markiere nun einen Punkt C und zeichne das Dreieck ABC.
Was lässt sich über den Winkel γ aussagen, wenn C im Inneren des Kreises (auf dem Kreis, außerhalb des Kreises) liegt?
Vergleiche mit den Beobachtungen in a) und b).

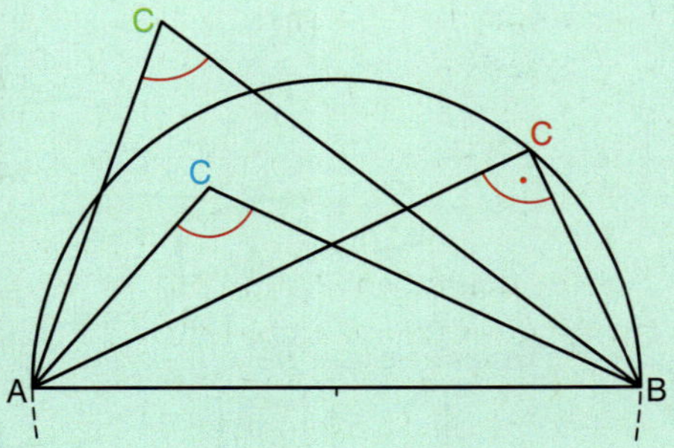

Basiswissen

Ein wichtiger Zusammenhang über Winkel am Kreis wurde schon vor über 2000 Jahren von den alten Griechen formuliert und bewiesen, er wird noch heute „Satz des Thales" genannt.

THALES VON MILET
624–546 v. Chr.

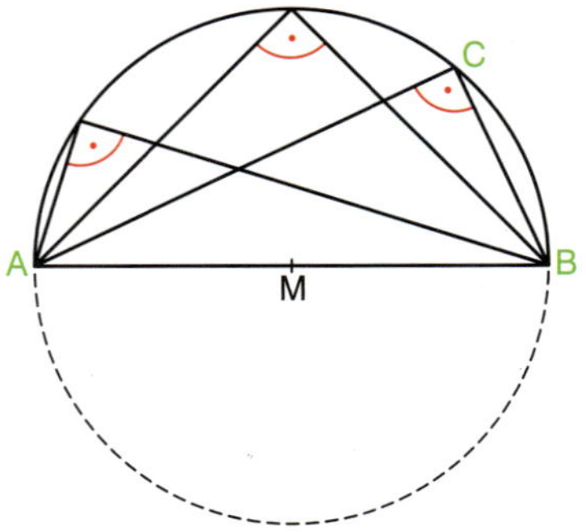

Satz des Thales

Wenn bei einem Dreieck ABC die Ecke C auf dem Kreis mit dem Durchmesser $\overline{AB}$ liegt, dann hat das Dreieck bei C einen rechten Winkel.

Kurz:
„Der Winkel im Halbkreis ist immer ein Rechter."

Beispiele

Dreieckskonstruktion

A Konstruiere über der Strecke $\overline{AB} = 4$ cm ein rechtwinkliges Dreieck mit $\alpha = 30°$.

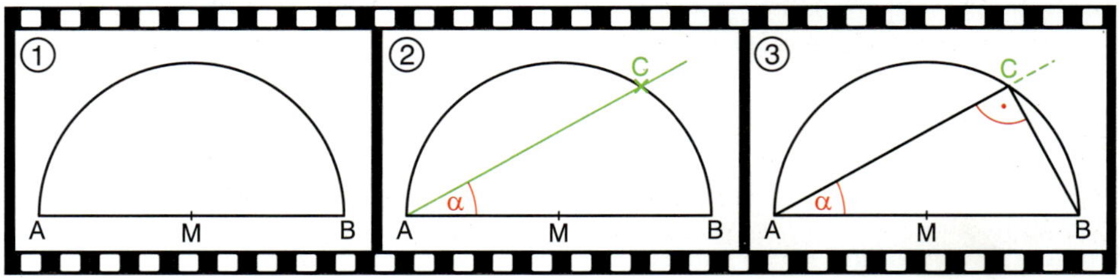

1) Zeichne die Strecke $\overline{AB} = 4$ cm und den Halbkreis über $\overline{AB}$.
2) Trage in A den Winkel $\alpha = 30°$ ab.
3) Der Schnittpunkt des freien Schenkels mit dem Halbkreis ist C.

B Wie konstruiert man die Tangenten an einen Kreis von einem Punkt P außerhalb des Kreises?
Das fertige Bild siehst du rechts.
Wie findet man die Berührpunkte B_1 und B_2? Sie sind Ecken von rechtwinkligen Dreiecken.

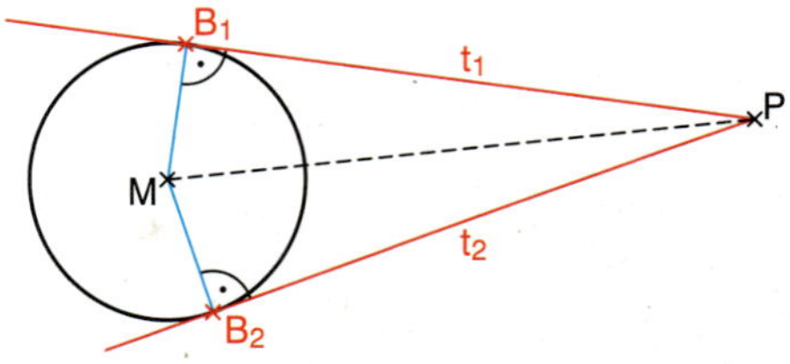

Dabei hilft dir der Satz des Thales:

Tangentenkonstruktion

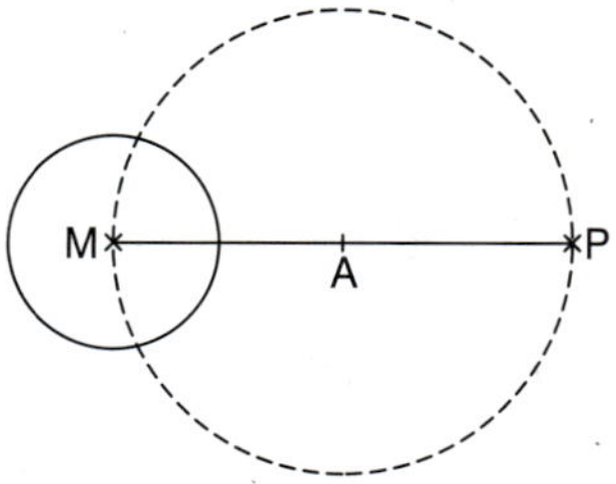

Thaleskreis über $\overline{MP}$

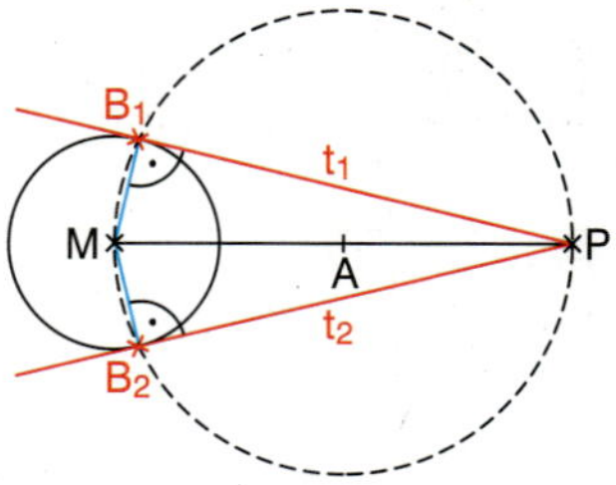

1) Zeichne die Strecke $\overline{MP}$.
2) Konstruiere den Thaleskreis über $\overline{MP}$.
3) Markiere die beiden Schnittpunkte B_1 und B_2 der beiden Kreise.
4) Die Geraden PB_1 und PB_2 sind senkrecht zu den Radien $\overline{MB_1}$ und $\overline{MB_2}$. Sie sind die Tangenten an den Kreis.

Übungen

4 Konstruiere über der Strecke $\overline{AB} = 3$ cm ein gleichschenkliges rechtwinkliges Dreieck.

5 *Trainingsprogramm Dreieckskonstruktion*
Konstruiere ein Dreieck ABC mithilfe des Satzes von Thales. In welchen Fällen gibt es zwei nicht kongruente Lösungen?

a) $\overline{AB} = 5$ cm, $\overline{AC} = 3$ cm, $\gamma = 90°$
b) $\overline{AB} = 4$ cm, $h_c = 1{,}5$ cm, $\gamma = 90°$
c) $\overline{AC} = 5$ cm, $\overline{BC} = 3{,}5$ cm, $\beta = 90°$
d) $\overline{BC} = 7$ cm, $\alpha = 90°$, $\gamma = 70°$
e) $\overline{BC} = 6$ cm, $h_a = 3$ cm, $\alpha = 90°$
f) $\overline{AC} = 4{,}8$ cm, $\beta = 90°$, $\gamma = 30°$

Kannst du die Dreiecke auch ohne den Satz des Thales konstruieren?

6 Konstruiere über einer Strecke der Länge 10 cm drei rechtwinklige Dreiecke mit $\alpha = 30°, 45°, 60°$.

7 a) Zeichne einen Kreis mit dem Radius 3 cm. Konstruiere ein Quadrat, dessen Ecken auf dem Kreis liegen.
b) Konstruiere ein Quadrat, dessen Diagonalen 7 cm lang sind.

7 Die Diagonalen im Quadrat stehen senkrecht aufeinander.

8 a) Zeichne einen Kreis mit dem Radius 5 cm und drei verschiedene Rechtecke, deren Ecken auf dem Kreis liegen. Wo steckt hier der Satz des Thales?
b) Vergleiche den Flächeninhalt der Rechtecke. Gibt es ein so konstruiertes Rechteck mit größtem Flächeninhalt? Begründe!

9 Was sagst du zu der folgenden Aufgabe?
Zeichne einen Halbkreis mit $d = \overline{AB} = 10$ cm und finde denjenigen Punkt C auf dem Halbkreis, bei dem die Winkelsumme $\alpha + \beta$ im Dreieck ABC möglichst groß wird. Wenn du nicht gleich auf die Lösung kommst, probiere es aus.

10 Konstruiere vom Punkt P aus eine Tangente an den Kreis um M mit Radius r.
a) $P(11{,}5|5{,}5)$, $M(5|4)$, $r = 3$ cm
b) $P(4|-4)$, $M(0|0)$, $r = 2{,}5$ cm
c) Wie erhältst du möglichst einfach die zweite Tangente an den Kreis?

11 Konstruiere über $\overline{AB}$ einen Spitzbogen. Konstruiere dann einen Wimperg, dessen Spitze
a) in P(0|6) liegt,
b) in Q(0|10) liegt.

Vergleiche Aufgabe 4 von Seite 87.

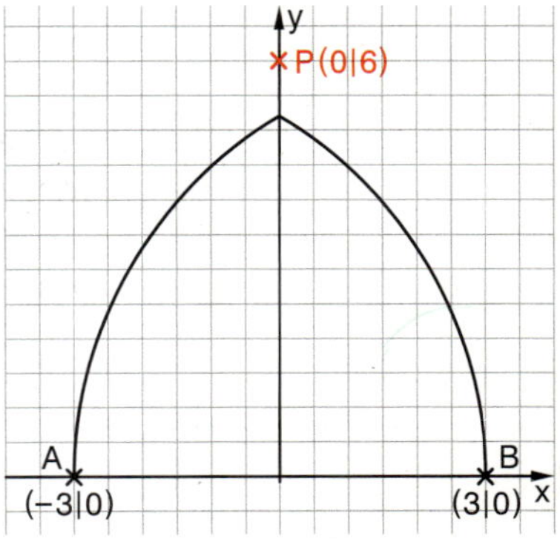

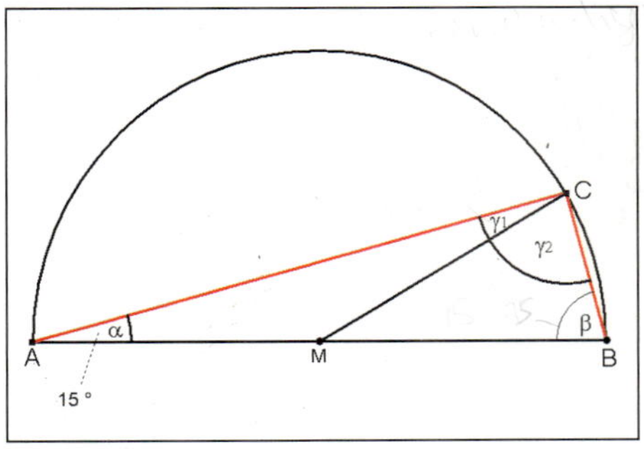

12 a) Wie groß sind β, γ_1, γ_2, wenn $\alpha = 15°$?
b) Bestimme jeweils die fehlenden drei Winkelgrößen, wenn $\alpha = 30°$ ($\beta = 50°$; $\gamma_1 = 40°$; $\gamma_2 = 78°$).
c) Welche Zusammenhänge zwischen den einzelnen Winkeln kannst du erkennen? Begründe, dass diese Zusammenhänge für jede Lage von C auf dem Halbkreis gelten.

Zum Beweisen in der Geometrie

Mathematik kann eine spannende Tätigkeit sein, bei der viele überraschende Zusammenhänge entdeckt und dann als Sätze aufgeschrieben werden. Solche Sätze findet man durch Probieren, Beobachten, Vermuten (Hypothesen aufstellen) und Überprüfen dieser Vermutungen an Beispielen. Manchmal braucht man dabei auch eine „zündende Idee".

Das Beweisen wurde vor mehr als 2000 Jahren von den Griechen eingeführt. Thales von Milet war einer der ersten Begründer dieses strengen Vorgehens.

Normalerweise gibt man sich mit diesem Ergebnis des Forschens zufrieden. In der Mathematik aber verlässt man sich nicht auf die Anschauung und die Bestätigung an Beispielen. Man beweist seine Vermutung durch „logisches Denken". Dabei darf man nur auf bereits bekannte und bewiesene Sätze zurückgreifen.

Am Beispiel des Satzes von Thales können wir einen solchen Beweis demonstrieren:

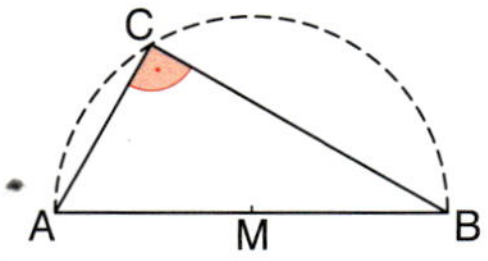

1. Schritt: Klare Trennung von Voraussetzung und Behauptung.

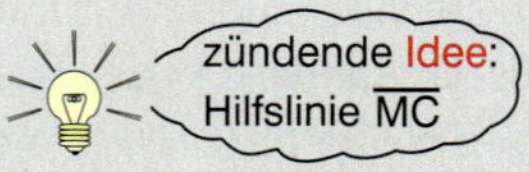

Voraussetzung:
Gegeben ist ein Dreieck ABC, bei dem der Punkt C auf dem Kreis mit dem Durchmesser AB liegt.

Behauptung:
Der Winkel γ bei C ist ein rechter Winkel.

2. Schritt: Skizzieren einer **Beweisfigur** mit den wichtigen Größen. Dabei können geeignete Hilfslinien und Hilfsgrößen sehr nützlich sein.

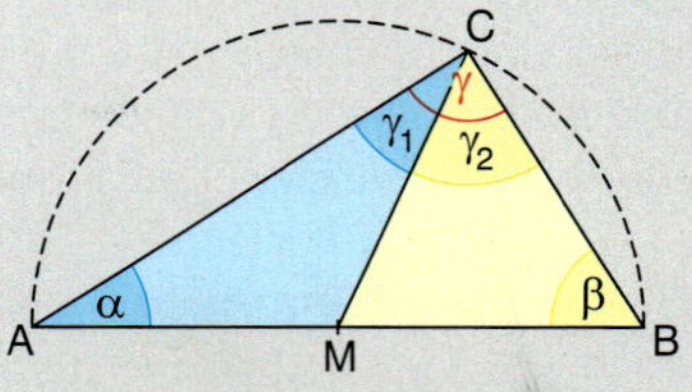

Beweisfigur

3. Schritt: Aus den Voraussetzungen und bereits bekannten Zusammenhängen wird die Behauptung schrittweise hergeleitet. Wir stellen dies übersichtlich in zwei Spalten dar:

„Zweispaltenbeweis"

Beweisschritt	Begründung
(1) $\gamma_1 + \gamma_2 = \gamma$	Hilfslinie teilt γ in γ_1 und γ_2.
(2) $\overline{MA} = \overline{MC}$	$\overline{MA}$ und $\overline{MC}$ sind Radien des Kreises.
(3) $\gamma_1 = \alpha$	Im gleichschenkligen Dreieck AMC sind die Basiswinkel gleich groß.
(4) $\overline{MB} = \overline{MC}$	$\overline{MB}$ und $\overline{MC}$ sind Radien des Kreises.
(5) $\gamma_2 = \beta$	Im gleichschenkligen Dreieck MBC sind die Basiswinkel gleich groß.
(6) $\alpha + \beta + \gamma = 180°$	Winkelsumme im Dreieck ABC
(7) $\gamma_1 + \gamma_2 + (\gamma_1 + \gamma_2) = 180°$	wegen (1), (3), (5) und (6)
(8) $2(\gamma_1 + \gamma_2) = 180°$	Termumformung auf der linken Seite der Gleichung
(9) $\gamma_1 + \gamma_2 = 90°$	Division der Gleichung durch 2
(10) $\gamma = 90°$	wegen (1); „was zu beweisen war"

Die Beweisfigur und die übersichtliche Darstellung der Beweisschritte stehen meist nicht am Anfang des Beweisens, sie entwickeln sich oft erst nach vielen Ansätzen mit Versuch und Irrtum.

Im Beweisen durch logisches Schließen liegt die besondere Stärke der Mathematik. Ist eine mathematische Aussage erst einmal bewiesen, so wird sie auf der ganzen Welt als wahr anerkannt und in das Buch der Mathematik aufgenommen.

Übungen

13 Sabrina hat den Beweis im Kasten aufmerksam studiert und meldet Zweifel an: *„In der Beweisfigur ist ein Dreieck mit dem Winkel $\alpha = 32°$ gezeichnet. Also gilt der Beweis gar nicht allgemein, sondern nur für solch ein spezielles Dreieck!“* Was meinst du dazu? Überprüfe, ob bei den einzelnen Beweisschritten diese spezielle Größe des Winkels (die Lage des Punktes C auf dem Kreis) eine Rolle spielt.

14 Schau dir die einzelnen Beweisschritte in dem Zweispaltenbeweis zum Satz des Thales noch einmal genau an.

a) Welche Beweisschritte werden mit den Voraussetzungen des Satzes begründet?

b) Bei welchen Beweisschritten werden bereits bekannte Sätze zur Begründung benutzt? Schreibe diese Sätze mit Voraussetzung und Behauptung auf.

c) An welchen Stellen wurden Regeln der Algebra (Terme und Gleichungen) benutzt?

15 Die folgenden beiden Sätze aus der Geometrie sind dir sicher schon bekannt, vielleicht hast du sie im Unterricht auch schon bewiesen.
Trenne zunächst jeweils Voraussetzung und Behauptung und versuche dann, einen Beweis in der Zweispaltenform aufzuschreiben. Die jeweilige Beweisfigur mit den eingezeichneten Hilfslinien wird dir die Aufgabe erleichtern. (Worin besteht die „zündende Idee“?)

a)

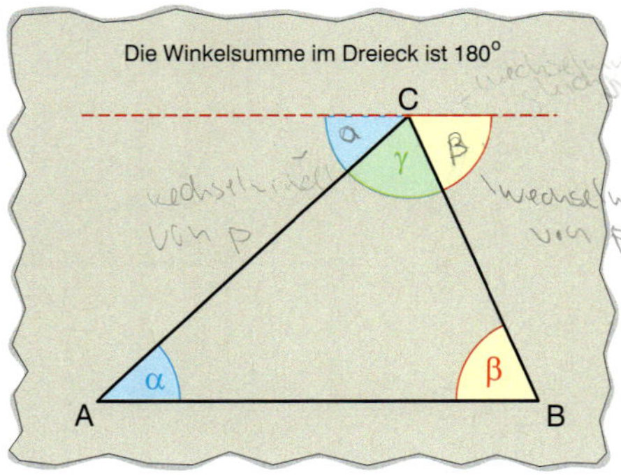

b)

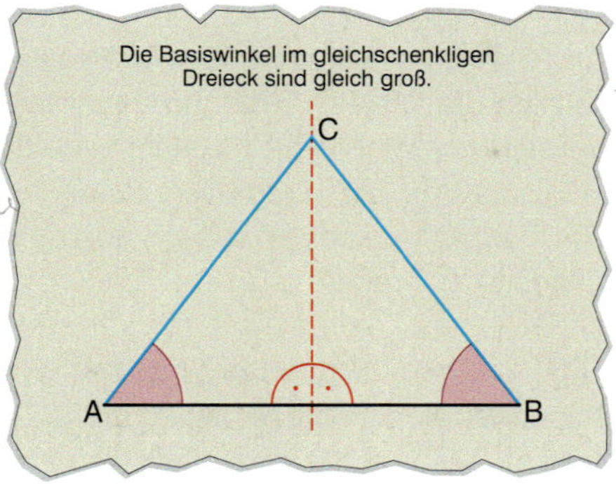

16 Über der Seite $\overline{AB}$ wurden mehrere Dreiecke konstruiert, die roten Dreiecke sind rechtwinklig.

a) Was kannst du über die Lage des Punktes C bei den rechtwinkligen Dreiecken aussagen? Schreibe dies als Satz auf: *„Wenn beim Dreieck ABC der Winkel γ gleich 90° ist, dann liegt C …“*

b) Formuliere diesen Satz mit Voraussetzung und Behauptung. Vergleiche dann mit der Voraussetzung und der Behauptung beim Satz des Thales. Was stellst du fest?

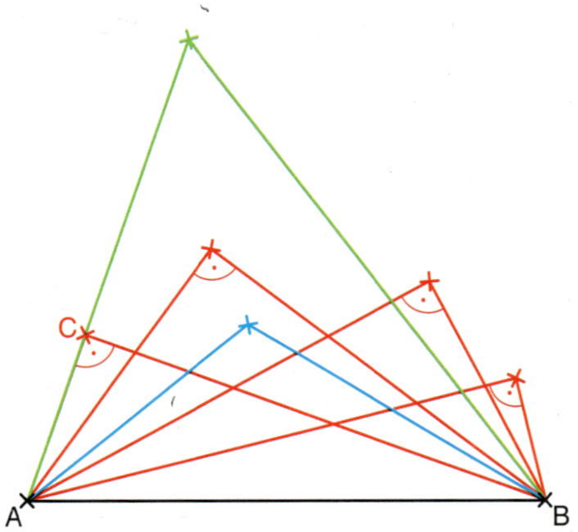

Es gilt auch die **Umkehrung des Satzes von Thales**: *Wenn ein Dreieck ABC bei C einen rechten Winkel hat, dann liegt C auf dem Kreis mit dem Durchmesser $\overline{AB}$.*

17 Lea hat eine interessante Entdeckung gemacht: Wenn sie bei einem rechtwinkligen Dreieck ABC ($\gamma = 90°$) den Umkreis zeichnet, so liegt der Umkreismittelpunkt genau auf der Seitenmitte von $\overline{AB}$.

a) Prüfe dies durch Konstruktion für drei verschiedene Beispiele nach.

b) Was hat diese Beobachtung mit der Umkehrung des Satzes von Thales zu tun?

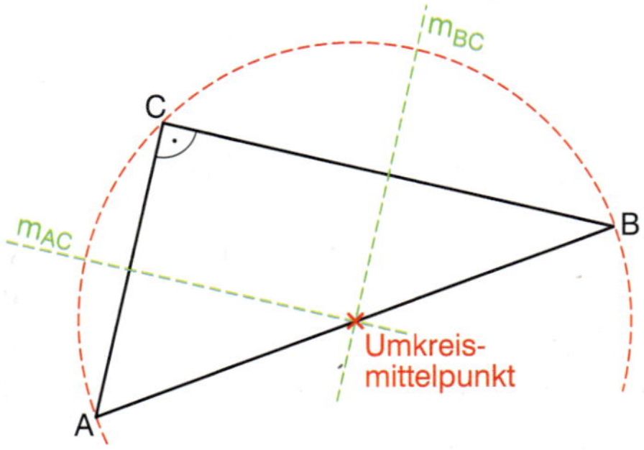

Übungen

18 *Forschungsaufgabe I*

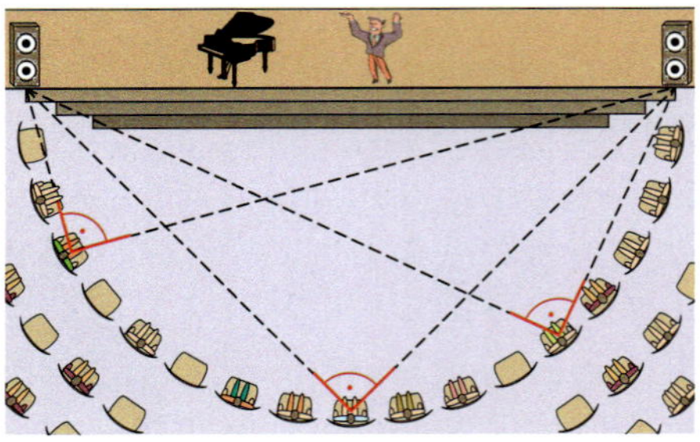

Der Satz des Thales findet eine praktische Anwendung: Wenn man die Sitzplätze halbkreisförmig um eine Bühne anordnet, so hat man von jedem Sitzplatz aus den gleichen Sehwinkel von 90° zur Bühne.
In manchen Theatern sind die Plätze auf einem größeren Kreisbogen um die Bühne angeordnet, die Bühne ist dann eine Sehne des Kreises, die kürzer als der Durchmesser ist. Was kann man jetzt über die Sehwinkel aussagen?

γ heißt Umfangswinkel zur Sehne $\overline{AB}$

a) Zeichne über einer Sehne $\overline{AB}$ eines Kreises mehrere Dreiecke ABC, bei denen der Punkt C auf dem Kreisbogen oberhalb der Sehne liegt und miss jeweils den Winkel γ bei C. Was stellst du fest? Formuliere deine Vermutung.
b) Führe die gleiche Untersuchung mit anderen Sehnen des Kreises durch. Formuliere deine Vermutung so, dass sie für alle untersuchten Fälle zutrifft.

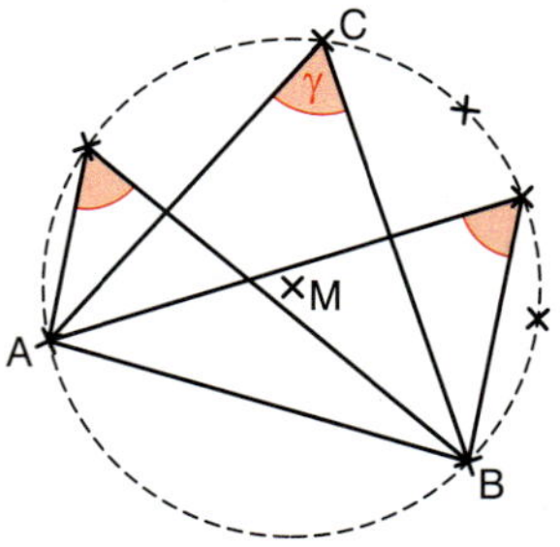

19 *Forschungsaufgabe II*

ε heißt Mittelpunktswinkel zur Sehne $\overline{AB}$

a) Zeichne zu jedem Dreieck ABC wie in 18 a) zusätzlich das Dreieck ABM und den Winkel ε bei M. Vergleiche jeweils die Größe der Winkel γ und ε. Was stellst du fest? Formuliere deine Vermutung.
b) Überprüfe deine Vermutung auch mit anderen Sehnen des Kreises.

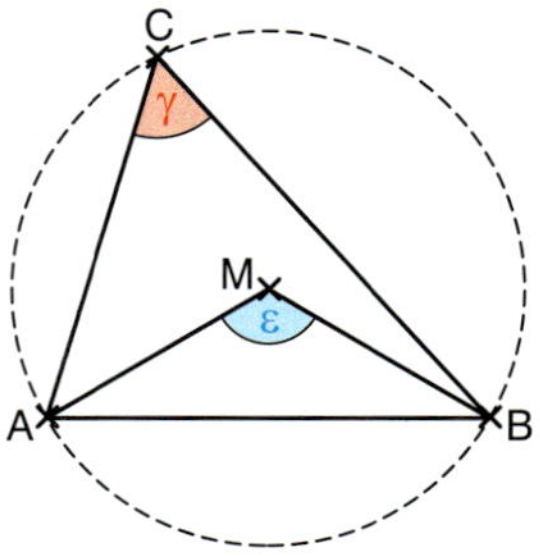

Für Mutige, die sich an den Beweis trauen: Hier ist eine geeignete Beweisfigur.

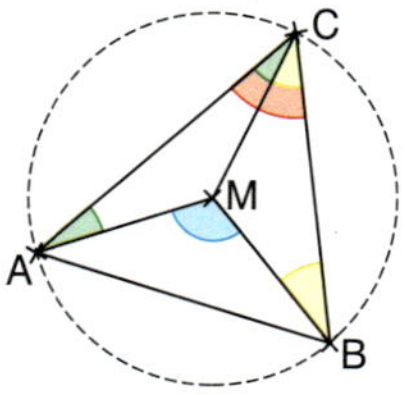

20 In einem Geometrie-Lehrbuch werden die folgenden beiden Sätze bewiesen:

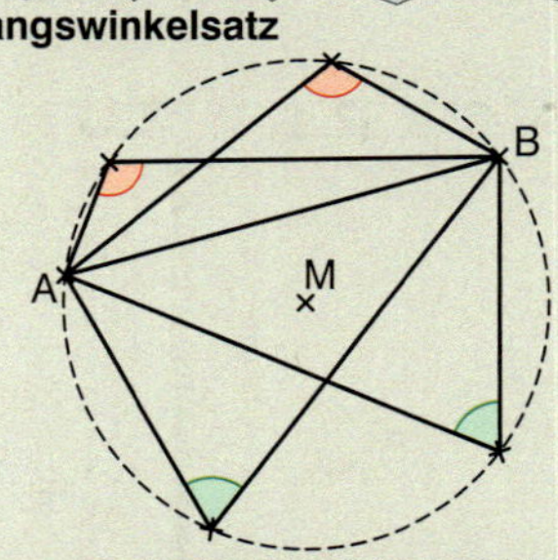

Umfangswinkelsatz

Die zu einer Kreissehne gehörigen Umfangswinkel auf derselben Seite der Sehne sind gleich groß.

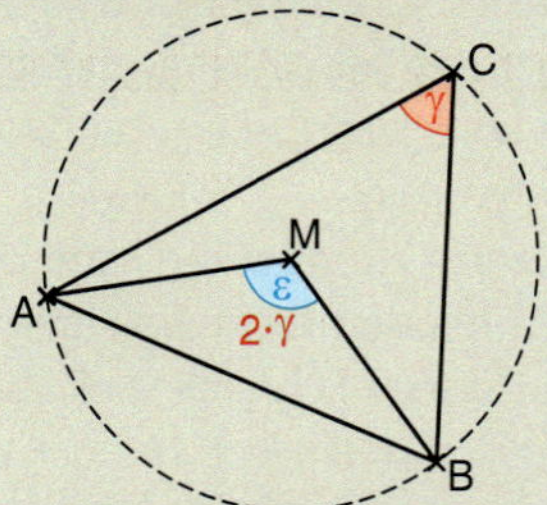

Umfangs-Mittelpunktswinkelsatz

Jeder Umfangswinkel zur Sehne $\overline{AB}$, dessen Scheitel auf derselben Seite von $\overline{AB}$ liegt, ist halb so groß wie der zugehörige Mittelpunktswinkel.

Vergleiche die beiden Sätze mit deinen Vermutungen aus den beiden Forschungsaufgaben I und II. Bestätigen deine Beobachtungen diese beiden Sätze?

21 Beginne mit dem zugehörigen Mittelpunktswinkel

21 Zeichne einen Kreis mit Radius 5 cm. Konstruiere eine Sehne $\overline{AB}$, zu der ein Umfangswinkel von 50° (130°) gehört.

22 Welcher Satz verbirgt sich hinter dem Umfangs-Mittelpunktswinkelsatz, wenn der Mittelpunktswinkel $\varepsilon = 180°$ ist?

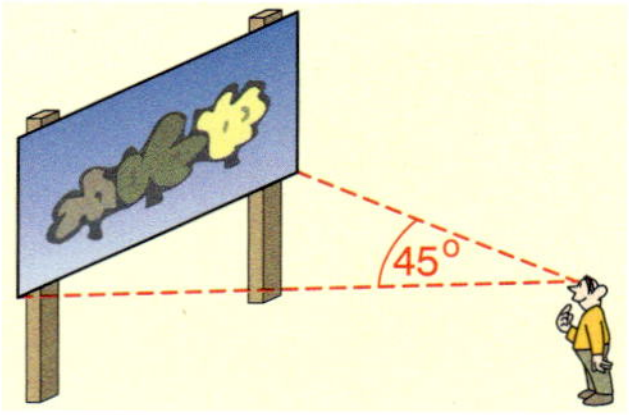

23 Auf einem freien Platz ist ein 5 m breites Plakat aufgestellt. Konstruiere die Punkte, von denen aus man das Plakat unter einem Sehwinkel von 45° sieht. (Wähle einen geeigneten Maßstab.)

Aufgaben

Du kannst die Konstruktionsaufgaben auf dieser Seite auch mit einem dynamischen Geometriesystem bearbeiten.

24 *Zielwerfen mit dem Diskus (vgl. Aufgabe 20, S.91)*

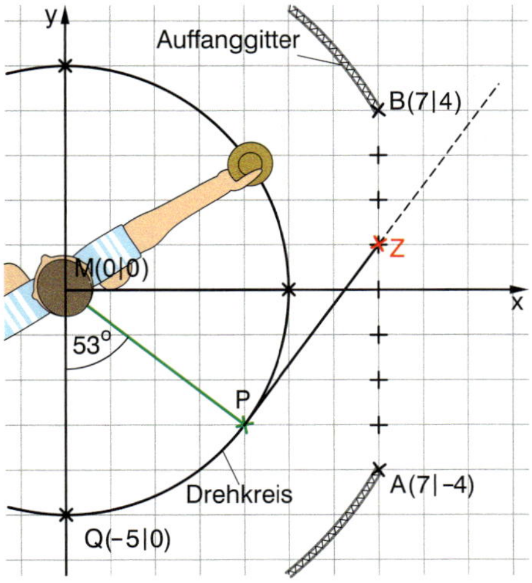

Ein Diskuswerfer holt mit einer Kreisbewegung am ausgestreckten Arm zunächst Schwung, beim Loslassen fliegt der Diskus dann tangential von diesem Drehkreis weg. In dem Bild ist dies in einem Koordinatensystem dargestellt:
Der Diskus verlässt den Kreis im Punkt P(∢QMP = 53°) und fliegt durch den „Zielpunkt" Z(7|1) in der Öffnung $\overline{AB}$ des Auffanggitters.

a) Konstruiere von Z(7|1) die Tangente an den Kreis. Kannst du damit den angegebenen Winkel für den Abwurfpunkt P bestätigen?

b) Konstruiere den jeweiligen Abwurfpunkt P zu den Zielpunkten $Z_1(7|0)$, $Z_2(7|3)$ und $Z_3(7|-2)$. Gib jeweils den Winkel ∢QMP an.

c) Bestimme den Winkelbereich, in dem der Diskus wegfliegen muss, damit er durch die Öffnung $\overline{AB}$ des Auffanggitters fliegt.

Gemeinsame Tangenten an zwei Kreise

25 Konstruiere die vier gemeinsamen Tangenten an die beiden Kreise mit gleichem Radius $r_1 = r_2 = 2$ cm. Begründe die Konstruktion. $\overline{M_1M_2} = 8$ cm.

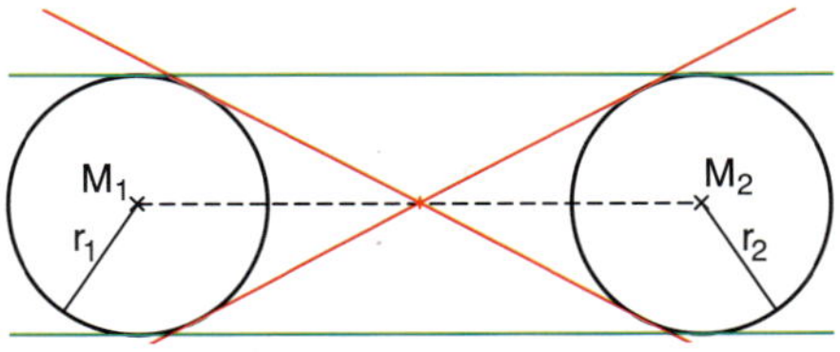

26 Wie konstruiert man die beiden gemeinsamen „äußeren" Tangenten an zwei Kreise mit verschiedenen Radien? In der Bildsequenz ist eine originelle Lösung dieses Problems dargestellt.

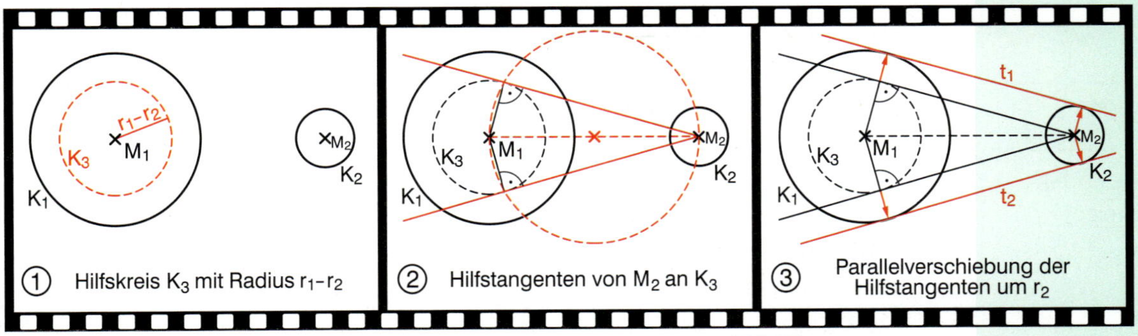

Führe die Konstruktion in deinem Heft aus ($r_1 = 4$ cm, $r_2 = 2$ cm, $\overline{M_1M_2} = 10$ cm). Worin besteht die Lösungsidee?

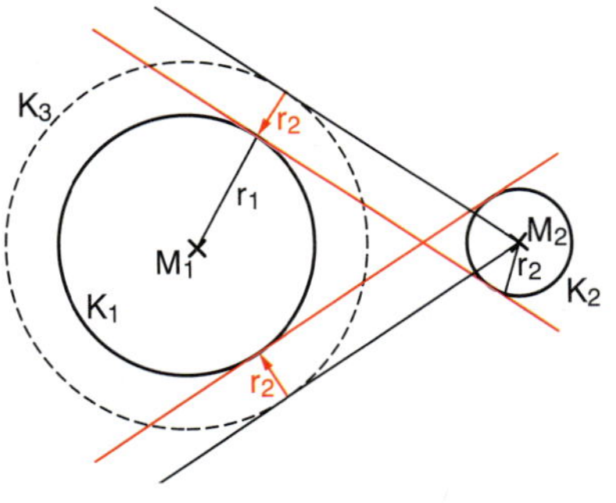

27 Eine ähnliche Idee führt zur Konstruktion der gemeinsamen „inneren" Tangenten.

a) Beschreibe die einzelnen Konstruktionsschritte und führe die Konstruktion in deinem Heft aus.

b) Begründe, dass diese Konstruktion wirklich zu den beiden gemeinsamen Tangenten führt.

3.3 Kreis und Viereck

Was dich erwartet

*Liegen die Eckpunkte eines Viereckes **immer** auf einem Kreis? Wie du weißt, ist das bei allen Dreiecken möglich (Stichwort Umkreis).*
Geschenkkartons für einzelne Weinflaschen haben immer einen quadratischen Querschnitt. Muss das so sein?
Vier Freunde wohnen verteilt über eine große Stadt. Gibt es einen Ort, der von allen vier Wohnungen gleich weit entfernt ist (Luftlinie)?

Aufgaben

1 Der Fan-Club des 1. FC hat im Sportgelände ein viereckiges Rasengelände erworben. Als Erstes soll in der Mitte ein Rohr für die große Vereinsflagge versenkt werden. Doch wo ist die „Mitte"? Die Meinungen gehen auseinander:
Xaver: „Ist doch klar, wir nehmen den Schnittpunkt der Diagonalen."
Yvonne: „Die Entfernung zu den 4 Ecken des Grundstücks muss gleich sein."
Dirk: „Der Abstand zu den Seiten muss gleich sein."

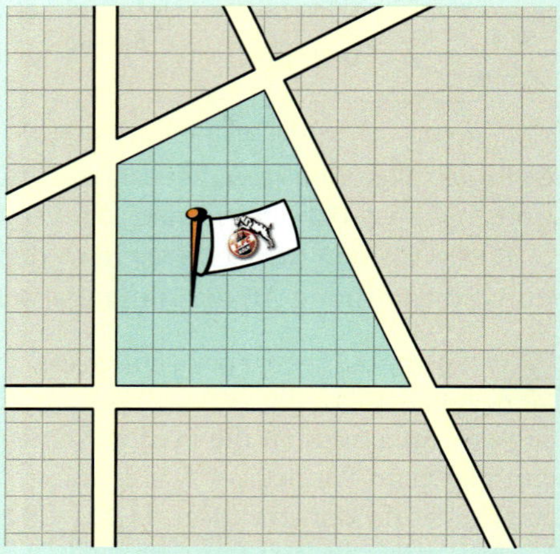

Gibt es diese Punkte überhaupt? Übertrage den Plan maßstabsgetreu (2:1) in dein Heft und konstruiere. Wo würdest du die Mitte festlegen?

1 Alle Punkte auf der Mittelsenkrechten sind von A und B gleich weit entfernt.

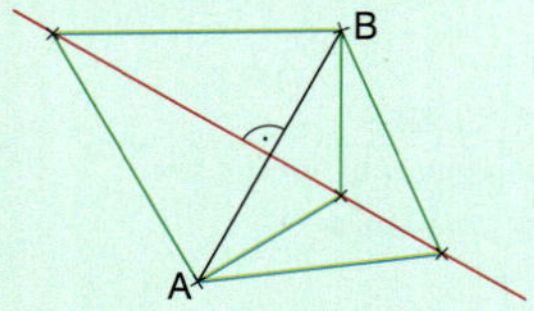

Alle Punkte auf der Winkelhalbierenden haben den gleichen Abstand zu g und h.

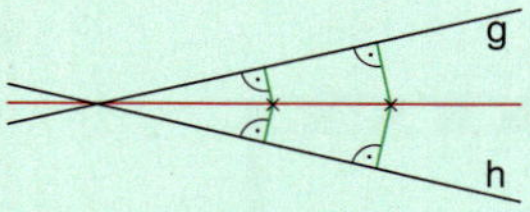

2 Welche der abgebildeten Vierecke besitzen einen Umkreis, welche einen Inkreis? Löse arbeitsteilig.
a) Übertrage die Vierecke in vergrößertem Maßstab (2:1) in dein Heft und probiere es aus.
b) Bei einigen Vierecken kannst du obige Frage sofort (ohne Konstruktion) entscheiden. Bei welchen? Begründe deine Entscheidung.

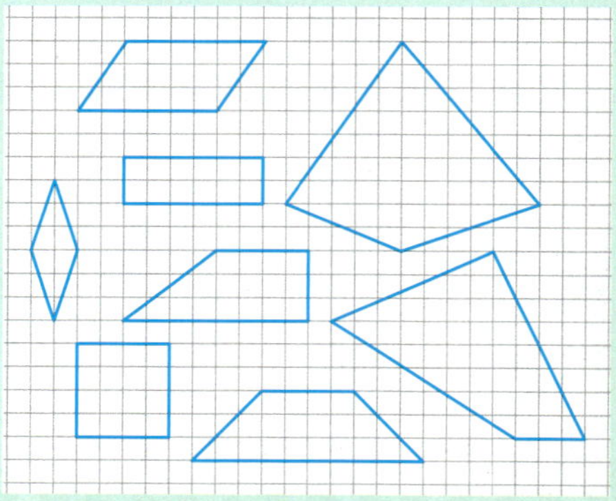

2 Umkreis und Inkreis beim Dreieck

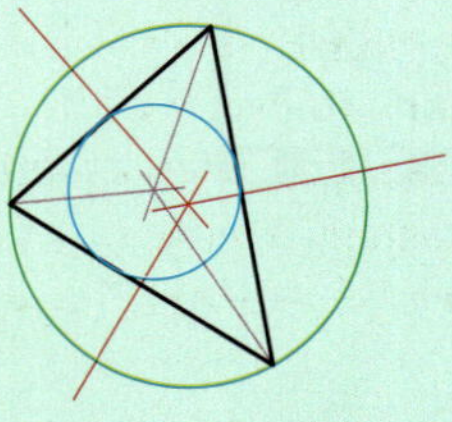

3 *Forschungsaufgabe*
a) Markiere 4 Punkte auf einem Kreis und verbinde sie zu einem Viereck ABCD. Miss die Innenwinkel und vergleiche jeweils die Größe der gegenüberliegenden Winkel? Fällt dir etwas auf? Formuliere eine Vermutung.
b) Bleibt deine Vermutung gültig, wenn du den Punkt A auf dem Kreis bewegst?
c) Zeichne ein Viereck ABCD mit $\alpha = 70°$ und $\gamma = 110°$. Gibt es zu diesem Viereck einen Umkreis?

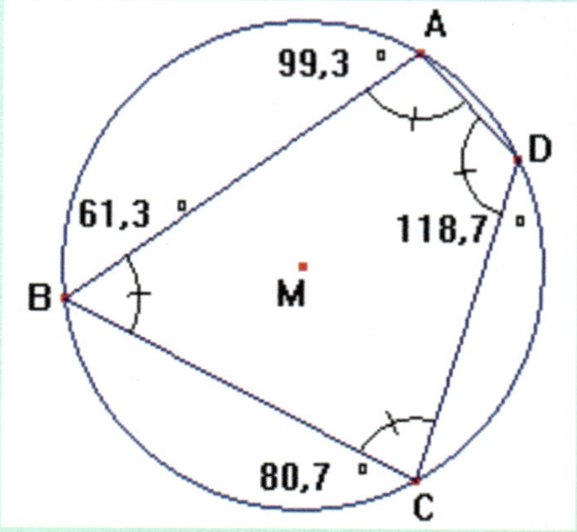

3 Das Viereck ist nicht eindeutig festgelegt. Vergleiche mit deinen Nachbarn.

Basiswissen

Ein Viereck, das einen **Umkreis** hat, heißt **Sehnenviereck**.
Der Mittelpunkt M des Umkreises ist von allen Ecken gleich weit entfernt.

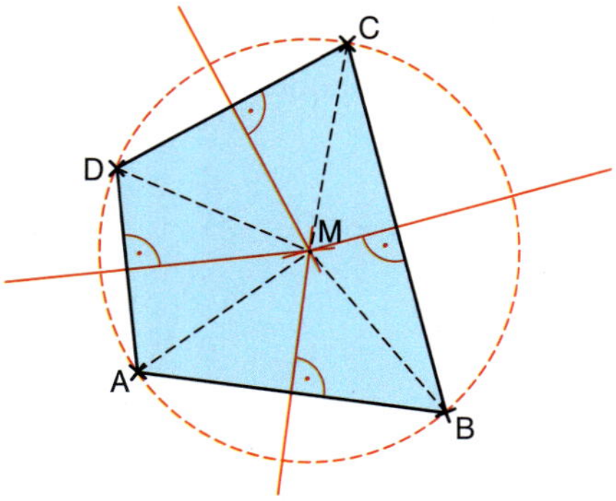

Ein Viereck ist Sehnenviereck, wenn die Mittelsenkrechten zu den Seiten sich in einem Punkt schneiden.

Ein Viereck, das einen **Inkreis** hat, heißt **Tangentenviereck**.
Der Mittelpunkt M des Inkreises hat zu allen Seiten den gleichen Abstand.

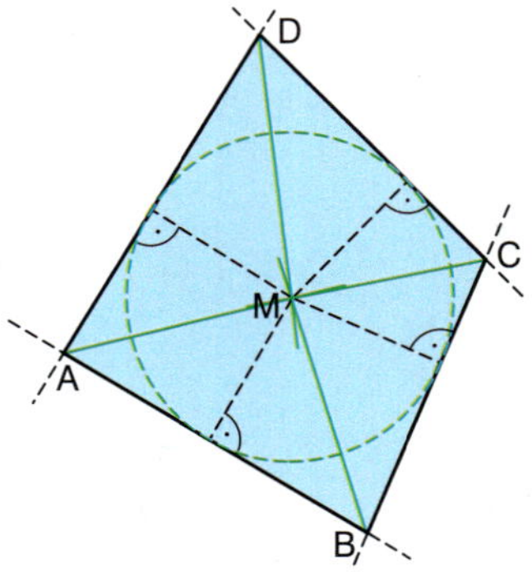

Ein Viereck ist ein Tangentenviereck, wenn sich die Winkelhalbierenden der Innenwinkel in einem Punkt schneiden.

Beispiele

A Begründe, dass jedes Rechteck ein Sehnenviereck ist.

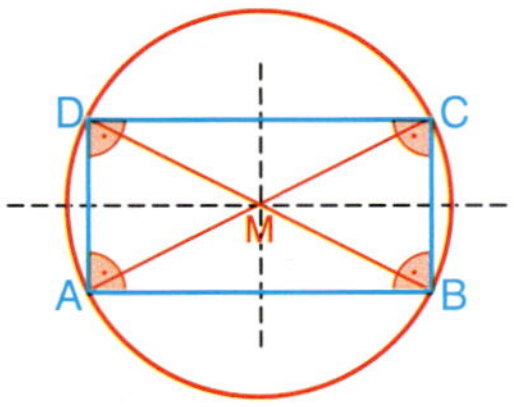

Die Mittelsenkrechten zu den vier Seiten sind Symmetrieachsen, sie schneiden sich in einem Punkt.

B Begründe, dass jede Raute ein Tangentenviereck ist.

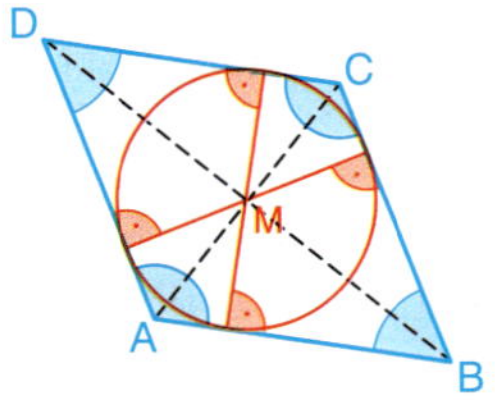

Die Winkelhalbierenden der vier Innenwinkel sind Symmetrieachsen, sie schneiden sich in einem Punkt.

Übungen

4 Welche der besonderen Vierecke sind stets Sehnenvierecke, welche sind Tangentenvierecke? Begründe!

5 a) Gibt es Rechtecke mit Inkreis?
b) Gibt es Rauten mit Umkreis?
c) Gibt es Parallelogramme mit Umkreis?

6 Gibt es unter den besonderen Vierecken solche, die stets sowohl Sehnen- als auch Tangentenviereck sind?

7 Konstruiere in einen Kreis mit r = 3 cm ein Sehnenviereck ABCD mit $\overline{AB} = 3{,}5$ cm, $\sphericalangle BAD = 110°$ und $\overline{AC} = 5$ cm.

4, **6**
Besondere Vierecke:
Quadrat, Rechteck, Raute, Parallelogramm, Drachenviereck, gleichschenkliges Trapez

8 Nimm eine Landkarte deines Bundeslandes zu Hilfe. Findest du vier Städte, die auf einem Kreis liegen?

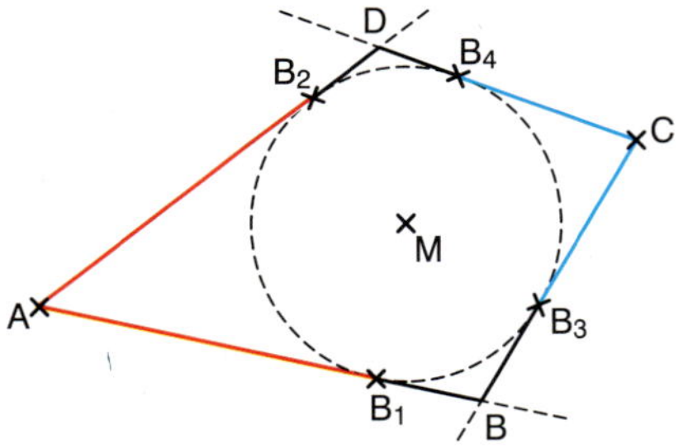

9 Konstruiere von zwei Punkten A und C außerhalb eines Kreises die vier Tangenten an den Kreis. Die Schnittpunkte A, B, C und D der Tangenten sind die Ecken eines Tangentenvierecks. Begründe:
$\overline{AB_1} = \overline{AB_2}$ und $\overline{CB_3} = \overline{CB_4}$.

B_1 und B_2 liegen auf dem Thaleskreis über $\overline{AM}$.

Basiswissen

In einer Formelsammlung findet man Eigenschaften von Sehnen- und Tangentenvierecken, die sowohl zum Erkennen als auch zum Konstruieren nützlich sind.

Winkelsatz über Sehnenvierecke

In jedem Sehnenviereck ist die Summe gegenüberliegender Winkel gleich 180°.

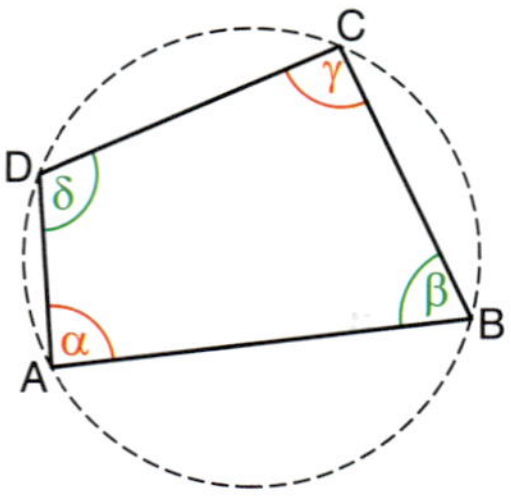

$\alpha + \gamma = \beta + \delta = 180^\circ$

Längensatz über Tangentenvierecke

Im Tangentenviereck sind die Summen der Längen gegenüberliegender Seiten gleich groß.

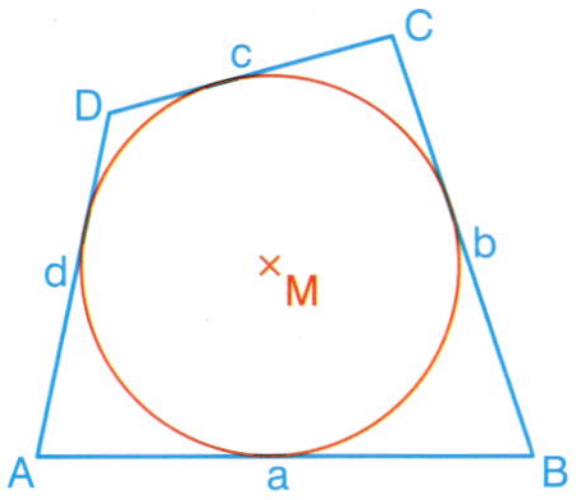

$a + c = b + d$

Übungen

10 Begründe ohne Konstruktion, dass das Viereck EFGH weder Sehnenviereck noch Tangentenviereck sein kann.

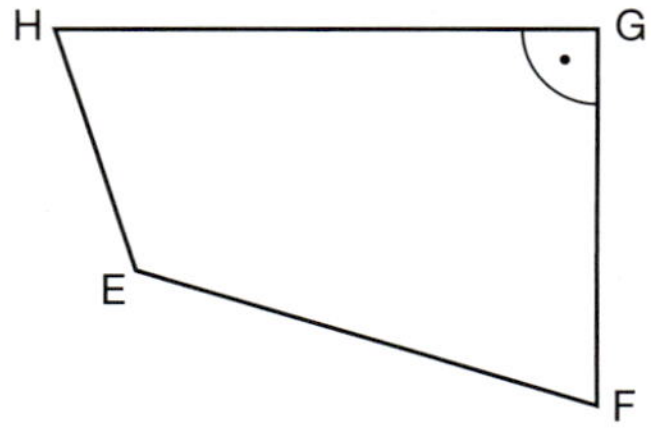

11 Markiere auf einem Kreis mit r = 4 cm vier Punkte A, B, C und D.
a) Bestätige durch Nachmessen den Winkelsatz für das Sehnenviereck ABCD.
b) Konstruiere in den vier Punkten jeweils die Tangenten an den Kreis. Bestätige für das so entstandene Tangentenviereck den Längensatz.

12 Gegeben ist das Sehnenviereck ABCD. Zeige mithilfe des Umfangs-Mittelpunktswinkelsatzes die Behauptung: $\alpha + \gamma = \beta + \delta = 180^\circ$. Schreibe die Beweisschritte auf.

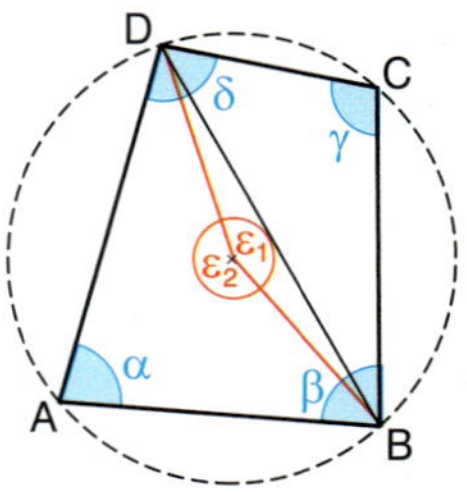

13 a) In dem Tangentenviereck kennzeichnen gleiche Farben gleich lange Strecken. Warum sind diese Strecken jeweils gleich lang?

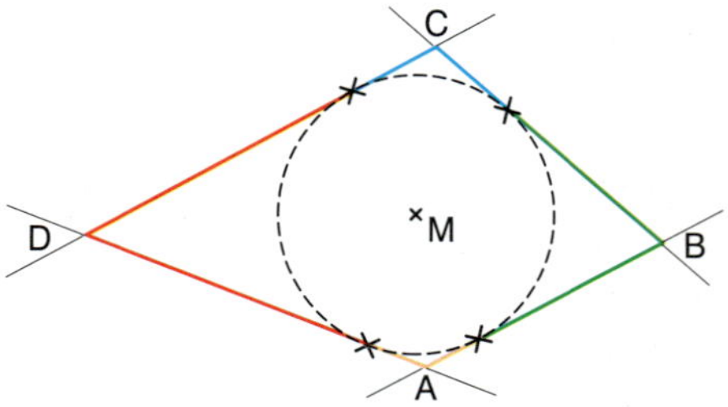

b) Beweise nun mit a) den Längensatz für Tangentenvierecke.

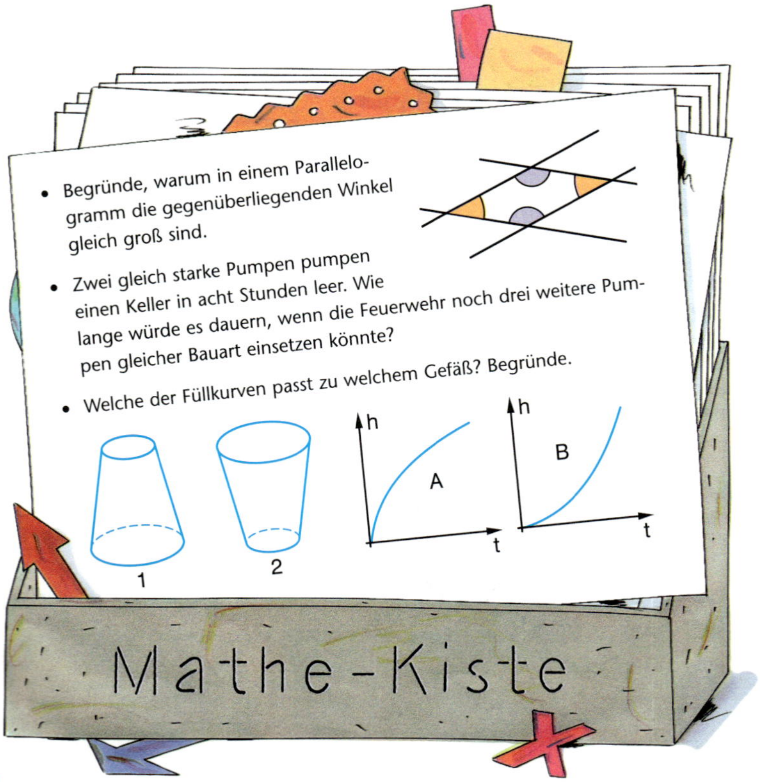

14 Olaf behauptet: *„Mit dem Winkelsatz über Sehnenvierecke kann ich nun leicht nachprüfen, ob ein gegebenes Viereck ein Sehnenviereck ist: Wenn in dem Viereck die Summe gegenüber liegender Winkel jeweils 180° beträgt, dann ist das Viereck ein Sehnenviereck."* Lina ist skeptisch: *„Du benutzt gar nicht den Winkelsatz, sondern dessen Umkehrung."* Was meinst du dazu?

15 Formuliere den Längensatz über Tangentenvierecke in der Wenn-Dann-Form mit Voraussetzung und Behauptung. Schreibe auch die Umkehrung des Satzes auf.

16 Konstruiere ein Sehnenviereck ABCD mit
a) $\overline{AB} = 2$ cm, $\overline{AD} = 3$ cm, $\alpha = 100°$, $\beta = 110°$.
b) $\overline{AB} = 4$ cm, $\overline{BC} = 3{,}5$ cm, $\overline{AC} = 5$ cm, $\alpha = 115°$
Konstruiere jeweils den Umkreis.

17 Konstruiere ein Tangentenviereck ABCD mit
a) $\overline{AB} = 7$ cm, $\overline{AD} = 4$ cm, $\overline{DC} = 5$ cm, $\alpha = 105°$
b) $\overline{AB} = 7$ cm, $\overline{AD} = 4$ cm, $\overline{BC} = 6$ cm, $\beta = 60°$
Konstruiere jeweils den Inkreis.

18 Zeichne in den Ecken eines Sehnenvierecks die vier Tangenten an den Umkreis. Welches Tangentenviereck entsteht, wenn das Sehnenviereck
a) ein Quadrat, b) ein Rechteck, c) ein Trapez ist,
d) zwei rechte Winkel als Gegenwinkel hat?
Kannst du deine Beobachtungen beweisen?

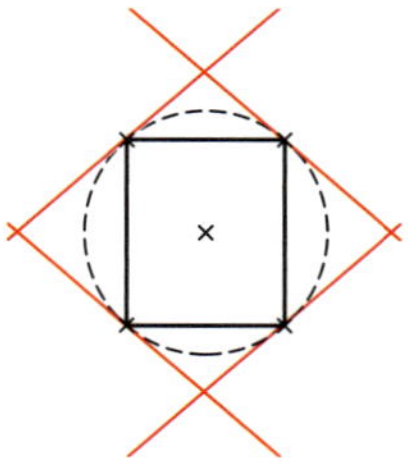

19 Mara behauptet, bei bestimmten Fünfecken sofort zu sehen, dass sie keinen Umkreis besitzen, z. B. bei:

①

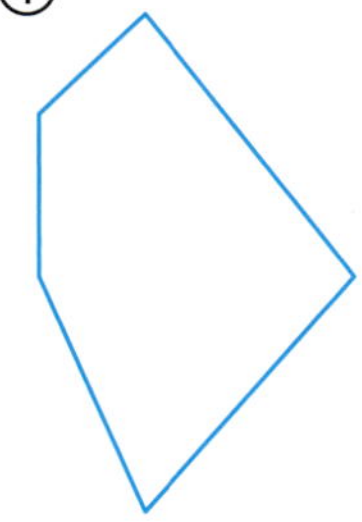

②

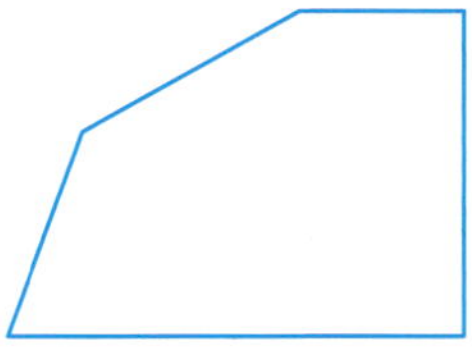

Durchschaust du ihren Trick?

20 Sebastian behauptet: „In jedem Viereck ABCD gilt: Schneiden sich die Mittelsenkrechten einer Diagonalen und je einer weiteren Seite von jedem der entstandenen zwei Dreiecke, dann besitzt das Viereck einen Umkreis." Untersuche seine Behauptung!

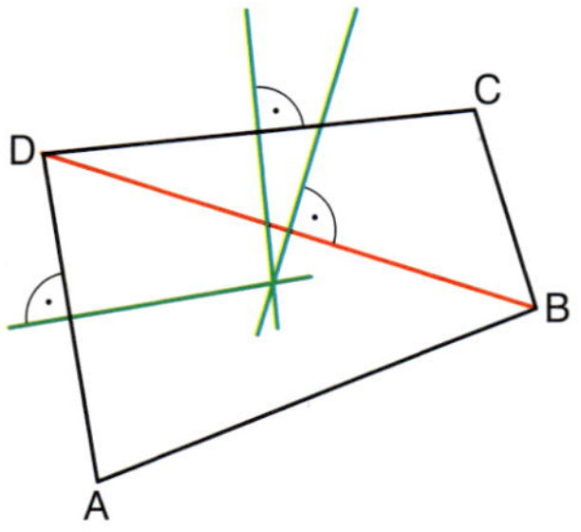

21 In Band 7 wurden Vierecke nach ihren Symmetrien geordnet:
a) Übertrage das Diagramm in dein Heft und zeichne alle möglichen Inkreise und Umkreise ein. Was fällt dir dabei auf?

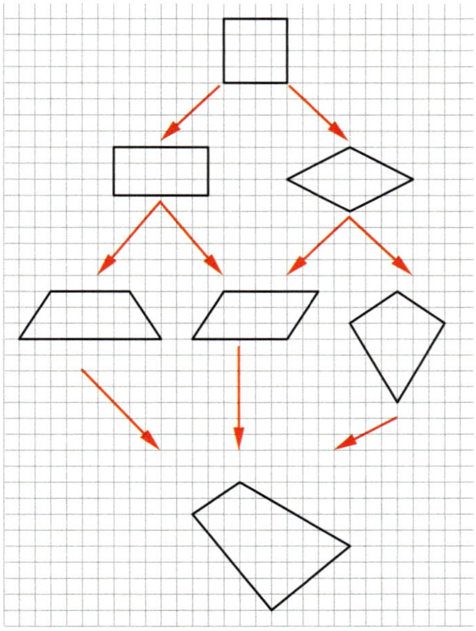

b) Welche Symmetrie muss vorliegen, damit ein Viereck Sehnenviereck (Tangentenviereck) ist?

Aufgaben

Die **Umkehrsätze** zum *Winkelsatz* über Sehnenvierecke und zum *Längensatz* über Tangentenvierecke sind auch gültig.

16, **17**
Mit den Umkehrsätzen kannst du jeweils weitere Größen berechnen.

18
Raute
Quadrat
Trapez
Drachen

siehe Seite 121.

CHECK-UP

Tangente, Winkel und Vierecke am Kreis

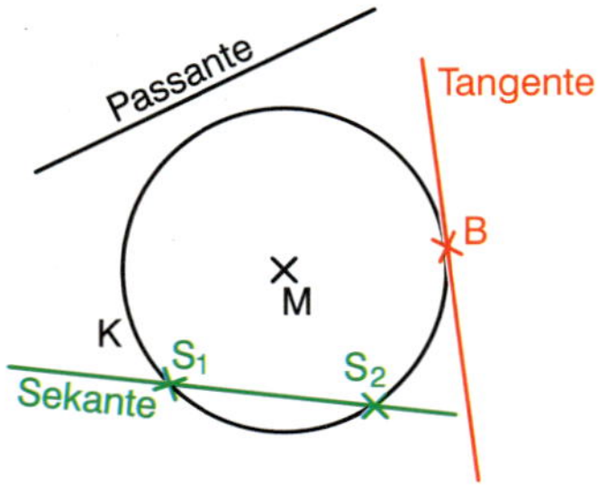

$\overline{S_1S_2}$ heißt Sehne.

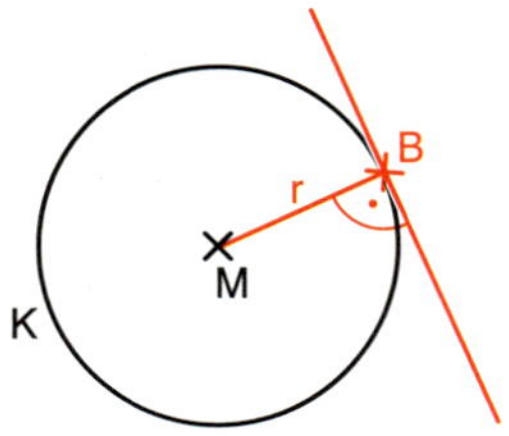

Konstruktion mit dem Geodreieck.

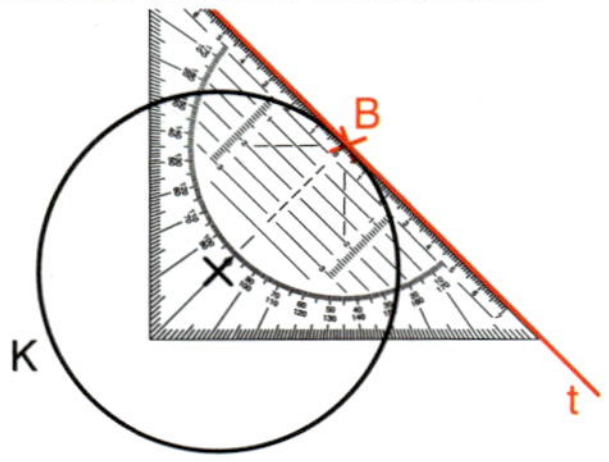

Satz des Thales

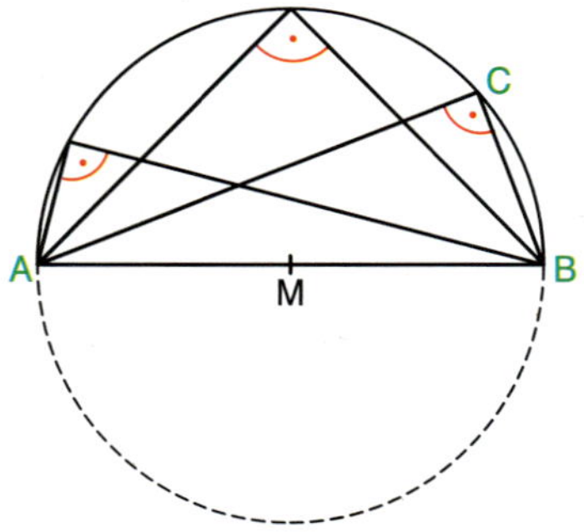

Wenn bei einem Dreieck ABC die Ecke C auf dem Kreis mit dem Durchmesser $\overline{AB}$ liegt, dann hat das Dreieck bei C einen rechten Winkel.

Es gilt auch die *Umkehrung des Satzes von Thales*:
Wenn ein Dreieck ABC bei C einen rechten Winkel hat, dann liegt C auf dem Kreis mit dem Durchmesser $\overline{AB}$.

1 Zeichne einen Kreis mit Mittelpunkt M(1 | 2,5) und Radius r = 2,5 cm.
a) Konstruiere die Tangente in P(–0,5 | 4,5).
b) Welche der Koordinatenachsen ist eine Sekante?
Lies die Schnittpunkte ab und gib die Länge der Sehne an.

2 Zeichne einen Kreis K mit dem Radius 3 cm und wähle einen Punkt B auf K. Konstruiere die Tangente in B an K
a) mit dem Geodreieck,
b) mit Zirkel und Lineal.

3 Zeichne eine Strecke $\overline{AB}$ der Länge 4 cm und einen Kreis mit Radius 5 cm, der $\overline{AB}$ als Sehne hat. Gibt es mehrere Möglichkeiten?

4 Zeichne eine Gerade g und wähle einen Punkt Q, der nicht auf g liegt.
Konstruiere nur mit Zirkel und Lineal einen Kreis mit Mittelpunkt Q, der g als Tangente hat.

5 Zeichne ein Quadrat der Seitenlänge a = 2 cm. Wie viele Kreise gibt es, die alle Quadratseiten als Sehnen haben? Konstruiere!

6 *Wahr oder falsch?* (Begründung bzw. Gegenbeispiel)
a) Sind zwei Tangenten an einen Kreis parallel, so haben sie den Abstand 2 r.
b) Sind zwei Tangenten an einen Kreis nicht parallel, so ist das aus den beiden Berührpunkten und dem Schnittpunkt gebildete Dreieck gleichseitig.
c) Haben zwei Kreise genau eine gemeinsame Tangente, so berühren sie sich in einem Punkt.
d) Zwei Kreise mit gemeinsamen Mittelpunkt M, aber unterschiedlichen Radien haben keine gemeinsame Tangente.

7 Konstruiere ein rechtwinkliges Dreieck mithilfe des Satzes von Thales.
a) $\overline{AB} = 7$ cm, $\overline{AC} = 6$ cm, $\gamma = 90°$
b) $\alpha = 90°$, $\overline{BC} = 8$ cm, $h_a = 3$ cm
c) $\overline{AC} = 5$ cm, $\beta = 90°$, $\gamma = 36°$

8 Zeichne einen Kreis mit Radius 2,5 cm und einen Punkt P, der den Abstand 6 cm vom Mittelpunkt hat.
Konstruiere die Tangenten von P an den Kreis.

9 Konstruiere über der Strecke $\overline{PQ} = 6$ cm einen Spitzbogen. Konstruiere dann einen Wimperg, dessen Spitze 9 cm über der Strecke $\overline{PQ}$ liegt.

10 Zeichne die beiden Kreise K_1 und K_2 um die Punkte $M_1 = (4 | 7{,}5)$ bzw. $M_2 = (12 | 9{,}5)$ mit $r_1 = 3{,}5$ cm und $r_2 = 1{,}5$ cm.
Konstruiere die beiden gemeinsamen äußeren Tangenten.

CHECK-UP

Tangente, Winkel und Vierecke am Kreis

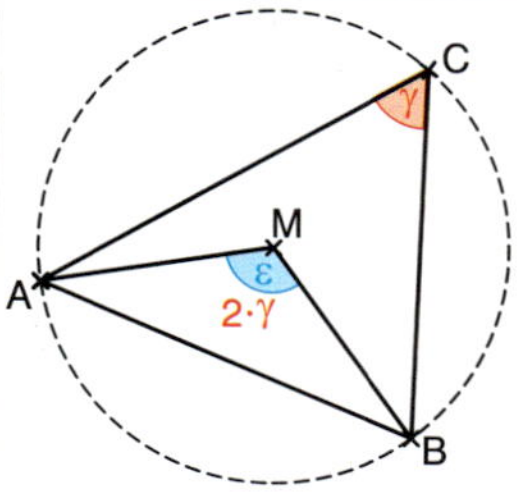

Umfangswinkelsatz

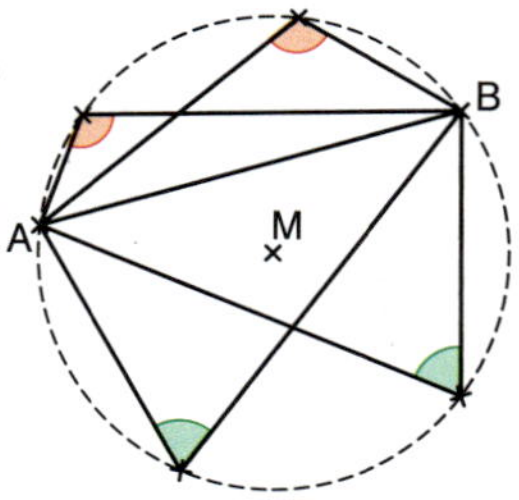

Umfangs-Mittelpunktswinkelsatz

Ein **Sehnenviereck** ist ein Viereck, das einen Umkreis besitzt.

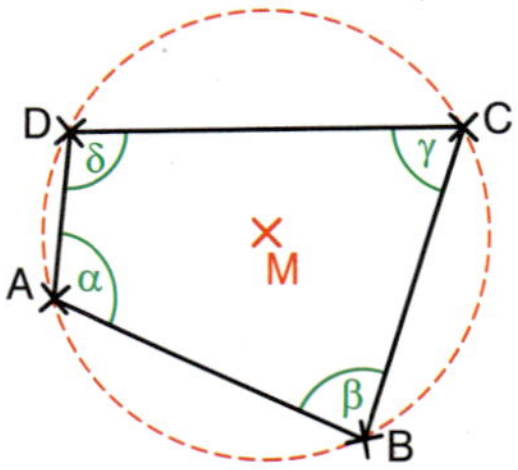

Ein Viereck ist genau dann ein Sehnenviereck, wenn gilt: $\alpha + \gamma = \beta + \delta = 180°$

Ein **Tangentenviereck** ist ein Viereck, das einen Inkreis besitzt.

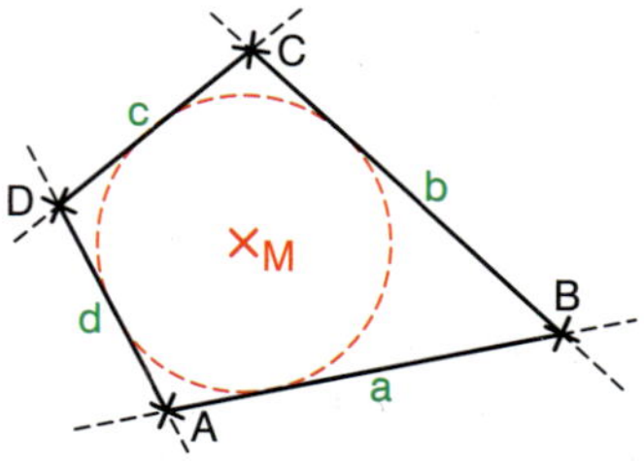

Ein Viereck ist genau dann ein Tangentenviereck, wenn gilt: $a + c = b + d$

11 Übertrage die Skizze eines Mountainbike-Hinterrades samt Schutzblech in dein Mathematikheft. Konstruiere den vom Schutzblech abgeschirmten Bereich.

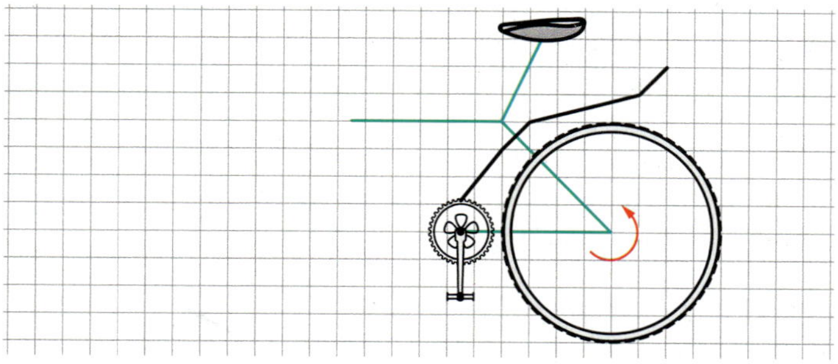

12 Ein regionaler Radiosender (Reichweite 10 km) stört zeitweise den Empfang anderer Sender auf der 7 km entfernten Autobahn.

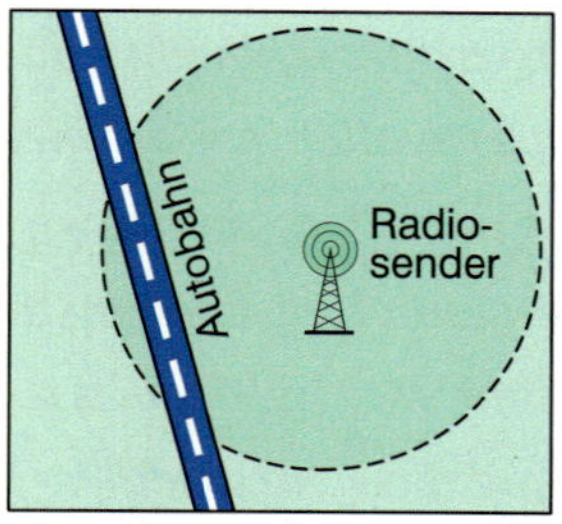

a) Wie lang ist die Strecke auf der Autobahn, auf der solche Störungen auftreten? Konstruiere im Maßstab 1:200000.

b) Ein Autofahrer behauptet, sein Radio sei auf 9,5 km gestört worden. Welche Reichweite müsste der Sender demnach haben?

13 Zeichne einen Kreis mit Radius 3,5 cm. Konstruiere eine Sehne $\overline{AB}$, zu der ein Umfangswinkel von 65° gehört.

14 Eine Bühne ist 15 m breit. Bestimme durch Konstruktion diejenigen Punkte, von denen man die Bühne unter einem Sehwinkel von 50° sieht. Wähle einen geeigneten Maßstab.

15 Konstruiere mithilfe des Umfangs-Mittelpunktswinkelsatzes den Umkreis des Dreiecks.

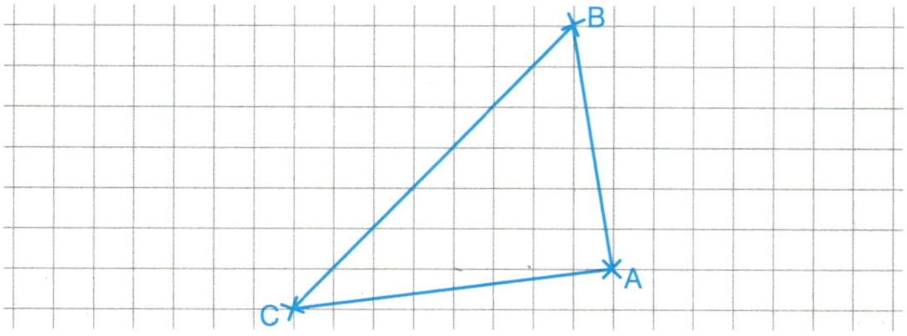

16 Konstruiere ein Sehnenviereck ABCD mit $\overline{AB} = 5{,}5$ cm, $\overline{AD} = 4$ cm, $\alpha = 60°$ und $\beta = 90°$ samt Umkreis.

17 Konstruiere ein Tangentenviereck ABCD mit $\overline{AB} = 6$ cm, $\overline{BC} = 5$ cm, $\overline{AD} = 3$ cm und $\gamma = 100°$ samt Inkreis.

18 *Wahr oder falsch?* (Begründung bzw. Gegenbeispiel)

a) Jedes Rechteck ist ein Tangentenviereck.

b) Jedes Viereck mit einer Symmetrieachse besitzt einen Inkreis.

c) Jedes Parallelogramm besitzt einen Umkreis.

d) Jedes Trapez hat einen Umkreis.

4 Geometrische Konstruktionen an Dreiecken – Kongruenzsätze

4.1 Bestimmungsstücke zur Konstruktion von Dreiecken – Kongruenzsätze

Was dich erwartet

In einem Bleifenster mit schönem Glasmosaik ist eine dreieckige Scheibe zerbrochen. Beim Glaser wollen wir ein neues Glas zuschneiden lassen. Welche Maße müssen wir mitteilen, damit wir ein Dreieck erhalten, das in Form und Größe genau mit dem alten übereinstimmt?
In diesem Lernabschnitt beschäftigen wir uns mit der Frage, wie man mit möglichst wenigen Angaben entscheiden kann, ob eine geometrische Figur genau „deckungsgleich" (kongruent) mit einer anderen Figur ist und wie man diese konstruieren kann.
Die Kongruenz von Dreiecken hat dabei besondere Bedeutung, da man jedes Vieleck durch Diagonalen in Dreiecke zerlegen kann.

Aufgaben

Bausteine für ein geometrisches Puzzle

1 Konstruiere die Figuren exakt in der angegebenen Form und Größe auf weiße Pappe und schneide sie aus.
a) Welche Maße der Figuren müssen gemessen werden, damit die Konstruktion gelingt? Versuche mit möglichst wenig Angaben auszukommen.
Am besten bewältigt ihr die Aufgabe in Partnerarbeit: einer misst und der andere zeichnet mit den genannten Maßen auf Pappe. Wechselt euch bei den Figuren ab. Zur Kontrolle könnt ihr die ausgeschnittenen Pappfiguren auf die Originalteile legen.

b) Vergleicht eure Lösungen mit denen anderer Gruppen. Habt ihr bei manchen Figuren zu viele oder zu wenige Größen gemessen?

2 Übertrage aus einer passenden Autokarte durch Konstruktion das Städtedreieck Köln–Aachen–Koblenz auf ein DIN-A4-Blatt. Notiere, welche Größen du gemessen hast und beschreibe deine Konstruktion.

Aufgaben

3 Tobias behauptet: *„Ich habe in meinem Geometrieprogramm das Dreieck ABC verschoben, dann das Bilddreieck an einer Geraden gespiegelt und so das Dreieck A′B′C′ erhalten."*

DGS

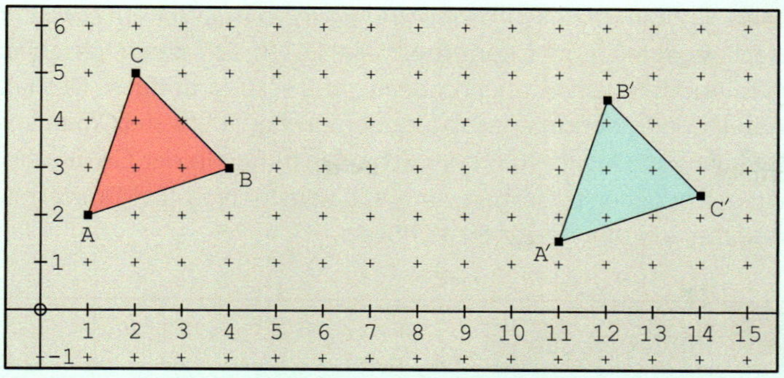

Laura sagt: *„Bei mir war es umgekehrt: Ich habe erst gespiegelt und dann verschoben."*
Sinan meint: *„Ich habe nur an Achsen gespiegelt!"*

a) Können alle Recht haben? Experimentiere!

b) Andrea behauptet: *„Ich habe das Dreieck ABC einfach nur durch eine Drehung auf das Dreieck A′B′C′ abgebildet."* Kann das sein? Begründe.

4 Ron entdeckt auf einem Abenteuerspielplatz eine selbstgebaute Sprungrampe für Skater, die aus zwei Holzbrettern konstruiert ist. Er erzählt seinem Freund Harry davon, der die Rampe nachbauen möchte. Ron gibt ihm am Telefon die Maße der beiden Schrägen an, 3 m und 4,5 m. In der nächsten Woche telefonieren die beiden erneut miteinander. Ron lobt die Rampe in höchsten Tönen, während Harry das Springen total langweilig findet: „Die ist ja total lahm!"

a) Erkläre, was passiert sein könnte.

b) Wie könnte man den beiden helfen? Gibt es verschiedene Vorschläge?

c) Wähle eine der Möglichkeiten aus b) und konstruiere eine funktionstüchtige Rampe im Maßstab 1:100 ins Heft.

5 Luici hat sich von einem Dreieck die Seitenlängen $\overline{AB} = 10$ cm und $\overline{AC} = 6$ cm gemerkt. Von der Seitenlänge $\overline{BC}$ weiß er nur noch, dass sie entweder 3 cm oder 5 cm beträgt. Nach einem Konstruktionsversuch entscheidet er, dass es 5 cm waren. Kann er sicher sein?

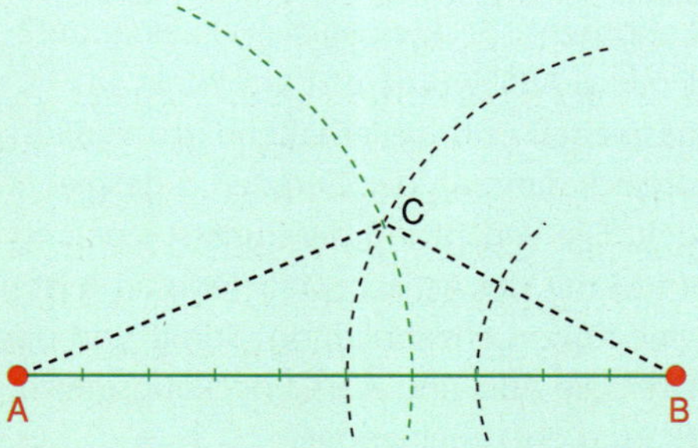

6 *Steckbrief eines Dreiecks*
$\gamma = 50°$, $\overline{CA} = 5$ cm

a) Zeige, dass es verschiedene Dreiecke zu diesem Steckbrief gibt, die nicht deckungsgleich sind.

b) Weiteres Merkmal: $\overline{CB} = 6$ cm
Ist nun die Konstruktion eindeutig?

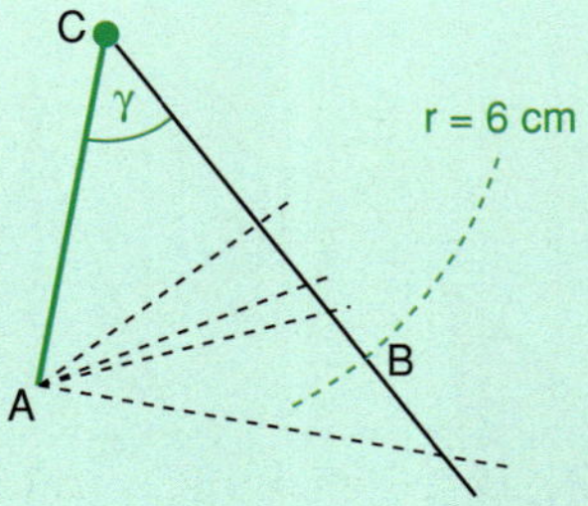

7 Katrin misst bei einem Dreieck $c = 8$ cm, $\alpha = 45°$, $\beta = 60°$.
Ist das Dreieck damit in Form und Größe festgelegt? Begründe.

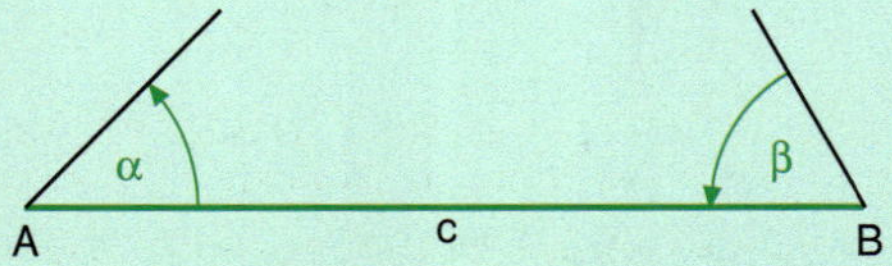

Basiswissen

Figuren, die nach Größe und Form vollständig übereinstimmen, nennt man **deckungsgleich** oder **kongruent**. Sie lassen sich durch Verschieben, Drehen und Spiegeln und ihre Verkettungen genau zur Deckung bringen. Deshalb nennt man solche Abbildungen Kongruenzabbildungen. In der Praxis stellt man kongruente Figuren z. B. mithilfe von Gussformen oder Schablonen her. In der Geometrie kann man sie mithilfe einiger gegebener Größen eindeutig konstruieren. Bei Dreiecken genügt hierfür die Angabe von drei geeigneten Größen.

Kongruenzabbildungen

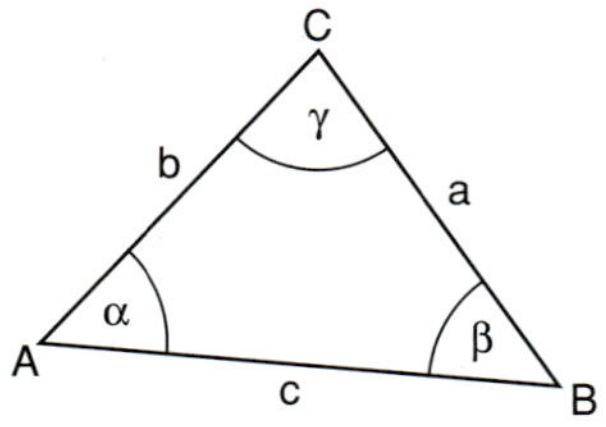

In der Mathematik erfolgen die Bezeichnungen entgegen dem Uhrzeigersinn.

Kongruenzsätze

Ein Dreieck ABC ist eindeutig konstruierbar, wenn

SSS die drei Seitenlängen gegeben sind.

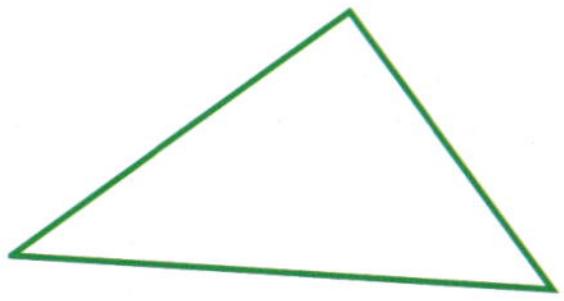

SWS zwei Seitenlängen und das Maß des eingeschlossenen Winkels gegeben sind.

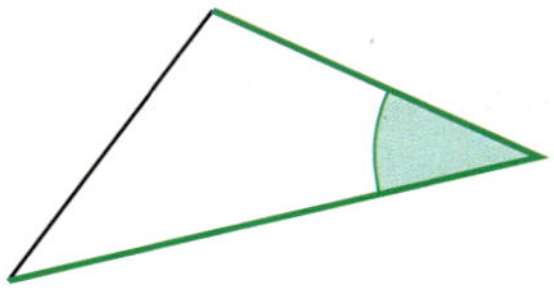

WSW eine Seitenlänge und die Größe der beiden anliegenden Winkel gegeben sind.

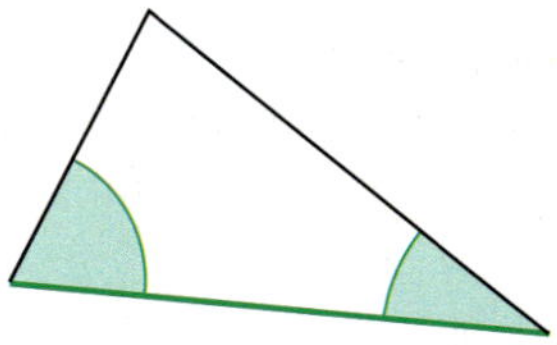

Beispiele

A Sind die Dreiecke ABC und A′B′C′ kongruent (deckungsgleich) zueinander?
Dreieck ABC wurde erst am Punkt M gespiegelt und das erhaltene grüne Bilddreieck dann an der Geraden g gespiegelt. Die Verkettung der Punktspiegelung an M mit der Achsenspiegelung an g ist eine Kongruenzabbildung. Somit sind die Dreiecke ABC und A′B′C′ deckungsgleich (kongruent) zueinander.

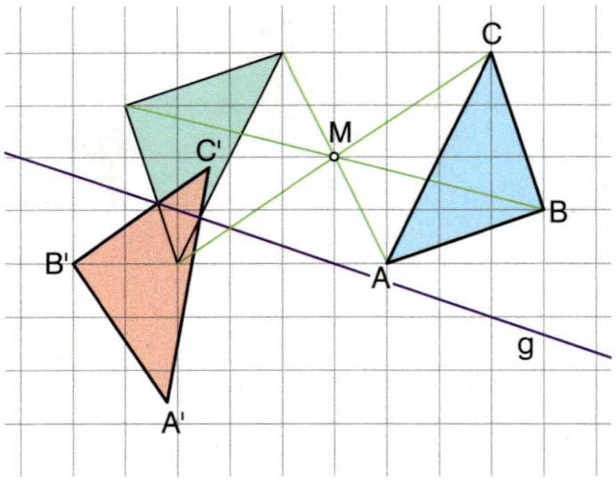

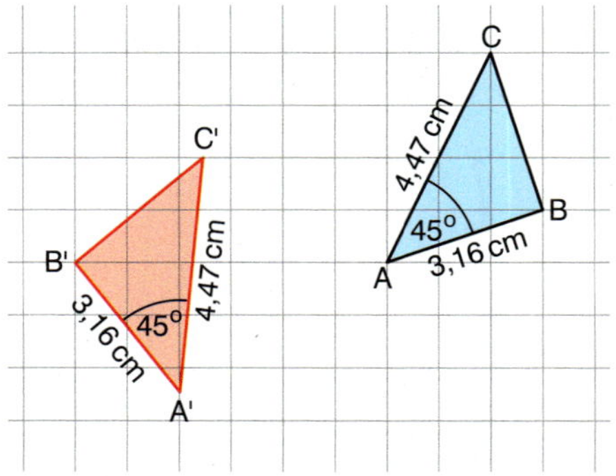

Zum Nachweis der Kongruenz genügt auch ein Vergleich von drei entsprechenden Größen:
Da die Dreiecke ABC und A′B′C′ in den Längen zweier Seiten (c = c′; b = b′) und dem Maß des eingeschlossenen Winkels ($\alpha = \alpha'$) übereinstimmen, sind sie nach Kongruenzsatz SWS kongruent zueinander.

Beispiele

B Konstruktion eines Dreiecks aus drei Seitenlängen.

Gegeben: a = 2 cm, b = 3 cm, c = 4 cm

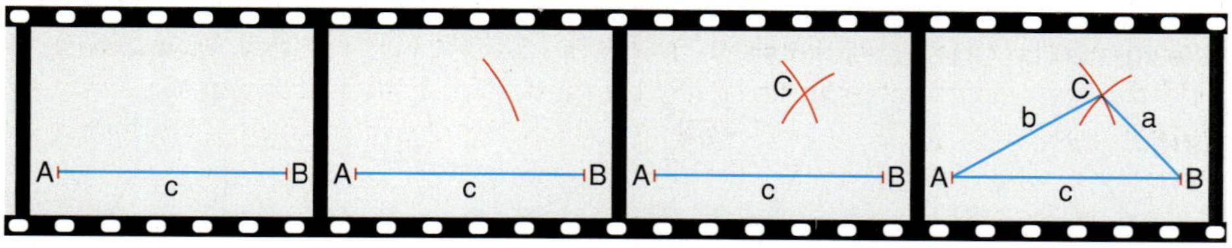

Seite c | Kreis um A mit Radius b | Kreis um B mit Radius a | Dreieck vervollständigen

Konstruktion mit Zirkel und Lineal

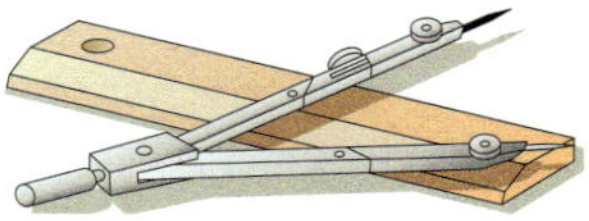

C Konstruktion eines Dreiecks aus zwei Seitenlängen und dem Maß des eingeschlossenen Winkels.

Gegeben: a = 2 cm, β = 70°, c = 4 cm

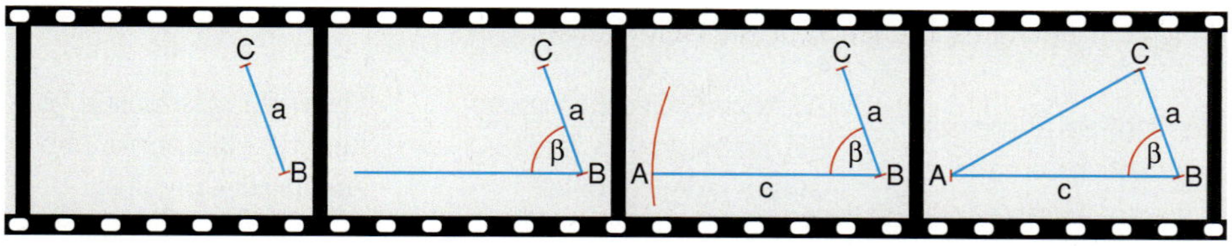

Seite a | Winkel β | Seite c | Dreieck vervollständigen

D Konstruktion eines Dreiecks aus einer Seitenlänge und zwei Winkelmaßen.

Gegeben: b = 2 cm, α = 70°, γ = 40°

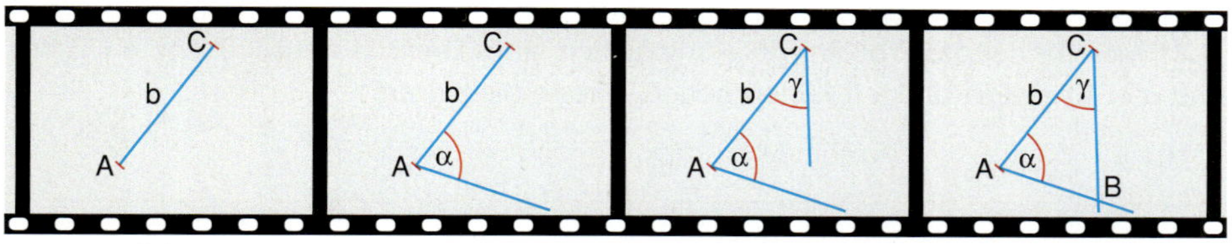

Seite b | Winkel α | Winkel γ | Dreieck vervollständigen

Übungen

8 Sind die beiden Dreiecke jeweils zueinander kongruent? Begründe.

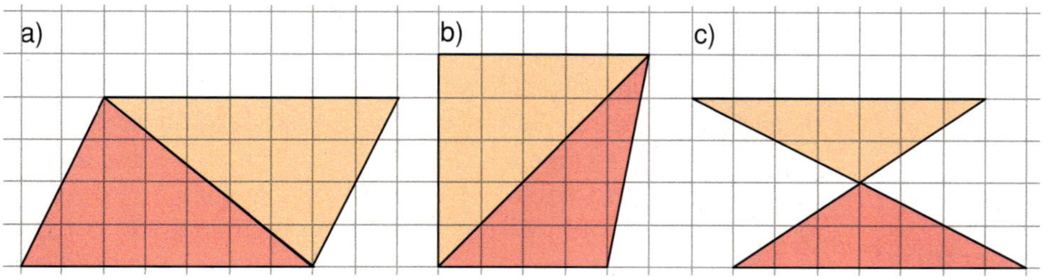

9 Welche Dreiecke sind kongruent zueinander? Wähle dazu jeweils zwei zueinander kongruente Dreiecke aus und übertrage sie in dein Heft. Markiere dann einander entsprechende Seiten und Winkel mit derselben Farbe.

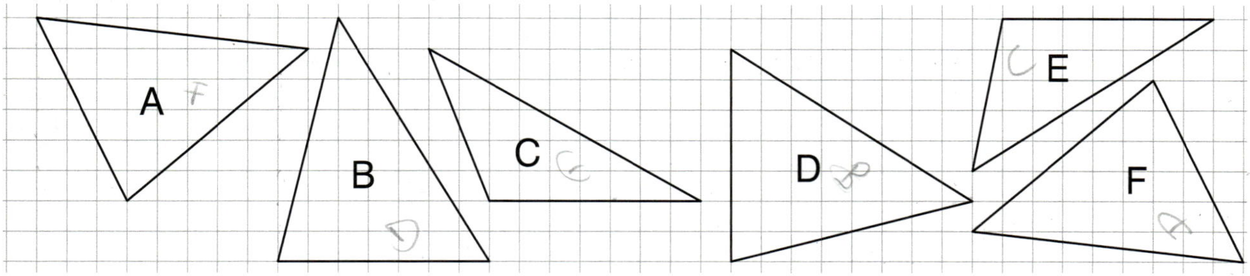

Übungen

> Wenn zwei Winkel gegeben sind, kannst du den dritten Winkel leicht berechnen.

10 Die Dreiecke haben alle eine Seite der Länge 2,5 cm und Winkel von 35° und 60°.
a) Welche Dreiecke sind kongruent zueinander? Begründe.
b) Konstruiere die Dreiecke in deinem Heft. Bei welchen Dreiecken musst du hierfür eine zusätzliche Größe bestimmen?

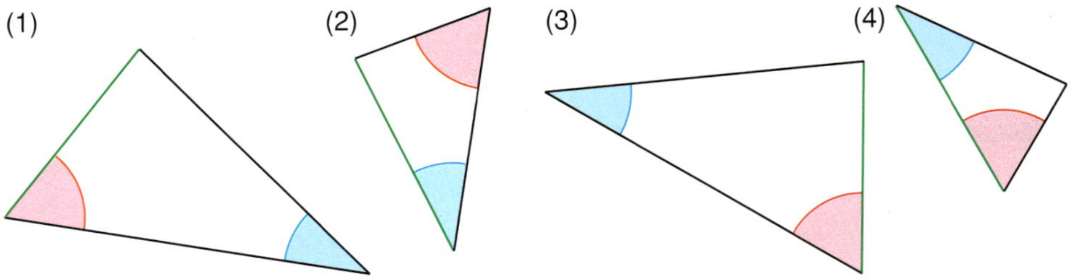

11 Alisa will sich auch für die Kongruenzabbildungen eine Lernkartei erstellen. Welche ihrer alten Kärtchen kann sie weiterverwenden?

- Strecke und Bildstrecke sind parallel zueinander.
- Der Umlaufsinn einer Figur bleibt erhalten.
- Sind zwei Geraden parallel, so sind auch ihre Bildgeraden parallel.
- Verbindungsstrecken von Punkt zu Bildpunkt sind zueinander parallel.
- Sind zwei Geraden orthogonal, so sind auch ihre Bildgeraden orthogonal.
- Winkel und Bildwinkel sind gleich groß.
- Es gibt immer genau einen Fixpunkt.
- Strecke und Bildstrecke sind gleich lang.

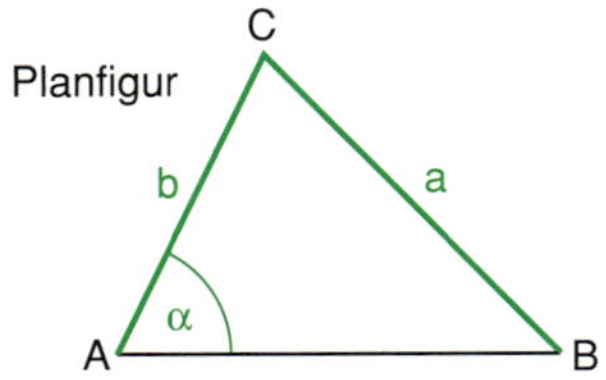

12 Mareike hat das Problem der Konstruktion eines Dreiecks mit a = 7 cm, b = 5 cm und α = 30° gelöst und auf Karten notiert. Ordne die Karten.

- Seite b = 5 cm zeichnen.
- Verbinde B und C.
- In A den Winkel α = 30° abtragen.
- Kreis um C mit dem Radius a = 7 cm zeichnen.
- Kennzeichne den Schnittpunkt B.
- Kennzeichne die Eckpunkte A und C.

> **Strategie**
> - Zeichne zunächst eine Planfigur und markiere die gegebenen Größen grün.
> - Beginne die Konstruktion mit einer Größe. Wenn du nicht weiterkommst, dann kann der Beginn mit einer anderen Größe helfen.

13 *Zum Training*
Konstruiere die Dreiecke. Schreibe die einzelnen Schritte wie in Aufgabe 12 auf. Zum Vergleich mit einem Nachbarn solltest du die anderen Größen messen. So hast du eine gute Kontrollmöglichkeit.

a) a = 6 cm; b = 4 cm; c = 8 cm
b) a = 8 cm; c = 5 cm; β = 60°
c) c = 5 cm; a = 3,5 cm; b = 4,2 cm
d) c = 5 cm; α = 30°; β = 70°
e) a = 6,5 cm; α = 45°; γ = 65°
f) b = 5 cm; α = 30°; β = 35°

Eine Dreieckskonstruktion mit Wahlmöglichkeiten. Wie wird sich Joe entscheiden?

14 Goldgräber Joe bekommt ein dreieckiges Stück Land zugewiesen: Eine Ecke A liegt am Zusammentreffen des Colorado-Baches mit dem Sioux-Bach. Die zweite Ecke B liegt 50 m aufwärts am Colorado-Bach. Die dritte Ecke C liegt 40 m von B entfernt am Sioux-Bach.
Übertrage die Skizze in dein Heft und zeichne das Grundstück ein.

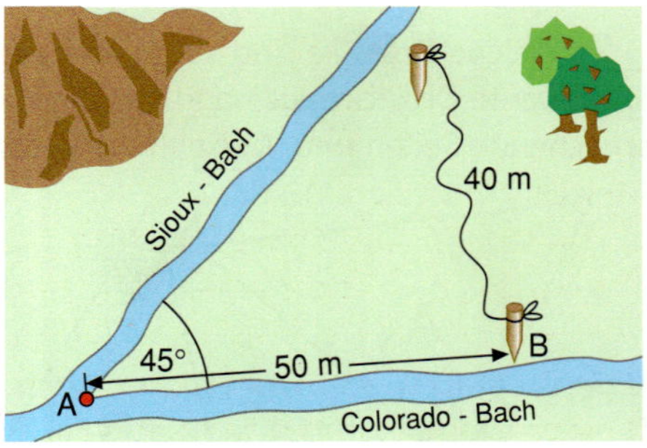

15 Konstruiere ein Dreieck ABC mit $\overline{AB}$ = 4 cm, $\overline{BC}$ = 5 cm und α = 45°. Vergleiche mit dem Ergebnis aus Aufgabe 14.

Übungen

16 Beschreibe die folgende Konstruktion: b = 5 cm, $\alpha = 30°$, $\beta = 35°$
Findest du noch eine andere Konstruktionsmöglichkeit? Vergleiche mit Aufgabe 13 f).

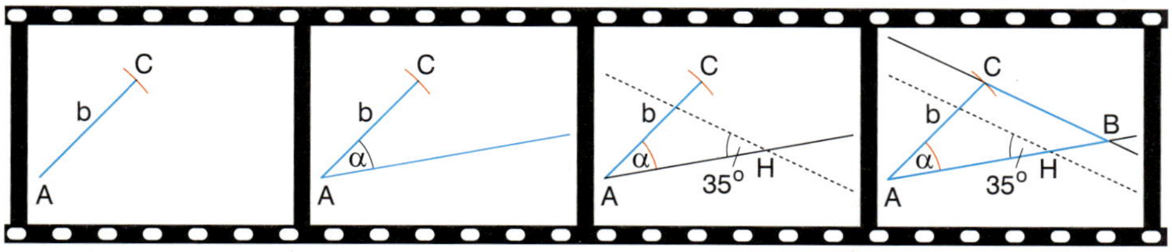

Basiswissen

Der Kongruenzsatz SWS garantiert die eindeutige Konstruktion eines Dreiecks aus zwei Seiten und dem eingeschlossenen Winkel. Wenn nun zwei Seiten und ein anderer Winkel gegeben sind, so kommt es auf die Lage dieses Winkels an.

SsW Ein Dreieck ist eindeutig konstruierbar, wenn zwei Seitenlängen und der der längeren Seite gegenüberliegende Winkel gegeben sind.

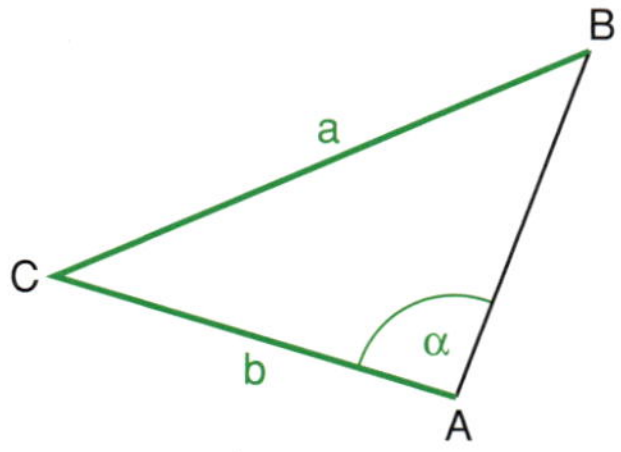

Beispiele

E Konstruktion eines Dreiecks aus a = 3 cm, b = 2 cm, $\alpha = 30°$.

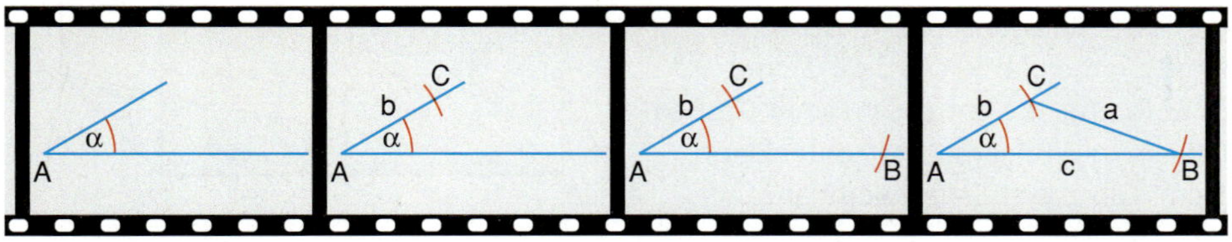

Winkel α | Seite b | Kreis um C mit Radius a | Dreieck vervollständigen

F Konstruktion von Dreiecken aus a = 3 cm, b = 2 cm, $\beta = 30°$.

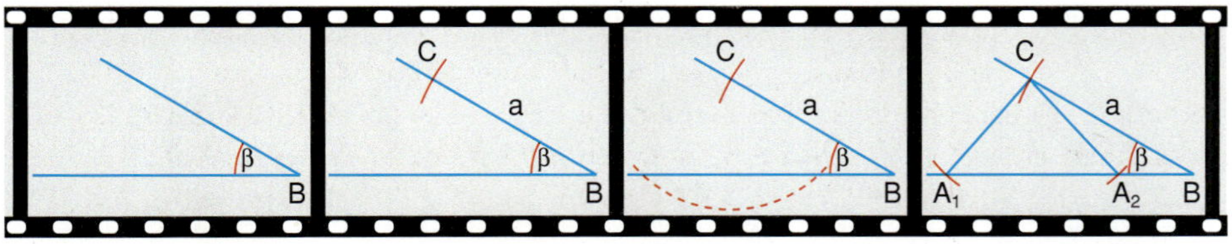

Winkel β | Seite a | Kreis um C mit Radius b | Dreiecke vervollständigen

Der Winkel liegt der kürzeren Seite gegenüber: Keine eindeutige Lösung!

Übungen

17 Konstruiere Dreiecke aus den gegebenen Größen. Kannst du von vornherein entscheiden, ob die Konstruktion eindeutig ist? In einem Fall ergibt sich überhaupt kein Dreieck. Woran liegt das?

a) b = 4 cm, c = 6 cm und $\alpha = 30°$
b) a = 5 cm, b = 4 cm und $\alpha = 30°$
c) a = 5 cm, c = 6 cm und $\alpha = 30°$
d) a = 5 cm, c = 2 cm und $\gamma = 80°$

18 Punkt C ist von Punkt B und Punkt D gleich weit entfernt. Warum ist dann g die Winkelhalbierende von α?
Findest du verschiedene Begründungen?

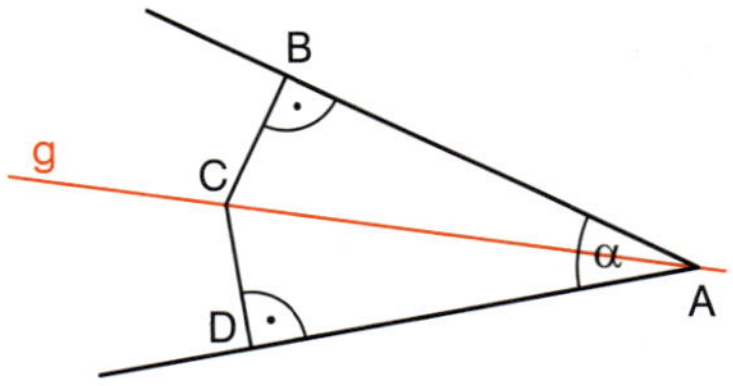

Tipp: Vergleiche die Dreiecke ABC und ACD.

Übungen

Dreiecksungleichung:
In einem Dreieck ist die Summe zweier Seitenlängen größer als die dritte Seitenlänge.

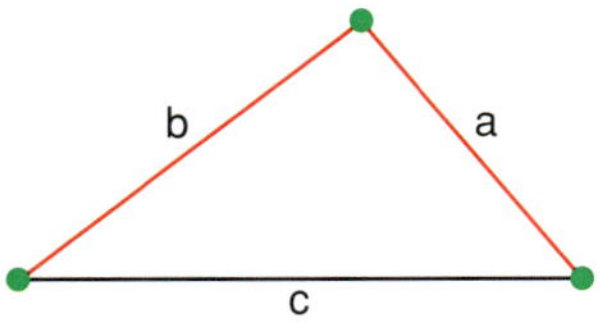

$a + b > c$

19 Auch aus drei gegebenen Seitenlängen lässt sich nicht immer ein Dreieck konstruieren. Probiere es bei den folgenden Beispielen aus. Kannst du vielleicht schon von vornherein entscheiden, in welchen Fällen die Konstruktion möglich ist? Begründe.
a) $a = 10$ cm, $b = 6$ cm, $c = 5$ cm
b) $a = 10$ cm, $b = 4{,}3$ cm, $c = 3{,}8$ cm
c) $a = 5$ cm, $b = 3$ cm, $c = 2$ cm
d) $a = 6$ cm, $b = 4$ cm, $c = 1{,}5$ cm

20 a) Konstruiere den symmetrischen Giebel eines Daches mit der Breite 10 m und dem Neigungswinkel 38°. Gib dann die Höhe und den Öffnungswinkel des Giebels an.
b) Welchen Kongruenzsatz hast du bei der Konstruktion benutzt? Warum genügen hier zwei Angaben?
c) Konstruiere den Giebel nun aus der Breite und Höhe. Welchen Kongruenzsatz benutzt du dabei?

21 Bei welchen Dreiecken genügt für die eindeutige Konstruktion die Angabe
a) einer Seitenlänge? b) eines Winkels und einer Seite? c) zweier Seitenlängen?
Begründe.

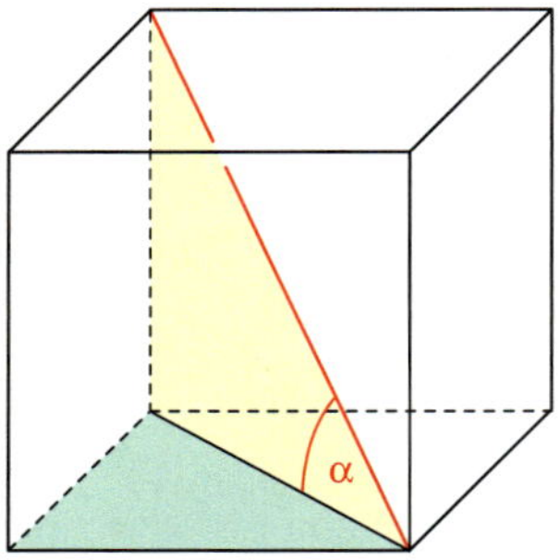

22 a) Bestimme durch Konstruktion geeigneter Dreiecke die Länge der Raumdiagonale $\overline{AG}$ und die Größe des Winkels α, den die Raumdiagonale $\overline{AG}$ mit der Flächendiagonale $\overline{AC}$ einschließt.
Es ist $a = 8$ cm, $b = 4$ cm, $c = 3$ cm.
b) Bestimme die entsprechenden Größen bei einem Würfel mit der Kantenlänge 5 cm. Gib zuerst Schätzwerte an.

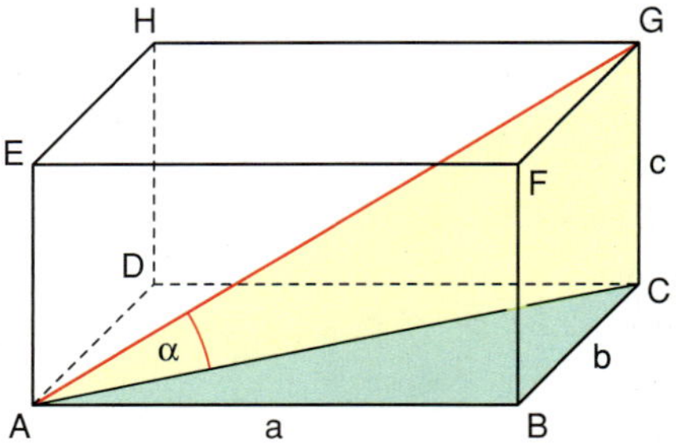

23 *Wer hat Recht?*

24 *Wie steht es mit Vierecken?*

Partnerarbeit

a) Zeichne ein Viereck mit $a = 6$ cm, $\alpha = 90°$, $\beta = 90°$. Vergleiche mit deinem Nachbarn oder deiner Nachbarin. Was stellt ihr fest?
b) Zeichne ein Viereck mit $a = 6$ cm, $\alpha = 90°$, $\beta = 90°$ und $b = 3$ cm. Vergleicht erneut.
c) Kannst du Vierecke finden, bei denen zwei, drei oder vier Angaben zur eindeutigen Konstruktion ausreichen? Schreibt einen kurzen Bericht.

Beweisen mit Hilfe der Kongruenzsätze

Häufig entdeckt man in Figuren erstaunliche mathematische Zusammenhänge, man ist sich aber nicht sicher, ob die Vermutung immer zutrifft. Manchmal kannst du die Kongruenzsätze zum Beweis benutzen.

Vermutung: ***Im Parallelogramm halbiert der Diagonalenschnittpunkt M die Diagonale $\overline{AC}$.***

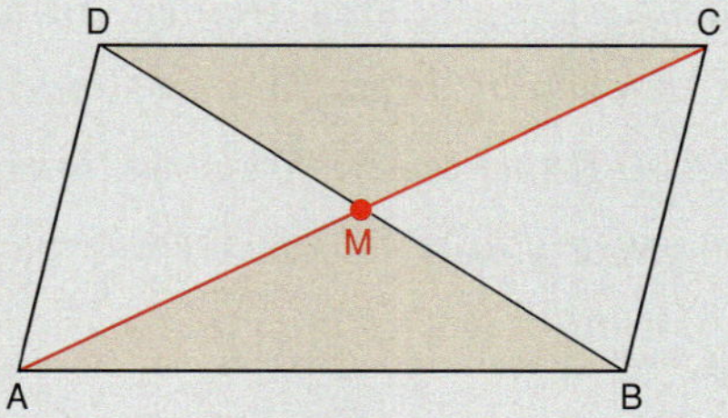

1. Wir zeichnen die **Planskizze** eines Parallelogramms mit den Diagonalen.
2. **Wir suchen nach kongruenten Dreiecken,** in denen die beiden Diagonalenteile als Seiten vorkommen, z.B. die Dreiecke ABM und DMC.
3. Nun müssen wir **begründen, dass die beiden Dreiecke kongruent sind.** Die Seite $\overline{AB}$ des einen Dreiecks ist genauso lang wie die Seite $\overline{CD}$ des anderen Dreiecks. (Warum?) Die Winkel α und α' sind Wechselwinkel, ebenso die Winkel β und β'. Der Kongruenzsatz WSW garantiert, dass die beiden Dreiecke kongruent sind.

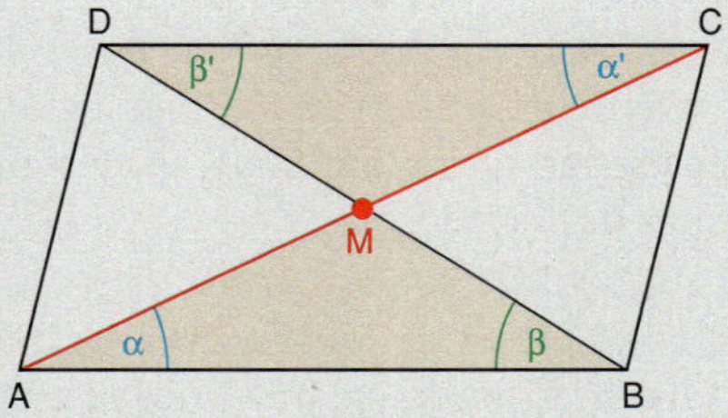

4. $\overline{AM}$ und $\overline{MC}$ sind **einander entsprechende Seiten** in den beiden kongruenten Dreiecken, sie sind also gleich lang.

Aufgaben

25 Beweise: M halbiert auch die Diagonale $\overline{BD}$. Orientiere dich am Beweis oben.

26 In einem beliebigen Dreieck werden durch die drei Ecken jeweils Parallelen zu den gegenüberliegenden Seiten gezeichnet. Auf diese Weise entsteht ein größeres Dreieck mit vier Innendreiecken. Beweise, dass die vier Innendreiecke kongruent sind.

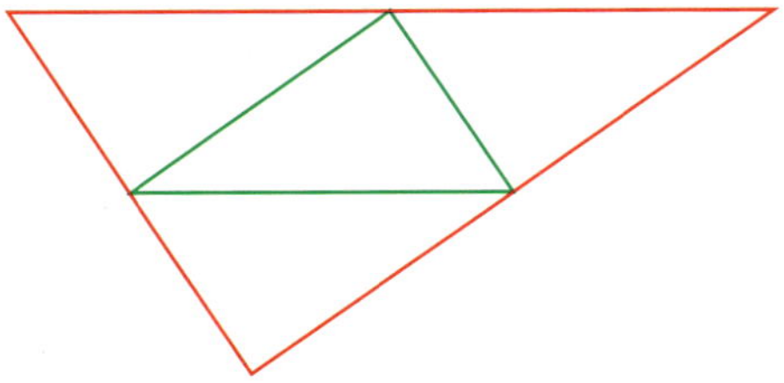

27 In einem Quadrat werden auf jeder Seite Teilpunkte markiert, die gleich weit von der Ecke entfernt sind. Diese vier Punkte werden miteinander verbunden. Beweise, dass dabei wiederum ein Quadrat entsteht.

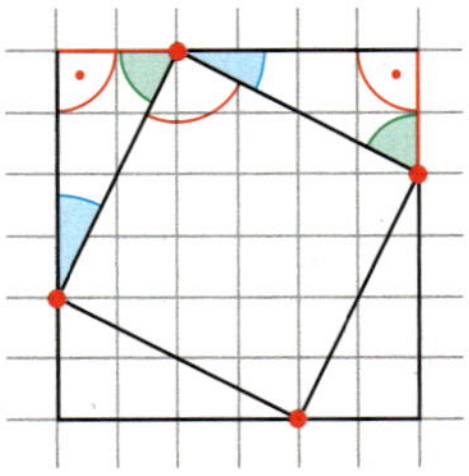

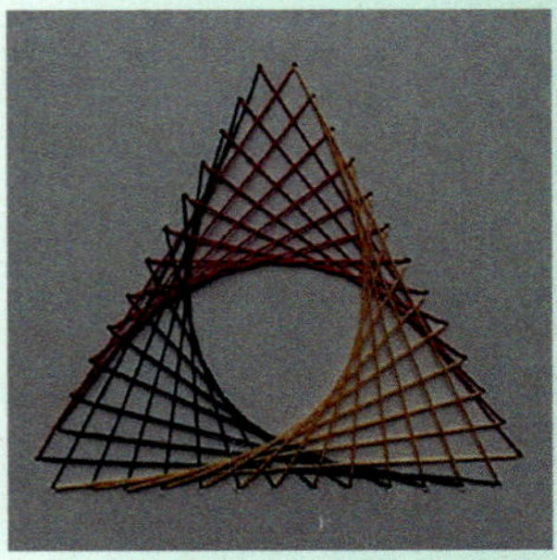

28 In den Sechseckfiguren kannst du gleichschenklige und gleichseitige Dreiecke finden und solche mit drei verschieden langen Seiten; ebenso spitz-, recht- und stumpfwinklige Dreiecke. Von jeder Sorte gibt es mehrere zueinander kongruente Dreiecke. Wie viele gibt es jeweils? Begründe.

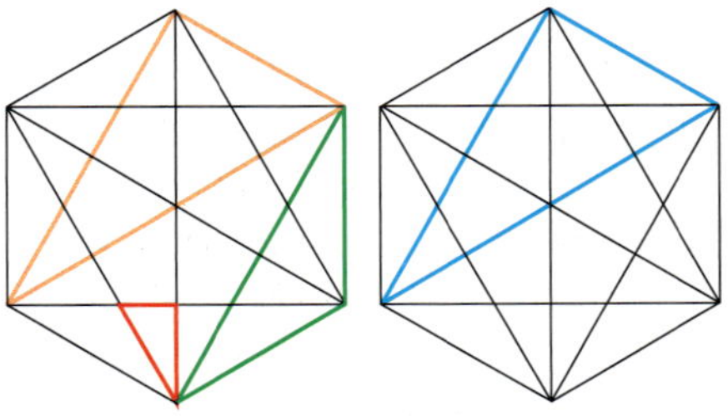

4.2 Konstruktionen mit besonderen Linien am Dreieck

Was dich erwartet

Mit den Kongruenzsätzen haben wir herausgefunden, in welchen Fällen wir aus drei gegebenen Größen – Seitenlängen und Winkelmaße – ein Dreieck eindeutig konstruieren können. In diesem Lernabschnitt werden wir zusätzlich die bereits bekannten besonderen Linien am Dreieck heranziehen. Die dabei auftauchenden Konstruktionsaufgaben sind nicht immer ganz leicht, aber umso größer ist die Freude, wenn wir solche Probleme schließlich doch selbstständig lösen können.

Aufgaben

1 a) Weißt du noch, welche besonderen Linien und Punkte es im Dreieck gibt und wie man sie konstruiert? Versuche zunächst, sie aus dem Gedächtnis zu skizzieren. Schau dann nochmals in Abschnitt 3.4 nach. Ist dein Gedächtnisprotokoll vollständig?

b) Im Abschnitt 3.4 haben wir die besonderen Linien konstruiert. Wenn wir mit ihrer Hilfe Dreiecke konstruieren wollen, so brauchen wir die Längen der besonderen Linien. Konstruiere ein Dreieck mit a = 4 cm, b = 5 cm und c = 7 cm. Konstruiere dann die drei Höhen, die Seitenhalbierenden und die Winkelhalbierenden. Miss die entsprechenden Streckenlängen und trage sie in die Tabelle ein.

$h_c = \overline{CF_c}$

$s_b = \overline{BM_b}$

$w_\alpha = \overline{AW_a}$

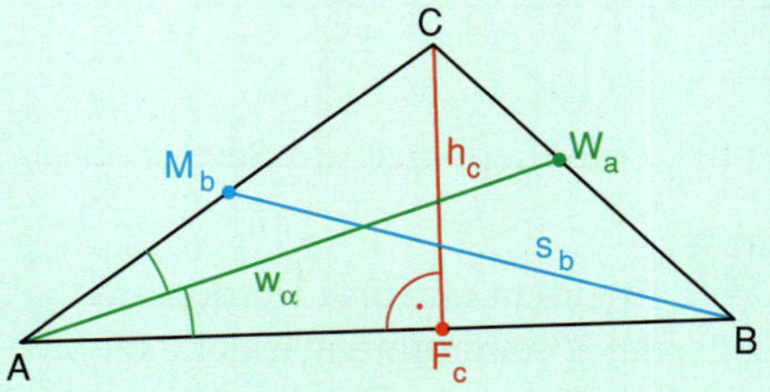

Höhe	Seiten-halbierende	Winkel-halbierende
h_a =	s_a =	w_α =
h_b =	s_b =	w_β =
h_c =	s_c =	w_γ =

2 a) Von einem Dreieck ist die Seite c = 6 cm und die Höhe h_c = 4 cm bekannt. Zeichne mindestens vier verschiedene Dreiecke, die diese Bedingungen erfüllen.

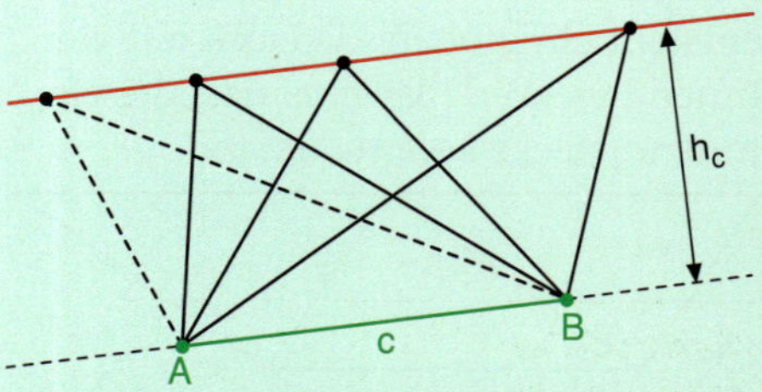

b) Peter behauptet: Wenn der Eckpunkt C auf einer Parallelen zu c im Abstand 4 cm liegt, so erfüllt das Dreieck die Bedingungen. Hat er recht? Begründe.

c) Wie viele Dreiecke kommen jeweils noch in Frage, wenn zusätzlich
(1) die Seitenlänge b = 5 cm (2) der Winkel α = 50° gegeben ist? Konstruiere.

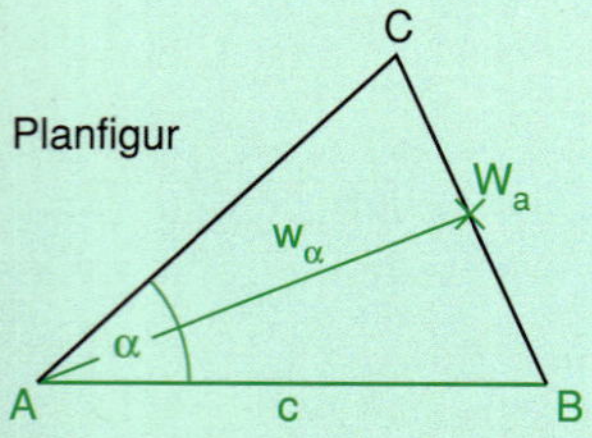

3 Von einem Dreieck ist c = 5 cm, α = 40° und die Länge der Winkelhalbierenden w_α = 3,5 cm gegeben. Konstruiere das Dreieck gemäß der Konstruktionsskizze. Ist die Konstruktion eindeutig? Findest du noch eine andere Konstruktionsmöglichkeit?

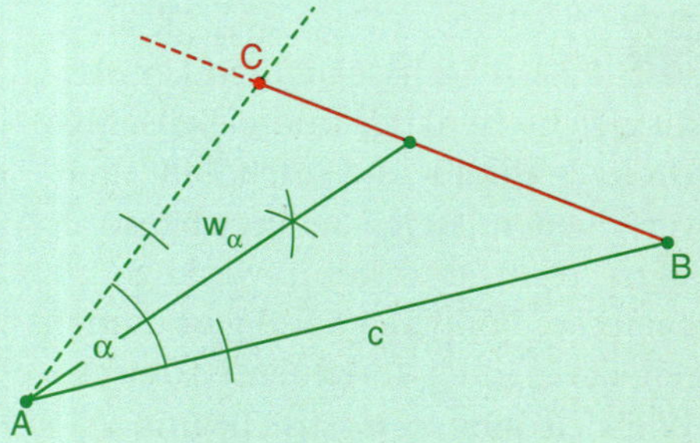

Aufgaben

4 a) Von einem Dreieck ist die Seitenlänge $\overline{AC} = 10$ cm und die Länge der Seitenhalbierenden $s_b = 6$ cm gegeben. Begründe: Der Punkt B muss dann auf einem Kreis mit dem Radius 6 cm um den Mittelpunkt der Seitenmitte von $\overline{AC}$ liegen.

b) Du darfst nun eine weitere Seitenlänge oder eine Winkelgröße vorgeben. Probiere aus, in welchem Fall das Dreieck eindeutig konstruierbar ist.

Zeichne zunächst eine Planskizze.

Basiswissen

Bei manchen Dreieckskonstruktionen mithilfe der besonderen Linien kann man nicht auf Anhieb entscheiden, ob überhaupt eine eindeutige Konstruktion möglich ist. Hier hilft vielleicht eine gute Probiermethode:

Zeichne ein Dreieck ABC mit $c = 3$ cm, $\alpha = 60°$ und $h_a = 2$ cm.

Planfigur

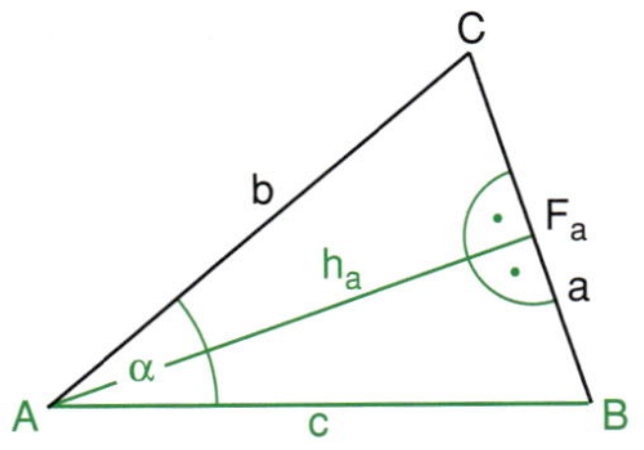

Erkennst du ein Teildreieck, das du konstruieren kannst?
$\triangle ABF_a$ (SsW)

Plan

(1) Zeichne h_a.
Damit liegen A und F_a fest.

(2) Die Seite a ist senkrecht zu h_a.
Zeichne eine Senkrechte zu h_a durch F_a.

(3) Der Punkt B liegt auf dieser Senkrechten und ist von A 3 cm entfernt. Zeichne einen Kreis um A mit r = 3 cm.

(4) An $\overline{AB}$ lässt sich der Winkel α abtragen. Wo der zweite Schenkel die Senkrechte schneidet, liegt C.
Zeichne den Schenkel zu α und bestimme C.

Konstruktion

Führe den Plan aus.

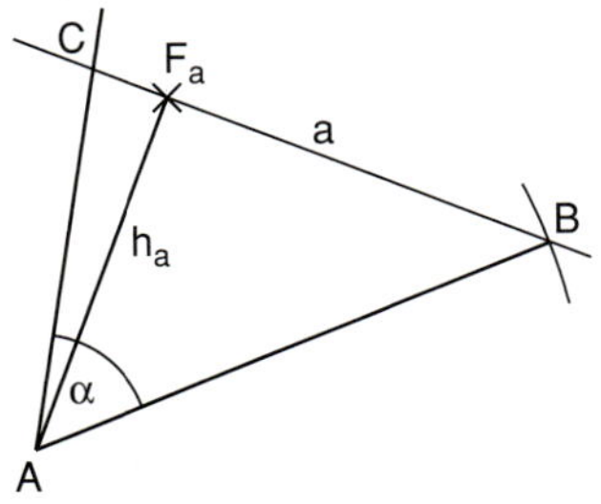

Kannst du die Konstruktion einem anderen erklären und begründen?

Probe

Miss Strecken und Winkel in der konstruierten Figur und vergleiche mit den Angaben in der Aufgabe.

Nicht immer führt der erste Ansatz zur Lösung.
Probiere es dann mit einem anderen Ansatz.

Beispiele

Teildreieck AM_cC kann man zeichnen (SSW).

A Zeichne ein Dreieck ABC mit $c = 5$ cm, $\alpha = 45°$ und $s_c = 4$ cm.

Planfigur

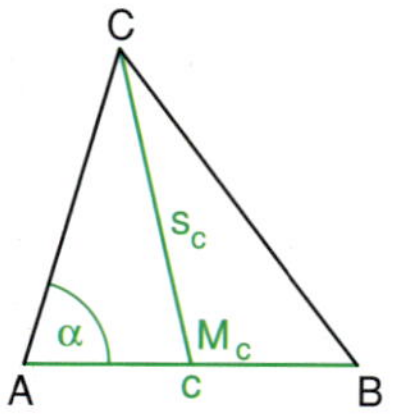

Konstruktionsplan

(1) Seite c, Punkte A und B
(2) Winkel α
(3) Mittelpunkt M_c der Seite c
(4) Kreis um M_c mit Radius s_c
(5) Schnittpunkt C mit freiem Schenkel von α

Konstruktion

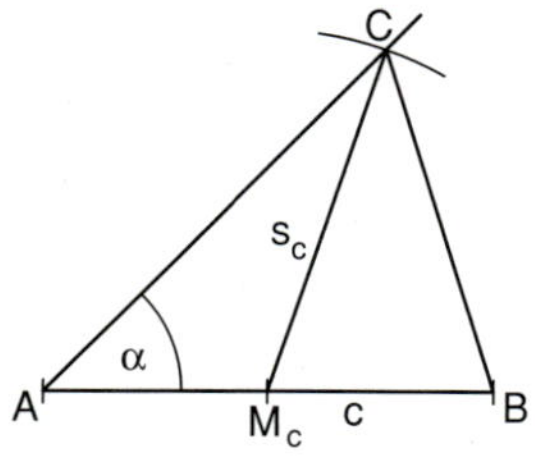

Teildreieck F_cBC kann konstruiert werden.

B Zeichne ein Dreieck ABC mit $a = 5$ cm, $c = 7$ cm und $h_c = 4$ cm.

Planfigur

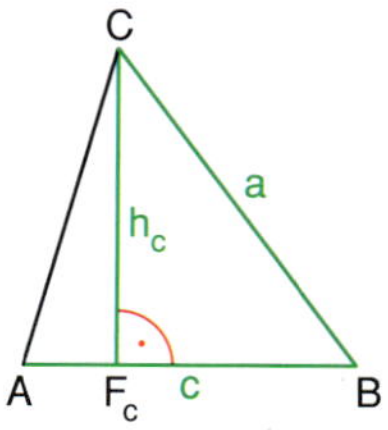

Konstruktionsplan

(1) Seite c, Punkte A und B
(2) Parallele zu c mit Abstand h_c
(3) Kreis um B mit Radius a
(4) Schnittpunkte C_1 und C_2
(5) Dreiecke vervollständigen

Konstruktion

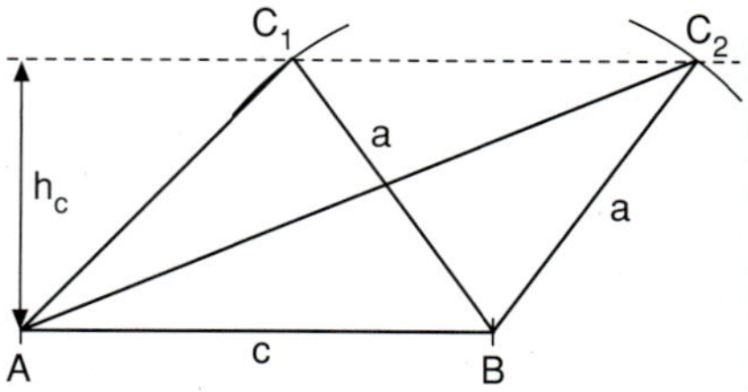

Die Konstruktion ist nicht eindeutig.

Übungen

Vielleicht hilft dir eine Planfigur.

5 Katja hat die Konstruktion eines Dreiecks mit $a = 7{,}2$ cm, $b = 5{,}5$ cm und $s_b = 6{,}3$ cm gelöst und auf Karten notiert. Diese sind durcheinander geraten. Ordne die Karten und führe die Konstruktion aus.

- Kreis um C mit Radius a zeichnen.
- Dreieck vervollständigen.
- Kreis um M_b mit Radius 6,3 cm zeichnen.
- Schnittpunkt der beiden Kreise ist B.
- Endpunkte A und C nennen.
- Mittelpunkt der Strecke $\overline{AC}$ bestimmen und M_b nennen.
- Seite b = 5,5 cm zeichnen.

Konstruktionen mit einer Seitenhalbierenden

6 Konstruiere ein Dreieck ABC aus den gegebenen Größen. Entscheide, ob die Konstruktion eindeutig ist.

a) $b = 6$ cm
$c = 7$ cm
$s_b = 5$ cm

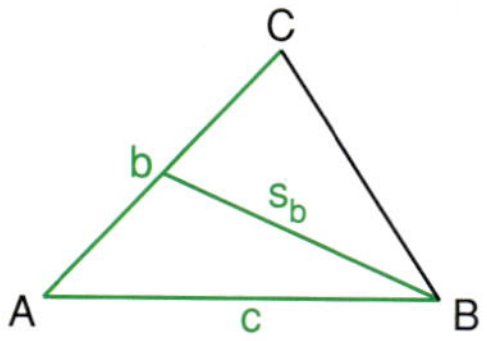

b) $a = 7$ cm
$b = 5{,}5$ cm
$s_a = 4$ cm

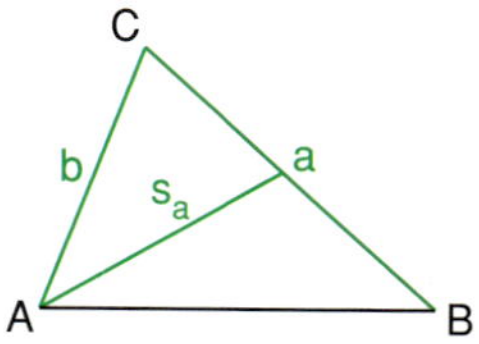

c) $b = 5$ cm
$\alpha = 60°$
$s_c = 4{,}5$ cm

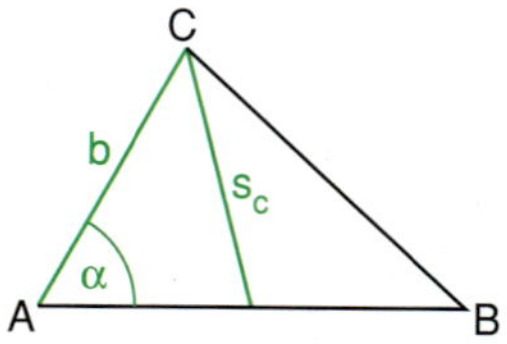

Konstruktionen mit einer Höhe

7 Konstruiere ein Dreieck ABC aus den gegebenen Größen. Zeichne zunächst jeweils eine Planfigur.

a) $a = 4{,}5$ cm
$b = 5$ cm
$h_c = 4{,}5$ cm

b) $a = 5$ cm
$c = 4{,}5$ cm
$h_b = 4$ cm

c) $c = 5$ cm
$\gamma = 115°$
$h_a = 3{,}5$ cm

Übungen

Konstruktionen mit einer Winkelhalbierenden

8 Die Bildsequenz zeigt einen Konstruktionsplan des Dreiecks ABC aus c = 5,5 cm, $\alpha = 70°$ und $w_\alpha = 4$ cm. Führe die exakte Konstruktion selbst aus und erstelle eine Konstruktionsbeschreibung.

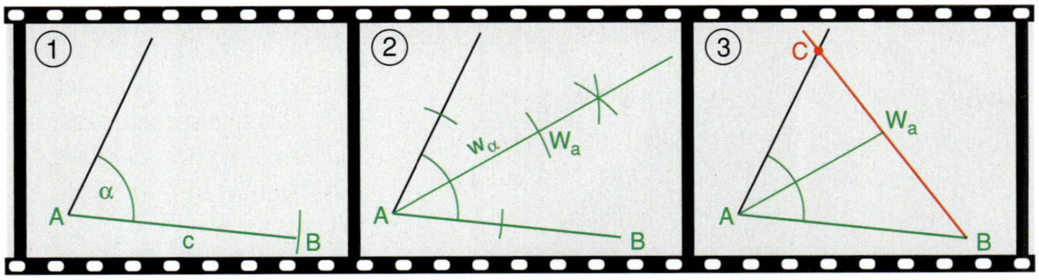

9 Konstruiere ein Dreieck ABC aus den gegebenen Größen. Falls die Konstruktion nicht eindeutig ist, gib alle Lösungen an.

a) b = 4,5 cm, $\gamma = 60°$, $w_\gamma = 5$ cm
b) a = 3,5 cm, $\gamma = 85°$, $w_\beta = 3,8$ cm
c) $\alpha = 60°$, $\beta = 75°$, $w_\alpha = 4$ cm
d) $\alpha = 40°$, $\gamma = 78°$, $w_\beta = 3,5$ cm
e) c = 7,1 cm, $h_c = 2,5$ cm, $\alpha = 50°$
f) a = 5 cm, $h_a = 2,9$ cm, $s_a = 4,1$ cm

Konstruktion besonderer Dreiecke

10 Konstruiere ein gleichseitiges Dreieck mit einer
a) Höhe von 5 cm.
b) Winkelhalbierenden von 4 cm.

11 Konstruiere ein gleichschenkliges Dreieck aus:
a) s = 7 cm, $h_s = 3,8$ cm
b) $\alpha = 42°$, $h_s = 4$ cm
c) $\gamma = 88°$, $h_s = 3,5$ cm
d) $\alpha = 58°$, $w_\alpha = 5,5$ cm

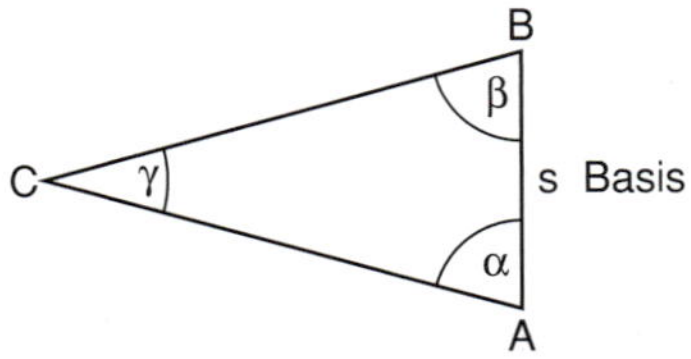

12 Konstruiere ein rechtwinkliges Dreieck ABC ($\gamma = 90°$) aus:
a) c = 5,6 cm und $h_a = 4,2$ cm
b) a = 5 cm und $s_a = 6$ cm
c) $\alpha = 48°$ und $w_\alpha = 4,5$ cm
d) $w_\gamma = 3,5$ cm und $h_c = 3,3$ cm

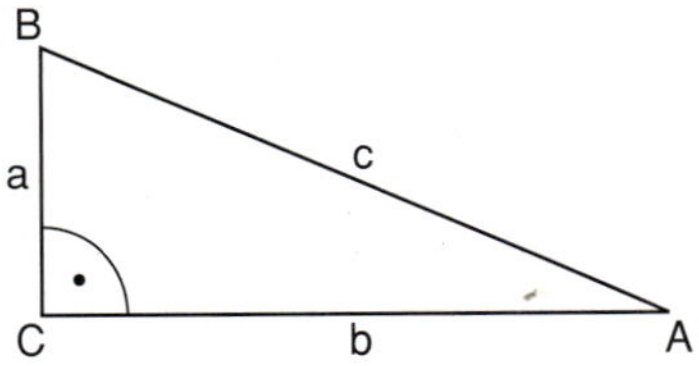

Konstruktionen mit besonderen Punkten

13 Wo liegt der Punkt C? Zeichne die Punkte eines Dreiecks ABC mit A(2|1) und B(8|3). W(5|4) ist der Schnittpunkt der Winkelhalbierenden.

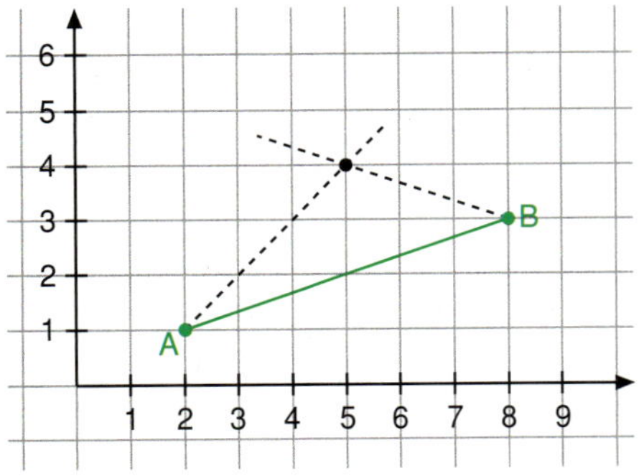

14 Kannst du ein Dreieck ABC aus a = 3 cm und $\beta = 120°$ konstruieren, wenn du den Umkreisradius r = 2,5 cm kennst? Beginne mit dem Umkreis.

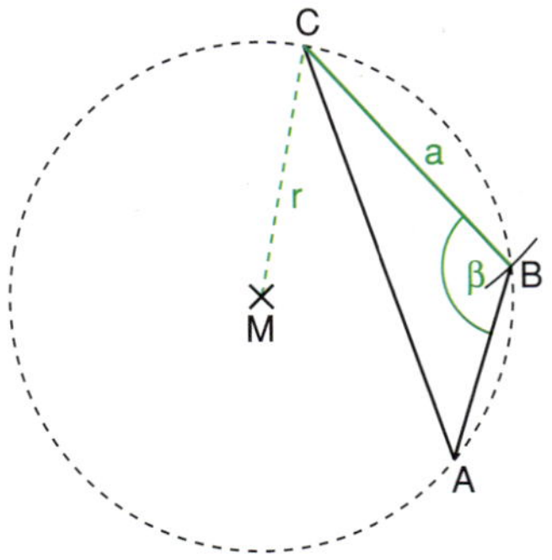

15 Konstruiere ein Dreieck ABC mit der Seite $\overline{AC} = 4,4$ cm, dem Winkel $\alpha = 70°$ und der Mittellinie $\overline{DE} = 4$ cm.
Beachte: Die Mittellinie ist parallel zu $\overline{AB}$ durch die Seitenmitten von a und b.

Mit Dreieckskonstruktionen zum gotischen Maßwerk

Manche komplizierten Dreieckskonstruktionen werden bei Planzeichnungen von Architekten benötigt.

An der Marienkirche in Oberwesel (Rhein) findet man das Kreismuster an der Eingangstür. Der Kreis passt genau in den Spitzbogen.
Wie kann man den Mittelpunkt dieses Kreises exakt konstruieren?

In einem Anleitungsbuch für Steinmetze findet man eine ausführliche Konstruktionsbeschreibung:

1. *Zeichne den Spitzbogen mit der Basis $\overline{AB}$.*
2. *Zeichne die Mittelsenkrechte m_1 zu $\overline{AB}$ und trage vom Fußpunkt F die Strecke der Länge $\overline{AB}$ ab (Punkt D).*
3. *Zeichne nun zur Strecke $\overline{DB}$ die Mittelsenkrechte m_2. Diese schneidet m_1 in dem Punkt M. Dieser Punkt ist der Mittelpunkt des gesuchten Kreises.*

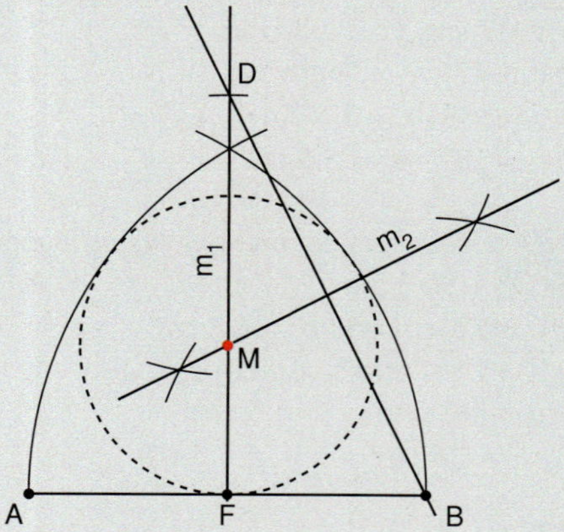

Aufgaben

Du kannst das Grundmuster dann so kunstvoll wie in dem Foto oder auch nach eigenen Ideen ausgestalten.

16 Führe die Konstruktion aus dem Anleitungsbuch für $\overline{AB}$ = 10 cm aus.
Du musst sehr sorgfältig zeichnen, damit der Kreis auch exakt in den Spitzbogen passt.

17 Der Konstruktion liegt eine alte Dreiecksaufgabe zugrunde: Ein Dreieck ABC soll aus der Seite c, dem Winkel α und der Summe der Seitenlängen a + b konstruiert werden.

a) Führe die Konstruktion für c = 4 cm, $\alpha = 90°$ und a + b = 8 cm aus.

b) Begründe, warum die Mittelsenkrechte zu dem „Knickpunkt" C auf dem Schenkel $\overline{AD}$ führt.

c) Konstruiere ein Dreieck mit c = 6 cm, $\alpha = 60°$ und a + b = 10 cm.

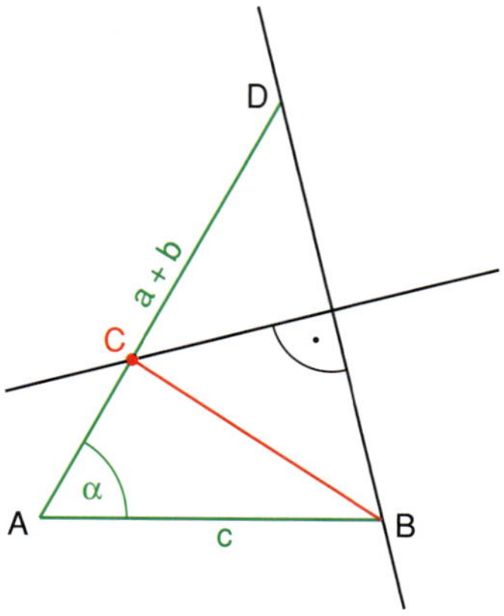

4.3 Anwendungen von Dreieckskonstruktionen bei ebenen und räumlichen Problemen

Was dich erwartet

Wie findest du die Höhe eines Fernsehturms heraus, den du nicht einfach bis zur Spitze besteigen kannst? Wie breit ist ein Fluss an der Stelle, an der eine neue Brücke gebaut werden soll? Mit geschickten Messungen von Streckenlängen und Winkeln kannst du maßstäblich Dreiecke konstruieren, in denen die gesuchten Größen vorkommen. Die Kongruenzsätze helfen dir bei der Auswahl der erforderlichen Messungen.

Aufgaben

1 Wie hoch ist die Cheops-Pyramide in Ägypten?
Die äußere Kantenlänge b sowie die Seitenlänge a der quadratischen Pyramide sind im Reiseführer angegeben: a = 230 m, b = 219 m.

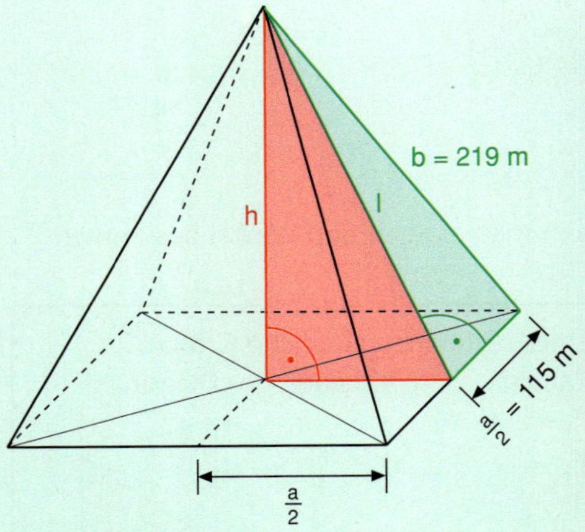

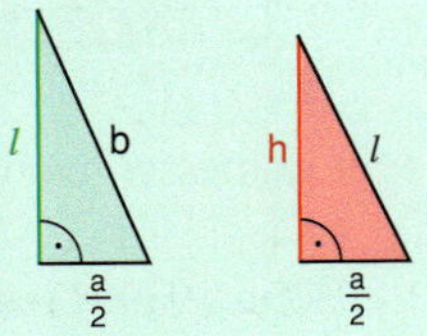

Konstruiere mit diesen Angaben zunächst das grüne Dreieck und miss die Seitenlänge l (Maßstab 1:2000). Damit kannst du nun das rote Dreieck konstruieren und die Höhe h ausmessen.

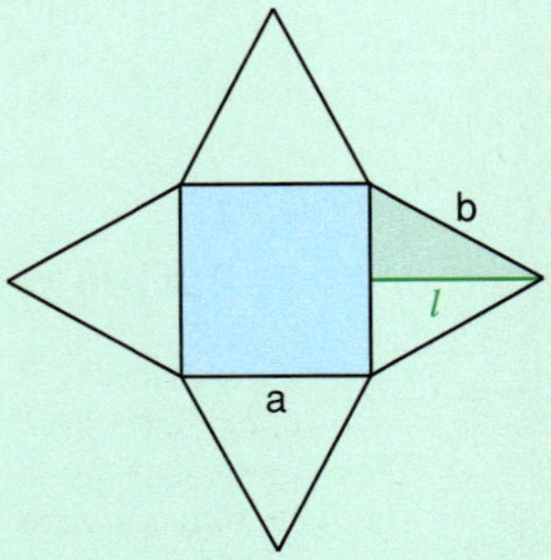

Sehr hilfreich ist es, wenn du mithilfe eines Netzes eine Pyramide baust. Daran kannst du dir die beiden Dreiecke gut veranschaulichen.
Kannst du im Lexikon oder im Internet eine Angabe über die Höhe der Cheops-Pyramide finden? Vergleiche mit deinem Ergebnis.

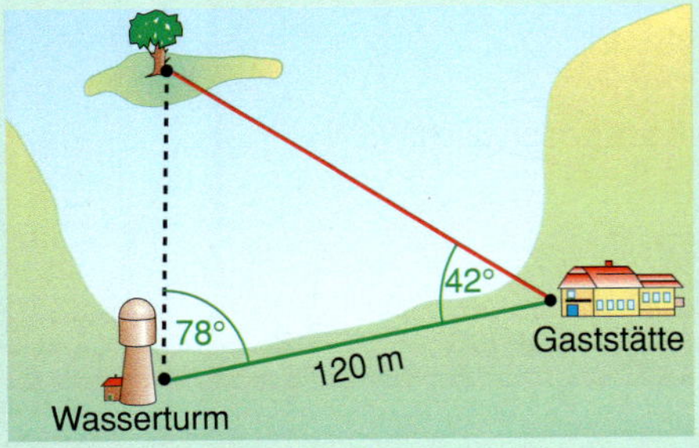

2 Wie weit ist die Insel von der Gaststätte am Ufer entfernt?
Der Uferweg von der Gaststätte zum Wasserturm ist 120 m lang. Mithilfe eines Theodoliten kann man von den Standpunkten G und W die beiden Winkel α und β messen. Bestimme durch Konstruktion die gesuchte Entfernung.

Theodolit

3 Wie hoch ist der Eiffelturm in Paris?

a) Aus der Entfernung von 200 m sieht man den Turm unter einem Höhenwinkel von 60°.
Erstelle eine maßstabsgetreue Konstruktion in deinem Heft und bestimme die Höhe des Eiffelturmes. Stimmt dein Ergebnis mit den Angaben im Lexikon oder Internet überein?

b) Es kann aber sein, dass du von deinem Standort aus die Entfernung zum Turm nicht bestimmen kannst. In der Skizze wird gezeigt, wie man dennoch die Höhe des Turms ermitteln kann. Beschreibe das Vorgehen:
Welche Größen wurden gemessen?
Welche Dreiecke werden konstruiert?
Bestimme aus den Konstruktionen die Höhe des Eiffelturmes. Vergleiche.

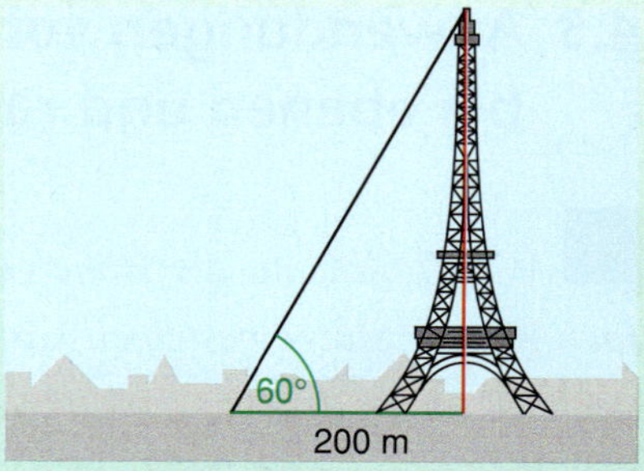

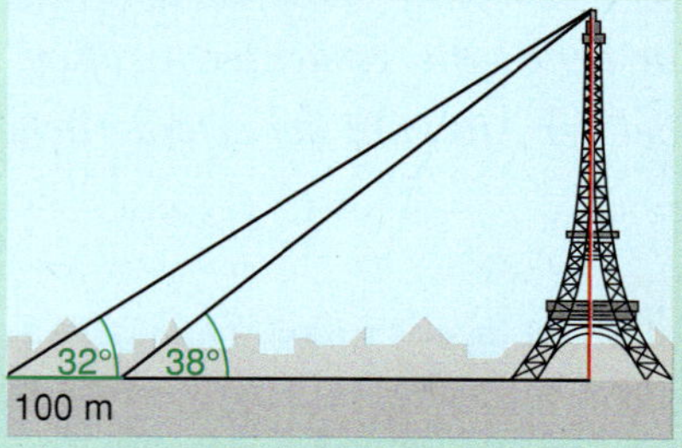

Basiswissen

Mithilfe von Dreieckskonstruktionen kann man Längen und Winkel bestimmen.

1. Erstelle eine Skizze und kennzeichne die gesuchte unzugängliche Größe:

Höhe der Mauer

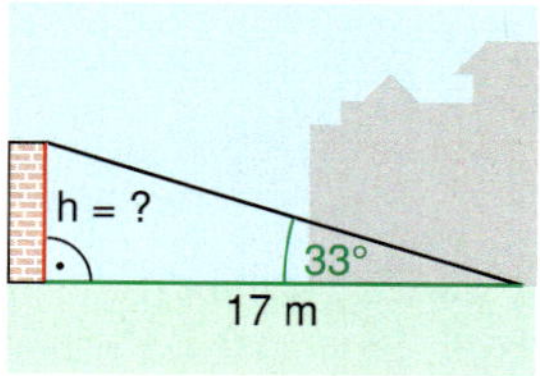

Breite eines Kanals

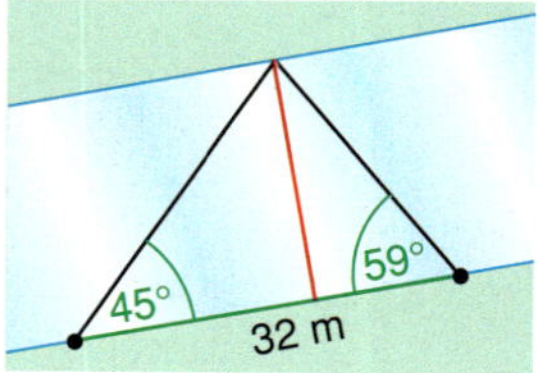

Länge der Diagonale

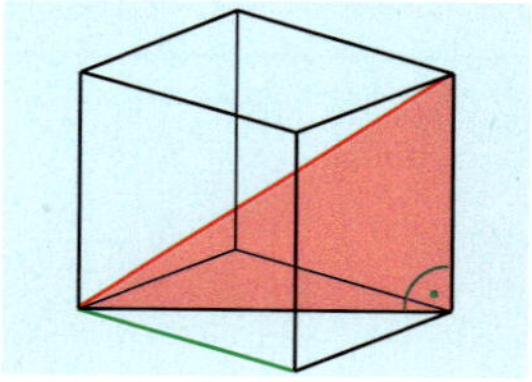

2. Suche Längen oder Winkel, die bereits bekannt sind oder gemessen werden können. Dazu kommen z. B. in Frage:

Entfernungen zwischen markanten Punkten

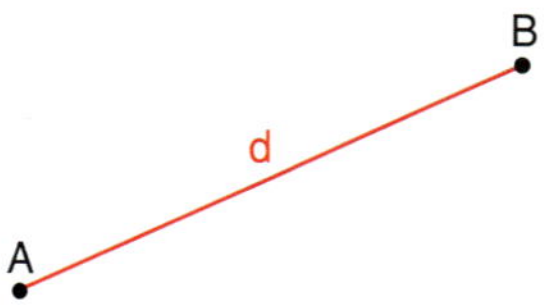

Blickwinkel zwischen angepeilten Punkten

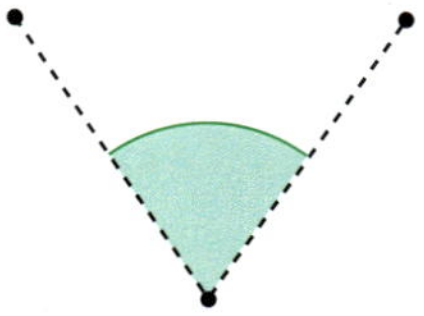

Höhenwinkel zur Spitze von Gebäuden

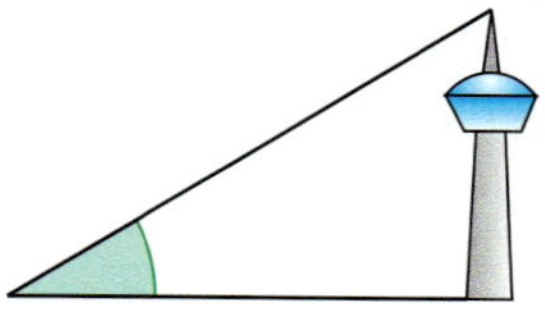

3. Die messbaren Größen werden so ausgewählt, dass mit ihnen ein Dreieck konstruiert werden kann, in dem die zu bestimmende Größe vorkommt. Zur Entscheidung können die Kongruenzsätze herangezogen werden. In der maßstabsgetreuen Zeichnung wird die gesuchte Größe gemessen.

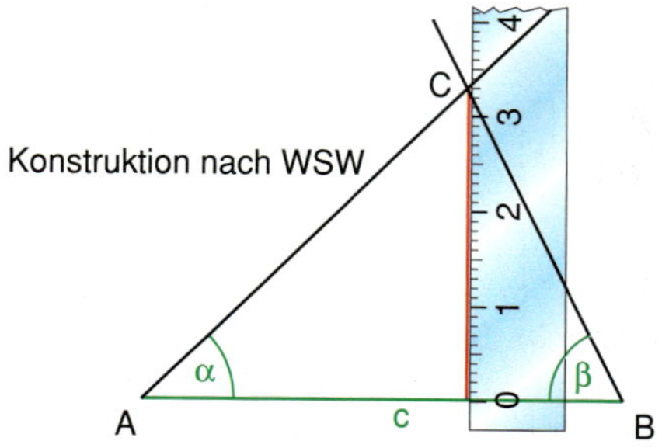

Beispiele

A Wie hoch ist der Turm?

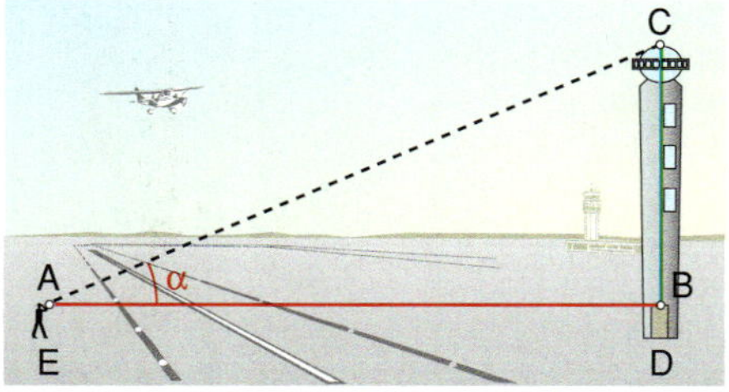

Die Länge der Strecke $\overline{DE}$ und der Höhenwinkel α werden gemessen:
$\overline{DE} = \overline{AB} = 8$ m, $\alpha = 64°$. Wir konstruieren das Dreieck ABC im Maßstab 1:100. (Kongruenzsatz WSW). Die Seite $\overline{BC}$ messen wir mit 16,4 cm, dies entspricht 16,40 m. Für die Höhe des Turmes müssen wir noch die Standhöhe $\overline{EA} = 1{,}70$ m addieren. Der Turm ist ungefähr 18,10 m hoch.

B Wie lang wird der Tunnel?
Von A nach B soll ein Straßentunnel gebaut werden.
Die Längen $\overline{AC}$ und $\overline{BC}$ und der Winkel BAC sind aus kartografischen Messungen bekannt. Nach dem Kongruenzsatz SSW konstruieren wir das Dreieck ABC im Maßstab 1:100 000 mit einem DGS.
Das DGS liefert 10,176 cm für die Länge der Strecke $\overline{AB}$. Der Tunnel wird also ca. 10,2 km lang.

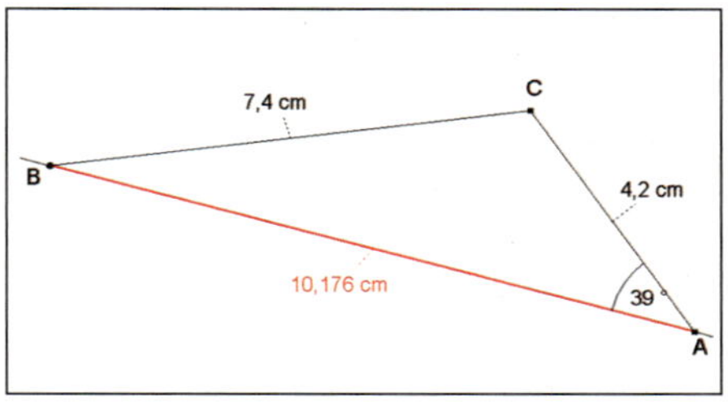

Übungen

4 Zur Bestimmung der Breite eines Flusses misst Boris an einem Ufer eine Standlinie $\overline{S_1S_2}$ von 70 m. Von deren Endpunkten misst er zu einem an der anderen Uferkante stehenden Baum die Winkelmaße 54° und 72°.

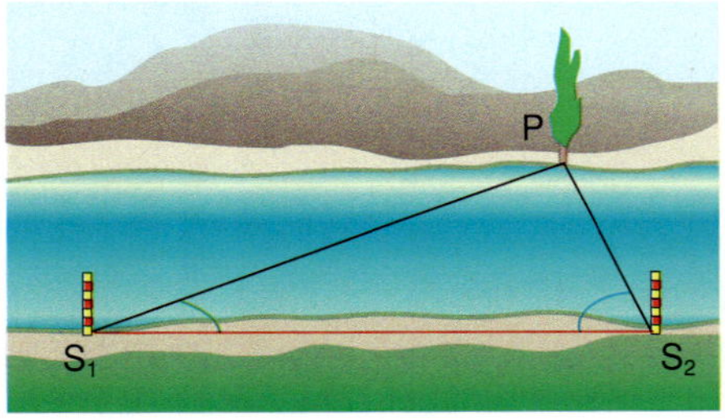

5 Zur Bestimmung der Höhe der Felswand schreitet Anna in einiger Entfernung eine Strecke $\overline{DC}$ von 35 m ab. Von den Endpunkten misst sie die Höhenwinkel 45° und 29° zur Felsspitze.

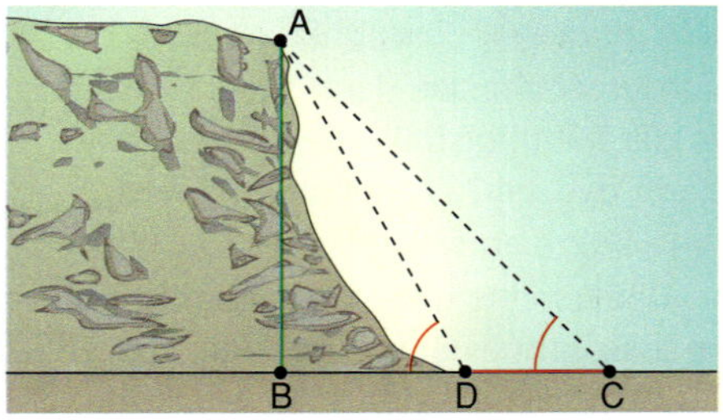

6 Ein 5 m hoher Laternenpfahl wirft einen 3 m langen Schatten.
a) Wie groß ist der Winkel, mit dem die Sonnenstrahlen auf den Pfahl treffen?
b) Wie verändert sich der Schatten des Pfahls bis zum Sonnenuntergang?

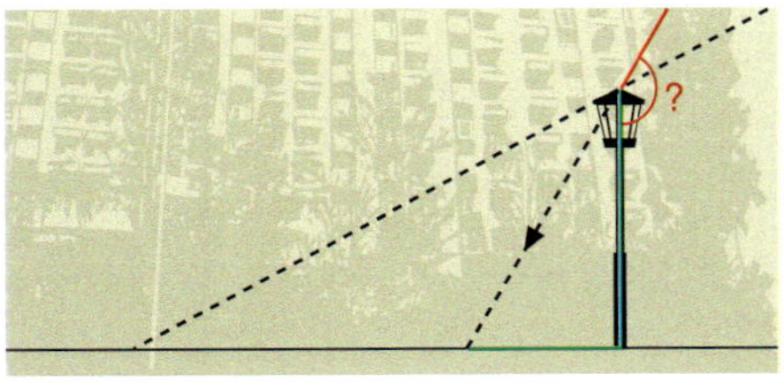

7 Der Kölner Dom ist 156 m hoch.
a) Unter welchem Höhenwinkel siehst du ihn aus einer Entfernung von 500 m?
b) Wo siehst du ihn unter einem Höhenwinkel von 45°?

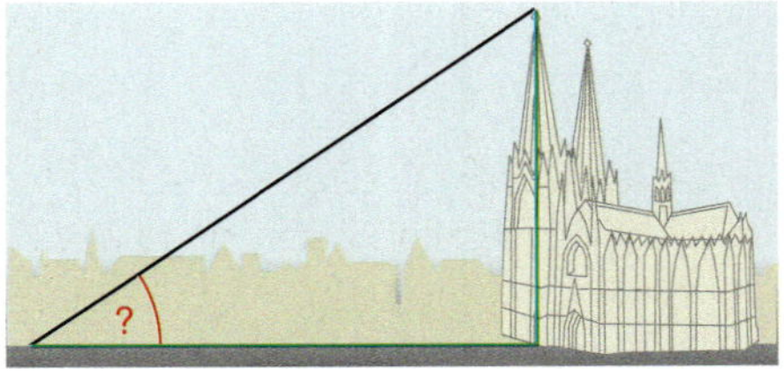

8 Zur Reinigung einer Dachrinne, die in einer Höhe von 4,80 m angebracht ist und 30 cm von der Hauswand absteht, wird eine Leiter benötigt. Damit die Leiter sicher und fest steht, soll sie am Fußende mindestens einen Abstand von 1,50 m zur Hauswand haben. Reicht eine 5 m lange Leiter? Zeichne zunächst eine Planskizze.

Übungen

9 Von einem Heißluftballon über dem nordfriesischen Wattenmeer in einer Höhe von 1200 m sieht man vor sich das östliche Ufer der Insel Föhr unter einem Tiefenwinkel von 14°, das westliche Ufer unter einem Tiefenwinkel von 4°. Wie breit ist die Insel Föhr?

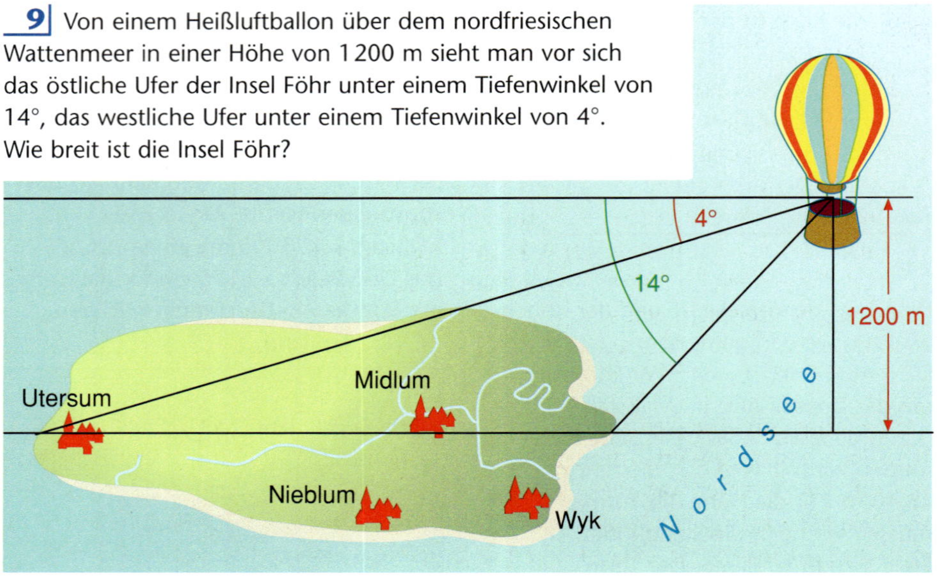

Diese Aufgabe eignet sich besonders zur Lösung mit einem DGS.

10 Herr Pries erzählt als Zeuge vor Gericht, dass er am 5. Mai um 14.30 Uhr den Unfall eines Fußgängers mit einem rücksichtslosen Fahrradfahrer auf dem Fußgängerweg in der Lindenstraße vor dem Blumengeschäft beobachtet habe. Er selbst habe sich zu diesem Zeitpunkt an der Tordurchfahrt des Hauses Nr. 8 in der Bahnhofstraße befunden. Kann das sein? Die Richterin lässt eine Skizze anfertigen.

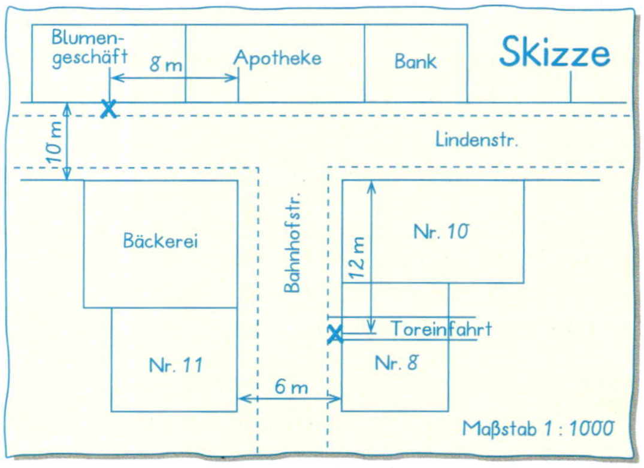

a) Erstelle eine maßstabsgerechte Zeichnung (1 cm ≙ 10 m).

b) Frau Schneider hat ebenfalls den Unfall beobachtet. Wo müsste sie auf der gleichen Straßenseite wie Herr Pries in der Bahnhofstraße gestanden haben? Wie weit war Frau Schneider höchstens vom Unfallort entfernt?

11 Wir wollen eine Pyramide mit einer Höhe von 10 cm bauen. Auch dabei können wir die Maße für das Netz aus Dreieckskonstruktionen gewinnen.
Die Pyramide soll eine quadratische Grundfläche mit einer Seitenlänge von 10 cm haben. An diese werden vier Dreiecke, die in der Spitze zusammenlaufen, angeklebt. Wie sind die Kantenlängen dieser Dreiecke zu wählen? Baue eine solche Pyramide.

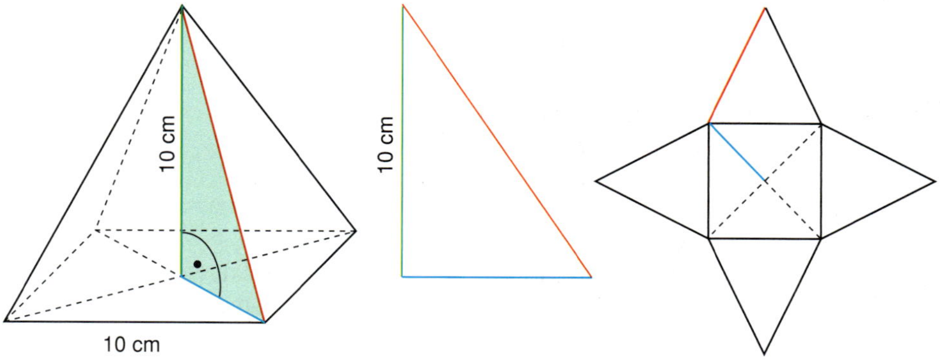

Herstellung einer Karte

Landvermesser erstellen eine Karte, indem sie von einer Standlinie ausgehend Punkt für Punkt immer mehr Orte, Berggipfel, Straßenkreuzungen usw. anpeilen. Dadurch entstehen jeweils Dreiecke, die auf ein Zeichenblatt in einem geeigneten Maßstab übertragen werden. Da immer Dreiecke verwendet werden, wird dieses Verfahren auch Triangulierung (triangulus, lateinisch dreieckig) genannt.

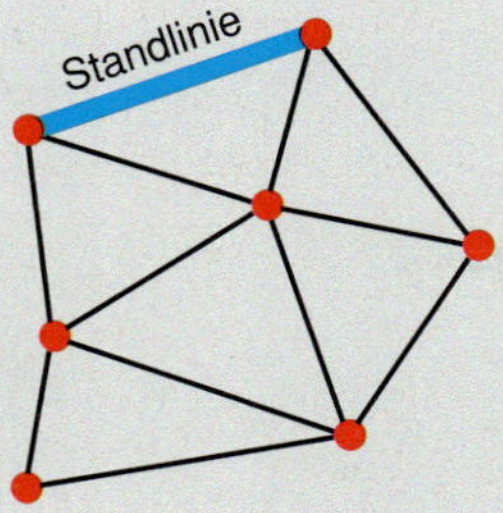

12 Besorge dir eine Deutschlandkarte (z. B. Maßstab 1 : 6 000 000). Erstelle mit dem Triangulierungsverfahren eine Karte der Hauptstädte der Bundesländer. Miss dazu die Länge einer Standlinie (z. B. Kiel – Hamburg) und zeichne diese im passenden Winkel zur Nordrichtung in dein Heft. Nun kannst du nacheinander nach dem Kongruenzsatz SSS Dreiecke zu den anderen Hauptstädten konstruieren.

In der Praxis wird es etwas komplizierter, weil man noch die Höhe der Punkte berücksichtigen muss.

13 Von zwei Leuchttürmen wird zur gleichen Zeit ein Schiff angepeilt. Von Amrum misst man den Winkel $\alpha = 15°$ und von Wyk den Winkel $\beta = 53°$. Übertrage die Karte in dein Heft und miss dann die Entfernung von A nach W. Bestimme dann durch Konstruktion die Position des Schiffes. Wie weit ist es von Dagebüll entfernt?

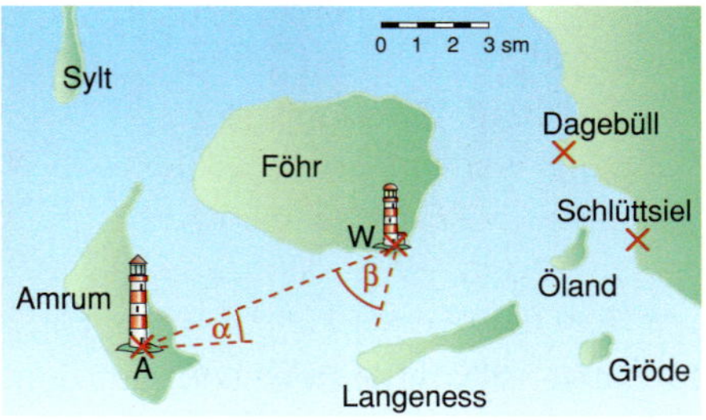

Standortbestimmungen auf See

sm
Seemeile

1 sm ≙ 1,852 km

14 a) Übertrage die Orte an der Kieler Förde in dein Heft, in dem du die Orte zu Dreiecken verbindest und die Dreiecksseiten misst.
b) Ein Schiff legt in Surendorf ab und fährt 2 sm Richtung NO, dann 3 sm nach O, 2,5 sm nach SO, 1,5 sm in Richtung SW und 2 sm nach S. Wo befindet sich das Schiff am Ende seiner Fahrt? Zeichne den Kurs ein.

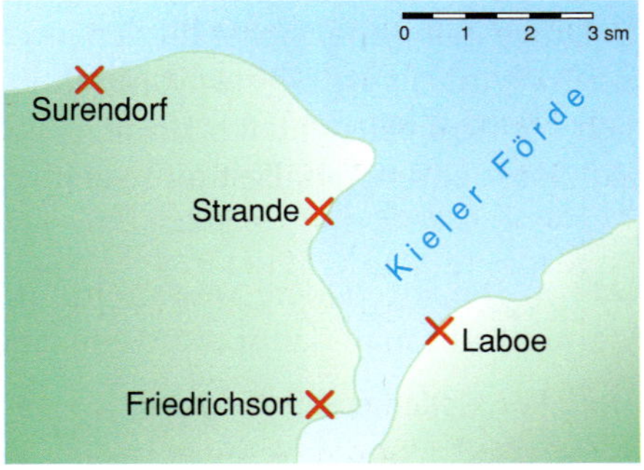

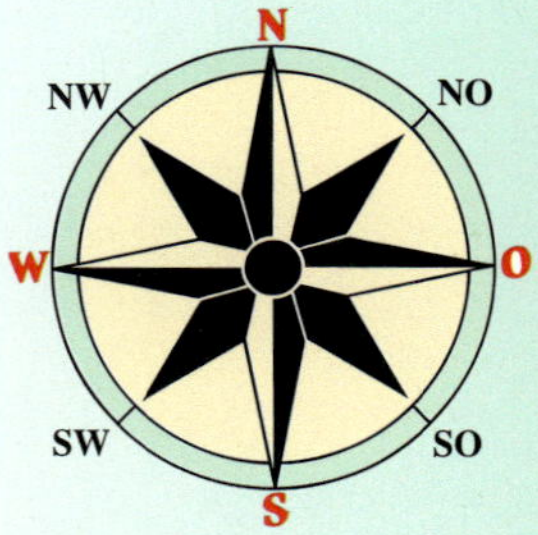

Standortbestimmung mit Kompass

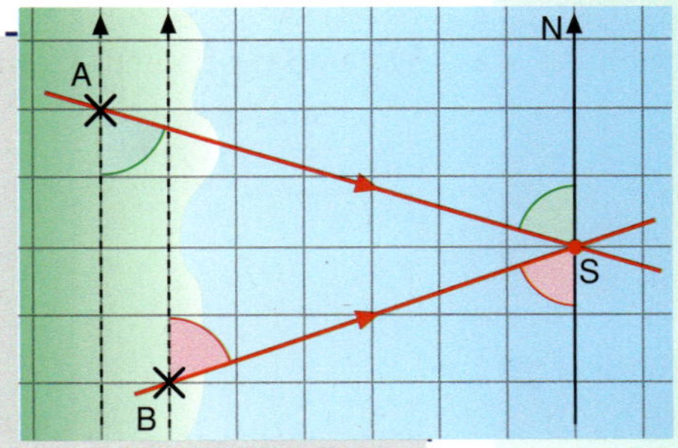

In der Navigation werden Richtungen durch den jeweiligen Winkel zur Nordrichtung angegeben. Mit einem Kompass und einer Seekarte an Bord lässt sich so in Landnähe vom Schiff aus die eigene Position bestimmen: Man peilt unmittelbar nacheinander zwei verschiedene an Land erkennbare Marken A und B an und misst die Winkel zur Nordrichtung.
Von A und B aus trägt man dann auf der Karte zwei Strahlen in genau entgegengesetzter Richtung ab (Wechselwinkel). Der Schnittpunkt der beiden Strahlen kennzeichnet dann die momentane Position.

Aufgaben

15 a) Übertrage durch Konstruktion von Dreiecken mit markanten Punkten die Karte in dein Heft.

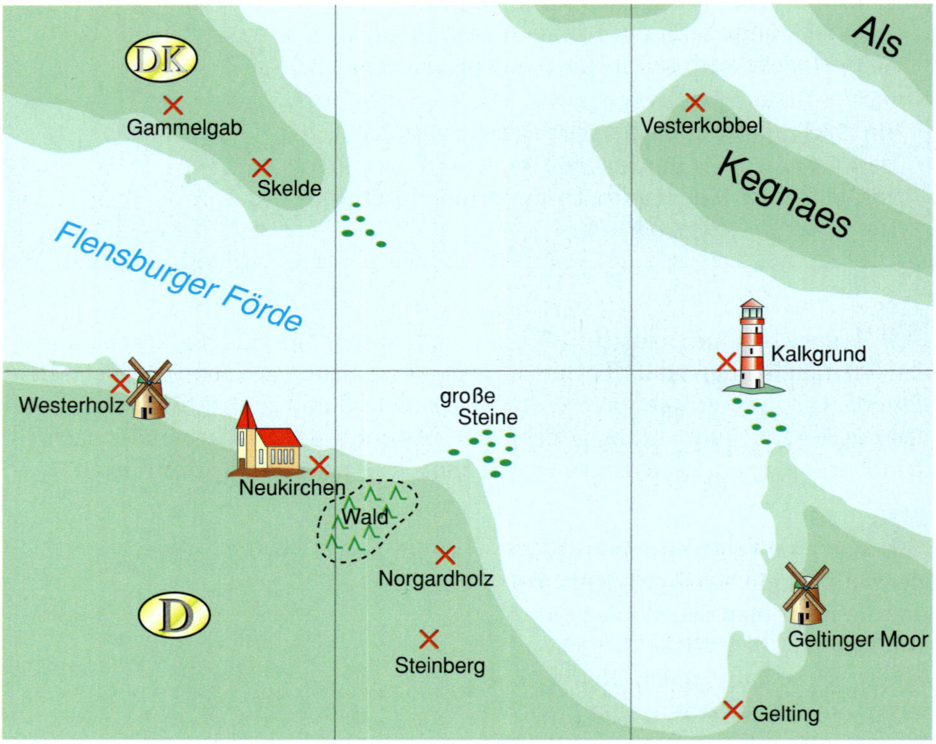

b) Du siehst von deinem Boot aus den Leuchtturm Kalkgrund unter einem Winkel von 260° zur Nordrichtung und den angestrahlten Kirchturm von Neukirchen unter einem Winkel von 119° zur Nordrichtung. Ermittle deinen Standpunkt.

c) Einige Zeit später siehst du den angestrahlten Kirchturm von Skelde unter einem Winkel von 17° zur Nordrichtung. Die Windmühle von Westerholz hebt sich vor dem beleuchteten Hintergrund eines Dorfes unter einem Winkel von 114° zur Nordrichtung ab. Bestimme deinen neuen Standort.

16 a) Die abgebildete Messanordnung wird bei Kugelstoßwettkämpfen benutzt. Warum kann man damit die Weite eines Kugelstoßes bestimmen?

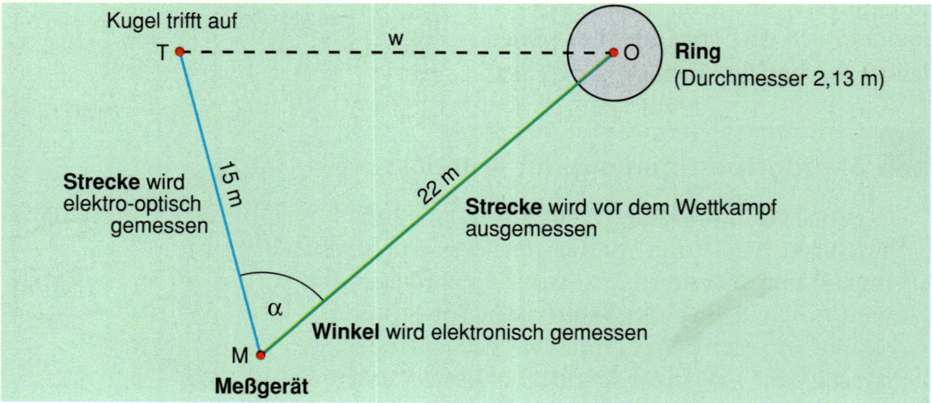

b) Bestimme durch Konstruktion die Stoßweite w, wenn $\overline{MO} = 22$ m, $\alpha = 63°$ und $\overline{MT} = 15$ m.

In der Praxis wird diese „Konstruktion" durch ein Rechenverfahren im Computer ersetzt. Hierzu sind allerdings noch einige mathematische Zusammenhänge erforderlich, die du in späteren Klassen kennenlernen wirst.

Projekt

Eine mathematische Exkursion: Messungen im Gelände

Ein einfacher Theodolit mit einer horizontalen und einer vertikalen Skala ist vielleicht in der Mathe-Sammlung der Schule vorhanden, ansonsten können wir uns einfache Modelle auch selbst im Werkraum erstellen. Hier sind die Spezialisten gefragt.

notwendige Messgeräte

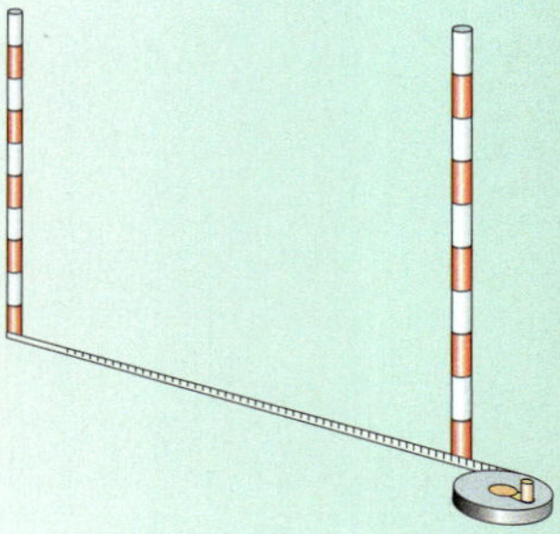

Schultheodolit

selbstgebauter Theodolit

Peilstangen besorgen wir uns im Supermarkt, ein Bandmaß vom Sportlehrer. Zeichenblock und Zeichengeräte bringt jeder selbst mit.

Planung

Was wollen wir messen?

Das Schulgelände mit den Gebäuden?

Brückenlänge und Brückenhöhe?

Die Höhe von markanten Gebäuden in der Stadt?

Die Höhe der Wasserfontäne?

Ausführung

Wir gehen arbeitsteilig in verschiedenen Gruppen vor.
- Planungsbüro
- Messtrupps
- Konstruktionsbüro
- Foto- und Dokumentationsbüro

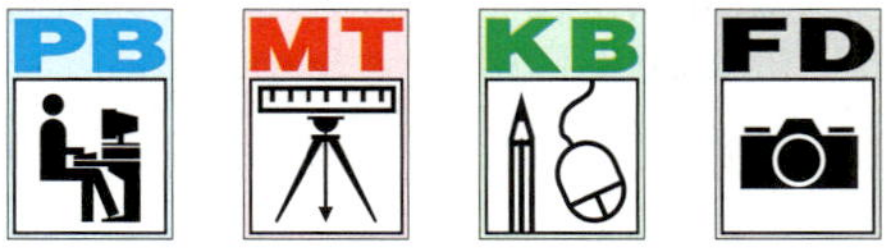

Präsentation

Wir präsentieren unser Projekt mit den Ergebnissen in einer Ausstellung in der Schule.
- Plakate mit den Grundlagen und Verfahren
- Berichte und Fotos von der Arbeit
- Eigene Messergebnisse im Vergleich zu den wirklichen Daten
- Workshop mit eigenen Messaktivitäten der Besucher unserer Ausstellung

Projekt

„Vorwärtseinschneiden"

Ein typisches Messverfahren zur Bestimmung von unzugänglichen Strecken im Gelände ist das Vorwärtseinschneiden.
Wie groß ist der Abstand der beiden Pylone der Hängebrücke?

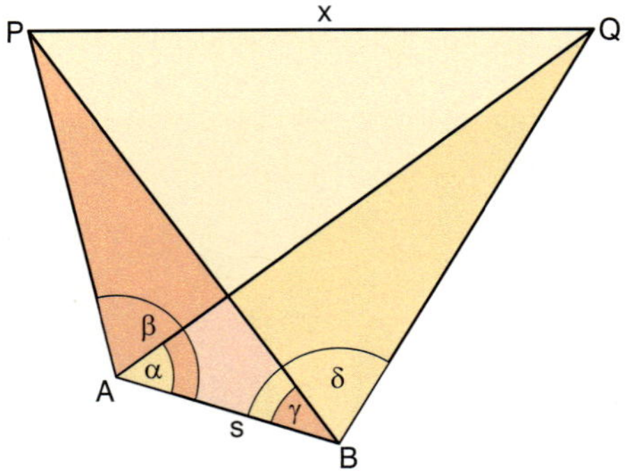

Die Skizze verdeutlicht das Verfahren. Die Strecke $\overline{PQ}$ lässt sich nicht direkt mit einem Maßband messen. Zur Ermittlung der Entfernung von P und Q wählt ihr zwei auf gleicher Höhe liegende Punkte A und B und bestimmt deren Abstand möglichst genau. Dann peilt ihr mit einem Theodoliten von A und B aus jeweils die Punkte P und Q an und messt die Winkel α, β, γ und δ. Jetzt könnt ihr mit einer sorgfältigen Konstruktion in einem geeigneten Maßstab die Strecke $\overline{PQ}$ konstruieren.

Mit einem DGS gelingt die Konstruktion besonders exakt.

A Für eine Brücke wie im obigen Foto wurden folgende Werte gemessen:
Als Standlinie $\overline{AB}$ wurde eine 50 m lange Strecke am Rande der Straße abgemessen. Von den Punkten A und B wurden dann die Spitzen der Pylone angepeilt und die Winkel $\alpha = 49{,}8°$, $\beta = 118°$, $\gamma = 57°$ und $\delta = 124°$ gemessen. Wie weit sind die beiden Pylone voneinander entfernt? Stimmt diese Entfernung in etwa mit der Länge der Fahrbahn zwischen den Pylonen überein?

B Mit einer Variante des Vorwärtseinschneidens kann man auch die Höhe von Bergen und großen Gebäuden bestimmen. Von einer Standlinie $\overline{AB}$ aus misst man die Winkel α und β in der Ebene sowie die Höhenwinkel γ und δ.

$\overline{AB} = 870$ m
$\alpha = 58{,}4°$ $\beta = 73{,}8°$
$\gamma = 21{,}7°$ $\delta = 24{,}2°$

Tipp: Hierfür benötigt ihr zwei Dreiecke.

Bestimmt die Höhe des Berges durch Konstruktion.

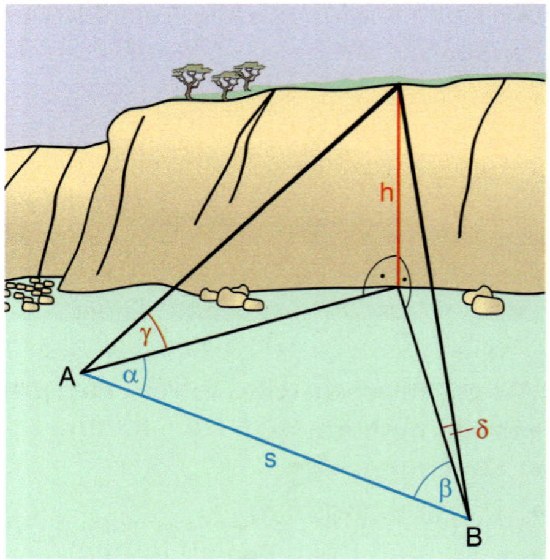

Exkursion ins Gelände

C Vielleicht könnt ihr in der Nähe der Schule oder auf einer Exkursion einmal mit einem der beiden Verfahren eigene Messungen ausführen und die euch interessierenden Strecken ermitteln. Vergleicht eure Ergebnisse. Wodurch sind stärkere Abweichungen zu erklären? Mit welchen Maßnahmen könnt ihr die Fehler möglichst gering halten?

4.4 Bewegliche Geometrie – Was passiert, wenn …?

Was dich erwartet

Eigenschaften und Zusammenhänge bei geometrischen Figuren versteht man besser, wenn man die Figuren beweglich macht. Die möglichen Veränderungen können wir experimentell an Gelenkvielecken beobachten. Oder wir spannen die Figuren auf dem Geobrett oder der Pinwand mit dehnbaren Gummis und bewegen eine Ecke auf vorgegebenen Linien. Die spannende Frage lautet dabei immer: Was passiert, wenn …? Schließlich können wir diese Frage auch stellen, wenn wir uns selbst um geometrische Objekte herum bewegen und dabei z. B. die Blickrichtung verändern. Dies ist besonders interessant bei räumlichen Darstellungen von Gebäuden.

Aufgaben

1 a) Warum wurde an diesem Tor ein Brett diagonal angebracht?
b) Dreiecke begegnen uns häufig im Zusammenhang mit technischen Konstruktionen, z. B. Verstrebungen an Brücken, Hochspannungsmasten oder Fachwerk. Warum ist das so?

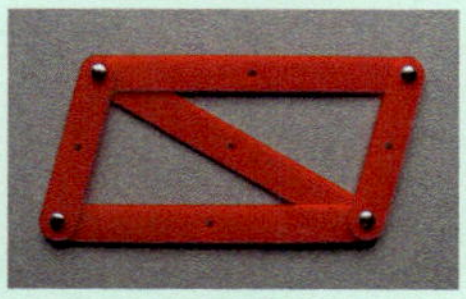

Findest du noch andere Beispiele in deiner Umgebung?

2 *Das bewegte Dreieck*
a) Zeichne auf ein DIN-A4-Blatt eine Strecke $\overline{AB}$ der Länge 5 cm und konstruiere den Halbkreis über $\overline{AB}$. Befestige das Blatt auf einer PIN-Wand. Stecke nun je eine PIN-Nadel in A, B und einen beliebigen Punkt C auf dem Halbkreis und spanne ein Gummidreieck.

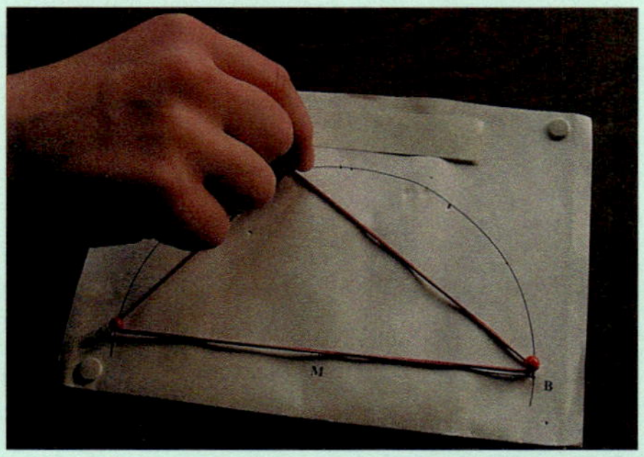

DGS

Alle Aufgaben auf den nächsten Seiten können auch mit einem Dynamischen Geometriesystem bearbeitet werden.

b) Wie verändert sich der Winkel β, wenn du den Punkt C auf dem Halbkreis bewegst und damit den Winkel α veränderst? Miss zu verschiedenen Werten von α (10°, 20°, 30°, …, 80°) den entsprechenden Winkel β und trage die Wertepaare in eine Tabelle ein. Was fällt auf?
c) Übertrage die Wertepaare in ein Koordinatensystem und zeichne den Graphen der Zuordnung $\alpha \rightarrow \beta$.

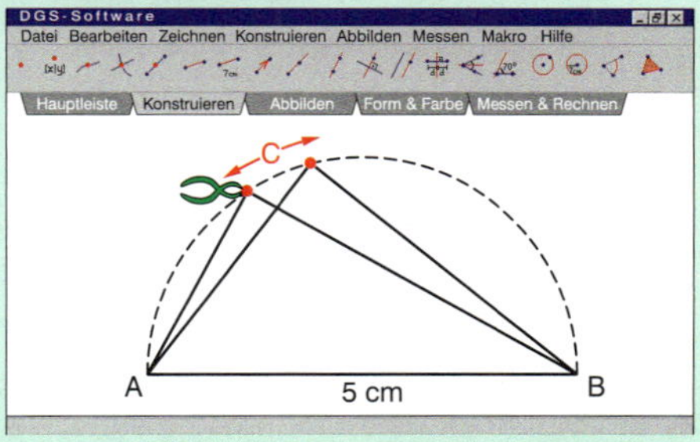

Übungen

Bewegliche Dreiecke

3 Wir wissen bereits, was die Angabe auf dem Straßenschild bedeutet. Die Straße steigt auf 100 m um 11 m. Welcher Steigungswinkel gehört zu 11 %? Welche Prozentangabe steht auf dem Schild, wenn eine Straße in einem Winkel von 20° ansteigt? Diese Fragen können wir leicht mit einem beweglichen Dreieck beantworten.

a) Zeichne auf ein DIN-A4-Blatt ein Dreieck ABC mit $\overline{AB} = \overline{BC} = 10$ cm und $\beta = 90°$. Befestige das Blatt auf einer PIN-Wand. Stecke nun je eine PIN-Nadel in A, B und C und spanne ein Gummidreieck.

b) Wie groß ist der Winkel α? Begründe, dass dies der Steigungswinkel für 100 % Steigung ist.

c) Wie verändert sich der Winkel α, wenn der Punkt C sich auf der Seite a bewegt?

d) Miss den Winkel α, der zu $\overline{BC} = 11$ mm gehört. Jetzt kennst du den Steigungswinkel zu 11 % Steigung.

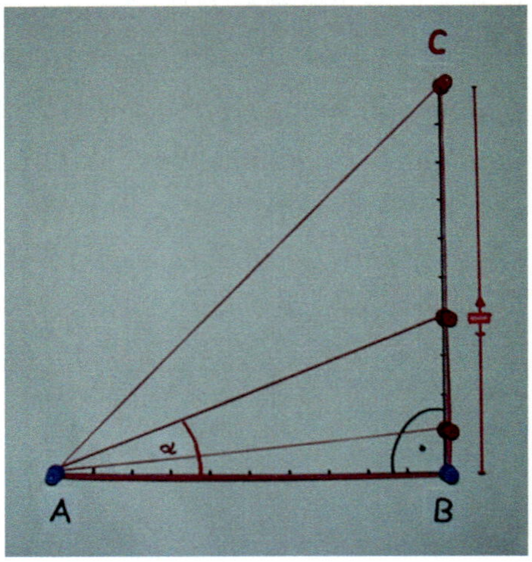

4 Wir untersuchen das bewegte Dreieck aus Aufgabe 3 nun mit System. Zu verschiedenen Längen von $\overline{BC}$ messen wir jeweils den entsprechenden Winkel α und tragen diese Paare in eine Tabelle ein.

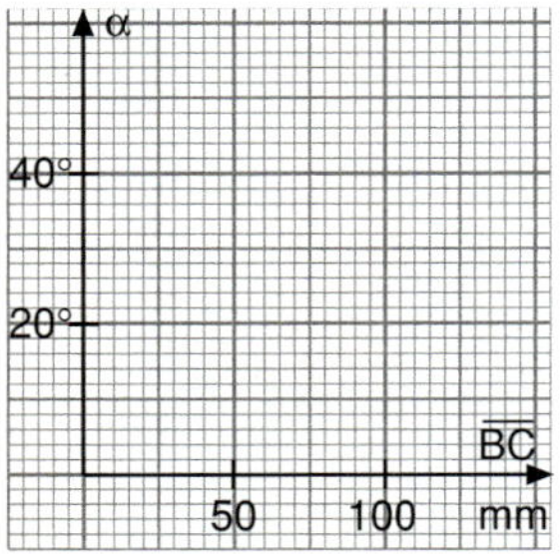

$\overline{BC}$ in mm	0	10	20	30	40	50	60	70	80	90	100
α	0°										45°

a) Fülle die Tabelle aus und übertrage die Wertepaare in ein Koordinatensystem. Verbinde die Punkte durch einen passenden Graph. Begründe, dass die Zuordnung $\overline{BC} \to \alpha$ keine Proportionalität ist.

b) Bestimme mithilfe des Graphen nun die Steigungswinkel für 5 % (12 %, 25 %, 75 %). Überprüfe die Werte an deinem Dreieck an der PIN-Wand.

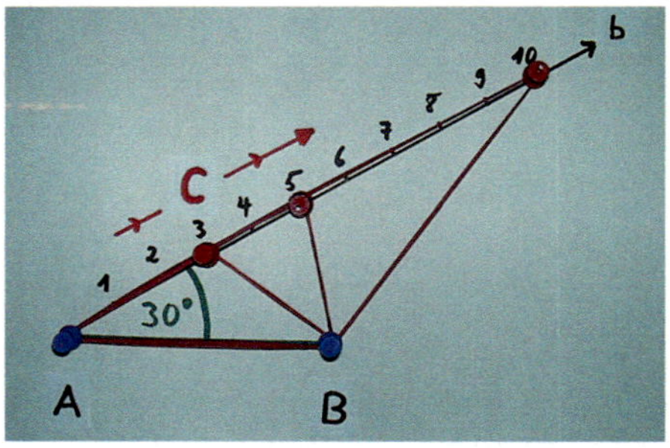

5 Von einem Dreieck ist die Seite $\overline{AB} = 5$ cm und der Winkel $\alpha = 30°$ gegeben. Der Punkt C bewegt sich auf dem freien Schenkel von α immer weiter nach oben. Dabei wird die Seite b immer länger.

a) Beschreibe, wie sich die Seitenlänge a des Dreiecks dabei verändert.

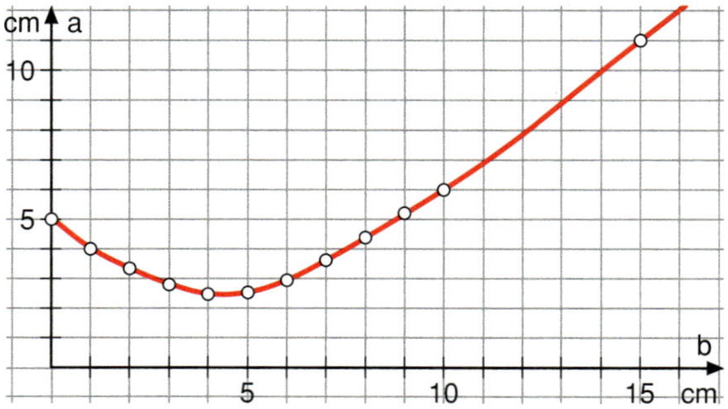

b) Wir messen nun zu verschiedenen Seitenlängen b (0, 1, 2, 3, …) die jeweils zugehörige Seitenlänge a. In dem Koordinatensystem ist der Graph dieser Zuordnung $b \to a$ gezeichnet. Passt dieser Graph zu deiner Beschreibung? Warum fällt der Graph am Anfang und steigt später wieder an? Welches besondere Dreieck entspricht dem tiefsten Punkt (Minimum) des Graphen?

Übungen

6 Von einem Dreieck ABC ist die Seite $c = \overline{AB} = 10$ cm und die Seitenlänge $b = 7$ cm gegeben. Der Winkel α verändert sich schrittweise von 0° bis 180°.

a) Beschreibe, wie sich dabei der Punkt C bewegt.

b) Wie verändert sich dabei die Seitenlänge a? Welches ist die größte und welches die kleinste Länge von a? Zu welchen Winkelgrößen von α gehören diese?

c) Wie sieht der Graph der Zuordnung $\alpha \rightarrow a$ bei diesem bewegten Dreieck aus?
Zeichne zunächst einen Graph nach deiner Vermutung in ein Koordinatensystem. Miss dann zu einigen Winkeln α die zugehörigen Seitenlängen a und trage die Wertepaare $(\alpha | a)$ als Punkte in dein Koordinatensystem ein. Wie gut war deine Skizze?

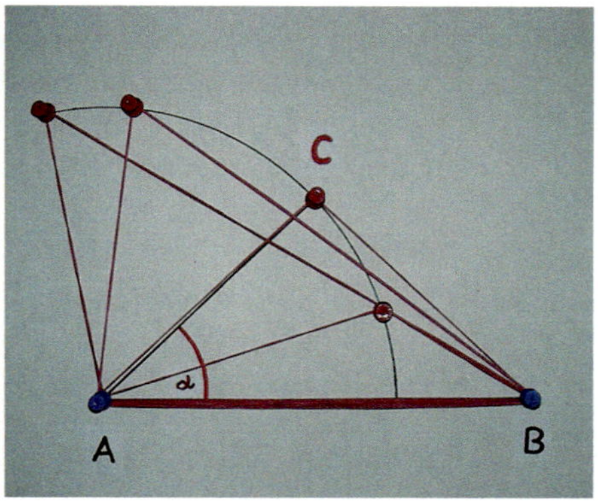

7 In dem Dreieck ABC ist die Seite $c = 10$ cm und der Winkel $\alpha = 60°$ gegeben. Der Winkel β verändert sich, er wächst schrittweise von anfangs 0° immer mehr an.

a) Auf welcher Linie bewegt sich dabei der Punkt C? Bis zu welchem Winkel β entsteht jeweils ein Dreieck?

b) Beschreibe, wie sich dabei die Seitenlängen a und b mit wachsendem Winkel β verändern.

c) Im Folgenden sind die Graphen der beiden Zuordnungen $\beta \rightarrow a$ und $\beta \rightarrow b$ in verschiedenen Farben gekennzeichnet. Welcher Graph gehört zu welcher Zuordnung?
Welches besondere Dreieck gehört zu dem Schnittpunkt der beiden Graphen? Begründe.

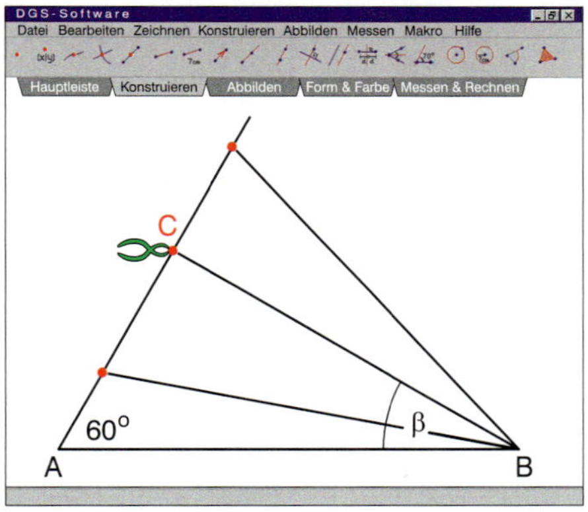

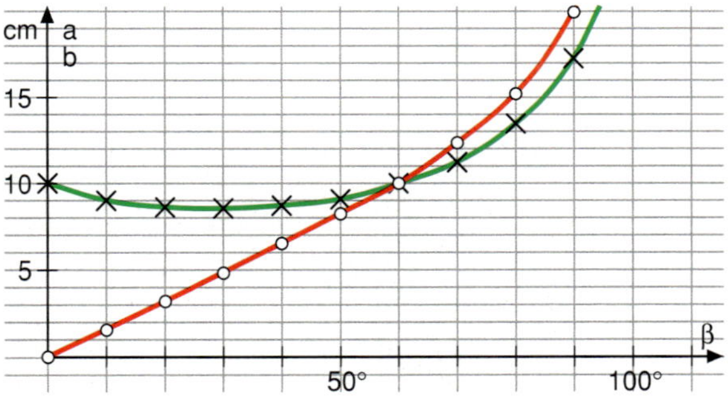

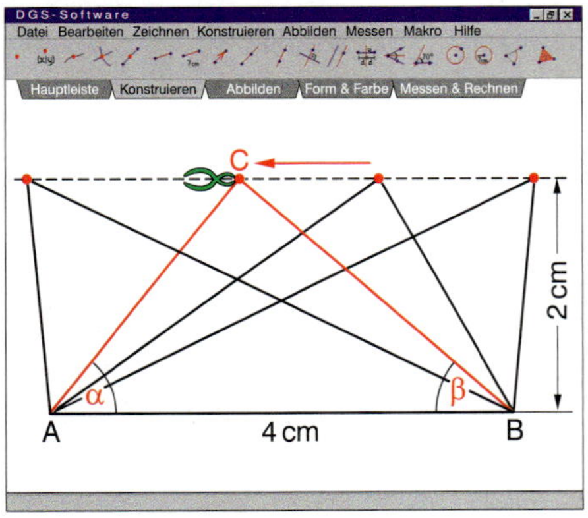

8 Der Punkt C bewegt sich auf der Parallelen zu $\overline{AB}$ von rechts nach links. Erstelle zu dem bewegten Dreieck ($\overline{AB} = 4$ cm) mithilfe von einigen Messungen den Graphen der Zuordnung $\alpha \rightarrow \beta$.

Übungen

Würfelgebäude aus verschiedenen Blickwinkeln

Der Sears-Tower in Chicago ist 443 m hoch.

Zum Training lohnt es sich, die Würfelgebäude selbst zu bauen. Die farbigen Würfel gibt es vielleicht in der Mathe-Sammlung. Ansonsten selbst bauen oder Spielwürfel benutzen.

Auf dem Foto ist ein Wolkenkratzer in Chicago zu sehen. Er besteht aus neun Türmen verschiedener Höhe. Kannst du dir vorstellen, wie die Fotos aussehen, wenn wir um das Gebäude herumgehen und von verschiedenen Standpunkten aus fotografieren? Wir können unsere Vorstellungskraft an vereinfachten Würfelgebäuden trainieren.

9 Das nebenstehende „Würfelgebäude“ ist aus fünf farbigen Würfeln zusammengesteckt. Das Foto ist von einem Standpunkt von rechts vorne aufgenommen. Wenn wir das Gebäude direkt von vorne betrachten, so sehen wir nur die Vorderflächen von vier Würfeln.

vorne

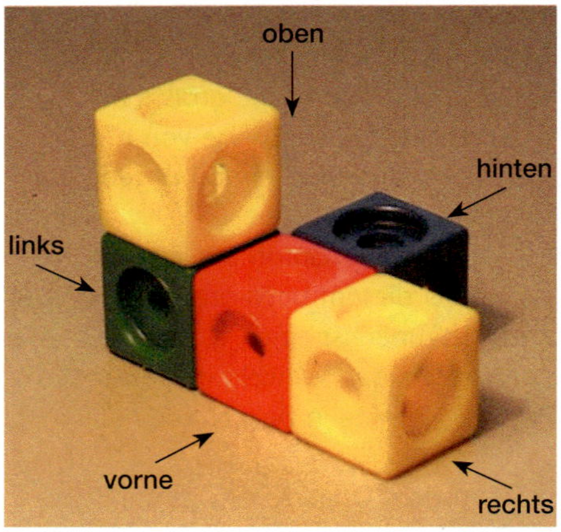

a) Die nächsten vier Bilder zeigen jeweils die Ansicht, wenn man direkt von links, von rechts, von hinten oder von oben auf das Gebäude blickt. Übertrage die Ansichten in dein Heft und zeichne jeweils die zutreffenden Farben ein.

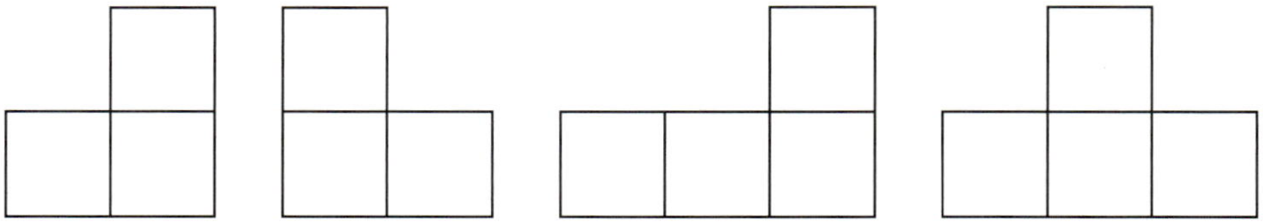

links rechts hinten oben

b) Zeichne die Ansicht, wenn man direkt „von unten“ auf das Gebäude blickt.

10 Zeichne zu den Würfelgebäuden jeweils die 5 Ansichten von vorne, hinten, links, rechts und oben.

11 Von einem Würfelgebäude sind die fünf Ansichten gezeichnet. Baue ein passendes Gebäude aus Würfeln oder zeichne ein Schrägbild. Gibt es mehrere Lösungen?

vorne rechts links hinten oben

Aufgaben

Standortbestimmung

12 Dominik hat vom Segelschiff aus sechs Fotos seiner Lieblingsinsel gemacht. Das Schiff fuhr auf der rot eingezeichneten Route von Westen nach Osten.

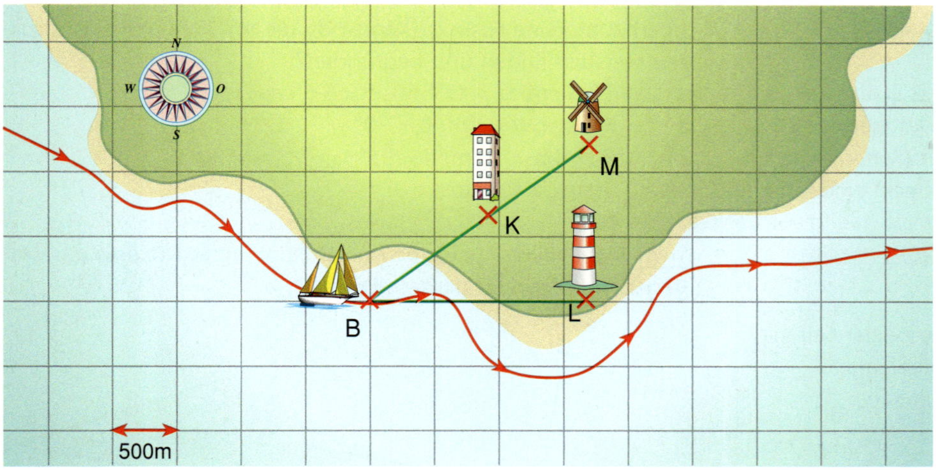

Leider sind die Fotos in der Reihenfolge etwas durcheinander geraten.

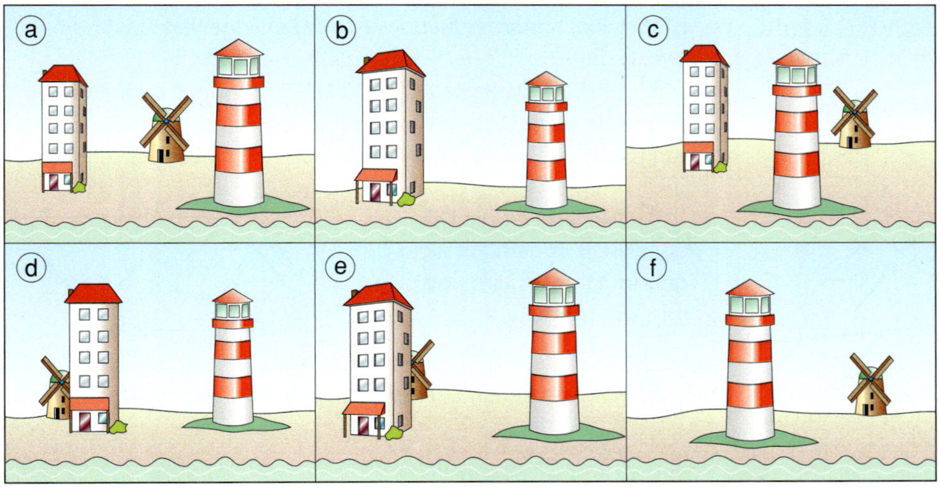

Dominik möchte nun mithilfe der Karte die ungefähren Positionen des Schiffes bei den einzelnen Fotos bestimmen. Für das Foto b ist ihm dies bereits gelungen (siehe Karte). Warum ist dies besonders einfach? Kannst du ihm bei den anderen Fotos helfen?

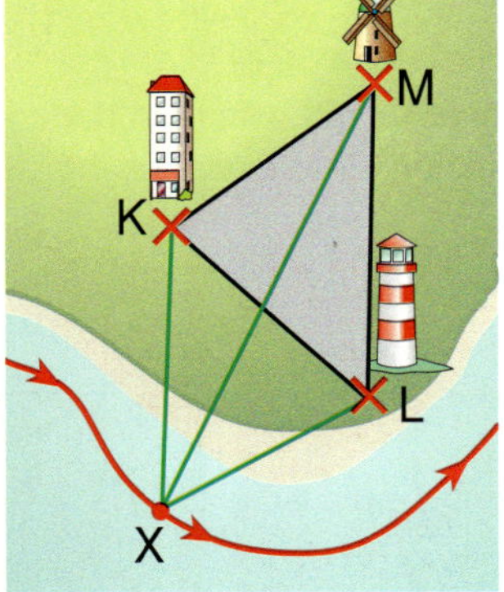

a) Übertrage die Karte in dein Heft und markiere die ungefähren Positionen A bis F. In welcher Reihenfolge sind die Fotos gemacht? Vergleiche mit deinen Nachbarn und begründe.

b) Wie sähen die beiden Fotos aus, die ganz am westlichen Rand und ganz am östlichen Rand der Karte aufgenommen würden? Skizziere jeweils die drei Gebäude in ihrer Lage und Größe.

Markiere eine Position X auf der Fahrtroute. Zeichne die 3 Strecken von X zu den Gebäuden auf der Insel. Nun kannst du erkennen, welches der Gebäude von deinem Blickpunkt aus rechts, links oder in der Mitte liegt. Die längere Strecke bedeutet eine größere Entfernung, das betreffende Gebäude erscheint kleiner.

CHECK-UP

Geometrische Konstruktionen an Dreiecken

Unter bestimmten Bedingungen können wir Dreiecke aus drei gegebenen Stücken (Seitenlängen, Winkel, besondere Linien am Dreieck) eindeutig konstruieren.

Dreiecksungleichung

In einem Dreieck ist die Summe zweier Seitenlängen größer als die dritte Seitenlänge.

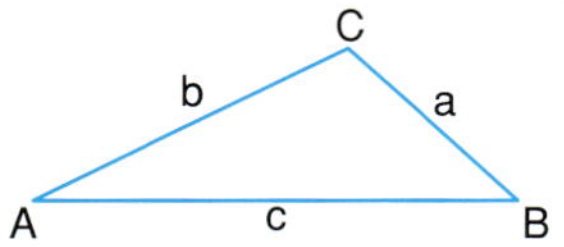

$a + b > c$ $a + c > b$ $b + c > a$

Kongruenzsätze

Ein Dreieck ABC ist eindeutig konstruierbar aus:

SSS
den drei Seitenlängen

SWS
zwei Seitenlängen und dem Maß des eingeschlossenen Winkels

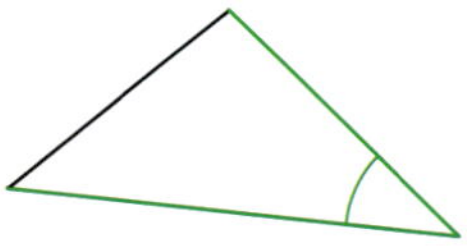

WSW
einer Seitenlänge und der Größe der beiden anliegenden Winkel

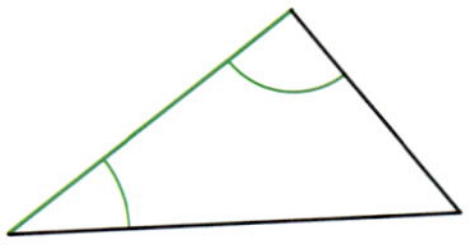

SsW
zwei Seitenlängen und dem der größeren Seite gegenüberliegenden Winkel

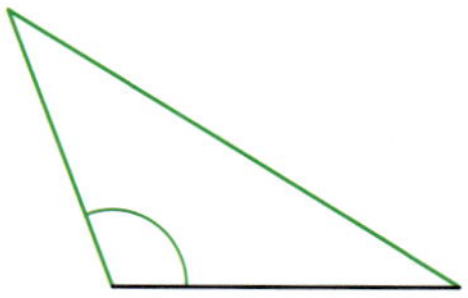

Bei Konstruktionsaufgaben mithilfe der besonderen Linien am Dreieck hilft:

Strategie

1. *Planskizze zur Übersicht*
   Zeichne zunächst eine Planfigur und markiere die gegebenen Größen.
2. *Konstruktionsplan entwickeln*
   Beginne die Konstruktion mit einer Größe, wenn du nicht weiterkommst, dann kann der Beginn mit einer anderen Größe helfen.
3. *Konstruktion exakt ausführen*

1 Mit den folgenden Angaben soll ein Dreieck konstruiert werden. In welchen Fällen ist dies eindeutig möglich, in welchen Fällen gibt es mehrere Lösungen, in welchen Fällen überhaupt keine Lösung? Kannst du die Antwort ohne Konstruktionsversuch finden und begründen?

a) $a = 10{,}3$ cm, $b = 47$ mm, $c = 5{,}6$ cm
b) $c = 6{,}5$ cm, $\alpha = 40°$, $\beta = 70°$
c) $c = 7$ cm, $b = 3$ cm, $\beta = 95°$
d) $a = 3$ cm, $b = 7$ cm

2 In der Bildfolge ist die Konstruktion eines Dreiecks aus drei gegebenen Stücken dargestellt.

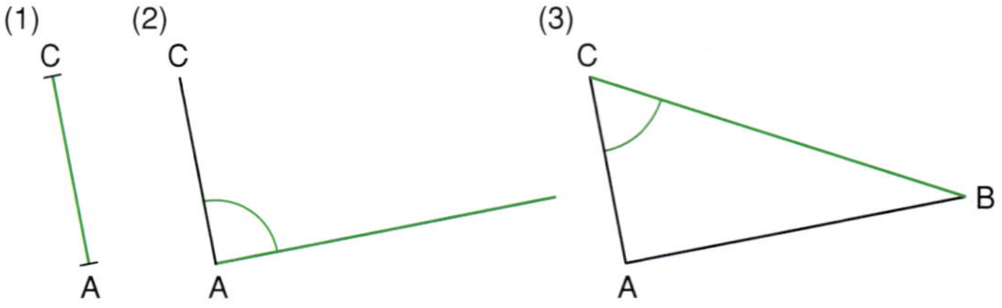

a) Schreibe eine Konstruktionsbeschreibung.
b) Welcher Kongruenzsatz wurde dabei angewandt?

3 Sind die Dreiecke ABC und DEF kongruent zueinander? Begründe deine Antwort.
A(1 | 5), B(3 | 1), C(1 | 1) und D(4 | 4), E(8 | 2), F(8 | 4)

4 Wie lang ist die Diagonale $\overline{DB}$ in dem Parallelogramm? Konstruiere und miss die Länge.

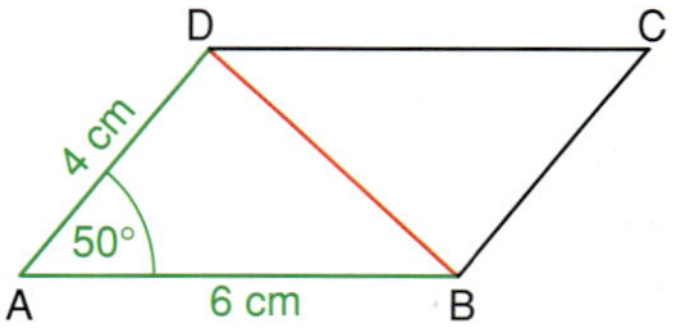

5 Konstruiere ein Dreieck; denke an die Planfigur.

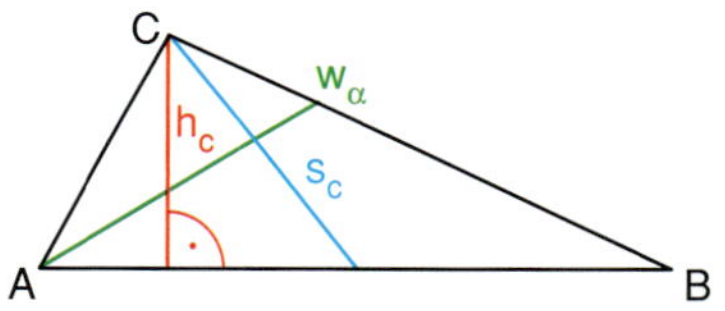

a) $b = 2{,}9$ cm, $\alpha = 92°$, $w_\alpha = 3{,}1$ cm
b) $c = 7$ cm, $\alpha = 114°$, $s_c = 4{,}1$ cm
c) $a = 5{,}3$ cm, $b = 4{,}7$ cm, $h_c = 2{,}5$ cm

6 Wie lang ist der See an seiner breitesten Stelle?
a) Beschreibe an Hand der Skizze ein Verfahren, wie man diese Breite durch Messungen und Konstruktion eines Dreieckes bestimmen kann.
b) Bestimme die Breite, wenn $\overline{PA} = 105$ m, $\overline{PB} = 60$ m und der Sehwinkel $\alpha = 35°$ ist.

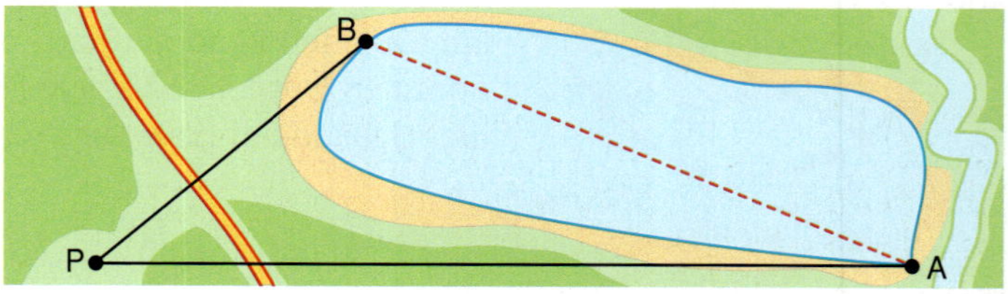

5 Vierecke und Vielecke

5.1 Konstruieren und Definieren von Vierecken

Was dich erwartet

Dreiecke lassen sich eindeutig konstruieren, wenn man drei Größen kennt. Die Kongruenzsätze besagen, welche Größen geeignet sind. Aber wie ist es bei Vierecken? Wie viele Stücke braucht man hier? Bei besonderen Vierecken kommt man oft mit wenigen Angaben aus. Für das Quadrat z. B. muss man nur die Seitenlänge kennen. Wie das bei anderen Vierecken ist, erfährst du in diesem Kapitel. „So ganz nebenbei" wirst du dabei auch einiges über das Definieren erfahren, z. B. was eine „gute Definition" ausmacht.

Aufgaben

1 *Ein „Baukasten" zur Konstruktion von Vierecken*

Mit den Strecken aus dem Baukasten sollen Vierecke konstruiert werden. Dazu darfst du die einzelnen Strecken nur so oft verwenden, wie sie im Kasten vorhanden sind. Welche Strecken benötigst du jeweils? Konstruiere die einzelnen Viereckstypen. Vergleiche mit deinem Nachbarn. Welche eurer Vierecke sind kongruent, welche unterscheiden sich?

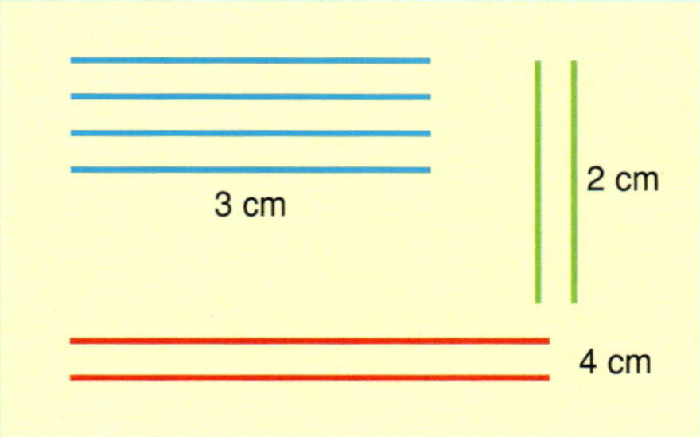

a) Rechteck b) Raute c) Parallelogramm d) Trapez
e) Quadrat f) Drachenviereck g) gleichschenkliges Trapez

Zur Erinnerung:
Kongruente Figuren sind Figuren, die in Größe und Form völlig übereinstimmen.

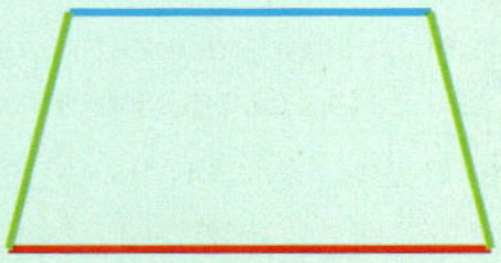

2 *Von starren und beweglichen Vielecken*

Stelle aus Pappstreifen und Klammern ein Dreieck und verschiedene Vierecke her.

a) Nach dem Kongruenzsatz SSS ist ein Dreieck durch die Angabe von drei Seitenlängen eindeutig bestimmt. Du merkst das daran, dass du die Form des Dreiecks aus Pappstreifen nicht verändern kannst. Wie siehst es bei den Vierecken aus?

b) Baue in deine Vierecke Diagonalen ein. Kannst du nun noch ihre Form verändern? Was geschieht, wenn du, statt eine Diagonale einzubauen, *einen* Winkel fest einstellst?

Aufgaben

3 *Viereckspuzzle*
Wenn du die drei Vierecke geschickt zusammenlegst, ergibt sich ein Dreieck mit den Seitenlängen 6 cm, 8 cm und 10 cm. Zum Ausschneiden der Puzzleteile musst du die Vierecke exakt in der angegebenen Form und Größe auf weißer Pappe konstruieren. Welche Maße des Vierecks musst du jeweils messen, damit die Konstruktion gelingt? Versuche, mit möglichst wenigen Angaben auszukommen.

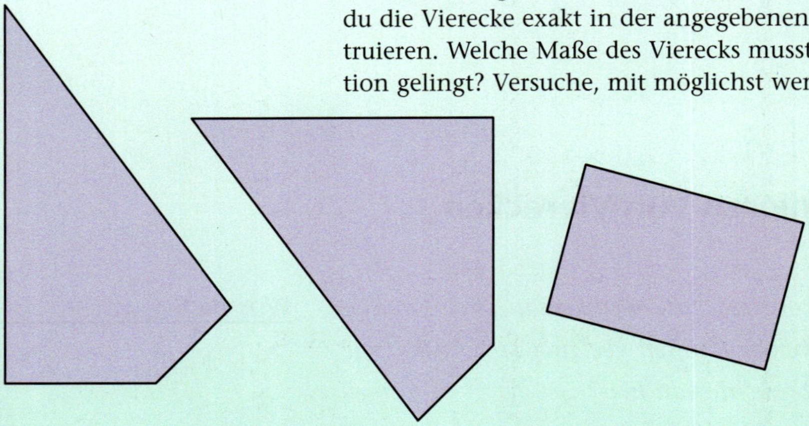

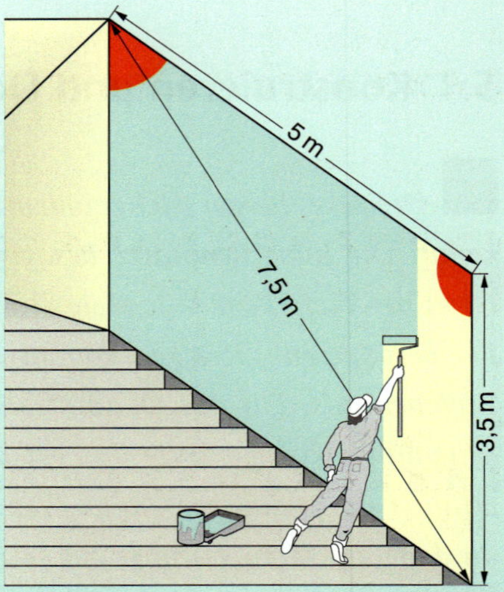

4 In einem Treppenhaus sind die in der Skizze angegebenen Maße bekannt.
a) Bestimme die rot markierten Winkel mithilfe einer Konstruktion. Beschreibe dein Vorgehen.
b) In welchem Winkel steigt die Treppe an?

Basiswissen

Um ein Viereck eindeutig konstruieren zu können, braucht man die Angabe von fünf geeigneten Größen, z. B. drei Seitenlängen und die zwei eingeschlossenen Winkel. Bei besonderen Vierecken kommt man mit weniger Angaben aus. Um zu entscheiden, ob eine eindeutige Konstruktion möglich ist, hilft eine Planfigur.

Standardbezeichnungen beim Viereck

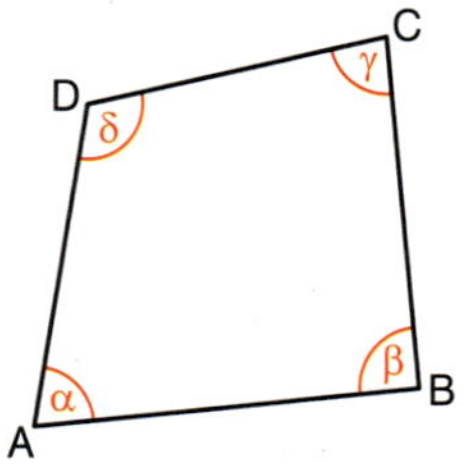

Strecken im Viereck werden mithilfe der Endpunkte benannt, z. B. Seite $\overline{AB}$ oder Diagonale $\overline{BD}$.

Mögliche Angaben zur eindeutigen Konstruktion **beliebiger** Vierecke:

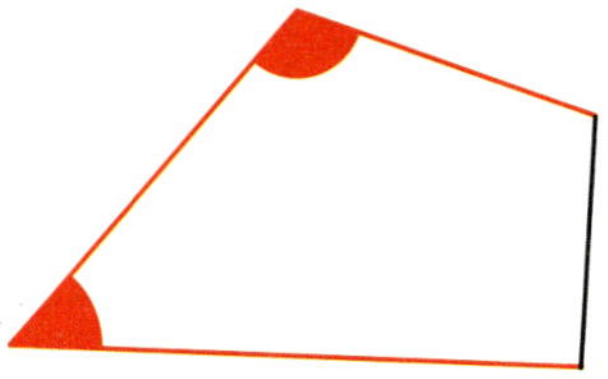

3 Seiten und die beiden eingeschlossenen Winkel

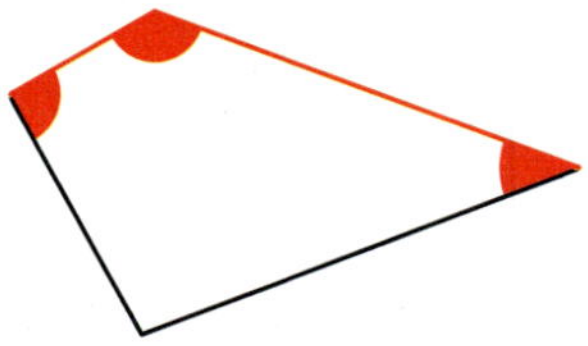

2 Seiten, der eingeschlossene Winkel und die beiden anliegenden Winkel

Mögliche Angaben zur eindeutigen Konstruktion **besonderer** Vierecke:

Quadrat

eine Seite

Parallelogramm

2 Seiten und der eingeschlossene Winkel

Beispiele

A Konstruktion eines Vierecks aus: $\overline{AB} = 2{,}6$ cm, $\overline{BC} = 3{,}2$ cm, $\overline{CD} = 2{,}8$ cm, $\beta = 80°$, $\gamma = 70°$

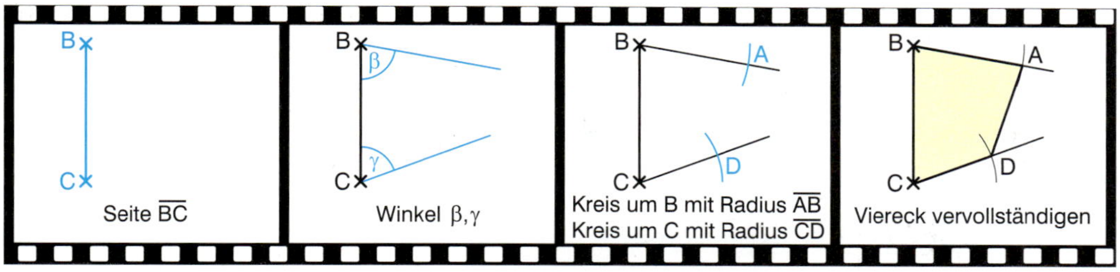

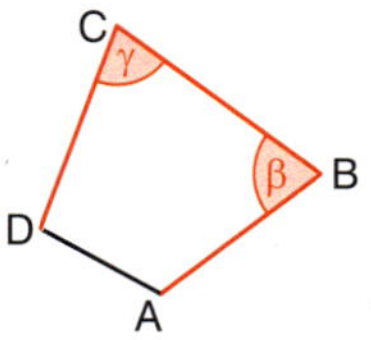
Planfigur zu A

B Konstruktion eines Vierecks aus $\overline{AD} = 3$ cm, $\overline{AB} = 3{,}3$ cm, $\overline{BC} = 2{,}2$ cm, $\alpha = 90°$, $\delta = 70°$

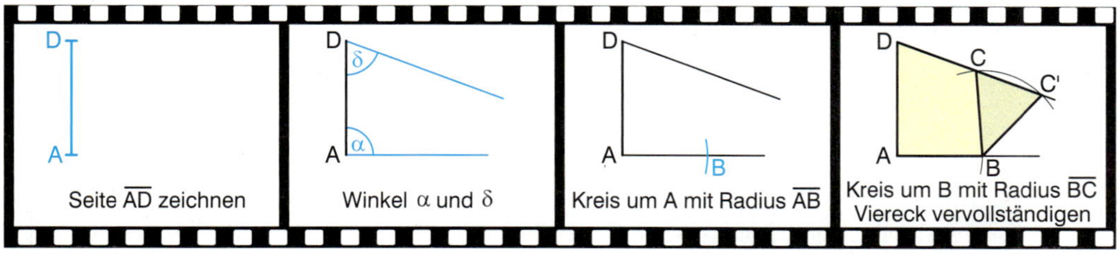

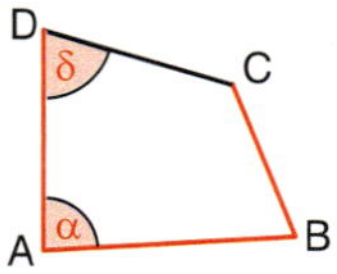
Planfigur zu B

Die Konstruktion ist nicht eindeutig.

C Konstruktion eines Drachenvierecks mit $\overline{AB} = 2{,}2$ cm, $\overline{BC} = 3$ cm und $\beta = 130°$

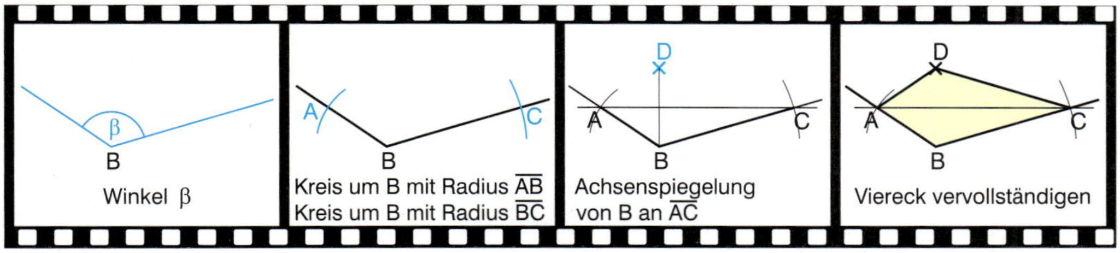

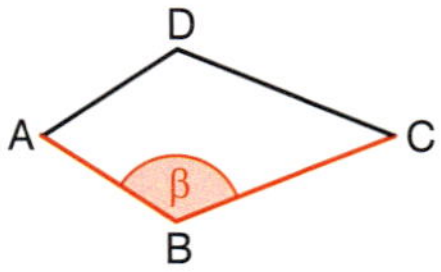
Planfigur zu C

Hier nutzt man aus, dass das Drachenviereck achsensymmetrisch zur Diagonalen $\overline{AC}$ ist.

Übungen

5 Konstruiere die Vierecke aus den gegebenen Größen. Welche Konstruktionen sind eindeutig?

a) $\overline{AD} = 5$ cm; $\overline{BC} = 7$ cm; $\overline{AB} = 3$ cm; $\alpha = 120°$; $\beta = 100°$
b) $\overline{AB} = 6$ cm; $\overline{BC} = 4{,}5$ cm; $\overline{CD} = 3{,}9$ cm; $\overline{AD} = 7{,}2$ cm; $\overline{AC} = 5$ cm
c) $\overline{CD} = 5$ cm; $\overline{BD} = 7$ cm; $\beta = 130°$; $\gamma = 70°$; $\delta = 100°$
d) $\overline{AD} = 5$ cm; $\alpha = 100°$; $\beta = 80°$; $\delta = 110°$

5, **6** Kommt bei den gegebenen Stücken eine Diagonale vor, ist es oft hilfreich, mit der Konstruktion eines Dreiecks unter Anwendung der Kongruenzsätze zu beginnen.

6 Konstruiere die besonderen Vierecke aus den gegebenen Größen. Welche besonderen Eigenschaften der Vierecke benutzt du jeweils zur Konstruktion?

a) Parallelogramm: $\overline{BC} = 2{,}5$ cm; $\overline{CD} = 4{,}8$ cm; $\alpha = 37°$ b) Quadrat: $\overline{BD} = 6$ cm
c) Raute: $\overline{CD} = 4$ cm; $\beta = 138°$ d) Rechteck: $\overline{AB} = 4$ cm; $\overline{AC} = 5$ cm
e) Drachenviereck: $\overline{AB} = 3$ cm; $\overline{BC} = 5$ cm; $\overline{AC} = 7$ cm

7 *Unmögliche Vierecke*

Begründe jeweils, warum mit den Angaben kein Viereck konstruiert werden kann.

a) $\overline{AB} = 7$ cm; $\overline{AC} = 8$ cm; $\overline{AD} = 6$ cm; $\overline{CD} = 4$ cm; $\delta = 65°$
b) $\overline{BC} = 4$ cm; $\alpha = 74°$; $\beta = 115°$; $\gamma = 66°$; $\delta = 97°$
c) ein Parallelogramm mit $\overline{AC} = 5$ cm, $\overline{BD} = 6$ cm und $\alpha = 47°$
d) eine Raute mit $\overline{AB} = 4$ cm, $\alpha = 37°$ und $\beta = 73°$
e) ein Drachenviereck mit $\overline{AB} = 3{,}5$ cm, $\overline{BC} = 6$ cm und $\overline{CD} = 4$ cm

Eine Planfigur kann hier helfen.

Übungen

8, **9**, **10**
Konstruiere jeweils in einem geeigneten Maßstab.

8 Die Kreuzungsfläche zweier Straßen ist ein Parallelogramm. Bestimme durch Konstruktion die Breite der beiden Straßen.

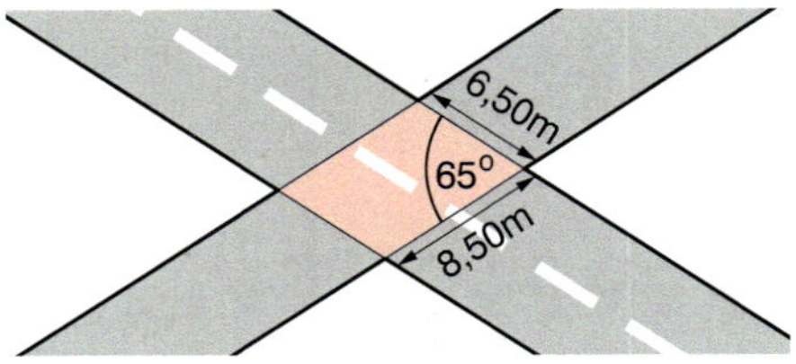

9 Auf einem 2,5 m hohen Damm mit einem Böschungswinkel von 40° und einer Dammsohle von 8 m soll ein Radweg asphaltiert werden. Wie breit wird der Weg?

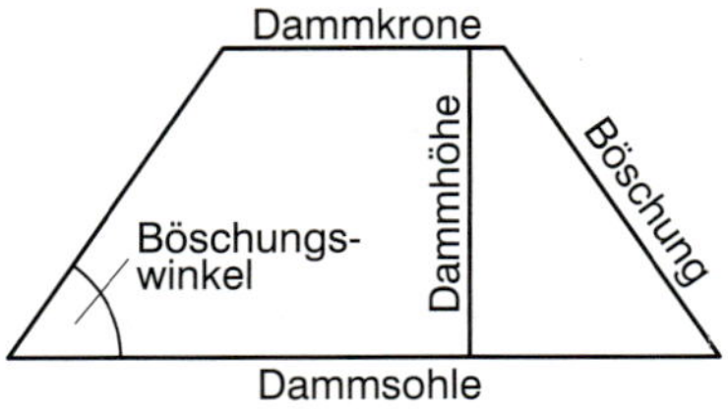

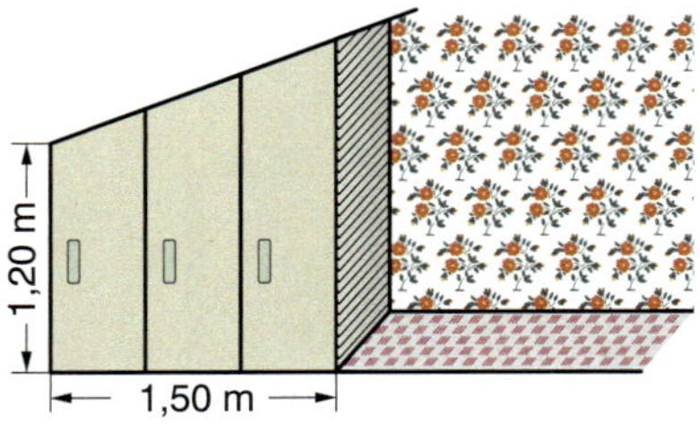

10 Herr Hammer möchte im Dachgeschoss einen Einbauschrank mit drei Türen unter der Dachschräge bauen. Die Dachneigung beträgt 28°. Bestimme durch Konstruktion die Maße der Türen.

Die Fenstersteuer

Im 18. Jahrhundert gab es in vielen europäischen Ländern eine Fenstersteuer, mit der die Regierenden ihre Staatskassen auffüllten. Die Steuer richtete sich in der Regel nach der Anzahl und Größe der Fenster. Dies führte dazu, dass viele Fenster zugemauert oder auf minimale Größe verkleinert wurden. Manchmal führte es aber auch dazu, dass parallelogrammförmige Fenster eingebaut wurden. Meistens wurde die Fenstersteuer nämlich nur auf rechteckige Fenster erhoben.

Es gibt verschiedene Lösungen.

11 Ein Glaser soll die Scheiben der Fenster durch besser isolierte Scheiben ersetzen. Welche Größen muss er bei den einzelnen Fenstern mindestens messen, damit die Scheiben passen? Skizziere die Fenster in dein Heft und markiere die notwendigen Größen farbig.

12 *Ein Viereck durch Punktspiegelung*
Zeichne das Dreieck ABC mit A(2|6), B(7|1) und C(5|11).
Spiegele es am Mittelpunkt der Strecke $\overline{AB}$. Welches Viereck entsteht?
Versuche die gleiche Konstruktion auch an anderen Dreiecken ABC.

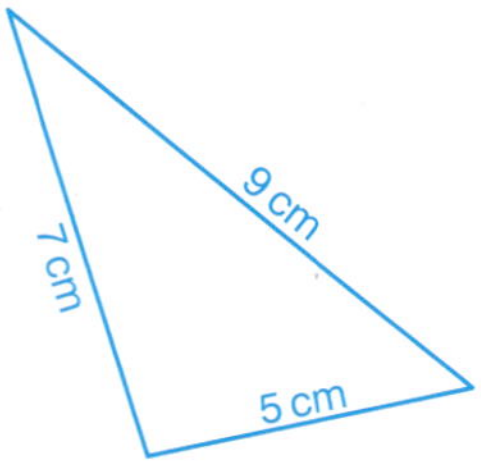

13 Konstruiere zwei Dreiecke mit den angegebenen Maßen auf Pappe und schneide sie aus. Wie viele verschiedene Parallelogramme kannst du aus den zwei Dreiecken zusammenlegen? Gib die Maße aller möglichen Parallelogramme an. Überlege dazu, wodurch ein Parallelogramm eindeutig festgelegt wird.

Übungen

„Koordinatengeometrie"

14 Zeichne das Viereck ABCD mit A(0|4), B(6|0), C(7|4) und D(6|8).
a) Welches Viereck entsteht?
b) Verändere die Koordinaten des Punktes A so, dass eine Raute entsteht.
c) Verändere die Koordinaten der Punkte A und C so, dass ein Quadrat entsteht.

15 Die Punkte A(1|1), B(7|3), C(7|7) und D(x|y) bilden ein Viereck. Bestimme die Koordinaten des Punktes D so, dass ABCD ein Parallelogramm (Drachenviereck, gleichschenkliges Trapez) bildet.

16 *Was ist eigentlich ein Rechteck?*

Welche Beschreibung passt in die letzte Sprechblase, sodass dem Lehrer nichts anderes übrig bleibt, als ein Rechteck zu zeichnen? Vergleicht eure Vorschläge.

Definitionen

„(...) Das ist Klingklanggloria für dich."
„Ich weiß nicht, was Sie mit Klingklanggloria meinen", antwortete Alice.
„Natürlich nicht!" Humpelpumpel lächelte überheblich. „Aber ich will es dir erklären. Ich meine damit: Da hast du einen hübsch treffenden Beweis."
„Aber Klingklanggloria ist nicht dasselbe wie hübsch treffender Beweis!" widersprach Alice.
„Wenn ich ein Wort benutze", erklärte Humpelpumpel hochmütig, „dann hat es die Bedeutung, die ich ihm zu geben beliebe – nicht mehr und nicht weniger." (aus: „Alice im Spiegelland" von Lewis Carroll)

Verständigung ist nur möglich, wenn klar ist, was ein Begriff bedeutet. Da Humpelpumpel sich Worte ausdenkt, deren Bedeutung nur er kennt, kann Alice ihn nicht verstehen. Aber auch Begriffe, die jeder kennt, bedeuten nicht für jeden das Gleiche. Frage drei verschiedene Personen, was sie unter Freiheit verstehen, und du wirst drei verschiedene Erklärungen bekommen. Einfacher ist es bei Gegenständen. Sie lassen sich durch bestimmte Eigenschaften beschreiben. Eine Kerze lässt sich z. B. beschreiben als Gegenstand aus Wachs mit einem brennbaren Docht.
Auch in der Geometrie sind Begriffe mit Eigenschaften verknüpft. Ein Quadrat z. B. hat die Eigenschaften gleich lange Seiten, rechte Innenwinkel und viele mehr. In der Mathematik beschreibt man möglichst genau und nennt dabei so wenig Eigenschaften wie nötig. Für das Quadrat reicht die Beschreibung: „Ein Viereck mit vier Symmetrieachsen." Eine solche möglichst knappe Beschreibung nennen Mathematiker eine **Definition**.

Basiswissen

„Was ist eine gute Definition?"

Eine „gute Definition"

- ... legt einen Begriff präzise fest und dient der klaren Verständigung,
- ... enthält nur Worte, die allgemein verständlich oder bereits klar definiert sind,
- ... enthält nicht mehr Informationen als unbedingt notwendig,
- ... erweist sich als nützlich bei der Ordnung und Unterscheidung von Begriffen.

Beispiele

Ist eine elektrische Kerze eine Kerze?

D Welche Beschreibung ist eine „gute Definition" für eine Kerze?
(1) Eine Kerze ist ein Gegenstand aus Wachs.
(2) Eine Kerze ist ein Gegenstand mit einem brennbaren Docht.
(3) Eine Kerze ist ein Gegenstand aus Wachs mit einem brennbaren Docht.
(4) Eine Kerze ist ein roter und runder Gegenstand aus Wachs mit einem brennbaren Docht.
(1) und (2) sind nicht präzise, denn Wachsbilder sind aus Wachs, Petroleumlampen besitzen einen Docht. Beide Gegenstände sollen aber nicht als Kerzen eingeordnet werden.
(3) ist eine „gute Definition", denn alle Gegenstände aus Wachs mit Docht sind Kerzen.
(4) enthält für die Definition überflüssige Information (Form und Farbe).

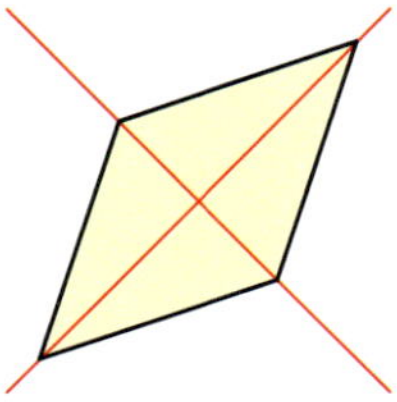

E Es gibt verschiedene „gute Definitionen" für eine Raute.
(1) Viereck mit vier gleich langen Seiten.
(2) Viereck, bei dem beide Diagonalen Symmetrieachsen sind.
„Ein Viereck, bei dem alle vier Seiten gleich lang sind und die Diagonalen senkrecht aufeinander stehen," ist auch eine zutreffende Beschreibung für die Raute. Es ist aber keine gute Definition, weil sie mehr Informationen enthält als notwendig.

Übungen

17 *Was ist ein Messer?*
Betrachte die abgebildeten Gegenstände. Welche davon würdest du als „Messer" bezeichnen? Versuche, eine „gute Definition" für den Begriff „Messer" zu finden. Vergleicht eure Definitionen.

18 Charly hat sich aus einem Mathelexikon die Definitionen für die besonderen Vierecke Quadrat, Rechteck, Raute, Parallelogramm, Trapez und Drachenviereck herausgeschrieben. Welche Definition gehört zu welchem Viereck?

- Viereck mit vier gleich langen Seiten
- Viereck mit mindestens einem Paar paralleler Seiten
- Viereck mit vier gleich langen Seiten und vier rechten Winkeln
- Viereck mit vier rechten Winkeln
- Viereck mit zwei Paaren aneinander stoßender gleich langer Seiten
- Viereck mit paarweise parallelen Gegenseiten

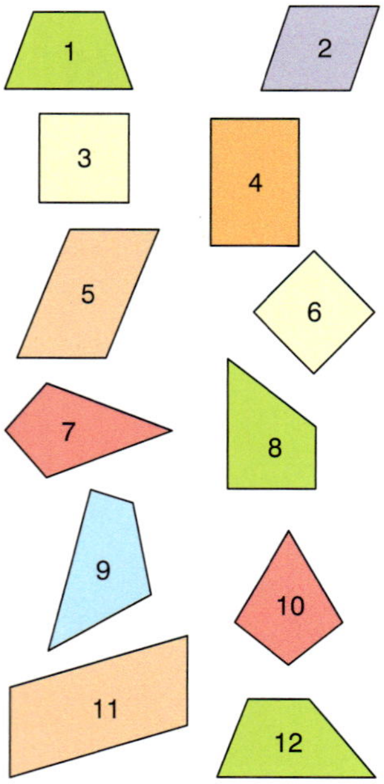

19 Schau dir die zwölf nummerierten Vierecke an. Welche der Vierecke erfüllen jeweils die in der Tabelle aufgeführten Eigenschaften? Übertrage die Tabelle in dein Heft und schreibe alle passenden Nummern in die zugehörigen Spalten.

2 Paare paralleler Seiten	4 gleich lange Seiten	4 rechte Winkel	4 gleich lange Seiten und 4 rechte Winkel	2 Paare gleich langer, aneinander stoßender Seiten	gegenüberliegende Winkel sind gleich groß
2					
11					
3					
…					

Kannst du mithilfe der Tabelle noch weitere Definitionen für die verschiedenen besonderen Vierecke finden? Vergleicht eure Definitionen untereinander und mit denen aus Aufgabe 18.

Übungen

20 *Viereck gesucht*

a) Welches Viereck ist gesucht? Finde verschiedene Definitionen für das Viereck.

b) Erfinde selbst einen Steckbrief für ein anderes Viereck. Versuche dabei, möglichst viele kennzeichnende Eigenschaften aufzuzählen. Lasse anschließend deinen Nachbarn drei verschiedene Definitionen für dein Viereck finden.

21 a) In Aufgabe 18 steht eine anerkannte gute Definition für das Rechteck. Iris stellt fest: *„Nach dieser Definition ist jedes Quadrat auch ein Rechteck“*. Hat sie Recht? Begründe deine Meinung.

b) Begründe mithilfe der Definition des Quadrats, dass die umgekehrte Aussage, „Jedes Rechteck ist auch ein Quadrat.“, falsch ist.

c) Begründe anhand der Definitionen aus Aufgabe 18, welche der folgenden Aussagen wahr sind:

(1) Jede Raute ist auch ein Parallelogramm.
(2) Jedes Parallelogramm ist auch ein Rechteck.
(3) Ein Quadrat ist eine besondere Raute.

d) Finde selbst weitere solcher wahren Aussagen.

Ein Rechteck ist ein Viereck mit vier rechten Winkeln.

22 Lisa und Katrin finden in zwei verschiedenen Büchern folgende Definitionen:

Ein Trapez ist ein Viereck mit mindestens einem Paar paralleler Seiten.

Ein Trapez ist ein Viereck mit exakt einem Paar paralleler Seiten.

a) Wodurch unterscheiden sich die beiden Definitionen?

b) Welche der folgenden Vierecke sind Trapeze nach Lisas Definition, welche nach der von Katrin?

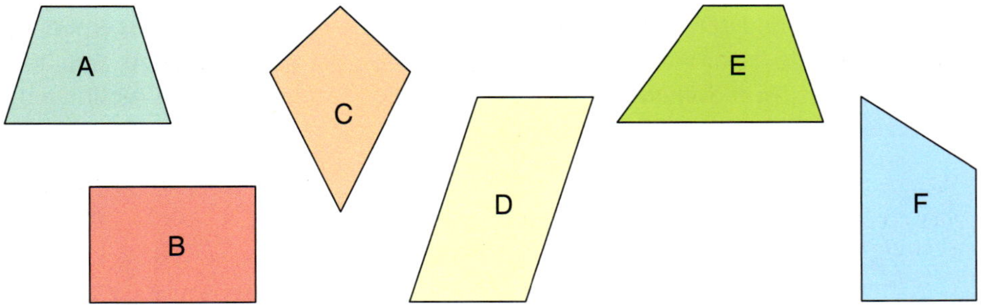

23 Entscheide, ob es sich bei den Beschreibungen um gute Definitionen handelt.

a) Zirkel: Gegenstand, mit dem man Kreise zeichnen kann.
b) Quadrat: Viereck mit vier gleich langen Seiten.
c) Drachenviereck: Viereck mit orthogonalen Diagonalen.
d) Uhr: Gegenstand, der sich zur Zeitmessung eignet.
e) Fahrrad: Fahrzeug mit zwei Rädern.
f) Rechteck: Viereck mit zwei Paaren gleich langer Seiten.
g) Trapez: Viereck mit einem Paar paralleler Seiten.
h) Parallelogramm: punktsymmetrisches Viereck.
i) gleichschenkliges Trapez: Viereck, bei dem zwei gegenüberliegende Seiten gleich lang sind.
j) Quadrat: Viereck mit vier Symmetrieachsen.
k) Rechteck: Parallelogramm mit mindestens einem rechten Winkel.

Aufgaben

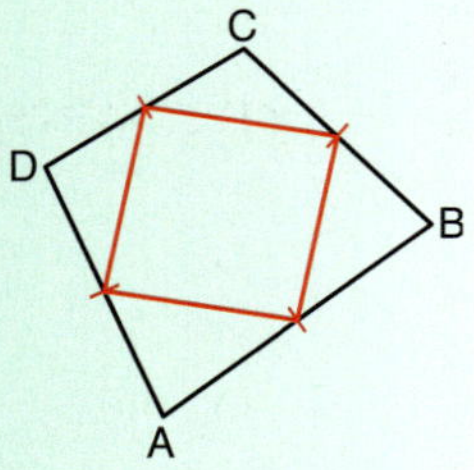

24 *Konstruktion von Vierecken aus Vierecken*

a) Zeichne ein beliebiges Ausgangsviereck und verbinde anschließend die benachbarten Seitenmitten. Welches besondere Viereck entsteht auf diese Weise? Überprüfe deine Vermutung durch die gleiche Konstruktion mit anderen Ausgangsvierecken.

b) Was passiert, wenn das Ausgangsviereck ein Drachenviereck (ein Rechteck; eine Raute; ein gleichschenkliges Trapez) ist?
Experimentiere und halte deine Beobachtungen fest. Vergleiche mit den Ergebnissen deiner Nachbarn. Versuche die Ergebnisse zu begründen.

Ist der Walfisch ein Fisch? Erkundige dich bei den Biologieexperten nach einer Definition von „Fisch".

25 Die Insekten gehören zur Klasse der Gliederfüßler und besitzen neben gegliederten Beinen noch viele weitere gemeinsame Eigenschaften, z. B. einen dreigeteilten Körper, ein chitinhaltiges Außenskelett und Facettenaugen. Um ein Insekt zu erkennen, muss man aber nicht nach allen diesen Eigenschaften suchen. Es reicht, zu überprüfen, ob es 6 Beine hat. Alle Tiere mit 6 Beinen sind Insekten. Aus diesem Grund ist die wissenschaftliche Bezeichnung für Insekten auch „Hexapoda" (= Sechsfüßler).
Entscheide mit dieser „Definition", bei welchen Tieren es sich um Insekten handelt.

Ameise

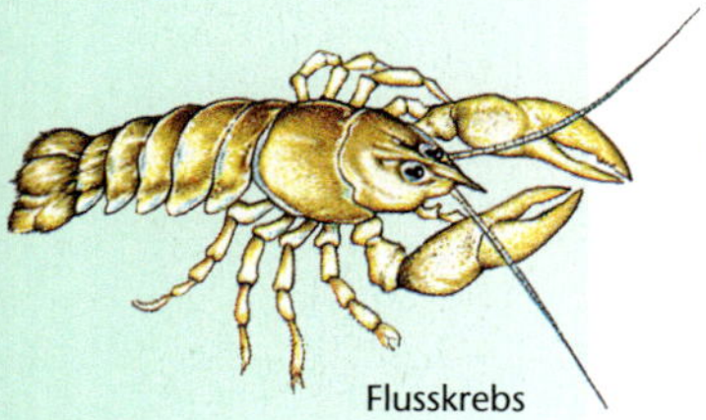
Flusskrebs

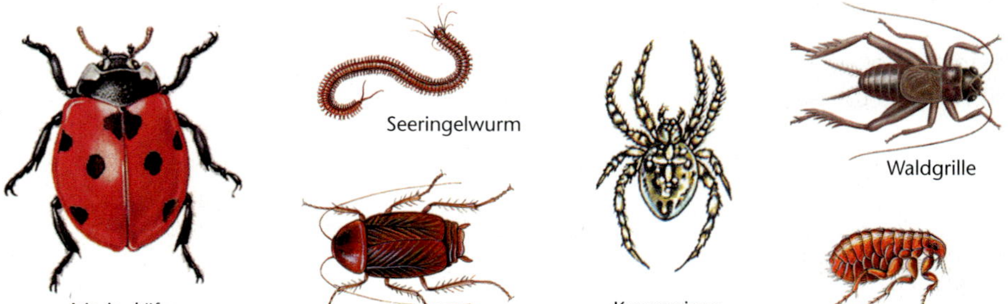
Marienkäfer, Seeringelwurm, Schabe, Kreuzspinne, Waldgrille, Menschenfloh

26 *Was macht einen Schlunz zu einem Schlunz?*
Welche der abgebildeten Figuren sind *Schlunze*? Finde eine Definition für einen *Schlunz*. Überlege dazu: Welche Eigenschaften treffen auf alle *Schlunze* zu, welche fehlen bei den *„Nicht-Schlunzen"*, kurzum: finde die charakteristischen (definierenden) Eigenschaften eines *„Schlunzes"*.

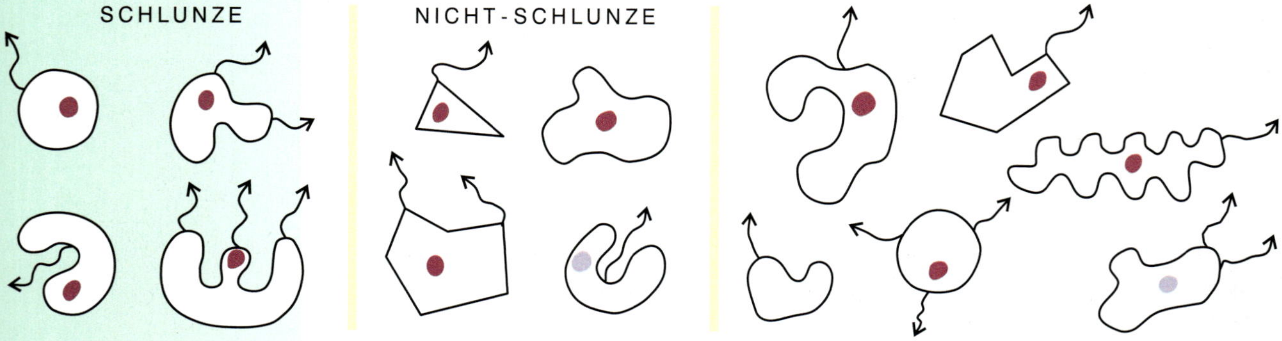

27 Sicher kennst du Pippi Langstrumpf aus den Erzählungen der Kinderbuchautorin Astrid Lindgren. Vielleicht kennst du auch die Geschichte, in der Pippi einen *Spunk* sucht. Da sie sich das Wort selbst ausgedacht hat, weiß natürlich keiner, was das sein soll. Schließlich definiert sie einen vorbeilaufenden Käfer als *Spunk*.
Du sollst nun selbst *Spunks* erfinden. Orientiere dich an der Aufgabe 26 und stelle *Spunks* und *Nicht-Spunks* zusammen. Lasse dann deine Nachbarin oder deinen Nachbarn eine Definition für deine *Spunks* finden.

Du kannst statt *Spunk* natürlich auch einen eigenen Namen erfinden.

5.2 Eigenschaften von Vierecken in Anwendungen

Was dich erwartet

Ständig begegnen dir Vierecke. Rechtecke findest du, wohin du siehst. Aber auch andere Vierecke kannst du leicht entdecken. Parallelogramme findest du oft an beweglichen Gegenständen, z.B. an vielen Werkzeugkästen. Bahndämme und Deiche haben einen trapezförmigen Querschnitt. Bei Werkzeugen nutzt man oft die Eigenschaften beweglicher Vierecke. Weißt du z.B., was ein Wagenheber mit einer Gelenkraute zu tun hat? Um die Funktionen von Gelenkvierecken besser zu verstehen, lohnt es sich, selbst mit Modellen zu experimentieren. Zum Training der Raumanschauung ist es nützlich, die verschiedenen Vierecke bei Körperschnitten zu entdecken.

Aufgaben

1 *Das Gelenkparallelogramm – Kernstück der Briefwaage*
An alten, nicht elektronischen Briefwaagen spielt das Parallelogramm eine Rolle.

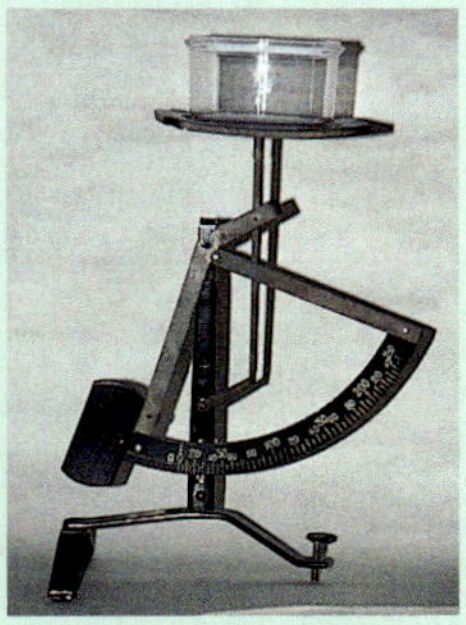

Beschreibe, wie die Briefwaage funktioniert. Warum bleibt die Waagschale immer parallel zur Unterlage? Wenn du eine Briefwaage zu Hause hast, prüfe nach, ob sie genauso funktioniert.

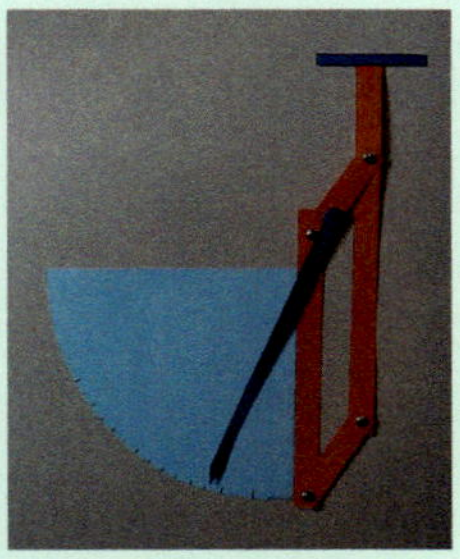

Fertige dir aus Pappstreifen und Büroklammern oder Gelenkstangen und Schrauben ein Modell an.

2 Deiche haben in der Grobform einen trapezförmigen Querschnitt. Warum ist diese Form von Vorteil? Stelle dir andere viereckige Querschnittsformen vor und überlege, welche Nachteile sie bieten würden.

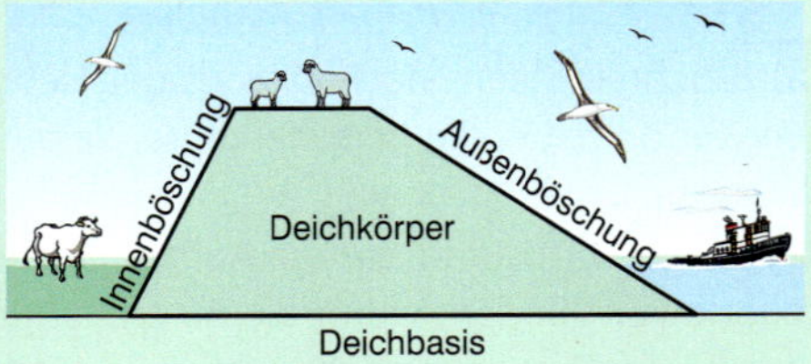

3 *Der Hüpffrosch*
Baue den Hüpffrosch aus stabilen Pappstreifen, Klammern und einem Kartonfrosch nach. Die Abstände zwischen den einzelnen Klammern müssen immer gleich groß sein (ca. 5 cm). Wie bringst du den Frosch zum Hüpfen? Beschreibe den Mechanismus.

4 Die Feuerleiter besteht aus zwei Sorten paralleler Querstreben, so dass sich kleine Dreiecke bilden. Würde auch eine Sorte von Querstreben genügen, so dass die Leiter aus Parallelogrammen aufgebaut wäre? Warum ist die Dreiecksform besonders günstig?

Basiswissen

Die verschiedenen besonderen Vierecke haben unterschiedliche Eigenschaften. Bei vielen Alltagsproblemen macht man sich diese Eigenschaften zu Nutze.

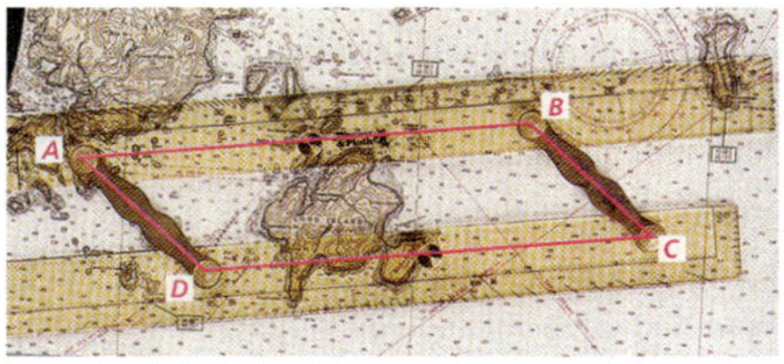

Das Parallellineal dient zur Konstruktion von parallelen Strecken. Dabei nützt man aus, dass ein Viereck mit paarweise gleich langen gegenüberliegenden Seiten ein Parallelogramm ist.

Bahndämme und Deiche haben einen trapezförmigen Querschnitt.

Die Verknüpfung mehrerer Gelenkrauten („Nürnberger Schere") wird als Verlängerungsarm z. B. bei Lampenauszügen benutzt.

Dreiecke sind starr. Durch Querstreben in Vierecken entstehen Dreiecke, damit wird das Viereck stabilisiert.

Beispiele

A Warum fallen die Werkzeuge beim Öffnen des Werkzeugkastens nicht heraus?
Die Drehpunkte des Werkzeugkastens bilden Gelenkparallelogramme. Beim Öffnen des Werkzeugkastens bewegen sich die einzelnen Behälter immer parallel zum Boden. Deshalb fällt das Werkzeug nicht heraus.

Übungen

5 *So funktioniert eine Hebebühne*
a) Beschreibe den Mechanismus der Hebebühne. Verwende dabei die Begriffe Raute, Seiten, Diagonalen, Winkel …
b) Welchen Abstand hat die Auflagefläche der Hebebühne vom Boden, wenn die 60 cm lange Schraube um 26 cm heraussteht? Konstruiere im Maßstab 1:4.

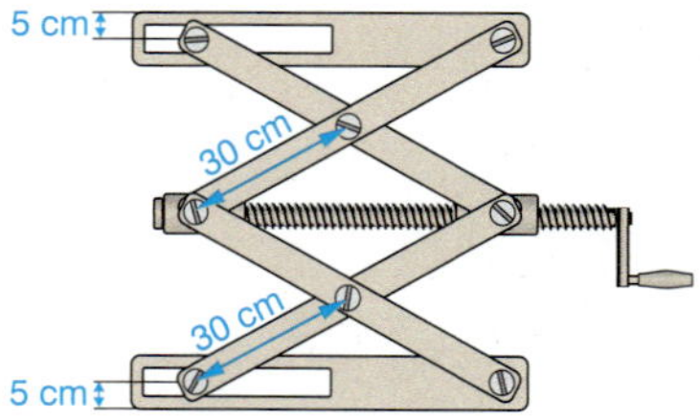

6 *Rechtecke sind praktisch*
Auf der Suche nach rechteckigen Gegenständen in deiner Umgebung bist du schnell erfolgreich. Probiere es aus. Warum sind so viele unserer Gebrauchsgegenstände rechteckig? Stelle dir vor, Fenster, Türen oder Bücher hätten eine andere Form. Welche Vor- bzw. Nachteile könnte das haben?

7 Ein Parallellineal (siehe Foto im Basiswissen) kannst du ganz einfach selber bauen. Du brauchst dazu zwei Lineale, zwei Holzlatten und vier Schrauben: Worauf musst du beim Zusammenbauen achten?

Übungen

8 *Entdeckungen an der Nürnberger Schere*

Im Foto auf der vorigen Seite hast du die Verwendung der „Nürnberger Schere" als Lampenauszug gesehen. Hier siehst du eine weitere Anwendung.

a) Erkläre die Funktionsweise der „Nürnberger Schere". Warum verwendet man Gelenkrauten?

b) Wie ändert sich die Wirkung, wenn man die Anzahl bzw. die Länge der Pappstreifen verdoppelt? Eignen sich auch andere Parallelogramme oder Drachen für Scherengestänge? Beschreibe die Auswirkungen.

Baue selbst solche Scherengestänge aus Pappstreifen und Klammern und experimentiere.

9 Baue die Gelenkraute aus Pappstreifen/Lochstangen und Klammern nach.

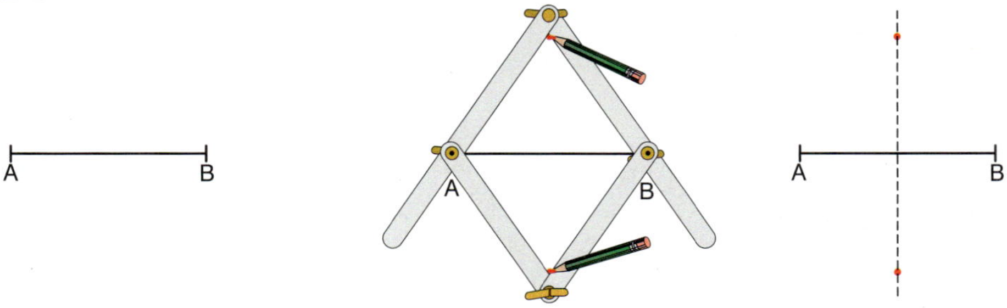

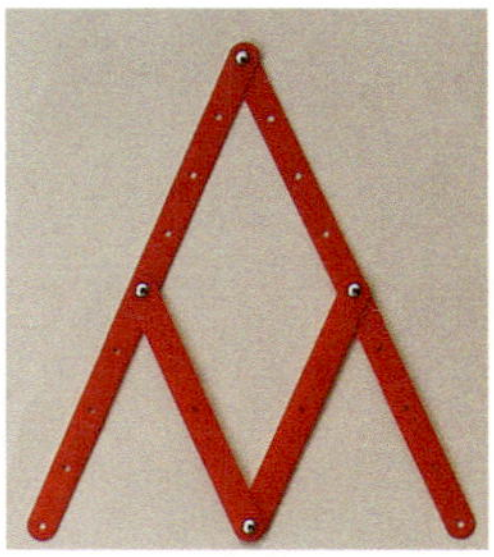

a) Die Abbildungen zeigen, wie man das Gerät verwenden kann, um die Mittelsenkrechte einer Strecke zu konstruieren. Beschreibe das Verfahren. Welche Eigenschaften der Raute nutzt man dabei aus?

b) Das Gerät eignet sich auch zur Konstruktion von Winkelhalbierenden. Probiere es an verschiedenen Winkeln aus und beschreibe deine Methode.

c) Eignet sich auch ein Gelenkdrachen (ein Rechteck, ein Parallelogramm) zur Konstruktion von Mittelsenkrechten und Winkelhalbierenden? Experimentiere und begründe.

10 *Ein patentierter Winkelmesser*

Bei der Messung an der dreieckigen Schachtel liest man an der Skala des Winkelmessgeräts die beiden Winkelmaße 120° und 60° ab.

a) Beschreibe, wo du diese Winkel überall auf dem Foto findest.

b) Welche Bedeutung hat das Parallelogramm bei diesem Winkelmessgerät?

11 *Ist der Rahmen rechteckig?*

Der Schreiner hat jeweils zwei gleich lange Leisten zugeschnitten und daraus den Rahmen zusammengesetzt. Um sicher zu sein, dass es wirklich ein Rechteck ist, wendet er eine überlieferte Methode an: Er misst die beiden Diagonalen. Wie kann er damit entscheiden? Begründe mit geometrischen Argumenten.

Aufgaben

Training der Raumvorstellung mit Vierecken

12 *Pop-Up-Karten – Aus Streifen werden Vierecke*

Das Prinzip ist einfach: Faltkante einritzen, Streifen einschneiden und auffalten.

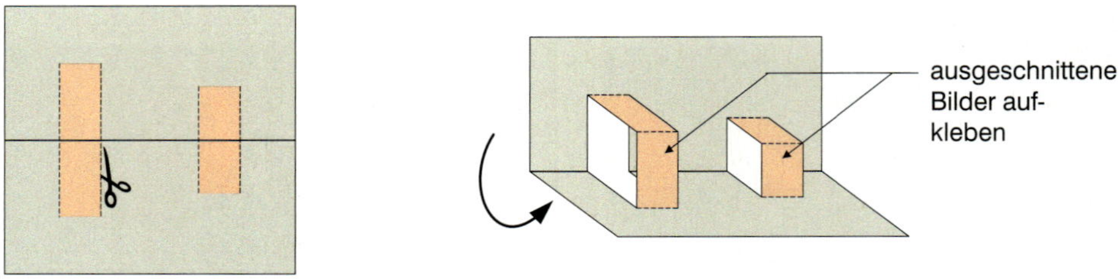

a) Bastle selbst eine Pop-Up-Karte nach der Kurzanleitung. Klappe die Karte auf und zu und schaue dabei seitlich hinein. Warum bewegt sich die Pappfigur immer parallel zur klappenden Seite?

Vielleicht findet ihr gute Anleitungen in Büchern oder im Internet.

b) Nun kannst du ein wenig experimentieren: Was passiert z. B., wenn die Streifen nicht senkrecht zur Faltkante sind oder wenn die Streifen nicht parallel sind?
Du kannst auch andere Methoden anwenden, z. B. das Aufkleben von Streifen anstelle des Einschneidens. Es können so auch Gebäude beim Aufklappen z. B. eines Buches entstehen. Wie kann man einen Turm mit Zinnen, wie ein Haus mit Satteldach auffalten?

13 *Vierecke entstehen als Schnittflächen an Körpern*

Die Vorstellungskraft wächst beim Experimentieren!
Du kannst selbst durch Schneiden am Modell experimentieren. Besonders geeignet ist hierfür Steckmoos, das du im Blumengeschäft erhältst. Hier lassen sich die Schnitte mit einer festen Folie ausführen.

a) Schnitte am Würfel

Manches ist ganz einfach. Durch den „senkrechten“ Schnitt entsteht ein Quadrat, durch den Diagonalschnitt ein Rechteck.
Kann man auch so schneiden, dass ein Trapez entsteht?

Welche Vielecke entstehen, wenn man senkrecht zur Raumdiagonalen schneidet? Entsteht dabei auch ein Viereck?

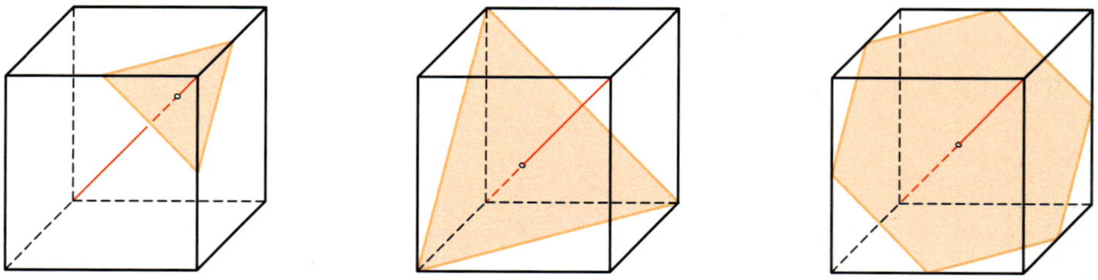

b) Schnitte an anderen Körpern

Welche Vierecke kann man bei den folgenden Körpern als Schnittflächen erhalten? Versuche eine Beschreibung zu geben oder zeichne den Schnitt in einem Schrägbild.

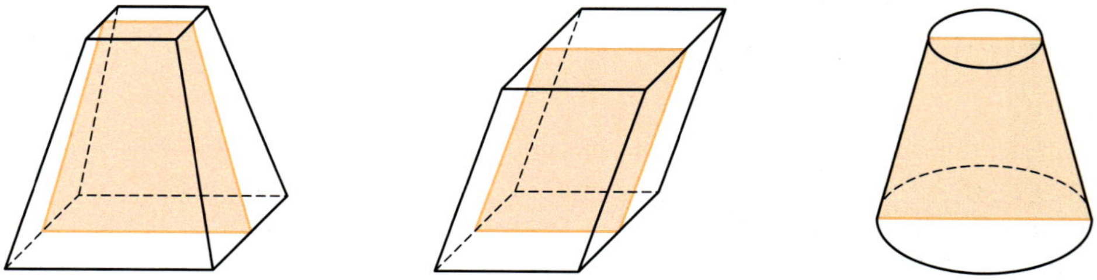

5.3 Vierecke systematisch – Ordnen in der Vielfalt

Was dich erwartet

Vierecke lassen sich durch charakteristische Eigenschaften wie die Anzahl paralleler oder gleich langer Seiten, die Anzahl gleich großer Winkel, die vorhandenen Symmetrien oder durch Eigenschaften der Diagonalen definieren. All diese Eigenschaften eignen sich auch zum Ordnen der Vierecke. Es ist eine der Stärken der Mathematik, mithilfe systematischer Darstellungen in Tabellen, Diagrammen und Bildern Ordnung in der Vielfalt herzustellen. Am „Haus der Vierecke“ können einige solcher Ordnungsprinzipien erfahren und die Fähigkeiten dazu trainiert werden.

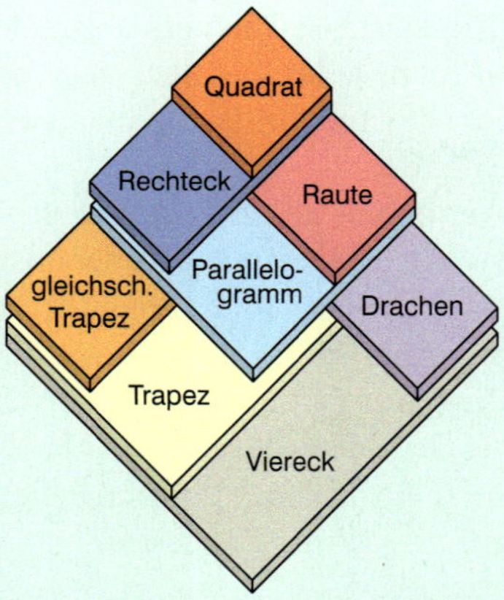

Aufgaben

1 An den Vierecken tritt eine Vielzahl besonderer Eigenschaften auf, mit deren Hilfe wir die besonderen Vierecke kennzeichnen und definieren können.

Es sind gleich lang:	
ein Paar Gegenseiten	SG
ein Paar Nachbarseiten	SN
zwei Paare Gegenseiten	S2G
zwei Paare Nachbarseiten	S2N
alle vier Seiten	S4

Es sind gleich groß:	
ein Paar Gegenwinkel	WG
ein Paar Nachbarwinkel	WN
zwei Paare Gegenwinkel	W2G
zwei Paare Nachbarwinkel	W2N
alle vier Winkel	W4

Es sind parallel:	
ein Paar Seiten	P
zwei Paare Seiten	P2

Beachte: SG bedeutet: „*mindestens* ein Paar Gegenseiten ist gleich lang“. Ebenso SN, WG, WN und P.

a) Ein Parallelogramm hat die Eigenschaften SG, S2G, WG, W2G, P und P2. Schreibe ebenso alle Eigenschaften für ein Trapez (Quadrat) auf.
b) Eine Tabelle bringt Übersicht. Übertrage sie in dein Heft und fülle sie vollständig aus.

Hier lohnt Gruppenarbeit. Man spart Zeit und gewinnt Sicherheit.

	SG	SN	S2G	S2N	S4	WG	WN	W2G	W2N	W4	P	P2
Trapez												
gleichschenkliges Trapez												
Drachenviereck												
Parallelogramm	×	–	×	–	–	×	–	×	–	–	×	×
Rechteck												
Raute												
Quadrat												

Welches Viereck hat die meisten Kreuze, welches die wenigsten? Welche Vierecke haben die gleiche Anzahl von Kreuzen? Ordne die Vierecke nach der Anzahl der Kreuze.
Entdeckst du noch andere Besonderheiten in der Tabelle? Beschreibe sie.
c) Eine gute Definition enthält nicht mehr Information als notwendig. Zur Definition der Raute genügt z. B. S4: „Eine Raute ist ein Viereck mit vier gleich langen Seiten.“
Welches Viereck wird durch W4 definiert?
Definiere auch die anderen besonderen Vierecke mit möglichst wenigen Eigenschaften aus der obigen Tabelle. Gibt es bei manchen mehrere Möglichkeiten? Vergleicht eure Ergebnisse in der Klasse.

Aufgaben

2 *„Verwandtschaft" von Vierecken*

Jedes Quadrat ist ein Rechteck, jedes Rechteck ist ein Parallelogramm. Jedes Quadrat ist auch eine Raute, jede Raute ist auch ein Parallelogramm. Allerdings ist nicht jedes Rechteck auch eine Raute. Ein Viereck, das sowohl Rechteck als auch Raute ist, ist ein Quadrat.

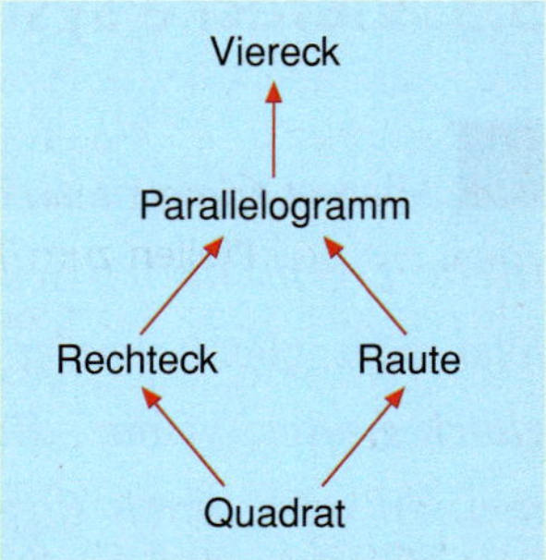

Wer behält da noch den Überblick?

a) Wie erkennt man in nebenstehendem Ordnungsdiagramm die hier aufgeführten Beziehungen?

b) Trage drei passende Vierecke in das Diagramm ein. Wie viele verschiedene Möglichkeiten findest du? Findest du auch ein lineares Ordnungsdiagramm mit vier (fünf) Vierecken?

c) Trage in das verzweigte Ordnungsdiagramm die Vierecke Raute, Quadrat, Drachenviereck und Trapez an den passenden Stellen ein. Formuliere damit solche Aussagen wie in a).

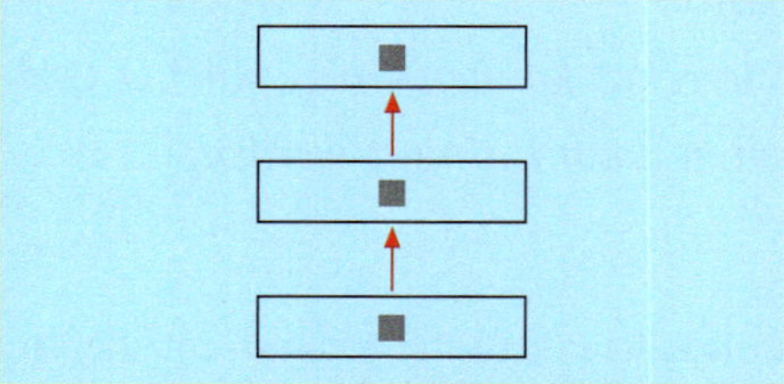

lineares Ordnungsdiagramm

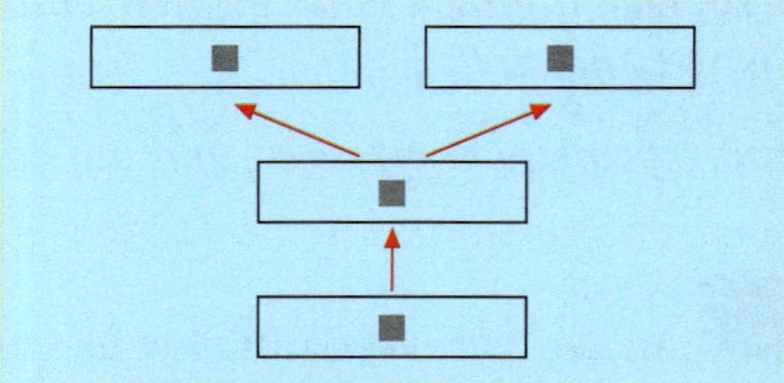

verzweigtes Ordnungsdiagramm

d) Erweitere das Ordnungsdiagramm aus a) so, dass du auch das Trapez (das Drachenviereck) eintragen kannst.

Basiswissen

Vierecke lassen sich nach verschiedenen Kriterien ordnen. Tabellen, Ordnungsdiagramme und Flussdiagramme schaffen Übersicht in der Vielfalt.

Das Haus der Vierecke in einem Ordnungsdiagramm

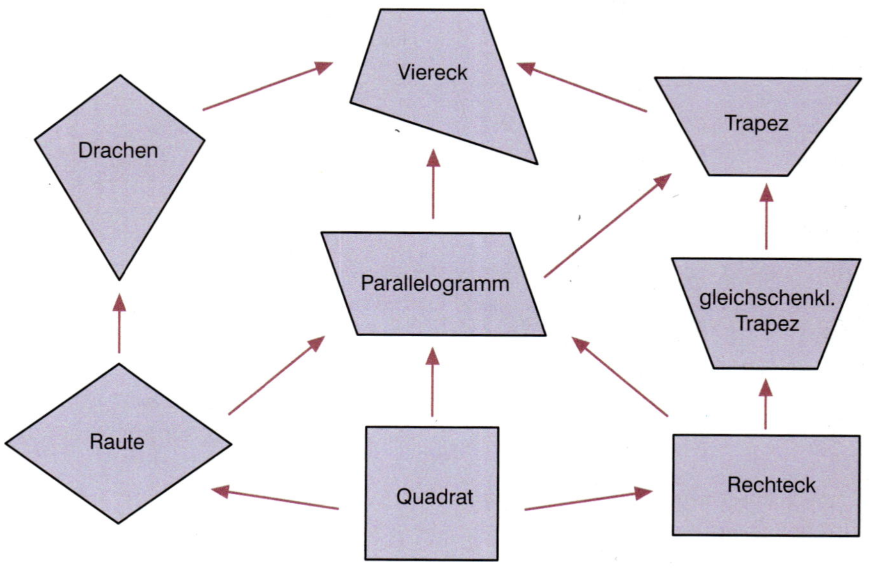

Beispiele

A Im Haus der Vierecke kann man die Beziehungen der Form „Jedes Viereck A ist auch ein Viereck B“ leicht herausfinden. Diese Beziehung ist immer dann erfüllt, wenn ein Pfeil oder eine Pfeilkette von Viereck A nach Viereck B führt.
Vom Quadrat kommt man mit einem Pfeil zum Rechteck, mit zwei Pfeilen zum Drachen, mit drei Pfeilen zum Trapez.
Oft wird diese Beziehung auch als eine **„Wenn ..., dann ...“-Aussage** formuliert, also z. B.: „Wenn ein Viereck ein Rechteck ist, dann ist es auch ein Parallelogramm“.
Die *Umkehrung* „Wenn ein Viereck ein Parallelogramm ist, dann ist es auch ein Rechteck“ ist *nicht* wahr, es führt kein Pfeil vom Parallelogramm zum Rechteck.
Dies kann man auch mit einem *Gegenbeispiel* begründen, indem man ein Parallelogramm findet, das kein Rechteck ist.

B Ordne Rechteck, Parallelogramm, Drachenviereck, Quadrat und Raute nach der Anzahl gleich großer Winkel. Warum kann man damit die Raute und das Quadrat nicht definieren?
Raute und Parallelogramm besitzen beide 2 Paare gleicher Winkel, für die Raute muss man zusätzlich z. B. vier gleich lange Seiten fordern.
Rechteck und Quadrat besitzen beide 4 rechte Winkel, für das Quadrat muss man zusätzlich z. B. zueinander senkrechte Diagonalen fordern.

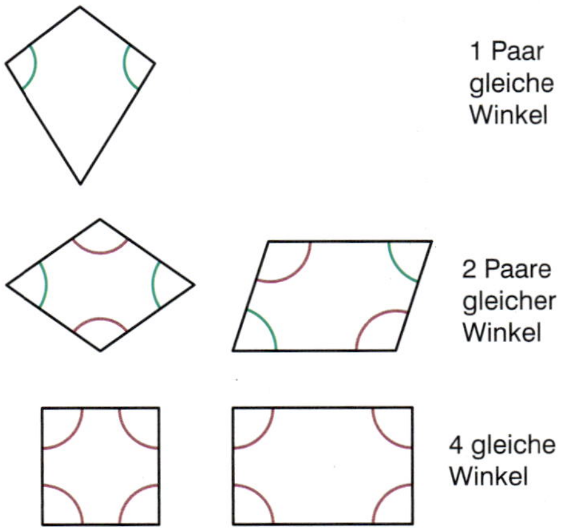

Übungen

3 Ordne das gleichschenklige Trapez, die Raute, das Drachenviereck und das Rechteck nach der Anzahl der Paare gleich langer Seiten.

4 Was sind das für Vierecke?
a) Drachenvierecke mit vier gleich langen Seiten
b) Parallelogramme mit vier gleich großen Winkeln
c) Rauten mit orthogonalen Mittellinien
d) Trapeze mit vier gleich großen Winkeln
e) Parallelogramme mit orthogonalen Diagonalen
f) Drachenvierecke, deren Diagonalen sich halbieren

5 Wer hat Recht? Begründe deine Meinung.

Yvonne: *„Ein Parallelogramm ist ein Viereck, das punktsymmetrisch ist, genau wie ein Rechteck. Also kann ich zu einem Rechteck auch Parallelogramm sagen.“*

Kai: *„Nein das geht nicht, denn Rechtecke sind achsensymmetrisch, Parallelogramme nicht.“*

6 *Welches Viereck versteckt sich hier?*
Notiere alle besonderen Vierecke, die sich hinter der Mauer verstecken könnten.

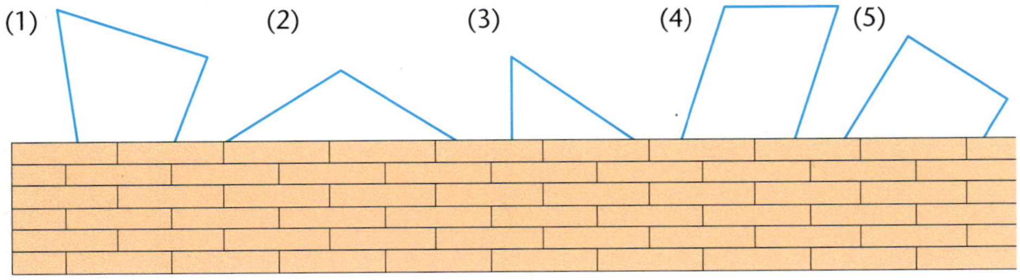

7 Übertrage die Tabelle vergrößert in dein Heft. Zeichne dann in jede Zelle ein Viereck, das die Eigenschaften der zugehörigen Zeile und Spalte erfüllt.
Ein Viereck ist bereits eingetragen.
Findest du für jede Zelle ein Beispiel?

	Anzahl Paare paralleler Seiten		
Anzahl rechter Winkel	0	1	2
0			
1	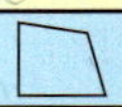		
2			
3			
4			

8 Zeichne jeweils ein Viereck mit den angegebenen Eigenschaften. Ist das immer möglich? Begründe mithilfe des Ordnungsdiagramms.
a) ein Parallelogramm, das kein Rechteck ist
b) ein Rechteck, das kein Trapez ist
c) ein Rechteck, das eine Raute ist
d) ein Rechteck, das kein Quadrat ist
e) ein Parallelogramm, das ein Drachenviereck ist
f) ein Quadrat, das kein Rechteck ist

9 Welche der folgenden Aussagen sind wahr? Begründe.
a) Wenn ein Viereck orthogonale Diagonalen hat, dann ist es ein Drachenviereck.
b) Wenn ein Viereck ein Rechteck ist, dann sind seine Diagonalen gleich lang.
c) Wenn in einem Viereck die Diagonalen gleich lang sind, dann ist es ein Rechteck.
d) Wenn ein Viereck zwei parallele Seiten hat, dann ist es ein Trapez.
e) Wenn ein Viereck vier rechte Winkel hat, dann ist es ein Quadrat.

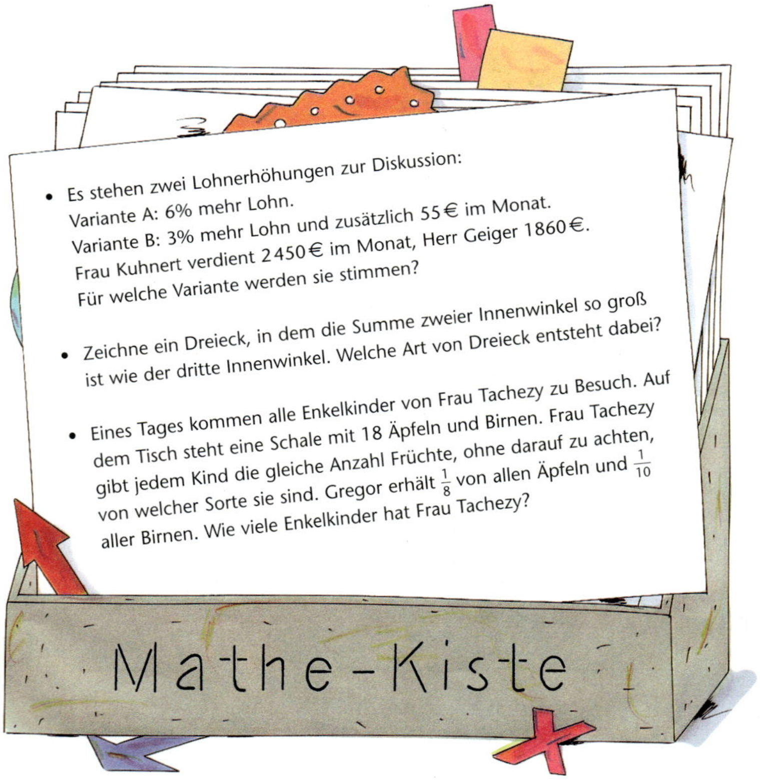

10 Die Beziehung von Vierecken zueinander lässt sich mithilfe von **Mengendiagrammen** darstellen.
a) Begründe die Aussagen anhand des Mengendiagramms:
(1) Jedes Parallelogramm ist ein Trapez.
(2) Manche gleichschenkligen Trapeze sind Parallelogramme.
(3) Jedes Rechteck ist ein gleichschenkliges Trapez.
b) Lies weitere Aussagen an dem Diagramm ab.

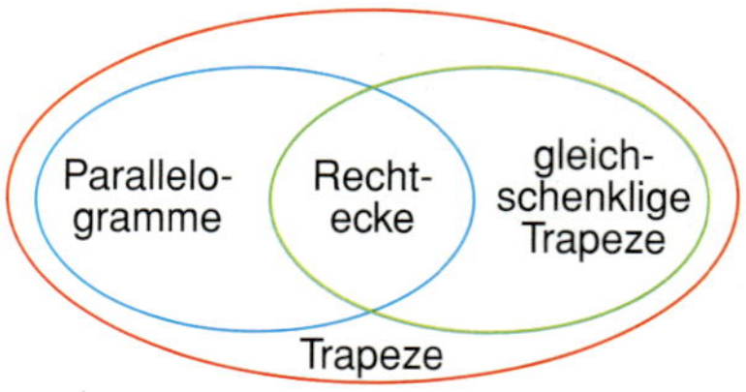

11 Zeichne ein Mengendiagramm, aus dem man die Beziehung von Parallelogramm, Quadrat, Drachenviereck und Raute ablesen kann.

Aufgaben

12 Du hast in der Geometrie schon die Platonischen Körper kennen gelernt. Sie fallen durch ihre besondere „Regelmäßigkeit" auf.
a) Gib die Namen der fünf Platonischen Körper an.
b) Beschreibe die besonderen Regelmäßigkeiten dieser Körper. Gib dafür möglichst viele Eigenschaften an.

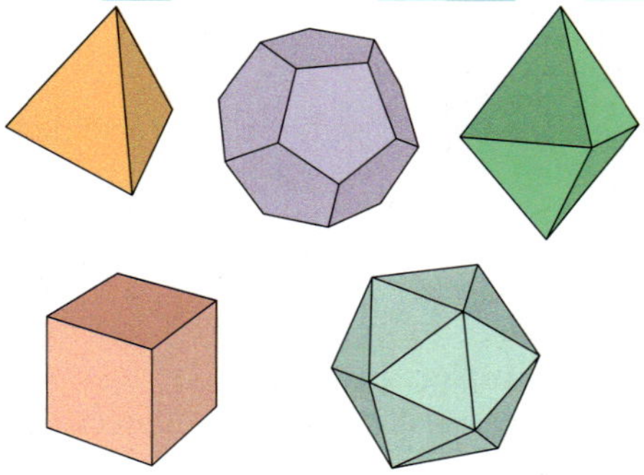

13 Welches Viereck weist deiner Meinung nach die größte „Regelmäßigkeit" auf? Begründe deine Entscheidung.

14 Ein gutes Kriterium für die Regelmäßigkeit eines Vierecks ist die Symmetrie. Ein Parallelogramm ist z. B. punktsymmetrisch zum Diagonalenschnittpunkt, ein Drachenviereck ist achsensymmetrisch zu einer Diagonalen, ein Rechteck ist achsensymmetrisch zu jeder seiner Mittellinien.

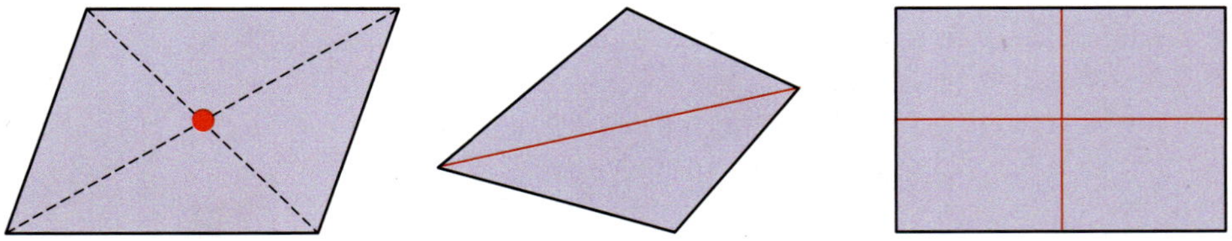

a) Zeichne in alle besonderen Vierecke jeweils alle möglichen Symmetrieachsen und Symmetriezentren ein. Ordne die Vierecke dann nach der Anzahl dieser Symmetrien.
b) Zeichne in deinem Heft alle Symmetrieachsen und Symmetriezentren der Vierecke im Haus der Vierecke ein. Was fällt dir auf?
c) Findest du ein Viereck mit genau zwei (vier) Symmetrien? Kannst du deine Feststellung begründen?
d) Die Punktsymmetrie ist gleichzeitig eine Drehsymmetrie: Das Parallelogramm kommt bei einer Drehung um das Symmetriezentrum um 180° mit sich selbst zur Deckung.
Gibt es ein Viereck mit anderen Drehsymmetrien?

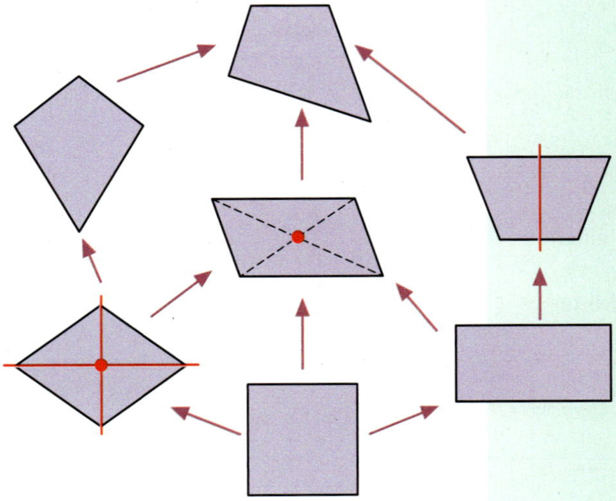

15 Welche der folgenden Kennzeichnungen können als Definitionen benutzt werden?
a) Ein Viereck mit genau vier Symmetrieachsen ist ein Quadrat.
b) Ein punktsymmetrisches Viereck ist ein Parallelogramm.
c) Ein Viereck mit drei Symmetrien ist eine Raute.

16 Untersuche auch die verschiedenen Dreiecke auf Achsensymmetrie und Punktsymmetrie. Zeichne jeweils alle Symmetrien in die besonderen Dreiecke ein. Ordne dann nach der Anzahl der Symmetrien. Welche Anzahlen kommen vor?

Vierecke untersuchen mit dem DGS

Projekt

Vierecke hast du schon nach verschiedenen Kriterien geordnet. Im Mittelpunkt standen dabei bisher die Eigenschaften der Seiten und Winkel. Lässt sich auch mit den Eigenschaften der Diagonalen Ordnung in die Vierecke bringen? DGS hilft dabei!

Forschungsauftrag 1
Konstruiere ein beliebiges Viereck, bei dem sich die Diagonalen halbieren.

Anleitung	
(1) Konstruiere eine beliebige Strecke $\overline{AC}$.	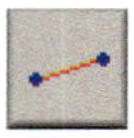
(2) Konstruiere den Mittelpunkt M dieser Strecke.	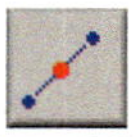
(3) Konstruiere einen beliebigen Punkt B.	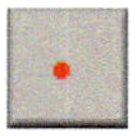
(4) Spiegele den Punkt B an M auf D.	
(5) Zeichne das Viereck ABCD.	

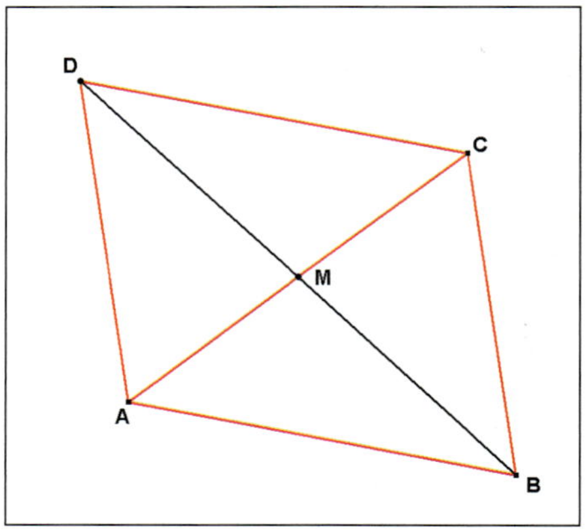

Wenn du die Anleitung befolgt hast, wirst du eine Figur wie in der Abbildung erhalten.
Ziehe an einem Eckpunkt des Vierecks –
Was verändert sich – was bleibt gleich?
Um was für eine Art von Viereck handelt es sich?

Überprüfung mit dem Zugmodus

Forschungsauftrag 2
Die Bilderfolge zeigt die Konstruktion eines weiteren Vierecks.

- Gib eine Konstruktionsbeschreibung an und führe sie mit dem DGS aus. Den ersten Konstruktionsschritt haben wir schon verraten.
- Ziehe an einem Eckpunkt des Vierecks – Was verändert sich – was bleibt gleich?
- Um was für eine Art von Viereck handelt es sich?

(1) Konstruiere einen beliebigen Kreis mit zwei Punkten (Mittelpunkt M).

(2)…

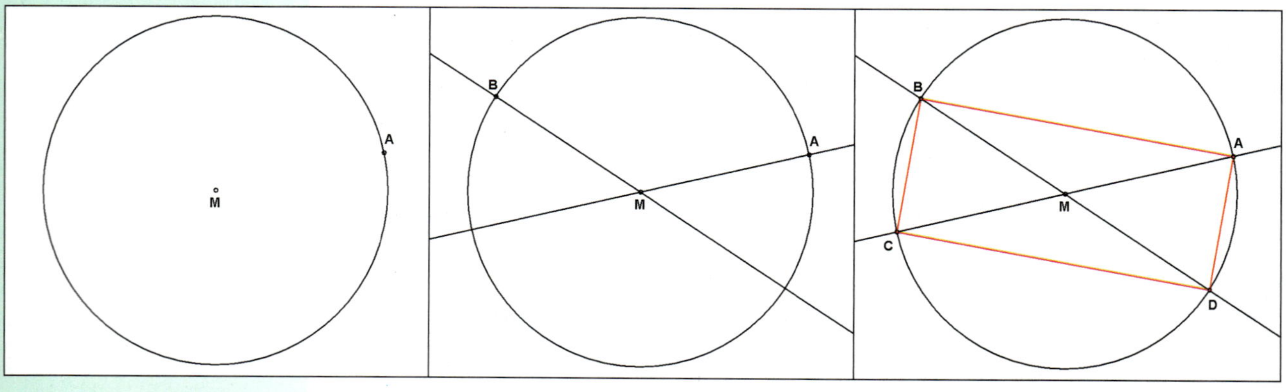

Weitere Forschungsaufträge

Forschungsauftrag 3
Konstruiere ein beliebiges Viereck, bei dem sich die Diagonalen halbieren und orthogonal sind.

Kurzanleitung

(1) Konstruiere eine beliebige Strecke $\overline{AC}$.
(2) Konstruiere die Mittelsenkrechte m dieser Strecke.
(3) Binde einen Punkt B auf m.
(4) Spiegele B an $\overline{AC}$ auf D.

Forschungsauftrag 4
Konstruiere ein beliebiges Viereck, bei dem die Diagonalen gleich lang sind, sich halbieren und orthogonal sind.

Kurzanleitung

Kombiniere die Anleitungen der Aufträge 2 und 3.

Forschungsauftrag 5
Konstruiere ein beliebiges Viereck, bei dem die Diagonalen orthogonal sind und eine durch deren Schnittpunkt halbiert wird.

Kurzanleitung

(1) Konstruiere eine beliebige Strecke $\overline{AC}$.
(2) Binde einen Punkt P auf die Strecke $\overline{AC}$.
(3) Konstruiere eine Orthogonale s zu $\overline{AC}$ durch P.
(4) Binde einen Punkt B auf s.
(5) Spiegele B an P auf D.

Forschungsauftrag 6
Konstruiere ein beliebiges Viereck bei dem die Diagonalen gleich lang sind und durch den Schnittpunkt in jeweils gleich lange Abschnitte geteilt werden.

Kurzanleitung

(1) Konstruiere einen Kreis k1 um M durch P1.
(2) Konstruiere einen Kreis k2 um M durch P2.
(3) Binde die Punkte A und B auf k1.
(4) Konstruiere die Geraden (AM) und (BM).
(5) Bezeichne die Schnittpunkte von (AM) und k2 bzw. (BM) und k2 mit C bzw. D, so dass sich die Diagonalen des Vierecks ABCD in M schneiden.

Zusammenfassung der Ergebnisse und Präsentation

Erstelle eine Folien-Präsentation, in der die Vierecke mit ihren Diagonaleneigenschaften sinnvoll geordnet werden.

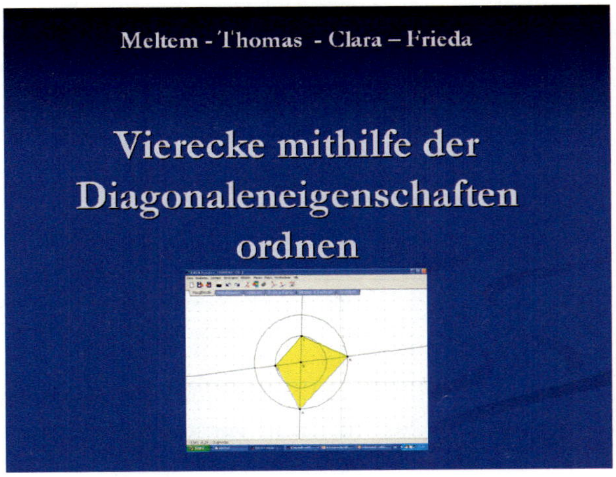

CHECK-UP

Vierecke und Vielecke

Konstruktion eines Vierecks:

1. Überlege, ob das Viereck Besonderheiten aufweist.
2. Zeichne eine Planskizze.

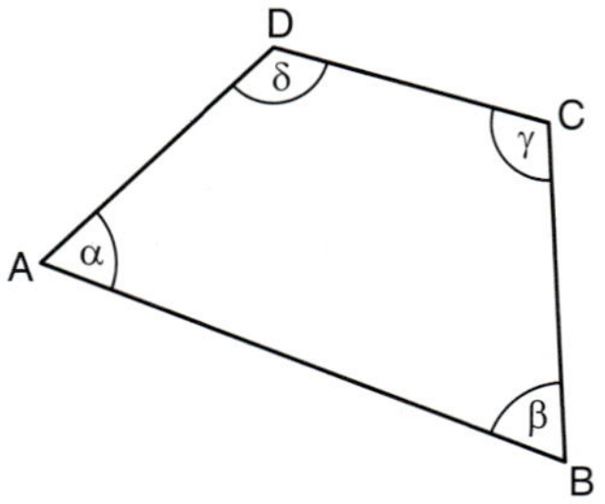

3. Markiere in der Planskizze die gegebenen Stücke farbig.
4. Konstruiere möglichst genau.

Besondere Vierecke:

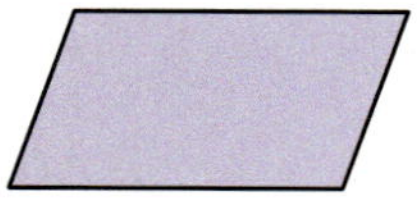

Parallelogramm

Raute

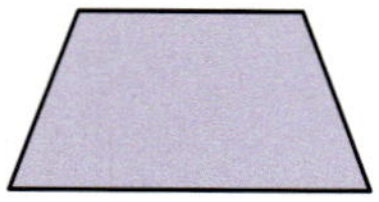

gleichschenkliges Trapez

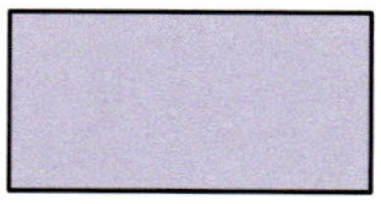

Rechteck

Quadrat

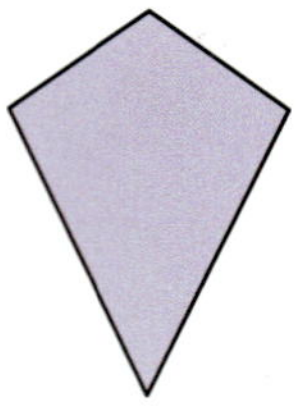

Drachenviereck

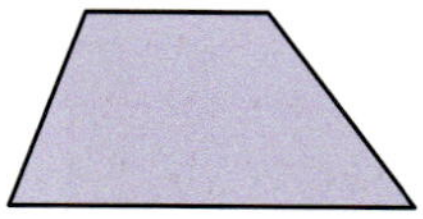

Trapez

1 Eine Raute kann man erzeugen, indem man in einem gleichschenkligen Trapez die Seitenmittelpunkte verbindet.
a) Konstruiere ein gleichschenkliges Trapez mit $\overline{AB} = 8$ cm, $\overline{BC} = 3$ cm und $\alpha = 60°$ und zeichne die Raute ein.
b) Eignet sich auch ein gewöhnliches Trapez? Konstruiere ein Trapez, das nicht gleichschenklig ist und überprüfe.

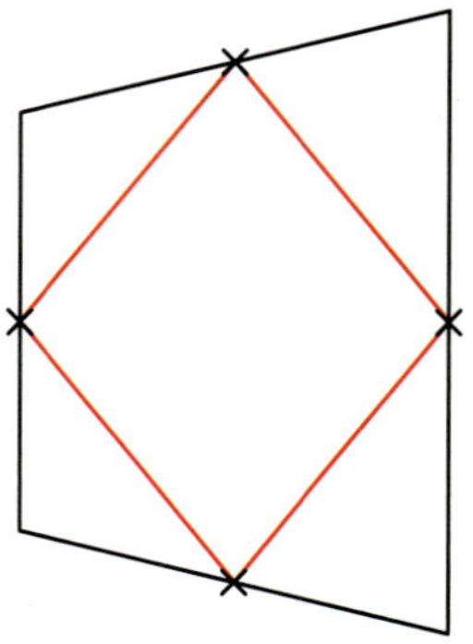

2 Ein Viereck besitzt die Winkel $\alpha = \gamma = 47°$ und $\beta = 124°$. Kann das Viereck ein Parallelogramm (Drachenviereck, gleichschenkliges Trapez) sein? Begründe. Konstruiere die möglichen Fälle. Ist die Konstruktion eindeutig?

3 Für den Bau einer neuen Bahnstrecke soll in einem Waldstück ein 2,50 m hoher Damm gebaut werden, dessen Querschnitt ein gleichschenkliges Trapez ist. Die Schienenbreite beträgt 1,5 m, der Abstand der Schienen von der Böschung soll auf beiden Seiten 1 m betragen. Wie breit muss die Schneise mindestens sein, die man für den Bahndamm in den Wald schlagen muss, wenn der Böschungswinkel 40° beträgt?

4 Um sich die Eigenschaften der verschiedenen besonderen Vierecke einzuprägen, lohnt es sich, Karteikarten zu erstellen. Notiere auf der Vorderseite den Namen des besonderen Vierecks und zeichne ein Beispiel. Notiere auf der Rückseite der Karte alle besonderen Eigenschaften des Vierecks, die dir einfallen. Die Auflistung möglicher Eigenschaften bei Aufgabe 1 auf Seite 56 kann dir helfen. Denke auch an Symmetrien.

5 Ein rechteckiges Blatt Papier wird wie abgebildet gefaltet. Dann werden die Ecken entlang der gestrichelten Linie abgeschnitten.

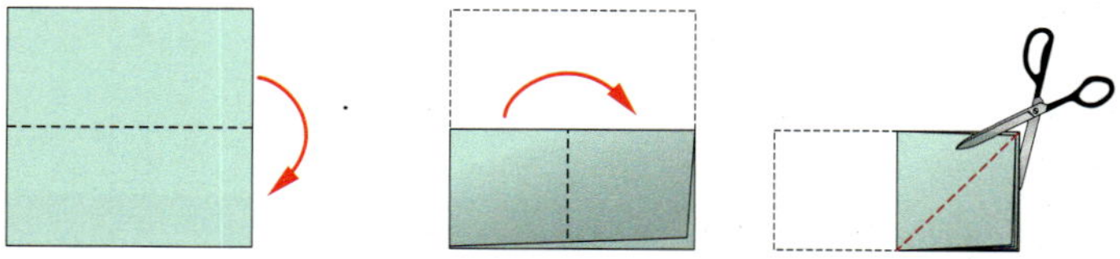

a) Welches Viereck entsteht, wenn man das Papier auseinander faltet? Begründe.
b) Wie muss man ein rechteckiges Stück Papier falten und schneiden, um ein Drachenviereck zu erhalten?

6 Ein punktsymmetrisches Viereck besitzt zwei Diagonalen mit den Längen 7 cm und 9 cm. Begründe, dass sich in einem solchen Viereck die Diagonalen halbieren. Konstruiere dann ein solches Viereck. Ist die Konstruktion eindeutig?

7 Notiere für jedes besondere Viereck eine Definition. Wenn du für die Vierecke Karteikarten angelegt hast, notiere die Definition auf der Vorderseite der Karte.

CHECK-UP

8 Eignet sich die Beschreibung „ein Viereck, bei dem die Diagonalen orthogonal zueinander sind“ als Definition für eines der abgebildeten Vierecke? Begründe deine Aussage.

9 Martin möchte einen Drachen basteln. Das Gerüst will er aus zwei Holzleisten machen, die mit Schnur umspannt werden.
a) Worauf muss Martin beim Zusammennageln der Leisten achten?
b) Wie viel Schnur benötigt er mindestens, wenn die Leisten 50 cm und 70 cm lang sind?

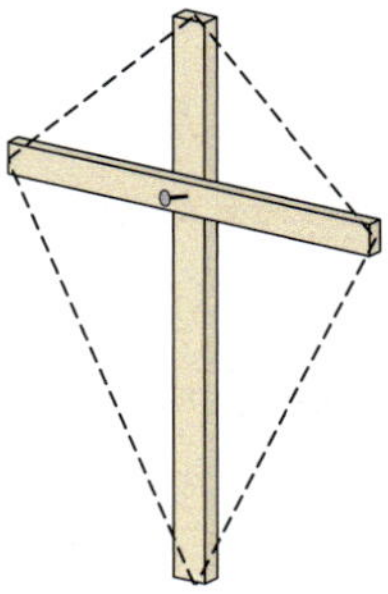

10 Begründe mithilfe geeigneter Eigenschaften: In einer Raute sind die Diagonalen auch Winkelhalbierende.

11 Welche der Aussagen sind wahr? Bei welchen gilt auch die Umkehrung? Begründe jeweils kurz.
a) Wenn ein Viereck orthogonale Diagonalen besitzt, dann ist es eine Raute.
b) Wenn ein Viereck ein Rechteck ist, dann ist es auch ein gleichschenkliges Trapez.
c) Wenn ein Viereck vier Symmetrieachsen besitzt, dann ist es ein Quadrat.
d) Wenn bei einem Viereck die gegenüberliegenden Seiten gleich lang sind, dann ist es ein Rechteck.
e) Wenn ein Viereck zwei benachbarte Winkel hat, die gleich groß sind, dann ist es ein gleichschenkliges Trapez.

12 Übertrage das Mengendiagramm in dein Heft und fülle die Lücken aus. Welche Aussagen lassen sich aus dem Diagramm ablesen?

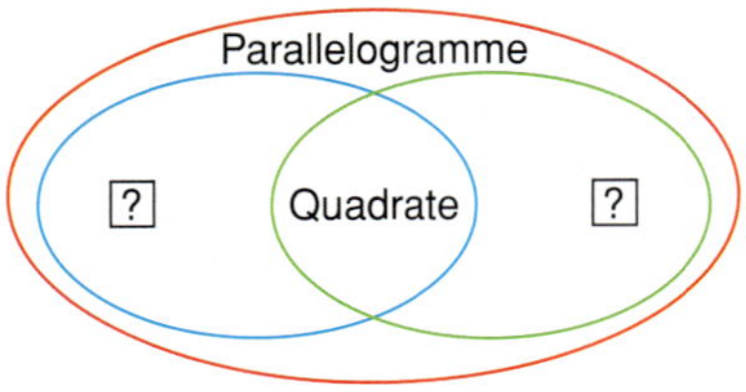

13 Welche Vierecke sind zugleich
a) Parallelogramme und Drachenvierecke,
b) gleichschenklige Trapeze und Drachen,
c) gleichschenklige Trapeze und Parallelogramme?

Eine gute Definition

- legt einen Begriff präzise fest und dient der klaren Verständigung.
- enthält nur Worte, die allgemein verständlich oder bereits klar definiert sind.
- enthält nicht mehr Information als unbedingt notwendig.
- erweist sich als nützlich bei der Ordnung und Unterscheidung von Begriffen.

Die Eigenschaften besonderer Vielecke macht man sich bei vielen Alltagsproblemen zunutze.

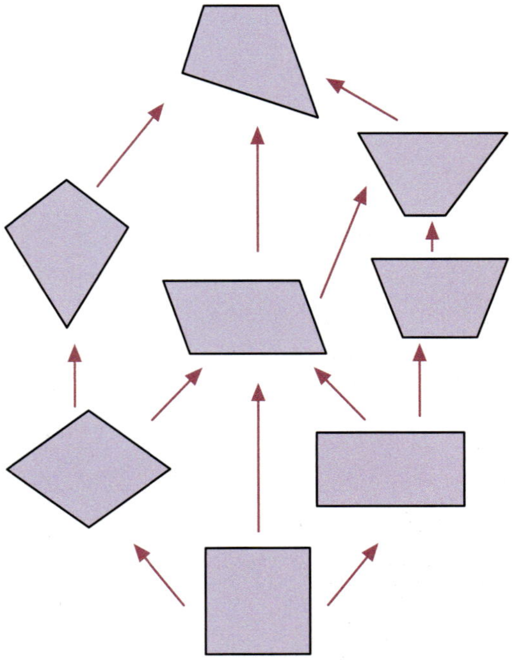

Die Pfeile im Ordnungsdiagramm lassen sich als **Wenn-dann-Aussagen** lesen, z. B.: Wenn ein Viereck eine Raute ist, dann ist es auch ein Parallelogramm.

6 Flächeninhalte und Körper

6.1 Flächeninhalte bestimmen durch Zerlegen und Ergänzen

Was dich erwartet

Den Flächeninhalt von Quadraten und Rechtecken kannst du mit den bekannten Formeln berechnen. Wie sieht dies bei anderen Figuren aus, z.B. bei einem Dreieck oder einem Trapez? Mit etwas Fantasie und Geometrie kannst du viele Figuren durch Zerschneiden und Zusammenpuzzeln in ein flächengleiches Rechteck verwandeln und so den Flächeninhalt bestimmen.

Aufgaben

1 *Viele Teile machen ein Ganzes*

In einer ungewöhnlichen Quizshow werden den Kandidaten folgende Aufgaben gestellt. Die Antwort muss begründet werden.

200-Punkte-Frage: Ist der Flächeninhalt der Figur größer oder kleiner als 25 cm^2?

500-Punkte-Frage: Welche der beiden Figuren hat den größeren Flächeninhalt?

Kannst du die Quizfragen beantworten?

Zeichne zunächst die Figuren auf ein Blatt. Dann ist „alles“ erlaubt: Ausschneiden, Zerlegen, Puzzeln, Messen, …

Beschreibe deine Ideen. Vergleiche mit den anderen. Wer liefert eine überzeugende Begründung?

Aufgaben

2 *Grundstücksvergleich*
Die Stadt hat die Fläche zwischen drei großen Straßen als Bauland freigegeben. Drei Grundstücke wurden daraufhin abgesteckt.
a) Welches ist das größte Grundstück?
b) Welches würdest du nehmen? Welche Gründe außer der Flächengröße würdest du bei deiner Entscheidung heranziehen?

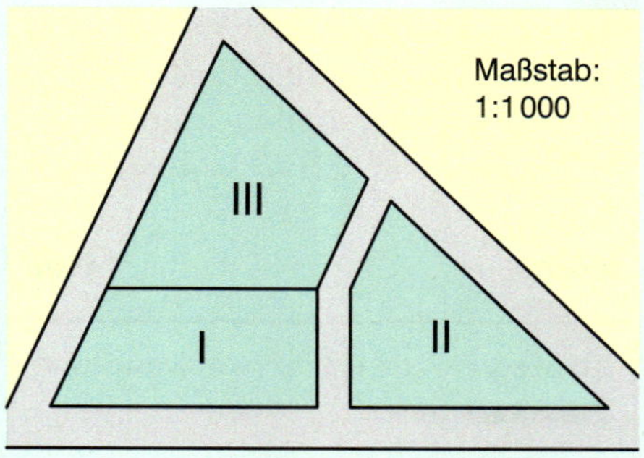

3 *Rechtecke überall*
Kann man jedes Vieleck so zerschneiden, dass sich die Teile anschließend zu einem Rechteck zusammenlegen lassen?
a) Probiere es für Parallelogramme, Dreiecke, Trapeze, … aus. Zeichne die Vielecke dazu auf Papier oder dünne Pappe und schneide sie aus.
b) Klebe anschließend deine Ergebnisse in dein Heft und beschreibe, wie du vorgegangen bist.

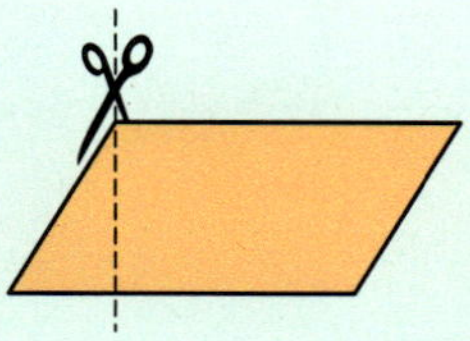

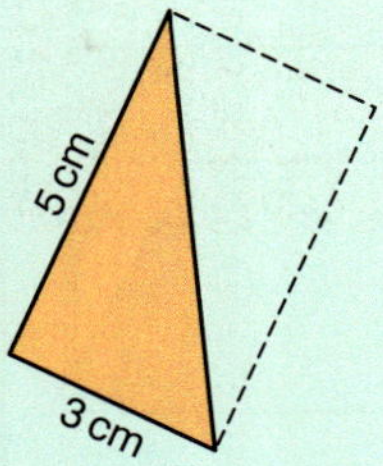

4 *Rechtecke „sehen" – durch Verdoppeln wird's leichter!*
a) Übertrage das abgebildete rechtwinklige Dreieck in dein Heft.
Wie groß ist sein Flächeninhalt?
b) Zeichne ein gleichschenkliges Dreieck in dein Heft.
Kannst du auch davon die Fläche bestimmen? Wie gehst du vor?
c) Und wie sieht es bei einem beliebigen Dreieck aus? Auch hier hilft „Verdoppeln", sodass ein Rechteck entsteht!

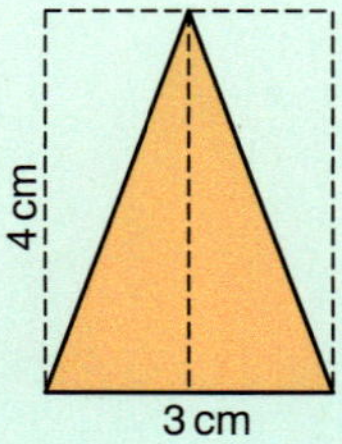

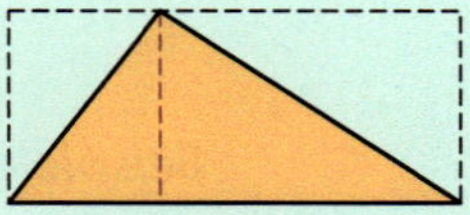

5 *Rechtecke falten*
Zeichne ein spitzwinkliges Dreieck auf ein Blatt Papier und schneide es aus.
a) Kannst du das Dreieck so falten, dass ein Rechteck entsteht und das Papier überall doppelt liegt? Versuche es wie in der Bildfolge.

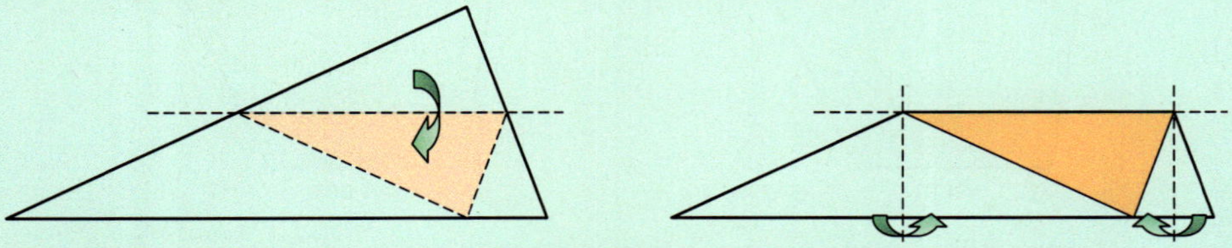

b) Vergleiche den Flächeninhalt des Rechtecks mit dem Flächeninhalt deines Ausgangsdreiecks.
c) Schaffst du es auch, ein Trapez (ein Parallelogramm) zu einem Rechteck zu falten?

6 Auf dem Geobrett sind ein rotes Dreieck und ein blaues Rechteck gespannt.
a) Begründe, dass beide den gleichen Flächeninhalt haben.
b) Versuche auch jeweils ein flächengleiches Rechteck zu einem Parallelogramm (Trapez, Drachenviereck) aufzuspannen. Begründe.

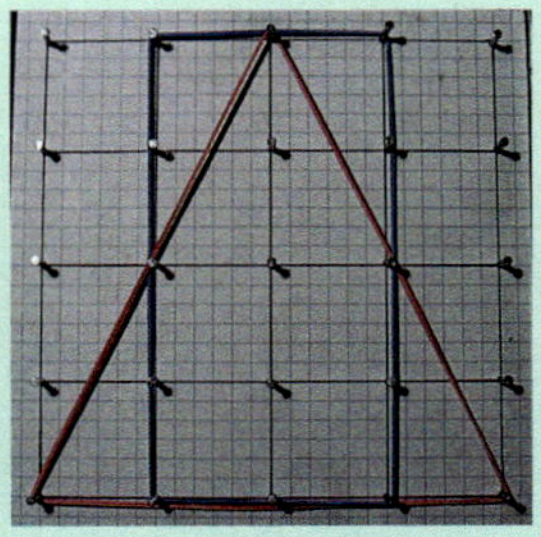

Basiswissen

Um die Fläche eines Vielecks zu bestimmen, zerlegt man es in einfache Grundfiguren. Parallelogramme, Dreiecke oder Trapeze kann man mit verschiedenen Strategien in Rechtecke verwandeln.

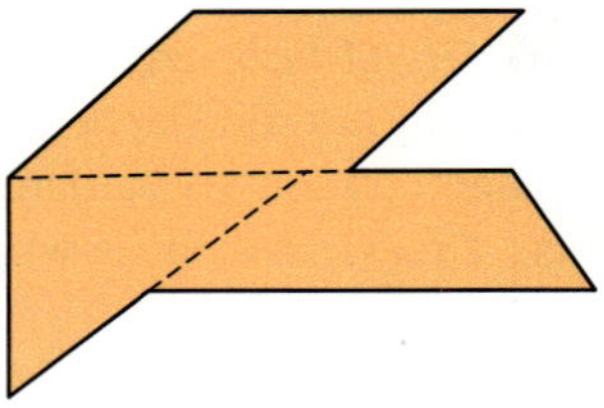

Strategien zur Flächenverwandlung
Ziel: Rechteck

Jedes **Dreieck** kann man zu einem Rechteck mit *doppeltem* Flächeninhalt *ergänzen.*

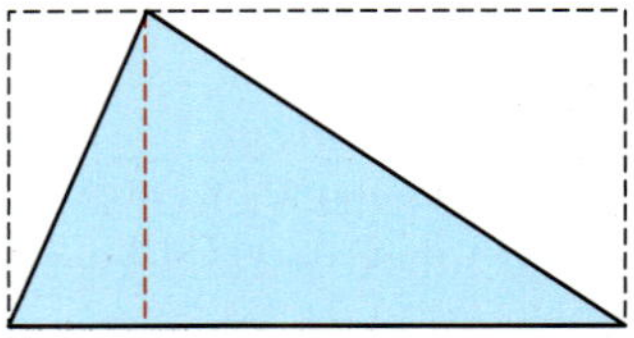

Jedes **Parallelogramm** kann man durch *Zerlegen und Ergänzen* in ein Rechteck mit *gleichem* Flächeninhalt verwandeln.

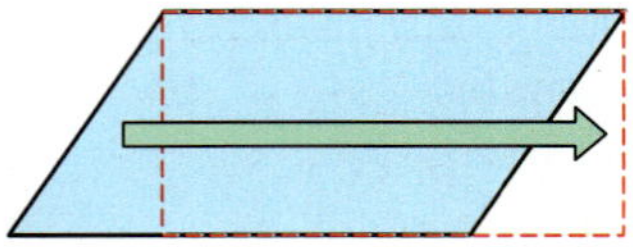

Jedes **Trapez** kann man durch *Zerlegen und Ergänzen* in ein Rechteck mit *gleichem* Flächeninhalt verwandeln.

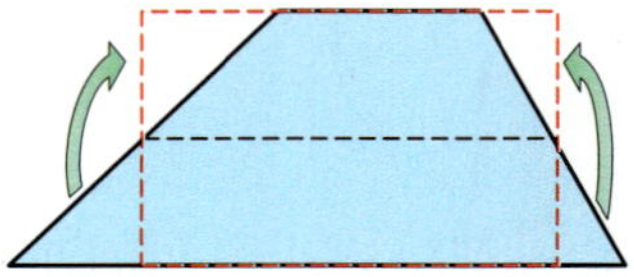

Beispiele

A Wie groß ist der Flächeninhalt des Trapezes?
Das Trapez kann in ein flächengleiches Rechteck mit den Seitenlängen 3 cm und 4 cm umgeformt werden. Der Flächeninhalt beträgt also 3 cm · 4 cm = 12 cm².

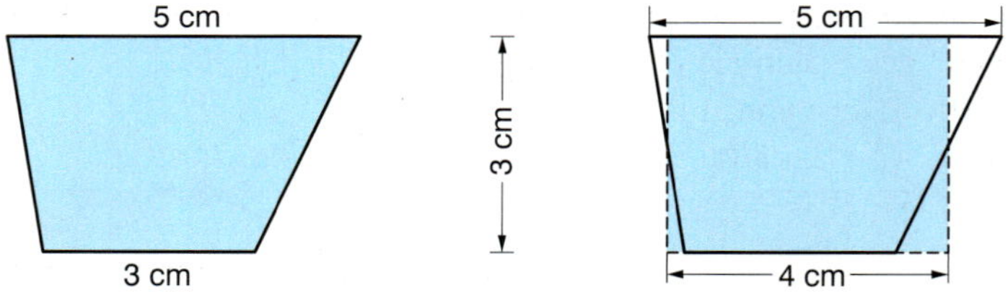

B Zeichne die folgenden Punkte in ein Koordinatensystem ein und verbinde sie zu einer Figur (1 LE = 1 cm):
A(1|1), B(6,5|1), C(7,5|2), D(7,5|3), E(1|3) und F(0|2). Bestimme den Flächeninhalt der Figur.

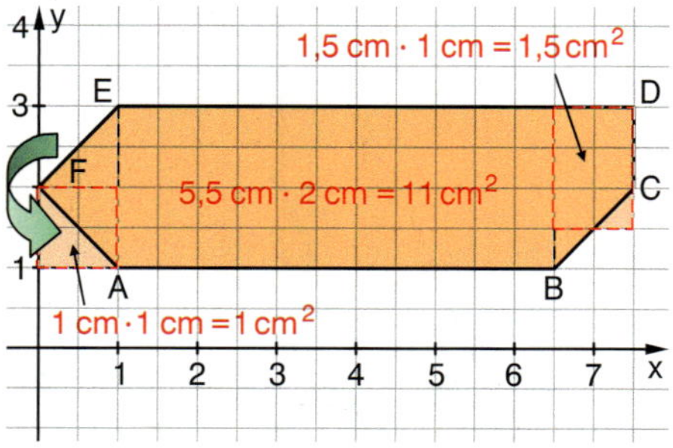

Die Figur lässt sich z. B. in ein gleichschenkliges Dreieck, ein Rechteck und ein Trapez zerlegen. Das Dreieck und das Trapez lassen sich wiederum in Rechtecke verwandeln. Der Flächeninhalt der Gesamtfigur ergibt sich als Summe der Teilflächen zu 13,5 cm².

Übungen

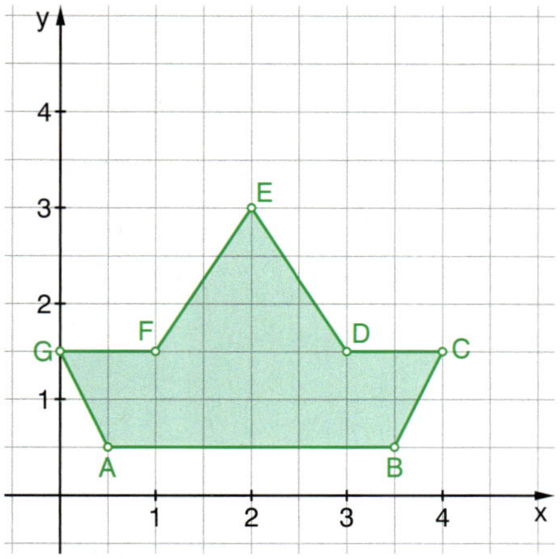

7 a) Bestimme den Flächeninhalt der abgebildeten Figur.
b) Zeichne jeweils die folgenden Punkte in ein Koordinatensystem ein, verbinde sie wie in a) und bestimme den Flächeninhalt.
① A(1|4,5), B(3,5|2,5), C(8|2,5) und D(6|4,5)
② A(−4|2,5), B(0|3,5) und C(−2,5|6)
③ A(1|1,5), B(5|5,5), C(2|5,5) und D(0|3,5)
④ A(0|1), B(11,5|1), C(7,5|4,5), D(6|7), E(3|6), F(0|7) und G(1,5|2,5)
Beschreibe jeweils deine Strategie.

8 Bestimme jeweils den Flächeninhalt der Figuren, indem du sie zerlegst und zu einem Rechteck ergänzt. Welche Strecken musst du messen?

Die Zerlegung kannst du vielleicht schon „im Kopf" ausführen.

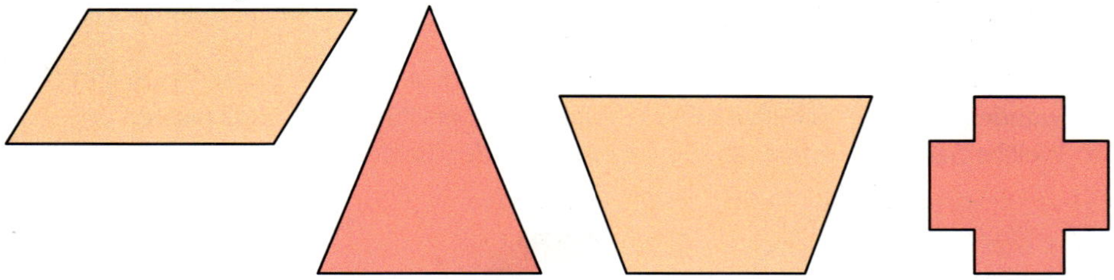

9 Welcher Drachen hat die größere Fläche?
Beschreibe die Strategie, mit der du zu deiner Entscheidung gekommen bist.

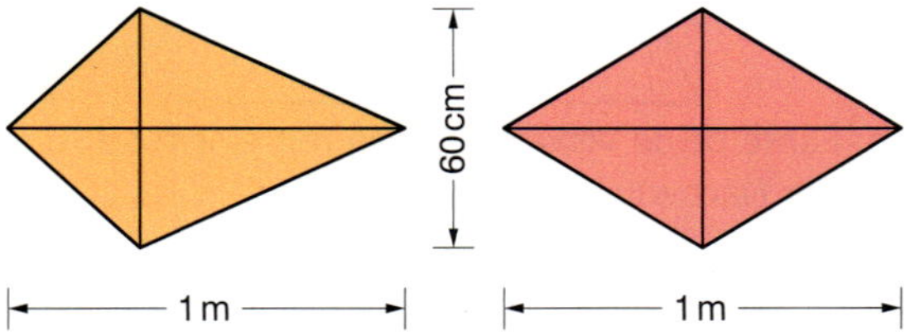

10 Zeichne die folgenden Parallelogramme und bestimme durch Verwandlung in ein flächengleiches Rechteck den Flächeninhalt.
a) $a = 4$ cm, $b = 7$ cm, $\alpha = 50°$
b) $a = 6$ cm, $\alpha = 110°$, $h = 2$ cm

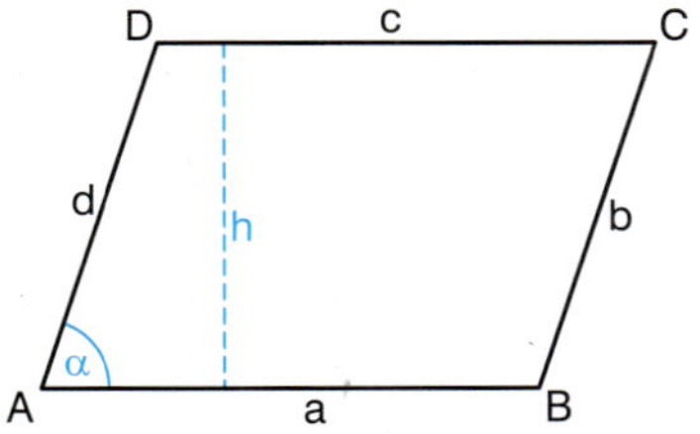

Messen erlaubt

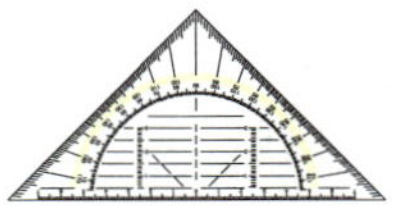

11 Zeichne die folgenden Dreiecke und bestimme durch Verwandlung in ein flächengleiches Rechteck den Flächeninhalt.
a) $a = 4$ cm, $b = 5$ cm, $c = 8$ cm
b) $c = 5$ cm, $\alpha = 105°$, $b = 7$ cm

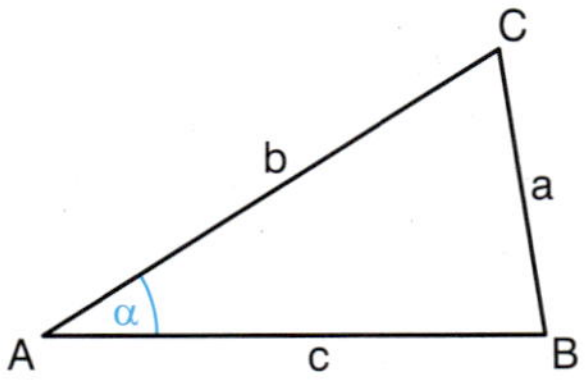

12 Zeichne die folgenden gleichschenkligen Trapeze und bestimme durch Verwandlung in ein flächengleiches Rechteck den Flächeninhalt.
a) $a = 8$ cm, $b = 5$ cm, $\beta = 75°$
b) $a = 9$ cm, $\alpha = 60°$, $d = 4$ cm

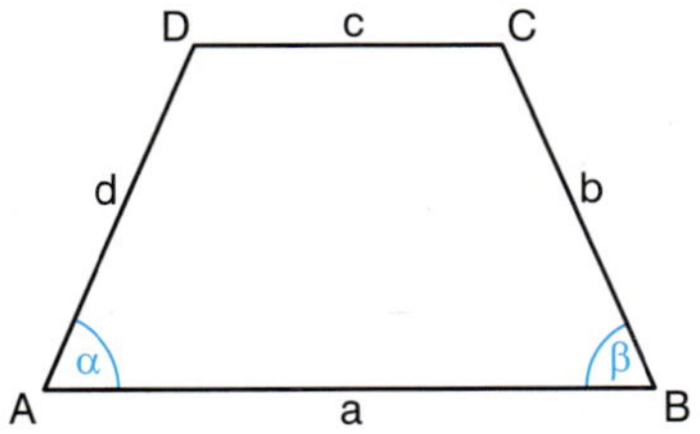

Übungen

13 Die Zerlegungsidee für das Trapez (s. Kasten S. 156) kann man auch bei einem Parallelogramm benutzen.
Schneide ein Parallelogramm aus und versuche es in ein Rechteck zu verwandeln. Erkläre dein Vorgehen. Klebe die Ergebnisse in dein Heft.

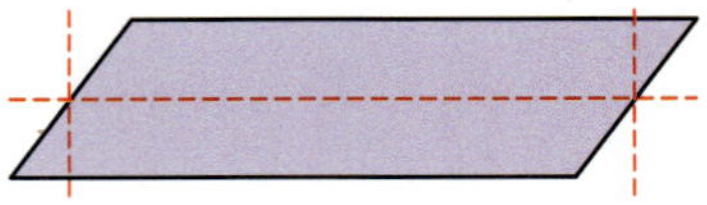

14 Übertrage die abgebildeten Vielecke in dein Heft und bestimme ihren Flächeninhalt durch geschickte Zerlegung der Figur. Beschreibe dein Vorgehen.

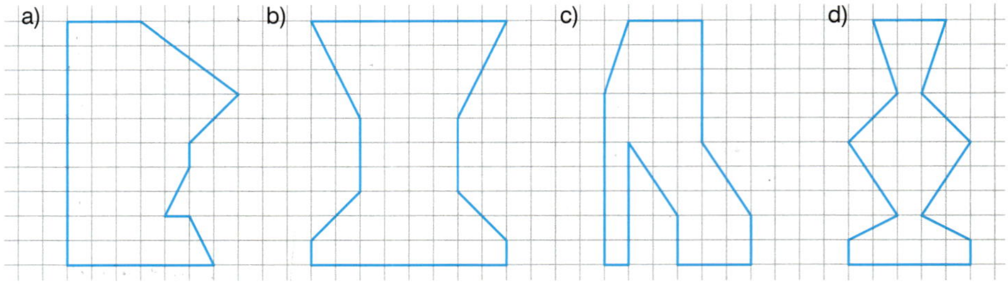

15 Es gibt verschiedene Möglichkeiten ein Dreieck in ein flächengleiches Rechteck zu verwandeln. Die gestrichelten Linien deuten zwei verschiedene Möglichkeiten an.
a) Welche Seitenlängen haben die Rechtecke in den beiden Fällen?

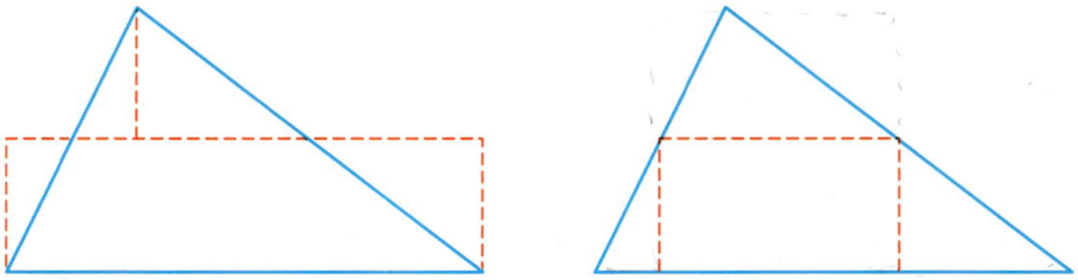

b) Führe beide Verwandlungen mit einem selbst gezeichneten Dreieck durch. Wie groß ist der Flächeninhalt deines Dreiecks?
c) Findest du noch andere Möglichkeiten der Flächenverwandlung?

16 A, B und C sind Eckpunkte eines Dreiecks im Koordinatensystem. Bestimme den Flächeninhalt des Dreiecks. Beschreibe dein Vorgehen.
a) $A(0|0)$, $B(5|1)$, $C(5|4)$ b) $A(0|0)$, $B(5|2)$, $C(2|7)$ c) $A(2|1)$, $B(6|4)$, $C(4|7)$

Variationen

17 Finde möglichst unterschiedliche Möglichkeiten, ein Parallelogramm in ein Rechteck zu verwandeln.

18 Zeichne ein gleichseitiges Dreieck. Finde zwei verschiedene Möglichkeiten, dieses durch Zerlegen und Ergänzen in ein flächengleiches Parallelogramm zu verwandeln.

19 Findest du eine Möglichkeit, wie man ein gleichschenkliges Trapez mit einem Schnitt so zerlegen kann, dass man die Teile zu einem Parallelogramm zusammenfügen kann?

20 Was ist hier passiert? Vergleiche Flächeninhalt und Umfang der Figuren.

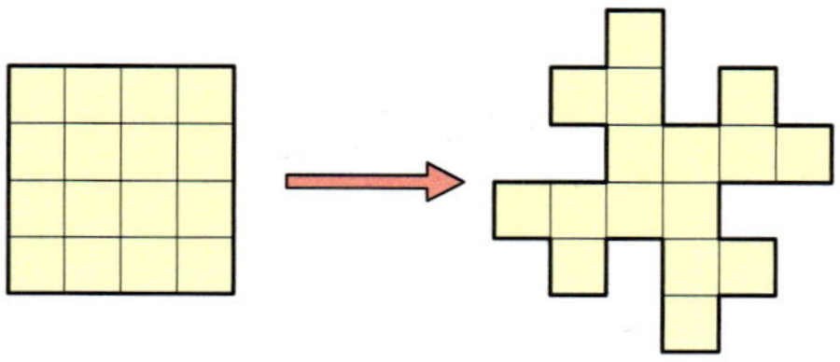

21 Wie kann man den Flächeninhalt von extrem schrägen Parallelogrammen herausbekommen? Beschreibe die Ideen und probiere sie aus.

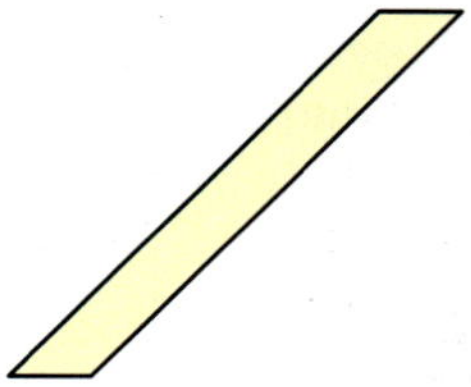

Übungen

22 a) Das Wohnzimmer im neuen Haus von Brokamps hat einen interessanten Grundriss. Brokamps wollen Marmorfußboden verlegen lassen. Wie viel m^2 werden benötigt? (Maßstab 1:200)
b) Der Fliesenleger empfiehlt, 40 m^2 Marmorplatten zu kaufen. Was hältst du von dieser Empfehlung?

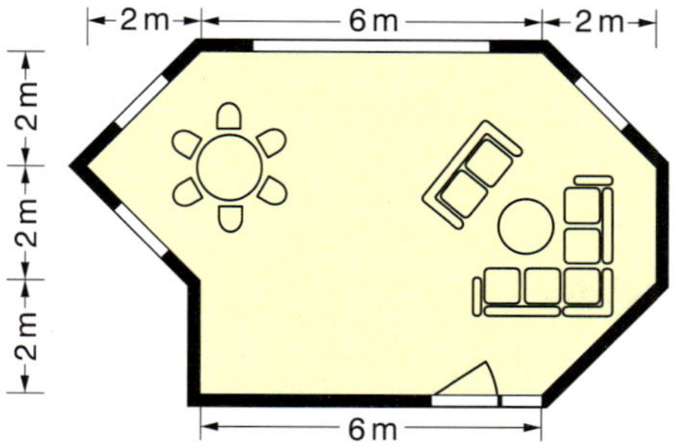

23 Im Rahmen einer „Flurbereinigung" sollen die fünf Grundstücke der Schrebergartenanlage in fünf rechteckige Grundstücke umgewandelt werden. Die Flächeninhalte sollen gleich bleiben.

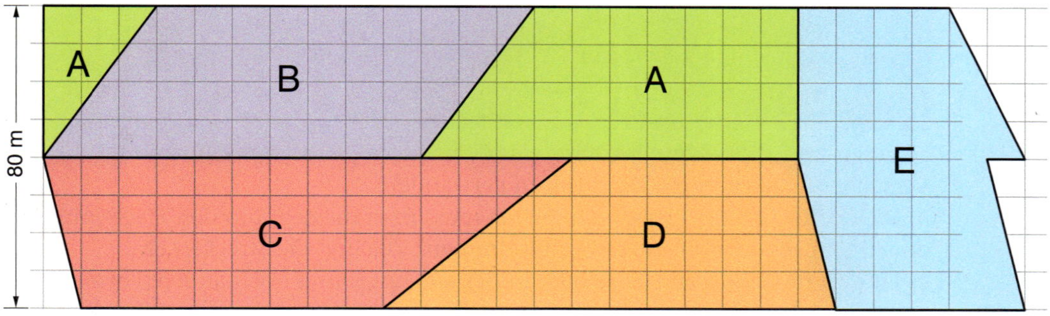

a) Wie würdest du die Flurbereinigung vornehmen? Zeichne den Plan auf Pappe und schneide die einzelnen Grundstücke aus. Zerlege und setze neu zusammen. Klebe den bereinigten Plan in dein Heft und vergleiche mit den Ergebnissen deiner Nachbarn.
b) Kannst du die Rechtecke so anordnen, dass insgesamt ein Rechteck entsteht?

Flurbereinigung

Die Flurbereinigung (Grundzusammenlegung) wird häufig in der Landwirtschaft (Getreidefelder, Weingebiete) und in der Baulanderschließung angewendet. Rechtsgrundlage ist hierfür das Flurbereinigungsgesetz in der Fassung von 1976:

„Zur Verbesserung der Produktions- und Arbeitsbedingungen in der Land- und Forstwirtschaft sowie zur Förderung der allgemeinen Landeskultur und der Landesentwicklung kann ländlicher Grundbesitz durch Maßnahmen nach diesem Gesetz neu geordnet werden."

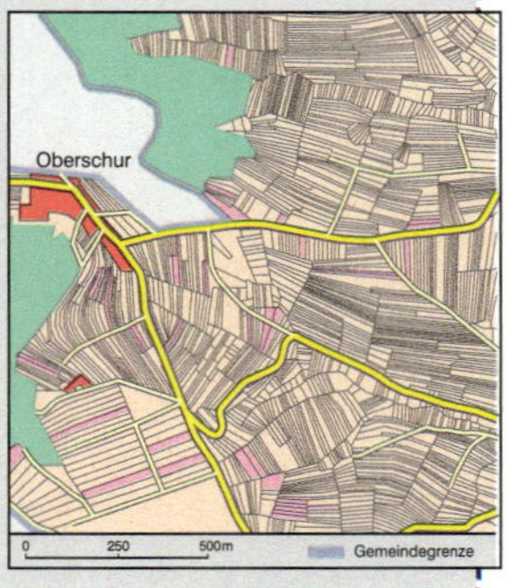

vorher

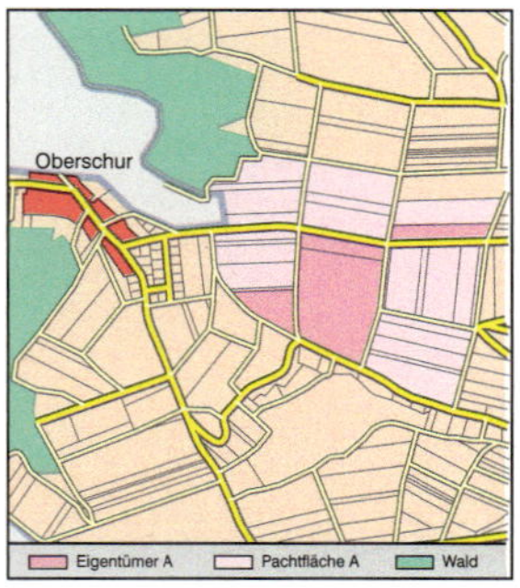

nachher

Damit sollen vorhandene Mängel wie z. B. zersplitterter Grundbesitz, ungünstige Grundstücksformen, unwirtschaftliche Betriebsgrößen oder unzulängliche Verkehrserschließung beseitigt werden. Bei der Grundstücksumlegung werden dabei nicht nur die Flächengrößen, sondern auch der Wert der einzelnen Grundstücke (Bodengüte, Ortslage u. Ä.) berücksichtigt. Darüber hinaus spielen heute auch Umweltaspekte wie zum Beispiel die Schaffung von Feuchtbiotopen eine wichtige Rolle. Die Mathematik liefert dabei sowohl bei der Flächenverwandlung als auch bei der Werteberechnung unverzichtbare Hilfen.

Aufgaben

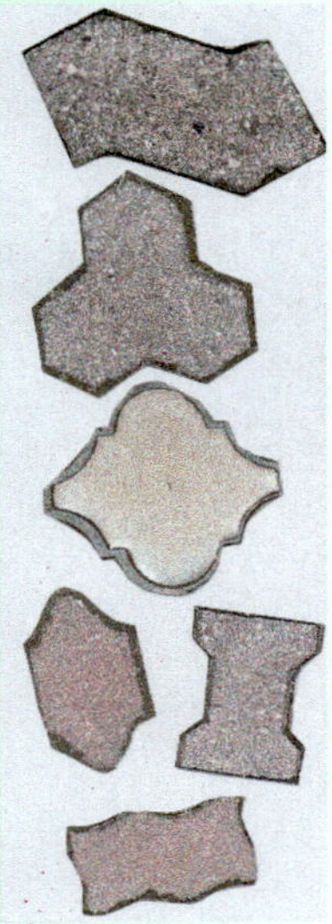

24 Beim Pflastern von Gehwegen und Plätzen und beim Kacheln von Wänden und Fußböden werden meist Rechtecke und Quadrate verwendet. Man findet aber auch andere Formen, darunter auch solche mit krummlinigen Begrenzungen. Durch Zerlegen und Zusammensetzen lassen sich die Flächen dieser Steine und Kacheln in Rechtecke verwandeln. Damit kann man den Flächeninhalt bestimmen.

a) Vergrößere die einzelnen Steine mit dem Fotokopierer und schneide sie aus. Versuche sie dann in ein Rechteck zu verwandeln.
b) Welche Größen des jeweiligen Steins muss man messen, um den Flächeninhalt des entsprechenden Rechtecks zu bestimmen? Zeichne die Strecken ein.
c) Findest du bei dir zu Hause oder in deiner Umgebung noch andere Formen, die sich in ein Rechteck umwandeln lassen?

25 Besonders originelle Pflasterungen hat der holländische Künstler M. C. ESCHER entworfen. Hier ist ein selbst erfundenes Beispiel. Bestimme durch Flächenverwandlung den Flächeninhalt des hierbei verwendeten „Hundekopfes".

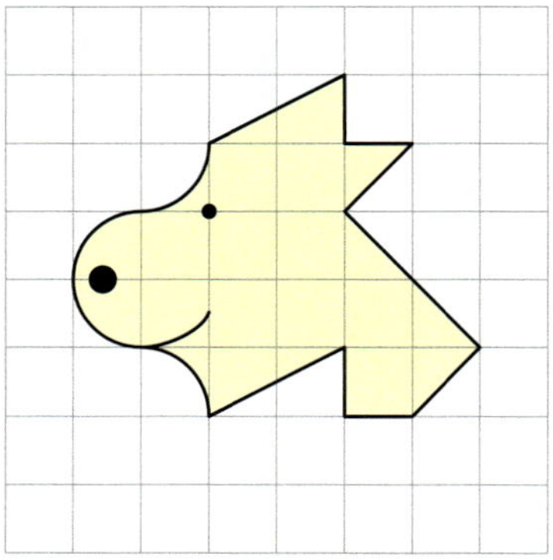

Kannst du selbst eine andere interessante Figur mit gleichem Flächeninhalt entwerfen?

26 Ein Kreis lässt sich nicht exakt in ein Rechteck verwandeln. Näherungsweise gelingt dies mit der folgenden Methode:

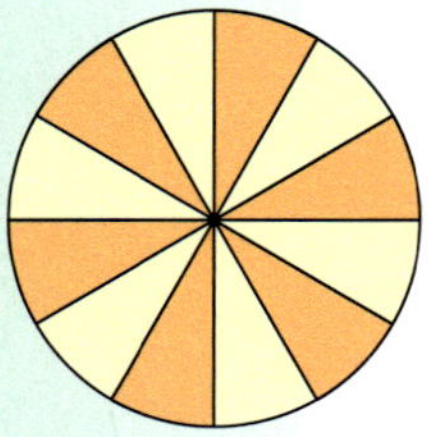

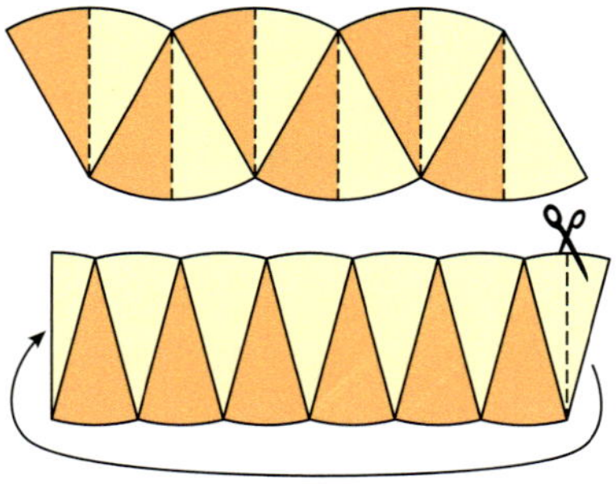

a) Beschreibe das Vorgehen. Wie lässt sich aus dem „Parallelogramm" durch Zerschneiden eines der Kreissektoren und Umlegen ein flächengleiches „Rechteck" herstellen?
b) Bestimme mit dieser Methode den Flächeninhalt eines Kreises mit dem Radius 5 cm. Warum ist dies nur ein Näherungswert?

Aufgaben

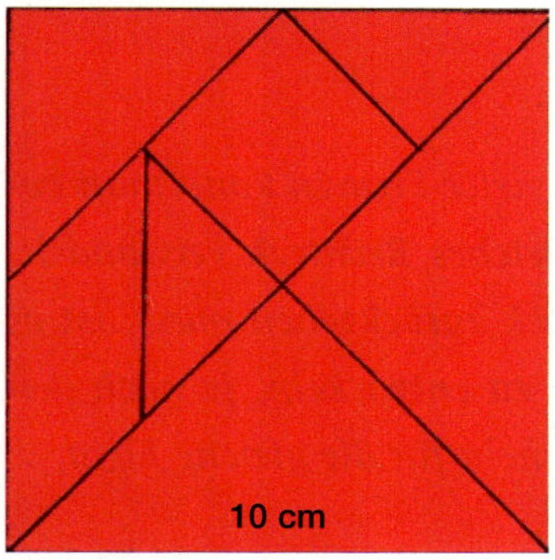

27 Am Anfang des Lernabschnitts haben wir ein Tangram-Puzzle abgebildet. Dies ist ein altes chinesisches Legespiel aus 7 Teilstücken, die in dem Bild zu einem Quadrat zusammengelegt sind. Schneide dir die Puzzle-Teile nach der nebenstehenden Vorlage auf Pappe aus.
a) Welchen Flächeninhalt haben die einzelnen Puzzleteile? Beschreibe deinen Lösungsweg.
b) Die abgebildeten Figuren sind alle flächengleich. Kannst du sie jeweils unter Verwendung aller 7 Puzzleteile zusammenlegen?

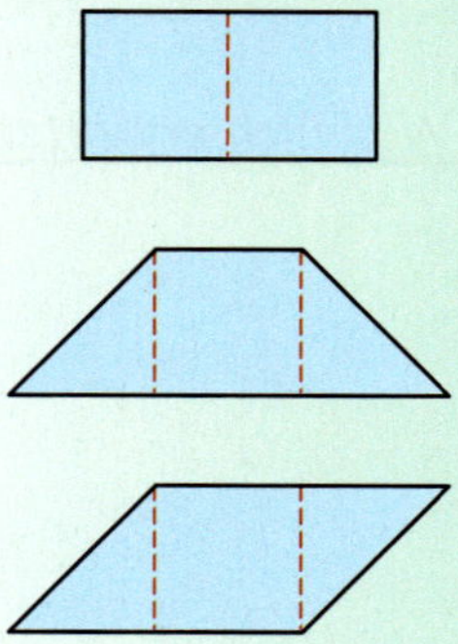

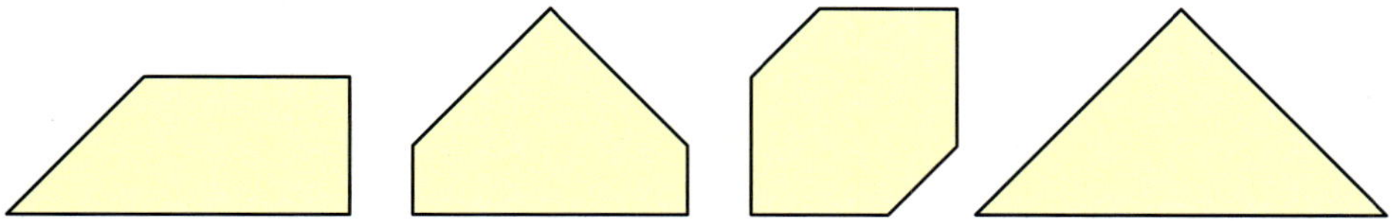

28 *Zerlegen in Teilfiguren mithilfe eines Quadratgitters*
a) Die folgenden Figuren sollen jeweils in vier gleich große Teilflächen zerlegt werden. Du kommst leichter zur Lösung, wenn du ein passendes Quadratgitter einzeichnest.
b) Findest du auch jeweils eine Zerlegung in vier kongruente Teilfiguren?

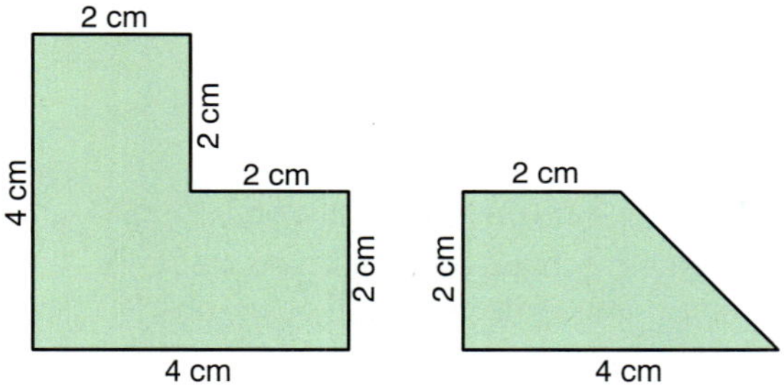

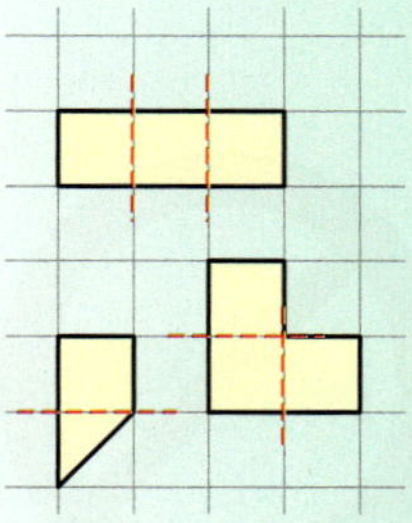

29 a) Zerlege das gleichschenklige Trapez in vier gleich große Teilflächen. Hierbei hilft dir ein passendes Dreiecksgitter (isometrisches Papier).
b) Findest du auch hier eine Zerlegung in vier kongruente Teilfiguren? Wie sehen diese aus?

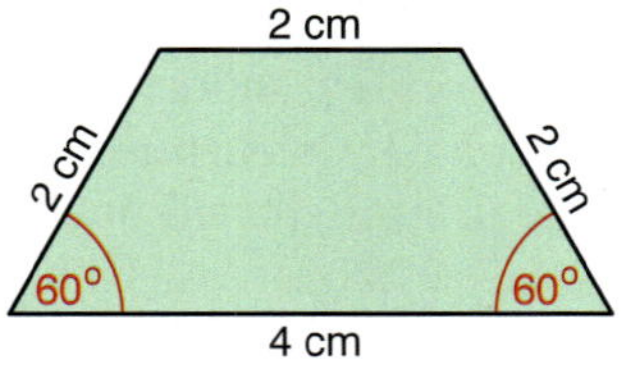

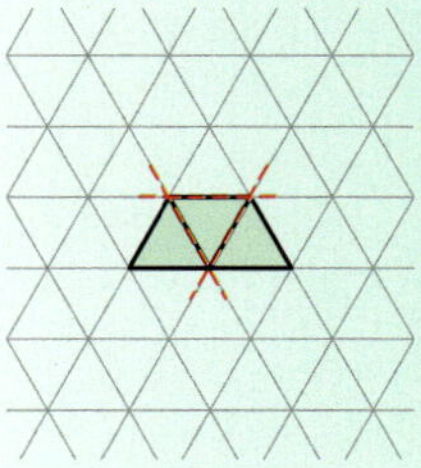

30 Zeichne ein „griechisches Kreuz" und zerschneide es wie angegeben mit zwei geraden Schnitten. Gelingt es dir, die Teile zu einem Quadrat zusammenzusetzen?

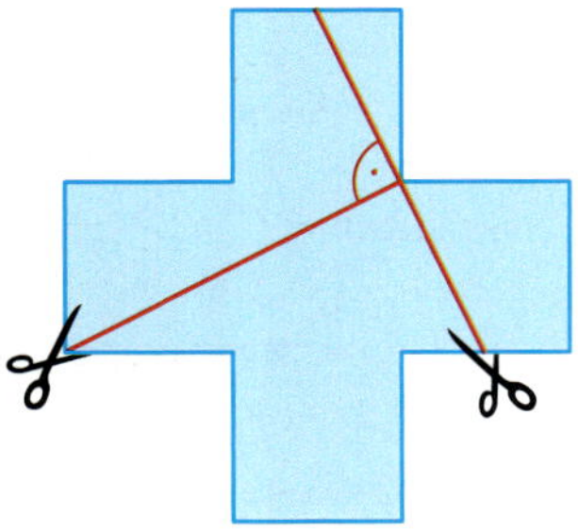

6.2 Flächeninhalte berechnen

Was dich erwartet

Formeln sind praktisch! Den Flächeninhalt vieler Figuren kann man bestimmen, indem man die Figur in ein flächengleiches Rechteck verwandelt. Damit man aber nicht jedes Mal auf das Rechteck zurückgehen muss, ist es nützlich, auch für diese Figuren fertige Formeln zu entwickeln. Je nach den gegebenen Größen gibt es sogar verschiedene Formeln für die gleiche Figur.

Aufgaben

1 Gegeben sind die Punkte A(–4|–2), B (1|–2), C(1|3) und D(–4|3) in einem Koordinatensystem.
a) Zeichne das Viereck ABCD und bestimme seinen Flächeninhalt.
b) Zeichne nun eine Gerade durch die Punkte C und D und verschiebe die Strecke CD entlang dieser Geraden. Was für eine Figur entsteht? Zeichne drei verschiedene Fälle ein. Bestimme jeweils den Flächeninhalt des neuen Vierecks. Was stellst du fest?
c) Für Rechtecke lautet die Flächeninhaltsformel A(a, b) = a · b. Findest du auch eine Formel für die hier entstehenden Vierecke? Welche Größen des Vierecks kommen in der Formel vor?

2 Am Strand von Farm Cove in Australien soll zum Schutz vor Haifischen ein Schwimmbereich von ca. 3 200 m^2 Wasserfläche durch Netze abgesteckt werden.
Die ursprünglich vorgesehenen Wasserbefestigungen für die Netze können aufgrund einer starken Unterströmung nicht angebracht werden, sondern müssen um 30 m nach Osten verschoben werden.

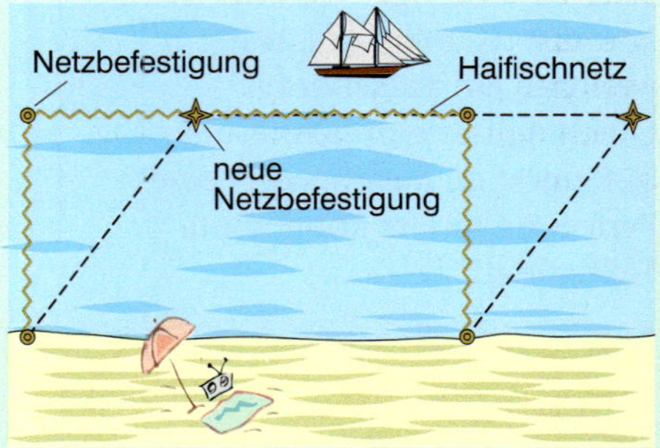

a) Bestimme die ursprünglichen und die neuen Abmessungen des Schwimmbereichs (Maßstab 1:2000).
b) Ist die vorgesehene Wasserfläche von 3 200 m^2 mit den neuen Markierungen überhaupt gewährleistet? Begründe.
c) Worauf muss man bei der Verlegung der Markierungen achten, wenn die Fläche gleich groß bleiben soll?

3 a) Berechne jeweils den Flächeninhalt der folgenden Dreiecke. Was stellst du fest? Kannst du deine Ergebnisse begründen?

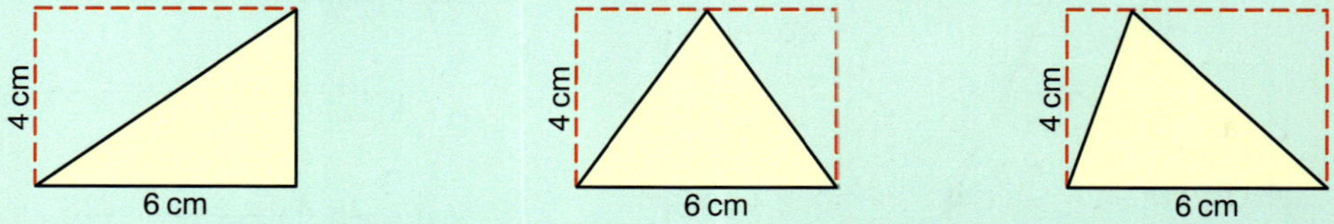

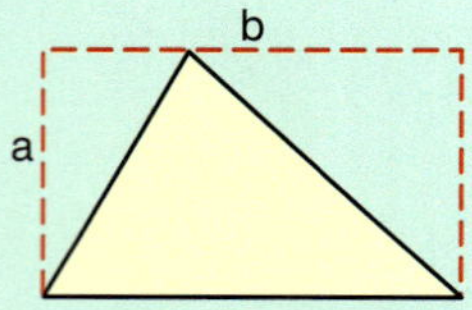

b) Stelle jeweils eine Formel für den Flächeninhalt der Dreiecke auf, wenn die Seiten a und b des Rechtecks als Variable gegeben sind. Welche Größen beschreiben diese Variablen in dem jeweiligen Dreieck?
c) Kannst du nun eine Formel für den Flächeninhalt eines beliebigen Dreiecks angeben? Welche Größen des Dreiecks müssen gegeben sein? Beschreibe mit Worten und kennzeichne in einer Skizze.

Aufgaben

4 a) Zeichne ein Parallelogramm auf ein unliniertes Blatt Papier und schneide es aus. Falte das Parallelogramm so, dass nach dem Falten ein Rechteck entsteht.

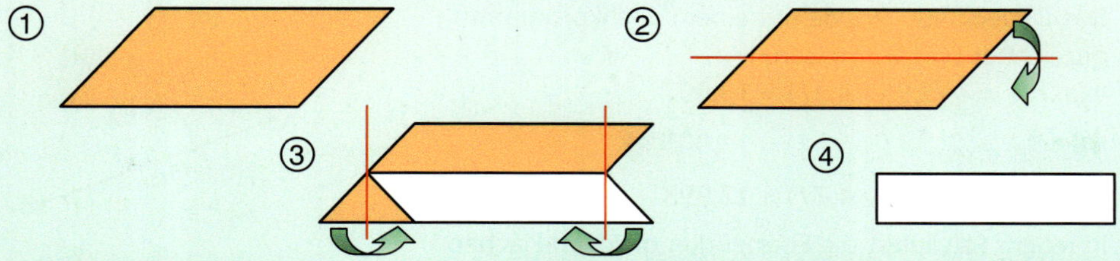

b) Mithilfe dieser Falttechnik kann man den Flächeninhalt eines Parallelogramms bestimmen. Begründe, warum das so ist und gib eine Formel für den Flächeninhalt an. Welche Größen des Parallelogramms kommen in dieser Formel vor?

5 Die gleiche Methode wie in Aufgabe 4 kannst du auch auf das Dreieck anwenden.

a) Schneide ein Dreieck aus und probiere es aus. Klebe dann das Dreieck in dein Heft und markiere die Faltlinien.

b) In einem alten Schulbuch steht: Mit dieser Faltmethode ist der Flächeninhalt eines Dreiecks: $A = 2 \cdot \frac{h}{2} \cdot \frac{g}{2}$. Begründe die Formel.

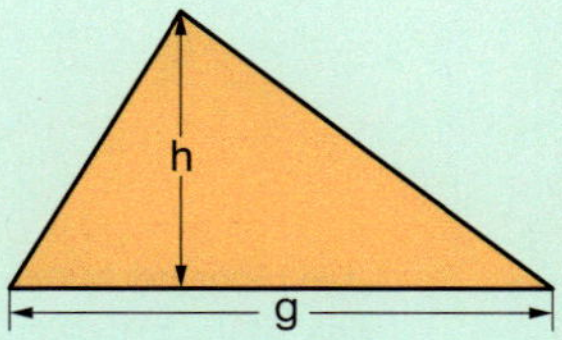

6 Vergleiche den Flächeninhalt des Rechtecks mit dem Flächeninhalt des Trapezes.
Welcher Zusammenhang besteht zwischen den Seitenlängen a und b des Rechtecks und den angegebenen Größen des Trapezes?

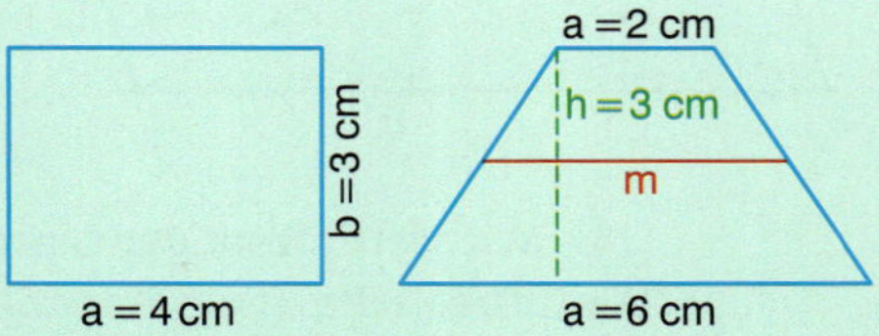

Basiswissen

Die Formel zur Berechnung einer Rechteckfläche ist einfach: $A = a \cdot b$, wobei a und b die Seitenlängen des Rechtecks sind. Auch für die anderen Grundfiguren gibt es Formeln, denn man kann sie alle in flächengleiche Rechtecke umwandeln. Zur Berechnung muss man mindestens eine Seitenlänge und die „Höhe" der Figur kennen.

Formeln für Flächeninhalte

Dreieck: $A(g, h) = \frac{1}{2} \cdot g \cdot h$

Flächeninhalt $= \frac{1}{2} \cdot$ Flächeninhalt des Rechtecks
$= \frac{1}{2} \cdot$ Grundseite · Höhe zu dieser Grundseite

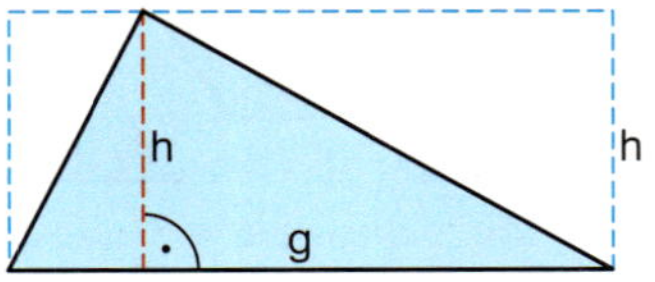

Parallelogramm: $A(g, h) = g \cdot h$

Flächeninhalt = Grundseite · Höhe zu dieser Grundseite

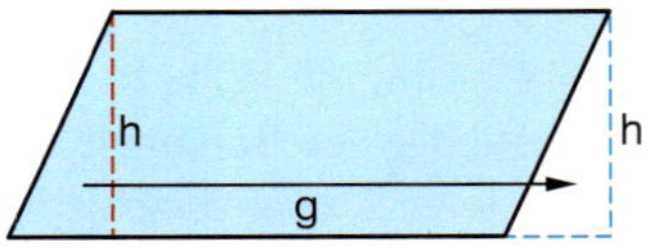

Trapez: $A(m, h) = m \cdot h$

Flächeninhalt = Mittellinie · Höhe

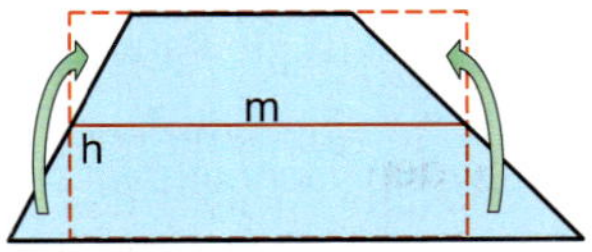

Beispiele

A Welche Seite des Dreiecks soll als Grundseite g in die Flächenformel eingesetzt werden?

Das Dreieck ABC wurde mit einem Grafikprogramm gezeichnet und vermessen.

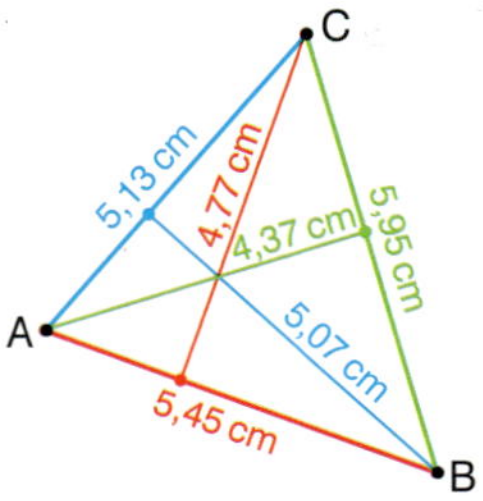

$A(a, h_a) = \frac{1}{2}(5{,}95 \cdot 4{,}37) = 13{,}001$

$A(b, h_b) = \frac{1}{2}(5{,}13 \cdot 5{,}07) = 13{,}005$

$A(c, h_c) = \frac{1}{2}(5{,}45 \cdot 4{,}77) = 12{,}998$

In jedem Fall liefert die Formel den gleichen Flächeninhalt von ungefähr 13 cm^2. Die geringfügigen Unterschiede sind auf die Messungenauigkeit zurückzuführen.

B In der Trapezformel braucht man die Länge der Mittellinie m. Kann man diese auch aus den Seitenlängen des Trapezes berechnen?

Durch Punktspiegelung des Trapezes ABCD an der Seitenmitte M_b entsteht als Gesamtfigur ein Parallelogramm.

$m = \frac{1}{2}(a + c)$

„Die Länge der Mittellinie ist der Mittelwert der Länge der beiden parallelen Seiten".

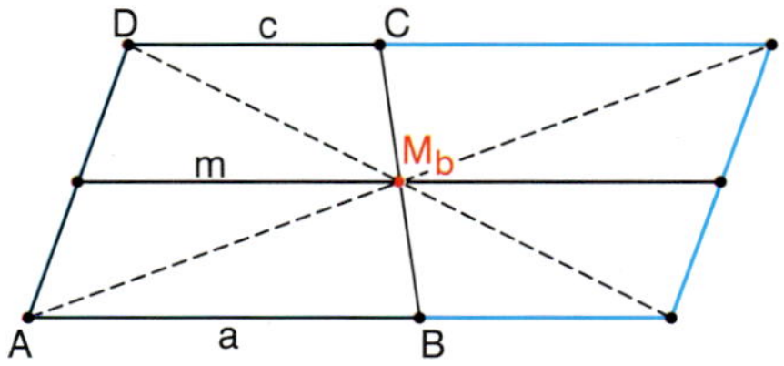

Es gilt $a + c = 2\,m$ und damit $m = \frac{1}{2}(a + c)$.

Wir können deshalb zur Berechnung der Trapezfläche auch die Formel $A(a, c, h) = \frac{a + c}{2} \cdot h$ verwenden.

C Wie viel Prozent der Giebelfläche macht die Fensterfläche aus?

Die Giebelfläche ist ein Trapez.

$A_{Trapez} = \frac{1}{2}(6{,}5\text{ m} + 2{,}6\text{ m}) \cdot 3{,}4\text{ m}$

$= 15{,}47\text{ m}^2$

$A_{Fenster} = 1{,}6\text{ m} \cdot 1{,}5\text{ m} = 2{,}4\text{ m}^2$

$\frac{2{,}4}{15{,}47} = 0{,}155$

Die Fensterfläche nimmt 15,5 % der Giebelfläche ein.

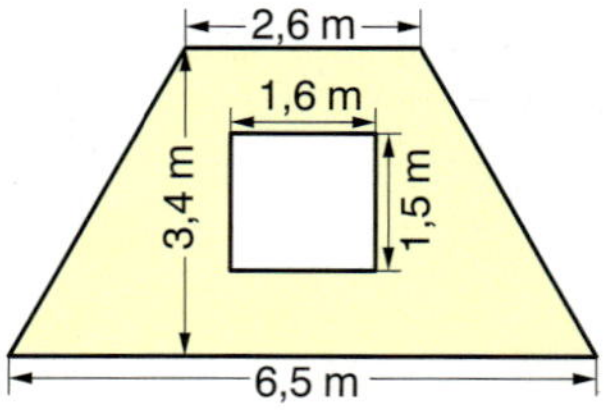

Übungen

7 Bestimme mithilfe der Flächenformeln den Flächeninhalt der folgenden Figuren.

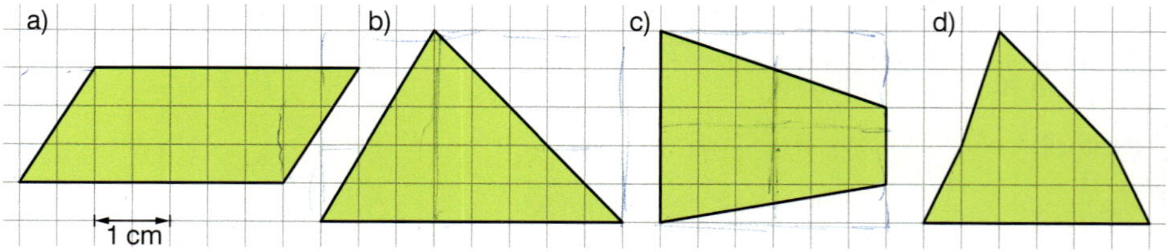

8 Alles richtig? Der gesamte Flächeninhalt beträgt 51,45 cm^2.

8 Gegeben ist ein Dreieck ABC mit

a) $a = 5$ cm, $h_a = 4{,}2$ cm b) $b = 6{,}4$ cm, $h_b = 3$ cm c) $h_a = 0{,}3$ dm, $a = 74$ mm

d) $c = 45$ mm; die Höhe h_c ist zweimal so lang wie die Seite c.

Bestimme den Flächeninhalt des Dreiecks.

Zeichne jeweils zwei verschiedene Dreiecke mit diesen Angaben.

9 Gegeben ist ein Parallelogramm ABCD mit

a) $a = 7$ cm, $h_a = 3{,}5$ cm b) $b = 5{,}4$ cm, $h_b = 3$ cm c) $h_c = 2{,}5$ cm, $c = 0{,}06$ m

Bestimme den Flächeninhalt des Parallelogramms. Ist das Parallelogramm durch die Angaben eindeutig festgelegt? Begründe deine Antwort.

Übungen

10 Bestimme den Flächeninhalt der Figuren. Miss dazu die benötigten Größen.

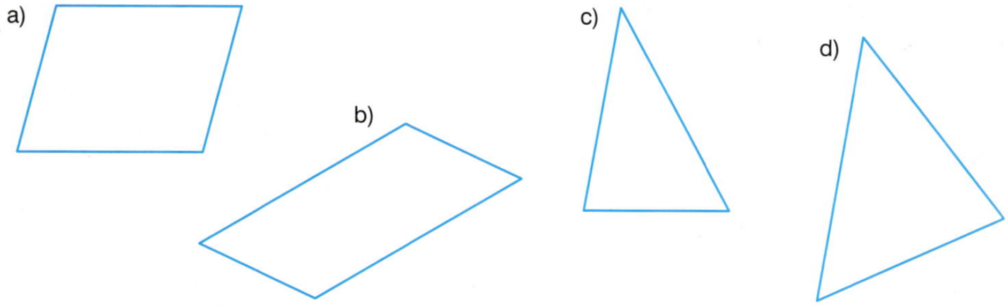

10 Die richtigen Ergebnisse sind dabei: 4,1 7,4 2,3 3,9 3,4 3,1 (alles gerundet und mit der Einheit cm²)

11 Zeichne die folgenden Dreiecke und bestimme ihren Flächeninhalt.
a) a = 4 cm, b = 5 cm, c = 8 cm b) c = 5 cm, $\alpha = 105°$, b = 7 cm

12 Zeichne zu jedem der Dreiecke aus Aufgabe 11 ein flächengleiches Parallelogramm (Trapez). Begründe mithilfe der Flächenformeln.

13 Von einem Dreieck sind die folgenden Größen bekannt:
(1) A = 12 cm², g = 4 cm (2) A = 24 cm², g = 0,08 m (3) A = 60 dm², h = 60 cm.
a) Bestimme jeweils die Höhe bzw. die Grundseite des Dreiecks.
b) Gib eine Formel an, mit der man aus Flächeninhalt und Höhe die Grundseite bestimmt. Wie sieht die Formel aus, wenn man Flächeninhalt und Grundseite kennt?

14 Fülle die Lücken in den Tabellen aus.

Parallelogramm

g	h	A
3	5	■
■	5	20
■	■	12

Trapez

a	c	m	h	A
3	5	■	2	■
8	■	6	4	■
■	■	■	■	24

Dreieck

g	h	A
■	4	12
3	4	■
■	■	18

Die Größen sind jeweils in cm oder cm² angegeben.

15 Zeichne drei nicht kongruente Dreiecke (Parallelogramme, Trapeze) mit dem Flächeninhalt 12 cm².

16 a) Zeichne ein Parallelogramm mit den Seitenlängen a = 6 cm und b = 4 cm und einem Flächeninhalt von 18 cm² (12 cm²). Beschreibe deine Konstruktion.
b) Gibt es verschiedene (nicht kongruente) Lösungen? Begründe.

17 a) Verlege einen Eckpunkt so, dass der Flächeninhalt des Dreiecks doppelt so groß (halb so groß) wird.
b) Finde ein neues (nicht kongruentes) Dreieck mit gleichem Flächeninhalt.
c) Löse die gleichen Aufgaben für das Parallelogramm. Hier darfst du zwei Punkte verlegen.

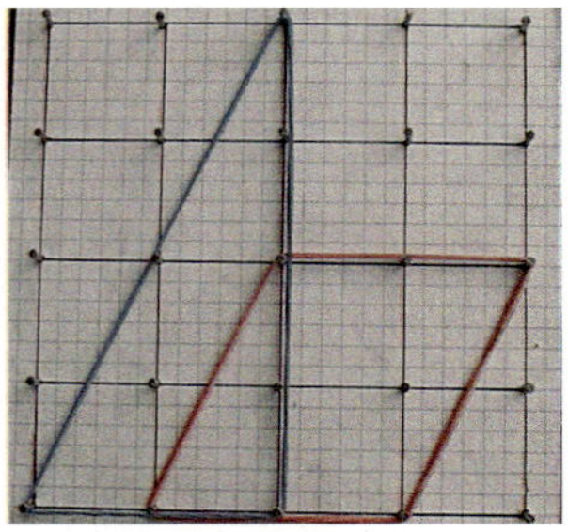

18 a) Übertrage die Skizze (rechts) in dein Heft. Bestimme die Flächeninhalte der Figuren.
Bezeichne dabei die Größen, mit denen du die Fläche berechnest und schreibe den Rechenterm auf.
b) Zeichne im Gitter jeweils eine gleichartige Figur mit dem doppelten (dem halben) Flächeninhalt.

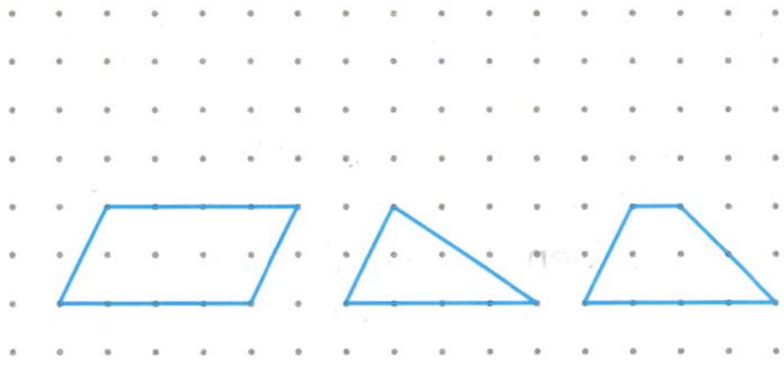

Übungen

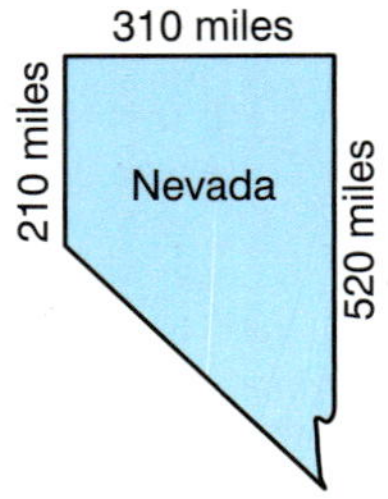

1 mile = 1,609 km

19 Die Grenzen des Bundesstaates Nevada in den USA markieren fast exakt ein Trapez. Berechne die Fläche von Nevada in km^2.
Suche im Lexikon oder im Internet eine Angabe über den Flächeninhalt und vergleiche mit deinem errechneten Wert. Vergleiche auch mit der Fläche deines Bundeslandes.

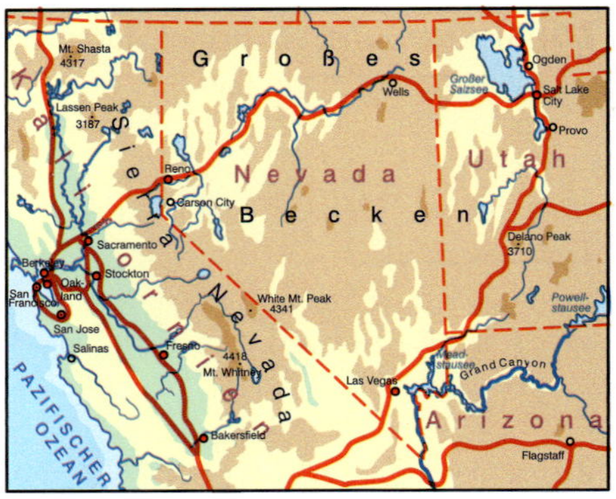

20 Die 10 m breite Frontseite des Friesenhauses ist mit Klinkern verkleidet. Wie viele Klinker wurden ungefähr benötigt?

Klinker:

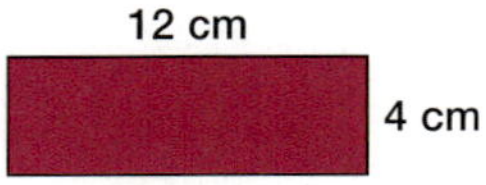

Beschreibe, wie du zu deinem Schätzwert gekommen bist. Vergleicht eure Ergebnisse.

21 a) Bestimme den Flächeninhalt der Raute mit der Formel für das Parallelogramm. Miss dazu die notwendigen Größen.
b) Kannst du den Flächeninhalt auch mithilfe der beiden Diagonalen bestimmen?
Gib eine entsprechende Formel $A(d_1, d_2)$ an.

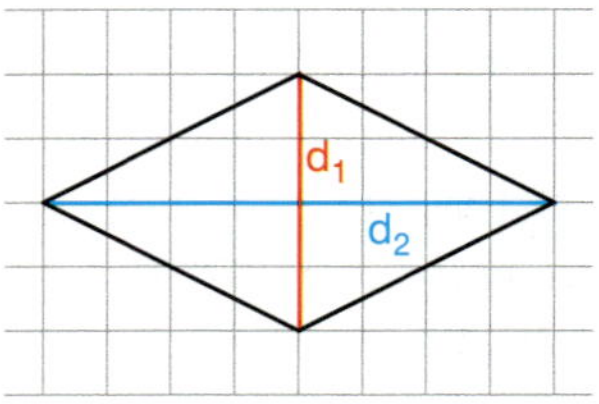

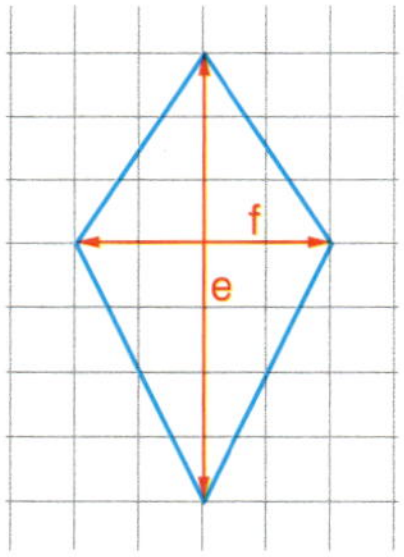

22 Finde eine Formel für den Flächeninhalt eines Drachens. Berechne damit den Flächeninhalt der beiden Drachen. Was stellst du fest?

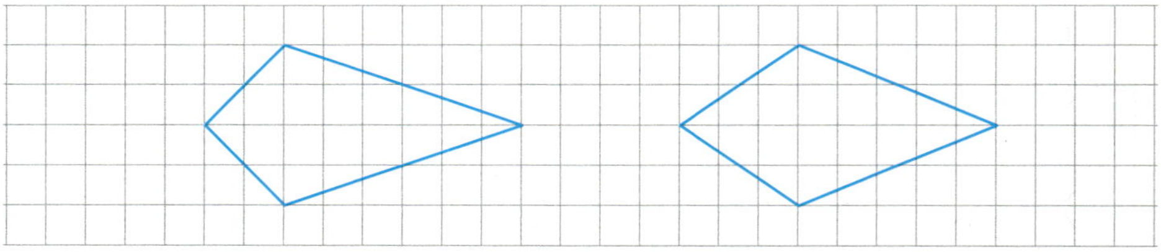

23 Begründe: Der Flächeninhalt eines rechtwinkligen Dreiecks lässt sich mithilfe der beiden Seitenlängen a und b berechnen. Stelle die passende Formel für $A(a, b)$ auf.

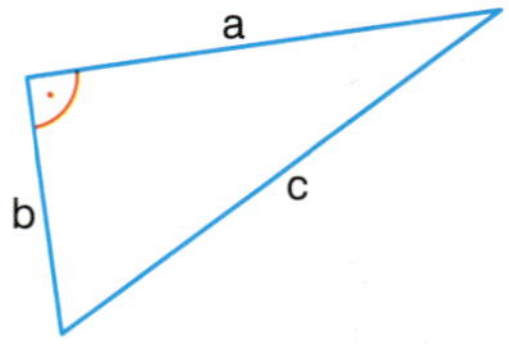

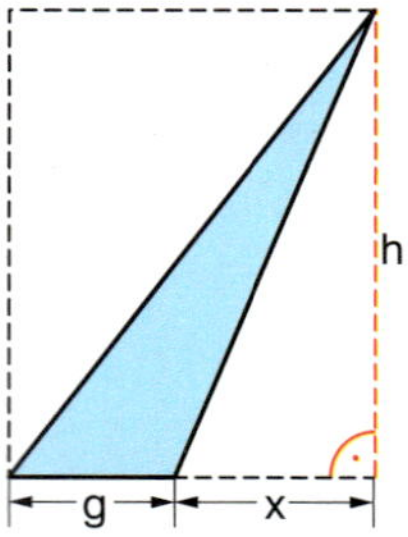

24 Gilt auch für ein stumpfwinkliges Dreieck die Flächenformel $A = \frac{1}{2}g \cdot h_g$, wenn die Höhe h_g außerhalb des Dreiecks liegt?
a) Erkläre anhand des links stehenden Bildes:
Der Flächeninhalt des Dreiecks lässt sich berechnen mit dem Term
$h \cdot (g + x) - \frac{1}{2}h \cdot x - \frac{1}{2}h \cdot (g + x)$.
b) Vereinfache den Term. Kannst du damit die eingangs gestellte Frage beantworten?

Übungen

$$A = \frac{(a+b)^2}{2} - a \cdot b$$

$$A = (a+b)^2 - 4 \cdot \frac{1}{2} a \cdot b$$

25 In einem Mathebuch sind Formeln angegeben, mit denen man den Flächeninhalt der blauen Figur bestimmen kann.
a) Welche Formel gehört zu welcher Figur? Begründe.
b) Vereinfache die Terme. Bestimme dann jeweils den Flächeninhalt für a = 4 cm und b = 3 cm.

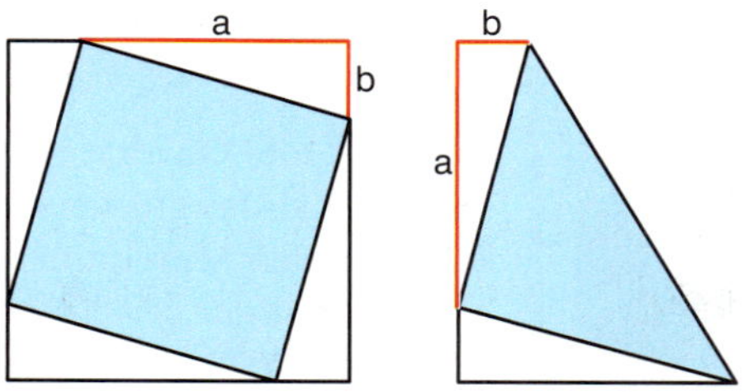

26 a) Begründe mithilfe der Skizze die angegebene Flächenformel für das Trapez

$$A = a \cdot h - \frac{1}{2}(a - c) \cdot h.$$

b) Forme den Term um zu der üblichen Trapezformel

$$A = \frac{1}{2}(a + c) \cdot h.$$

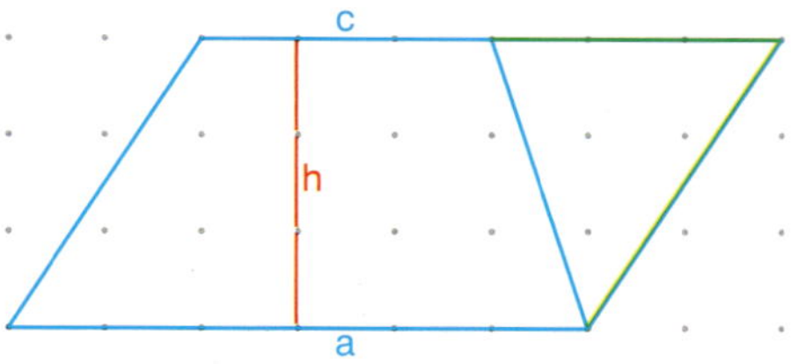

27 Vergleiche die farbigen Flächen jeweils mit der Gesamtfläche. Was stellst du fest? Kannst du deine Beobachtung begründen?

a)

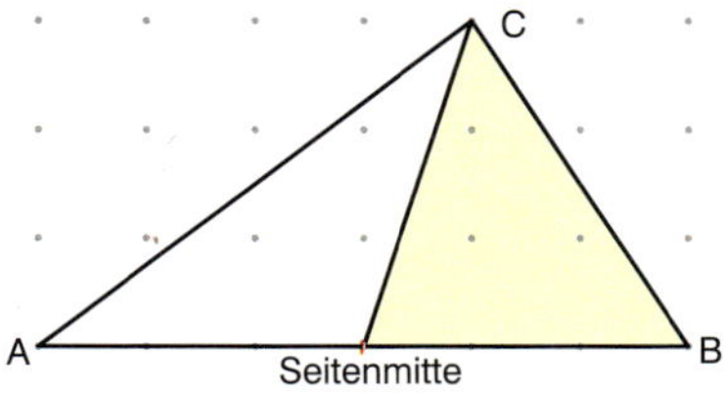

b)

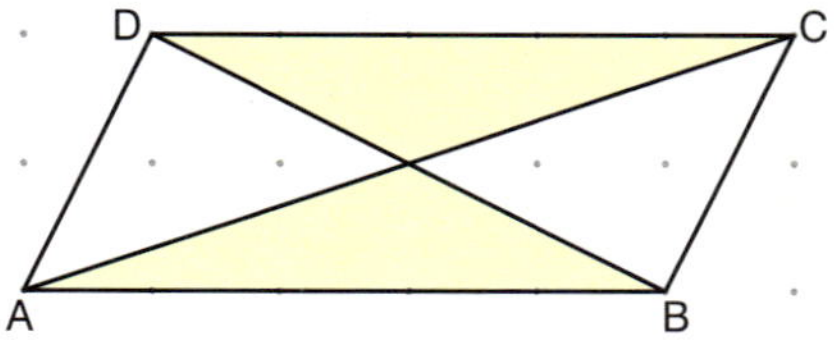

28 Was kann man über die beiden Flächen sagen, wenn man die Mitten der parallelen Seiten eines Trapezes verbindet? Begründe.

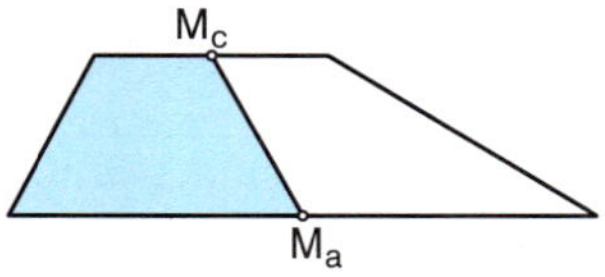

29 Wie groß ist der Flächeninhalt der farbigen Figur? Stelle zur Berechnung einen Term auf. Welche Werte kann man jeweils für x einsetzen, zwischen welchen Werten schwankt dann der Flächeninhalt?

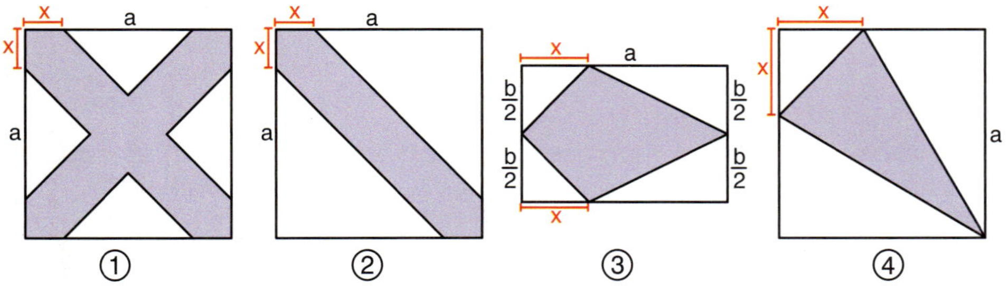

30 Oskar behauptet: Die Flächenformel A = m · h für das Trapez gilt auch für das Dreieck und andere Vierecke. Hat er Recht? Überprüfe an den Beispielen.

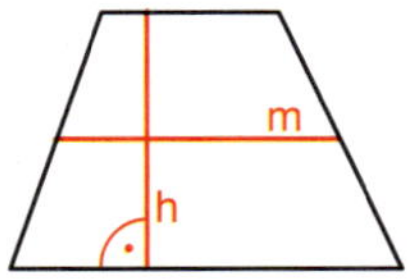

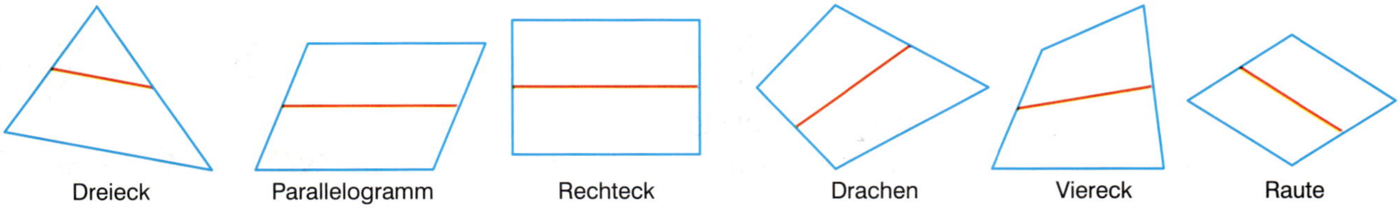

Aufgaben

Experimentieren, Messen, Berechnen und Graphen zeichnen

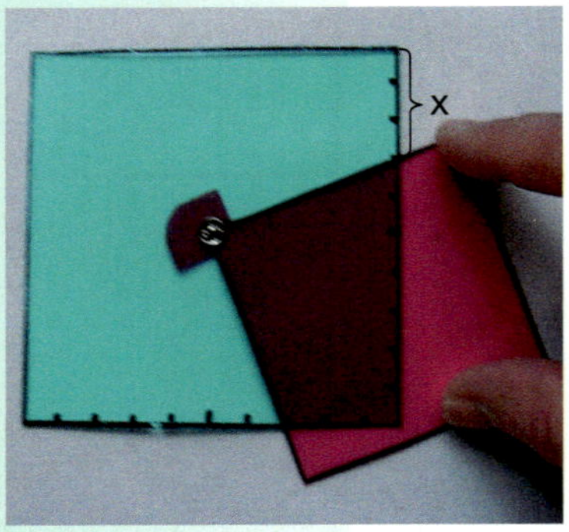

31 Das rote Quadrat ist mit einem Druckknopf in einer Ecke im Mittelpunkt des grünen Quadrats (Seitenlänge 10 cm) befestigt und kann um den Mittelpunkt gedreht werden. Dabei überdecken die beiden Quadrate jeweils eine gemeinsame Vielecksfläche.

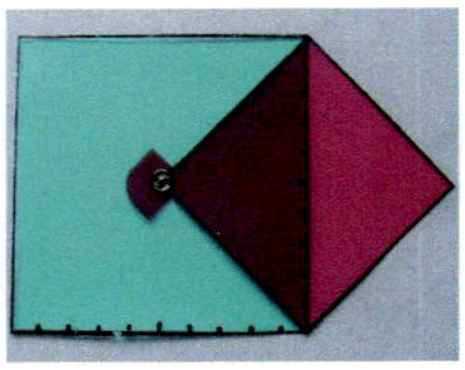

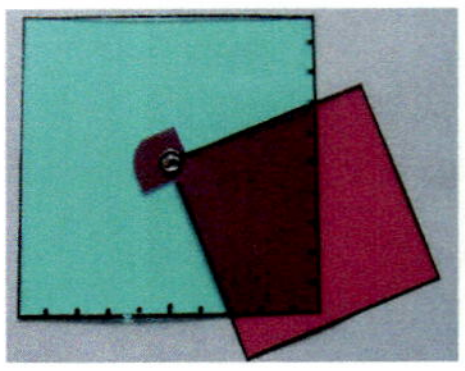

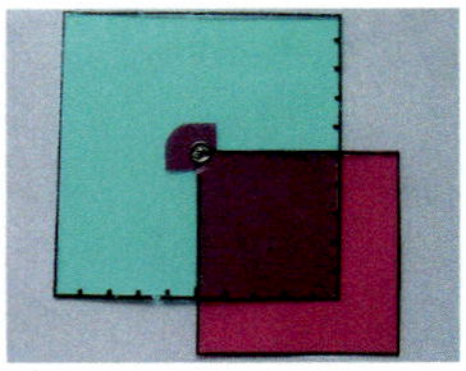

a) Berechne für verschiedene Positionen jeweils die Fläche des „Überdeckungsvielecks“. Was stellst du fest?
b) Kannst du deine Beobachtung begründen? Versuche es durch Zerlegen der Fläche.
c) Stelle mithilfe der Strecke x eine Formel für den Flächeninhalt des Vierecks auf. Liefert diese Formel auch eine Begründung?

Was passiert, wenn ...?

32 a) Bestimme den Flächeninhalt A des Dreiecks RST.

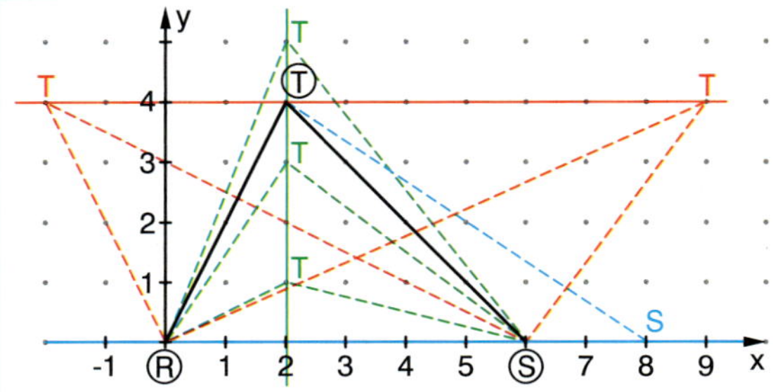

b) Wie verändert sich A, wenn sich
- der Punkt T auf der roten Parallelen zu RS bewegt?
- der Punkt T auf der grünen Orthogonalen zu RS bewegt?
- der Punkt S auf der blauen Geraden durch R und S bewegt?

Beschreibe möglichst genau.

DGS

c) Die folgenden Graphen gehören zu den Zuordnungen
f_1: x-Koordinate des Punktes T → Flächeninhalt des Dreiecks RST,
f_2: y-Koordinate des Punktes T → Flächeninhalt des Dreiecks RST,
f_3: x-Koordinate des Punktes S → Flächeninhalt des Dreiecks RST.

Mathematik im Computerlabor: Alle Experimente und Aufgaben auf dieser Seite können besonders gut mit einem Dynamischen Geometriesystem bearbeitet werden.

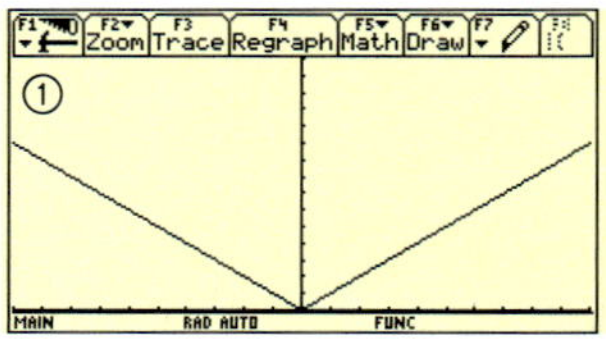

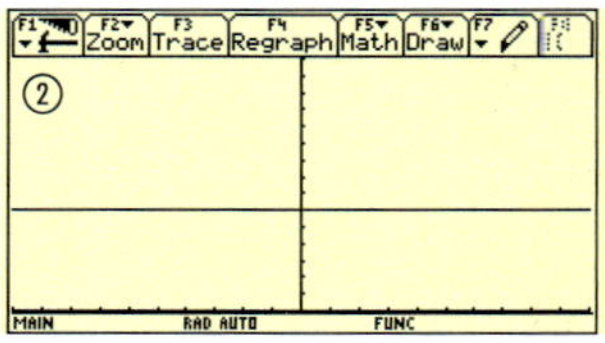

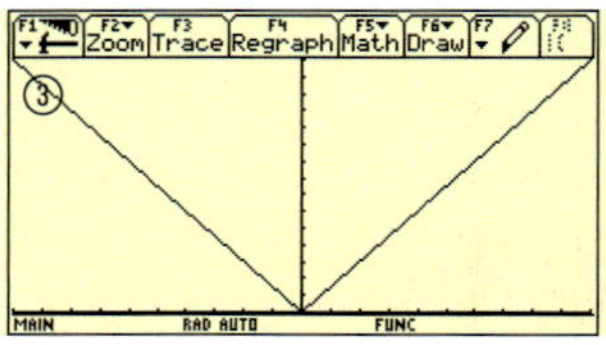

Welcher Graph gehört zu welcher Zuordnung? Begründe deine Wahl.
Kannst du die Rechenvorschriften angeben?

33 Bei den beiden Figuren entstehen durch Verändern des Winkels α jeweils verschiedene Vierecke.

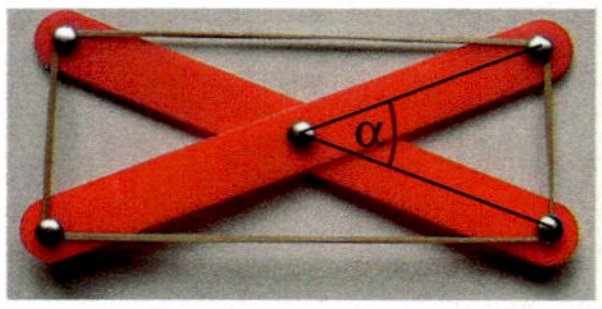

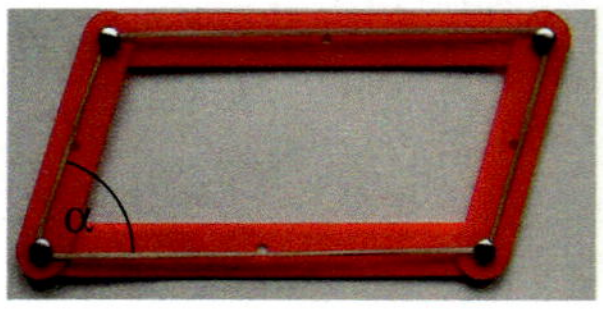

a) Welche Größen des Gummivierecks bleiben jeweils gleich, welche ändern sich? Beschreibe, wie sich der Flächeninhalt A jeweils in Abhängigkeit von α verändert.
b) Erstelle für beide Fälle eine Tabelle (Messen und Rechnen) und zeichne jeweils den Graphen der Zuordnung α → A(α).
c) Für welches α wird jeweils der Flächeninhalt maximal?

α	A
15°	
30°	
...	
90°	
105°	
...	
165°	

6.3 Kreisberechnung

Was dich erwartet

In Formeln sind Zuordnungen versteckt. So wird zum Beispiel mit den Formeln $u(a) = 4 \cdot a$ und $A(a) = a^2$ der Seitenlänge a eines Quadrates einmal der Umfang u, zum anderen der Flächeninhalt A des Quadrates zugeordnet. Ganz ähnlich sehen die Formeln für Umfang und Flächeninhalt eines Kreises aus. In der Mathematik gehört die Vermessung von Kreisen zu den ältesten Forschungsgegenständen. In diesem Zusammenhang sind viele wichtige Erkenntnisse gesammelt worden, vor allem die Entdeckung der Kreiszahl π. Mit ihrer Hilfe lassen sich der Umfang und der Flächeninhalt eines Kreises aus bekanntem Radius berechnen. Messgeräte zum Messen von Entfernungen auf Karten oder auf Straßen (z.B. zur Bremswegebestimmung nach Unfällen) basieren auf den entsprechenden Formeln.

Aufgaben

1 *Schätzen und messen*
Was ist größer, die Höhe der Tennisdose oder ihr Umfang?
a) Schätze zuerst und vergleiche mit den Schätzungen in deiner Klasse. Überprüfe die Schätzung durch Nachmessen.
b) Vergleiche die Höhe der Dose mit ihrem Durchmesser oder dem eines Tennisballs. Was stellst du fest?
c) Stell dir eine entsprechende Dose für drei Basketbälle vor. Wie sieht nun der Vergleich mit der Höhe der „Dose" und dem Durchmesser eines Basketballs aus? Wie kannst du die Höhe der Dose „messen", ohne dass du eine solche Dose wirklich zur Verfügung hast?

Wenn du keine Tennisdose zur Hand hast, genügt auch ein Tennisball. (Wieso?)

2 *Experimentieren und Auswerten*
Welcher Zusammenhang besteht zwischen Durchmesser (d) und Umfang (u) eines Kreises? Es ist klar: *„Je größer der Durchmesser, umso größer der Umfang."* Lässt sich das noch genauer beschreiben?

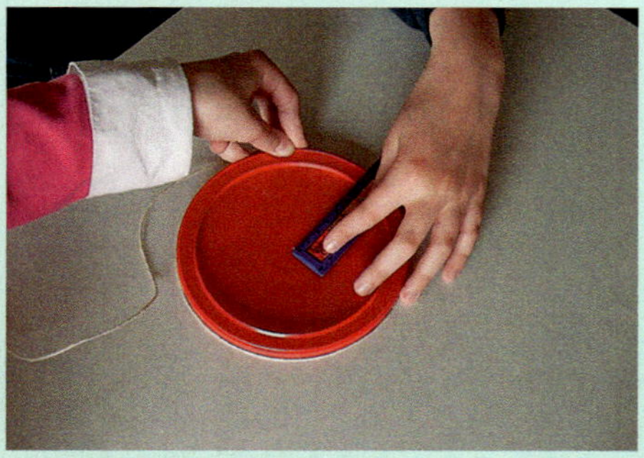

a) Suche unterschiedlich große kreisförmige Gegenstände und miss jeweils möglichst genau deren Durchmesser und Umfang (ein Faden hilft beim Messen). Erstelle eine Tabelle, in der auch der jeweilige Quotient u : d berechnet wird.

	A	B	C
1	Zusammenhang zwischen Umfang		
2	und Durchmesser eines Kreises		
3			
4	Durchmesser d (in cm)	Umfang u (in cm)	Quotient u:d
5	5,1	16,2	3,18
6	8,2	25,6	
7			
8			
9			
10			
11			

b) Stelle die Werte der Zuordnung *Durchmesser → Umfang* im Koordiantensystem dar. Was fällt dir auf?
c) Formuliere einen Zusammenhang zwischen u und d, der für alle Kreise (ungefähr) zutrifft? Formuliere dies und versuche eine Formel aufzustellen, mit der man aus gegebenem Durchmesser den Umfang berechnen kann?
Vergleiche mit dem Ergebnis deiner Mitschüler.

Aufgaben

Gruppenarbeit

3 *Flächen wiegen? – Experimentieren und Auswerten*

Welcher Zusammenhang besteht zwischen dem Flächeninhalt eines Kreises und seinem Radius?

Radius (r)			...
Gewicht Kreis (K)			...

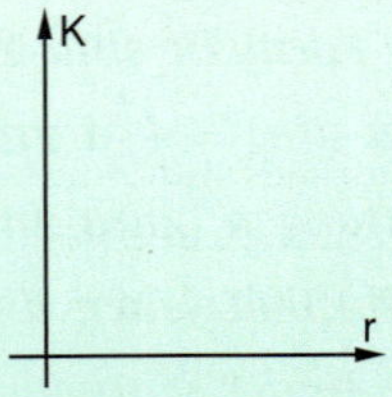

a) Schneidet aus Karton Kreise verschiedener Größe aus. Wichtig ist, dass alle Kreise aus demselben Material sind. (Wieso?) Wiegt nun die Kreise und tragt die Messwerte gemeinsam mit dem Kreisradius in eine Wertetabelle ein. Tragt nun die Wertepaare aus der Tabelle in ein geeignetes Koordinatensystem ein. Erkennt ihr einen Zusammenhang zwischen r und K?

b) Schneidet zu jedem Kreis ein Quadrat aus, dessen Seitenlänge dem Radius des Kreises entspricht. Wiegt nun die Quadrate und ergänzt die Messwerte in der Tabelle aus a). Welcher Zusammenhang besteht zwischen dem Gewicht des Quadrates und dem des Kreises? Vergleicht mit eurer Beobachtung aus a).

Basiswissen

Umfang und Flächeninhalt eines Kreises lassen sich mit Hilfe des Durchmessers oder des Radius berechnen.

Kreisumfang

Der Kreisumfang u ist ungefähr dreimal so groß wie der Durchmesser d des Kreises.

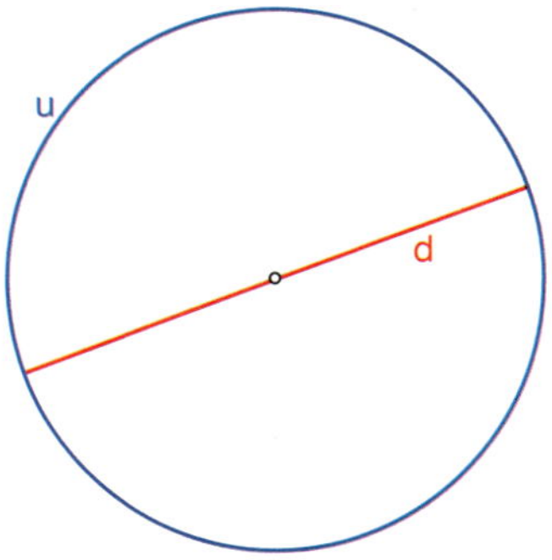

Kreisfläche

Die Kreisfläche A ist ungefähr dreimal so groß wie das Quadrat über dem Radius r des Kreises.

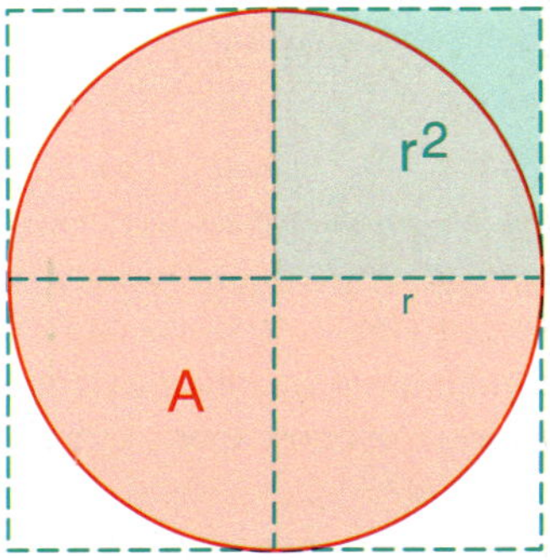

Exakter berechnet man den Kreisumfang und die Kreisfläche mit der Kreiszahl π

$$u = \pi \cdot d$$

$$A = \pi \cdot r^2$$

Näherungsweise gilt: $\pi \approx 3{,}14$

π (sprich Pi) ist der griechische Buchstabe für p.

Auf dem Taschenrechner findest du mit der Taste π einen genaueren Näherungswert

Beispiele

A Welchen Weg legt ein Trekking-Fahrrad bei einer Radumdrehung zurück?

Lösung: Die Räder des Trekking-Fahrrads haben einen Durchmesser von 28 Zoll, das sind ungefähr 71 cm. Der zurückgelegte Weg entspricht dem Umfang u des Rades.
$u \approx 3{,}14 \cdot 71$ cm ≈ 223 cm. Das Fahrrad legt also bei jeder Radumdrehung ungefähr 2,2 m zurück.

Beispiele

B Die 540 Mitglieder des FAN-Clubs sollen vor dem Spiel für ihre vorbildliche Unterstützung der Mannschaft geehrt werden. Können sie sich alle in dem Anstoßkreis des Fußballfeldes aufstellen?
Lösung:
Der Anstoßkreis hat einen Radius von 9,15 m. Der Flächeninhalt ist ungefähr $3{,}14 \cdot (9{,}15\ \text{m})^2 \approx 263\ \text{m}^2$. Für jedes Mitglied steht damit etwa $\frac{1}{2}\ \text{m}^2$ zur Verfügung, das ist ausreichend.

Übungen

4 Der Durchmesser eines Tennisballs (Basketballs) soll möglichst genau bestimmt werden. Probiere verschiedene Meßmethoden aus. Welche der gewählten Methoden liefert deiner Meinung nach das beste Ergebnis? Gib Gründe hierfür an.

5 Der Riesen-Mammutbaum zählt zu den größten Lebewesen der Welt. Der legendäre „General-Shermann-Tree" in der Ursprungsregion dieser Riesen – der Sierra Nevada (Kalifornien) – hatte (1998) eine Höhe von 83,8 m und einen Stammumfang (am Boden) von 31,3 m. Welchen Durchmesser hat der Baum? Wie viele Schüler bräuchte man, um den Baum zu umfassen? Vergleiche mit den Maßen einer Buche in deiner Region.

6 *Flächeninhalt eines Kreises – eine Formel durch Abschätzen*
Mit dem nebenstehenden Bild kannst du einen Zusammenhang zwischen dem Flächeninhalt eines Kreises und dem Kreisradius finden.
a) Zeichne drei Bilder mit jeweils verschiedenen Radien (z. B. r = 2 cm, 4 cm, 8 cm). Welchen Flächeninhalt hat dann jeweils das rote Quadrat?
b) Wie viele der roten Quadrate passen jeweils in das äußere grüne Quadrat, wie viele in das innere blaue Quadrat?
c) Benutze deine Ergebnisse aus b) für eine Schätzung des Flächeninhalts des jeweiligen Kreises. Beschreibe dein Vorgehen.
d) Wie hängt dieser Schätzwert jeweils mit dem Radius des Kreises zusammen? Versuche damit eine Formel zu bestimmen, mit der man den Flächeninhalt des Kreises aus dem gegebenen Radius ungefähr berechnen kann.

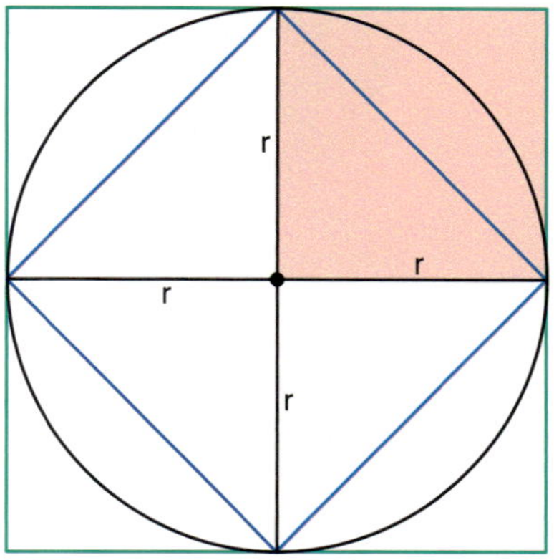

7 *Wer wächst am schnellsten?*
Mit dem Radius wächst auch der Umfang und der Flächeninhalt des Kreises. Was passiert jeweils, wenn man den Radius verdoppelt (verdreifacht, halbiert)?

8 Welche der gefärbten Figuren hat den größten Umfang, welche den kleinsten? Gibt es Figuren mit gleichem Umfang? Stelle eine Rangfolge auf.

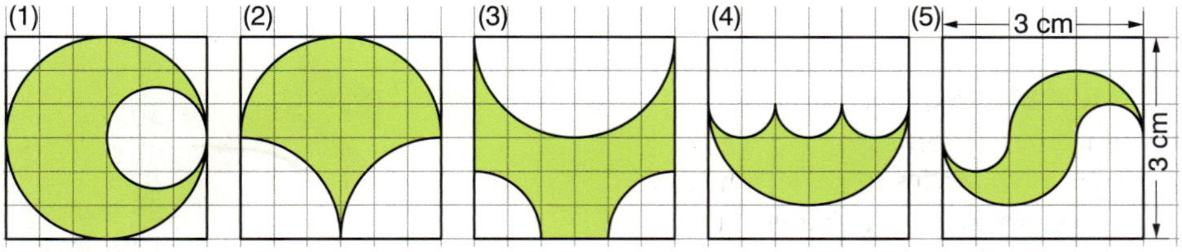

Führe die gleichen Untersuchungen für die Flächeninhalte der Figuren aus.

Übungen

9 *Falten, Schneiden und Zusammenlegen*

Zwischen Umfang u und Flächeninhalt A eines Kreises besteht ein Zusammenhang: $A = \frac{u}{2 \cdot r}$. Mit dem folgenden Experiment kannst du dies erklären.

Das Verfahren ist nicht genau. Wo liegen die Ungenauigkeiten? Wie lassen sich diese verringern?

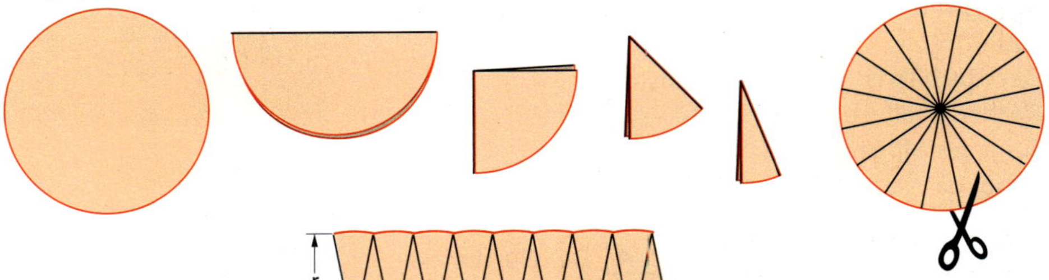

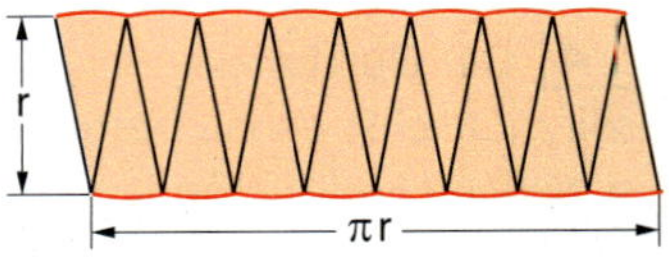

Die Kreiszahl π

Bereits in frühen Kulturen haben die Menschen Näherungswerte für die Zahl π unabhängig voneinander entdeckt. Sogar in der Bibel ist eine Näherung für sie versteckt und zwar in einer Passage, in der es um die Erbauung eines Wasserbeckens vor einem Tempel durch König Salomo geht (2. Buch der Chronik, 4.2):

„Dann machte er das ‚Meer'. Es wurde aus Bronze gegossen, maß zehn Ellen von einem Rand zum andern, war völlig rund und fünf Ellen hoch. Eine Schnur von dreißig Ellen konnte es rings umspannen."

Der Name π für die Kreiszahl wird allerdings erst seit dem 18. Jh. verwendet. Heute weiß man, dass π eine Zahl ist, deren Dezimaldarstellung nie abbricht und auch nicht periodisch wird. Man kann sie mithilfe des Computers auf sehr viele Stellen hinter dem Komma genau bestimmen, immer wieder werden neue Rekorde erzielt.
So berechnete z. B. ein Computer in den USA bereits 1989 innerhalb von drei Tagen 1 001 196 691 Stellen von π.

10 Welcher Näherungswert für π ist in dem Bibelzitat versteckt? Beschreibe, wie du dies herausfinden kannst.

11 Die blaue Figur im roten Kreis ist von Kreisteilen umrahmt. Welche der beiden Figuren hat den größeren Umfang? Schätze und rechne.

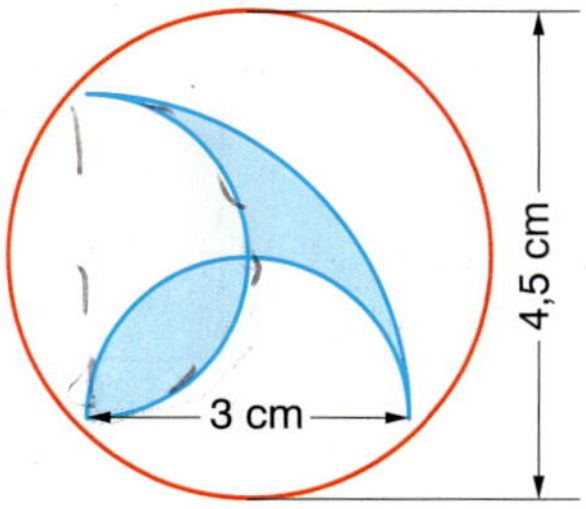

12 „Durchfahrt verboten": Eine weiße Kreisfläche ist von einem roten Kreisring eingerahmt. Was schätzt du, welche der beiden Flächen die größere ist? Rechne nach.

Übungen

13 Von einem Kreis wurde jeweils eine der Größen gemessen. Berechne jeweils die fehlenden Größen.

Durchmesser d	46 mm					
Umfang u		42,6 cm		1,47 m		
Radius r			1,24 m		6,2 cm	
Flächeninhalt A						314 cm^2

Rechne mit $\pi = 3{,}14$

14 Das Laufrad besteht aus 73 Latten, die 8 cm breit und im Abstand von 2 mm miteinander befestigt sind. Kann ein Schüler oder eine Schülerin der 7. Klasse aufrecht im Rad stehen?

15 Eine Scheibe der Eingangstür zur Sporthalle muss erneuert werden. Dazu wird die viertelkreisförmige Scheibe (r = 1,20 m) aus einem Quadrat herausgeschnitten. Wie groß ist der Verschnitt?

16 Von Schritt zu Schritt wird der Durchmesser des angehängten Halbkreises halbiert.

a) Wie lang wird die „Schlange" nach 3, 5, 10 Schritten?

b) Wie entwickelt sich der Inhalt der gelben Fläche?

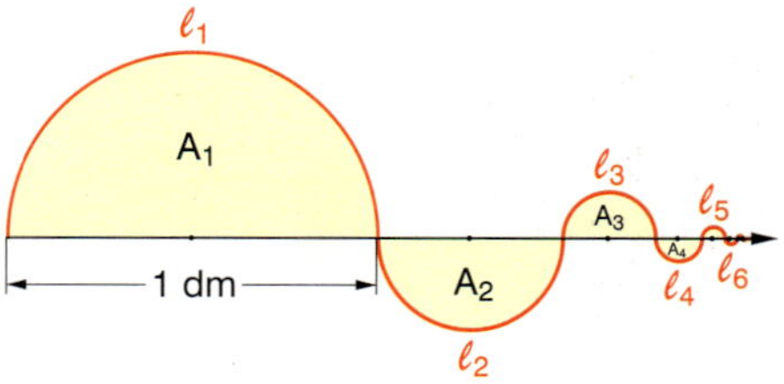

Was vermutest du? Wächst die Länge (der Flächeninhalt) über alle Grenzen?

17 *Kreissektor, Kreisbogen*

Ein Kreissektor sieht aus wie ein Tortenstück von oben gesehen. Berechne jeweils die Fläche des Kreissektors und die Länge des zugehörigen Kreisbogens, wenn r = 5 cm.

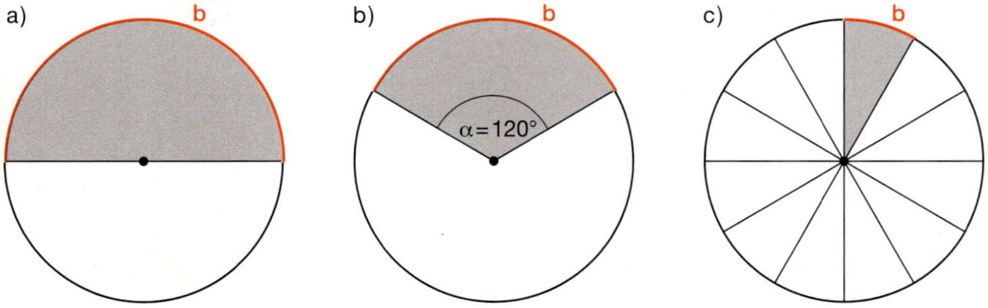

d) Stelle dir einen ganz schmalen Kreissektor vor mit dem Mittelpunktswinkel $\alpha = 1°$. Berechne die Fläche des Kreissektors und die Länge des zugehörigen Kreisbogens (Radius r = 5 cm).

Kreissektor
b: Kreisbogen
α: Mittelpunktswinkel

18 Mit der Übung 17 kannst du eine Formel zur Berechnung der Fläche A des Kreissektors und der Länge des zugehörigen Kreisbogens b ermitteln.

a) Welche Größen benötigst du dazu?

b) Setze die Berechnung in der nebenstehenden Tabelle fort. Leite ebenso eine Formel für den Kreisbogen her.

Mittelpunktswinkel	Flächeninhalt
360°	$A = \pi \cdot r^2$
1°	$A = \frac{\pi \cdot r^2}{360}$
a	A = ■

Basiswissen

Kreisausschnitte

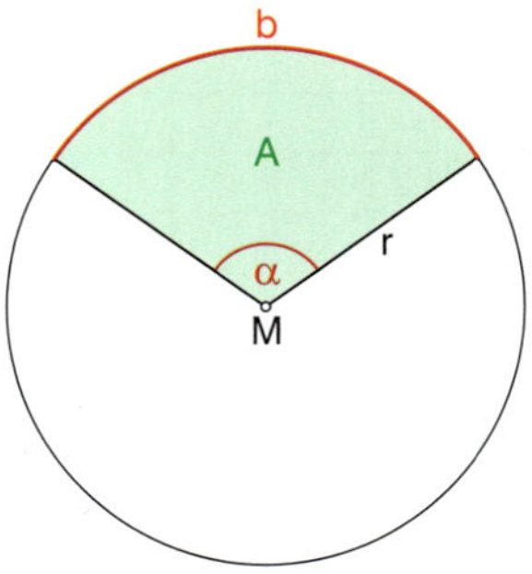

Die Fläche A im Kreis nennt man **Kreisausschnitt** oder **Kreissektor.**
Bezeichnungen am Kreisausschnitt:
b: **Kreisbogen**
α: **Mittelpunktswinkel**

Länge des Kreisbogens:

$\frac{b}{2\pi r} = \frac{\alpha}{360°} \Rightarrow b = 2 \cdot \pi \cdot r \cdot \frac{\alpha}{360°}$ $\qquad b = \frac{\pi r \alpha}{180°}$

Flächeninhalt des Kreisausschnitts:

$\frac{A}{\pi r^2} = \frac{\alpha}{360°} \Rightarrow A = \pi \cdot r^2 \cdot \frac{\alpha}{360°}$ $\qquad A = \frac{\pi r^2 \alpha}{360°}$

Beispiele

C Bestimme Umfang und Flächeninhalt der farbigen Fläche.

Lösung:

Der Umfang setzt sich zusammen aus zwei Strecken der Länge 3 cm und dem Kreisbogen mit r = 8 cm und α = 48°.

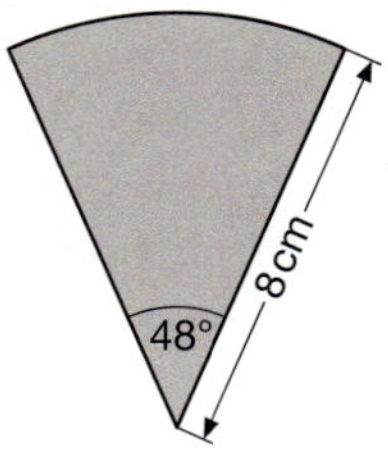

$u = 2 \cdot 8 + 2\pi \cdot 8 \cdot \frac{48°}{360°} \approx 22,70$

Der Flächeninhalt ergibt:

$A = \pi \cdot 8^2 \cdot \frac{48°}{360°} \approx 26,81$

Der Umfang beträgt ca. 22,70 cm, der Flächeninhalt ca. 26,81 cm.

Übungen

19 Berechne den Inhalt und den Umfang der farbigen Fläche.

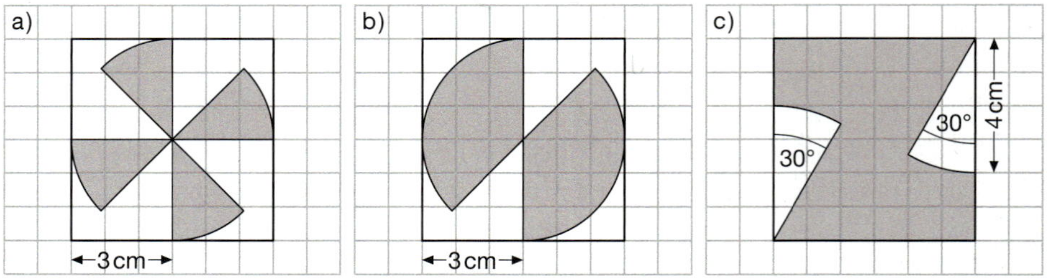

20 Lisa und Jan gehen Pizza essen. Sie vergleichen Preise:
Eine kleine Pizza Spezial (Radius 11 cm) kostet 5,–€, ein Stück von der großen Pizza Spezial (Radius 22 cm) kostet 2,00€. Lisa, die gerade Kreissektoren im Unterricht behandelt, schätzt den Mittelpunktswinkel auf 30°.

21 *Nur eine Pfütze…*
Mit deinem Fahrrad fährst du zufällig durch eine kleine Pfütze.
Das Problem: Angenommen, die Pfütze ist 20 cm breit, und du fährst auf einer geraden Linie durch diese Pfütze. Welche Spur hinterlässt du dann auf der trockenen Straße? Übrigens, dein Fahrrad hat 28-Zoll-Räder.
Das Muster, welches das Profil deines Mantels erzeugt, kannst du vernachlässigen.
Denke dir ein Experiment (ohne Fahrrad) aus, mit dem du deine Rechnung überprüfen kannst.

Kreise auf der Erdkugel

Macht man einen Schnitt durch eine Kugel, so ergibt sich als Schnittfläche immer ein Kreis. Die größtmöglichen Kreise erhält man, wenn man durch den Mittelpunkt der Kugel schneidet. Diese Kreise heißen deshalb auch Großkreise, alle anderen Kleinkreise. Die Längenkreise der Erdkugel sind Großkreise. Unter den Breitenkreisen stellt nur der Äquator einen Großkreis dar. Alle anderen Breitenkreise haben einen kleineren Radius, dieser nimmt zu den Polen hin ab. Die 180 Breitenkreise, die die Erde umlaufen, werden nach südlicher und nördlicher Breite unterschieden, je nachdem, ob sie sich südlich oder nördlich des Äquators befinden.

Aufgaben

22 Die Erde entspricht nur angenähert einer Kugel. Sie ist an den Polen leicht abgeplattet, der Radius vom Mittelpunkt zu den Polen ist also etwas kleiner als der Radius am Äquator. In einem Lexikon werden folgende Angaben gemacht:
Äquatorradius: 6378 km   Polradius: 6357 m   Längenkreisumfang: 40008 km
a) Berechne den Äquatorumfang? Wie groß ist der Längenunterschied, wenn man einmal mit dem Näherungswert 3,1 und zum anderen mit 3,14 für π rechnet?
b) Überprüfe: Berechnet man den Umfang eines Kreise mit dem Polradius, so ergibt sich nicht der angegebene Längenkreisumfang. Woran könnte das liegen?

Eine gute Merkgröße für den Erdumfang ist 40000 km. Manchmal ist es praktisch, diese Größe im Kopf zu haben.

23 Der 60. südliche Breitenkreis verläuft vollständig durch die Ozeane, er kreuzt kein Festland. Sein Radius beträgt ungefähr 3190 km. Auf diesem Breitenkreis liegt auch die berüchtigte Drake Passage (Meerenge zwischen Südamerika und der Antarktis), die für ihre schwierigen Wasserströmungen und starken Stürme bekannt ist. Wie lange bräuchte ein Schiff mit einer Durchschnittsgeschwindigkeit von ungefähr 40 km/h für eine (störungsfreie) vollständige Umrundung dieses Breitenkreises?

Informiere dich auf dem Globus über den Verlauf des Breitenkreises. Im Internet findest du auch Interessantes zur Drake-Passage.

24 *In achtzig Tagen um die Welt …*
… darauf wettet Phileas Fogg im gleichnamigen Roman von Jules Verne ein großes Vermögen und macht sich mit den abenteuerlichsten Verkehrsmitteln auf die Reise. Mit welcher Durchschnittsgeschwindigkeit musste sich Fogg mindestens fortbewegen um seine Wette zu gewinnen, vorausgesetzt, er hat sich auf einem Großkreis der Erde bewegt?

Der **mittlere Erdradius** beträgt 6371 km.

25 *Karussell auf dem Äquator*
Die Erde dreht sich einmal am Tag um sich selbst. Eigentlich fahren wir auf ihr also ständig Karussell.
a) Wie schnell fährt man am Äquator „Karussell“?
b) Begründe: befindet man sich nördlich oder südlich des Äquators, so fährt man langsamer Karussell.

Zur Erinnerung:
Geschwindigkeit = zurückgelegter Weg/Zeit

Aufgaben

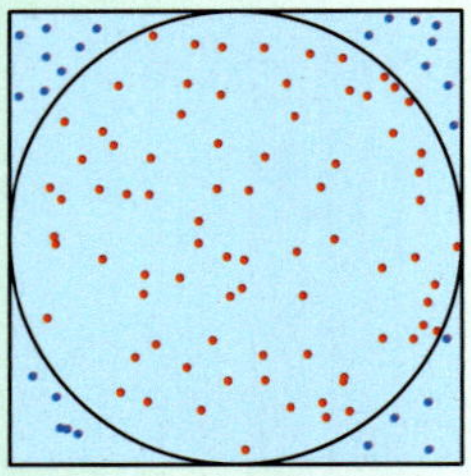

26 *Experimente zur Bestimmung von π*

Zeichne ein Quadrat mit der Seitenlänge 20 cm und den einbeschriebenen Kreis mit Radius 10 cm auf kariertes Papier. Nun stell dir vor, bei Regen legst du das Quadrat auf die Terrasse. Wenn sich die Regentropfen bei leichtem Regen gleichmäßig verteilen, zählst du die Anzahl der Tropfen innerhalb des Kreises und die Anzahl auf dem gesamten Quadrat.

a) Mit Hilfe dieser Ergebnisse kannst du einen Näherungswert für die Kreiszahl π bestimmen. Hierbei hilft dir folgende Idee:

$$\frac{\text{Anzahl der Tropfen im Kreis}}{\text{Anzahl der Tropen im Quadrat}} \approx \frac{A_{\text{Kreis}}}{A_{\text{Quadrat}}} = \frac{\pi \cdot 10^2}{20^2} = \frac{\pi}{4}$$

Erkläre.

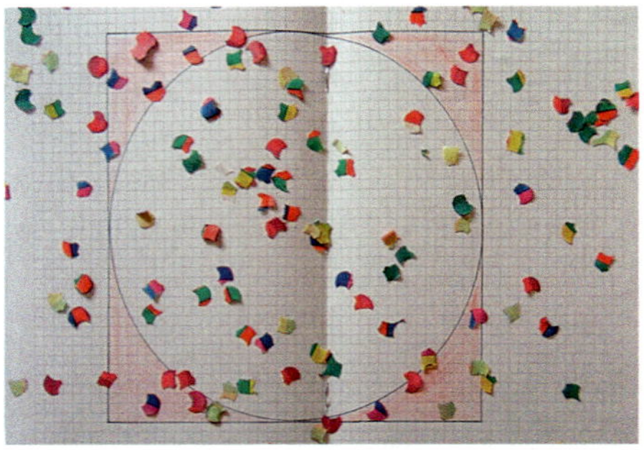

b) Statt auf zufälligen Regen zu warten, kannst du dieses Zufallsexperiment auch auf verschiedene Arten simulieren. Färbe hierzu die Fläche zwischen Kreis und Quadrat rot. Entscheide dich für eine der folgenden Gruppenarbeiten:

Gruppe „Schnipsel":
Zerschneide die Quadratfläche in 1 cm² große Teilquadrate (4 Kästchen). Mische diese ***„Schnipselmenge"***, greife eine Handvoll heraus und zähle aus:

Gesamtzahl der Schnipsel		
Anzahl der roten Quadrate		
Anzahl der rot/weißen Quadrate		
Anzahl der weißen Quadrate		

Führe dieses Experiment mehrfach durch (die Schnipsel immer wieder zurücklegen).

Gruppe „Konfetti":
Nimm eine Handvoll Konfetti und streue es über das Quadrat. Zähle nun die auf dem Quadrat liegenden Konfettiteile aus:

Gesamtzahl der Konfettiteile		
Anzahl Konfetti im Kreis		
Anzahl Konfetti auf der Kreislinie		
Anzahl Konfetti außerhalb des Kreises, aber innerhalb des Quadrates		

Führe dieses Experiment mehrfach durch.

Orientiert euch an Teilaufgabe a), um einen Näherungswert für die Kreiszahl π zu bestimmen. Dokumentiert euer Vorgehen und die Ergebnisse und präsentiert beides. Vergleicht die beiden Experimente.

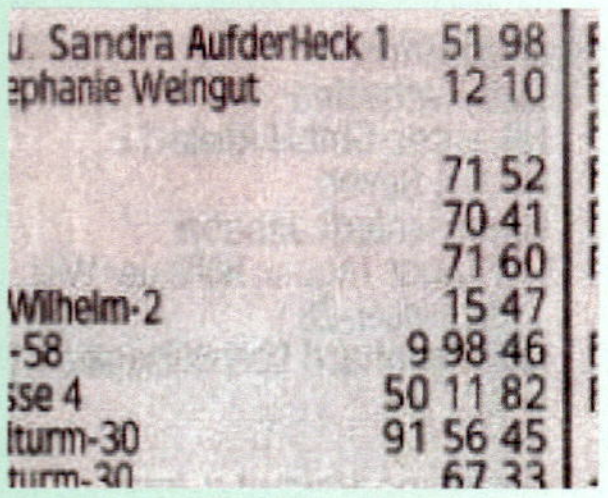

Zahlenpaare/Zufallszahlen: (0,98|0,10) (0,52|0,41) (0,60|0,47) …

Hier lohnt sich Arbeitsteilung!

27 *Regnen mit Zufallszahlen aus dem Telefonbuch*

Auf einer beliebigen Seite des Telefonbuchs schneiden wir aus aufeinander folgenden Telefonnummern die jeweils letzten beiden Ziffern cd ab und bilden daraus eine Zahl x = 0,cd, die im Intervall [0;1] liegt. Zwei solcher Zahlen fassen wir zu einem Paar (x|y) z. B. (0,98|0,10) zusammen. Dieses Zahlenpaar beschreibt einen Punkt im Einheitsquadrat. Mit einer Seite im Telefonbuch lassen sich nun schon sehr viele solcher Zufallspunkte im Einheitsquadrat erzeugen.

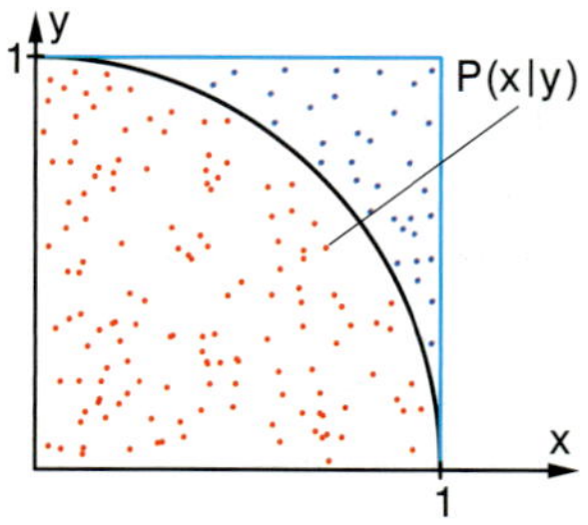

Wenn wir nun die Anzahl der Punkte zählen, die innerhalb des Viertelkreises mit dem Radius 1 liegen und diese Zahl durch die Gesamtzahl der erzeugten Punkte teilen, so erhalten wir wiederum einen Zufallsnäherungswert für $\frac{\pi}{4}$. (Begründung?)
Führe das Experiment mit dem Telefonbuch aus und bestimme damit Näherungswerte von π für n = 50, 100, 200.

6.4 Körperberechnungen – Volumen und Oberfläche

Was dich erwartet

Es gibt viele ganz unterschiedlich geformte Verpackungen und Behälter. Immer ist dabei das Volumen (Wie viel passt hinein?) und die Oberfläche (Wie viel Material benötigt man für die Verpackung?) wichtig. Für bestimmte Arten von Verpackungen und Behältern, Mathematiker sprechen von Körpern, gibt es Formeln, mit denen man das Volumen und die Oberfläche berechnen kann. Die Körper, mit denen wir uns beschäftigen werden, sind die Prismen und Zylinder.

Aufgaben

1 *Mathe ohne Worte*

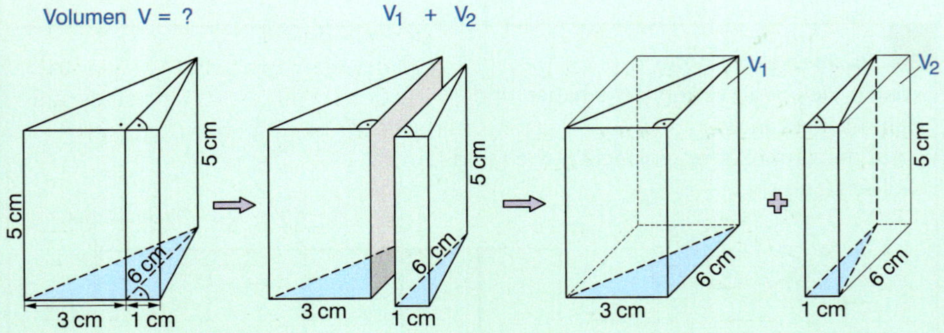

2 *Baue ein Dreiecksprisma*

a) Übertrage das Netz des Prismas auf ein Blatt Papier (mit Klebekanten). Baue aus dem Netz das Prisma.
b) Berechne die Oberfläche.
c) Berechne das Volumen des Prismas. Kann man dabei die Grundfläche verwenden?
d) Wie könnte eine griffige Formel zur Berechnung des Volumens von Dreiecksprismen lauten?

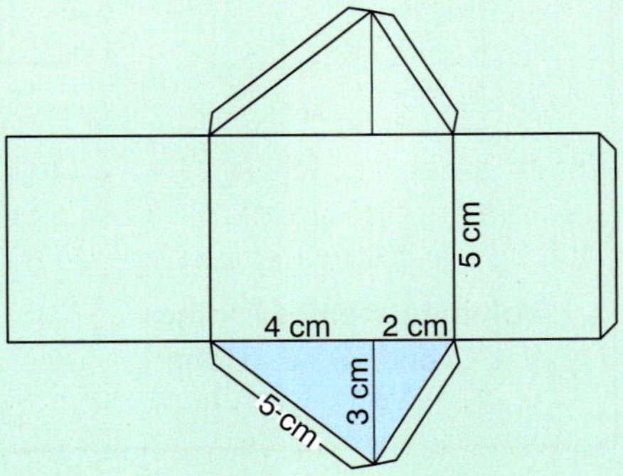

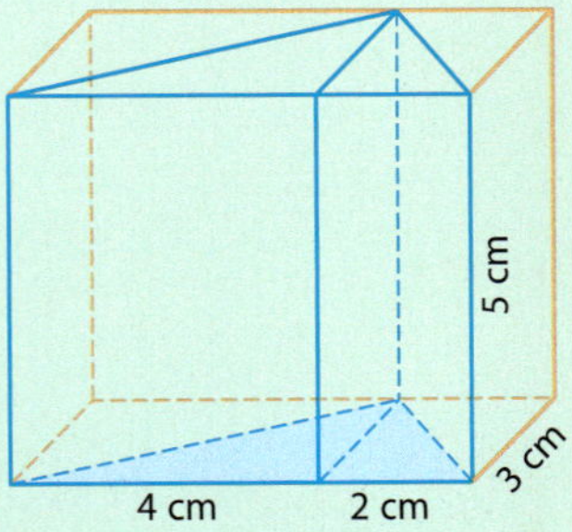

3 a) Das alte Regenfass im Garten braucht einen neuen Anstrich. Die noch vorhandene Farbe reicht für 2 m^2. Kann damit das Fass gestrichen werden?
b) Schätze das Volumen des Fasses ab. Berechne dazu den Mittelwert der Volumina des einbeschriebenen und des umbeschriebenen quadratischen Prismas.
c) Ist der Schätzwert aus b) zu groß oder zu klein? Beschreibe eine Methode, mit der du die Schätzung verbessern kannst.
Kommst du mit dieser Methode zu einer Formel für die Berechnung des Zylindervolumens? Begründe.

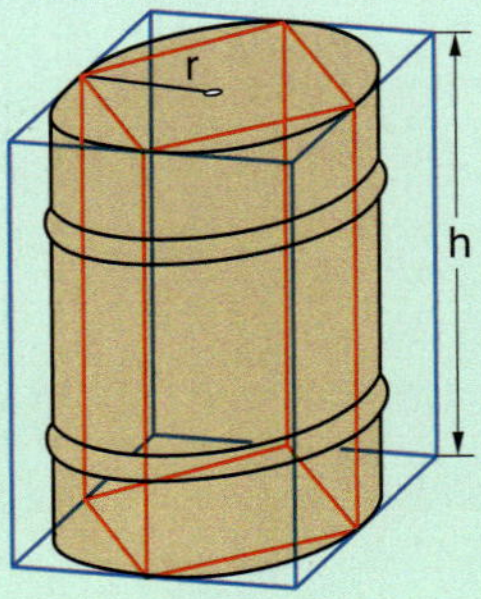

Aufgaben

Häufig spricht man statt von Prismen auch von Säulen.

4 *Was sind Prismen?*

Schau dir die Körper an und finde eine Definition für „Prisma“. Wie könnte man einen „Zylinder“ definieren?

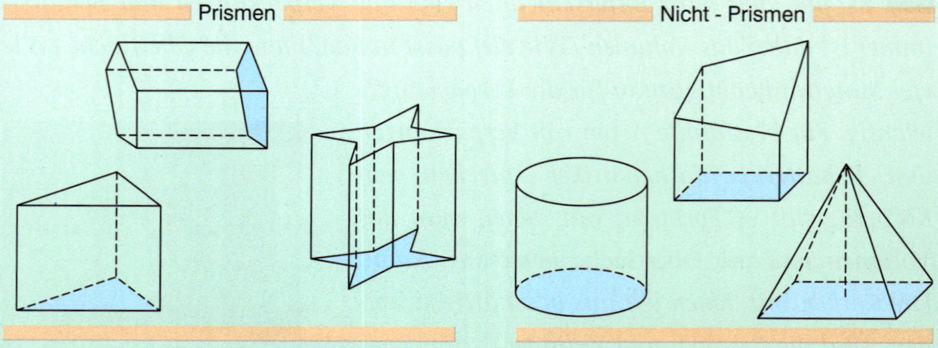

Basiswissen

Wissenswertes über Prismen

Prismen sind Körper,
die ein Vieleck als Grundfläche haben und
deren Seitenkanten
– auf der Grundfläche senkrecht stehen und
– gleich lang sind.

Jedes Prisma kann man in Dreiecksprismen zerlegen.

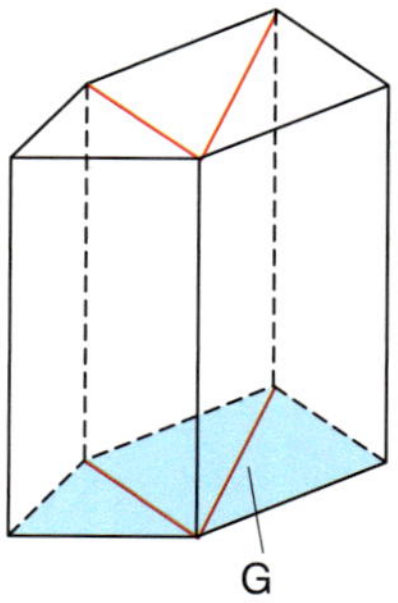

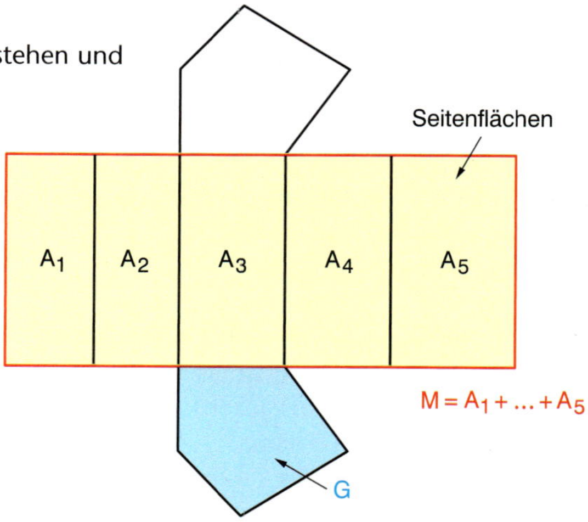

Volumen V eines Prismas
V = Grundfläche · Höhe
V = G · h

Oberfläche O eines Prismas
O = 2 · Grundfläche + Mantel
O = 2 · G + M

Beispiele

A Herr Jung hat 150 Pflastersteine mit trapezförmiger Grundfläche gekauft. 1 cm^3 des Materials wiegt 2,7 g.
Kann Herr Jung die Steine in seinem Kombi nach Hause fahren?

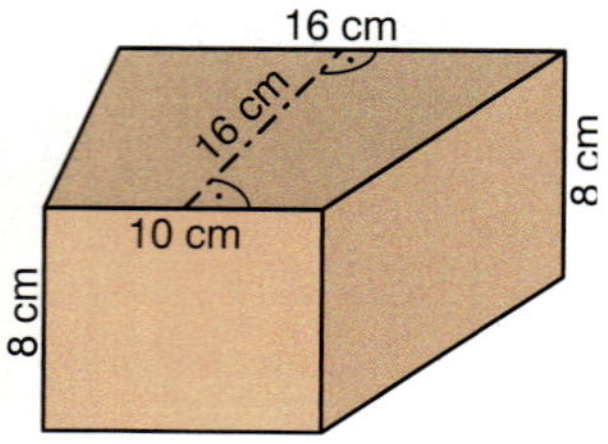

Rechnung: $V = G \cdot h$
Die Grundfläche ist ein Trapez:

$$G = \frac{1}{2}(10\text{ cm} + 16\text{ cm}) \cdot 16\text{ cm} = 208\text{ cm}^2$$

$$V = 208\text{ cm}^2 \cdot 8\text{ cm} = 1664\text{ cm}^3$$

Gewicht der 150 Steine: $1664\text{ cm}^3 \cdot 2{,}7\,\frac{\text{g}}{\text{cm}^3} \cdot 150 = 674\,920\text{ g} \approx 674\text{ kg}$

Wahrscheinlich wird der Kombi dieses Gewicht nicht verkraften.

Beispiele

B Berechne den Mantel und die Oberfläche des Dreiecksprismas mithilfe der Maßangaben in der Abbildung.

Mantel M = $3 \cdot 10\ cm^2 + 4 \cdot 10\ cm^2 + 5 \cdot 10\ cm^2$
$= 120\ cm^2$

Grundfläche G = $\frac{1}{2} \cdot 3 \cdot 4\ cm^2 = 6\ cm^2$

Oberfläche O = $2 \cdot 6\ cm^2 + 120\ cm^2 = 132\ cm^2$

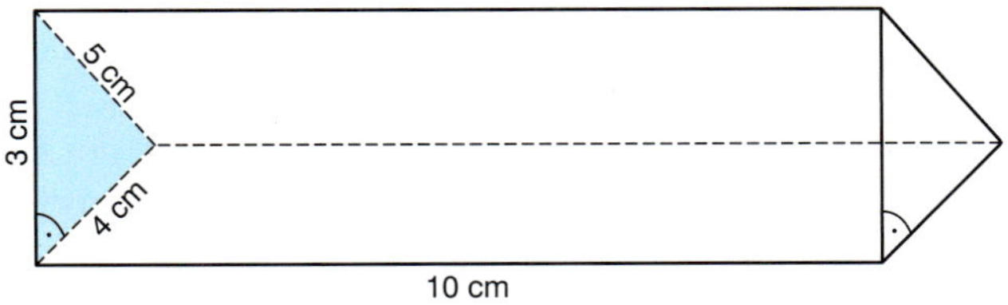

Übungen

5 Ein Bildhauer stellt eine große dreieckige Säule aus Basalt her. Für den Transport möchte er das Gewicht der Säule berechnen.

a) Welche Maße muss er ermitteln, um das Gewicht berechnen zu können?

b) Basalt ist ein schwerer Stein. 1 cm^3 Basalt wiegt 3,1 g. Welche Maße soll „deine" Säule haben? Rechne. Benötigst du für die Säule einen Lkw?

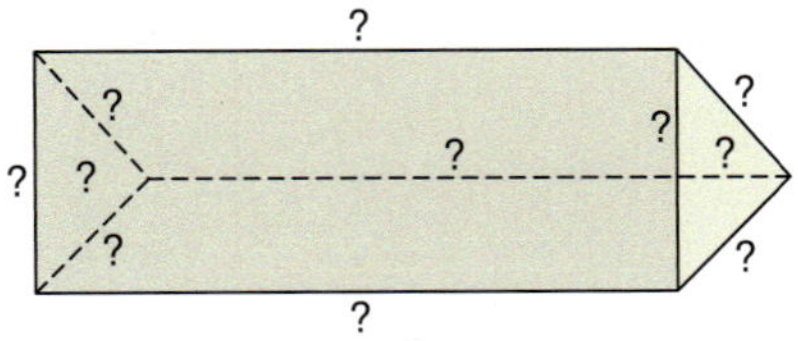

6 Zur Berechnung der Größe von Heizungen muss man das Volumen des jeweiligen Raumes kennen.

a) Berechne das Volumen des Saales.

b) Der Saal soll von innen gestrichen werden. Zur Kostenkalkulation berechnet der Anstreicher die Fläche.

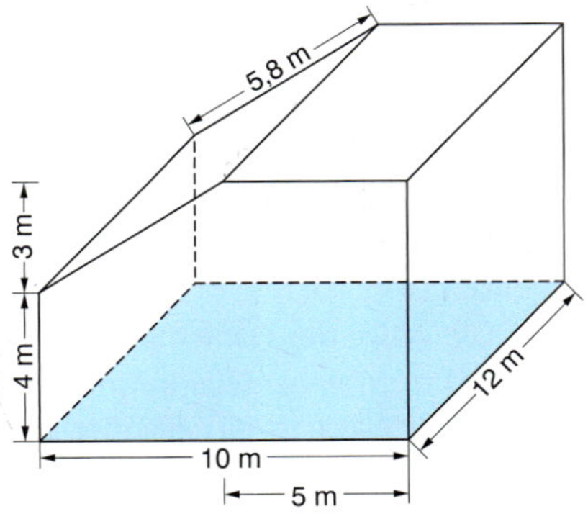

7 Berechne das Volumen und die Oberfläche des „Parallelogramm-Prismas". Erläutere die Strategie, nach der du vorgegangen bist.

Parallelogramm-Prisma

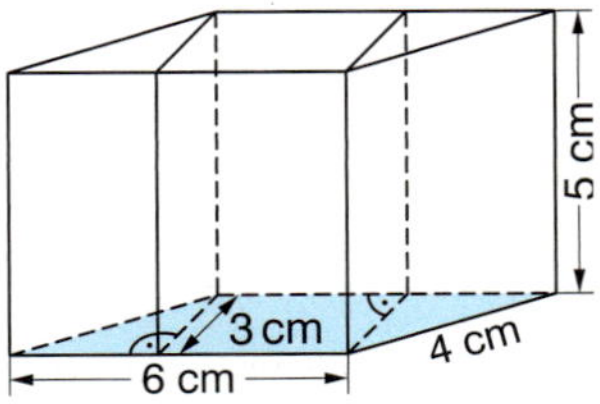

8 a) Welche der Körper sind Prismen? Begründe.

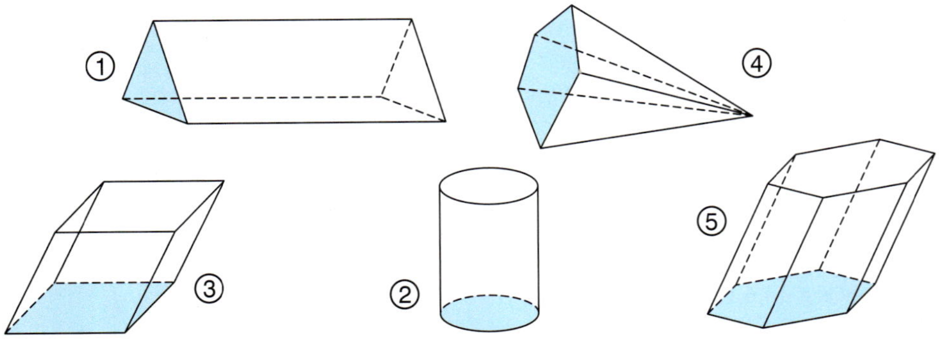

b) Die Körper (3) und (5) werden auch „schiefe" Prismen genannt. Ändere die Definition für Prismen (siehe Seite 111) so ab, dass auch „schiefe" Prismen gemäß der neuen Definition zu der Menge der Prismen gehören.

c) Finde mithilfe der Abbildungen eine Formel für die Berechnung des Volumens von schiefen Prismen.

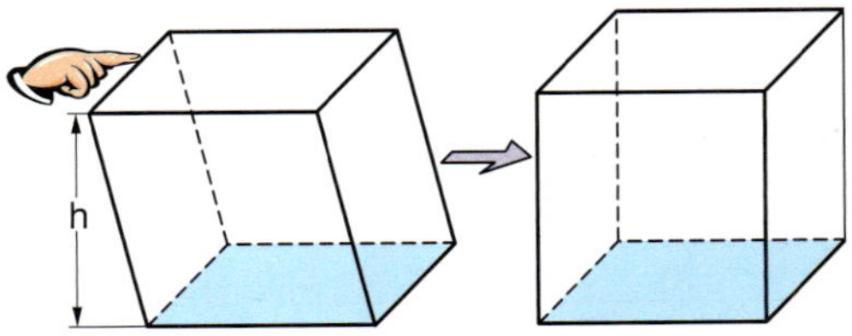

Übungen

Flächeninhalt des Deckels:
$G = (3{,}25\ \text{cm})^2 \cdot 3{,}14$
$= 33{,}18\ \text{cm}^2$

9 *Volumen eines Zylinders*

Tennisbälle sind in Dosen verpackt. Es gibt Dosen mit 4 Tennisbällen. Jeder Tennisball hat einen Durchmesser von 6,5 cm.

a) Berechne das Volumen der Tennisballdose. Überlege zunächst, nach welcher Formel man das Volumen der Dose berechnen könnte.

b) Falls du eine Dose zur Hand hast, kannst du mit einem Experiment überprüfen, ob deine Berechnung stimmt.

Basiswissen

Volumen und Oberfläche eines Zylinders

Das Volumen eines Zylinders berechnet sich wie das des Prismas als Produkt aus Grundflächeninhalt und Höhe:

$$\mathbf{V = G \cdot h = \pi \cdot r^2 \cdot h}$$

Die Oberfläche eines Zylinders besteht aus zwei Kreisflächen und der Mantelfläche, die sich zu einem Rechteck abwickeln lässt. Für den Flächeninhalt der Oberfläche gilt:

$$\mathbf{O = 2 \cdot G + M = 2 \cdot \pi \cdot r^2 + 2\pi \cdot r \cdot h}$$

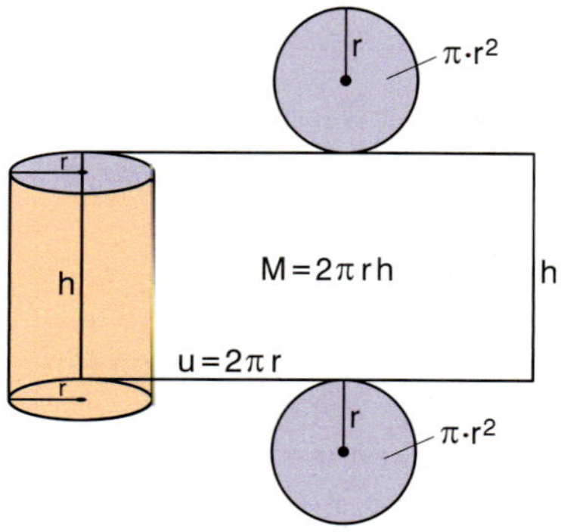

Beispiele

C Die Walze des Planierfahrzeugs hat einen Durchmesser von 1,52 m und eine Länge von 2,20 m. Wie viel Quadratmeter werden bei einer Umdrehung der Walze planiert?
Lösung: Die Walze ist ein Zylinder. Die bei einer Umdrehung planierte Fläche entspricht gerade der Mantelfläche des Zylinders. $M = 2\pi \cdot r \cdot h = 2\pi \cdot 0{,}76\ \text{m} \cdot 2{,}20\ \text{m} \approx 10{,}5\ \text{m}^2$.
Bei einer Umdrehung werden also etwa 10,5 m² planiert.

D Das schmale Becherglas ist randvoll. Kann die Flüssigkeit vollständig in das breite Becherglas umgefüllt werden? Wie hoch ist dann der Flüssigkeitsspiegel?

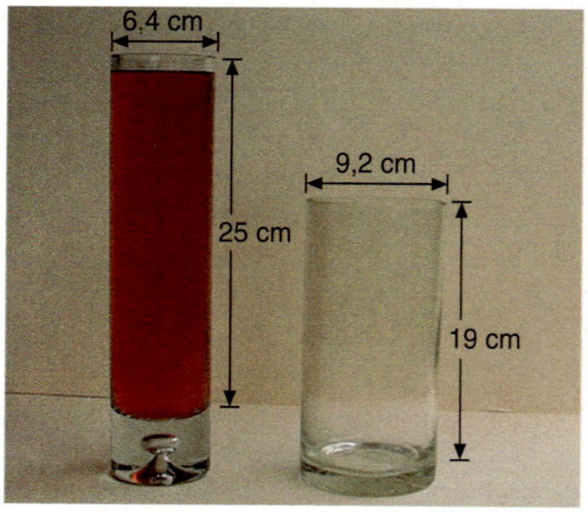

Lösung: Beide Bechergläser haben Zylinderform. Die Flüssigkeitsmenge in dem schmalen Becherglas entspricht dem Volumen des Innenzylinders:
$V = \pi \cdot (3{,}2\ \text{cm})^2 \cdot 25\ \text{cm} \approx 804{,}25\ \text{cm}^3$.
Das Innenvolumen des breiten Becherglases beträgt $V = \pi \cdot (4{,}6\ \text{cm})^2 \cdot 19\ \text{cm} \approx 1\,263\ \text{cm}^3$.
Das Umfüllen ist also möglich.
Die Höhe des Wasserspiegels kann aus der Gleichung
$804{,}25\ \text{cm}^3 = \pi \cdot (4{,}6\ \text{cm})^2 \cdot h$ berechnet werden: $h = \frac{804{,}25\ \text{cm}^3}{\pi \quad 4{,}6^2\ \text{cm}^2} \approx 12{,}10\ \text{cm}$.
Der Flüssigkeitsspiegel ist ungefähr 12,1 cm hoch.

Übungen

10 Berechne die fehlenden Größen eines Zylinders.

Radius	3 cm			5 cm		45 cm	1,5 cm	
Höhe	5 cm	8 m			50 cm			$4 \cdot r$
Mantel		24 m²	0,4 m²				10 cm²	
Oberfläche			1,6 m²					2 m²
Volumen				75 cm³	25 l	8 hl		

Um welche Gegenstände könnte es sich dabei jeweils handeln?

Übungen

11 Ein zylindrischer Öltank hat einen Durchmesser von 30 m und eine Höhe von 20 m. Was meinst du, wie viele der üblichen Haushaltstanks mit 2000 l Fassungsvermögen können mit dem Lagervorrat in einem solchen Tank gefüllt werden? Schätze und rechne.

12 Beschreibe die folgenden Körper mit Worten.

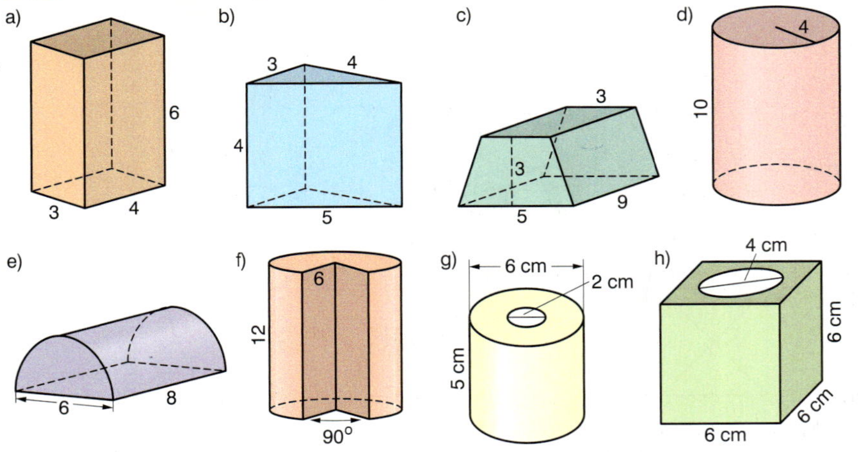

Ordne einmal nach der Größe des Volumens und einmal nach der Größe der Oberfläche. Versuche es zunächst durch Abschätzen und rechne dann nach.

13 a) Ein Standzylinder von 36 mm Innendurchmesser soll als Messzylinder geeicht werden. Welchen Abstand müssen die 5-cm^3-Teilstriche haben?
b) Bei einem anderen Messzylinder haben die 2-cm^3-Teilstriche einen Abstand von 4 mm. Welchen Innendurchmesser hat dieser Zylinder?

14 *Rotationszylinder*
Ein rechteckiger Metallrahmen mit den Seitenlängen a = 6 cm und b = 4 cm wird um die rote Achse gedreht.

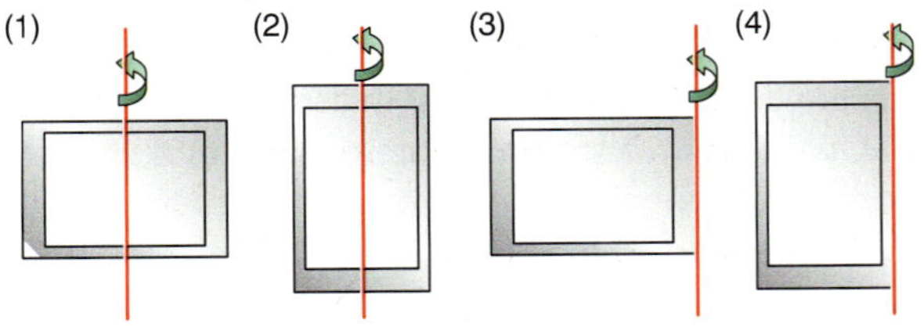

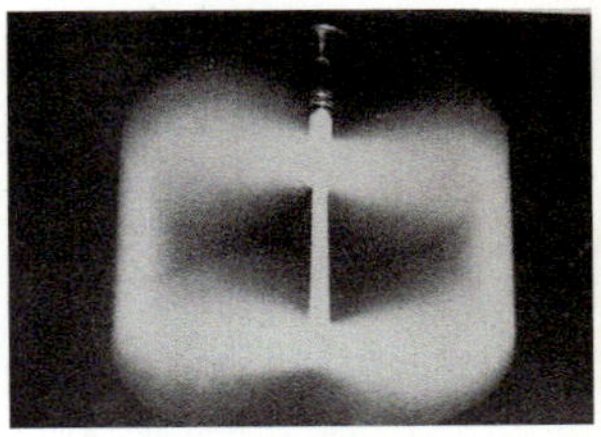

Mit dem Motor aus der Physiksammlung und einem Metallrahmen lassen sich die Rotationskörper sichtbar machen.

Auf diese Weise entsteht ein Zylinder als Rotationskörper.
a) Berechne jeweils die Mantelfläche und das Volumen der Rotationszylinder für die eingezeichneten Drehachsen.
b) Ingemar meint: *„Die Rechnungen für (3) und (4) kann ich mir sparen. Die Größen sind jeweils das Doppelte von denen in (1) und (2).“* Hat er Recht?

15 Wie verändern sich jeweils Volumen und Mantelfläche eines Zylinders, wenn man
a) den Radius verdoppelt? b) die Höhe verdoppelt? c) Radius und Höhe verdoppelt?
d) den Radius verdoppelt und die Höhe halbiert?
e) die Höhe verdoppelt und den Radius halbiert?

16 Ein Zylinder mit dem Radius 3 cm soll das gleiche Volumen haben wie ein Zylinder mit dem Radius 2,5 cm und der Höhe 5 cm. Welcher der beiden Zylinder hat die größere Oberfläche?

Findest du die Antwort ohne zu rechnen?

17 Begründe die Formel für das Volumen eines Hohlzylinders: $V = \pi(r_2^2 - r_1^2) \cdot h$.
Leite eine entsprechende Formel für die Oberfläche des Hohlzylinders her.
Wo kommen Hohlzylinder vor?

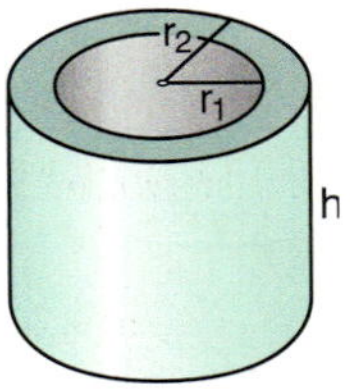

Aufgaben

18 Räumliche (dreidimensionale) Körper auf einem Blatt Papier (also nur zweidimensional) darzustellen, ist gar nicht so leicht. Es gibt unterschiedliche Methoden, möglichst viele Informationen über den Körper in die Darstellung zu integrieren.

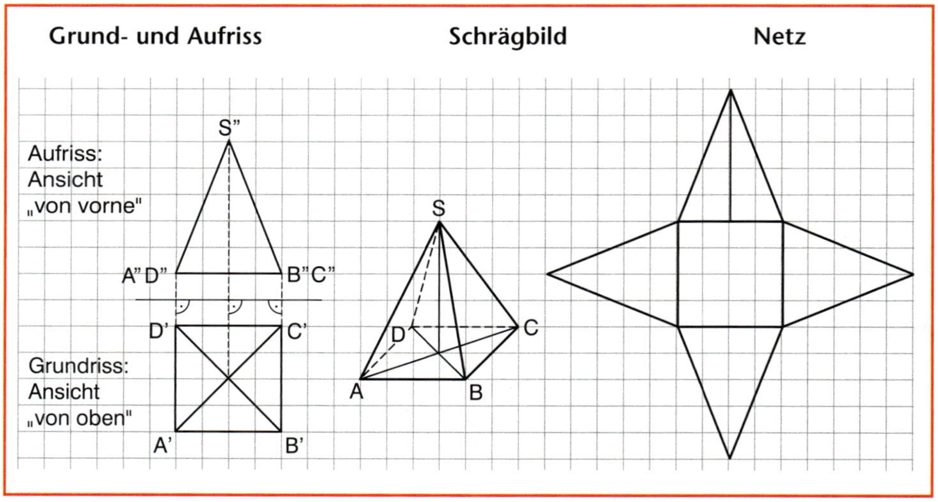

a) Welche Informationen kann man den jeweiligen Darstellungen entnehmen? Welche Vor- und Nachteile haben sie?
b) In einem Buch steht der Satz „Als Verkürzungsfaktor für die Tiefe wird 0,5 verwendet.“ Vergleiche mit dem Beispiel oben.
c) Probiere selbst die Wirkung verschiedener Winkel und Verkürzungsfaktoren aus.

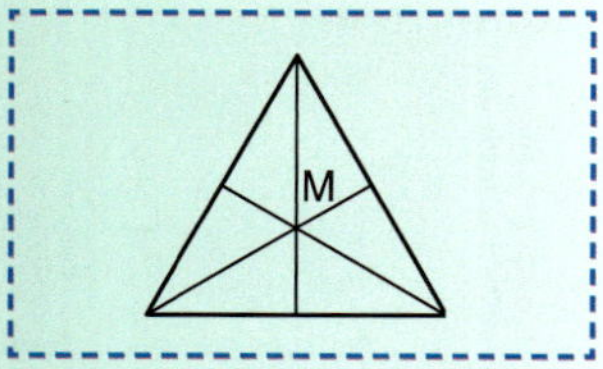

19 Zeichne ein Schrägbild, ein Netz und die zugehörigen Risse. Trage in alle Bilder die angegebenen Maße ein.
a) Quader mit Länge 5 cm, Breite 4 cm und Höhe 2,5 cm,
b) quadratische Pyramide mit Grundkantenlänge 8 cm und Höhe 7 cm,
c) Prisma der Höhe 6 cm, Grundfläche gleichseitiges Dreieck mit Seitenlänge 5 cm,
d) Pyramide der Höhe 3,5 cm, Grundfläche gleichseitiges Dreieck mit Seitenlänge 4 cm.

20 Hier ging einiges durcheinander. Ordne jedem der Schrägbilder 1 bis 8 das passende Grund- und Aufriss-Paar A bis H zu.

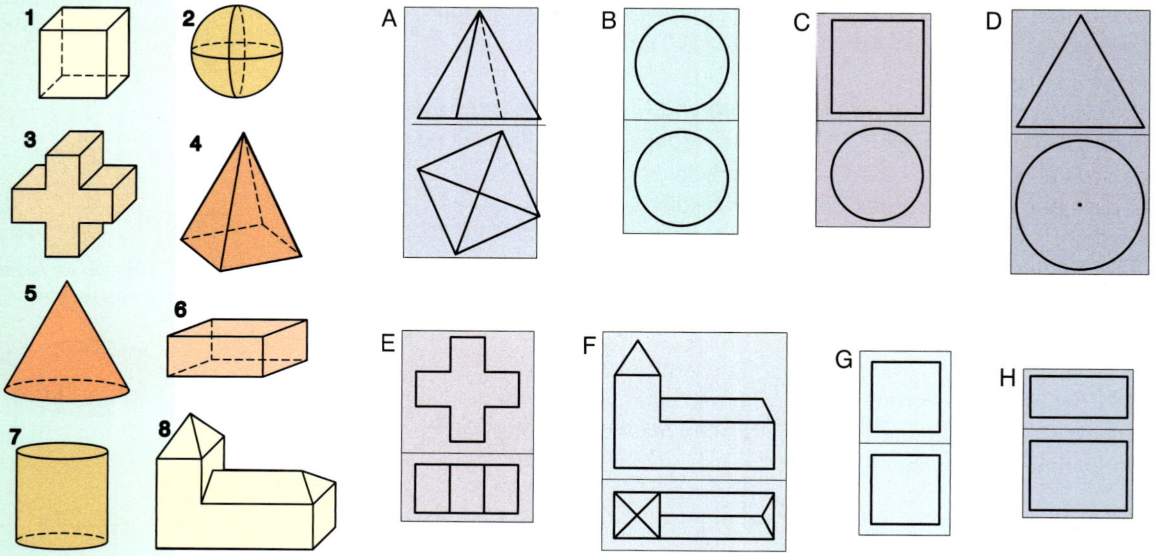

Aufgaben

21 Zeichne zu jedem der Grund- und Aufriss-Paare ein Schrägbild des Körpers.

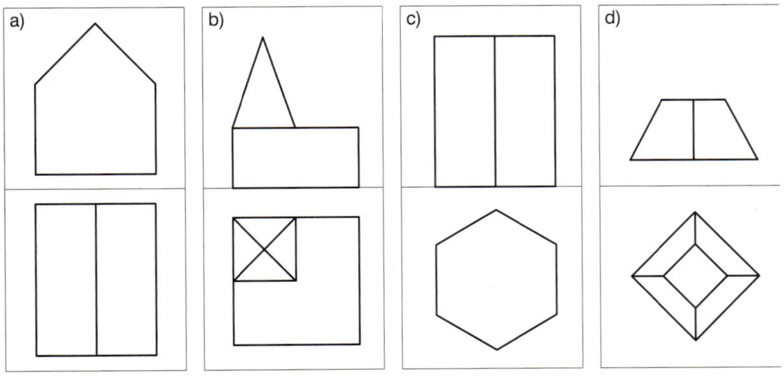

Zentralperspektive

Der Darstellung von Körpern in diesem Abschnitt liegt die so genannte „Parallelprojektion“ zugrunde, die vor allem in der Mathematik verwendet wird. In der Kunst wird oft eine andere Darstellungsart gewählt, die „Zentralperspektive“.

Hierbei werden nach hinten verlaufende parallele Kanten im Bild nicht mehr parallel dargestellt, sondern sie treffen sich in einem Punkt auf der Horizontlinie, dem Fluchtpunkt. Ausgehend von Überlegungen EUKLIDS wurde diese Darstellungsform von FILIPPO BRUNELLESCHI (1377–1446), einem italienischen Baumeister, entwickelt, der auch „Schöpfer der Renaissance“ genannt wird.
Eines der berühmtesten Beispiele für Zentralperspektive ist das hier abgebildete Renaissance-Fresco „Schule von Athen“ von RAFFAEL (1483–1520). Rechts sind nach hinten verlaufende Kanten nachgezeichnet und damit der Fluchtpunkt konstruiert. In vielen Darstellungen wird durch die Lage des Fluchtpunktes der Blick des Betrachters auf etwas Wesentliches gelenkt oder ein dargestelltes Objekt als besonders wichtig hervorgehoben, wie hier die Philosophen PLATON und ARISTOTELES. Oft findet man in der vertikalen Lage des Fluchtpunktes den goldenen Schnitt.

Ab der Renaissance wurde die Zentralperspektive in verschiedener Weise weiterentwickelt: Es gibt je nach Lage der Horizontlinie unterschiedliche Arten der Perspektive, man kann zwei Fluchtpunkte verwenden oder sogar ein Objekt aus verschiedenen Perspektiven gleichzeitig abbilden, wie z. B. im Kubismus.

Projekt

Anregungen für ein fächerübergreifendes Projekt mit dem Fach Kunst:
- Entwickeln der perspektivischen Darstellung in der Kunst
- Mathematische Grundlagen der Zentralperspektive
- Verschiedene Arten der Zentralperspektive
- Beispiele von der Renaissance bis zur Moderne
- Verwendete Hilfsmittel

6.5 Flächen- und Rauminhalte – Anwendungen

Was dich erwartet

Flächen sind im Alltag meist nicht rechteckig, und bei Körpern kommen nicht nur einfache Prismen vor. Oft muss man zusammengesetzte Formen in einfachere, berechenbare Formen zerlegen. In diesem Kapitel geht es um die Anwendung solcher Strategien in ganz unterschiedlichen Situationen wie z. B. beim Vergleich von Dachformen, der Berechnung des Erdvolumens beim Deichbau oder der Kostenermittlung bei der Umwandlung von Ackerflächen in ein Gewerbegebiet oder von Industriegelände in ein Naturschutzgebiet.

Aufgaben

1 *Regelmäßige Vielecke und Säulen*

a) Zeichne die beiden Vielecke im Maßstab 1:20 in dein Heft. Bestimme den Flächeninhalt des Sechsecks und des Achtecks. Welche Größen musst du messen? Beschreibe dein Vorgehen und vergleiche mit deinen Nachbarn.

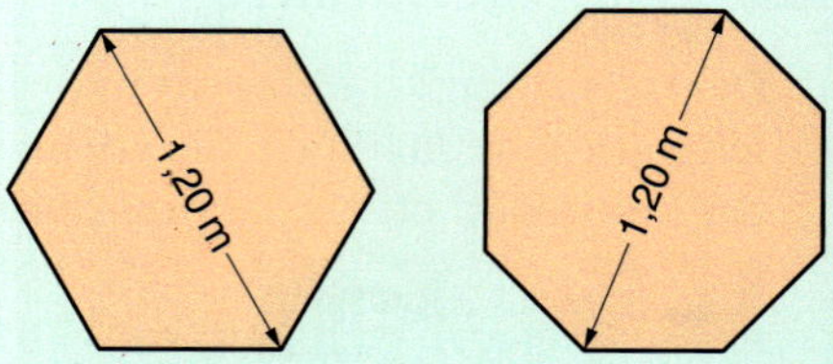

b) Bestimme jeweils das Volumen der sechseckigen bzw. achteckigen Litfasssäule (Höhe 2,5 m). Vergleiche in beiden Fällen die zur Verfügung stehende Werbefläche.

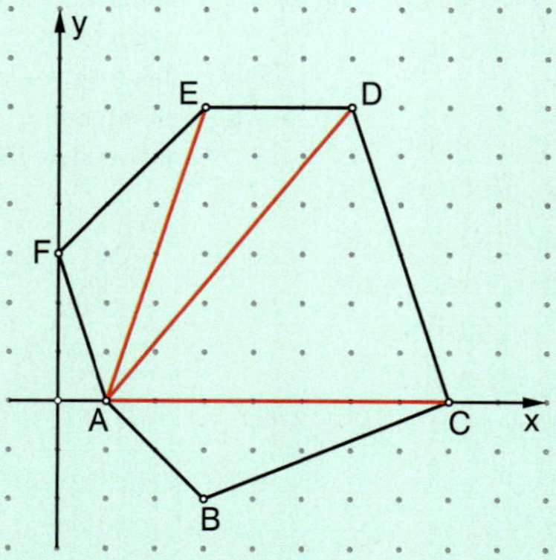

2 Jedes Vieleck kann man in Dreiecke zerlegen.

a) Wie viele Dreiecke entstehen, wenn man ein 4-Eck (5-Eck, 6-Eck, n-Eck) in Dreiecke zerlegt?

b) Zeichne das nebenstehende Sechseck in dein Heft. Bestimme den Flächeninhalt des Sechsecks, indem du die Flächeninhalte aller Dreiecke ermittelst. Welche Größen musst du messen?

c) Die „Dreiecksmethode" funktioniert immer. Sie ist aber nicht immer ideal. Findest du bei dem Sechseck eine andere Zerlegung, mit der sich der Flächeninhalt leichter (mithilfe von Gitterpunkten) bestimmen läst?

3 Nina und Johanna wollen im Sommer zelten gehen. Im Frühjahr besuchen sie die Camping-Messe, um sich verschiedene Zelte anzusehen. Sie haben verschiedene Vergleichskriterien überlegt: Volumen, Standhöhe, Standfläche, Oberfläche.

a) Welche Kriterien könnten wichtig sein? Fallen dir weitere ein?

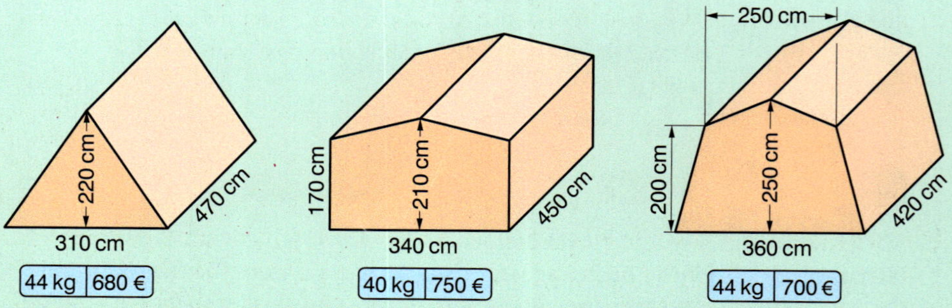

b) Vergleiche die Zeltmodelle hinsichtlich der oben genannten Kriterien. Für welches Modell würdest du dich entscheiden?

Basiswissen

„Zerlegen“, das ist das Schlüsselwort zur Bestimmung des Flächeninhalts komplizierter Figuren. Auch bei der Volumenbestimmung hilft es, den Körper in Teilkörper zu zerlegen.

Flächeninhalts- und Volumenbestimmung durch Zerlegung

Fläche (Vieleck)

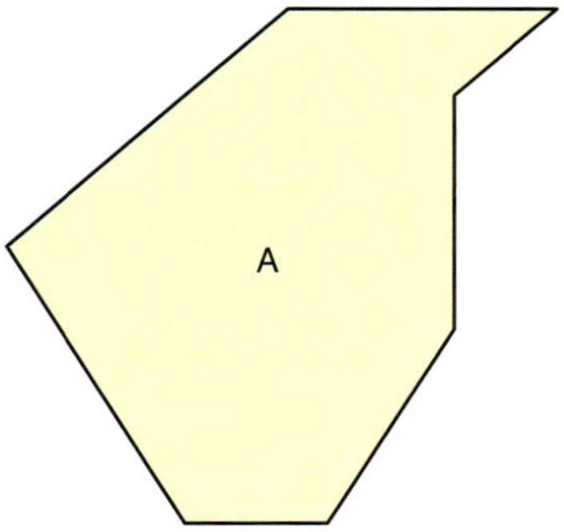

Körper (Prisma)

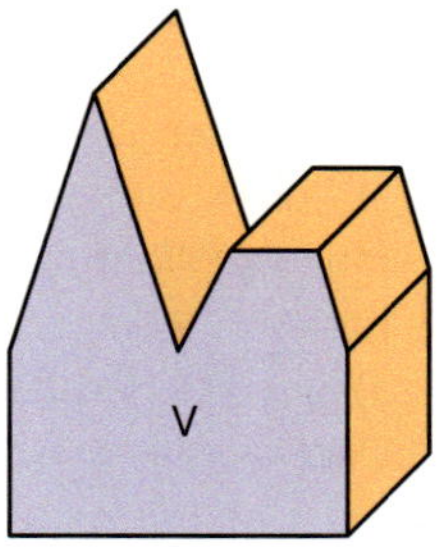

Zerlege in einfache (berechenbare)

Grundfiguren

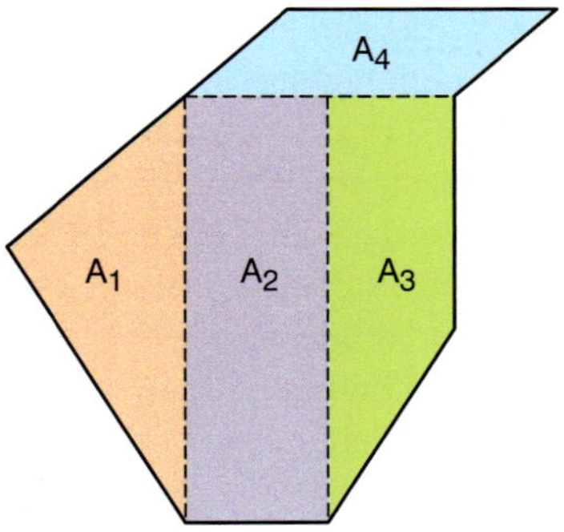

Dreieck, Rechteck, Trapez, Parallelogramm

Grundkörper

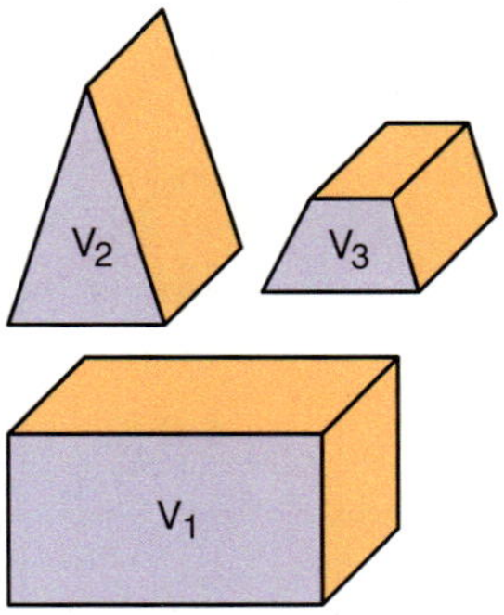

Quader, Dreiecksprisma, Trapezprisma

Bestimme alle zur Berechnung nötigen Maße (Seitenlängen, Höhen).
Berechne die Teilflächen/Teilkörper.
Addiere dann die einzelnen Flächeninhalte/Volumina.

Jedes Vieleck lässt sich in Dreiecke zerlegen.

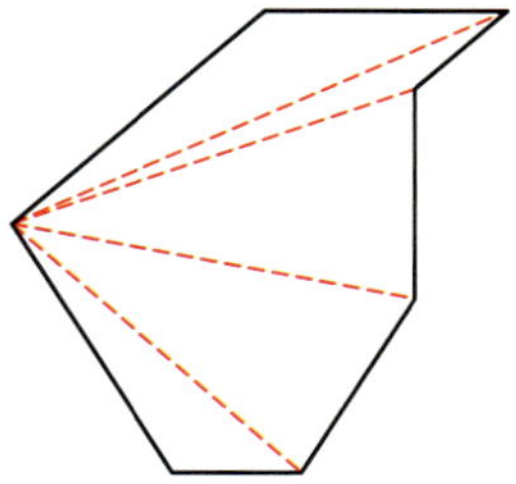

Beispiele

A Die Kosten für den Container werden nach dem Fassungsvermögen (Volumen) berechnet. Wie viel m^3 fasst der Container?
Die sichtbare Vorderfläche des Containers zerlegen wir in Gedanken in zwei Trapeze. Mit den angegebenen Messwerten können wir dann diese Fläche G berechnen. Das Volumen ergibt sich als Volumen eines Prismas mit der Grundfläche G und der Höhe h = 1,40 m. Für den Container wird eine Ladekapazität von 4 m^3 berechnet.

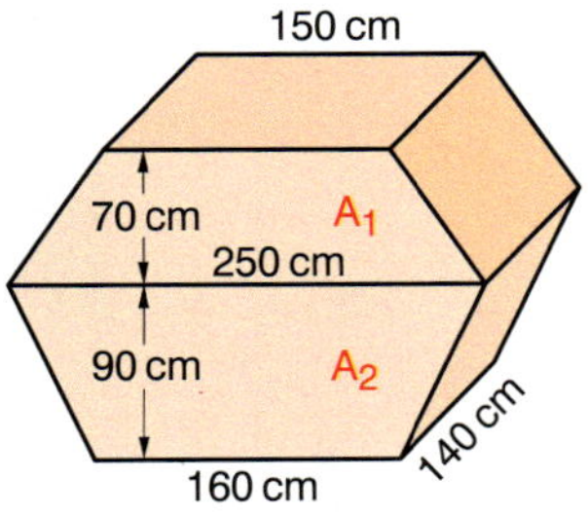

$G = A_1 + A_2$
$= \frac{1}{2}(1{,}5 + 2{,}5) \cdot 0{,}7$
$+ \frac{1}{2}(1{,}6 + 2{,}5) \cdot 0{,}9 = 3{,}245$
$G = 3{,}245$
$V = G \cdot h = 3{,}245 \cdot 1{,}4 = 4{,}543$
$V = 4{,}543$
Der Container fasst ca. 4,5 m^3.

Übungen

4 Bei der Gestaltung eines Hauses spielt die Dachform eine wichtige Rolle.

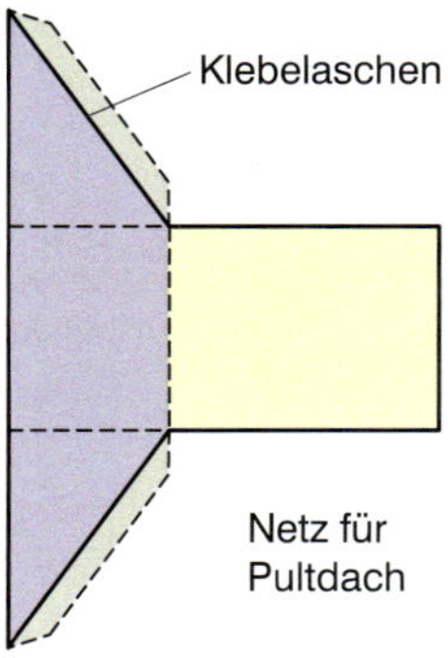

Neben der „Schönheit" muss man aber auch auf praktische Dinge und auf die Kosten achten. Dabei kommt es u. a. auf das Volumen des Dachraumes (Wohnraum), die Dachfläche (Eindeckung mit Ziegeln, benötigtes Isoliermaterial) und die Giebelfläche (wetterfeste Verblendung) an.

a) Bei welchen der obigen Dachformen lässt sich das Volumen des Dachraumes mit der Formel für ein Prisma berechnen? Welche Größen muss man jeweils messen?

b) Zeichne für das Satteldach, das Mansardendach und für das Pultdach jeweils ein Netz auf Pappe und baue daraus das Dach. Berechne dann für deine Beispiele jeweils das Volumen des Dachraums, die Dachflächen und die Giebelflächen.

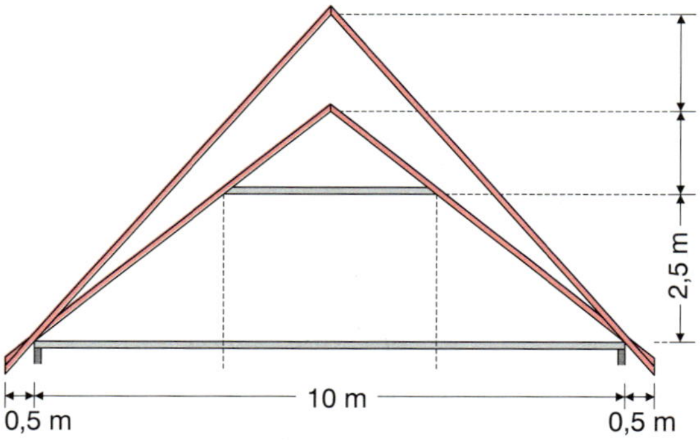

5 Auf einem Haus mit einem rechteckigen Grundriss (12 m × 10 m) wird ein Satteldach errichtet. Zwei verschiedene Dachneigungen (38° oder 48°) stehen zur Diskussion.

a) Fertige jeweils eine genaue Zeichnung im Maßstab 1:100 an. Daraus kannst du dann weitere Größen (z. B. die Giebelhöhe) abmessen.

b) Vergleiche für beide Dachneigungen jeweils das Volumen des Dachraumes, die Giebelflächen und die Dachflächen. Rechne bei den Dachflächen auch einen üblichen Dachüberstand ein.

Welche anderen Ideen hast du für den Dachausbau?

c) In beiden Fällen soll unter dem Dach ein Obergeschoss mit 2,50 m maximaler Raumhöhe gebaut werden. Wie groß ist jeweils der umbaute Raum, welcher Anteil dieses Raumes hat eine geringere Raumhöhe als 2,50 m? Wie groß ist in beiden Fällen der verbleibende Speicherraum über dem Obergeschoss? Kann man dort noch einen weiteren Raum mit 2,50 m Höhe einrichten?

6 Vergleiche die in Aufgabe 5 berechneten Größen mit denen für das Mansardendach und das Pultdach. Zeichne im Maßstab 1:100.

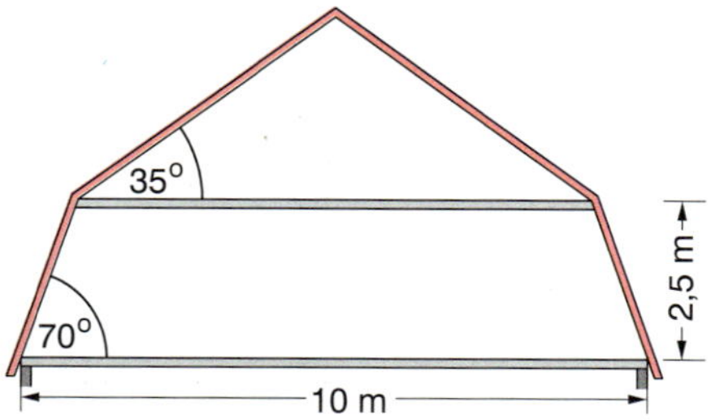

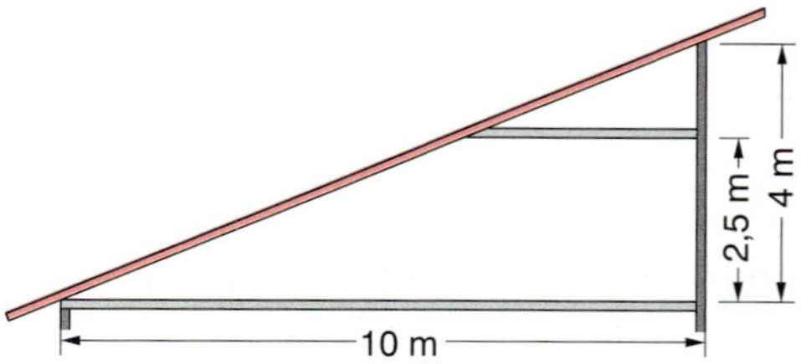

Welche Vorteile oder Nachteile haben diese Dachformen gegenüber dem Satteldach? Welche Dachform würdest du wählen?

Deichbau

Seit Menschen in unmittelbarer Nähe des Meeres leben, haben sie versucht, sich mit Schutzwällen (Deichen) vor dem Ansturm der Fluten zu schützen. Der Deichbau verlangt von den Küstenbewohnern einen hohen Arbeitseinsatz und ist mit enormen Kosten verbunden. Die ersten Deiche an der Nordseeküste wurden bereits vor mehr als 1 000 Jahren erbaut, heute weist alleine die Küste in Schleswig-Holstein mehr als 600 km Deiche auf. Am Anfang wurden die Deiche noch von Hand gebaut – im 18. Jhd. transportierten tausend Mann bei einer Arbeitszeit von 80 Stunden pro Woche 400 000 Kubikmeter Erde und bauten damit einen 3 km langen Deich. Heute wird diese Arbeit mit schweren Baumaschinen in viel kürzerer Zeit geleistet. Der Küstenschutz ist heute Staatsaufgabe und wird durch Steuermittel finanziert.

Wer einmal erlebt hat, mit welcher Macht die Wellen zuschlagen können, braucht von der Notwendigkeit des Deichbaus nicht mehr überzeugt zu werden.

Übungen

7 Im Laufe der Jahrhunderte sind die Sturmfluten immer höher geworden. Damit mussten auch die Deiche immer höher gebaut und auch ihre Form verändert werden, insbesondere wurden die Böschungen immer flacher.

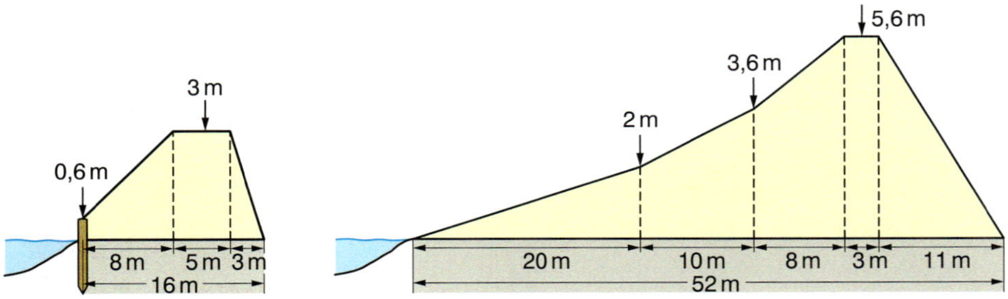

a) Berechne für die beiden Deichformen jeweils die Querschnittsfläche. Gib auch die Steigung der einzelnen Böschungsabschnitte (in Prozent) an.

b) Wie viel m^3 Baumaterial (Sand und Erde) wurde jeweils für einen Deich von 3 km Länge benötigt? Gib hier den prozentualen Zuwachs an.

Die Abbildungen in den Aufgaben 7 und 8 weisen in der Horizontalen einen anderen Maßstab auf als in der Vertikalen. Um einen realistischen Eindruck der Böschungsneigung zu erhalten, muss man den *gleichen* Maßstab verwenden. Zeichne den Deich von 1930 maßstabsgetreu auf ein DIN-A4-Blatt im Querformat.

8 Heute werden die meisten Deiche mit einem Sandkern und einer darüber liegenden Schicht von Kleiboden gebaut. Sand lässt sich leicht gewinnen, transportieren und einbauen. Klei ist fester Boden und schützt den Deich gegen den Wellenangriff.

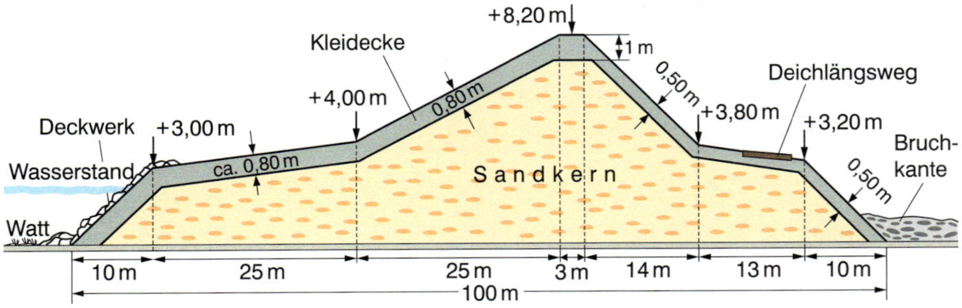

a) Berechne für einen Deich mit dem obigen Querschnitt und 1 km Länge das ungefähre Volumen des Sandkerns und der Kleidecke.

b) Der Deich soll auf 9,50 m erhöht werden bei etwa gleichen Böschungsneigungen. Zeichne einen entsprechenden Querschnitt. Wie viel breiter wird der neue Deich? Wie viel m^3 Sand und Kleiboden werden für die Erhöhung benötigt?

Aufgaben

Die große Dose entspricht der Euro-Norm mit einem Inhalt von 850 ml

9 Die große Aprikosendose hat laut Beschriftung eine Füllmenge von 820 g, die kleine Dose von 420 g.
a) Rechne nach, ob die kleine Dose in etwa das halbe Volumen der großen Dose hat.
b) Vergleiche auch die Oberflächen der Dosen. Welche ist vom Materialverbrauch her wirtschaftlicher? Wie groß ist jeweils das Verhältnis von Durchmesser zur Höhe?

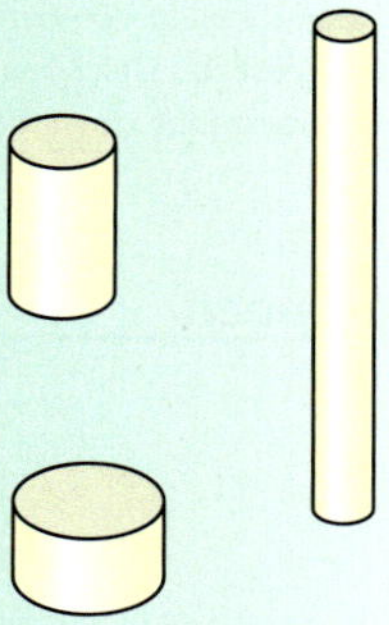

Hier lohnt sich der Einsatz einer Tabellenkalkulation.

10 *Die optimale Dose*
a) Bei zylindrischen Dosen findest du ganz unterschiedliche Formen, es gibt hohe Dosen mit kleinem Durchmesser und flache Dosen mit großem Durchmesser. Nach welchen Kriterien wird deiner Meinung nach die Dosenform ausgewählt? Erstelle eine Liste.
b) Der Inhalt einer bestimmten Dose sei festgelegt, zum Beispiel auf 850 ml. Bei welchen Abmessungen hat man den geringsten Materialverbrauch? Was vermutest du?
Mithilfe einer geeigneten Tabelle kannst du die Frage beantworten.

r [cm]	h [cm]	V [cm^3]	O [cm^2]
1	270,6	850	1706,3
2	67,6		875,1
....	....	....	....
10	2,7		798,3

Überlege dir, wie du zu gegebenem Radius die passende Höhe berechnen kannst.
c) Ist die Euro-Norm-Dose aus Aufgabe 18 in unserem Sinne optimal? Um wie viel Prozent weicht deren Oberfläche von der minimalen Oberfläche ab? Aus welchen Gründen könnte man diese Abweichung in Kauf nehmen?

11 *Gute Schätzwerte gesucht*

Vergleicht eure Schätzwerte. Wie seid ihr dazu gekommen?

a) Die Werbefläche auf der Litfaßsäule kostet für 24 Stunden 32 € pro m^2. Das Rundumplakat soll 6 Wochen hängen bleiben.
b) Der „Riesenbleistift“ am Eingang der Schule hat einen Umfang von 80 cm. Er ist aus Eisenrohr mit einer Wandstärke von 1,2 cm hergestellt. Wie viel mal schwerer ist dieser Bleistift im Vergleich zu einem normalen Bleistift aus deinem Mäppchen?
c) Die Heuballen auf dem Wagen liegen in zwei Schichten hintereinander. Jeder einzelne hat einen Durchmesser und eine Höhe von je 1,20 m. Sie werden maschinell sehr dicht gepresst, je nach Feuchtigkeit des Heus beträgt die Dichte zwischen 0,2 und 0,3 g/cm^3. Welche Last trägt der Wagen?

Projekt

Gebietsneuordnung

In der Gemeinderatssitzung geht es hoch her. Es geht um die Zukunft der Verbandsgemeinde, hier speziell um eine Gebietsneuordnung. Die Fraktion der Grünen fordert eine Vergrößerung des Naturschutzgebietes, allerdings muss aus wirtschaftlichen Gründen auch ein hinreichend großes Gewerbegebiet ausgewiesen werden. Auf Grund des wachsenden Tourismus soll das Freizeitgebiet erweitert werden, die Fläche für die landwirtschaftliche Nutzung kann wegen verbesserter Anbaumethoden etwas reduziert werden. Nach langer Diskussion einigt man sich auf einen Planungsvorschlag der Freien Wählergemeinschaft.

a) In den beiden Karten ist die Gebietsneuordnung für das 40 ha (= 400 000 m^2) große Gebiet einer Gemeinde festgehalten.

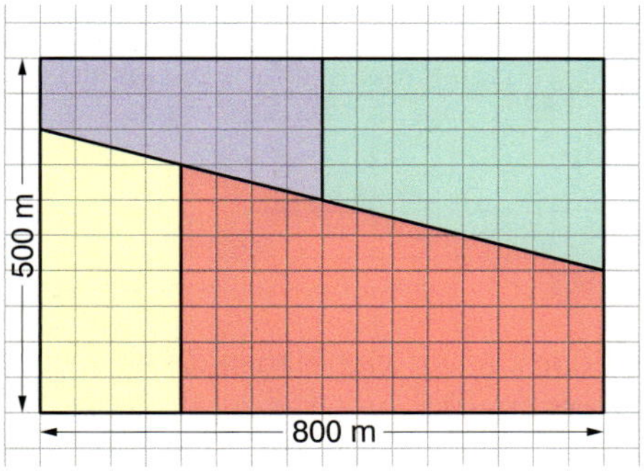

vorher

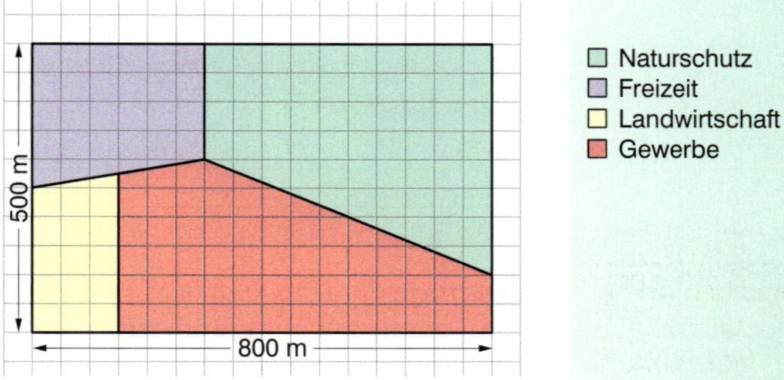

nachher

Berechne die Flächen für die einzelnen Nutzungsgebiete vor und nach der Neuordnung. Stelle auch jeweils die prozentuale Verteilung in Kreisdiagrammen dar.

b) Solche Veränderungen kosten Geld. In der folgenden Kostentabelle sind die durchschnittlichen Kosten (in € pro Quadratmeter) für die einzelnen Umwandlungen festgehalten.

von \ zu	Naturschutz	Freizeit	Landwirtschaft	Gewerbe
Naturschutz	—	50 €	70 €	60 €
Freizeit	40 €	—	50 €	60 €
Landwirtschaft	30 €	60 €	—	50 €
Gewerbe	100 €	90 €	90 €	—

Aus der Tabelle kann man z. B. ablesen, dass es 50 € pro m^2 kostet, wenn ein Naturschutzgebiet in ein Freizeitgebiet umgewandelt wird, die umgekehrte Veränderung kostet 40 €.
Kannst du einige Gründe für die jeweiligen Umwandlungskosten anführen?

Projekt

Hier lohnt sich Gruppenarbeit!

c) In einer ähnlichen Tabelle kannst du nun angeben, wie viel m^2 Fläche jeweils von einer Nutzungsfläche in eine andere Nutzungsfläche umgewandelt werden. Dabei ist es hilfreich, die beiden Karten auf Folien zu übertragen und diese übereinander zu legen. In der jeweiligen Farbüberdeckung kann man die Umwandlungsflächen gut erkennen und berechnen. Ein Teil der Nutzungsflächen bleibt gleich, es müssen insgesamt 5 Umwandlungsflächen berechnet werden.

In ① wird Landwirtschaft in Freizeit umgewandelt. Diese Umwandlungsfläche beträgt ungefähr (eine Seite des Trapezes durch Messen):
$A_1 \approx \frac{1}{2}(150\text{ m} + 70\text{ m}) \cdot 200\text{ m}$
$= 22\,000\text{ m}^2$

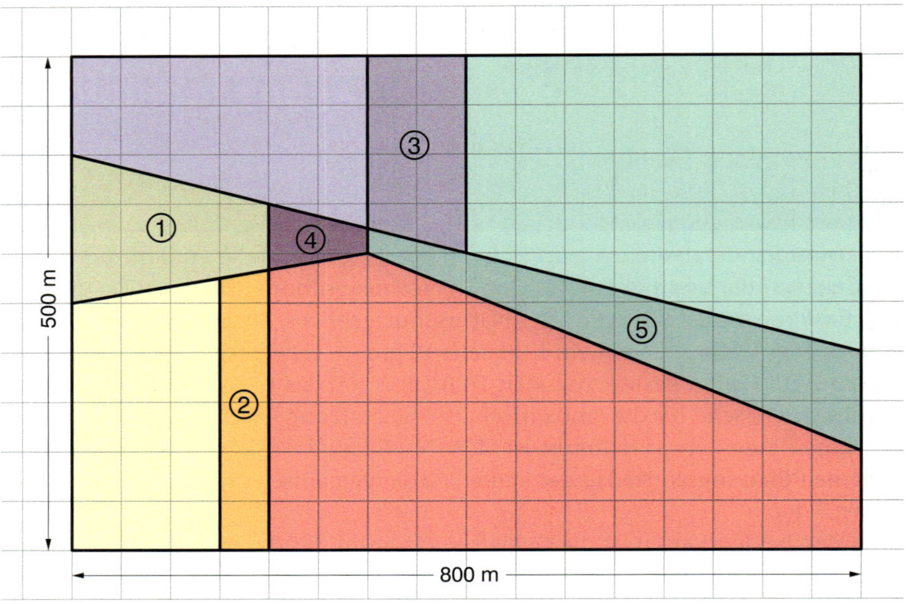

von \ zu	Naturschutz	Freizeit	Landwirtschaft	Gewerbe
Naturschutz	—	—	—	—
Freizeit	③	—	—	—
Landwirtschaft	—	① 22 000 m^2	—	②
Gewerbe	⑤	④	—	—

Übertrage die Tabelle in dein Heft und fülle die restlichen vier blauen Zellen aus. Warum muss man die anderen Zellen nicht berechnen?

d) Mithilfe der Kostentabelle und der Flächenumwandlungstabelle lassen sich nun die Gesamtkosten für die Gebietsneuordnung berechnen. Wie hoch sind diese?

e) Die Gesamtkosten der Gebietsneuordnung sind beachtlich. Gibt es eine preiswertere Lösung? Wir bilden verschiedene Gruppen mit dem gleichen Auftrag:

Die Umwandlung der Fläche ① kostet z. B.:
$22\,000\text{ m}^2 \cdot 60\text{ €/m}^2 = 1\,320\,000\text{ €}$

Geeignete Strategie: „Denken und Probieren"

Ordnet das gegebene Gebiet (Karte „vorher") neu. Die Flächenanteile der verschiedenen Nutzungen sollen die gleichen wie in Karte „nachher" bleiben, die Lage und Form der Gebiete darf verändert werden. Ziel ist es, eine möglichst preiswerte Lösung zu finden.

Stellt eure Ergebnisse vor und vergleicht eure Lösungen.
In der Praxis sind neben den Gesamtkosten auch andere Aspekte wichtig, z. B.:

- Sollen die einzelnen Nutzungsgebiete zusammenhängen oder kann man sie in Teilbereichen auf das ganze Gebiet verteilen?
- Wie sollen die Straßen liegen, für welche Nutzung ist die Erreichbarkeit von entscheidender Bedeutung?
- Welche Teilbereiche sollen aneinander grenzen, welche nicht?

Entscheidet euch gemeinsam für die eurer Meinung nach beste Lösung und begründet diese Entscheidung.

CHECK-UP

Flächen- und Rauminhalte

1 Verwandle die Figuren jeweils in ein Rechteck und vergleiche die Flächeninhalte.

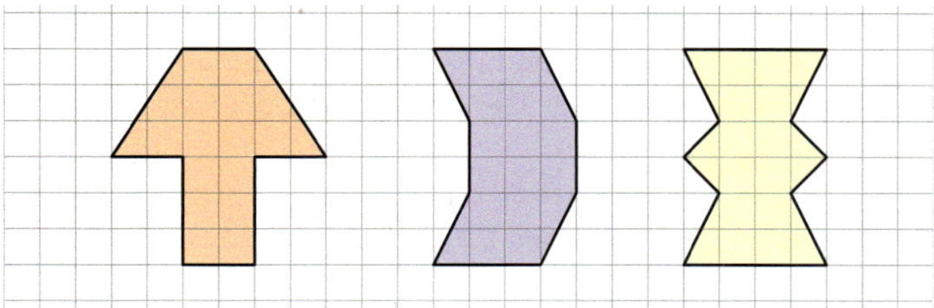

2 a) Begründe: Der blaue Drachen und das rote Parallelogramm haben den gleichen Flächeninhalt.
b) „Zeichne" (Geobrett oder Karopapier) ein Dreieck (ein Trapez, eine Raute) mit genau dem Flächeninhalt des Drachens.

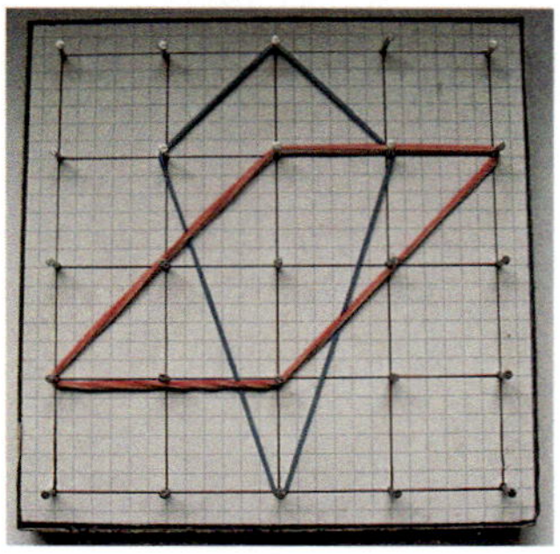

3 Begründe jeweils die Flächenformel mithilfe der angegebenen Figur:

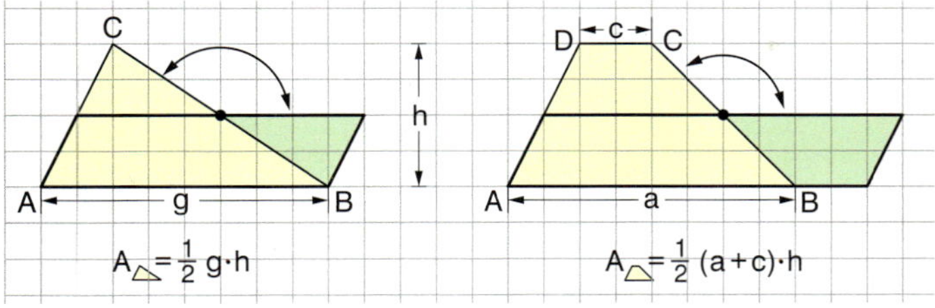

4 Zeichne die folgenden Figuren in ein Koordinatensystem und berechne jeweils den Flächeninhalt.
a) A(−2|−1), B(1|−1), C(0|3)
b) A(−0,5|−1), B(2,5|−1), C(1|1), D(−2|1)
c) A(−1,5|3), B(−1,5|−2), C(2|−1), D(2|1)
d) A(0|3), B(−2|2), C(0|−4), D(2|2)
e) A(0|0), B(−1|2), C(−2|1), D(0|−2), E(2|1), F(1|2)

5 a) Berechne (näherungsweise) die Flächen der einzelnen Fensterelemente.
b) Mache die Probe durch Berechnung der Gesamtfläche.
(Innenmaße des Fensters: Breite: 4 m, Höhe: 4 m)

6 a) Zeichne jeweils ein Vieleck mit den angegebenen Maßen. Gibt es mehrere Möglichkeiten?
a) Dreieck ABC mit $A = 24\ cm^2$ und $g = 12\ cm$
b) Trapez mit $A = 20\ cm^2$ und $h = 4\ cm$
c) Drachen mit $A = 12\ cm^2$ und $d = 6\ cm$.

Strategien zur Flächenumwandlung

Durch Zerlegen und Ergänzen lassen sich Vielecke in flächengleiche Rechtecke umwandeln:

Dreieck

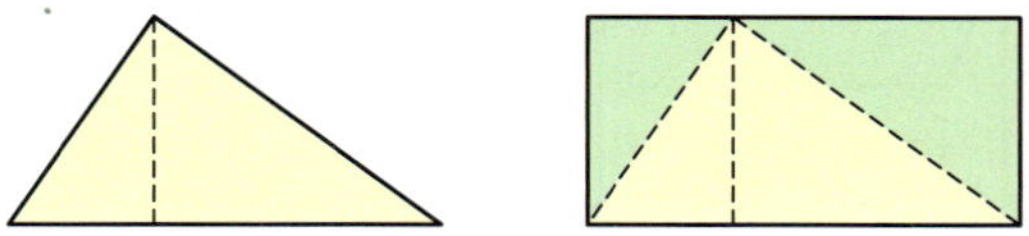

Parallelogramm

Trapez

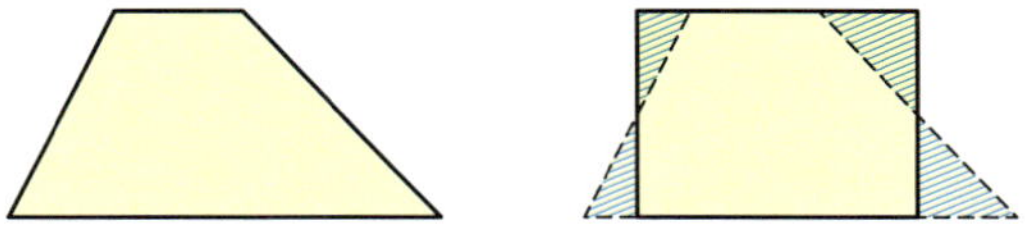

Formeln für Flächeninhalte

Rechteck
$A = a \cdot b$

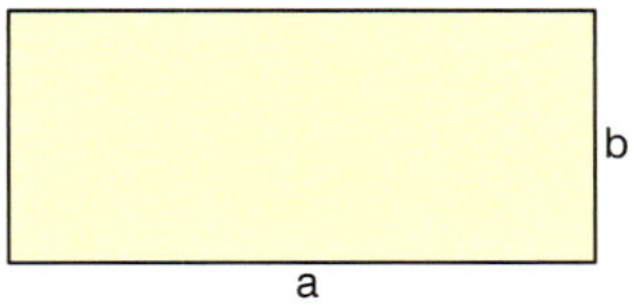

Parallelogramm
$A = g \cdot h$

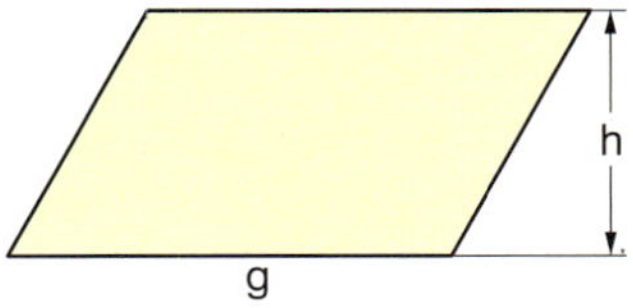

Dreieck
$A = \frac{1}{2} g \cdot h_g$

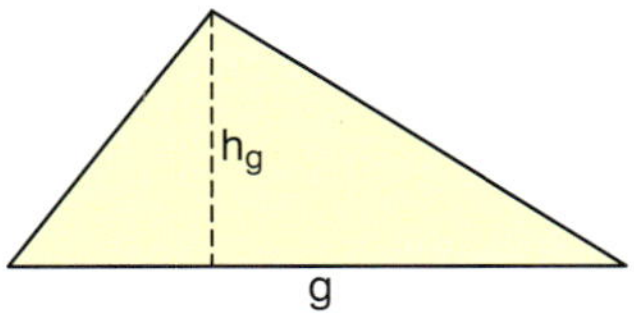

Trapez
$A = \frac{1}{2}(a + c) \cdot h$

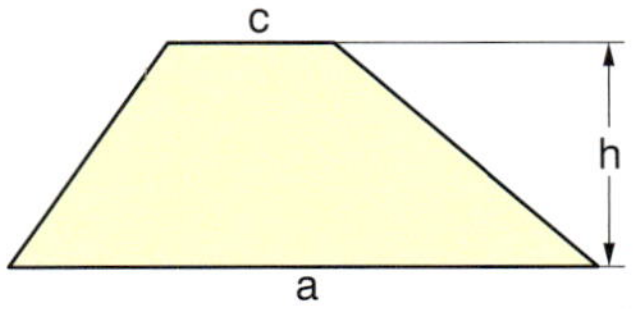

Drachen
$A = \frac{1}{2} d \cdot e$

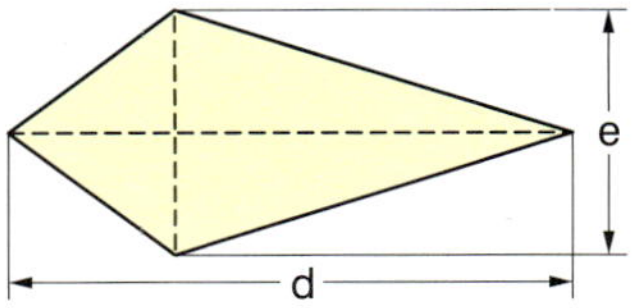

CHECK-UP

Flächen und Rauminhalte

Prisma

Volumen: **Oberfläche:**

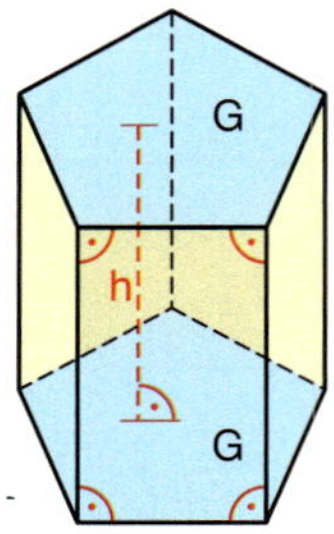

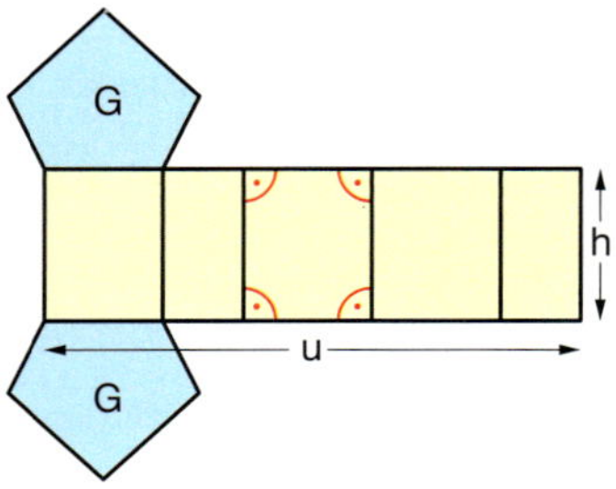

$V = G \cdot h$

$O = 2\,G + M$
$M = u \cdot h$

Zylinder:

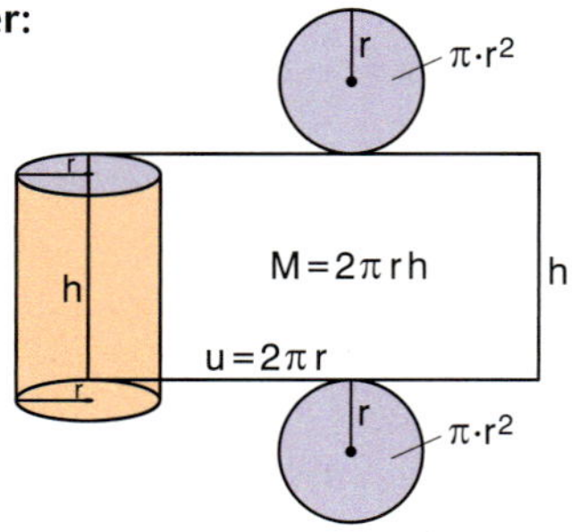

$V = G \cdot h = \pi \cdot r^2 \cdot h$
$O = 2 \cdot G + M = 2 \cdot \pi \cdot r^2 + 2\pi \cdot r \cdot h$

Zerlegungsstrategien

Flächeninhalt von Vielecken:

1. Zerlegen in einfache Teilflächen
2. Berechnen der Inhalte der Teilflächen
3. Addieren der Teilflächeninhalte

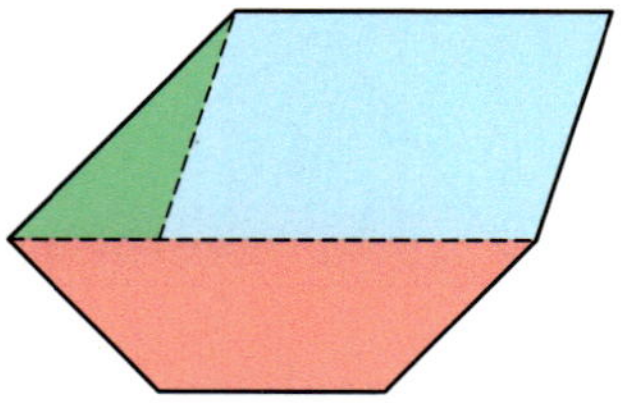

$A_{Vieleck} = A_{Dreieck} + A_{Parallelogramm} + A_{Trapez}$

Volumen eines Vieleckprismas:

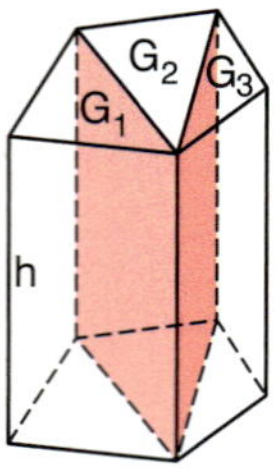

$V = (G_1 + G_2 + G_3) \cdot h$
$= G \cdot h$

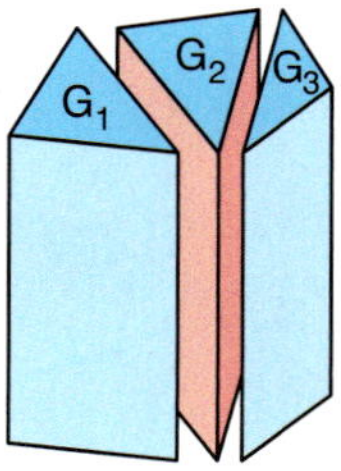

7 Ein gerades Prisma ist 10 cm hoch und hat als Grundfläche ein rechtwinkliges Dreieck mit den Seitenlängen a = 3 cm, b = 4 cm und c = 5 cm.
a) Zeichne ein Schrägbild und das Netz des Prismas.
b) Berechne Volumen und Oberflächeninhalt des Prismas.

8 Ein alter Steintrog hat einen trapezförmigen Querschnitt. Wie viel Liter Wasser fasst der Trog?

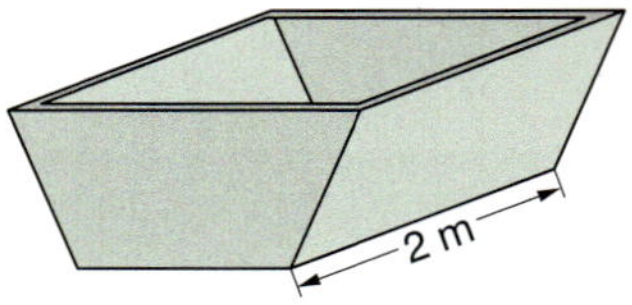

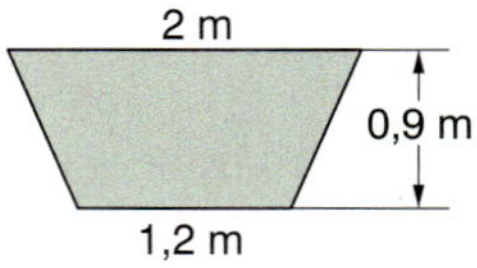

9 Berechne das Volumen und die Oberfläche des Körpers (alle Maße in cm)

a)

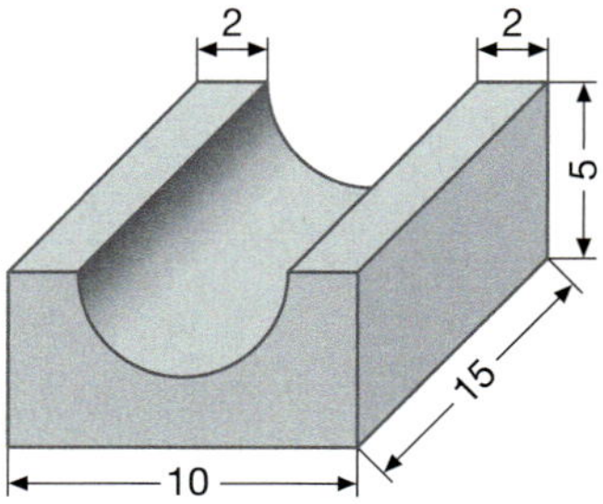

b)

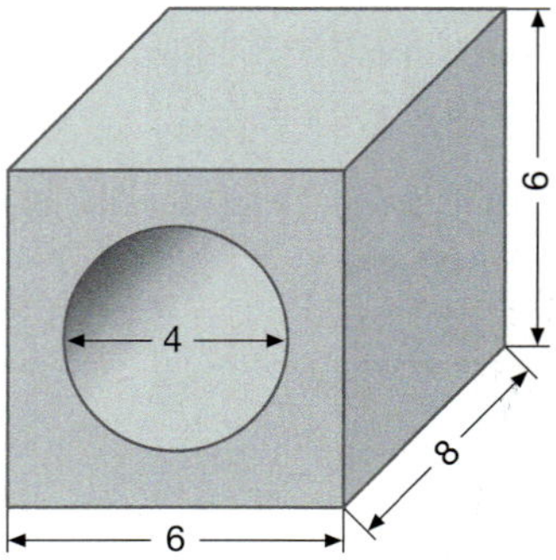

10 a) Zeichne das Vieleck in dein Heft und berechne den Flächeninhalt mit der vorgegebenen Zerlegung.
b) Zerlege das Vieleck in Dreiecke und berechne damit den Flächeninhalt. Wie viele Größen musst du messen? Vergleiche mit a).

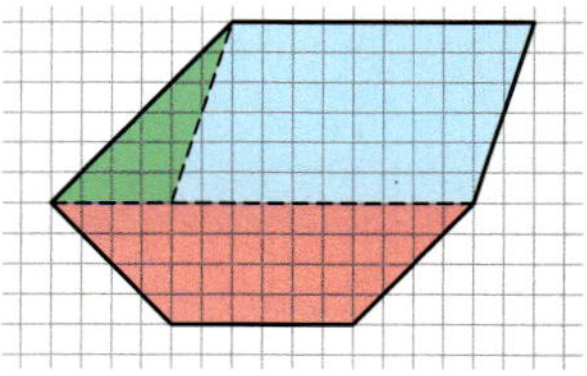

11 Zur Abgrenzung einer Einfahrt wird der Bordstein verwendet. Wie viel wiegt ein einzelner Stein, wenn 1 dm³ des Betonmaterials etwa 2,3 kg wiegt?

Alle Angaben in cm

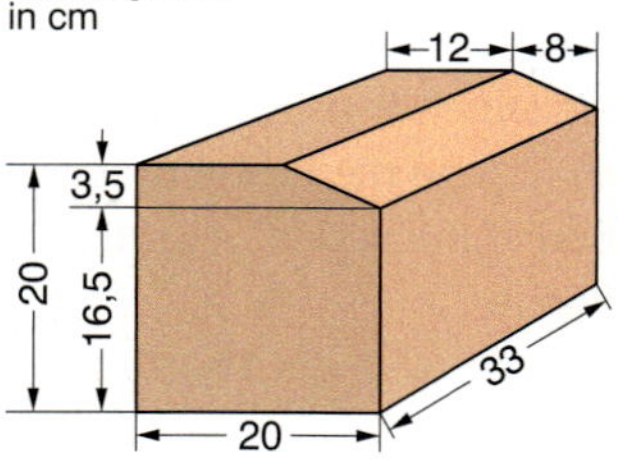

12 Reicht ein Sack mit 50 Liter Pflanzerde für den sechseckigen Blumenkübel?
Schätze, zeichne und rechne.
Welche Größen musst du in einer Planzeichnung messen?

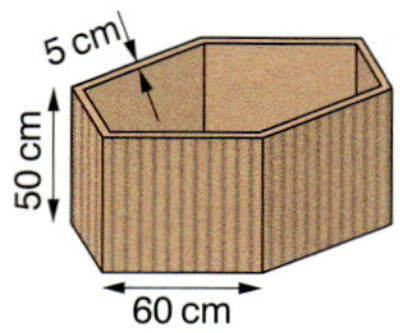

7 Daten erheben, auswerten und darstellen

7.1 Daten in Diagrammen

Bei statistischen Untersuchungen werden oft lange Listen von Daten erhoben. Je mehr Daten, umso schwerer fällt der Überblick. Deshalb werden die Daten nach bestimmten Kriterien in Tabellen geordnet und in übersichtlichen Diagrammen veranschaulicht. Bei größeren Datenmengen wirst du dabei die Tabellenkalkulation als wertvolles Werkzeug benutzen. Du wirst zudem erfahren, dass bei der Interpretation der Diagramme neben dem sorgfältigen „Lesen" auch fachübergreifende Kenntnisse nützlich sind.

Was dich erwartet

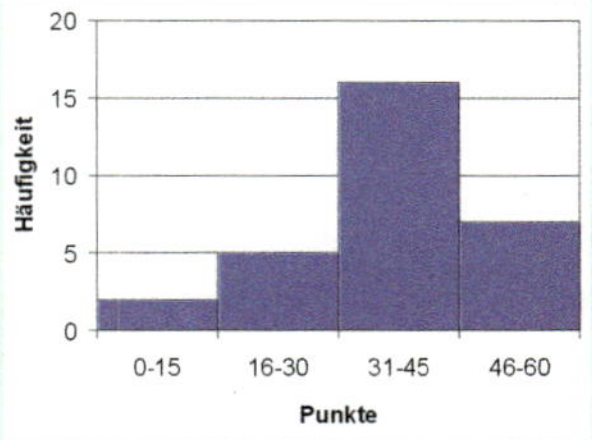

Aufgaben

1 *Interpretationen*

Auf dem Forum „Zukunft der Schule" fanden die Ergebnisse einer Umfrage reges Interesse. Die Eltern von schulpflichtigen Kindern wurden nach der Anzahl ihrer Kinder befragt:

Familien mit				
1 Kind	2 Kindern	3 Kindern	4 Kindern	5 oder mehr Kindern
1710	990	210	45	15

Eine besorgte Stimme: *„Das müssen wir beachten: Mindestens jedes zweite Kind ist heute ein Einzelkind."*

Eine andere Stimme: *„Mir kommt das gar nicht so vor. Ich habe den Eindruck, dass immer noch mehr als die Hälfte aller Kinder Geschwister haben."*

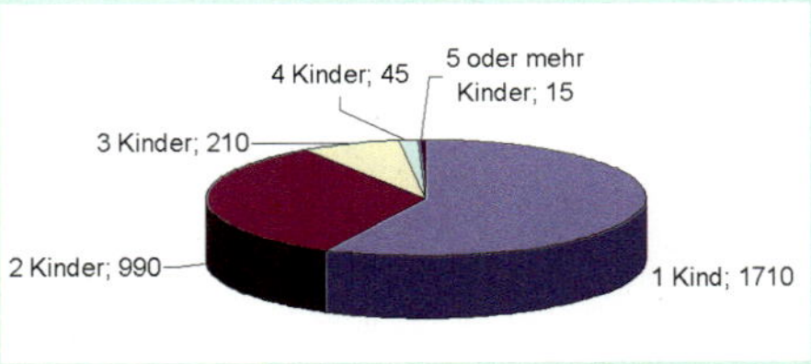

Was meinst du? Vielleicht helfen eine zusätzliche Tabelle und eine Grafik.

Kinder				
ohne Geschw.	mit 1 G.	mit 2 G.	mit 3 G,	mit 4 oder mehr G.
■	1880	■	■	■

Führe in deiner Schule eine Befragung nach der Geschwisterzahl durch. Stelle die Ergebnisse mit einer Tabellenkalkulation dar und vergleiche.

2 *Diagramme in Tageszeitungen*

Suche in der Tageszeitung ein interessantes statistisches Diagramm. Welche Daten werden damit verdeutlicht. Welche Diagrammform wurde gewählt?

Fertige eine eigene Version des Diagramms an (mit Tabellenkalkulation) und stelle es mit kurzer Erläuterung in der Klasse vor.

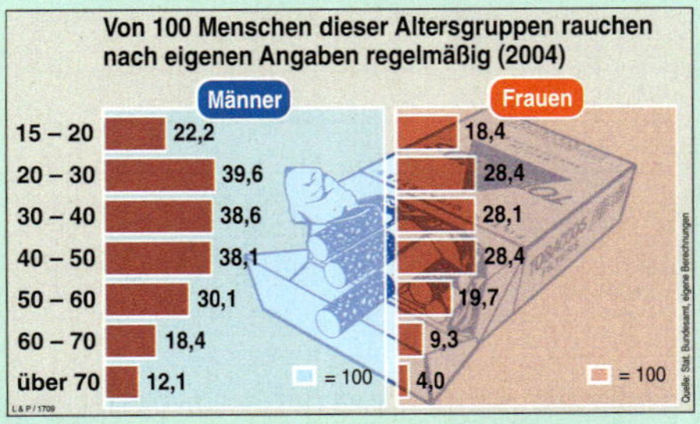

Welche Diagrammtypen findet ihr? Welche sind euch bekannt, welche Namen haben die Diagrammtypen?

Basiswissen

Daten aus statistischen Erhebungen werden in Tabellen zusammengefasst. Mit einer Tabellenkalkulation können diese Daten schnell in passenden Diagrammen veranschaulicht werden.

Diagramme

Balkendiagramm und Säulendiagramm

Beispiel: Erneuerbare Energieträger gewinnen auch in Deutschland immer mehr an Bedeutung. Für das Jahr 2005 sind hier die Daten in einer Tabelle dargestellt.

Energieträger	Wind	Wasser	Biomasse/Müll	Sonne
Anteil in Mrd. kWh	26,50	21,52	11,10	1,00

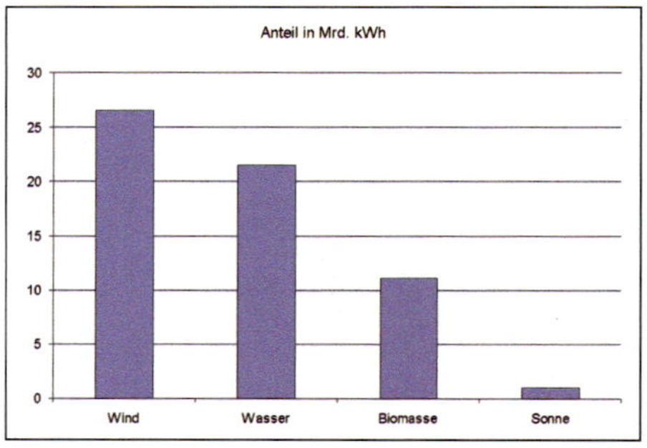

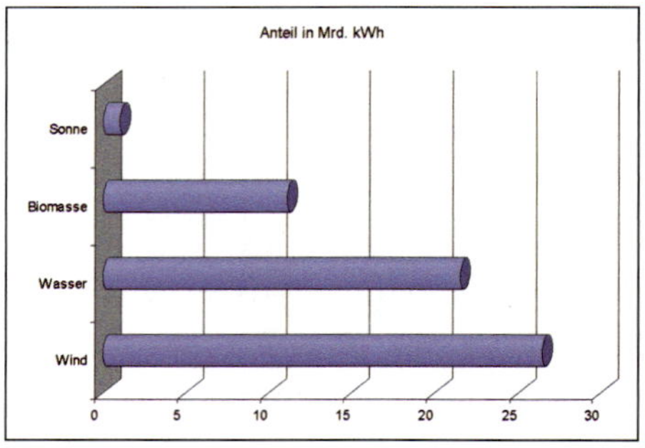

Balken- und Säulendiagramme sind besonders geeignet, wenn absolute Häufigkeiten weniger Daten verglichen werden sollen.

Mit deiner Tabellenkalkulation kannst du zwischen zahlreichen Darstellungsformen der einzelnen Diagrammtypen wählen.

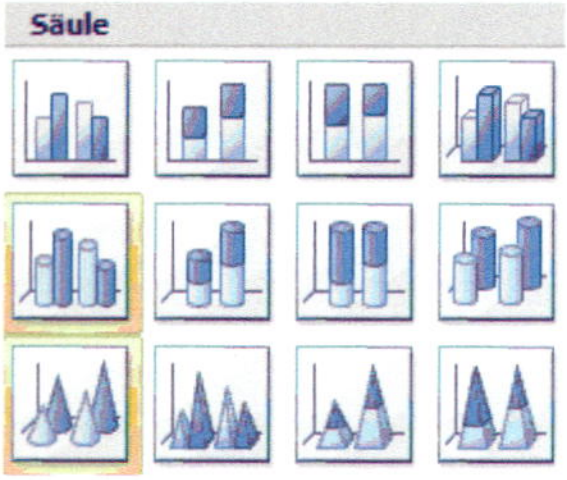

Kreisdiagramm oder *Tortendiagramm*

Es eignet sich besonders zur Darstellung von Anteilen (relativen Häufigkeiten).

Für das Kreisdiagramm werden die Winkel berechnet.

1 % entspricht einem Winkel von $\frac{360°}{100} = 3{,}6°$

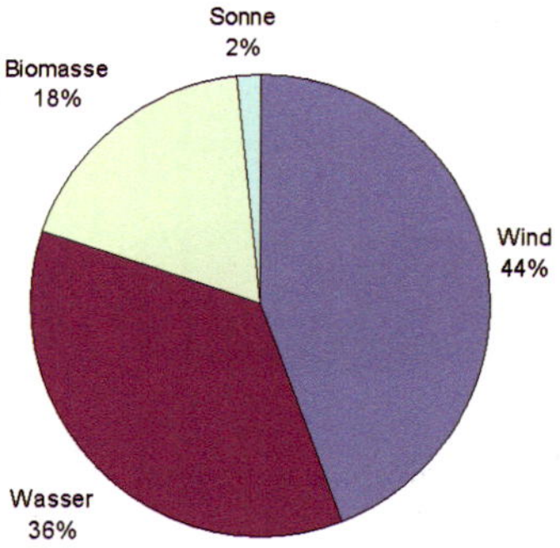

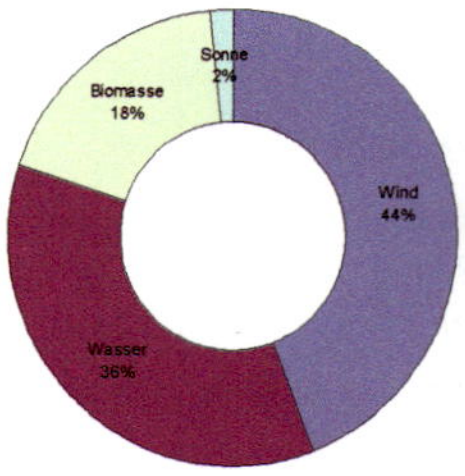

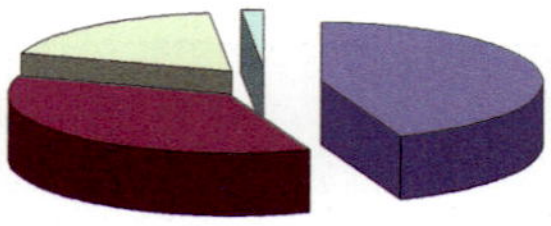

Auch das Layout und die Farben kannst du dir aussuchen.

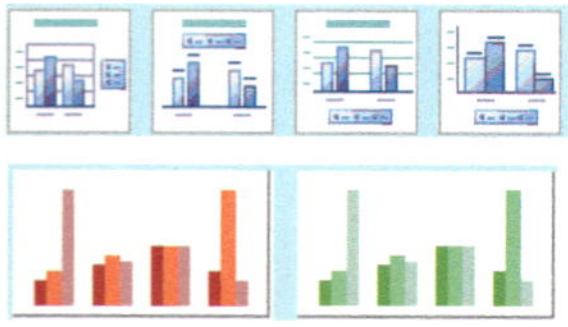

Liniendiagramme

Beispiel: Besonders intensiv wurde in den letzten Jahren die Windenergie ausgebaut.

Jahr	Mrd. kWh
2000	9,5
2002	15,9
2004	25,0
2005	26,5
2006	29,8

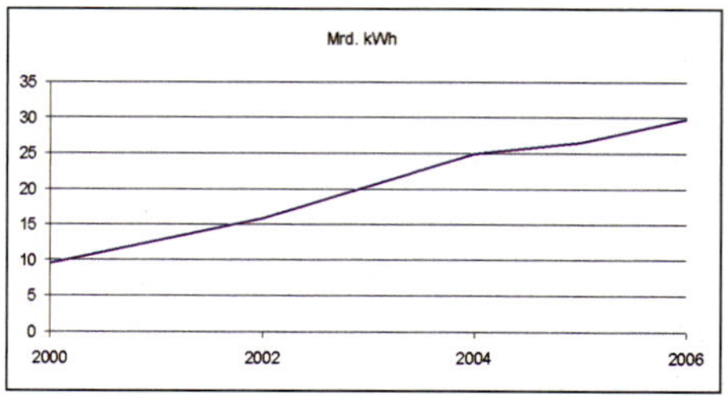

Auch bei anderen Diagrammtypen hast du viele Gestaltungsmöglichkeiten.

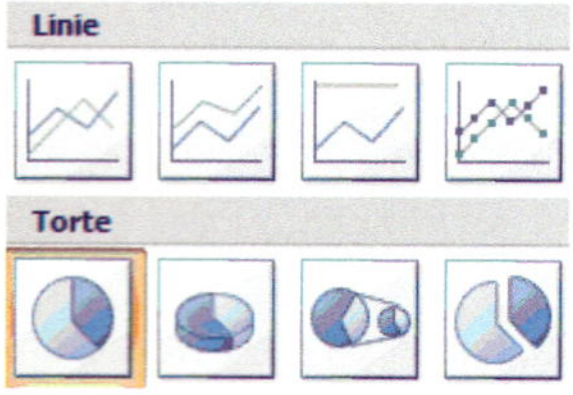

Liniendiagramme werden verwendet, wenn es darum geht, Veränderungen oder Entwicklungen von Daten zu veranschaulichen.

Beispiele

A Forschungsauftrag **Augenfarbe** in der Klasse 8a: Untersucht die Verteilung der Augenfarbe in eurer Klasse. Stellt eure Ergebnisse in einer Tabelle und mit Diagrammen dar.

Ergebnisse der Klasse 8a
Die Untersuchung ergab:

Augenfarbe	blau	grün	braun	grau
Anzahl	12	8	7	3

Die Ergebnisse dargestellt als:
Tabelle mit relativen Häufigkeiten, als Säulendiagramm und Kreisdiagramm.

Häufigkeits-verteilung

Augenfarbe	blau	grün	braun	grau
rel. Häufigkeit	40 %	26,7 %	23,3 %	10 %

Säulendiagramm

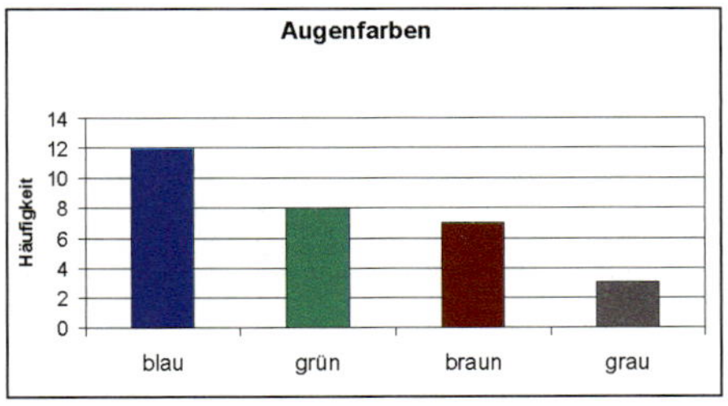

Kreisdiagramm

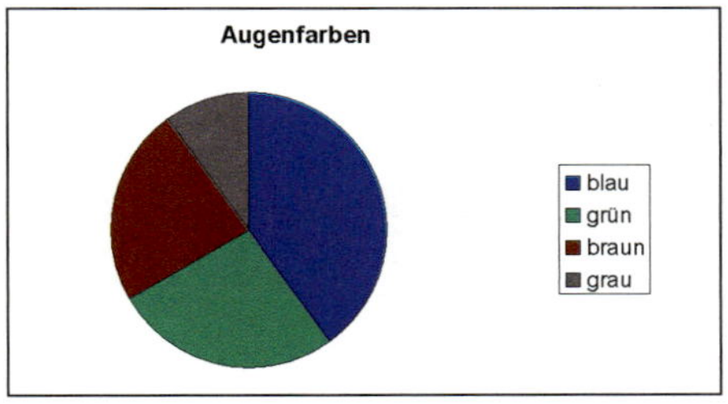

Wusstest du schon, dass weltweit in etwa 90 % aller Menschen braune Augen haben?

B Diagramm mit Deutschlands Ölimporten im Jahr 2005

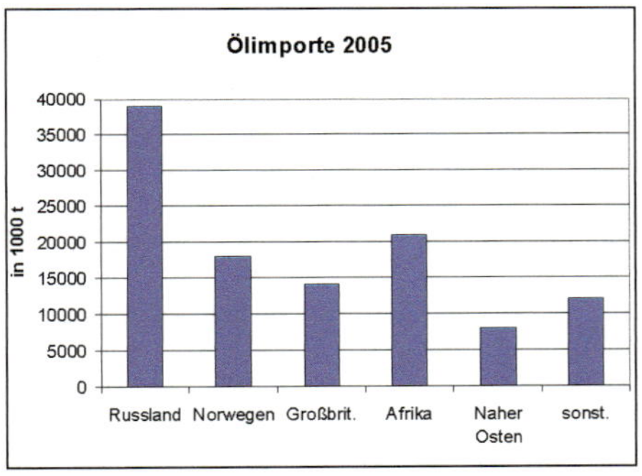

Erstelle mithilfe des Diagramms eine Tabelle mit den
a) Ölimporten
b) Anteilen der Ölimporte

	in 1 000 t	Anteil
Russland	39 000	35 %
Norwegen	18 000	16 %
Großbrit.	14 000	12,5 %
Afrika	21 000	18,7 %
Naher Osten	8 000	7,1 %
sonst.	12 000	10,7 %

Übungen

3 *Die größten Weihnachtswünsche*

Eine Zeitung hat eine Kinderbefragung in Auftrag gegeben. Es sollte herausgefunden werden, was Kinder sich zu Weihnachten wünschen. 1 000 Kinder zwischen sechs und zwölf Jahren wurden befragt. Dabei erhielt man die folgende Anzahl von Nennungen:

Computer, -spiele, Spielkonsolen	540	Kleidung	100
Spielzeug, Bastelsachen	340	Fanartikel	100
Unterhaltungselektronik (Handys, DVDs usw.)	260	Bücher, Zeitschriften	80
Stofftiere, Puppen	140	Brettspiele	80
Möbel, Einrichtung	50	Tiere und Zubehör	60
Geld	30	Süßigkeiten	40

a) In der Zeitung sollen die Daten in Form eines Diagramms veröffentlicht werden. Der Redakteur schlägt ein Kreisdiagramm vor. Was meinst du?
b) Erstelle ein Balkendiagramm für die Zeitung. Gibt es deiner Meinung nach überraschende Ergebnisse? Ergänze das Diagramm mit einem Text.

Übungen

4 **Deutschland 2006** Laut Industrieverband Heimtiere (IVH) sind Katzen in Deutschland weiterhin die klare Nummer eins, gefolgt von den Hunden und den Kleintieren wie Kaninchen, Hamster und dergleichen. Insgesamt gibt es laut IVH in 12 Millionen Haushalten 23,2 Millionen Haustiere, wobei Terrarien und Aquarien als eine Einheit gezählt werden. Würden die darin enthaltenen Tiere extra gezählt werden, wäre die Summe natürlich noch höher.

Tierart	Anzahl	befinden sich in
Katzen	7,8 Millionen	15,4 % der Haushalte
Hunde	5,3 Millionen	13,4 % der Haushalte
Kleintiere	6,3 Millionen	6 % der Haushalte
Ziervögel	3,8 Millionen	5,7 % der Haushalte
Aquarien	1,95 Millionen	4,3 % der Haushalte
Zierteiche	1,4 Millionen	3,7 % der Haushalte
Terrarien	0,42 Millionen	1,1 % der Haushalte

Quelle: www.wissenswertes.at

Stelle die Daten mithilfe von Diagrammen dar (Vorsicht bei Prozentangaben).

5 *PKW-Farben 2007*

a) Silber ist in Deutschland beliebt.

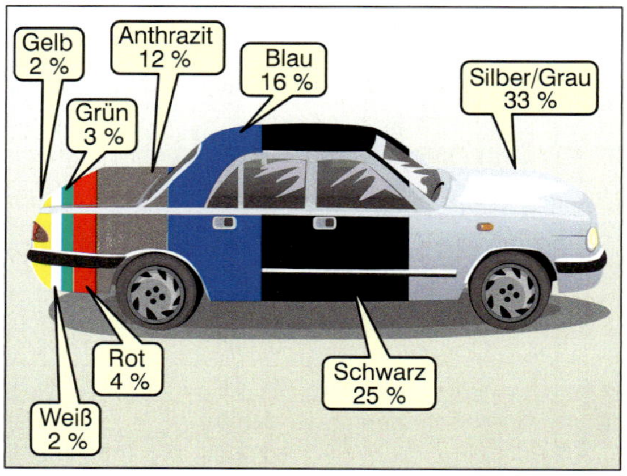

	USA	Japan
silber	18 %	31 %
schwarz	11 %	10 %
blau	12 %	10 %
rot	11 %	6 %
weiß	17 %	27 %
grün	4 %	5 %
anthrazit	15 %	3 %
gelb	2 %	4 %
braun	9 %	3 %

Farbstatistik für PKWs

Stelle die Farbvorlieben in den Ländern Deutschland, USA und Japan in einem Kreisdiagramm dar.

b) Farbvorlieben ändern sich mit der Zeit. Schreibe einen kurzen Artikel für eine Zeitung zu diesem Thema. Verwende dabei Informationen aus dem Diagramm.

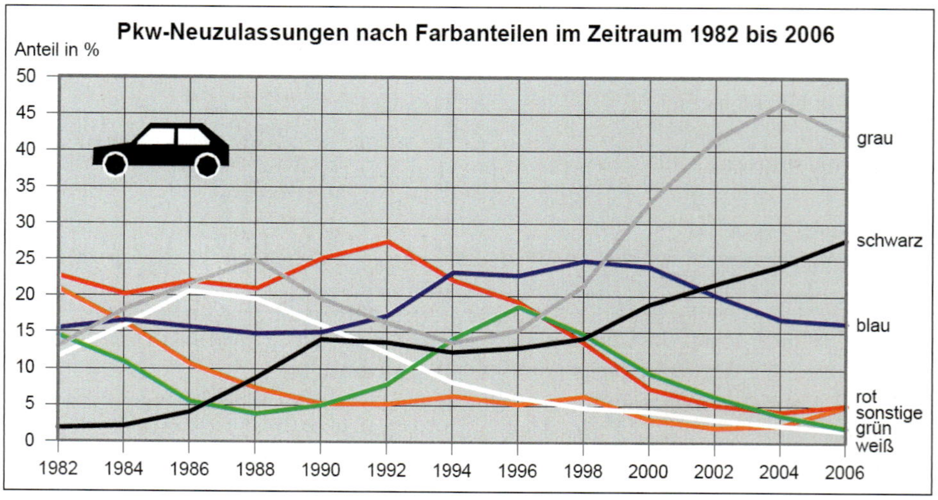

Übungen

6 *Woher kommt die dicke Luft?*

Jahr 2004	Deutschland	China	USA	Kenia	Russland
CO_2 – Ausstoß pro Jahr	837,5 Mio. t	3270,5 Mio t	5652 Mio t	8,5 Mio t	1503 Mio t
Bevölkerungszahl	82,33 Mio	1 272 Mio	289,4 Mio	30,7 Mio	144,7 Mio

a) Stelle die CO_2-Emission der Länder und die Emission pro Kopf in diesen Ländern in einem Balkendiagramm dar. Vergleiche.
b) Besorge dir die neusten Daten zu den CO_2-Emissionen. Welche Veränderungen beobachtest du?

7 *Fast Food im Vergleich*
a) Vergleiche die angegebenen Fastfoodprodukte. Benutze Diagramme zur Unterstützung deiner Ausführungen.

	kJoule	Fett	Kohlenhydrate	Eiweiß
Pizza Salami (Portion 350 g)	3500	42 g	56 g	35 g
Döner (Huhn) (Portion 360 g)	2328	8,5 g	90,9 g	28,4 g
Big Mäc (Portion 210 g)	1978	23,1 g	37,8 g	25,2 g
Pommes frites (Portion 150 g)	1830	19,5 g	66 g	9 g
Currywurst (Portion 260 g)	2861	49,6 g	45,8 g	23,3 g

b) Wenn du von einem Energiebedarf von 7 200 kJoule täglich ausgehst, dann kannst du berechnen, wie viel Prozent jeweils eine Portion Fastfood abdeckt.

8 *Aus der **JIM-Studie 2006** (Jugend, Information, Multimedia):*
Auf die Frage, auf welches Medium sie am wenigsten verzichten können, mussten sich 12–19-jährige Jugendliche zwischen Radio, Fernseher, Bücher, Zeitschriften und Zeitungen, Computer, Internet, MP3-Player entscheiden. Es war nur eine Nennung erlaubt.
a) Stelle die Daten aus der Tabelle in einem geeigneten Diagramm dar.
b) Führe eine entsprechende Befragung in deiner Jahrgangsstufe durch und vergleiche.

am wenigsten verzichten kann ich auf …

	Mädchen	Jungen
Computer	17 %	34 %
Fernseher	19 %	18 %
Internet	16 %	22 %
MP3-Player	21 %	11 %
Radio	10 %	5 %
Bücher	11 %	5 %
Zeitschr.	5 %	3 %
Zeitung	1 %	2 %

9 *Punkt-Diagramm*
In dem folgenden Punkt-Diagramm ist das Gewicht der 18 Spieler, die zum Kader der SG Hüffelsheim gehören, zu Beginn der Saison dargestellt.

Punkt-Diagramm

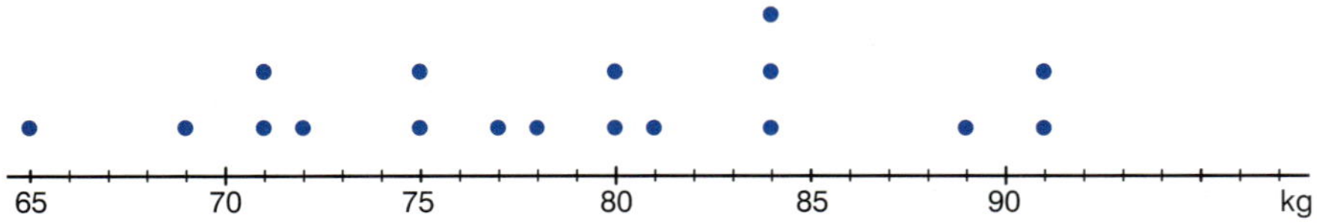

a) Erstelle mithilfe des Diagramms eine Häufigkeitstabelle.
b) Nach der Winterpause wurden die Spieler erneut gewogen. Gewichte in kg:
69, 75, 75, 95, 86, 90, 78, 74, 63, 88, 84, 93, 78, 80, 87, 84, 78, 86.
Erstelle ein Punkt-Diagramm. Vergleiche.

Häufigkeitstabelle:

Gewicht	Häufigkeit
65	1
69	1
71	2
72	1
…	…

Übungen

10 Klimadiagramme sind dir sicher aus der Erdkunde bekannt.
Wir wollen einmal sehen, was du noch kannst.

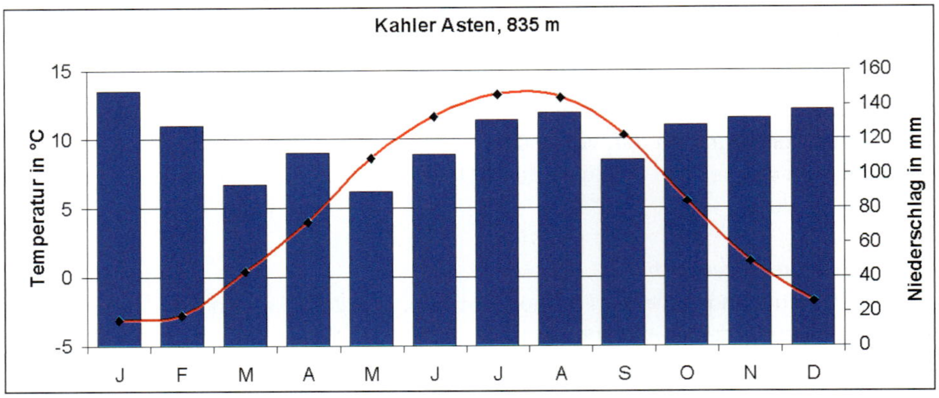

a) Finde zunächst heraus, wo der „Kahle Asten" liegt.
b) Beantworte die folgenden Fragen:
- Maximum (Minimum) der Temperatur,
- Jahresmittel der Temperatur,
- Frostperioden,
- Maximum (Minimum) des Niederschlags
- Jahresniederschlag,
- Niederschlagsverteilung

b) Erstelle mit einer Tabellenkalkulation oder dem GTR ein Klimadiagramm für Mexico-City.

	Jan	Feb	Mär	Apr	Mai	Jun	Jul	Aug	Sep	Okt	Nov	Dez
Temperatur °C	12,2	13,3	16,1	17,8	18,9	18,6	17,2	17,5	17,5	15,6	13,9	12,5
Niederschlag mm	12	5	10	20	53	119	170	152	130	51	18	6

Du kannst sicher erhebliche Unterschiede des Klimas von Mexico City und vom „Kahlen Asten" mithilfe der Diagramme feststellen.

Stängel-Blatt-Diagramm
Im Jahre 1972 erfand JOHN TUKEY das Stängel-Blatt-Diagramm zur einfachen Darstellung von Häufigkeitsverteilungen.

11 *Alter von Oscar-Gewinnern in der Kategorie Hauptdarsteller seit 1987*

a) Das Stängel-Blatt-Diagramm gibt die Altersverteilung der männlichen Oscargewinner der 21 Jahre seit 1987 wieder. Aus dem Diagramm kann man nicht nur alle 21 Daten ablesen. Man sieht auf einen Blick bemerkenswert viele weitere Informationen. Solltest du nicht mehr wissen, was ein Stängel-Blatt-Diagramm ist, dann schaue auf Seite 236 oder im Internet nach.

Stängel-Blatt-Diagramm des Alters von männlichen Oscar-Gewinnern

3	02378899
4	13446678
5	235
6	12

b) Erstelle ein Stängel-Blatt-Diagramm der Altersverteilung der weiblichen Oscargewinner seit 1987. Die Daten findest du im Internet.
Vergleiche die beiden Diagramme. Was stellst du fest?

12 Das Stängel-Blatt-Diagramm stellt das Alter amerikanischer Präsidenten zum Zeitpunkt ihrer Amtsübernahme dar.
Lies so viele Informationen wie möglich aus dem Diagramm ab. Wer war der jüngste, wer der älteste US-Präsident?

4	23667899
5	011111224444455555666677778
6	0111244589

ABRAHAM LINCOLN
1809–1865

Übungen

13 *Histogramme*

Die Daten aus der Aufgabe 11 kann man auch mit einem Histogramm darstellen. Histogramme verwendet man, wenn die Daten über ein größeres Intervall verteilt sind. In unserem Fall ist das Alter bei den männlichen Oscargewinnern über ca. 4 Jahrzehnte verteilt.

Intervall	Häufigkeit	rel. Häufigkeit
30 – 39	8	$\frac{8}{21} \approx 0{,}38$
40 – 49	8	$\frac{8}{21} \approx 0{,}38$
50 – 59	3	$\frac{3}{21} \approx 0{,}14$
60 – 70	2	$\frac{2}{21} \approx 0{,}1$

Und so wird ein Histogramm gezeichnet:
- Man unterteilt z. B. das Intervall von 30 bis 70 in gleichgroße Intervalle der Breite 10; man nennt diese Intervalle auch **Klassen.**
- Dann zählt man, wie häufig die Altersangaben in eines der Intervalle (eine der Klassen) fallen.
- Ein Histogramm besteht aus Rechtecken über den Intervallen, deren Flächeninhalte den relativen Häufigkeiten der Klassen entsprechen.

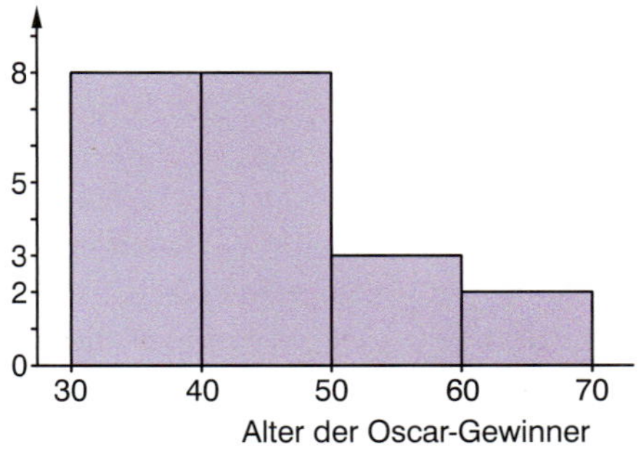

Sind die Klassen gleich breit, dann unterscheidet sich das Histogramm kaum von dem Stängel-Blatt-Diagramm. Beim Stängel-Blatt-Diagramm kann man allerdings noch die einzelnen Daten erkennen.

Tipp: Bei gleichbreiten Klassen darf man als Rechteckshöhe auch die relative oder absolute Häufigkeit verwenden.

Zeichne selbst ein Histogramm für das Alter der weiblichen Oscar-Gewinner. Bleibe bei einer Klassenbreite von 10 Jahren.

14 *Ist es wichtig, welche Breite man für die Klassen wählt?*

Die wöchentlichen Einnahmen der Schülerinnen und Schüler in einem Mathekurs, die bereits Geld verdienen, sollen in einem Histogramm dargestellt werden.
Wenn man ein Histogramm zeichnet, dann muss man entscheiden, wie breit die Klassen werden sollen. Die beiden Diagramme stellen dieselben Daten dar. Bei dem ersten Histogramm ist die Klassenbreite 20 €, in dem anderen 10 €.
Beantworte mit beiden Diagrammen die folgende Frage: In welches Intervall fällt die Mehrheit der Schülerinnen und Schüler mit ihren Einnahmen? Wie beeinflusst die Breite der Klassen deine Antwort?

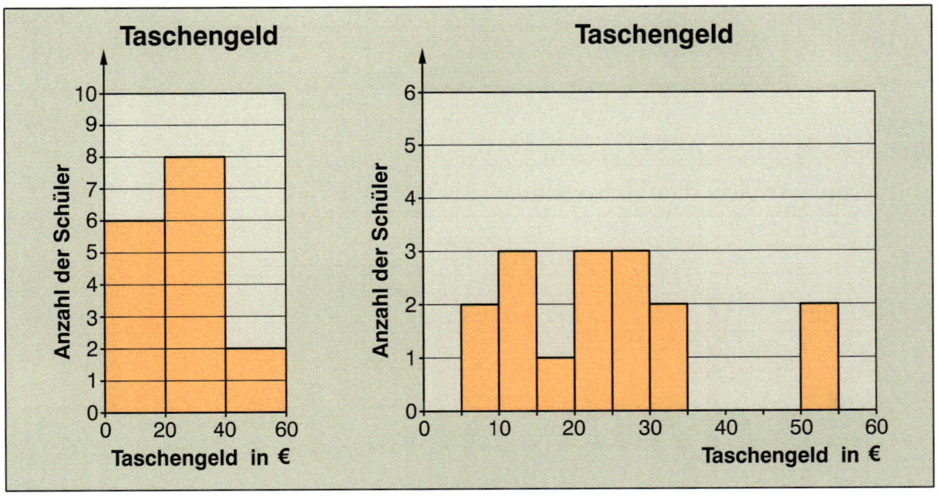

Tipp: Zu viele Klassen erzeugen Unübersichtlichkeit. Zu wenige Klassen verbergen unter Umständen Informationen.
Als allgemeine Regel gilt: Verwende zwischen 5 und 10 Klassen. Aber natürlich gibt es auch Ausnahmen von der Regel.

Einschaltquoten

Die großen deutschen öffentlich-rechtlichen und privaten Fernsehsender haben sich zusammengeschlossen zur Arbeitsgemeinschaft Fernsehforschung. Diese AGF hat wiederum die Nürnberger Gesellschaft für Konsumforschung beauftragt, die Messung der Einschaltquoten zu organisieren. Auf Grundlage statistischer Erhebungen zur Bevölkerungsstruktur wurden per Zufall entsprechende Haushalte ausgewählt, in denen die Mess-Boxen durch spezielles Service-Personal installiert wurden. Deutschlandweit nehmen über 5 000 Haushalte an der Messung teil.
Alle relevanten Geräte wie Fernseher (auch Zweitgeräte), Videorecorder, Satelliten-Receiver und Set-Top-Boxen werden mit der Messeinrichtung verbunden. Kernstück ist eine spezielle Fernbedienung, welche die normale Fernbedienung ersetzt und über die auch die jeweiligen Fernsehnutzer per Knopfdruck eingegeben werden.
Die Daten werden jede Nacht über die Telefonleitung an eine Zentrale übermittelt und ausgewertet. Auf dieser Basis haben die einzelnen Sender bereits am nächsten Morgen die Möglichkeit, sich zu vergleichen und langfristig ihre Werbezeiten zu kalkulieren und ihr Programm zu optimieren.
(Quelle MDR Thüringen)

Aufgaben

15 *Einschaltquoten*

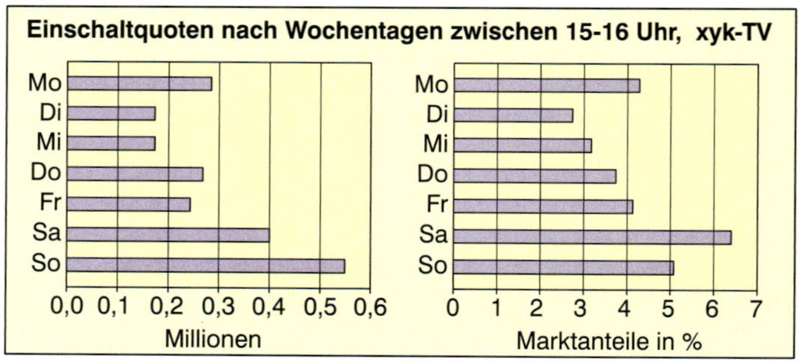

Was kann der Programmdirektor von xyk-TV aus den beiden Diagrammen an Informationen ablesen? Widersprechen sich die Diagramme u. U. sogar?

16 *Häufigkeiten von Buchstaben in der deutschen Sprache*

a) Interpretiere das „Häufigkeitsgebirge“ in der Grafik

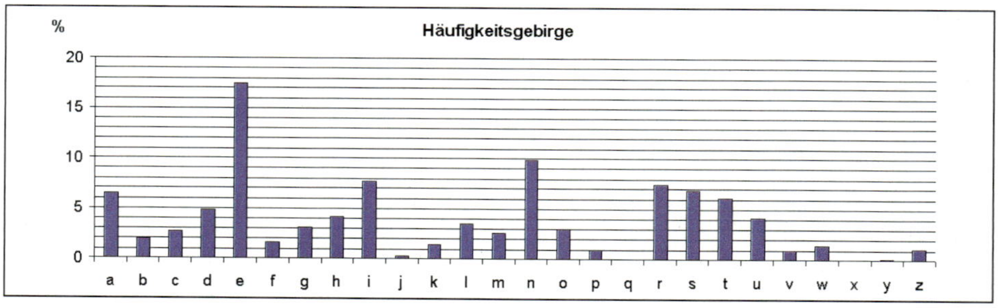

b) Ein deutscher Text wird verschlüsselt, indem jeder Buchstabe des Originaltextes stets durch einen anderen, aber immer denselben Buchstaben ersetzt wird. Du hast einen langen verschlüsselten Text „empfangen“. Hast du eine Idee, wie man diesen Text mit dem Häufigkeitsgebirge entschlüsseln kann?

Aufgaben

Projekt

Versuchsprotokoll

Forschungsauftrag:
Puls vor und nach körperlicher Betätigung

- Fertigt zum Protokollieren zunächst eine Tabelle zum Eintragen eurer Messung an.

Name	Ruhepuls	Puls nach Belastung
Albert		
Berg		
…		

- Messt den Ruhepuls und tragt die Ergebnisse in die Tabelle ein.
- Danach macht jede/jeder 15 Kniebeugen.
- Messt euren Puls erneut und trage das Ergebnis in die Rubrik „Puls nach Belastung“ ein.

Messen des Pulses:
- Spüre deinen Pulsschlag an deinem Hals.
- Zähle die Pulsschläge in 15 Sekunden.
- Multipliziere mit 4. Das Ergebnis ist dein Puls.

Auswertung:

a) Bestimme den kleinsten und den größten Puls.
b) Ein Arzt begutachtet einen Ruhepuls von 80.
Wird er ihn als normal einschätzen? Begründe.

Punkt-Diagramm

c) Ein Punkt-Diagramm erhält man, in dem man über einem Zahlenstrahl für jeden Wert einen Punkt einträgt. Kommt ein Wert mehrfach vor, so stapelt man Punkte übereinander. Für die Werte 54, 62, 66, 66, 66, 67, 69, 69, 73, 77, 77, 85 sieht das Diagramm wie folgt aus:

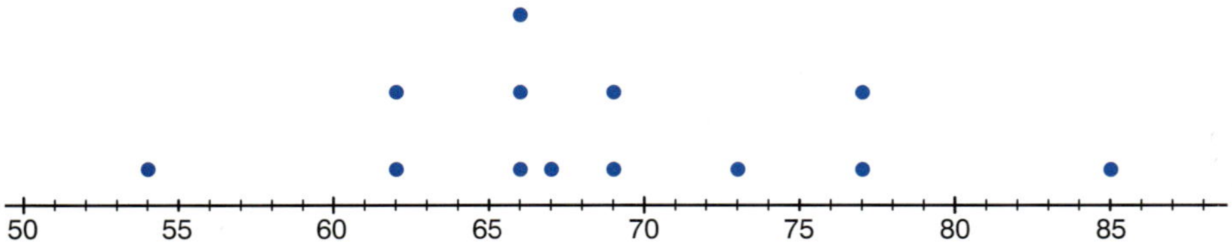

Zeichne ein entsprechendes Diagramm für den Ruhepuls der Schülerinnen und Schüler deiner Klasse und deren Puls nach Belastung. Werte die beiden Diagramme aus.

17 Bei Diagrammen sollte man stets genau hinschauen. Nicht immer ist ein „Trick“ so leicht zu durchschauen wie der folgende.
Die beiden Wochenzeitschriften „Woche um Woche“ und „7-täglich“ kommen neu auf den Markt. Sie konkurrieren um dieselben Käufer. In der 7. Ausgabe veröffentlicht „7-täglich“ auf Seite 2 triumphierend die eigene Verkaufsstatistik und einige Seiten später höhnisch die des Konkurrenten „Woche um Woche“. Urteilt selbst.

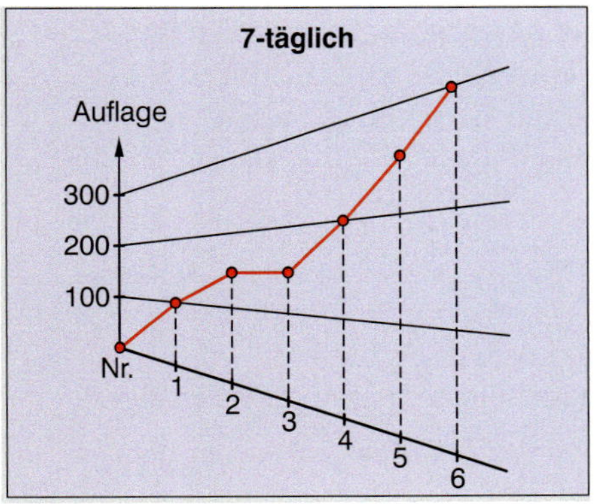

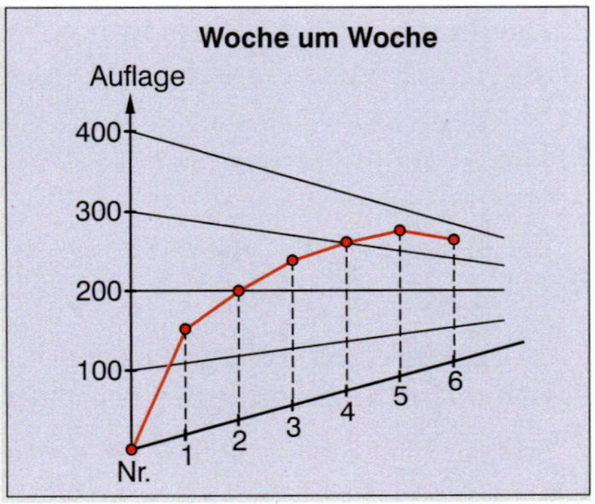

7.2 Mittelwerte und Streumaße berechnen und interpretieren

Was dich erwartet

Ist mein Ruhepuls im Vergleich zu meinen Mitschülern eher hoch oder niedrig? Welche Höchstgeschwindigkeiten erreichen Raubtiere im Vergleich zu anderen Tierarten? Wie streuen die mittleren Monatstemperaturen in Quito und in Washington? Antworten auf solche Fragen findet man mithilfe statistischer Untersuchungen. In den Daten einer statistischen Erhebung steckt jede Menge von Informationen. Diese werden je nach Fragestellung oft zusammengefasst in wenigen sogenannten Kennwerten, die das Typische der Datenverteilung charakterisieren sollen. Mittelwerte sind Kennwerte der Lage; du kennst sie bereits als arithmetisches Mittel, Median und Modalwert. Der Mittelwert sagt nichts darüber aus, wie weit die niedrigste und die höchste Messung auseinanderliegen oder ob sich die Messungen eng um den Mittelwert scharen oder breit streuen.
Hierfür gibt es in der Statistik Kennwerte der Streuung, einige davon wirst du in diesem Lernabschnitt kennenlernen und zusammen mit den Mittelwerten zum Vergleich von Datenverteilungen nutzen.

Welche Strategie? Sollen wir den Gegner schocken durch den Maximalwert oder einlullen durch den Zentralwert?

Aufgaben

Hotline A	Hotline B
34	27
45	67
81	73
34	71
66	74
34	53
43	36
82	52
20	69
57	61
92	57
141	247
32	11
99	13
139	46
24	45
47	52
35	62
110	■
15	■

1 *Statistik als Entscheidungshilfe?*

Kai und Nina sind mit der Hotline ihres Handy-Service unzufrieden, die Wartezeiten waren in der letzten Zeit oft unerträglich lang. Beim Kauf eines neuen Handys wollen sie hier besser fahren. Deshalb testen sie zusammen mit ihren Freunden die Service-Hotline zweier Anbieter, indem sie vielmals anrufen und jeweils die Wartezeiten (in Sekunden) notieren. Auf der Marginalie sind die beiden Listen aufgeführt.
Wie sollen sie sich entscheiden?
Versucht nun in „statistischen Expertenteams" einige begründete Argumentationshilfen zu geben. Dabei kann zum Beispiel hilfreich sein:
1. Eine geeignete graphische Darstellung der Daten
2. Die Berechnung von Mittelwerten. Welcher Mittelwert charakterisiert die Verteilung am besten im Blick auf die anstehende Entscheidung?
3. Minimal- und Maximalzeiten und der Abstand zwischen diesen.
4. jeweils der mittlere Bereich, in dem ungefähr die Hälfte (drei Viertel) der Wartezeiten liegen?
5. die Bedeutung der „Ausreißer".
6. …

Schreibt eure Argumentationshilfen in einer kurzen Expertise auf.
Zur Unterstützung könnt ihr ein passendes Tabellenkalkulationsblatt anfügen.

Aufgaben

2 *Was Mittelwerte verschweigen*

a) Die „mittleren Jahrestemperaturen“ der Städte Quito/Ecuador (13,0 °C), Washington/USA (14,0 °C) und Santiago/Chile (14,0 °C) sind in etwa gleich groß.
Sie wurden offensichtlich aus den mittleren Monatstemperaturen berechnet. Welche Zusatzinformationen lassen sich aus der Tabelle ablesen? Beschreibe mithilfe einer Grafik und geeigneten Größen.

	Quito Temp. (°C)	Washington Temp. (°C)	Santiago Temp. (°C)
JAN	13,0	2,8	20,0
FEB	13,0	3,7	19,3
MRZ	12,9	7,3	17,2
APR	13,0	13,7	13,9
MAI	13,1	18,8	10,9
JUN	13,0	23,4	8,4
JUL	12,9	25,7	8,1
AUG	13,1	24,7	9,1
SEP	13,2	21,1	11,6
OKT	12,9	15,3	13,8
NOV	12,8	8,8	16,5
DEZ	13,0	3,2	18,9

3 *Argumentieren mit „Mittelwerten“*

Die Mitarbeiter von InfoMedia wollen mehr Geld. Geschäftsleitung und Gewerkschaften streiten um die Durchschnittsgehälter.

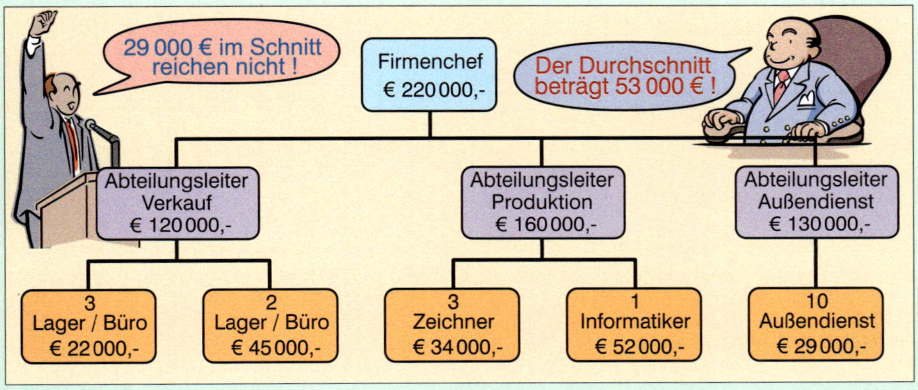

Offenbar argumentieren beide Tarifpartner mit Mittelwerten. Kannst du ihre Überlegungen begründen?

4 *Erforschen eines speziellen statistischen Diagramms*

An der Aktion „Laufen für Bolivien“ haben alle 23 Schülerinnen und Schüler der Klasse 8c mit jeweils individuellen Laufstrecken (z. B. 1 800 m) teilgenommen. Alle Laufstrecken wurden in einer Tabelle notiert. Anschließend wurde das „Laufprofil“ der 8c in einem sogenannten „Boxplot“ fest gehalten.

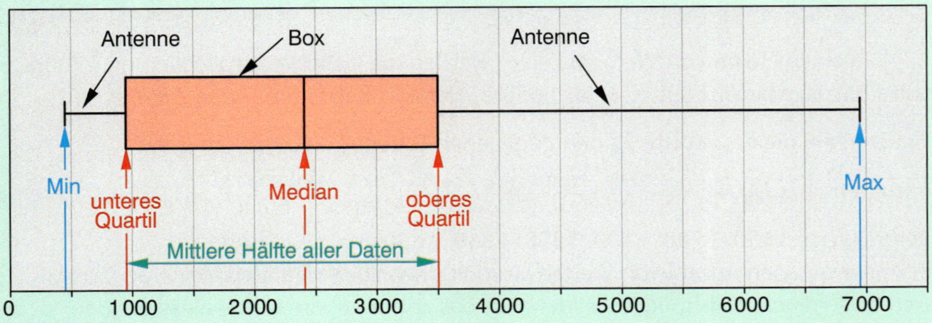

a) Schreibe alle Informationen auf, die du aus dem Diagramm ablesen kannst.
b) Julius hat aus der zugrundeliegenden Tabelle auch das arithmetische Mittel berechnet: Es beträgt 2 596,4 Meter. Warum unterscheidet es sich vom Median? Kannst du die von der Klasse gelaufene Gesamtstrecke berechnen?
c) Schreibe einen kurzen Bericht für die Schülerzeitung, der die Beteiligung der Klasse 8c am Aktionstag treffend beschreibt.

Im Mathe-Lexikon oder im Internet findest du zu den Fachbegriffen gute Hilfen.

Basiswissen

Statistiker stehen oft vor der schwierigen Aufgabe, eine umfangreiche Datenmenge (-verteilung) möglichst knapp und treffend zu charakterisieren. Dazu gibt es geeignete Kennwerte, die einmal etwas über die Lage der Verteilung (Mittelwerte) und zum anderen die Breite oder die Streuung der Daten aussagen (Streuungsmaße).

siehe Formelsammlung
Diese bekannten Mittelwerte hast du bereits in den vorherigen Klassenstufen benutzt. Unter „Erinnern und Wiederholen" am Ende des Buches oder in deiner Formelsammlung kannst du dich nochmals genau informieren.

Mittelwerte
Die bekanntesten Mittelwerte sind

Median (Zentralwert)
Bestimmung:
1. Daten der Größe nach ordnen
2. • bei einer ungeraden Datenanzahl: den Wert bestimmen, der genau in der Mitte der geordneten Liste liegt.
   • bei einer geraden Datenanzahl: das arithmetische Mittel der beiden Datenwerte in der Mitte bestimmen

10 15 15 15	20	25 25 40 45
4 Werte	Zentralwert	4 Werte

arithmetisches Mittel
Berechnung:
1. Summe aller Datenwerte bilden
2. Die Summe durch die Anzahl aller Datenwerte dividieren.

$$\bar{x} = \frac{\text{Summe der Datenwerte}}{\text{Anzahl der Datenwerte}}$$

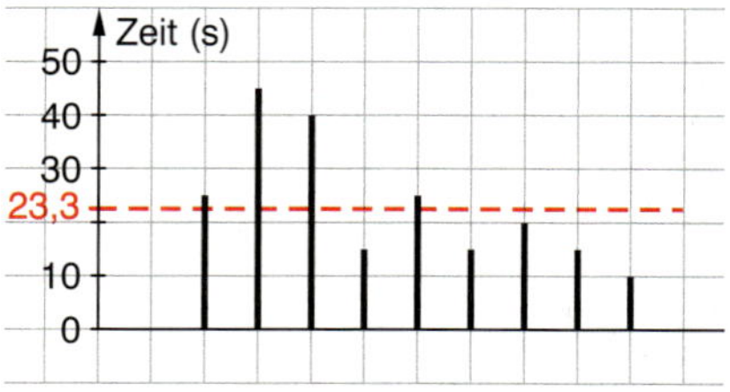

Insbesondere bei Datenwerten, die weder geordnet noch als Größen gemessen werden können, verwendet man auch den häufigsten Datenwert **(Modalwert)**.

Aufgabe der Mittelwerte
Mittelwerte sollen eine Verteilung durch eine charakteristische („mittlere") Größe möglichst treffend beschreiben. Damit ermöglichen sie:

- einen einfachen und schnellen Vergleich verschiedener Verteilungen (Ein Angestellter im Betrieb B verdient durchschnittlich weniger als ein Arbeiter im Betrieb A.)
- die Einordnung/den Vergleich einzelner Daten mit dem Mittelwert (Wie liegt der Angestellte im Betrieb A mit seinem Verdienst im Vergleich zum Durchschnittsverdienst in A.)

Beispiele

A In einem Team von Werbegrafikern werden die Gehälter verglichen: Joe 1 700 €, Lisa 1 850 €, Marcel 1 800 €, Mira 1 650 €, Harald 1 850 € und Anne 2 850 €.

1) Berechne die Kennwerte zu den gegebenen Daten.

Arithmetisches Mittel: $\bar{x} = \frac{1700 + 1850 + 1800 + 1650 + 1850 + 2850}{6} = \frac{11\,700}{6} = 1950$

Zentralwert: 1 650 1 700 1 800 1 850 1 850 2 850
Bei einer geraden Anzahl von Werten werden die beiden mittleren Werte als Zentralwert angegeben. Falls möglich bildet man das arithmetische Mittel dieser beiden Werte. Der Zentralwert beträgt also $\frac{1800 + 1850}{2} = \frac{3650}{2} = 1825$.

$n \cdot \bar{x}$ = Summe aller Daten

Durch den „Ausreißer" des gegenüber allen anderen deutlich höheren Gehalts von Anne ist das arithmetische Mittel nicht charakteristisch für die Gehaltsverteilung, der Median ist hier eher der geeignete Kennwert. Allerdings verrät das arithmetische Mittel, welche Summe an Gehältern insgesamt ausgezahlt wird.

Beispiele

Typ A	Typ B
7,0	7,7
6,0	6,8
6,4	7,3
6,8	6,6
7,2	6,8
7,6	6,9
8,3	7,4
7,4	7,1
7,3	6,9
6,9	6,7
7,2	7,5
	7,5

B Der Benzinverbrauch zweier Autos vom Typ A und Typ B soll verglichen werden. Die nebenstehenden Werte (Liter/100 km) wurden bei Testfahrten gemessen.
1. Schritt: Ordnen der Daten.

Typ A	6,0	6,4	6,8	6,9	7,0	7,2	7,2	7,3	7,4	7,6	8,3	
Typ B	6,6	6,7	6,8	6,8	6,9	6,9	7,1	7,3	7,4	7,5	7,5	7,7

Minimum und Maximum lassen sich nun sofort ablesen, bei Typ A (6,0; 8,3) liegen sie deutlich weiter auseinander als bei Typ B (6,6; 7,7).

Typ A : Median 7,2 Typ B: Median $\frac{6{,}9 + 7{,}1}{2} = 7{,}0$

Das arithmetische Mittel ist bei beiden gleich: 7,1.
Beide Verteilungen stimmen in den berechneten Kennwerten weitgehend überein, bei Typ A ist der Median etwas größer als bei Typ B. Die „Spannweite" zwischen Minimum und Maximum ist bei A deutlich größer als bei B.

Übungen

5 *Kurztraining*
Bestimme Median und arithmetisches Mittel für jede Datenmenge
a) Zeit für die Pizza-Lieferung (in min): **28; 31; 26; 35; 26**
b) Kosten von Popcorn im Kino (in €): **2,75; 3,00; 2,50; 1,50; 1,75; 2,00; 2,25; 3,25**
c) Anzahl der Haustiere pro Haushalt: **3; 2; 1; 0; 3; 4; 1**

6 *Detektivarbeit*
Drei Zeitdaten haben das arithmetische Mittel 12 min und den Median 14 min.
a) Wie groß ist die Summe der Daten?
b) Welche der drei Daten kannst du genau angeben?
c) Gib drei Daten an, zu denen die gegebenen Kennwerte passen.
Gibt es mehrere Möglichkeiten?

7 *Was passiert, wenn …*
a) Berechne in der folgenden Datenliste Median und arithmetisches Mittel.

1,8; 1,6; 2,4; 3,0; 1,0; 2,8; 1,6; 1,2; 2,0; 2,8; 1,8

b) Ändere in der Ausgangsliste genau einen Wert so, dass Median und arithmetisches Mittel gleich groß sind.
c) Der Maximalwert der Liste wird durch den Wert **12** ersetzt.
Was passiert mit dem arithmetischen Mittel und dem Median?

Bei den Übungen 6 bis 9 leistet die Tabellenkalkulation als Werkzeug zum Probieren gute Dienste. Wer es lieber algebraisch mag, kommt auch mit Gleichungslösen zum Ziel.

8 *Bilanzausgleich*
Susanne hat im letzten Jahr beim Jogging im monatlichen Durchschnitt eine Strecke von 32,4 km zurückgelegt. Dieses Jahr stellt sie in einer Bilanz Ende November fest, dass ihr Monatsdurchschnitt nur 29,6 km beträgt.
Wie viele Kilometer muss sie im Dezember joggen, um wenigstens noch den Vorjahresdurchschnitt zu erreichen?

9 *Ballweitwurf – eine aussterbende Disziplin*
Die Tabelle zeigt die Ergebnisse (in Meter) im Wurf mit dem 200-g-Ball vom Schulsportfest. Die roten Zahlen sind die von den Mädchen, die schwarzen von den Jungen.

53	32	27	46	35	27	42	48	25	52	34	52	37	26
30	33	64	50	26	49	37	50	48	25	53	47	32	29

a) Das arithmetische Mittel und der Median dieser Messdaten liegen dicht beisammen. Trotzdem charakterisiert keiner dieser Werte die Verteilung zufriedenstellend.
Woran liegt das?
b) Berechne die Mittelwerte der Wurfweiten für Mädchen und Jungen getrennt.
Sind diese für einen Vergleich der beiden Gruppen geeignet?

Histogramm

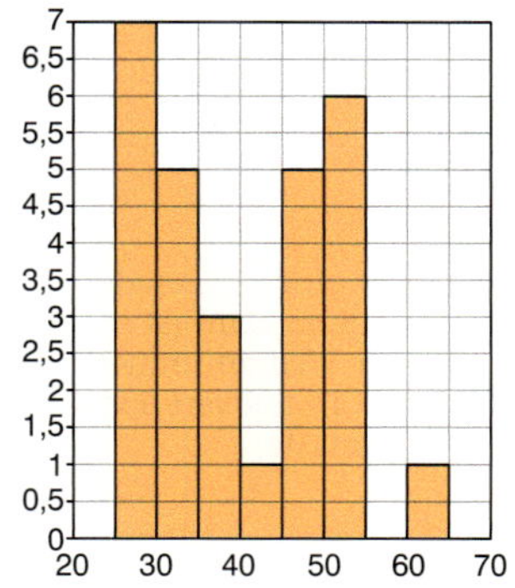

Klassenbreite 5

Übungen

10 *Vergleich der Mittelwerte*

In einer Stichprobe von 1 002 Erwachsenen haben Statistiker nach der Kinderzahl gefragt. Die jeweiligen absoluten Häufigkeiten stehen an den Säulen.

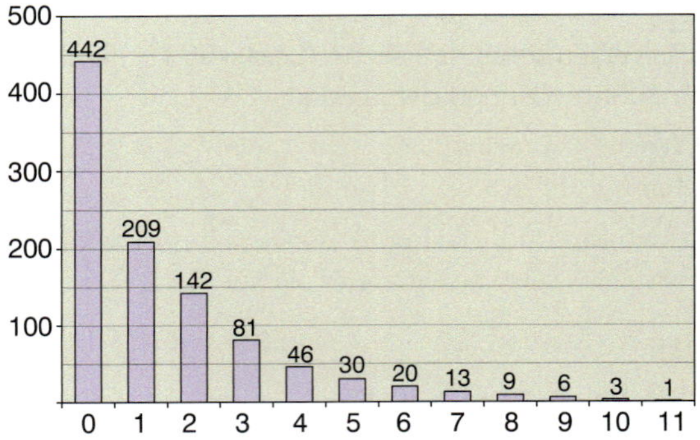

a) Ordne Modalwert, Median und arithmetisches Mittel der Größe nach. Kannst du die Anordnung ohne zu rechnen voraussagen? Begründe.

b) Wie könnte ein Häufigkeitsdiagramm aussehen, für das die Anordnung der drei Mittelwerte umgekehrt ist? Gib ein Beispiel an und bestätige durch Nachrechnen.

c) Skizziere das Bild einer Häufigkeitsverteilung, bei der die drei Mittelwerte eng beieinander liegen.

11 *Pulsfrequenz*

Die Messung der Pulsfrequenz von 32 Schülerinnen und Schülern wird im Stängel-Blatt-Diagramm festgehalten. Vergleiche Median und arithmetisches Mitte. Schätze zuerst und rechne dann nach.

Stängel - Blatt - Diagramm

5	2	3	7	8	8	9				
6	0	2	3	3	4	2	5	5	8	9	9
7	0	1	1	2	3	2				
8	0	0	1	2	4	8				
9	0									

12 *Kinobesuch*

Mo	580 €
Di	300 €
Mi	270 €
Do	420 €
Fr	560 €
Sa	630 €
So	590 €

In der Tabelle sind die Tageseinnahmen des Kinos in einer Kleinstadt während einer Novemberwoche notiert.

a) Berechne die durchschnittliche Tageseinnahme des Kinos in dieser Woche.

b) Für Kinokarten gibt es je nach Sitzplatz meist verschiedene Preiskategorien, du kennst diese sicher für das Kino deiner Stadt. Kannst du abschätzen, wie viele Kinokarten ungefähr in dieser Novemberwoche verkauft wurden?

13 *„Schlangen" im Supermarkt*

Die Kunden eines Supermarktes beschweren sich über zu lange Wartezeiten an den Kassen. Zur Überprüfung werden deshalb die Anzahlen der Kunden in dreißig aufeinanderfolgenden Zeitabschnitten von jeweils 10 Minuten gezählt:

Anzahl der Kunden	0	2	3	4	5	6	7	9
absolute Häufigkeit	1	2	4	5	8	3	2	4

0 2 2 3 3 3 3 4 …

a) Stelle die Verteilung in einem Diagramm dar und bestimme Median und arithmetisches Mittel.

b) Bieten die Kennwerte hier Hilfen für anstehende Entscheidungen? Welche Beobachtungen würdest du als Filialleiter anstellen?

14 *Eigenschaften von Mittelwerten*

Was hältst du von den folgenden Aussagen? Kannst du deine Meinung an Beispielen belegen? Versuche auch eine beispielunabhängige Begründung.

Bei einer ungeraden Datenanzahl ist der Median immer ein Datenwert aus der Liste.

Aus der Kenntnis des arithmetischen Mittels und der Gesamtzahl n der Daten kann man auf die Gesamtsumme der Datenwerte zurückschließen.

Das arithmetische Mittel reagiert empfindlich auf Ausreißer, der Median nicht.

Bei einer „symmetrischen" Datenverteilung stimmen Median und arithmetisches Mittel in etwa überein.

Übungen

15 *Erfolg beim Computerspiel*
Peter erprobt mit seinen zehn Geburtstagsgästen sein neues Computerspiel. Er erzielt 25 Punkte, die anderen erreichen 18, 15, 40, 22, 10, 45, 15, 12, 20 und 32 Punkte.
Wie ist seine Leistung in der Gruppe einzuschätzen?
Liegt er oberhalb des Mittelwerts? Vielleicht sogar im oberen Viertel?
Wie groß ist die Spannweite zwischen der minimalen und der maximalen Punktzahl?
Wie weit ist er vom Minimum, wie weit vom Maximum entfernt?

Basiswissen

Der Mittelwert einer Datenverteilung verschweigt viel über die einzelnen Daten. Er sagt z. B. nichts darüber aus, wie groß die Unterschiede/die Schwankungen zwischen den einzelnen erhobenen Daten sind. Hier helfen einfache Streuungsmaße.

Streuungsmaße

Spannweite
Sie ist die Differenz zwischen dem Maximum und dem Minimum der Datenmenge.

Spannweite = maximaler Datenwert – minimaler Datenwert

Quartilsabstand
Diesen gewinnt man mithilfe weiterer Kennwerte, dem sogenannten *unteren Quartil* Q_1 und dem *oberen Quartil* Q_3. Sie werden mithilfe des Medians bestimmt. Der Median teilt die der Größe nach geordnete Datenliste in eine untere und in eine obere Teilliste.
Das **unteres Quartil** $\mathbf{Q_1}$ ist dann der Median der unteren Teilliste, das **obere Quartil** $\mathbf{Q_3}$ ist der Median der oberen Teilliste.

Unteres Quartil Q_1 — Oberes Quartil Q_3

10	12	15	15	18	20	22	25	32	40	45

Median untere Hälfte — Median — Median obere Hälfte

Der Quartilsabstand ist die Differenz zwischen dem oberen und dem unterem Quartil.
Er gibt die Länge des Intervalls an, das die mittleren 50 % einer Datenreihe umfasst.

Aufgabe der Streuungsmaße
Streuungsmaße machen eine Aussage über die Ausbreitung/Streuung der einzelnen Werte um den Mittelwert herum. Sie ergänzen den Mittelwert um eine wesentliche Zusatzinformation über die zugrundeliegende Verteilung.

Boxplot
Einen schnellen Überblick über Lage und Streuung einer Datenmenge gewinnt man mit der graphischen Darstellung der fünf Werte Minimum, Maximum, Median, unteres und oberes Quartil im sogenannten „Boxplot".

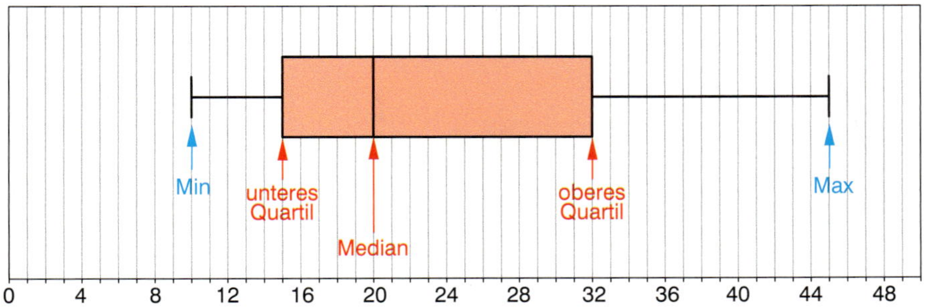

Die Quartile unterteilen die Datenliste in Viertel. Die „Quarte" ist dir vielleicht aus der Musik bekannt.

Durch die Skala unter dem Bild kannst du die „fünf Werte" direkt ablesen.

Beispiele

C Veranschauliche die Daten – Wartezeiten in der Hotline (in Sekunden) – in einem Boxplot: **84, 79, 90, 73, 95, 88, 92, 81, 67**.

1. Schritt: Daten ordnen, Minimum, Maximum und Median bestimmen

67 73 79 81 84 88 90 92 95 Median (Q_2) = 84

2. Schritt: Berechnung von Q_1

67 73 79 81

↑

$Q_1 = \frac{73 + 79}{2} = 76$

Berechnung von Q_3

88 90 92 95

↑

$Q_3 = \frac{90 + 92}{2} = 91$

3. Schritt: Boxplot zeichnen

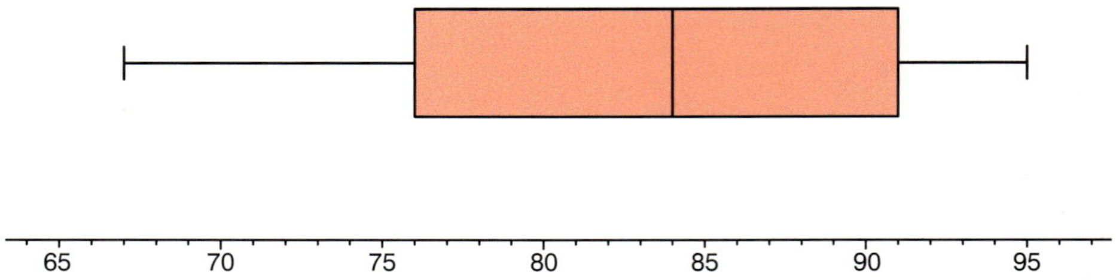

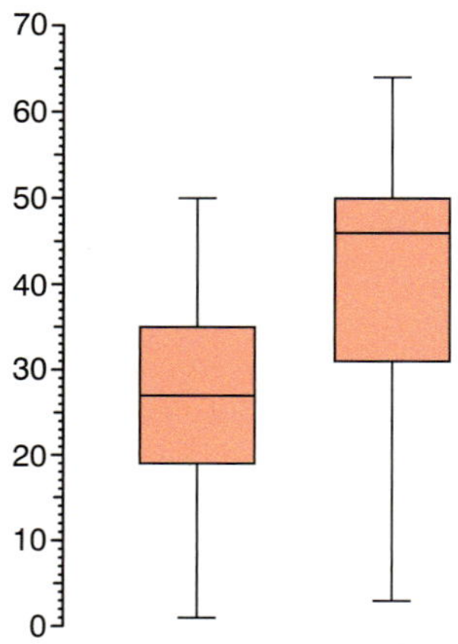

D In der Klasse 8a wurde ein Trainingsprogramm zum Lösen von Raumanschauungsaufgaben vorgenommen. Vor dem Training wurde ein Eingangstest durchgeführt, nach dem Training ein vergleichbarer Abschlusstest. In jedem Test konnten maximal 80 Punkte erreicht werden. Die Auswertung der jeweils erreichten Punktzahlen sind nebeneinander in Boxplots festgehalten. Was lässt sich daraus ablesen?

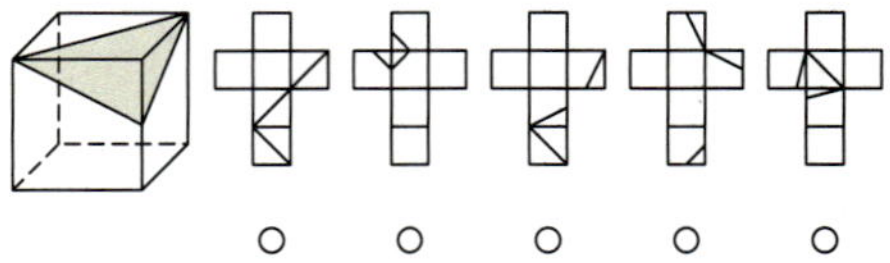

Insgesamt sind die erreichten Punktzahlen im Nachtest klar verbessert. Der Median ist vom Vortest (27 Punkte) zum Nachtest (46 Punkte) deutlich angestiegen, das gleiche gilt für die jeweils erreichte Maximalpunktzahl (50 → 64). Beim Vortest lag der Median ziemlich genau in der Mitte zwischen den Quartilen Q_1 und Q_3, im Nachtest liegt er deutlich näher an Q_3. Das Minimum der erreichten Punktzahlen liegt im Nachtest etwas über dem des Vortests, der Abstand zwischen Q_1 und Minimum ist zudem im Nachtest deutlich größer. Der Quartilsabstand ist im Nachtest größer als beim Vortest.
Alles scheint darauf hinzudeuten, dass das Training erfolgreich war.

Übungen

16 *Kurztraining*

Bestimme zu den folgenden Datenmengen jeweils die fünf Werte Minimum, Maximum, Median, unteres und oberes Quartil, und zeichne ein Boxplot.

a) Schülerbefragung über Schulwegzeiten (in min): **12 9 23 10 10 8 35 9 2 14**

b) Monatsmittelwerte der Wasseroberflächentemperatur an der Nordsee im Jahr 2007 (in °C)

Jan	Feb	Mrz	Apr	Mai	Juni
8,3	7,2	7,1	8,4	10,2	13,2
Jul	**Aug**	**Sep**	**Okt**	**Nov**	**Dez**
16,0	17,3	15,9	14,2	11,4	9,5

Quelle: Bundesamt für Seeschifffahrt und Hydrographie

c) Anzahl der Haustiere in befragten Schülerfamilien

Übungen

17 *Boxplots und Datenlisten*
Welche der folgenden Datenlisten passen zu dem Boxplot?

1) 23,25,26,28,28,28,28,30,31,33,41,43
2) 23,23,24,25,26,27,29,30,31,33,41,43
3) 23,27,28,28,33,43
4) 23,27,28,28,29,32,43

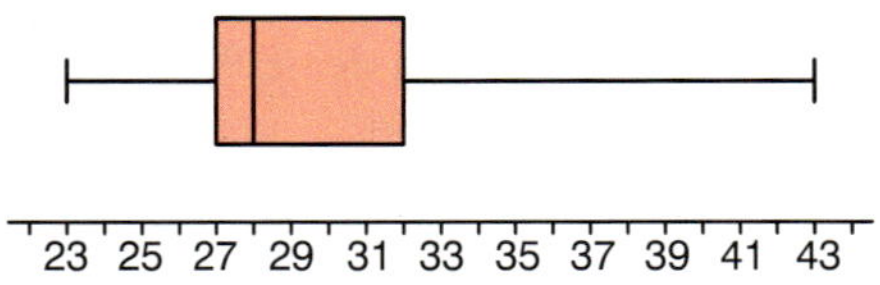

18 *Boxplots und Histogramme*
Zu jedem der Histogramme ist ein Boxplot gezeichnet. Ordne zu.

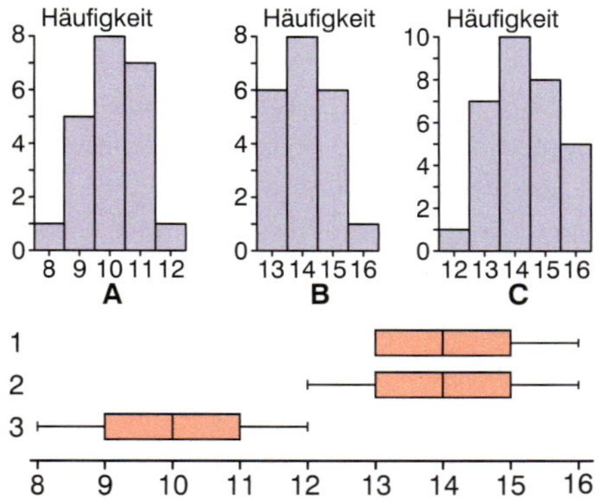

19 Im Beispiel B (Seite 205) wird der Benzinverbrauch zweier Autos vom Typ A und B miteinander verglichen. Zeichne mithilfe der in der Tabelle gemessenen Testwerte zu beiden Autotypen einen Boxplot.

20 Sicher hast du einige der Aufgaben auf den vorhergehenden Seiten dieses Lernabschnitts schon bearbeitet. Dabei hast du auch Datenverteilungen mithilfe von Mittelwerten charakterisiert oder verglichen.
Bei welchen dieser Aufgaben könnte deiner Meinung nach ein Boxplot von Nutzen sein? Zeichne in diesen Fällen die Boxplots.

Handy-Hotlines (1)
Ballweitwurf (7)
Monatstemperaturen (2)
Streit der Tarifpartner (3)
Pulsfrequenzen (9)
Supervision (12)
Kino (10)

21 *„Schauspielerinnen reifen früher zu Stars heran als Schauspieler"*
Bei den alljährlichen Oscar-Verleihungen werden jeweils die beste Schauspielerin und der beste Schauspieler mit der Trophäe ausgezeichnet. Vielleicht hast du dich mit diesen Daten schon im Lernabschnitt 6.1 an Hand der Stängel-Blatt-Diagramme beschäftigt. Die Tabellen zeigen nochmals das Alter der Preisträger von 1987 bis 2007.
a) Überprüfe die Aussage in der Überschrift mithilfe der beiden Boxplots.
b) Welche Informationen liefern die Boxplots noch? Formuliere entsprechende Schlagzeilen.

Beste Hauptdarstellerin:

22; 43; 27; 81; 43; 30; 34; 36; 46; 50; 40; 35; 26; 27; 34; 36; 36; 29; 31; 30; 62

Bester Hauptdarsteller:

62; 44; 52; 33; 43; 55; 53; 38; 39; 32; 46; 61; 47; 41; 37; 48; 30; 44; 38; 39; 46

22 *Schwergewichte*
In dem Boxplot ist eine Liste mit den Körpergewichten (in kg) von 11 unterschiedlichen Tierarten zusammengefasst.
a) An einem Ende der Liste steht der Gepard, am anderen Ende der afrikanische Elefant. Wie schwer sind diese Tierarten ungefähr?
b) Das sechstschwerste Tier in der Liste ist der Elch. Wie schwer ist er ungefähr?
c) Was sagt dir der Boxplot über die Streuung der Gewichte?
d) Pferdeantilope und Rothirsch sind die siebt- und achtschwersten Tiere.
Kannst du eine vernünftige Schätzung über ihr Gewicht aus dem Boxplot ableiten?

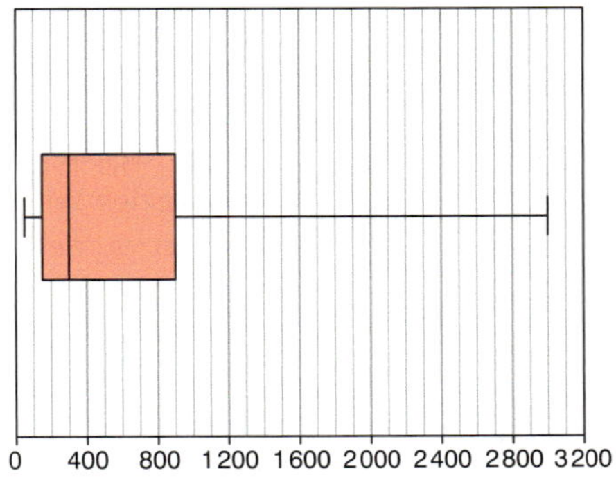

Projekt

Teil 1: Handbreite vergleichen – Wie liege ich zum Mittel?

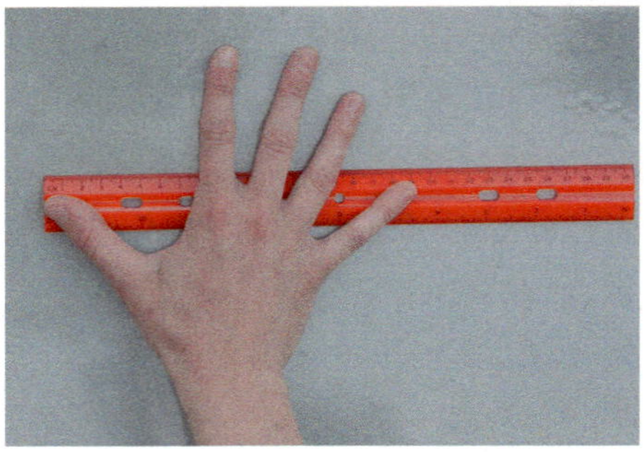

Experimentiere in deiner Klasse. Alles was du brauchst ist ein Lineal.

1. Jeder misst seine Handbreite als Abstand zwischen den Spitzen des Daumens und dem kleinen Finger bei gespreizten Fingern.
2. Liste alle gemessenen Handbreiten (am besten in einer Tabelle mit den Namen) auf.
3. Bestimme die fünf Werte und zeichne einen Boxplot. Beschreibe deine Position in der Verteilung.
4. Unterscheiden sich die Messwerte von Mädchen und Jungen? Erstelle für beide Gruppen Boxplots und beschreibe die Unterschiede. Beschreibe auch deine Position in deiner Gruppe und vergleiche mit der unter 3. bestimmten Position.

Die „Handbreit" in Redewendungen und Maßangaben

Die „Handbreit" kommt in vielen Redewendungen vor: „Immer eine Handbreit Wasser unter dem Kiel" – das wünscht man den Seglern und anderen Schiffern.
„Immer eine Handbreit Kohle unter dem Grillrost" wünschten zahlreiche Gäste der Betreiberin der neuen Imbissbude.
„Wie ein rotglühender Ball steht die Sonnenscheibe eine Hand breit über dem Horizont", so beginnt ein Stimmungsbericht.
„Eine Handbreit" wird aber durchaus auch als Längenmaß verwendet, z. B. zur Kennzeichnung eines geringen Abstandes: *„Lass die Tür bitte eine Handbreit offen stehen"*, aber auch als Maßangabe in Gebrauchsanweisungen:

„Ballerina-Länge" meint die *eine Handbreit über dem Knöchel endende Rocklänge*

Die Hosenbeine der Hirschlederhose reichen *„bis Handbreit über dem Knie"*

Die Mähne wird etwa *„eine Handbreit unter dem Mähnenkamm abgeschnitten..."*

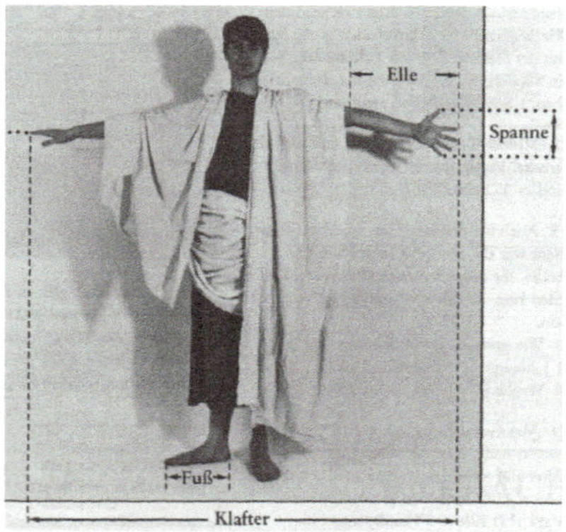

Teil 2: Klafter, Elle, Fuß und Handbreite – alte Körpermaße neu entdecken

Vor der weltweiten Festlegung des metrischen Systems gab es früher einen Wirrwarr von Längenmaßen, die aus Körpermaßen definiert wurden, z. B. *Klafter, Elle, Fuß, Handbreite (-Spanne), Fingerbreite usw.*

Versucht, diese Maße jeweils durch Zentimeterangaben zu „normieren". Die Boxplots aus dem obigen Teil 1 sind eine gute Grundlage zur Festlegung der Handbreite. Führe für die anderen Maße entsprechende Experimente durch. Könnt ihr damit die folgenden Beziehungen bestätigen?

1 Klafter = 4 Ellen = 6 Fuß = 24 Handbreiten

Wildtiere: Schnelligkeit entscheidet!

Als Menschen noch Tieren als Nahrung dienten, wussten sie, dass sie bestimmten Tierarten nicht durch Flucht entkommen konnten. Geschwindigkeit entschied über Fressen und Gefressenwerden, was im Reich der Wildtiere auch heute noch so ist. Welche Geschwindigkeiten erreichen Wildtiere eigentlich, und was macht sie so schnell?

Lange Schwebephasen erhöhen die Geschwindigkeit.

Die Oberschenkel sind wahre Muskelpakete.

Der Gepard kann unvermittelt in einen Sprint mit bis zu 110 km/h übergehen.

23 *Raubtiere und Huftiere*
In dem Stängel-Blatt-Diagramm sind die Geschwindigkeiten für Huftiere (in der Regel Pflanzenfresser) und die für Raubtiere auszugsweise aufgetragen.
a) Zeichne mithilfe der Tabelle das vollständige Diagramm. Was fällt dir auf?
b) Erstelle für jede der beiden Tiergruppen ein Boxplot. Liefert der Vergleich der Boxplots neue Erkenntnisse? (Vielleicht kannst du die Raubtiere noch um einige Tiere mit ihren Geschwindigkeiten erweitern).
c) Erstelle auch einen Boxplot mit den Geschwindigkeiten aller Tiere und vergleiche.
d) Unterscheide auch zwischen Haustieren und Wildtieren.

24 *Raubtiere und Nagetiere*
Stelle wie in Aufgabe 23 die Geschwindigkeiten der Raubtiere und der Nagetiere jeweils im Stängel-Blatt-Diagramm und im Boxplot dar. Halte deine Beobachtungen fest.

25 Erkunde mithilfe statistischer Diagramme auch die Besonderheiten bei den Körpergewichten der Tiere. Beschreibe deine Beobachtungen. Vergleiche mit deinen Beobachtungen bei den Geschwindigkeiten.

0,2 km/h	Das langsamste Säugetier zu Lande	… ist das Faultier mit einer Höchstgeschwindigkeit von 0,2 km/h.
56 km/h	Das schnellste Säugetier im Wasser	… ist der Große Schwertwal (Orca), er schwimmt etwa 56 km/h schnell.
56 km/h	Das ausdauerndste Säugetier	… ist die Pronghornantilope (Gabelbock), sie hält 56 km/h auf einer Strecke von 6 km.
110 km/h	Das schnellste Säugetier zu Lande	… ist der Gepard mit bis zu 110 km/h Spitzengeschwindigkeit bei kurzen Sprints.

Tierart	max. Laufgeschwindigkeit (km/h)	Körpergewicht (kg)
Elefanten		
Afrik. Elefant	35	4500
Huftiere		
Breitmaulnashorn	25	3000
Flusspferd	25	3000
Giraffe	50	650
Oryx	70	200
Pferdeantilope (Roan)	56	250
Thomsongazelle	81	20
Grantgazelle	81	50
Dickhornschaf	48	150
Hirschziegenantilope	105	37
Tapir	40	250
Gabelbock (Pronghorn)	90	40
Bison	56	900
Elch	56	300
Rentier	80	120
Rothirsch	72	150
Damhirsch	80	65
Reh	60	25
Gams	40	35
Wildschwein	55	80
Pferd	70	500
Raubtiere		
Gepard	110	55
Schwarzbär	48	135
Wolf	64	40
Hund	67	25
Dachs	30	11
Fuchs	50	6
Nagetiere		
Murmeltier	16	4
Eichhörnchen	20	0,40
Ratte	10	0,25
Maus	13	0,02
Hasenartige		
Feldhase	72	4
Kaninchen	56	2

Übungen

Raubtiere		Huftiere
	2	5 5
0	3	
8	4	8
0	5	0 5
7 4	6	
	7	
	8	1 1
	9	
	10	
0	11	

„Rücken an Rücken"

Ergänze die Tabellen mithilfe der Biologie-Experten.

Quelle: Forschungsinstitut für Wildtierkunde und Ökologie, Wien www.fiwi.at

Tor:	Geburtsjahr
Jens Lehmann	1969
Oliver Kahn	1969
Timo Hildebrand	1979
Abwehr:	
Marcell Jansen	1985
Arne Friedrich	1979
Robert Huth	1984
Jens Nowotny	1974
Philipp Lahm	1983
Per Mertesacker	1984
Christoph Metzelder	1980
Mittelfeld:	
Sebastian Kehl	1980
Bastian Schweinsteiger	1984
Torsten Frings	1976
Michael Ballack	1976
Thomas Hitzlsperger	1982
Tim Borowski	1980
Bernd Schneider	1973
Angriff:	
Mike Hanke	1983
Oliver Neuville	1973
Miroslav Klose	1978
Gerald Asamoah	1978
Lukas Podolski	1985
David Odonkor	1984

26 *Fußballnationalmannschaften*

In den Tabellen siehst du die Aufgebote der deutschen Nationalmannschaften bei den Fußballweltmeisterschaften der Männer 2006 in Deutschland und der Frauen 2007 in China.

Lukas Podolski

Renate Lingor

Was hältst du von den folgenden Schlagzeilen?
Weibliche Kicker jünger als männliche
Gute Mischung aus Jung und Alt im Nationalkader!
Angriff jünger als die Abwehr.
Was fällt dir beim ersten Blick auf die Tabellen auf?
Liefern Kennwerte und Grafiken zusätzliche Erkenntnisse?
Schreibe deine eigenen Schlagzeilen.

Tor:	Geburtsjahr
Nadine Angerer	1978
Ursula Holl	1982
Silke Rottenberg	1972
Abwehr:	
Kerstin Stegemann	1977
Saskia Barusiak	1982
Babett Peter	1988
Annike Krahn	1985
Sandra Minnert	1973
Sonja Fuss	1978
Ariane Hingst	1979
Mittelfeld:	
Linda Bresonik	1983
Melanie Behringer	1985
Renate Lingor	1975
Simone Laudehr	1986
Kerstin Garefrekes	1979
Fatmire Bajramaj	1988
Angriff:	
Sandra Smisek	1977
Birgit Prinz	1977
Anja Mittag	1985
Martina Müller	1980
Petra Wimbersky	1982

Topverdiener im Sport 2007 (Angaben in geschätzten Mill. €)		
1. Tiger Woods	Golf	73
2. Oscar de la Hoya	Boxen	35
3. Floyd Mayweather	Boxen	34
4. Fernando Alonso	Formel 1	30
5. Phil Mickelson	Golf	29
6. David Beckham	Fußball	29
7. Ronaldinho	Fußball	23,5
8. Kimi Räikkönen	Formel 1	22
9. Dwight Freeney	Football	22
10. Shaquille O'Neal	Basketball	21
Valentino Rossi	Motorrad	21

Zum Vergleich (ohne Platzierung)		
Ralf Schumacher	Formel 1	17
Dirk Nowitzki	Basketball	12
Regina Halmich	Boxen	3
Fabian Hambüchen	Turnen	0,9
Magdalena Neuner	Biathlon	0,7

27 *Was Boxplots alles verraten können*

Berechne Kennwerte und zeichne Grafiken zu den aufgeführten Tabellen aus dem Sportbereich.
Halte deine Beobachtungen in einer kurzen Zeitungsnotiz fest.

Magdalena Neuner

Suche dir deine eigenen Tabellen aus dem Internet oder den Sportzeitungen, werte diese aus und schreibe einen kurzen Bericht.

Topscorer in der Basketball-Bundesliga:

Spieler	Spiele	Punkte	Pkte/Sp
1. Derrick Allen (Dt. Bank SKY.) (Saison 2007)	14	307	21,93
2. Timothy James Black (digibu Baskets) (Saison 2007)	14	289	20,64
3. Julius Jenkins (ALBA BERLIN) (Saison 2007)	15	275	18,33
4. Caleb Green (TBB Trier) (Saison 2007)	15	266	17,73
5. Matt Haryasz (Bremerhaven) (Saison 2007)	8	136	17,00
6. Mark Davis (Science City Jena) (Saison 2007)	9	148	16,44
7. Immanuel McElroy (Köln 99ers) (Saison 2007)	15	239	15,93
8. Brandon Woudstra (EnBW L'burg) (Saison 2007)	15	233	15,53
9. Rouven Roessler (Giessen46ers) (Saison 2007)	13	201	15,46
10. Bobby Brown (ALBA BERLIN) (Saison 2007)	15	229	15,27

7.3 Sammeln und Auswerten von Daten in Projekten

Was dich erwartet

Daten können sprechen. Sie tun dies nicht von alleine. Erst die richtige Auswahl und Organisation der Datenerhebung, die anschließende statistische Erfassung der Daten mit der Darstellung von Diagrammen oder mit der Berechnung geeigneter Kennwerte und schließlich die sachgerechte Auswertung und Interpretation der so aufbereiteten Daten bringen die Daten zum Sprechen. Für die einzelnen dieser drei Schritte

Datenerhebung → Erfassung und Darstellung → Auswertung

hast du in den beiden vorangehenden Abschnitten an vielen Beispielen die notwendigen Kenntnisse und Fähigkeiten erworben. Hier schlagen wir die zusammenfassende Anwendung in eigenen Projekten aus deiner unmittelbaren Umgebung vor. Da ein solches Projekt von der Themenfindung bis zur Präsentation möglichst selbstständig gestaltet werden sollte, findest du hier nur einige Anregungen und Hinweise zur Planung und Ausführung. Zum besseren Verstehen werden die einzelnen Schritte mit Auszügen aus einem Projekt zum Thema „Handy" erläutert.

Projekt

Der „Datendetektiv"

Wie man eine statistische Untersuchung plant, durchführt und veröffentlicht

Sicher hast du dir schon einmal gewünscht, dass deine Stimme zu dem einen oder anderen Sachverhalt mehr Gewicht hat. Mit diesem Projekt wirst du durch eigenes Tun erfahren, wie dir dies gelingen kann. Deine Projektgruppe wird als „Datendetektiv" arbeiten. Dazu werdet ihr zu einem Thema, das euch interessiert, mithilfe verschiedener Quellen und eigener Beobachtungen Daten sammeln, graphisch darstellen, mit Kenngrößen beschreiben und schließlich Schlüsse ziehen bzw. Vermutungen begründen. Eure Ergebnisse werdet ihr dann entweder in der Klasse vortragen oder anderweitig veröffentlichen.

Abfolge in vier Schritten

1. Schritt: **Thema finden**

Überlegt euch für eure Klasse ein spannendes und möglichst aktuelles Thema.

Hierfür einige Anregungen

Computer und Fernsehen
Wie lange sitzen Kinder und Jugendliche vor dem Fernsehen und Computer? Welche Sendungen sehen sie, welche Spiele spielen sie? Gibt es Unterschiede in der Computernutzung bei Mädchen und Jungen?

Schulwege
Wie lang sind die Schulwege an unserer Schule, welche Zeit wird dafür benötigt? Welche Durchschnittswerte liegen bei Fußgängern, bei Radfahrern oder bei Fahrschülern vor?

Freizeitverhalten
Wie gestalten Jugendliche ihre Freizeit? Welche Rolle spielen dabei sportliche Aktivitäten? Wo liegen die Unterschiede zwischen einer 8. und 10. Klasse? Spielt die Wohnlage (Stadt oder Land) eine Rolle?

Rucksack
Sind die Rucksäcke mit den Schulsachen zu schwer? Was sagen die Daten dazu in unterschiedlichen Klassenstufen?

Leit- Beispiel „Handy"

Befragungsaktion

Die Diskussion um die Handynutzung an der Schule wird heftig geführt. Befürworter und Gegner stützen ihre Argumente mit statistischen Zahlen, die sie aus der Zeitung oder anderen Berichten entnehmen.
Die Klasse 8a ist den Zahlen gegenüber misstrauisch, sie plant ihre eigene Untersuchung an ihrer Schule.

Streitthema: Handyverbot an Schulen

- „Wir müssen Kinder und Jugendliche vor den Gefahren und dem Missbrauch von Handys schützen."
- „Das Handy ist als Kommunikationsmittel heute auch für Schüler unersetzlich."

2. Schritt: **Daten sammeln**

Dies kann einmal durch Recherchen in Zeitungen oder im Internet geschehen. Für unser Projekt interessanter ist aber der eigene Fragebogen.

Erstellt einen eigenen Fragebogen zu dem von euch gewählten Thema.

Der rechts stehende Fragebogen wurde von einer Gruppe Schüler im Rahmen des Projekts Handy im Jahre 2005 erstellt.

Müsste der Fragebogen heute anders aussehen?

Aller Anfang ist schwer!
Im „Brainstorming" werden mögliche Fragen gesammelt. Diese gewinnt man aus dem Formulieren von Vermutungen oder Behauptungen. Nach einer Diskussion sollte man sich auf möglichst wenige Fragen verständigen.

Tipps:
- kurze und prägnante Fragen
- einfache Sprache
- ähnliche Fragestellungen zusammenfassen
- klar strukturierte und eindeutige Anwortmöglichkeiten vorgeben
- … .

Ein kurzer Fragebogen wird eher akzeptiert und verstanden und erleichtert zudem die anschließende Bearbeitung. Die beabsichtigte Auswertung wird auch von den Fragetypen abhängen; manchmal wird man nach einer Maßzahl fragen, ein anderes Mal eine von mehreren Auswahlantworten ankreuzen lassen u. Ä.

Beispiel

Umfrage über Handynutzung

1. Dein Alter in Jahren ?
   ☐ Jahre
2. Junge oder Mädchen
   ☐ Junge ☐ Mädchen
3. Hast du ein Handy
   ☐ Ja ☐ Nein
4. Mit wie vielen Jahren hast dein erstes Handy bekommen ?
   ☐ unter 10 ☐ über 10
   ☐ mit 10 bis 12
5. Wie viel Geld gibst du im Moment für dein Handy aus?
   ☐ 0 bis 5 € ☐ 10 bis 20 €
   ☐ 5 bis 10 € ☐ mehr als 20 €
6. Wie wichtig sind die Funktionen auf dem Handy (z.B. Kamera, Mp3,...) ?
   ☐ sehr wichtig ☐ weniger wichtig
   ☐ wichtig ☐ überhaupt nicht
7. Nutzt du dein Handy eher für SMS oder zum Telefonieren ?
   ☐ SMS ☐ beides
   ☐ telefonieren
8. Wie viele SMS schreibst du durchschnittlich am Tag?
   ☐ keine ☐ 7 - 10
   ☐ 1 - 3 ☐ mehr als 10
   ☐ 4 - 6
9. Was hälst du von einem Handy- Verbot an der Schule?
   ☐

Führt die Befragung zu eurem Thema sorgfältig durch.

Beobachtet dabei die auftretenden Probleme. Gegebenenfalls müsst ihr Teile der Befragung noch einmal durchführen.

Hier könnt ihr weitere wichtige Erfahrungen sammeln.
- Ein Fragebogen sollte so vorgestellt werden, dass der Adressat ihn mit der notwendigen Ernsthaftigkeit ausfüllt. Ist dies gewährleistet?
- Können die Fragen ohne zusätzliche Erläuterungen beantwortet werden?
- Reicht die vorgesehene Zeit zur sorgfältigen Beantwortung der Fragen?
- Sind die Fragetypen mit den Antwortmöglichkeiten sinnvoll gewählt?
- Ist die Gruppe der Befragten zu groß (zu klein)?

3. Schritt: **Daten bearbeiten und darstellen**

Stellt die Daten eurer Befragungsaktion übersichtlich in Tabellen und Diagrammen dar.

- Welche Datensätze möchtet ihr darstellen? Entscheidet jeweils, welche Art von Diagrammen oder Illustrationen ihr verwendet. Begründet eure Entscheidung.
- Stelle die Datensätze gemäß eurer Entscheidung mithilfe eines Diagramms dar.
- Überprüfe, ob eine der Darstellungen falsche Vorstellungen hervorrufen könne. Sollte dies der Fall sein, so ändere die graphische Darstellung entsprechend ab.
- Daten kann man auch mithilfe von Bildern und Illustrationen darstellen. Überlegt euch eine geeignete Darstellung.

Berechnet geeignete Kennwerte und ggf. relative Häufigkeiten

- Prüft, welche der verwendeten Datensätze durch Mittelwerte und Streuungsmaße charakterisiert werden können. Welche Kennwerte sind angemessen? Begründet eure Entscheidung.
- Berechne, wenn es sinnvoll erscheint, mit welcher relativen Häufigkeit einzelne Daten auftreten.

Tipps zur Durchführung der Arbeit

Arbeitsteilung/Teamarbeit
Bei der Bearbeitung größerer Datenmengen empfiehlt sich auf jeden Fall eine Arbeitsteilung in verschiedenen Teams. Jedes Team bearbeitet einen bestimmten Datensatz oder der gleiche Datensatz wird von den Teams mit unterschiedlichen Aufträgen bearbeitet. Anschließend werden die Ergebnisse der einzelnen Teams zusammengeführt.

Computereinsatz
Eine Datenerfassung auf dem Computer lohnt sich, auch wenn die Frageergebnisse zunächst in Papierform vorliegen.

Einsatz spezieller Software
Mithilfe von Tabellenkalkulation oder speziellen Statistikprogrammen kann die spannende Bearbeitung der Daten erfolgen. Dabei bewähren sich nun die erworbenen Kenntnisse über Darstellung der Daten in Diagrammen und die Berechnung geeigneter Kennwerte. Manche Besonderheiten werdet ihr erst in bestimmten Darstellungen erkennen oder durch den Vergleich unterschiedlicher Befragungsgruppen entdecken.

Beispiele für Datenerfassung

Auszug aus der Datenerfassung in einer Tabelle aus der Handy-Befragung in einer 10. Klasse

Handyumfrage		
Ein.	G	SMS
1	w	6
2	m	4
3	w	14
4	m	3
5	m	0
6	w	7
7	m	12
8	w	7
9	m	2
10	w	6
11	w	7
12	w	4
13	w	12
14	m	3
15	w	4
16	w	17
17	m	1
18	m	0
19	m	8
20	m	3
21	m	4
22	w	9
23	w	17
24	m	0
25	w	6
26	m	7
27	w	10

Die Frage 8 des obigen Fragebogens wurde hier im Antwortformat verändert: Statt dem Ankreuzen einer Auswahl wird hier eine Zahl eingetragen.

Ist der auffällige Unterschied der Boxplots für m/w typisch oder spezifisch für die befragte Klasse?

„Wie viele SMS schreibst du durchschnittlich am Tag?“

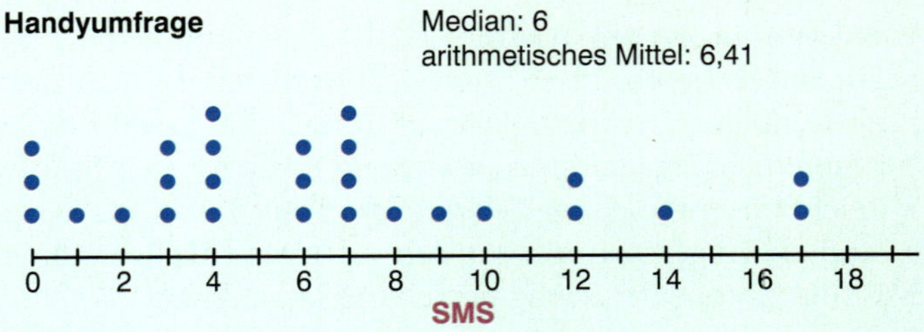

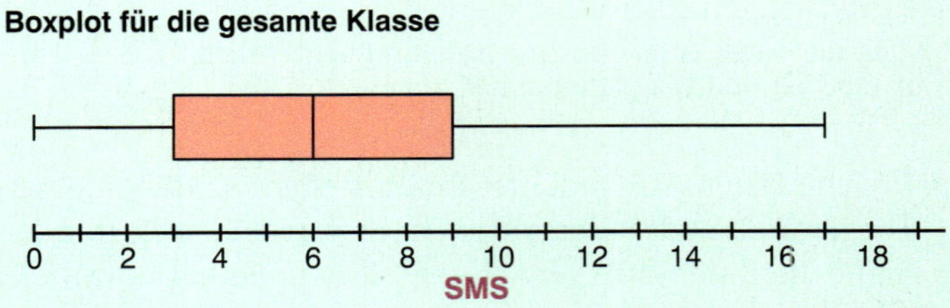

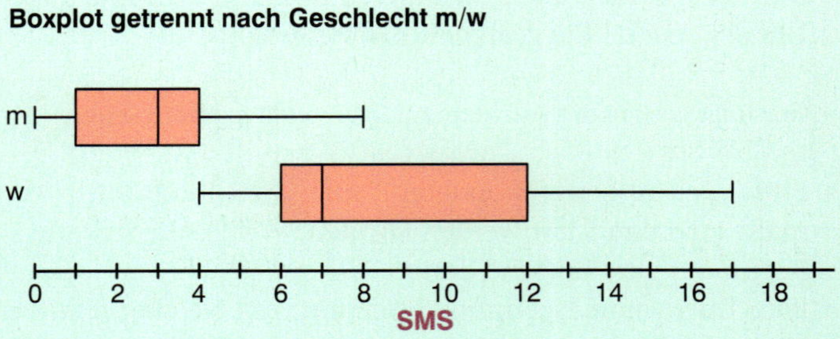

4. Schritt **Auswerten und Präsentieren der Daten**
Ihr habt Daten erhoben oder gefunden, sie auf ganz unterschiedliche Arten dargestellt, zusammengefasst und ausgewertet.

Präsentiert die Ergebnisse eurer Befragungsaktion in der Öffentlichkeit.

Erarbeitet eine Zusammenfassung.
Diese soll beinhalten:
- eine kurze Beschreibung des Themas eurer Untersuchung. Worum geht es?
- eine Liste der Aspekte, die ihr präsentieren möchtet, in der entsprechenden Reihenfolge
- welche Daten ihr in welcher Form präsentieren wollt
- eine Liste der Schlussfolgerungen, die ihr gezogen habt.

Wichtig: Diagramme sorgfältig beschriften

An unserer Schule hat heute fast jeder Schüler sein eigenes Handy. Die meisten haben ihr erstes Handy bereits mit 10 Jahren bekommen.
… Die 16-Jährigen geben im Mittel 15 € im Monat für ihr Handy aus, die Mädchen in diesem Alter verschicken deutlich mehr SMS als die Jungen …

Ihr könnt euren Bericht mündlich oder schriftlich präsentieren. Solltet ihr den Bericht mündlich vortragen, dann stellt Poster, Folien oder Computer zur Präsentation bereit. Vergesst nicht kleine Karteikarten als Gedächtnisstützen.

CHECK-UP

Statistik – Diagramme

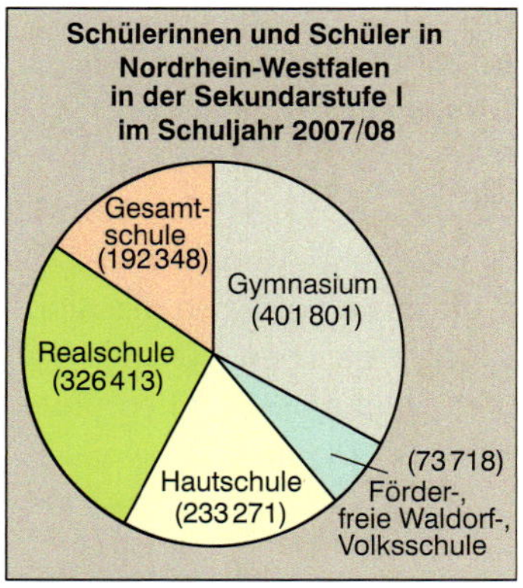

1 *Schulen in NRW*

a) Erstelle mit dem Kreisdiagramm eine Tabelle mit den prozentualen Anteilen der einzelnen Schularten

b) Stelle die Daten mithilfe eines Stabdiagramms dar.

c) Schülerzahlenprognose für die kommenden Jahre:

	2010	2016	2022	2028	2034	2040
in tausend	2000	1750	1700	1750	1740	1680

Stelle die Daten mit verschiedenen Diagrammarten dar. Welche eignen sich für welchen Zweck besser?

2 *Lebenserwartung in Afrika*

a) Interpretiere das Stängel-Blatt-Diagramm mit den Lebenserwartungen in allen afrikanischen Ländern (siehe rechts).

b) Erstelle aus den Daten der Tabelle ein Stängel-Blatt-Diagramm mit den Lebenserwartungen in den europäischen Ländern.

Jahre	84	82	81	80	79	78	77	76	74	73	72	70	68	66
Anzahl Länder	1	1	3	5	9	6	1	1	2	2	2	1	1	1

Vergleiche die beiden Diagramme.

3 Schreibe einen Artikel über Verletzungen mit stationärer Behandlung von Kindern. Verwende das folgende Diagramm.

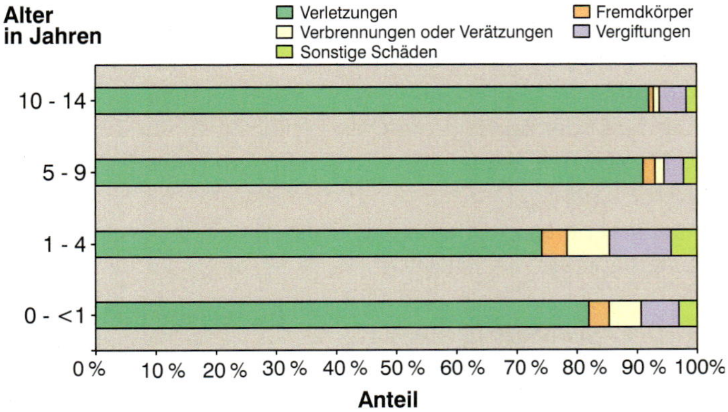

4 Mathematiklehrer Petermann vergibt bei der Korrektur einer Klassenarbeit zunächst für jede Aufgabe sogenannte „Rohpunkte". Dies sind die Rohpunkte für 25 Arbeiten:

43, 23, 18, 48, 38, 39, 46, 30, 28, 43, 40, 38, 30, 26, 19, 38, 34, 35, 31, 44, 34, 38, 40, 31, 40.

a) Stelle die Rohpunkte mit Hilfe eines
- Stängel-Blatt-Diagramms,
- Punkt-Diagramms,
- Histogramms mit 4 (6) gleichbreiten Klassen dar.

b) Welche Noteneinteilung soll Herr Petermann wählen?

Säulen- und Stabdiagramm

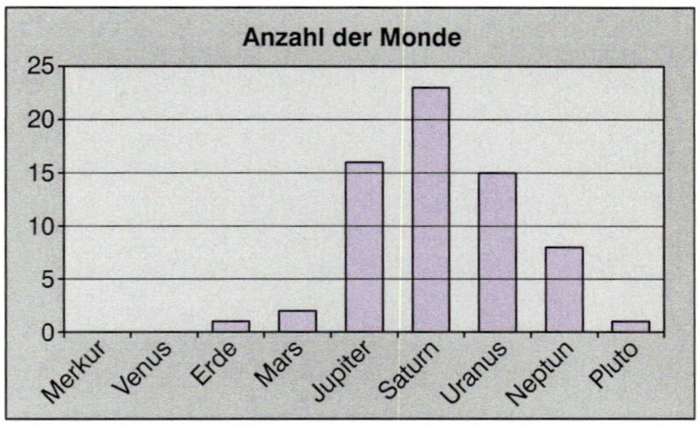

Besonders geeignet zur Darstellung von absoluten und relativen Häufigkeiten

Stängel-Blatt-Diagramm

Lebenserwartung in Afrika in Jahren

4 0223333
4 56666788899
5 01112223344
5 5567778899
6 034
6 67
7 11244

Mit einem Stängel-Blatt-Diagramm kann man viele Daten schnell übersichtlich darstellen und dennoch alle einzelne Daten erkennen.

Kreisdiagramm

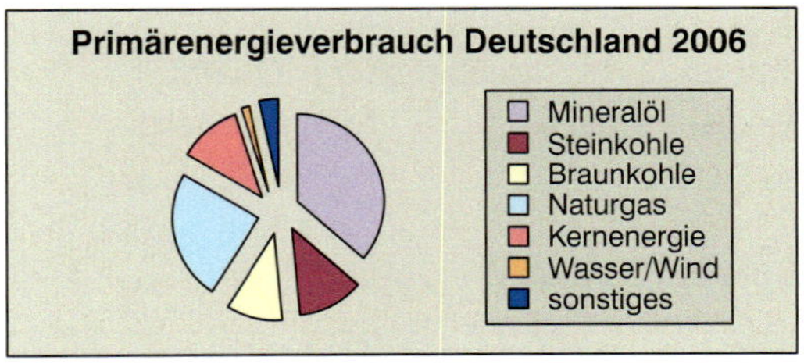

Histogramm

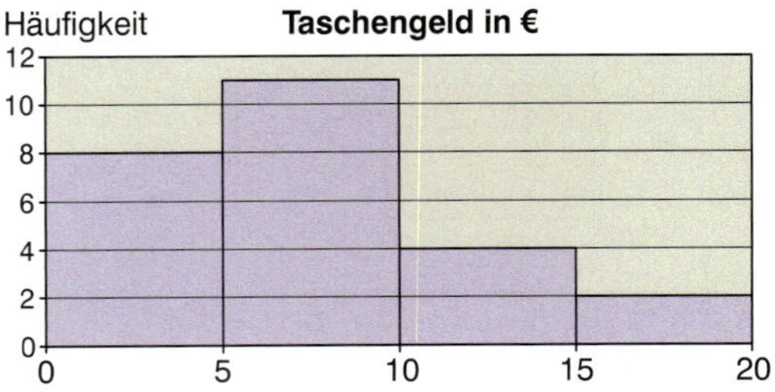

CHECK-UP

Statistik – Kenngrößen

Mittelwerte

Beispiel:
Wartezeiten an einer Kasse in Minuten
3, 8, 2, 3, 7, 2, 2, 3, 0

Median:

- Ordnen der Daten der Größe nach.

⇓

0	2	2	2	3	3	3	7	8

- Der Median ist der mittlere Wert. Ist die Anzahl der Werte gerade, dann ist der Median das arithmetische Mittel der mittleren Werte.

arithmetisches Mittel:
Summe aller Werte dividiert durch die Anzahl der Werte: $\frac{29}{9} \approx 3{,}2$

Modalwert:
häufigster Wert: 2

Streumaße

Spannweite
Differenz zwischen Maximum und Minimum:
$8 - 0 = 8$

Quartilsabstand

0	2	2	2	3	3	3	7	8

⇑ unteres Quartil ⇑ Median ⇑ oberes Quartil

Median unterer Hälfte: $\frac{2+2}{2} = 2$
Median oberer Hälfte: $\frac{3+7}{5} = 5$

Quartilsabstand: $5 - 2 = 3$

Boxplot

Fünf Kenngrößen auf einen Blick:

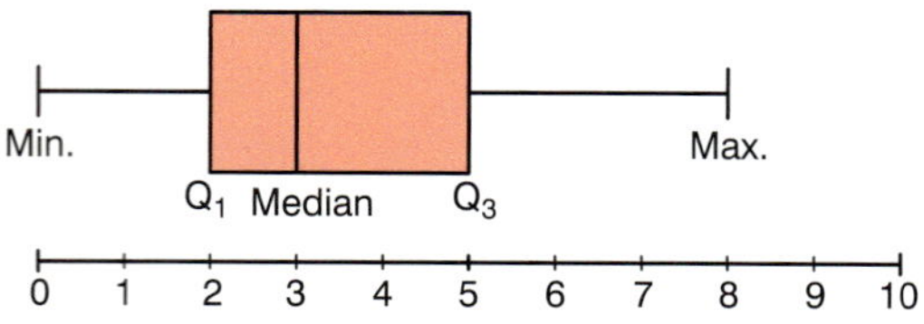

5 *Kinobesuch*
Die folgenden Daten geben die Anzahl der Kinobesucher in der Nachmittagsvorstellung an 16 aufeinander folgenden Tagen wieder:
24, 33, 20, 31, 17, 90, 42, 40, 102, 24, 36, 31, 48, 30, 45, 31
a) Ermittle Median, arithmetisches Mittel und Modalwert.
b) Das Kino-Management möchte die Besucherzahlen des Kinos mit denen ähnlicher Kinos der Region vergleichen. Welcher Mittelwert repräsentiert die Besucherzahl am besten? Begründe. Unterstütze deine Begründung mit einem Diagramm.

6 *Kennwerte*
Übertrage das Punkt-Diagramm in dein Heft. „Kringele" die fünf Kenngrößen ein: Minimum, Maximum, unteres Quartil, oberes Quartil, Median. Werden zwei Daten zur jeweiligen Berechnung benötigt, dann kringele beide ein.

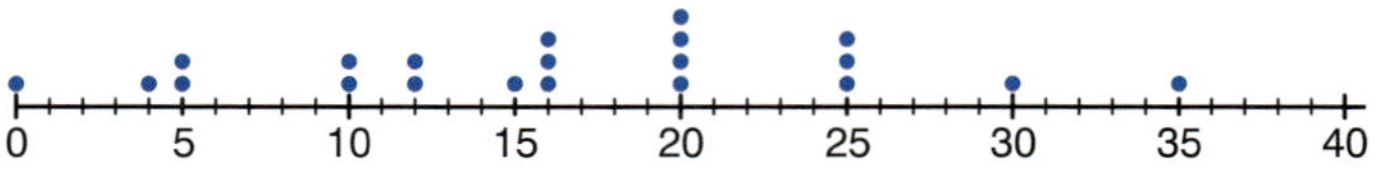

7 *Noten*
Häufig wird bei der Berechnung von Zeugnisnoten das arithmetische Mittel der einzelnen Noten verwendet.
a) In welchen Fällen kann dies zu Ungerechtigkeiten führen? Gib eine entsprechende Notenverteilung von 8 Klassenarbeitsnoten an.
b) Sollte man den Median verwenden? Ist der Median immer gerechter?

8 *Überprüfe deine Fachkenntnisse in Statistik:*
a) Wie heißt die Differenz zwischen dem kleinsten und dem größten Wert?
b) Was versteht man unter dem unteren (oberen) Quartil?
c) Wie findet man den Median, wenn die Anzahl der Daten gerade ist?
d) Wie heißt der Abstand zwischen dem unteren und oberen Quartil? Wie viele Werte liegen zwischen dem unteren und oberen Quartil?
e) Wo findet man in einem Boxplot die Ausreißer bei einer Datenerhebung?

9 Der nebenstehende Boxplot stellt die Längen der 10 längsten Schlangen dar.
a) Die Python soll die längste Schlange sein. Wie lang wird sie nach dem Boxplot?
b) Die Königskobra ist die fünftlängste Schlange.
Kannst du mit dem Boxplot ermitteln, wie lang sie wird?

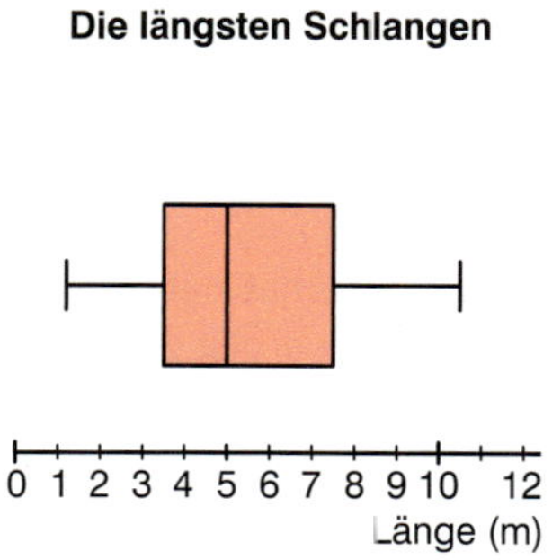

10 Zeichne ein Boxplot mit Höhen der 11 höchsten Achterbahnen der Welt: 71 m , 75 m, 76 m, 79 m, 80 m, 94 m, 97 m, 119 m, 127 m, 128 m, 139 m (Stand 2007). Gibt es bereits höhere Achterbahnen (siehe Internet)?

Zum Erinnern und Wiederholen

Schneller Zugriff zum Basiswissen aus den vorhergehenden Schuljahren

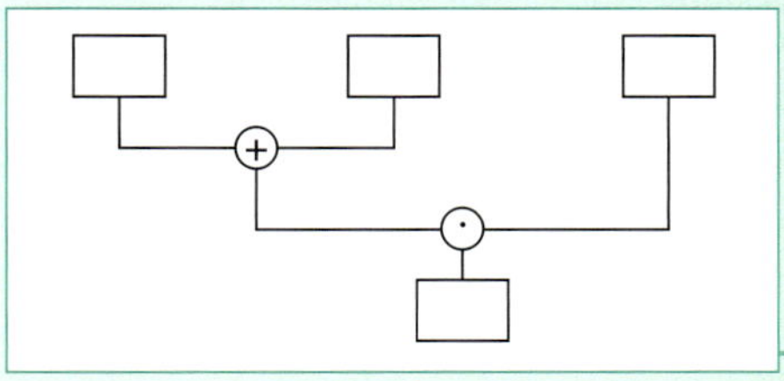

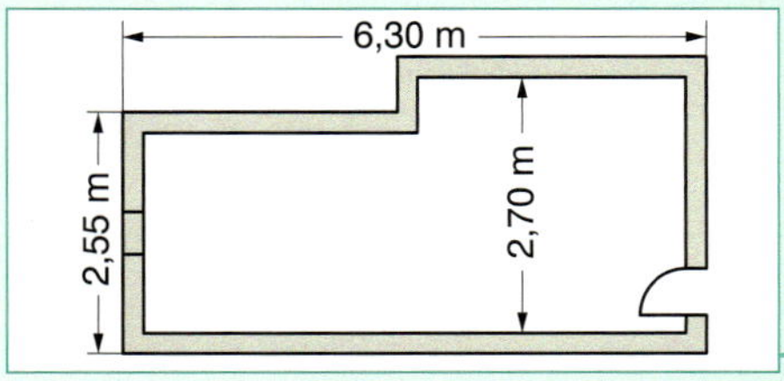

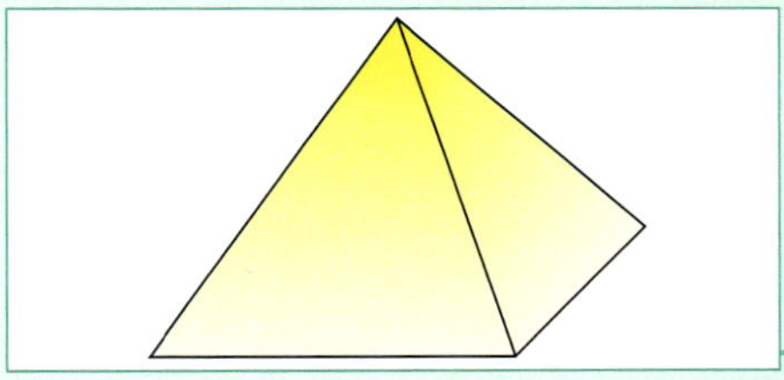

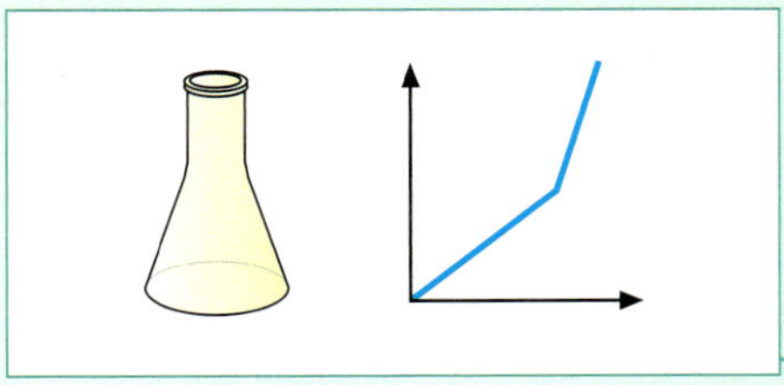

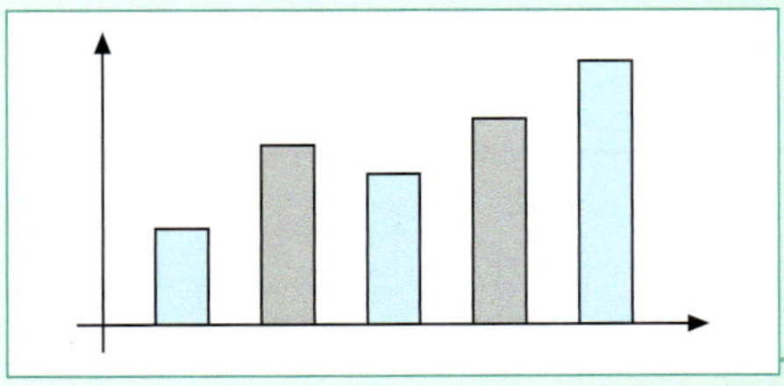

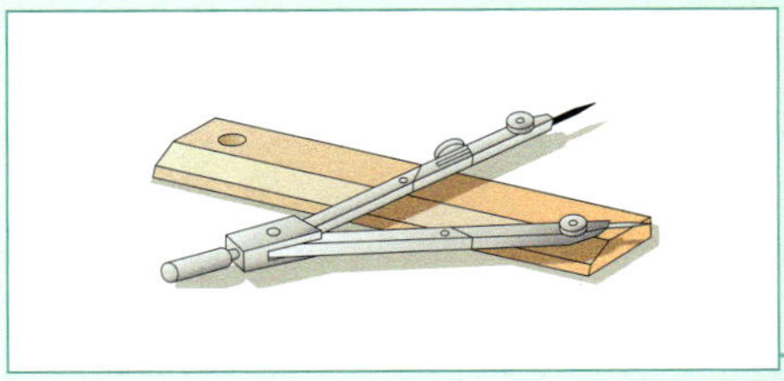

Zahl und Zahlbereiche – Brüche

Gleiche Brüche – verschiedene Namen

Gleiche Brüche können verschiedene Namen haben.

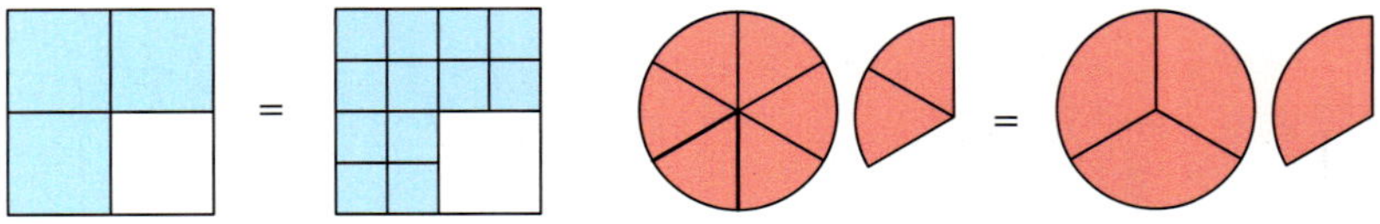

$\frac{3}{4} = \frac{12}{16}$ $\qquad \frac{8}{6} = \frac{4}{3} = 1\frac{1}{3}$

Durch Erweitern und Kürzen findest du verschiedene Namen für gleiche Brüche.

Erweitern

Erweitern heißt...

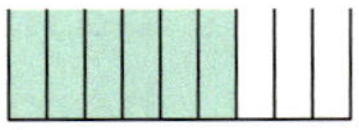

$\frac{2}{3} \overset{\cdot 3}{=} \frac{6}{9}$

... Zähler und Nenner mit der gleichen Zahl multiplizieren.

Kürzen

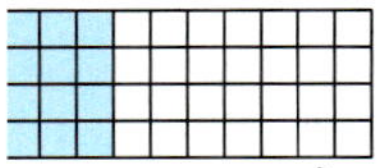

Kürzen heißt...

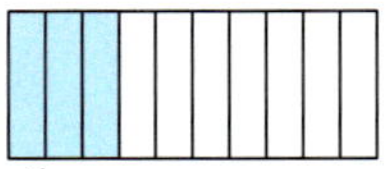

$\frac{12}{40} \overset{:4}{=} \frac{3}{10}$

... Zähler und Nenner durch die gleiche Zahl dividieren.

Ordnen

Brüche gleichnamig machen und nach der Größe der Zähler ordnen.

$\frac{2}{3}\ \frac{5}{6}\ \frac{1}{2}\ \frac{3}{4} \rightarrow \frac{8}{12}\ \frac{10}{12}\ \frac{6}{12}\ \frac{9}{12} \rightarrow \frac{6}{12} < \frac{8}{12} < \frac{9}{12} < \frac{10}{12}$

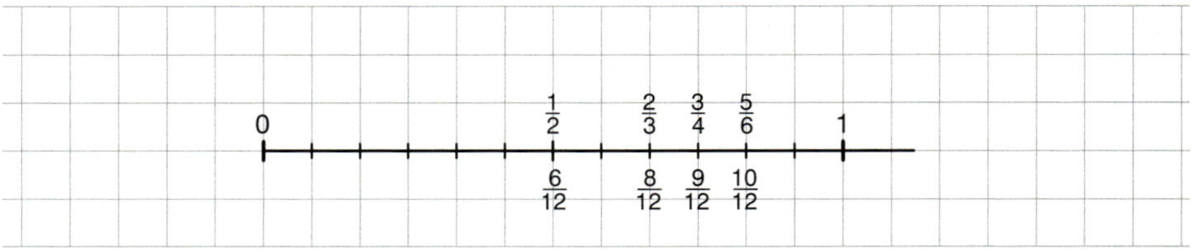

Addieren Subtrahieren

Gleichnamig machen,
dann Zähler addieren oder subtrahieren
und Nenner beibehalten

$\frac{3}{4} + \frac{2}{5} = \frac{15}{20} + \frac{8}{20} = \frac{23}{20}$

$\frac{5}{6} - \frac{2}{3} = \frac{5}{6} - \frac{4}{6} = \frac{1}{6}$

Multiplizieren

Zähler mal Zähler,
Nenner mal Nenner

$\frac{3}{4} \cdot \frac{2}{5} = \frac{6}{20} = \frac{3}{10}$

Spezialfall

$3 \cdot \frac{2}{5} = \frac{3}{1} \cdot \frac{2}{5} = \frac{6}{5}$

Dividieren

Multiplizieren des ersten Bruches mit
dem Kehrbruch des zweiten Bruches

$\frac{4}{5} : \frac{3}{2} = \frac{4}{5} \cdot \frac{2}{3} = \frac{8}{15}$

Spezialfall

$\frac{4}{5} : 3 = \frac{4}{5} : \frac{3}{1} = \frac{4}{5} \cdot \frac{1}{3} = \frac{4}{15}$

Zahl und Zahlbereiche – Rechnen mit rationalen Zahlen

Der Zahlenstrahl wird zu einer Zahlengeraden erweitert

Menge der rationalen Zahlen $\mathbb{Q}$

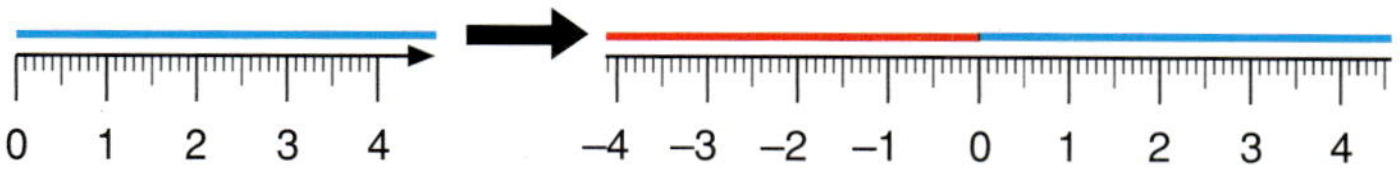

Die Menge aller jetzt vorhandenen Zahlen (also die natürlichen Zahlen, die positiven und negativen Bruchzahlen und die Zahl 0) wird **„Menge der rationalen Zahlen"** genannt und mit $\mathbb{Q}$ bezeichnet.

Betrag

Der Betrag einer Zahl gibt an, wie weit sie von der 0 entfernt ist.
Der Betrag ist nie negativ.

$|-30| = 30$ $\quad |20| = 20$

$\left|-\frac{5}{4}\right| = \frac{5}{4}$ $\quad |1{,}25| = 1{,}25$

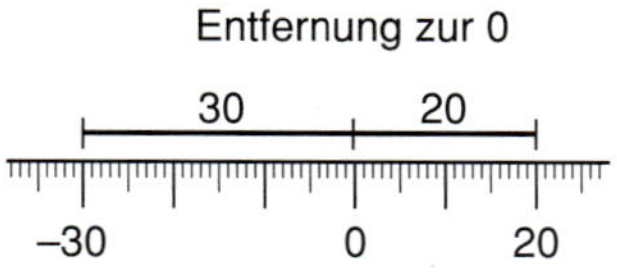

Ordnen

Eine Zahl a ist kleiner als eine Zahl b, wenn a auf der Zahlengeraden links von b liegt.

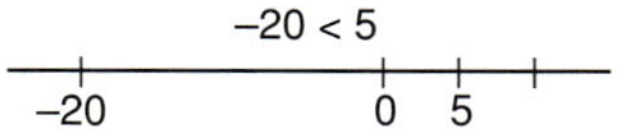

Addieren

Addierst du eine positive Zahl, so gehst du auf der Zahlengeraden nach rechts.

$-4 + 9 = 5$

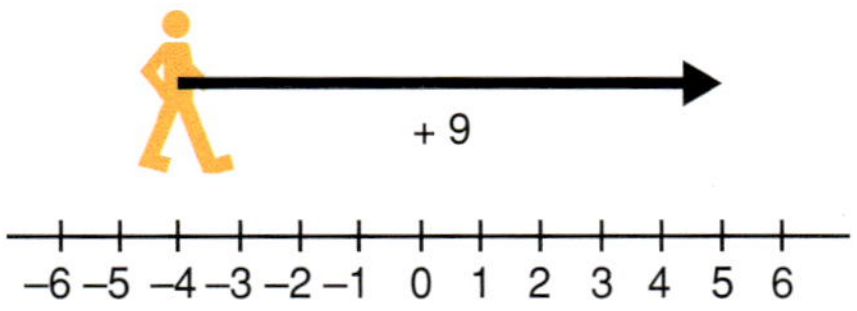

Addierst du eine negative Zahl, so gehst du auf der Zahlengeraden nach links.

$3 + (-7) = -4$

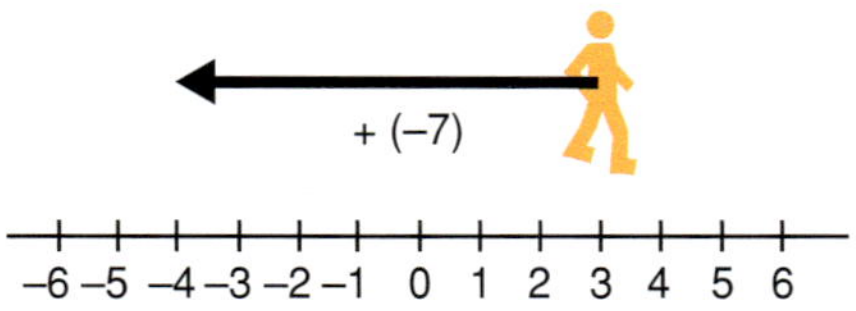

Subtrahieren

Subtrahierst du eine positive Zahl, so gehst du auf der Zahlengeraden nach links.

$7 - (+8) = -1$

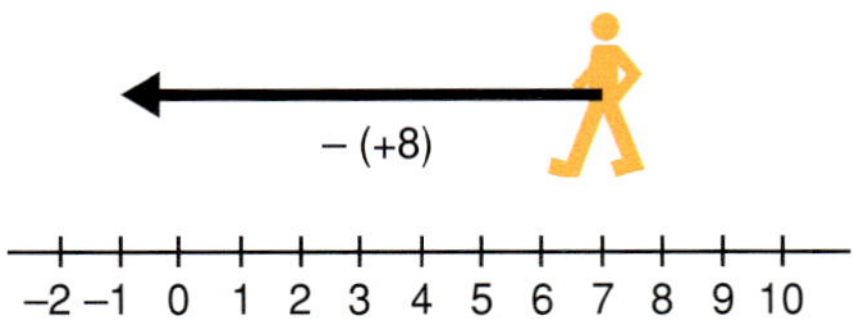

Subtrahierst du eine negative Zahl, so gehst du auf der Zahlengeraden nach rechts.

$6 - (-3) = 9$

Multiplizieren und Dividieren

Rationale Zahlen werden multipliziert/dividiert, indem man die Beträge multipliziert/dividiert und das Vorzeichen des Ergebnisses gemäß der Vorzeichentabelle festlegt.

$(-4) \cdot 3 = -12$ $\quad (-8) : (-2) = 4$

·/:	+	−
+	+	−
−	−	+

Bei der Multiplikation mit 0 erhält man das Produkt 0.
Die Division durch 0 ist verboten.

Zahl und Zahlbereiche – Regeln und Gesetze

Beim Berechnen von Rechenausdrücken musst du, wie im Straßenverkehr, Vorfahrtsregeln beachten. Dadurch kannst du manchmal auch Rechenvorteile erlangen und somit geschickt rechnen.

Nur Strichrechnungen

Rechne von links nach rechts, dann machst du nichts falsch.

$37{,}7 - 18{,}2 + 12{,}8$
$= 19{,}5 + 12{,}8$
$= 32{,}3$

Nur Punktrechnungen

Rechne von links nach rechts, dann machst du nichts falsch.

$36 : 4 \cdot 2$
$= 9 \cdot 2$
$= 18$

Punkt- vor Strichrechnung

Punktrechnungen werden vor Strichrechnungen ausgeführt.

$13{,}4 + 6 \cdot 9$
$= 13{,}4 + 54$
$= 67{,}4$

Klammern zuerst

Was in Klammern steht, wird zuerst ausgerechnet.

$8 \cdot (25{,}75 - 16{,}75)$
$= 8 \cdot 9$
$= 72$

Kommutativgesetz (Vertauschungsgesetz)

Beim Addieren darfst du die Reihenfolge der Summanden vertauschen.

$\frac{1}{6} + \frac{2}{3} = \frac{2}{3} + \frac{1}{6}$

Beim Multiplizieren darfst du die Reihenfolge der Faktoren vertauschen.

$\frac{1}{8} \cdot \frac{2}{3} = \frac{2}{3} \cdot \frac{1}{8}$

Assoziativgesetz (Verbindungsgesetz)

Beim Addieren darfst du die Reihenfolge, in der du addierst, selbst festlegen.

$37 + 16{,}4 + 23{,}6$
$= 37 + 40$
$= 77$

Beim Multiplizieren darfst du die Reihenfolge, in der du multiplizierst, selbst festlegen.

$13{,}1 \cdot 20 \cdot 5$
$= 13{,}1 \cdot 100$
$= 1310$

Distributivgesetz (Verteilungsgesetz)

Ausmultiplizieren

Du kannst eine Summe mit einer Zahl multiplizieren, indem du jeden Summanden mit der Zahl multiplizierst und die Produkte addierst.

$(10 + 7) \cdot 6$
$= 10 \cdot 6 + 7 \cdot 6$
$= 60 + 42$
$= 102$

Ausklammern

Es geht auch umgekehrt.

$43 \cdot 356 + 57 \cdot 356$
$= (43 + 57) \cdot 356$
$= 100 \cdot 356$
$= 35\,600$

Messen und Größen – Übersichten über die Einheiten

Längen

Umrechnungszahl 10

1 km = 1000 m · 1000

1 m = 10 dm · 10

1 dm = 10 cm · 10

1 cm = 10 mm

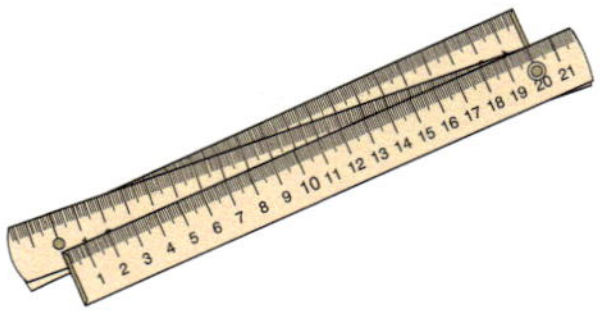

Flächeninhalte

Umrechnungszahl 100

1 ha = 100 a · 100

1 a = 100 m^2 · 100

1 m^2 = 100 dm^2 · 100

1 dm^2 = 100 cm^2 · 100

1 cm^2 = 100 mm^2

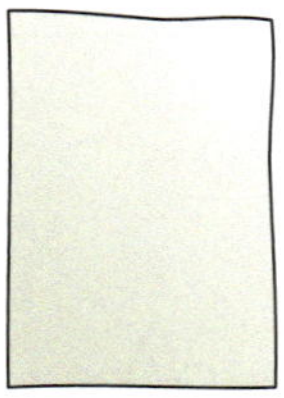

Rauminhalte
Volumina

Umrechnungszahl 1000

1 m^3 = 1000 dm^3 · 1000

1 dm^3 = 1000 cm^3 · 1000

1 cm^3 = 1000 mm^3

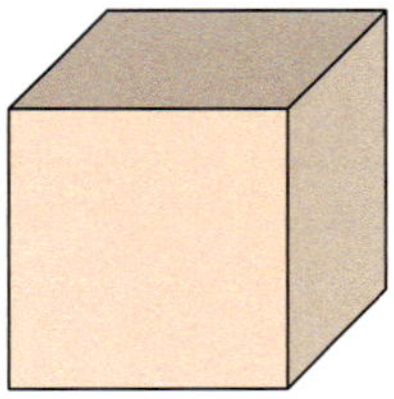

Das Volumen von Flüssigkeiten wird in Litern gemessen.
1 l = 1 dm^3 1 ml = 1 cm^3

Gewichte

Umrechnungszahl 1000

1 t = 1000 kg · 1000

1 kg = 1000 g · 1000

1 g = 1000 mg

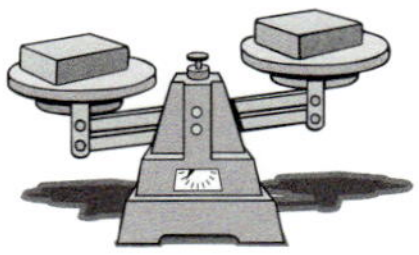

Zeitspannen

Umrechnungszahlen 24 und 60

1 Tag = 24 h · 24

1 h = 60 min · 60

1 min = 60 s

Raum und Form – Ebene Figuren und Körper

Grundformen ebener geometrischer Figuren (Flächen)

ebene Figuren

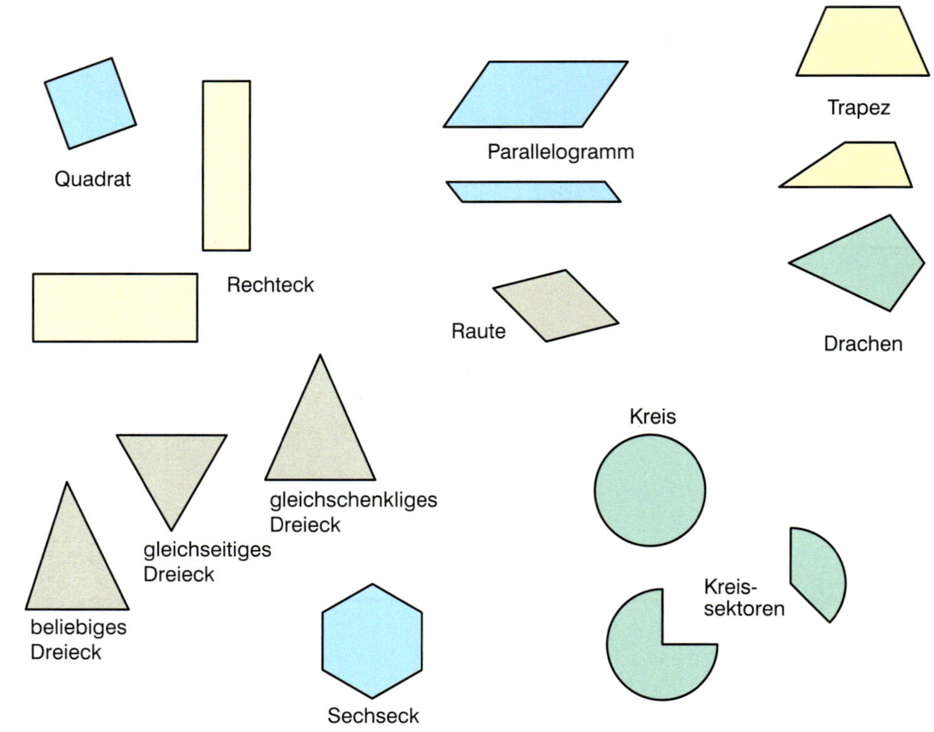

Grundformen geometrischer Körper

Körper

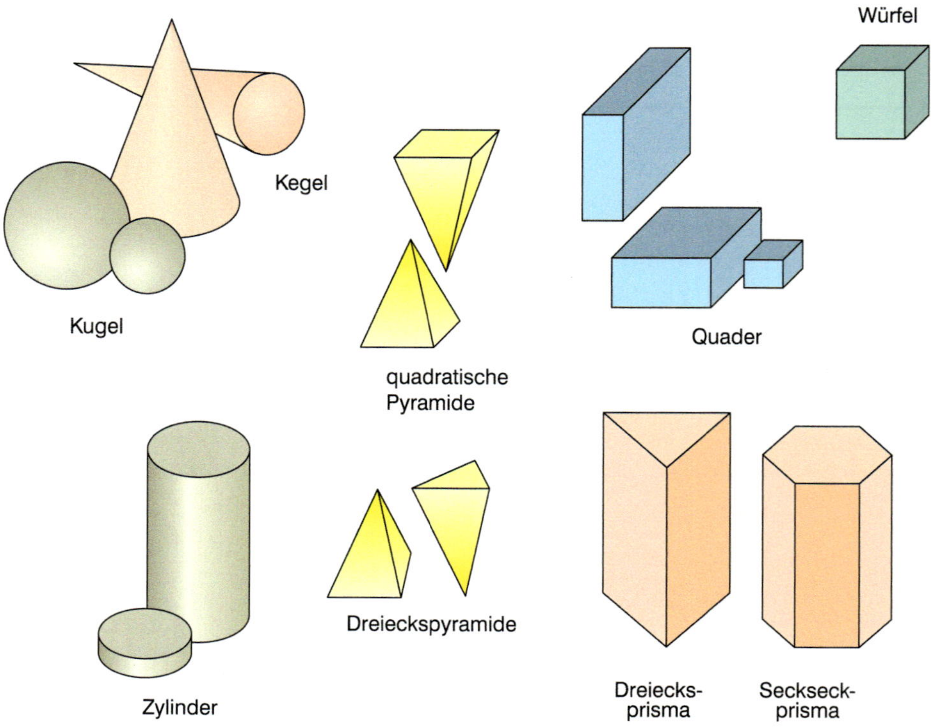

Raum und Form – Schrägbilder und Netze

Schrägbilder zeichnen

Das Schrägbild eines Würfels entsteht

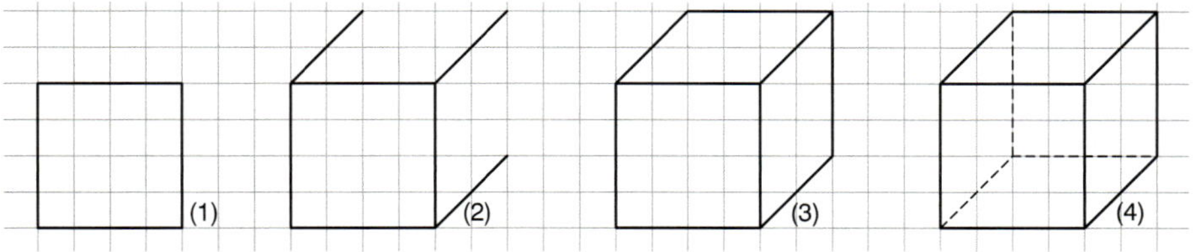

1. Schritt: Zeichne die Vorderfläche des Würfels.
2. Schritt: Zeichne die Kanten, die von vorne nach hinten zeigen, schräg und verkürzt wie im Bild.
3. und 4. Schritt: Ergänze die fehlenden Kanten der hinteren Fläche des Würfels. Die verdeckten Kanten werden nur gestrichelt gezeichnet.

Soll der Würfel undurchsichtig sein, so lässt man alle verdeckten Kanten weg. (3)

Körper entstehen aus ihren Netzen.

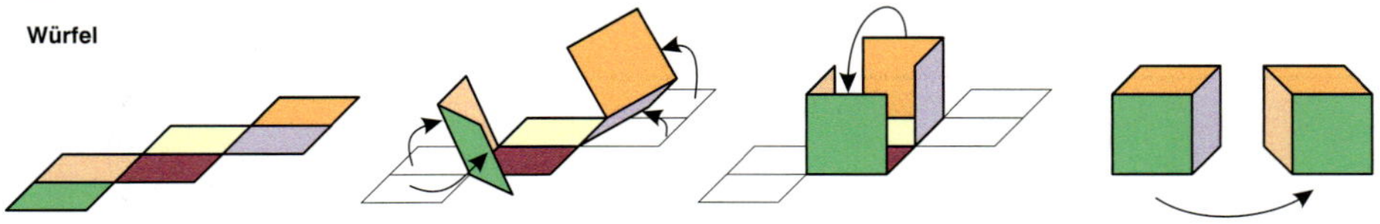

Würfel

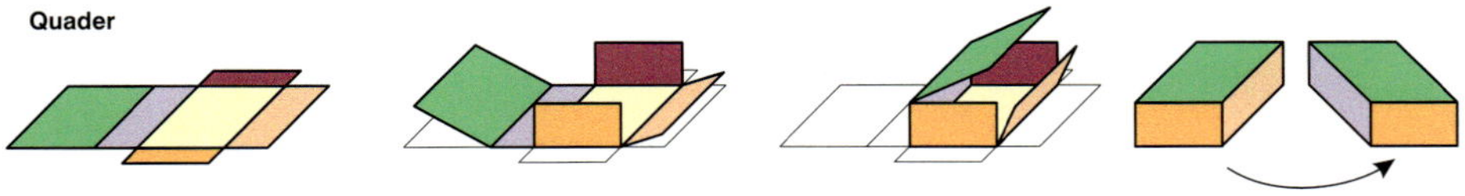

Quader

Netz **Schrägbild**

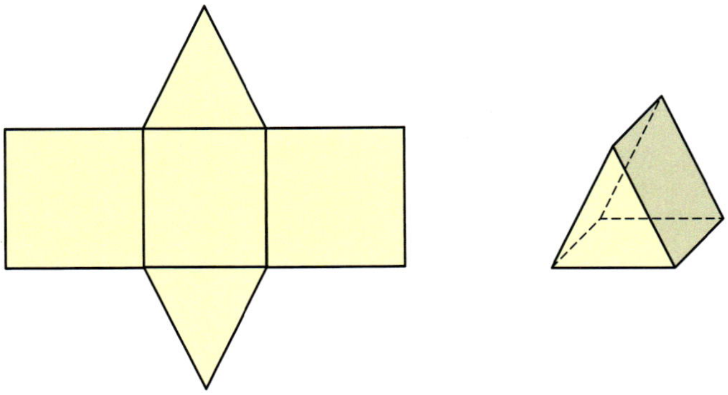

Prisma

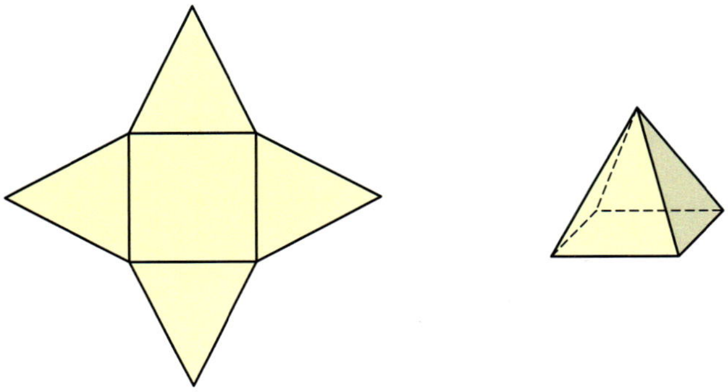

Pyramide

Raum und Form – Winkel und Winkelsätze

Winkel
Winkeltypen

Winkel

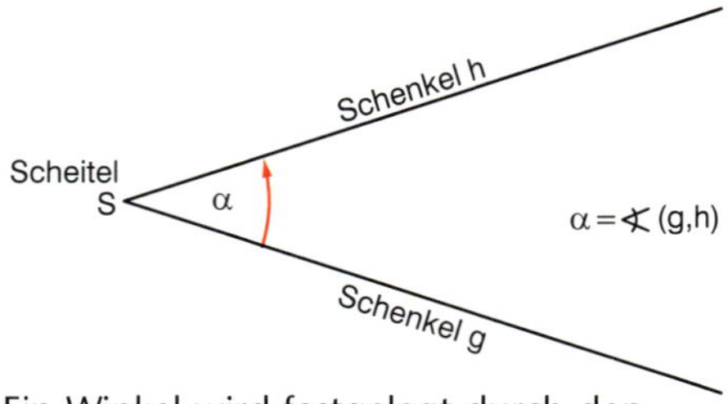

Ein Winkel wird festgelegt durch den **Scheitel S** und die beiden **Schenkel g und h.**

Winkel werden in Typen eingeteilt:

Spitzer W.
$0° < \alpha < 90°$

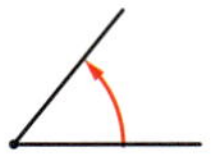

Rechter W.
$\alpha = 90°$

Stumpfer W.
$90° < \alpha < 180°$

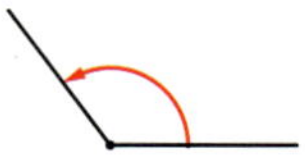

Gestreckter W.
$\alpha = 180°$

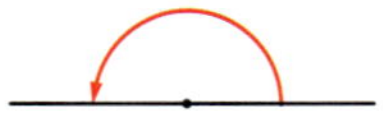

Überstumpfer W.
$180° < \alpha < 360°$

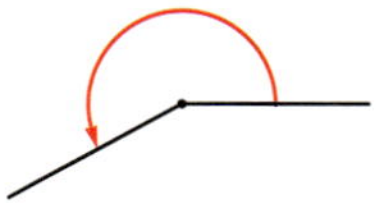

Bezeichnungen

α	β	γ	δ
Alpha	Beta	Gamma	Delta

Winkel und Winkelgrößen werden mit griechischen Buchstaben bezeichnet.

Nebenwinkel
Scheitelwinkel
Wechselwinkel
Stufenwinkel

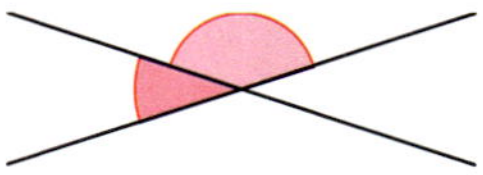

Nebenwinkel ergänzen sich zu 180°.

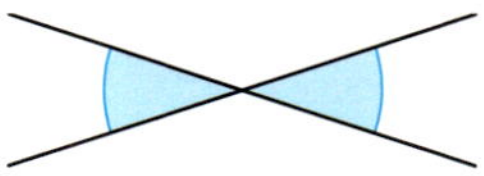

Scheitelwinkel sind gleich groß.

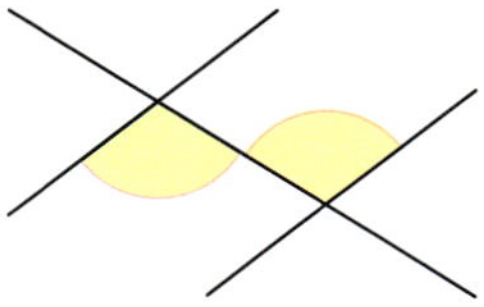

Wechselwinkel sind gleich groß.

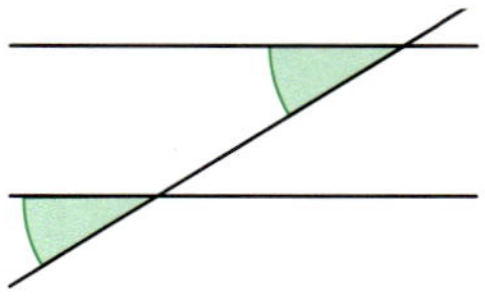

Stufenwinkel sind gleich groß.

Stufen- und Wechselwinkel an Doppelkreuzungen

Sind an einer Doppelkreuzung Stufen- und Wechselwinkel gleich groß, so sind die Geraden parallel. Sind sie es nicht, so sind die Geraden nicht parallel.

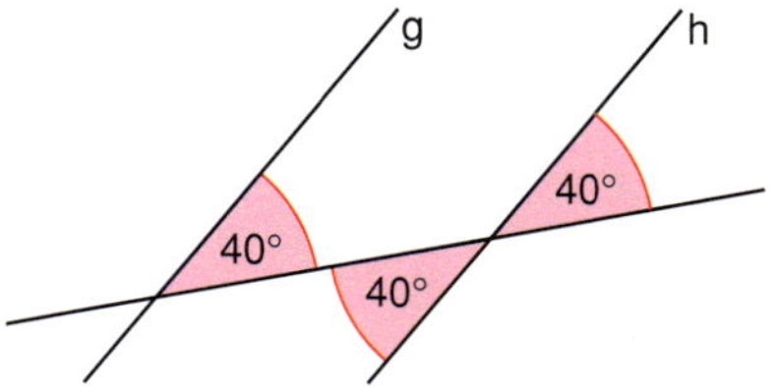

g und h sind parallel.

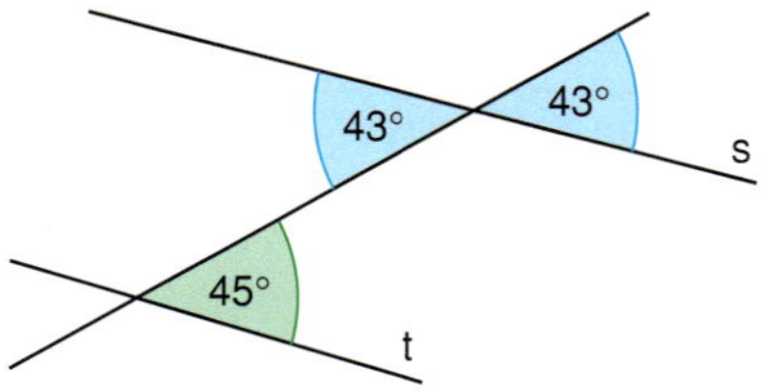

s und t sind nicht parallel.

Winkelsumme im Dreieck

Die Winkelsumme im Dreieck beträgt 180°.

Beweis:
Die blaue Gerade ist parallel zur gegenüberliegenden Dreiecksseite.
Also ist ω_1 Wechselwinkel zu α und ω_2 Wechselwinkel zu β.
Da $\omega_1 + \omega_2 + \gamma = 180°$, gilt also auch: $\alpha + \beta + \gamma = 180°$.

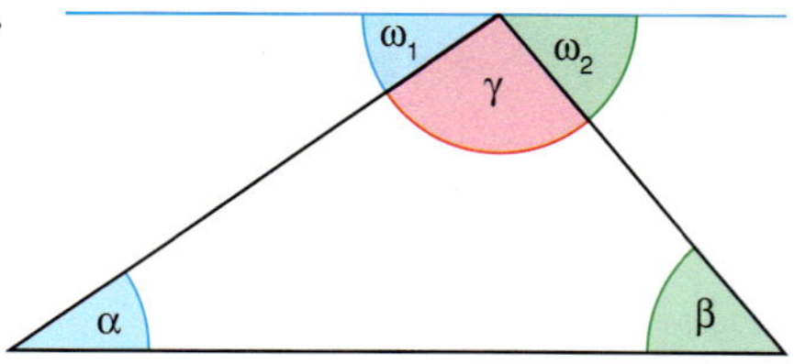

Raum und Form – Steckbriefe von Vierecken

Bei den Vierecken gibt es viele besondere Formen, die alle einen eigenen Namen haben. Mithilfe der Längen und der Lage von Seiten und Diagonalen lassen sich die verschiedenen Viereckstypen genau beschreiben und kennzeichnen. Man erhält genaue „Steckbriefe" der Vierecke.

Besondere Vierecke

Name: **Quadrat**

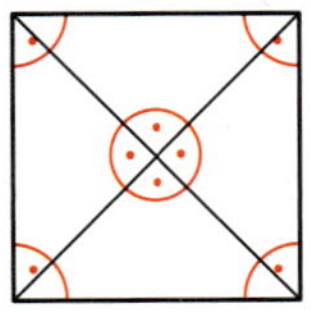

Eigenschaften:
- Alle vier Seiten gleich lang
- Gegenüberliegende Seiten parallel
- Aneinanderstoßende Seiten senkrecht (rechtwinklig) zueinander
- Diagonalen gleich lang und senkrecht zueinander
- Diagonalen halbieren sich

Name: **Rechteck**

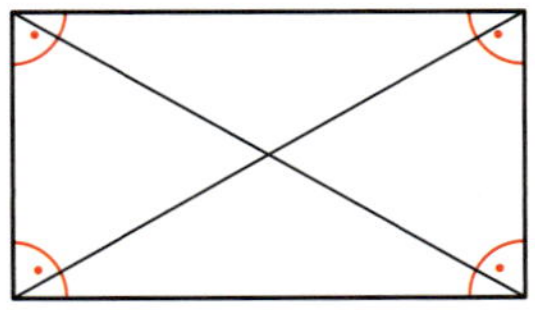

Eigenschaften:
- Gegenüberliegende Seiten gleich lang
- Gegenüberliegende Seiten parallel
- Aneinanderstoßende Seiten senkrecht (rechtwinklig) zueinander
- Diagonalen gleich lang
- Diagonalen halbieren sich

Name: **Raute**

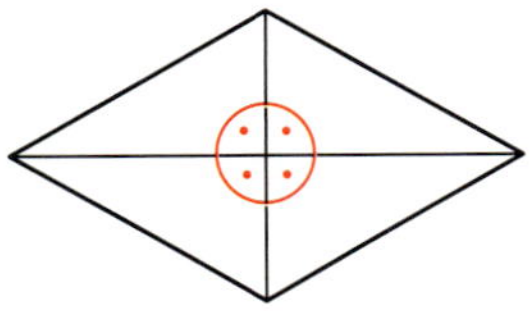

Eigenschaften:
- Alle vier Seiten gleich lang
- Gegenüberliegende Seiten parallel
- Diagonalen senkrecht zueinander
- Diagonalen halbieren sich

Name: **Parallelogramm**

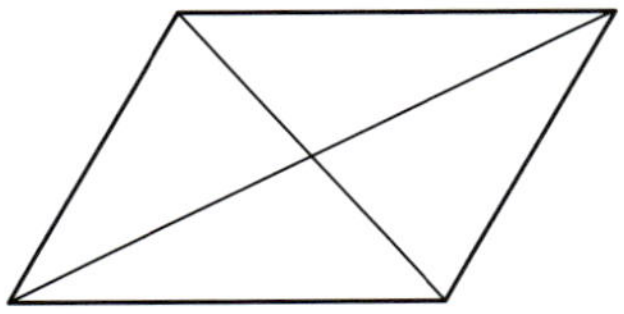

Eigenschaften:
- Gegenüberliegende Seiten gleich lang
- Gegenüberliegende Seiten parallel
- Diagonalen halbieren sich

Name: **Gleichschenkliges Trapez**

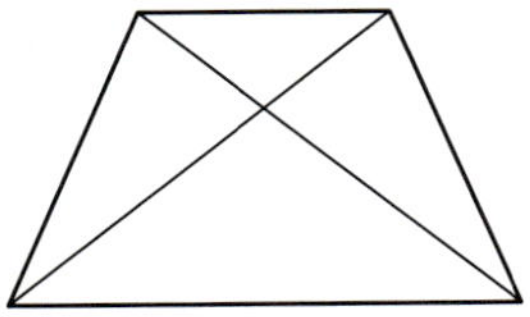

Eigenschaften:
- Ein Paar gleich langer Seiten (gegenüberliegend)
- Ein Paar paralleler Seiten (gegenüberliegend)
- Diagonalen gleich lang

Name: **Drachen**

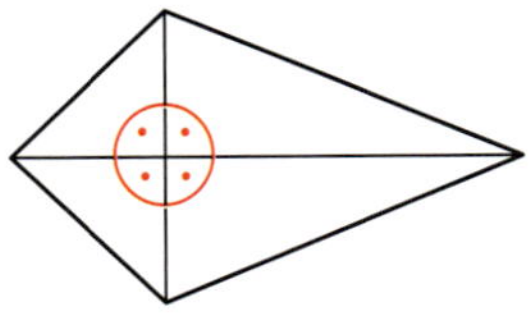

Eigenschaften:
- Zwei Paare gleich langer Seiten (aneinander stoßend)
- Diagonalen senkrecht zueinander
- Eine Diagonale wird halbiert.

Raum und Form – Symmetrie und Abbildungen

Symmetrie

Um eine Figur auf Symmetrie zu untersuchen, suche nach möglichen Spiegelachsen, Dreh- oder Symmetriepunkten oder Verschiebungspfeilen.

Abbildungen

Achsenspiegelung

Drehung

Achsenspiegelung

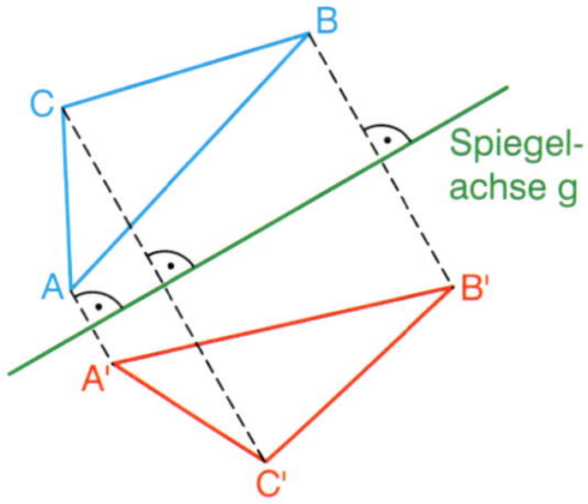

Drehung

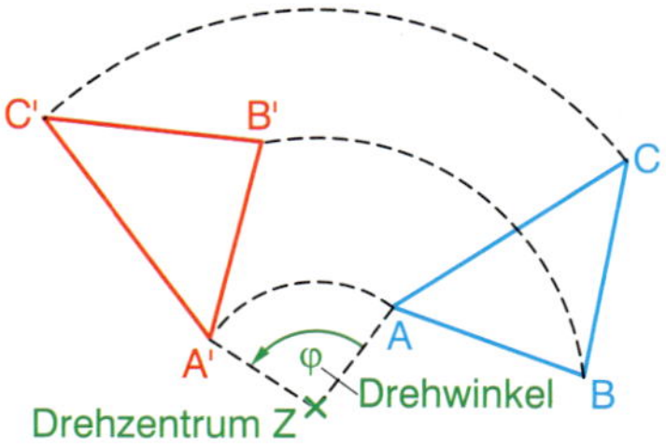

Punktspiegelung

Verschiebung

Punktspiegelung

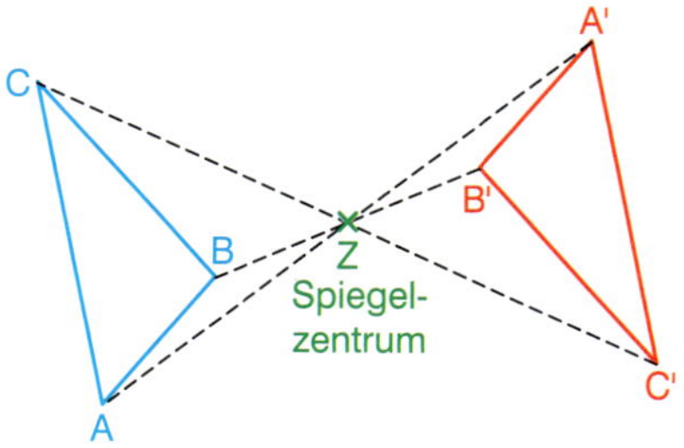

Verschiebung

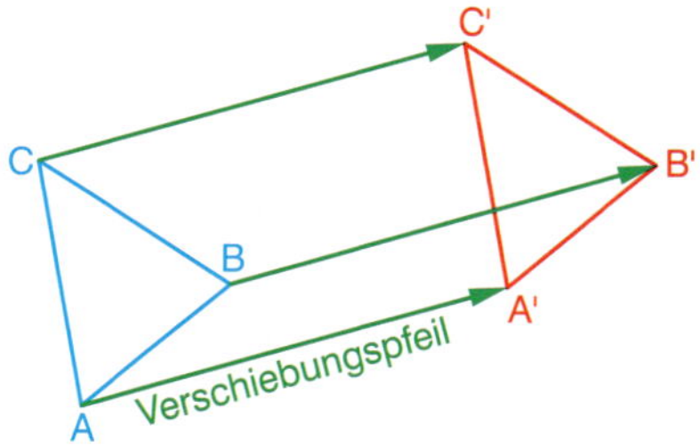

DGS

Achsenspiegelung	Drehung	Punktspiegelung	Verschiebung
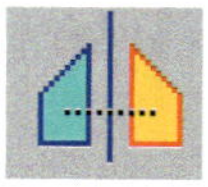			
Figur und Spiegelachse angeben	Figur, Drehzentrum und Drehwinkel angeben	Figur und Spiegelzentrum angeben	Figur und Verschiebungspfeil angeben

Funktionaler Zusammenhang – Terme

Terme aufstellen

Der Flächeninhalt kann durch unterschiedlich aussehende Terme beschrieben werden.

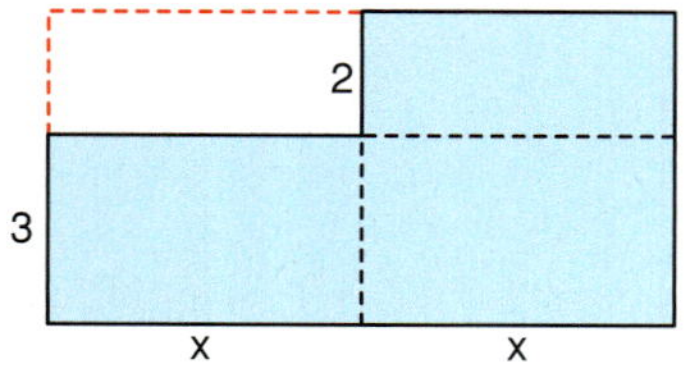

Bei jeder Einsetzung für die Variable x erhalten wir mit jedem Term den gleichen Wert.

x	$x \cdot 3 + x \cdot 5$	$2x \cdot 5 - 2 \cdot x$	$2x \cdot 3 + x \cdot 2$
3	24	24	24
4,5	36	36	36
6	48	48	48

Rechnen mit Termen

Mit Termen können wir nach den gleichen Gesetzen rechnen wie mit Zahlen:

Kommutativgesetz

bei der Addition
$a + b = b + a$

bei der Multiplikation
$a \cdot b = b \cdot a$

Assoziativgesetz

bei der Addition
$(a + b) + c = a + (b + c)$

bei der Multiplikation
$(a \cdot b) \cdot c = a \cdot (b \cdot c)$

Distributivgesetz

$a \cdot (b + c) = a \cdot b + a \cdot c$

$\frac{b + c}{a} = \frac{b}{a} + \frac{c}{a}\ (a \neq 0)$

$a \cdot (b - c) = a \cdot b - a \cdot c$

$\frac{b - c}{a} = \frac{b}{a} - \frac{c}{a}\ (a \neq 0)$

Termumformungen

Ziele beim Termumformen:

Terme als gleichwertig erkennen — $3x + 2x$ — $5x$

Terme vereinfachen — $a + b + a + b$ — $2(a + b)$

Mithilfe von Rechenregeln können wir Terme in gleichwertige Terme umformen. Dabei gelten die gleichen Gesetze wie beim Rechnen mit Zahlen (Kommutativgesetz, Assoziativgesetz, Distributivgesetz).

Strategien beim Termumformen

Strategien beim Termumformen:

Ordnen und Zusammenfassen	$6x - 2 - 3x + 5 = 3x + 3$
Ausmultiplizieren und Zusammenfassen	$3(a + 2) - 5 = 3a + 6 - 5 = 3a + 1$
Ordnen und Ausklammern	$5x + 2x + 1 = 3x + 3 = 3(x + 1)$

Funktionaler Zusammenhang – Gleichungen aufstellen und lösen

Das Problem

Um einen Packwürfel zu verschnüren, braucht man 3 m Schnur, 20 cm davon für den Knoten. Wie lang ist die Seite des Würfels?

„Übersetzen“ in mathematische Sprache

Gleichung aufstellen

1. Variable (Unbekannte) festlegen

   x bezeichnet die Seitenlänge des Würfels (in cm)

2. Übersetzen der Problemstellung in passende Terme

   Die Schnur umspannt 8 Seitenlängen x. Es kommen noch 20 cm für den Knoten hinzu. Also:

   $l(x) = 8 \cdot x + 20$

   Die Länge der Schnur ist 300 cm:

   $l(x) = 300$

3. Gleichung aufstellen

   $8 \cdot x + 20 = 300$

Gleichung lösen

Probieren

$8 \cdot 10 + 20 = 100$
zu klein

$8 \cdot 40 + 20 = 340$
zu groß

$8 \cdot 30 + 20 = 260$
zu klein

$8 \cdot 35 + 20 = 300$
passt!

Tabelle

x	l(x)
5	60
10	100
15	140
20	180
25	220
30	260
35	300
40	340

Graph

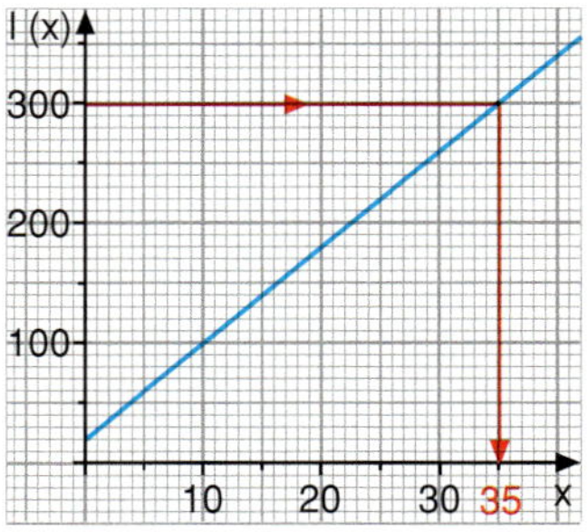

$l(x) = 8 \cdot x + 20$

Äquivalenzumformungen

$8x + 20 = 300 \quad | -20 \quad -20$

$8x = 280 \quad | :8 \quad = :8$

$x = 5$

Lösung aufschreiben

$x = 35$

Die Seitenlänge des Würfels beträgt 35 cm.

Einsetzprobe

Einsetzen der Lösung in die Gleichung:

Linke Seite der Gleichung:
$8 \cdot 35 + 20 = 300$

Rechte Seite der Gleichung: 300 Stimmt!

Problemprobe

3 m Schnur: Passt!

Funktionaler Zusammenhang – Gleichungen lösen mit dem Computer

Tabellenkalkulation | *Grafikrechner (GTR)*

Tabellen und Graphen erstellen

Tabelle anlegen

In Spalte A die x-Werte eingeben
In Spalte B die y-Werte eingegeben
(z. B. als Formel)

B2 | f_x =2*A2+3

	A	B	C
1	x	y	
2	0	3	
3	0,5	4	
4	1	5	
5	1,5	6	
6	2	7	
7	2,5	8	
8	3	9	

Graphen erstellen

Klicke auf den „Diagrammassistenten" und folge den Hinweisen.

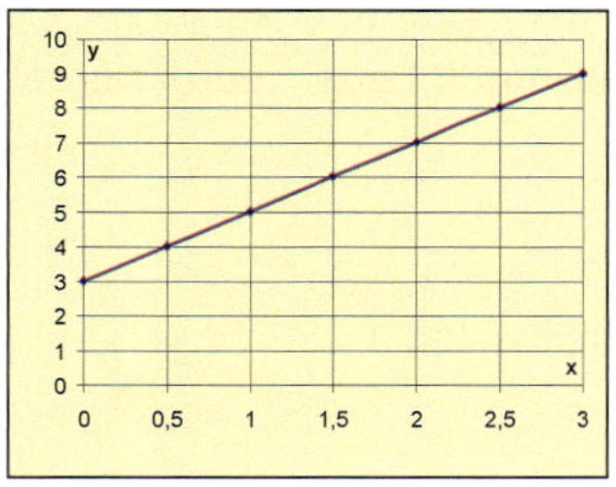

Terme eingeben, Zeichenbereich festlegen

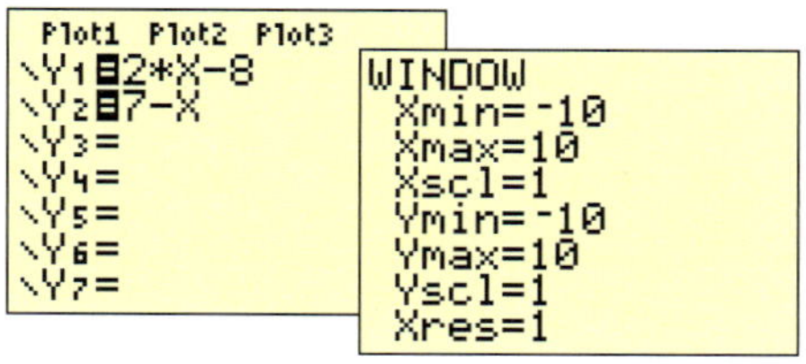

Tabelle

Tabelle anzeigen

X	Y1	Y2
0	-8	7
1	-6	6
2	-4	5
3	-2	4
4	0	3
5	2	2
6	4	1

X=0

Grafik anzeigen

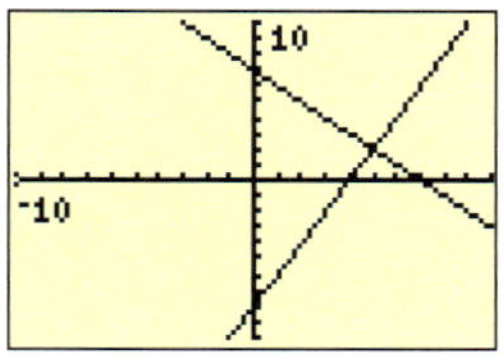

Grafik

Gleichung lösen

Eine Gleichung lösen heißt
- mit Tabelle: Finde einen x-Wert mit übereinstimmenden Funktionswerten.
- mit Grafik: Finde einen Schnittpunkt der zugehörigen Graphen.

$2x + 6 = 4x - 8$

$T_1(x) = 2x + 6$
$T_2(x) = 4x - 8$

$T_1(x) = T_2(x)$

	A	B	C
1	x	T1(x)	T2(x)
2	1	8	=4*A2-
3	2	10	0
4	3	12	4
5	4	14	8
6	5	16	12
7	6	18	16
8	**7**	**20**	**20**
9	8	22	24
10	9	24	28

Lösung x = 7

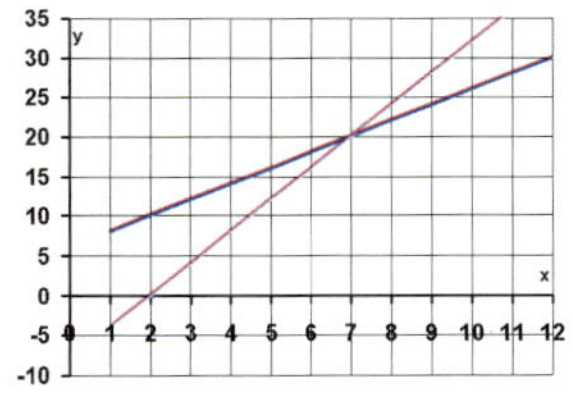

Der Schnittpunkt ist (7 | 20).

$2x - 4 = 5 - x$

X	Y1	Y2
-1	-6	6
0	-4	5
1	-2	4
2	0	3
3	2	2
4	4	1
5	6	0

X=3

Lösung x = 3

Lösen mit Tabelle

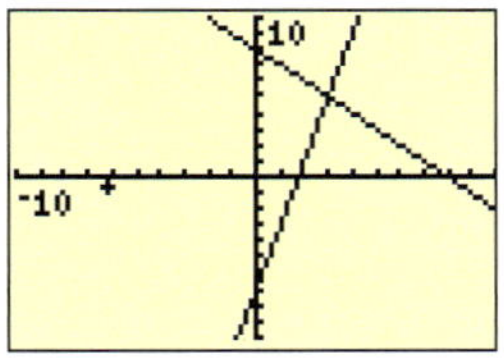

Der Schnittpunkt ist (3 | 2).

Lösen mit Grafik

Funktionaler Zusammenhang – Zuordnung, Graph, Tabelle, Rechenvorschrift

Zuordnung

In vielen Situationen des Alltags besteht zwischen Größen ein Zusammenhang.
- Aktienkurse verändern sich minütlich. Jedem Zeitpunkt an einem Tag an der Börse kann man den jeweiligen DAX zuordnen.
- Das Volumen eines Würfels hängt von dessen Kantenlänge ab. Man kann somit jeder Kantenlänge das Volumen des entsprechenden Würfels zuordnen.
- Der Umfang eines Rechtecks hängt von der Länge und Breite ab. Der jeweiligen Länge und Breite wird der Umfang zugeordnet.

Zuordnung kann man auf verschiedene Arten darstellen:
- mit einer Tabelle
- mit einem Graphen
- mit Worten
- mit einer Rechenvorschrift

Zuordnung: Geschwindigkeit → Bremsweg

Text: Den Bremsweg s eines Autos auf trockener Straße errechnet man, indem man die Geschwindigkeit v mit sich selbst multipliziert und das Ergebnis durch 100 dividiert.

Tabelle

Graph

Tabelle:

Geschwindigkeit v (in km/h)		Bremsweg s (in m)
v	$v \cdot v$	$\frac{v \cdot v}{100}$
10	100	1
20	400	4
50	2 500	25
100	10 000	100
200	40 000	400

Graph:

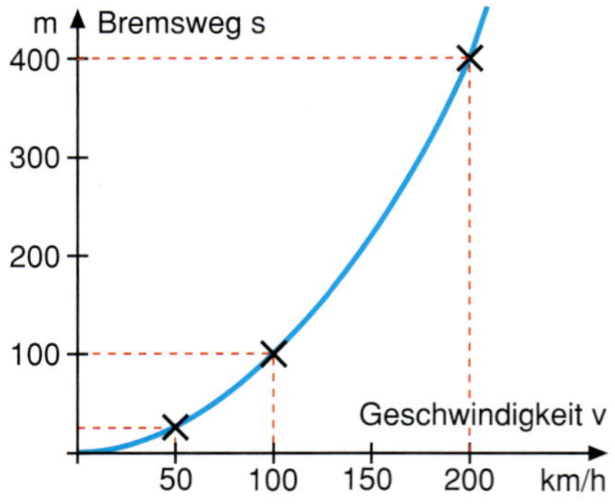

Rechenvorschrift

Rechenvorschrift: $s = \frac{v \cdot v}{100}$

Formulierungen

„lange" Formulierung	kurz	Sprechweise
Der Bremsweg s ist abhängig von der Geschwindigkeit.	s(v)	s von t
Der Bremsweg s bei einer Geschwindigkeit von 80 km/h beträgt 64 m.	s(80) = 64	s von 80 gleich 64

Funktionaler Zusammenhang – Graphen lesen, zeichnen und beschreiben

Zuordnungen lassen sich durch Graphen darstellen.

Graphen lesen

- Achte zunächst auf die Beschriftung der Achsen. Dann weißt du schon, worum es geht.
- Jeder Punkt auf dem Graphen gibt dir eine Information, die aus zwei Werten besteht. Wenn das Fahrzeug 3 Minuten gefahren ist, hat es eine Geschwindigkeit von 30 km/h.
  Kurzschreibweise für das **Wertepaar:** (3 min | 30 km/h)

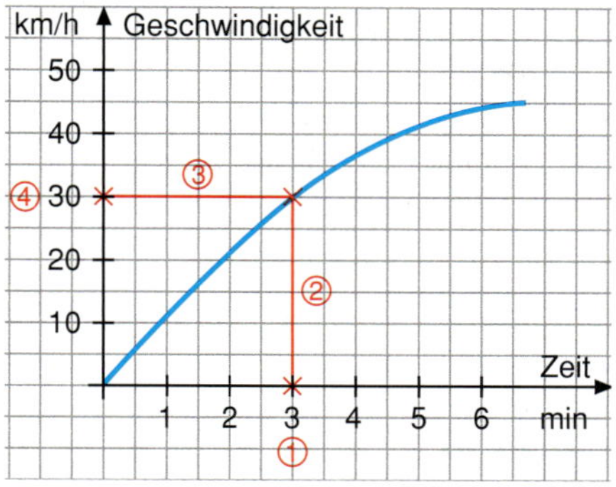

Geschwindigkeit-Zeit-Diagramm

Informationen lassen sich grafisch veranschaulichen.

Graphen zeichnen

1. *Festlegen, was dargestellt werden soll.* Welche Größe wird auf welcher Achse aufgetragen?
2. *Festlegen des Bildausschnittes.* Welche Bereiche werden auf den Achsen dargestellt?
3. *Festlegen des Maßstabes.* (z. B. 1 cm auf der Achse entspricht …)
4. *Eintragen der Wertepaare aus Tabelle.*

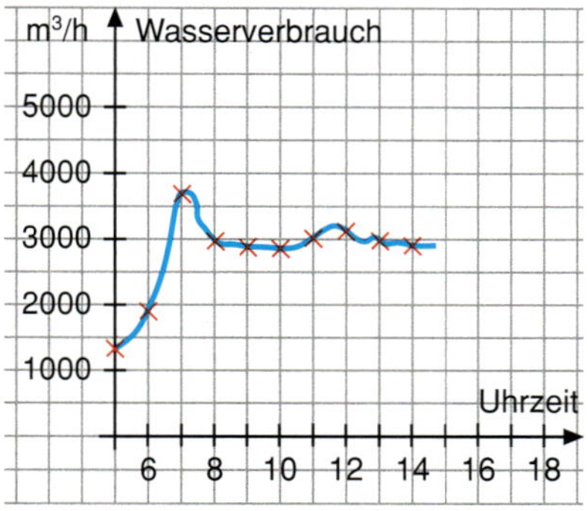

Wie kann man über Graphen sprechen? Man benötigt geeignete Begriffe, um einen Graphen beschreiben zu können.

Graphen beschreiben

Vokabular zum Beschreiben eines Graphen

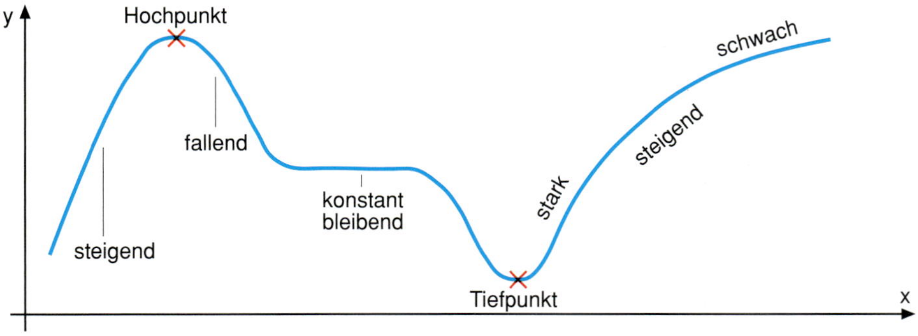

Funktionaler Zusammenhang – proportionale, antiproportionale Zuordnungen

proportionale Zuordnung

Proportionale Zuordnung x → y

Verdoppelt sich x, dann verdoppelt sich y usw.

Tabelle

Graph

Menge (in g)	Preis (in €)
100	1,10
200	2,20
300	3,30
50	0,55
1	0,011
x	0,011 · x

(links: ·3, :2; rechts: ·3, :2)

Rechenvorschrift

Rechenvorschrift: P(x) = 0,011 x

100 g Wurst kosten 1,10 €

Menge in Gramm → Preis in €

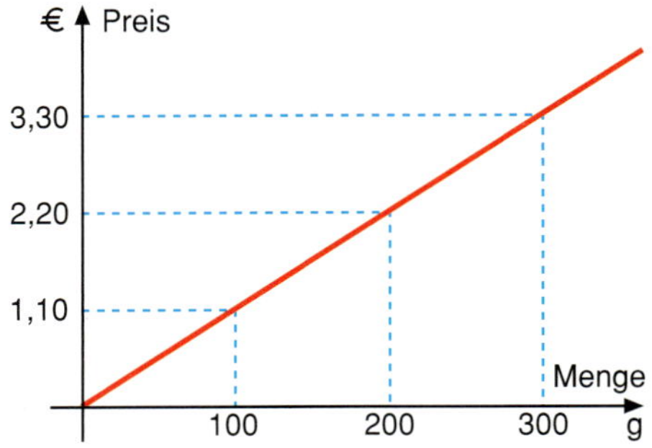

Der Graph ist eine Ursprungsgerade.

---

antiproportionale Zuordnung

Antiproportionale Zuordnung x → y

Verdoppelt sich x, dann halbiert sich y usw.

Tabelle

Graph

Geschwindigkeit v (in km/h)	Fahrzeit t für 120 km (in h)
20	6
40	3
60	2
10	12
5	24
1	120
v	120 / v

(links: ·2, :4; rechts: :2, ·4)

Rechenvorschrift

Rechenvorschrift: t(v) = 120/v

Für eine Strecke von 120 km benötigt man bei 20 km/h durchschnittlicher Geschwindigkeit 6 Stunden

durchschnittl. Geschwindigk. v → Zeit t für eine bestimmte Strecke

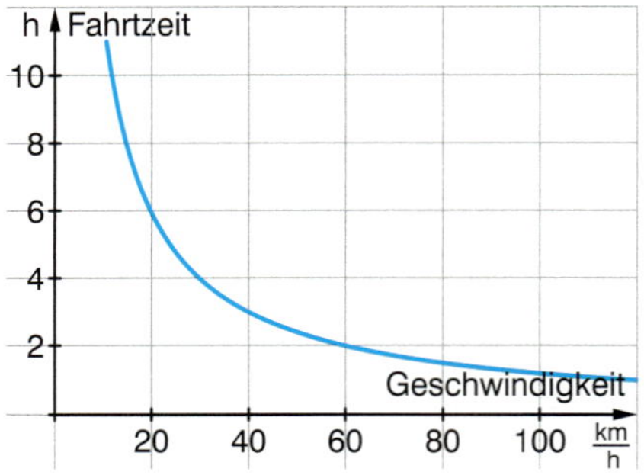

Rechnen im Dreisatz

3 kg Spargel kosten 18 €. Wie viel kosten 11 kg?

1) **3 kg** Spargel kosten **18 €**.

2) **1 kg** Spargel kostet:
18 € : 3 = **6 €**

3) **11 kg** Spargel kosten:
11 · 6 € = **66 €**

3 kg	18 €
1 kg	6 €
11 kg	66 €

(links: :3, ·11; rechts: :3, ·11)

Für zwei Ponys reicht ein Futtervorrat 30 Tage. Wie lange reicht er für fünf Ponys?

1) **2 Ponys** verbrauchen das Futter in **30 Tagen**.

2) **1 Pony** verbraucht den Vorrat in
2 · 30 Tagen = **60 Tagen**.

3) **5 Ponys** verbrauchen den Vorrat in
60 : 5 Tagen = **12 Tagen**.

2 Ponys	30 Tage
1 Pony	60 Tage
5 Ponys	12 Tage

(links: :2, ·5; rechts: ·2, :5)

Funktionaler Zusammenhang – Prozent- und Zinsrechnung

Anteile

Anteile kann man auf verschiedene Arten angeben.
Wie viel des Kreises ist rot gefärbt?

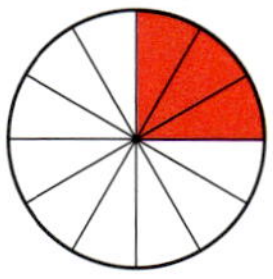

als Bruchteil	$\frac{3}{12}$
als „Anteil"	3 von 12
mit Worten	jeder Vierte
als Prozent	25 %

Anteile, die man sich merken sollte:

$\frac{1}{10} = 10\,\%$ $\frac{1}{5} = 20\,\%$ $\frac{1}{4} = 25\,\%$ $\frac{1}{3} = 33{,}3\,\%$ $\frac{1}{2} = 50\,\%$ $\frac{2}{3} = 66{,}6\,\%$ $\frac{3}{4} = 75\,\%$

Umrechnen in Prozent

Erweitern auf den Nenner 100

$\frac{1}{4} = \frac{25}{100} = 25\,\%$

Dezimalzahldarstellung berechnen

$1 : 4 = 0{,}25 = 25\,\%$

Wie viel Prozent sind 32 von 80?

Prozentsatz p % gesucht

Anteil 32 von 80

$\frac{32}{80} = 0{,}4 = 40\,\%$

Prozentsatz p % = 40 %

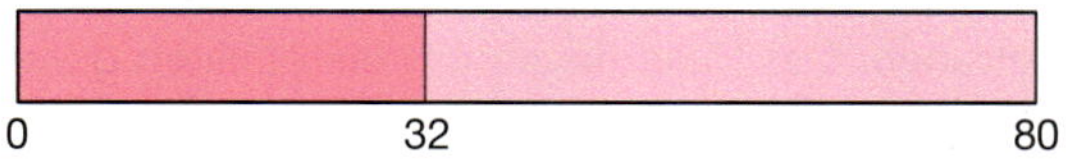

Prozentwert P gesucht

35 % von 600?

$600 \cdot \frac{35}{100} = 210$

Prozentwert P = 210

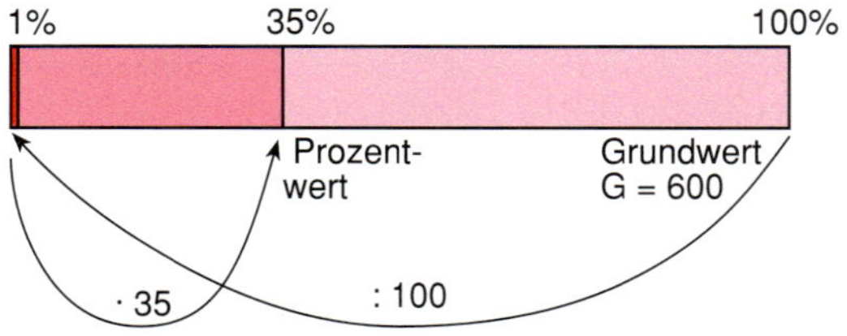

$600 \xrightarrow{\cdot \frac{35}{100}} 210$

Grundwert G gesucht

60 % entspricht 180.

$180 \cdot \frac{100}{60} = 300$

Grundwert G = 300

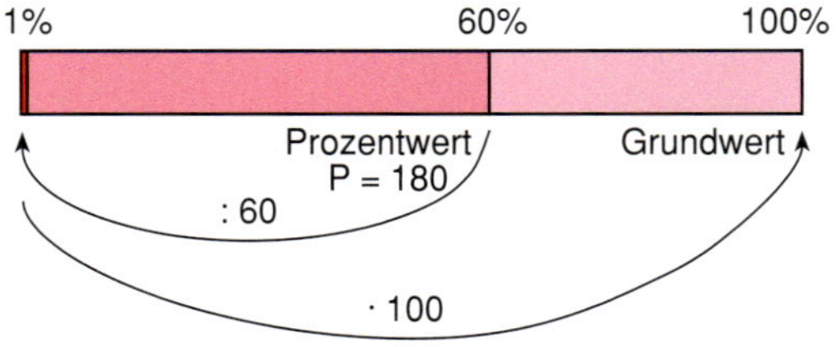

$180 \xrightarrow{\cdot \frac{100}{60}} 300$

Wie man schnell und richtig rechnet.

Änderung in Prozent

2 500 € **zuzüglich** 15 %:

$2\,500\,€ \xrightarrow{\cdot 1{,}15} 2\,875\,€$

820 € **abzüglich** 5 %:

$820\,€ \xrightarrow{\cdot 0{,}95} 2\,875\,€$

Der Verkaufspreis von 399 € liegt um 65 % über dem Einkaufspreis. Wie hoch war der EK?

$399\,€ \xrightarrow{:1{,}65} 221{,}82\,€$

Zinsrechnung ist Prozentrechnung

Prozentrechnung		Zinsrechnung	
Grundwert	G	Kapital	K
Prozentsatz	p %	Zinssatz	p %
Prozentwert	P	Zinsen	Z

Wie viel Zinsen erhält man für 320 € bei einem Zinssatz von 4 %?

K = 320 €
P % = 4 % = 0,04
Z = 320 · 0,04 = 12,80 €

Daten und Zufall – Diagramme

Diagramme: Daten „auf einen Blick"

Stabdiagramm
Bilddiagramm

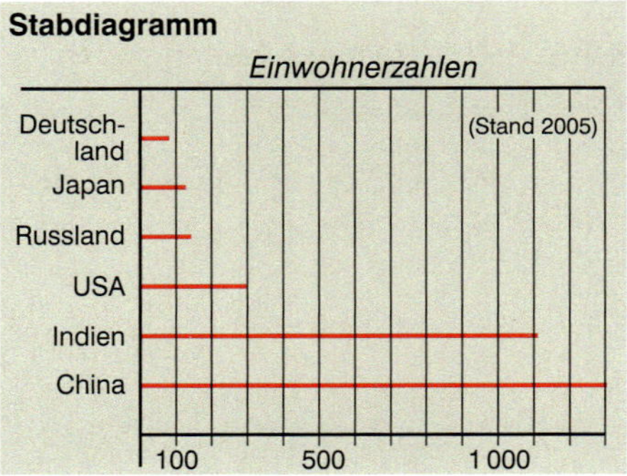

In einem Stabdiagramm entspricht die Länge des Striches der Größe der Zahl.

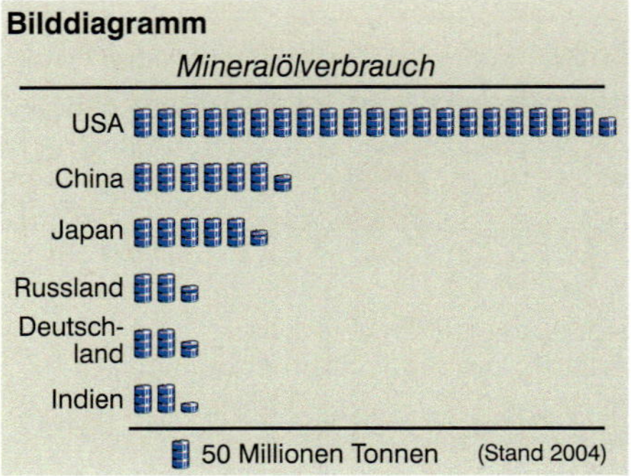

In einem Bilddiagramm stellt die Anzahl oder die Größe des Zeichens die Zahl dar.

Die mittleren Monatstemperaturen eines Jahres sind von München in der Tabelle eingetragen. Das Liniendiagramm bietet einen guten Überblick. Man sieht unmittelbar, wann die mittlere Temperatur unter Null liegt, oder wann sie am größten ist.

Liniendiagramm

	A	B
1	Monat	mittlere Temperatur
2	Jan	-2,4
3	Feb	-1,2
4	Mrz	3,0
5	Apr	7,5
6	Mai	12,0
7	Jun	15,2
8	Jul	17,0
9	Aug	16,5
10	Sep	13,1
11	Okt	7,6
12	Nov	2,7
13	Dez	-0,9
14		
15		

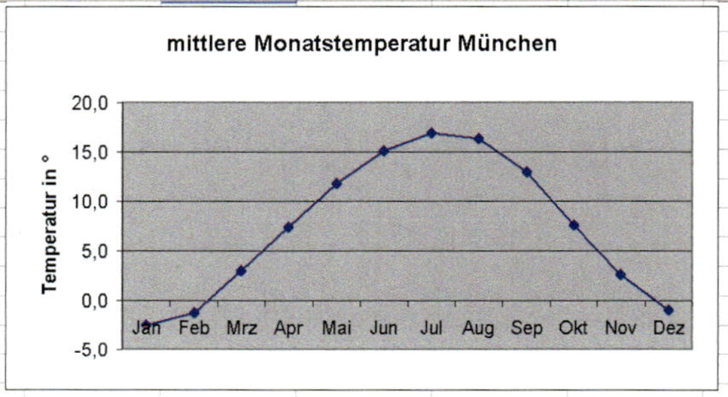

Daten kannst du auch in einem Stängel-Blatt-Diagramm darstellen. In der Tabelle findest du die höchste Punktzahl, die jeder Basketballspieler in einem Spiel erzielt hat. Der Trainer möchte die Daten so darstellen, dass er schnell die höchste und die kleinste Punktzahl ablesen kann. Zudem möchte er sehen, welche Punktzahlen häufig vorkamen.

Name	Punkte
Alex	5
Aynur	9
Daniel	20
Hauke	14
Jan	18
Kim	31
Max	6
Michael	50

Name	Punkte
Nadim	18
Nils	11
Pascal	25
Robert	32
Stefan	10
Sven	46
Till	17
Tobias	21

Stängel-Blatt-Diagramm

In dem Stängel-Blatt-Diagramm sind die Zehner die „Stängel". Die Einer werden als „Blätter" hinzugefügt.
Es gibt drei Ergebnisse bei den Zwanzigern: 20, 25, 21. Das notieren wir so: 2 | 0 1 5
Die Zahlen sind in jedem Blatt der Größe nach geordnet.

Stängel-Blatt-Diagramm

Stängel	Blätter
5	0
4	6
3	1 2
2	0 1 5
1	0 1 4 7 8 8
0	5 6 9

Daten und Zufall – Anteile, Prozente, Häufigkeiten

Prozentzahlen lassen sich besonders gut vergleichen. In Diagrammen kann man häufig mit einem Blick erfassen, welcher Anteil am größten ist.

In der Klasse 6b wurde gefragt, wie die Schülerinnen und Schüler zur Schule kommen. Die Daten sind in der Tabelle zusammengefasst und in einem Stabdiagramm dargestellt.

Absolute Häufigkeit

	Anzahl
zu Fuß	12
Fahrrad	4
Auto	3
Bus	6
gesamt	25

$\Rightarrow$

Relative Häufigkeit $= \frac{\text{absolute Häufigkeit}}{\text{Gesamtzahl}}$

	Anteil	Prozent
zu Fuß	12/25	48 %
Fahrrad	4/25	16 %
Auto	3/25	12 %
Bus	6/25	24 %
gesamt	25/25	100 %

Absolute Häufigkeit
Relative Häufigkeit

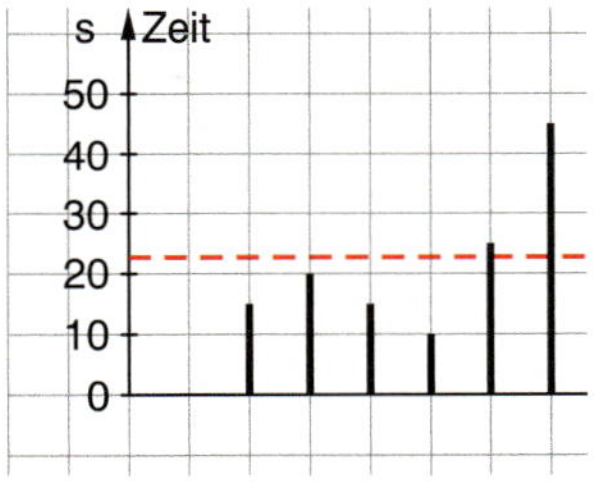

Stabdiagramm

Für das **Kreisdiagramm** werden die Winkel berechnet.
1 % entspricht einem Winkel von $\frac{360°}{100} = 3{,}6°$.
Die Winkelmaße werden gerundet.

48 %	173°
16 %	58°
12 %	43°
24 %	86°
100 %	360°

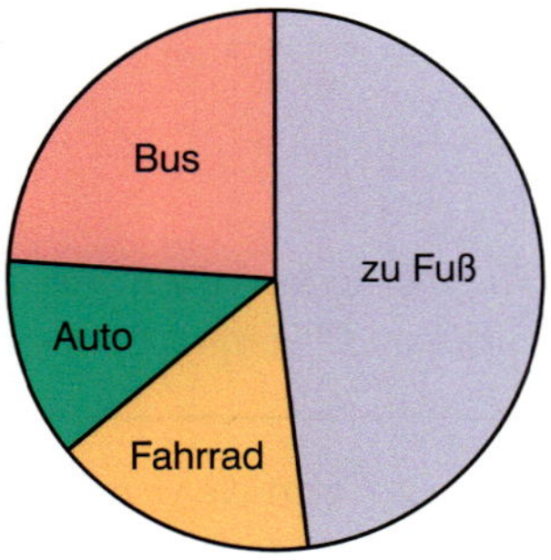

Kreisdiagramm

Stabdiagramm
Kreisdiagramm

Sven fragt seine Mitschülerinnen und Mitschüler, wie lange sie in der Woche vor dem Computer sitzen. Die Ergebnisse seiner Befragung fasst er in einer Tabelle zusammen. Er möchte die relativen Häufigkeiten in Prozent ermitteln.

Zeit	Anzahl
0 bis 1 Stunde	6
1 bis 2 Stunden	9
2 bis 4 Stunden	4
2 bis 6 Stunden	2
mehr als 6 Stunden	3

Gesamtzahl: 6 + 9 + 4 + 2 + 3 = 24

Zeit	Anteil	Prozente
0 bis 1 Stunde	$\frac{6}{24} = \frac{1}{4}$	25 %
1 bis 2 Stunden	$\frac{9}{24} = \frac{3}{8}$	37,5 %
2 bis 4 Stunden	$\frac{4}{24} = \frac{1}{6}$	16,7 %
4 bis 6 Stunden	$\frac{2}{24} = \frac{1}{12}$	8,3 %
mehr als 6 Stunden	$\frac{3}{24} = \frac{1}{8}$	12,5 %

Berechnung der Prozentzahlen:

$\frac{1}{4} = \frac{25}{100} = 25\,\%$

$\frac{1}{6} \approx 0{,}167 \approx 16{,}7\,\%$ (gerundet)

Bei gerundeten Zahlen verwendet man das „≈“-Zeichen und sagt: „ungefähr gleich“.

Berechnung der Prozentzahlen

Daten und Zufall – Mittelwerte

Um Mittelwerte zu berechnen, benötigst du zunächst eine Liste der Ergebnisse. Wenn du z. B. wissen möchtest, wie lange du im Mittel für bestimmte Kopfrechenaufgaben brauchst, so misst du die Zeiten zunächst einige Male und notierst die Werte. Mit Diagrammen kannst du dir einen guten Überblick über die Werte verschaffen.

Ergebnisliste: 15 s 20 s 15 s 10 s 25 s 45 s 35 s 15 s 25 s

Durchschnitt
Arithmetisches Mittel

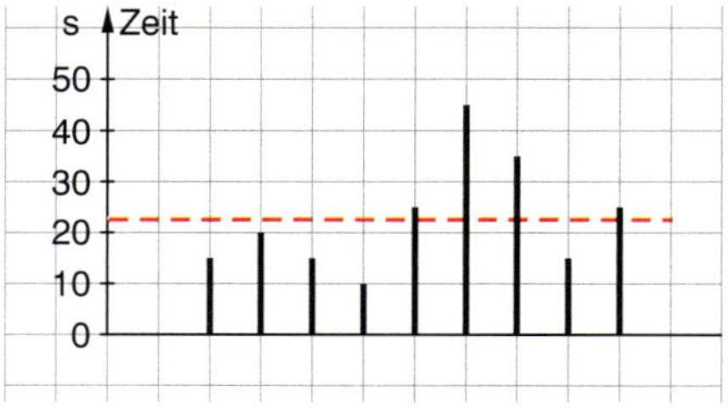

Um den **Durchschnitt** der Werte zu berechnen, musst zu zunächst die Summe der Werte bilden. Dividiere die Summe dann durch die Anzahl der Werte. Das Ergebnis nennt man auch arithmetisches Mittel. Im Diagramm gibt die gestrichelte Linie den Durchschnitt an.

$$\frac{15\,s + 20\,s + 15\,s + 10\,s + 25\,s + 45\,s + 35\,s + 15\,s + 25\,s}{9} \approx \frac{205\,s}{9} = 22\,\frac{7}{9}\,s \approx 22{,}8\,s \text{ (gerundet)}$$

Zentralwert
Median

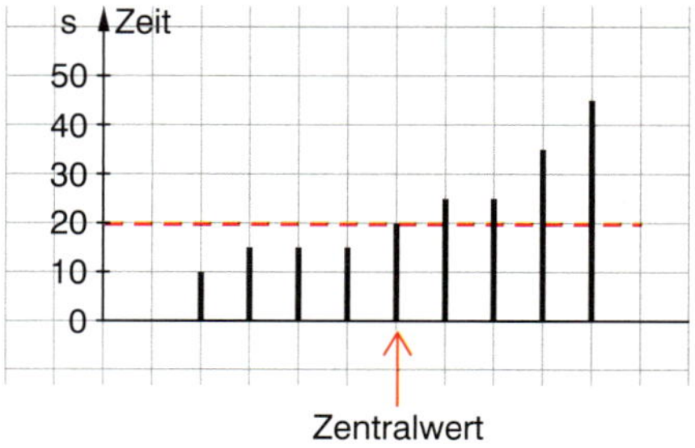

Wenn du die Werte der Größe nach ordnest, erkennst du, welcher Wert genau in der Mitte steht. Es ist der **Zentralwert**. Es stehen gleich viele Werte vor dem Zentralwert wie hinter dem Zentralwert.

10 s 15 s 15 s 15 s	20 s	25 s 25 s 35 s 45 s
	↑ Zentralwert	

Modalwert
Häufigster Wert

Der **häufigste Wert** in einer Liste heißt **Modalwert**. In der Ergebnisliste ist der Modalwert 15 s. Er kommt 3-mal vor. Alle anderen Werte kommen weniger häufig vor.

In einem Team werden die Gehälter verglichen:
Joe 1700 €, Lisa 1850 €, Marcel 1800 €, Mira 1650 €, Harald 1850 € und Anne 2850 €.

Anwendung

Die Kennwerte zu den gegebenen Daten sind:

Arithemetisches Mittel: $\frac{1700 + 1850 + 1800 + 1650 + 1850 + 2850}{6} = \frac{11\,700}{6} = 1950$

Das arithmetische Mittel beträgt also 1950 €

Zentralwert: 1650 € 1700 € 1800 € 1850 € 1850 € 2850 €
In diesem Beispiel gibt es eine gerade Anzahl von Werten. Als Zentralwert wählt man das arithmetische Mittel der beiden mittleren Werte 1800 und 1850.

$\frac{1800 + 1850}{2} = \frac{3650}{2} = 1825$

Der Zentralwert beträgt also 1825 €

Modalwert: Am häufigsten kommt der Wert 1850 vor.
Der Modalwert beträgt also 1850 €.

Das arithmetische Mittel ist in diesem Falle als Kennwert weniger geeignet (wegen des „Ausreißers“ des Gehaltes von Anne).

Daten und Zufall – Zufallsexperimente und Wahrscheinlichkeit

Die wichtigsten Begriffe	Beispiele	
Ein Experiment, bei dem verschiedene Ergebnisse eintreten können	Würfeln Werfen eines Basketballs auf den Korb	Zufallsexperiment
Zusammenfassung aller möglichen Ergebnisse	{1, 2, 3, 4, 5, 6} {3-Punkte-Wurf, 2-Punkte-Wurf, 1-Punkt-Wurf, kein Treffer}	Ergebnismenge
Zusammenfassung einiger Ergebnisse (Teilmenge der Ergebnismenge)	gerade Zahlen {2, 4, 6} Treffer {3-P; 2-P; 1-P}	Ereignis
Eine Zahl zwischen 0 und 1 (0 % und 100 %), die angibt, wie wahrscheinlich ein Ergebnis (Ereignis) eintritt	Die Wahrscheinlichkeit kann je nach Situation „empirisch" oder „theoretisch" ermittelt werden.	Wahrscheinlichkeit

Wiederholt man ein Zufallsexperiment, so kann man die relative Häufigkeit berechnen, mit der ein bestimmtes Ergebnis (Ereignis) eintritt. *relative Häufigkeit*
Experiment: jeweils 20-maliges Werfen eines Basketballs auf den Korb

	3-Punkte	2-Punkte	1-Punkt
Häufigkeit	2	14	8
relative Häufigkeit	$\frac{2}{20}$	$\frac{13}{20}$	$\frac{8}{20}$

Die relative Häufigkeit ist ein Schätzwert für die Wahrscheinlichkeit, mit der das betreffende Ergebnis eintritt. Statt Schätzwert sagen wir auch „empirische Wahrscheinlichkeit" (empirisch: aus einem Experiment gewonnen). *„empirische Wahrscheinlichkeit"*
Die relative Häufigkeit ist ein guter Schätzwert für die Wahrscheinlichkeit, wenn das Zufallsexperiment sehr häufig wiederholt wurde.

Bei einer Reihe von Zufallsexperimenten kann man annehmen, dass jedes einzelne Ergebnis mit der gleichen Wahrscheinlichkeit auftritt. In diesen Fällen kann man die Wahrscheinlichkeit für das Eintreten eines Ergebnisses theoretisch, d. h. ohne Experiment, bestimmen. *Laplace-Experiment*

Münze	Würfel	Glücksrad	Urne

Ergebnismenge			
{Z, W}	{1, 2, 3, 4, 5, 6}	{0, 1, …, 9}	{1, 2, …, 49}
Anzahl der Ergebnisse			
2	6	10	49
Wahrscheinlichkeit für jedes Ergebnis			
$\frac{1}{2}$	$\frac{1}{6}$	$\frac{1}{10}$	$\frac{1}{49}$

theoretische Wahrscheinlichkeit

Wahrscheinlichkeit für das Eintreten eines Ereignisses:

$$p = \frac{\text{Anzahl der günstigen Ergebnisse}}{\text{Anzahl der möglichen Ergebnisse}}$$

Laplace-Formel

Werkzeuge – Tabellenkalkulation

Tabelle

Zeilen 1, 2, 3, …
Spalten A, B, C,…
Zellen A1, E3,..

Beim Start der Tabellenkalkulation öffnet sich ein leeres Tabellenblatt, eine Tabelle mit in Zeilen und Spalten angeordneten einzelnen Zellen.
In jede beliebige Zelle ist eine Eingabe möglich. Eingegeben werden können Zahlen, Texte und auch Formeln zur Berechnung von Werten mit den Zahlen anderer Zellen.

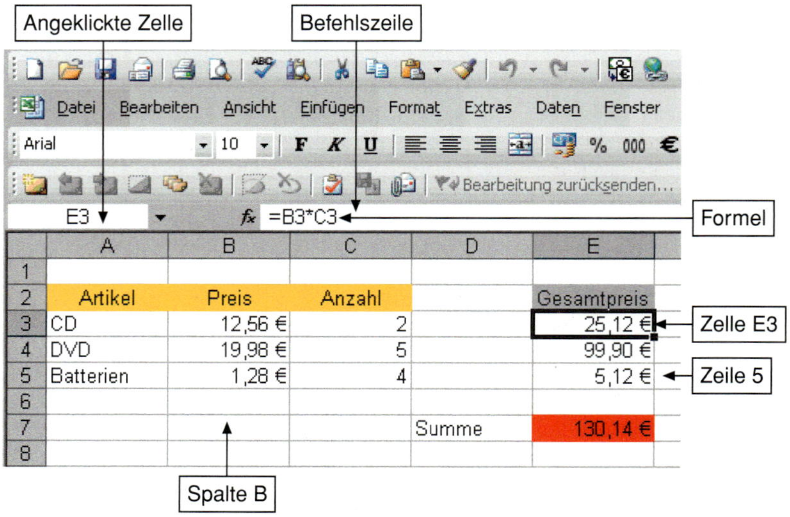

Eingabe von Formeln

Die Rechenoperation für die Formel kann in die Befehlszeile oder auch direkt in die Zelle eingegeben werden, sie muss zur Kennzeichnung als Formel auf jeden Fall mit dem Gleichheitszeichen beginnen.

= B3*C3

In dem Tabellenblatt ist in Zelle E3 die Formel =**B3*C3** geschrieben. Damit wird automatisch der Preis für eine CD mit der Anzahl der gekauften CDs multipliziert, es wird dann der Gesamtpreis für alle gekauften CDs in die Zelle geschrieben.

Die Tabellenkalkulation stellt auch viele wiederkehrende Formeln fertig zur Verfügung. In der Zelle E7 ist der Befehl =**SUMME(E3;E4;E5)** eingegeben. Damit werden die in den Zellen E3 bis E5 angegebenen Gesamtpreise für die gekauften Artikel aufsummiert.

Diagramme

Zu geeigneten Tabellen lassen sich mit der Tabellenkalkulation auch übersichtliche Diagramme erstellen. Nach dem Markieren der passenden Spalten (oder Zeilen) werden zuerst der Diagramm-Assistent und dann die gewünschte Diagrammart aufgerufen; das Diagramm wird dann automatisch erstellt.

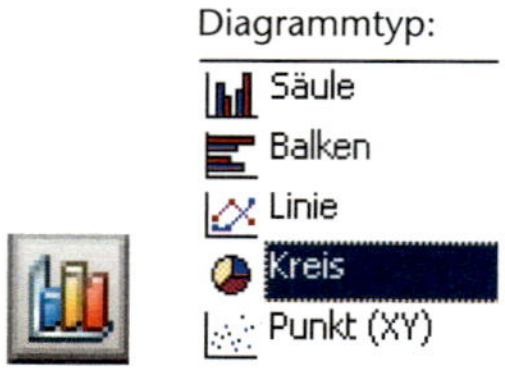

Diagramm-Assistent

	A	B	C
1	Partei	Stimmenanteile	
2	CDU/CSU	35%	
3	SPD	34%	
4	FDP	10%	
5	Grüne	8%	
6	Die Linke	9%	
7	Sonstige	4%	

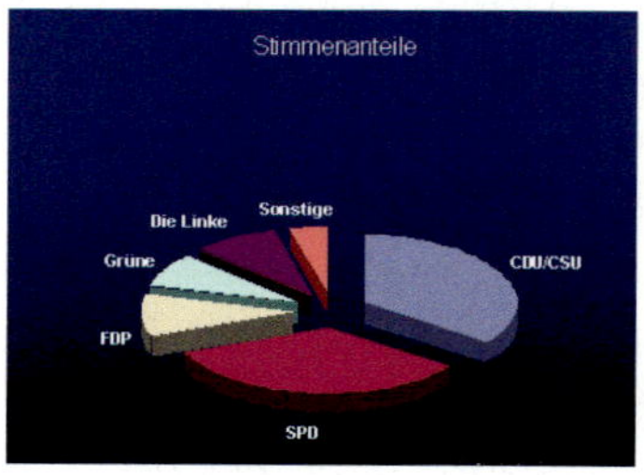

Formatierung

Wie bei der Textverarbeitung kannst du auch in der Tabellenkalkulation einzelne Zellen oder das Tabellenblatt formatieren. Damit ist gemeint, dass du z. B. die Spalten- oder Zeilenbreite, die Größe oder Farbe der Zellen, Schriftart und Schriftgröße der Einträge in den Zellen und vieles andere einstellen bzw. verändern kannst.

Hilfefunktion

Jede Tabellenkalkulation bietet eine Hilfefunktion. Nutze sie.

Werkzeuge – Dynamische Geometriesysteme

DGS

DGS = „Dynamische Geometrie-Systeme" sind Werkzeuge, mit denen du am Computer geometrische Konstruktionen ausführen kannst.[1] Die konstruierten Figuren sind mit dem **Zugmodus** nachträglich noch in Lage und Form veränderbar. Mit der Frage **„Was passiert wenn …"** und dem gezielten Experimentieren beim Ziehen der Figuren lassen sich wichtige geometrische Eigenschaften und Zusammenhänge entdecken.

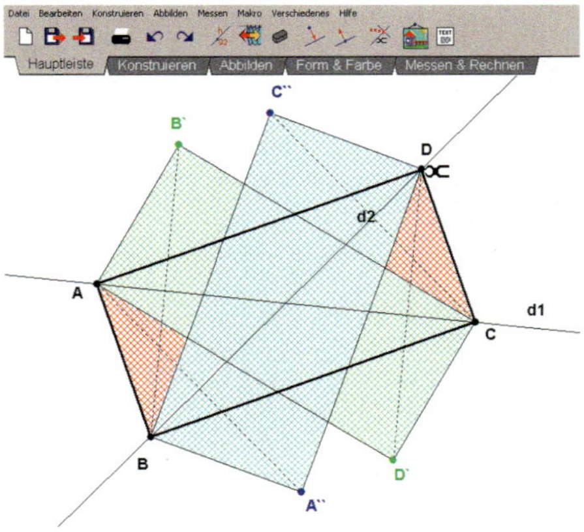

Zugmodus

Experimentieren und Entdecken „Was passiert, wenn …?"

Nach dem Start des DGS erscheint ein leeres Zeichenblatt. Mit Hilfe verschiedener Menüs lässt sich auf dem Zeichenblatt konstruieren, abbilden und messen.

Hauptleiste

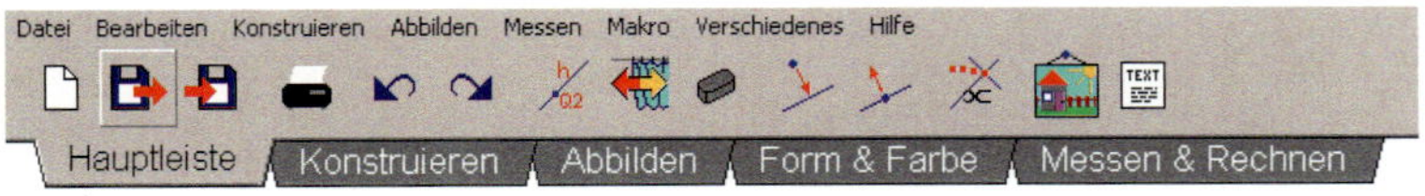

Dieses Menü musst du aktivieren, wenn du z. B. ein neues Zeichenblatt erstellen willst, wenn du deine Zeichnung speichern oder drucken willst oder ein Zeichenobjekt mit dem „Radiergummi" löschen willst.

Konstruieren

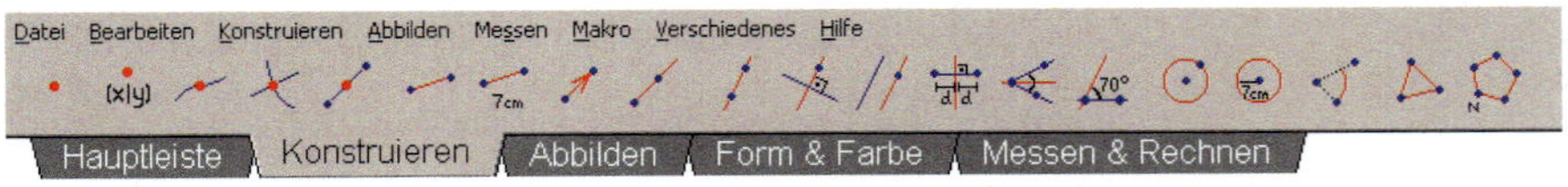

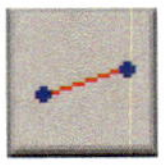

Strecke zwischen zwei Punkten

Hier findest du alle wichtigen Befehle zum Konstruieren auf dem Zeichenblatt. Wenn die Maus auf ein bestimmtes Icon zeigt, so wird der Konstruktionsbefehl beschrieben, zusätzliches Drücken der F1-Taste liefert eine ausführliche Beschreibung. Nach dem Aktivieren des Icons kann die Konstruktion durchgeführt werden.

Abbilden

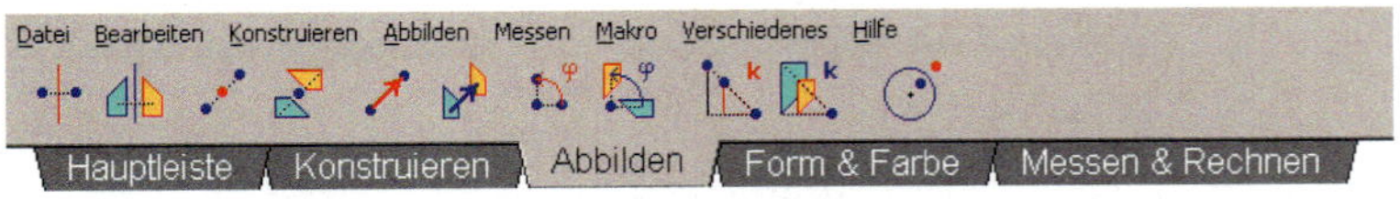

Achsenspiegelung

Hier findest du alle Abbildungen, die du kennst. Wenn du z. B. eine Figur an einer vorgegebenen Achse spiegeln willst, so musst du das Icon aktivieren, dann die Figur anklicken und anschließend die Achse.

Messen & Rechnen

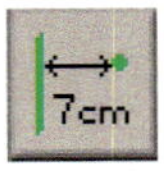

Abstand messen

Hier kannst du Abstände und Winkel in deiner Zeichnung messen. Nach dem Anklicken des Icons müssen die zu messenden Objekte angegeben werden.

[1] Die hier gezeigten Menus sind dem DGS *Euklid DynaGeo* entnommen. Andere DGS wie z. B. *GeoGebra, GEONExT, Zirkel und Lineal, Cabri-Géomètre, Cinderella, Geometer's Sketchpad* weisen in anderer Anordnung im Wesentlichen die gleichen Icons auf.

Lösungen zu den Check-ups

Lösungen zu Seite 46

1 a_1) falsch, kann nicht weiter vereinfacht werden.
b_2) falsch, kann nicht weiter vereinfacht werden.
c_2) falsch, $3x \cdot 4y - 8xy = 12xy - 8xy = 4xy$
d_2) falsch, $12a - (b - 6a) = 12a - b + 6a = 18a - b$

2 a) $(2b) \cdot (5a^2) = 10a^2b$
b) $(3a + 11a) \cdot (-\frac{1}{2}a) = (14a) \cdot (-\frac{1}{2}a) = -7a^2$
c) $(12a)^2 = 144a^2$
d) $(-2x) \cdot (-2x) = 4x^2$
e) $x \cdot (3 \cdot x \cdot y) \cdot (-3y) = -9x^2y^2$
f) $(x - 20) \cdot x - x^2 = x^2 - 20x - x^2 = -20x$
g) $3ab - (3a + b) = 3ab - 3a - b$
h) $0{,}25x \cdot (8 - 28x) = 2x - 7x^2$
i) $4a \cdot (\frac{1}{2}a - 3b) = 2a^2 - 12ab$
j) $(-0{,}5) \cdot (18x + 2) = -9x - 1$
k) $0{,}25xy - (8 - \frac{3}{4}xy) = xy - 8$
l) $4a + (\frac{1}{2}a - 3b) = 4{,}5a - 3b$

3 a) $A = (2x + 4y) \cdot z = 2xz + 4yz$
$U = 2 \cdot (2x + 4y + z) = 4x + 8y + 2z$
b) $A = 2 \cdot a \cdot b + (2a + c) \cdot (d - b)$ oder $(2a + c) \cdot d - b \cdot c$
$U = 2d + 2 \cdot (2a + c) + 2b = 4a + 2b + 2c + 2d = 4a + 2 \cdot (b + c + d)$
c) $A = (x + y)^2 = x^2 + 2 \cdot xy + y^2$
$U = 4 \cdot (x + y) = 4x + 4y$

4 a) $V_{Quader} = a \cdot b \cdot c$. Doppelte Seitenlängen: $V_{Quader} = (2a) \cdot (2b) \cdot (2c) = 8abc$
Antwort: Falsch, das Volumen verachtfacht sich!
b) Umfang $= 2 \cdot (a + b)$,
$= 2a + 2b$
Seiten um 0,5 cm verlängert:
Umfang $= 2 \cdot ((0{,}5 + a) + (0{,}5 + b))$
$= 2 \cdot (a + b + 1) = 2a + 2b + 2$
Antwort: Richtig!
c) $O_{Würfel} = 6 \cdot a^2$. Doppelte Seitenlänge: $O_{Würfel} = 6 \cdot (2a)^2 = 6 \cdot 4a^2 = 24a^2$
Antwort: Falsch, die Oberfläche vervierfacht sich!
d) $A = a \cdot b$. Eine Seite verdoppeln: $A = 2a \cdot b$
Antwort: Richtig!

5

x	$x \cdot (x - 3)$	$8x - (2 - 2x)$	$0{,}5 \cdot (-2x) + 2x$	$x^2 - x$
5	10	48	5	20
(−3)	18	−32	−3	12
0,1	−0,29	−1	0,1	−0,09
0	0	−2	0	0
$\frac{3}{4}$	$-\frac{27}{16}$	5,5	$\frac{3}{4}$	$-\frac{3}{16}$
Terme:	$x^2 - 3x$	$10x - 2$	x	$x \cdot (x - 1)$

6 a)
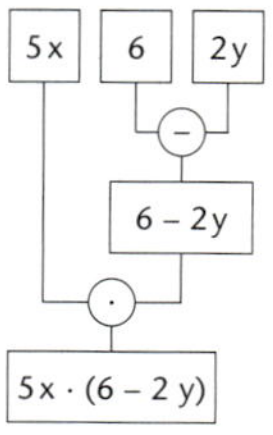

Produkt

b)
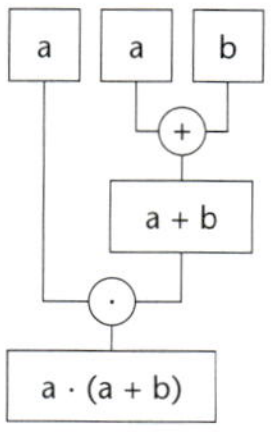

Produkt

c)
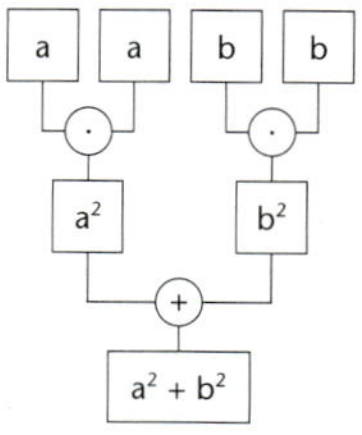

Summe

d)
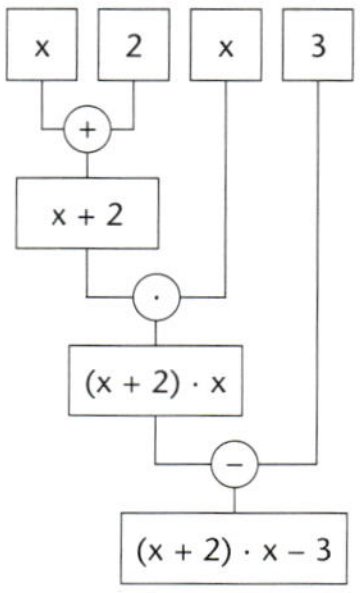

Differenz

e)
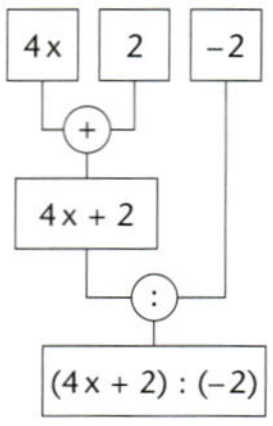

Quotient

f)
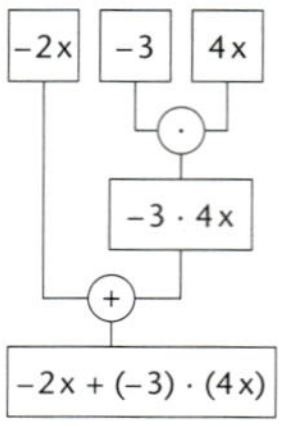

Summe

Beachte: Wenn du den Term vereinfachst, kann er seine Gestalt und seinen Namen ändern.

Lösungen zu Seite 47

7 a) $(5x + 2) \cdot (4x - 3) = 20x^2 - 15x + 8x - 6 = 20x^2 - 7x - 6$
b) $(2n + 1)^2 = 4n^2 + 4n + 1$
c) $n \cdot [(n + 1) \cdot (n + 2)] = n \cdot (n^2 + 3n + 2) = n^3 + 3n^2 + 2n$
d) $(7 - 2x)^2 = 49 - 28x + 4x^2$
e) $(\frac{3}{4}t + \frac{2}{3}s)^2 = \frac{9}{16}t^2 + st + \frac{4}{9}s^2$
f) $4x + (2x + 5)^2 = 4x + (4x^2 + 20x + 25) = 4x^2 + 24x + 25$
g) $(3s + 4t) \cdot (3s - 4t) = 9s^2 - 16t^2$
h) $(x^2 + y^2)^2 = x^4 + 2x^2y^2 + y^4$
i) $4x \cdot (2x + 5)^2 = 4x \cdot (4x^2 + 20x + 25) = 16x^3 + 80x^2 + 100x$

8 a) $(x + 4)^2 = x^2 + 8x + 16$
b) $(a - 9b) \cdot (a + 9b) = a^2 - 81b^2$
c) $(r + s) \cdot (t + v) = rt + rv + st + sv$
d) $(0{,}5x - 1{,}2y)^2 = \frac{1}{4}x^2 - 1{,}2xy + 1{,}44y^2$
e) $(7s - 5t)^2 = 49s^2 - 70st + 25t^2$
f) $(4x + 5) \cdot (1{,}5x - 3) = 6x^2 - 4{,}5x - 15$

9 a) $x = 2$
b) $x = 0$
c) $x = 1{,}5$
d) $x = -0{,}625$
e) $a = \frac{-24}{11} = -2\frac{2}{11}$
f) allgemeingültige Gleichung

10 Siehe die Beispiele in Lernabschnitt 1.4 (Zahlenrätsel, …).

11 a) $x^2 = (x - 2) \cdot (x + 4)$
$x^2 = x^2 + 2x - 8 \quad | -x^2 - 2x$
$-2x = -8 \quad | : (-2)$
$x = 4$
Probe: $16 = 2 \cdot 8$ ✓

b) $3x + 15 > 6x \quad | -3x$
$15 > 3x \quad | : 3$
$5 > x$
$L = \{x \mid x < 5\}$
Probe: $3 \cdot 4 + 15 > 6 \cdot 4$
$27 > 24$ ✓

12 a)
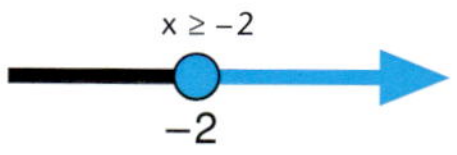

c)
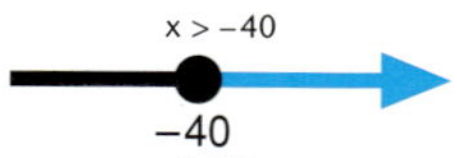

b)
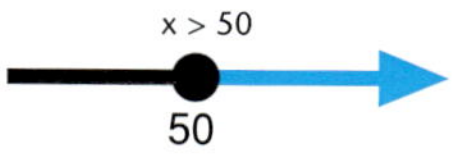

d)
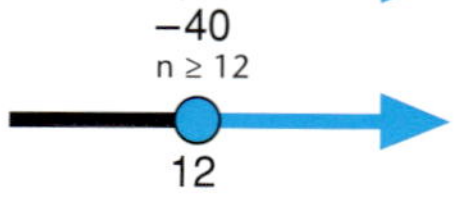

13 Die Paare lauten: a) ③ b) ② c) ①

14 a) $p = \frac{10}{V}$, $V = \frac{10}{p}$
b) $x = 2{,}5 - 0{,}75y$, $y = \frac{10}{3} - \frac{4}{3}x$
c) $x = \frac{11y - 3}{6}$, $y = \frac{6}{11}x + \frac{3}{11}$
d) $G = 20 \cdot \frac{100}{p}$, $p = \frac{20 \cdot 100}{G}$
e) $v = \frac{0{,}5}{t}$, $t = \frac{0{,}5}{v}$
f) $a = -\frac{b}{3}$, $b = -3a$

15 Zu 14a) Boyle-Mariott'sches Gesetz: Für eine Gasmenge nimmt bei konstanter Temperatur das Produkt von Druck und Volumen einen konstanten Wert an.
Zu 14d) Berechnung des Prozentwertes
Zu 14e) $0{,}5 = v \cdot t$: v kann für Geschwindigkeit und t für die Zeit stehen. Das Produkt gibt den in der Zeit t zurückgelegten Weg an.

16 $h = \frac{O - 2lb}{2(l + b)}$ $\quad l = \frac{O - 2lb}{2(h + b)}$ $\quad b = \frac{O - 2hl}{2(h + l)}$

17 $V = b \cdot h \cdot l$; $l = 5$ cm; $b = 2{,}5$ cm; $V = 20\ \text{cm}^3$

$h = \frac{V}{b \cdot l} \Rightarrow \frac{20\ \text{cm}^3}{5\ \text{cm} \cdot 2{,}5\ \text{cm}} = 1{,}6$ cm. Der Quader ist 1,6 cm hoch.

Lösungen zu Seite 84

1 a) $y = -\frac{3}{8}x + 2$ b) $y = \frac{1}{2}x - \frac{5}{2}$ c) $y = \frac{2}{5}x - 4$

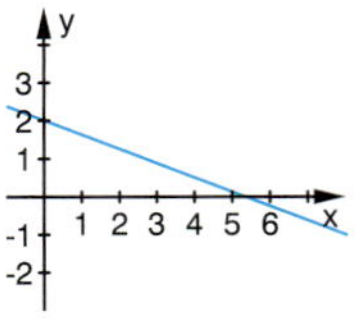
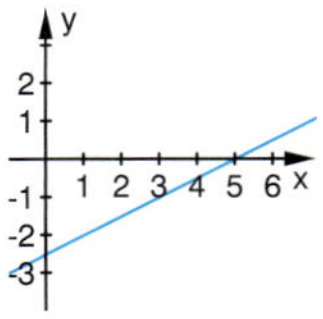
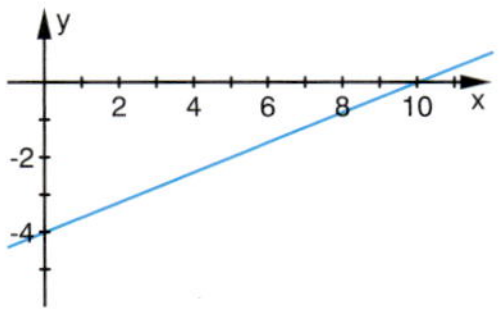

2 a), b), c), f) und g) sind lineare Gleichungen. Sie lassen sich in die Form $ax + by = c$ umformen, die anderen Gleichungen nicht.

3 a) x: Menge der Maisflocken in kg
y: Menge des Hafers in kg
Gesamtpreis: $50 = 0{,}5x + 0{,}2y$
b) Rechenvorschrift: $y = -2{,}5x + 250$

Tabelle:

x	0	20	40	60	80	100
y	250	200	150	100	50	0

4 $y = -\frac{4}{3}x + 4$; $y = \frac{1}{2}x - 2$; $y = x$; $y = -1{,}5$; $x = 20$

5 Dieselbe Lösungsmenge haben: a) und e); b) und f); c) und d)

6 $y = \frac{1}{3}x - 1{,}75$

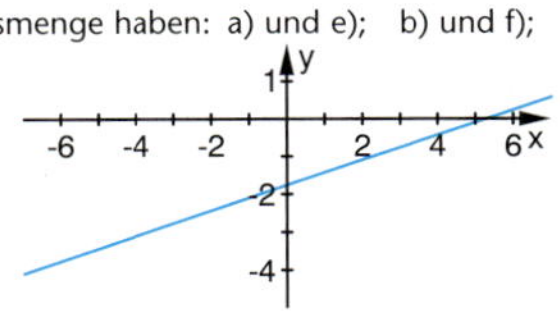

7 a) $P(z) = \frac{13{,}75}{100} \cdot z + 30$, z: Anzahl der kWh
b) $P(800) = 8 \cdot 13{,}75 + 30 = 140$
Bei 800 kWh Verbrauch zahlt der Kunde 140 €.
c) Bei P = 65 € wurden 254,5 kWh verbraucht.
d) Änderungsrate: 13,75 € pro 100 kWh oder 0,1375 € pro kWh.

8 a) $y = -2x + 5$ b) $y = \frac{1}{4}x + \frac{1}{8}$ c) $y = -1{,}6x - 0{,}4$

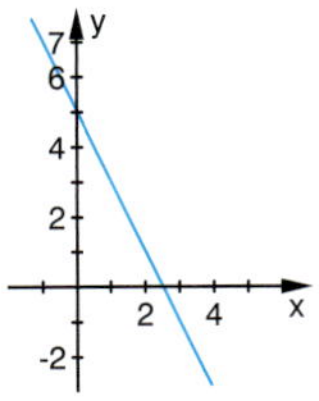
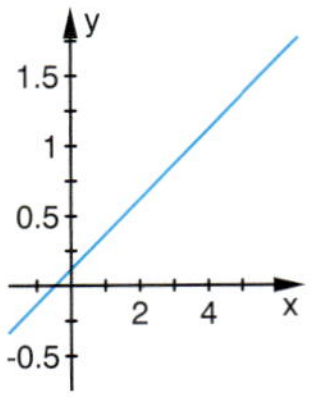
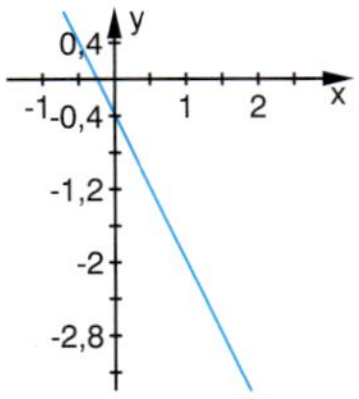

d) $y = 0{,}2x - 3$

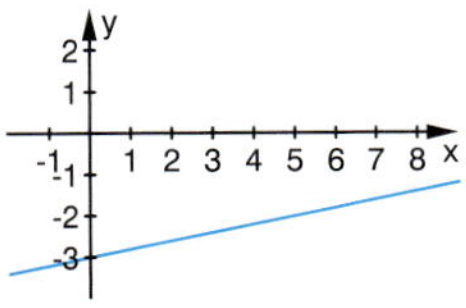

9 a) $m = -\frac{1}{2}$, $b = 0 \Rightarrow y = -\frac{1}{2}x$
b) $m = 0$, $b = 4 \Rightarrow y = 4$
c) $m = \frac{1}{6}$, $b = \frac{2}{3} \Rightarrow y = \frac{1}{6}x + \frac{2}{3}$

Lösungen zu Seite 85

10 a) $m = \frac{21-(-15)}{4-(-2)} = 6$
$21 = 6 \cdot 4 + b \Rightarrow b = -3$
} $y = 6x - 3$
Probe für C: $6 \cdot 1{,}5 - 3 = 6$ ✓ C liegt auf der Geraden.

b) $m = \frac{1-4}{3-(-5)} = -\frac{3}{8}$
$1 = -\frac{3}{8} \cdot 3 + b \Rightarrow b = \frac{17}{8}$
} $y = -\frac{3}{8}x + \frac{17}{8}$
Probe für C: $-\frac{3}{8} \cdot (-1) + \frac{17}{8} = \frac{5}{2} \neq 2 \Rightarrow$ C liegt nicht auf der Geraden.

11 Punktwolke b) lässt sich durch eine Ausgleichsgerade beschreiben. Zu a) würde eine Kurve besser passen, die Punkte in c) zeigen keinen Zusammenhang.

12

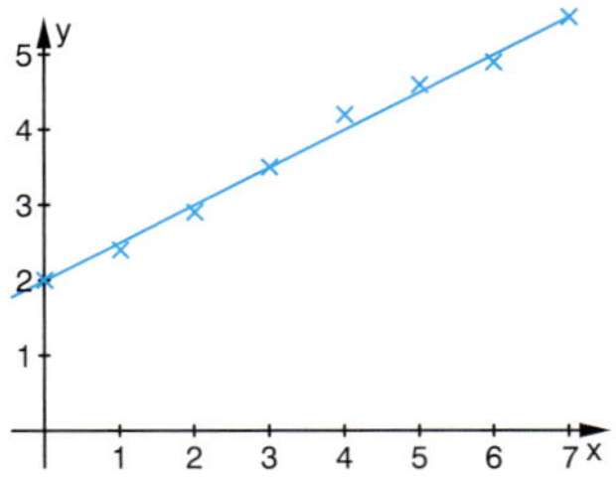

$m = \frac{3{,}5}{7} = \frac{1}{2}$
$b = 2$
$\Rightarrow y = \frac{1}{2}x + 2$

13 Die Körpergröße nimmt nicht gleichmäßig zu, deshalb kann man den Wachstumsverlauf nicht durch *eine* Gerade beschreiben.
Ungefähr lineare Zusammenhänge findet man in den Bereichen von 0 bis 5 Jahren, von 5 bis 10 Jahren und von 15 bis 20 Jahren.

14 a) $T(t) = 12{,}5 \cdot t + 10$
t: Zeit in Minuten
T: Temperatur in °C
b) $T(3{,}5) = 12{,}5 \cdot 3{,}5 + 10 = 53{,}75$
Nach 3,5 min hat das Wasser eine Temperatur von 53,75 °C.
c) $100 = 12{,}5 \cdot t + 10$
$t = \frac{100 - 10}{12{,}5} = 7{,}2$
Das Wasser kocht nach 7,2 min.
d) Änderungsrate:
25 °C pro 2 min $= \frac{25\ °C}{2\ \text{min}} = 12{,}5\ \frac{°C}{\text{min}}$

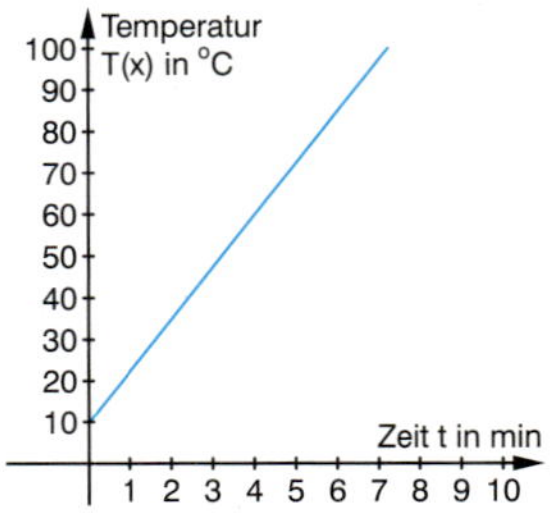

15 a) Lineare Funktion: Preis = Preis pro Liter · Anzahl der getankten Liter
b) Ein Baum wächst nicht gleichmäßig. Er ist z. B. irgendwann ausgewachsen, dann nimmt seine Höhe nicht weiter zu.
c) Zylinder: gleichmäßiger Anstieg → lineare Funktion
Kegel: Wasserspiegel steigt immer langsamer → nicht linear

16 a)

t	x(t)	y(t)
0	6	0
1	10	2
2	14	4
5	26	10

$y(x) = \frac{1}{2}x - 3$
linear

b)

t	x(t)	y(t)
0	−2	5
1	−5	6
2	−8	7
5	−17	10

$y = -\frac{1}{3}x + \frac{13}{3}$
linear

c)

t	x(t)	y(t)
0	0	0
1	1	3
2	4	6
5	25	15

nicht linear

Lösungen zu Seite 104

1 a)

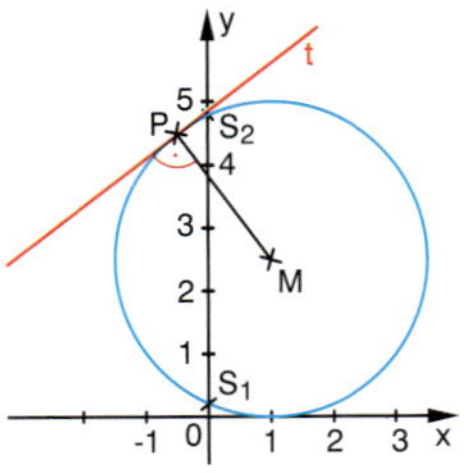

b) Die y-Achse ist Sekante
$S_1(0|0{,}2)$ $S_2(0|4{,}8)$
Länge der Sehne: $\overline{S_1S_2} = 4{,}6$ LE

2 a) Klar!

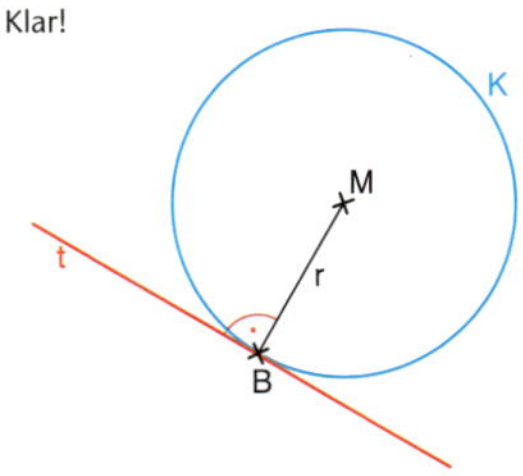

b)

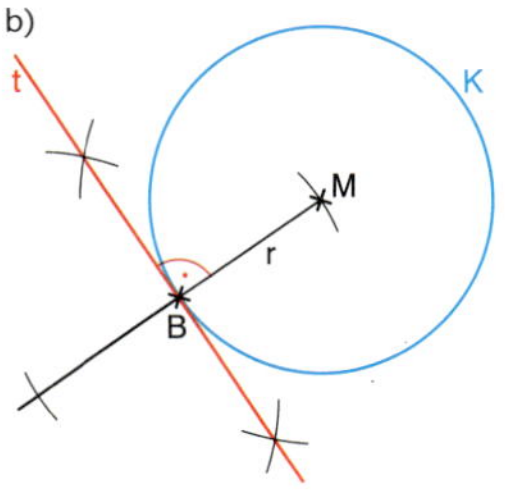

3 Es gibt 2 Möglichkeiten:

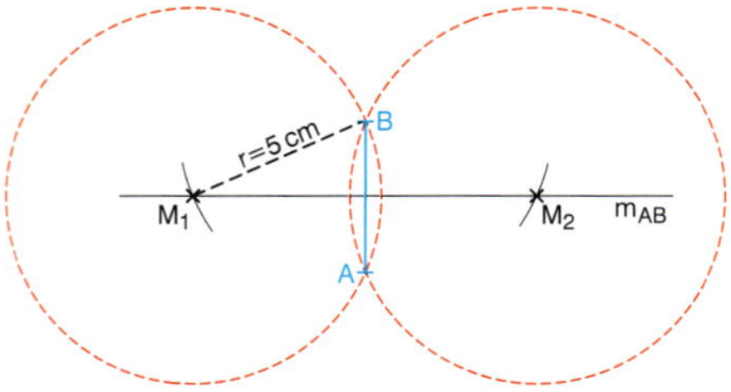

4

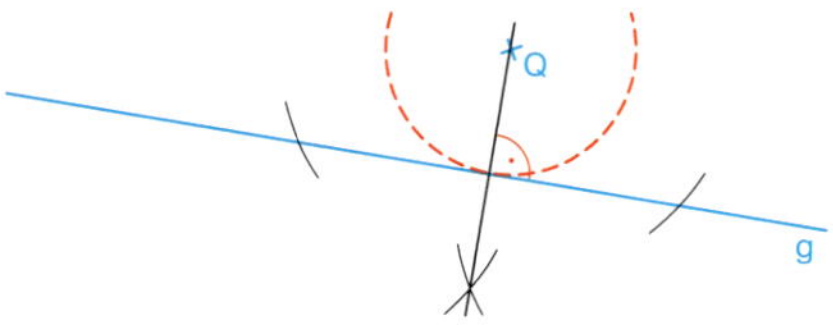

5

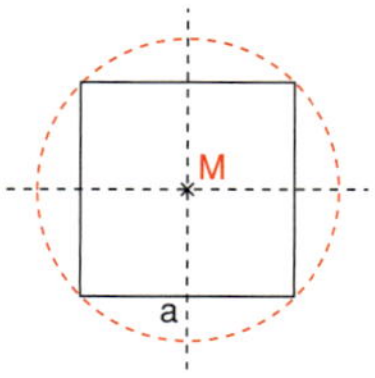

Es gibt nur einen Kreis mit dieser Eigenschaft. Der Mittelpunkt ist der Schnittpunkt der Mittelsenkrechten aller Quadratseiten (bzw. der Schnittpunkt der Diagonalen).

6 a) wahr;
Begründung: $\overline{B_1B_2}$ ist senkrecht zu t_1 und t_2 und Sehne durch M.
$\overline{B_1B_2} = 2r$

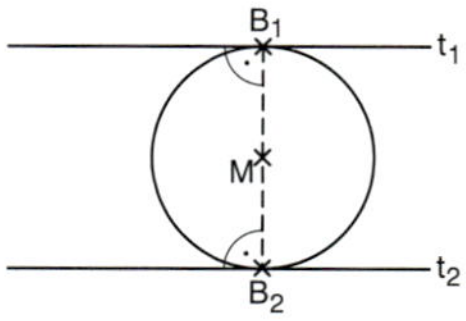

b) falsch;
Gegenbeispiel:

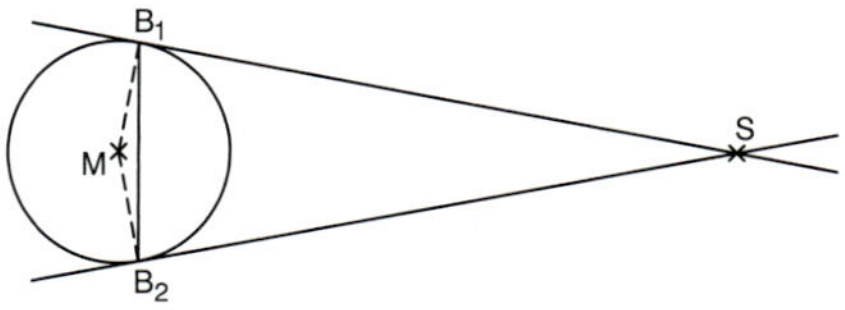

Das Dreieck B_1B_2S ist gleichschenklig aber nicht gleichseitig.

c) wahr;
Begründung: Die Kreise müssen unterschiedliche Radien haben, sonst gibt es unendlich viele oder mindestens 2 gemeinsame Tangenten. Der kleinere Kreis muss den größeren Kreis von innen berühren, sonst haben die Kreise keine oder mindestens 2 gemeinsame Tangenten.

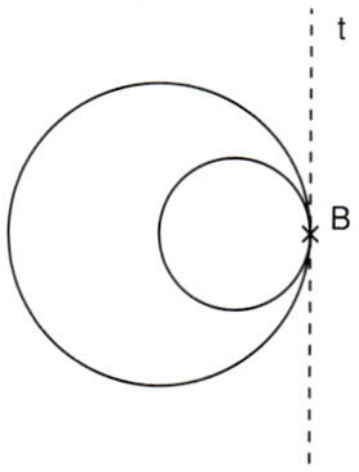

d) wahr; klar!

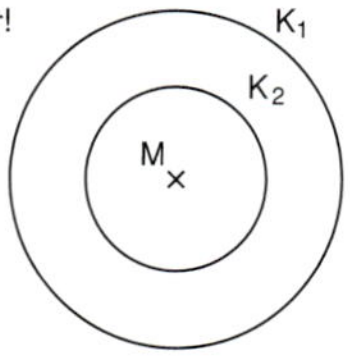

7 a)

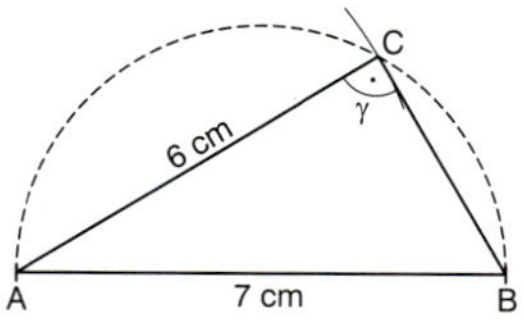

b) Es gibt 2 Möglichkeiten!

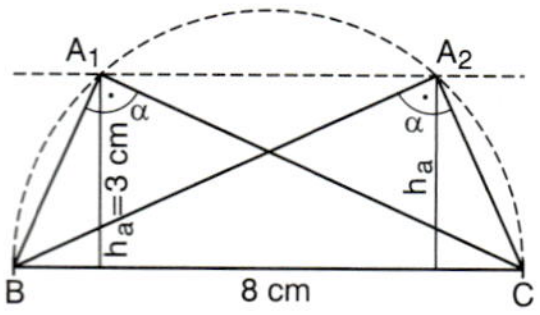

c)

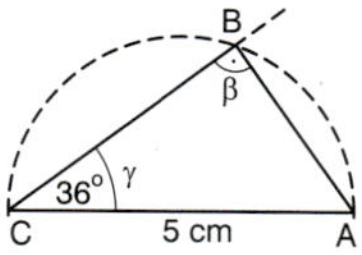

8

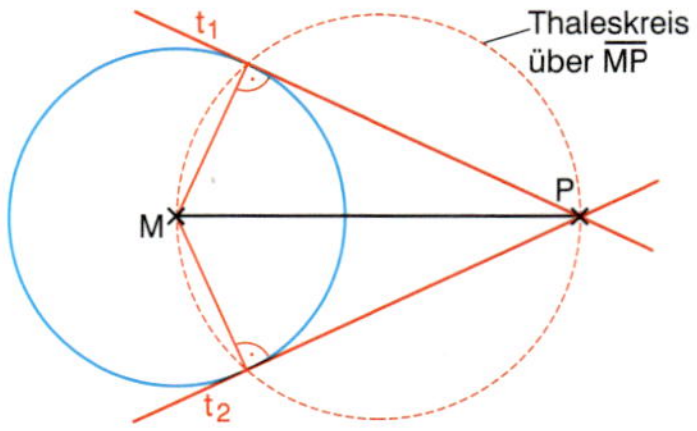

9

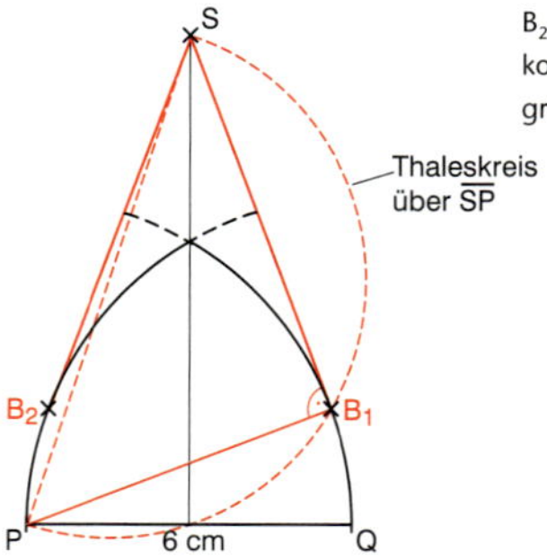

B_2 lässt sich ohne Thaleskreiskonstruktion aus Symmetriegründen leicht finden!

10

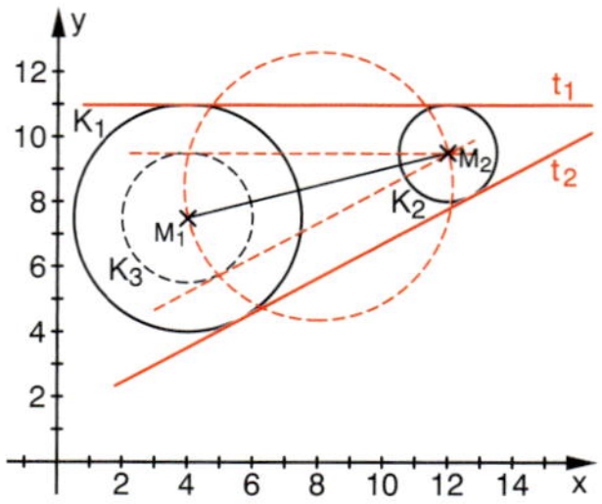

- Hilfskreis K_3 um M_1 mit $r_3 = r_1 - r_2 = 2$ cm
- Thaleskreis über $\overline{M_1M_2}$
- Tangenten von M_2 an K_3
- Parallelverschiebung der Hilfstangenten

Lösungen zu Seite 105

11

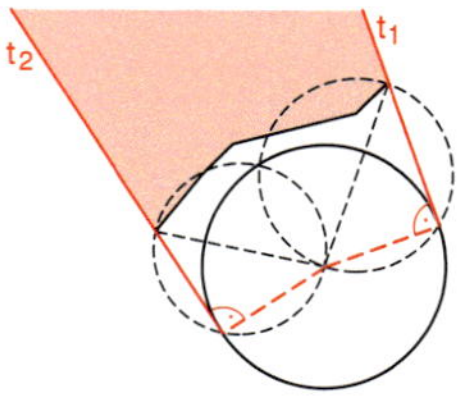

t_2 ist nur beim Rückwärtsfahren relevant.

12 a)

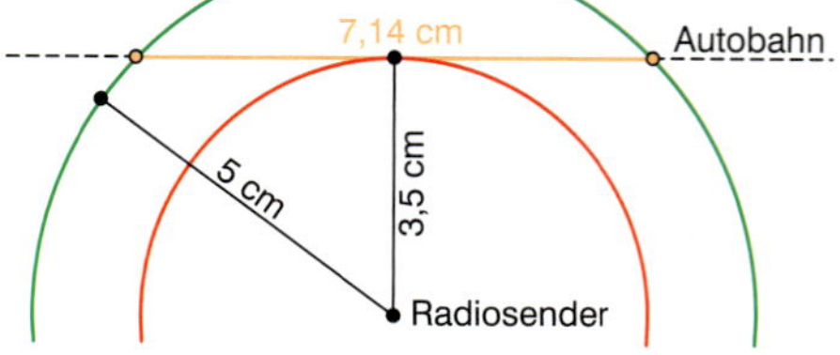

Auf einer Strecke von ca. 7,14 · 200 000 cm = 14,28 km treten solche Störungen auf.

b)

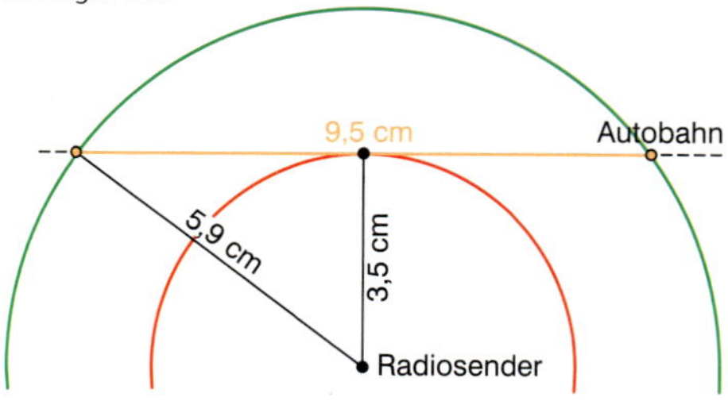

Dann müsste der Sender eine Reichweite von ca. 5,9 · 200 000 cm = 11,8 km haben.

13 Man wählt zwei beliebige Punkte B und C auf dem Kreis und trägt in C den Winkel 65° ab.

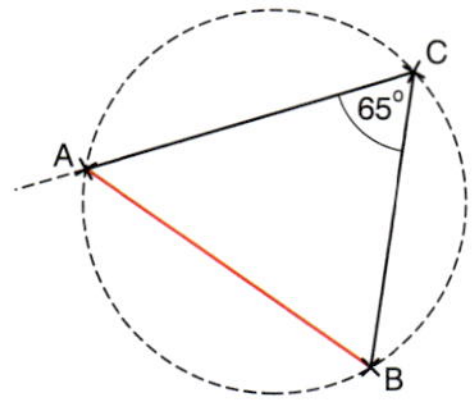

14 Maßstab: 4 cm ≙ 10 m
Man benutzt den Umfangs-Mittelpunktswinkelsatz.

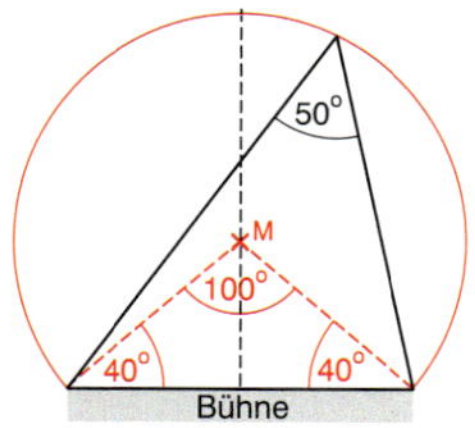

15 Man wählt $\overline{AB}$ als Sehne und misst den Winkel γ (= 35°).
$\Rightarrow \varepsilon = 70°$
$\Rightarrow$ Das gleichschenklige Dreieck ABM hat die Winkel $\alpha = \beta = 55°$ ($\varepsilon = 70°$).
(Schnellere Alternative: m_{AB} und m_{AC} konstruieren)

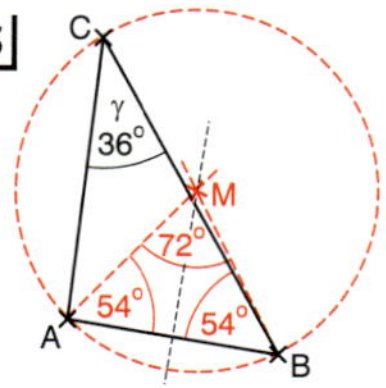

16 $\beta + \delta = 180° \Rightarrow \delta = 90°$

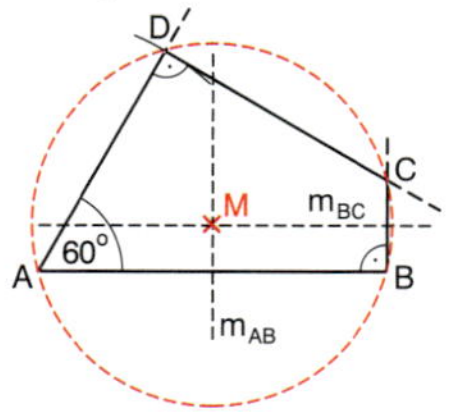

17 Es gilt: $\overline{AB} + \overline{DC} = \overline{AD} + \overline{BC} \Rightarrow \overline{DC} = 2$ cm

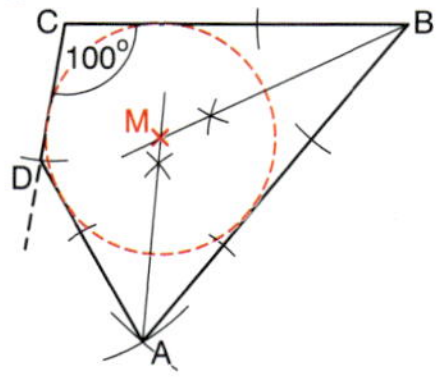

Der Mittelpunkt des Inkreises ist der Schnittpunkt der Winkel

18 a) falsch; Gegenbeispiel:
5 cm = a + c ≠ b + d = 2 cm

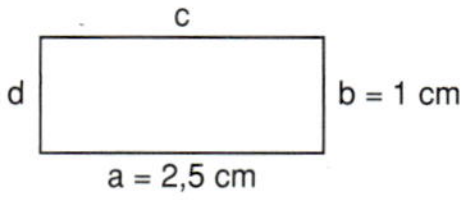

b) wahr; jedes Viereck mit einer Symmetrieachse ist ein Drachenviereck.

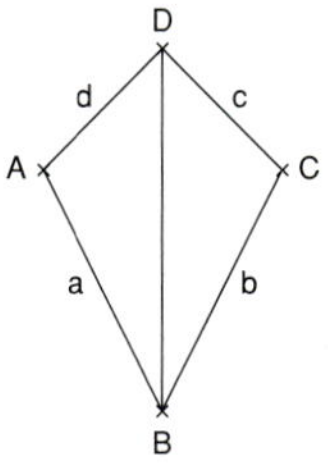

Es gilt also: a + c = b + d

c) falsch; Gegenbeispiel:
$\alpha + \gamma < 180°$ ($\beta + \delta > 180°$)

d) falsch; Gegenbeispiel:
$\alpha + \gamma < 180°$ ($\beta + \delta > 180°$)

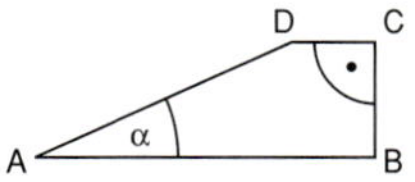

Lösungen zu Seite 132

1 a) Es ist kein Dreieck konstruierbar, da 4,7 cm + 5,6 cm = 10,3 cm gilt. Damit ist die Dreiecksungleichung nicht erfüllt.
b) Es ist ein Dreieck nach dem WSW konstruierbar.
c) Es ist kein Dreieck konstruierbar, da nach Konstruktion von c und Abtragen von β der Kreis um A mit Radius b keinen Schnittpunkt mit dem freien Schenkel von β hat.
d) Es sind unendlich viele Dreiecke konstruierbar, da durch eine Seite nur zwei Eckpunkte festgelegt werden. Für die gegebene zweite Seite gibt es nun unendlich viele Möglichkeiten.

2 a) Gegeben: b, α, γ.
1. Seite b zeichnen, Endpunkte A und C nennen
2. α in A abtragen
3. β in C abtragen
4. Dreieck vervollständigen

b) Die Konstruktion erfolgt nach dem WSW.

3 Die Dreiecke ABC und DEF sind zueinander kongruent, da beide Dreiecke rechtwinklig sind und die am rechten Winkel anliegenden Seiten in beiden Dreiecken gleich lang sind.
Nach dem SWS ist die Konstruktion eindeutig.

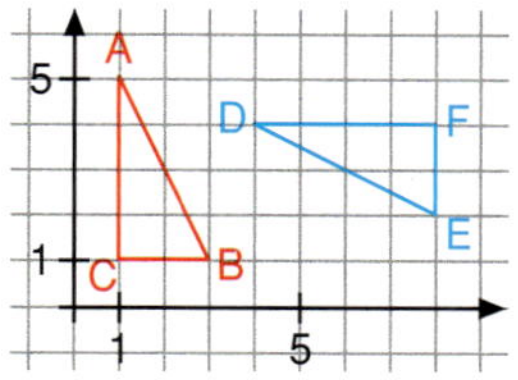

4 Die Diagonale ist 4,6 cm lang.

5 a) Das Dreieck ist eindeutig konstruierbar.
1. Seite b, Punkte A und C
2. Winkel $\frac{\alpha}{2}$ in A abtragen
3. w_α, Punkt W_a
4. Gerade durch C und W_a
5. Winkel α, Schnittpunkt B
6. Dreieck vervollständigen

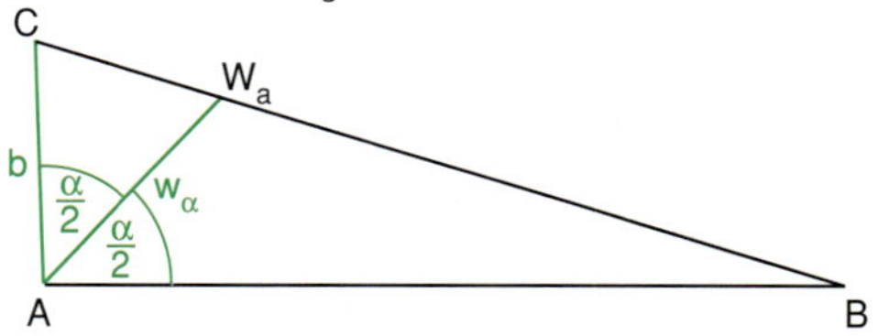

b) Das Dreieck ist eindeutig konstruierbar.
1. Seite c, Punkte A und B
2. Winkel α abtragen
3. Mittelpunkt der Strecke $\overline{AB}$ bestimmen und M_c nennen
4. Kreis um M_c mit dem Radius s_c, Schnittpunkt C
5. Dreieck vervollständigen

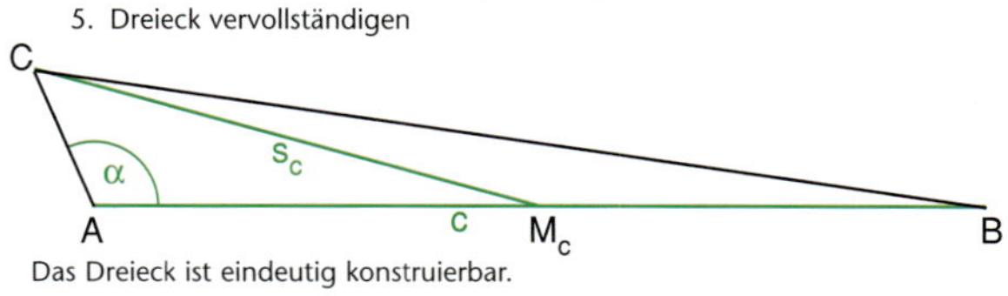

c) Das Dreieck ist eindeutig konstruierbar.
1. Höhe h_c, Punkte C und F_c
2. Senkrechte zu h_c durch F_c
3. Kreis um C mit Radius a, Schnittpunkt B
4. Kreis um C mit Radius b, Schnittpunkt A
5. Dreieck vervollständigen

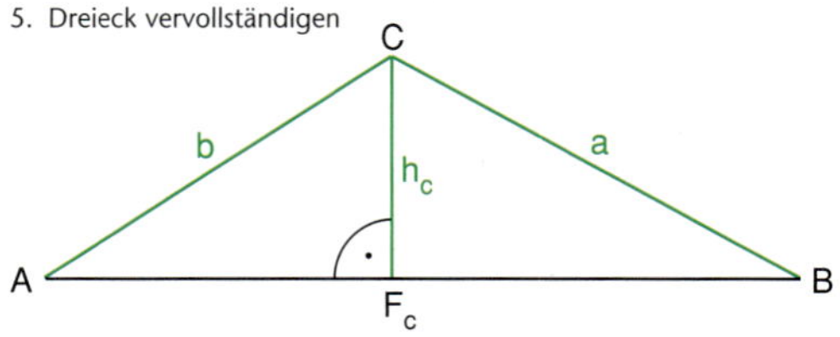

6 a) Vom Punkt P wird zunächst die Größe des Sehwinkels (Winkel zwischen den Ufern des Sees) bestimmt. Danach werden die Längen der Strecken $\overline{PA}$ und $\overline{PB}$ gemessen (z. B. durch Abschreiten).
Mit diesen Größen kann nach dem Kongruenzsatz SWS eindeutig ein maßstäbliches Dreieck konstruiert werden. In diesem gezeichneten Dreieck wird die Strecke $\overline{AB}$ gemessen und gemäß Maßstab umgerechnet.
b) Zeichne das Dreieck mit $\overline{PA}$ = 10,5 cm und $\overline{PB}$ = 6 cm Dann ist $\overline{AB}$ = 6,5 cm. Somit beträgt die Breite des Sees ungefähr 65 m.

Lösungen zu Seite 152

1 a) Planskizze:

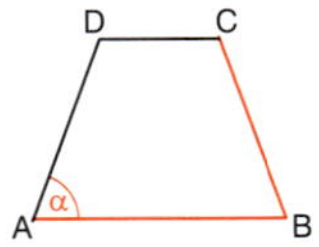

b) Die Konstruktion klappt nicht bei jedem gewöhnlichen Trapez. Hier ergibt sich beim Verbinden der Seitenmittelpunkte nur ein Parallelogramm.

2 Wäre das Viereck ein Parallelogramm, dann müsste δ = 124° sein, da im Parallelogramm gegenüberliegende Winkel gleich groß sind. Dann wäre aber die Winkelsumme in dem Parallelogramm $\alpha + \beta + \gamma + \delta = 2 \cdot 47° + 2 \cdot 124° = 342°$. Das kann nicht sein. Es gibt also kein Parallelogramm mit den angegebenen Eigenschaften. Ein Drachenviereck ist möglich.
Planskizze:

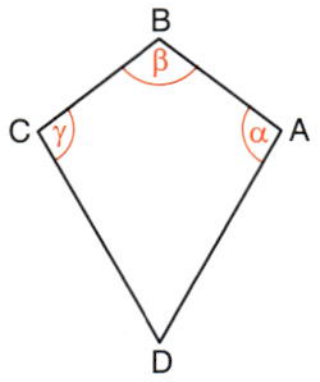

Die Konstruktion ist allerdings nicht eindeutig, da keine Seitenlängen vorgegeben sind.

Das gleichschenklige Trapez scheidet aus: Je zwei nebeneinanderliegende Winkel sind gleich groß. Winkelsumme auch hier 342°.

3 Planskizze:

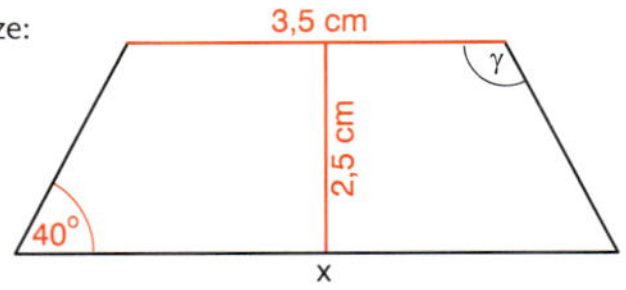

Für die Konstruktion ist γ als Hilfswinkel nützlich. γ = 140° (Wechselwinkel- und Nebenwinkelsatz)
x ≈ 9,5 m

4 –

5 a) Es ergibt sich eine Raute. Da man entlang der Vierecksseiten nur einmal schneidet, sind alle Seiten gleich lang.
b)

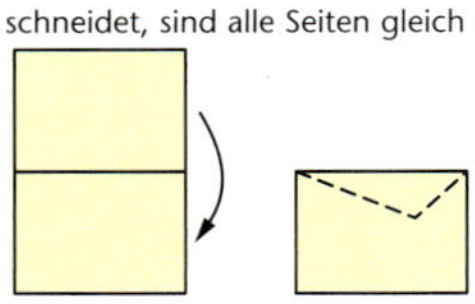

Man muss nur einmal falten und mit zwei Schnitten schneiden.

6

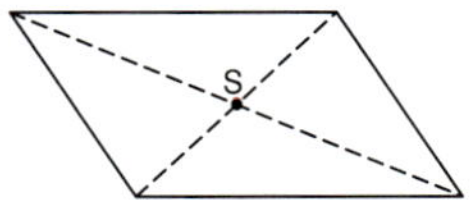

In einem punktsymmetrischen Viereck liegt das Drehzentrum genau auf der Hälfte der Verbindungsstrecke der gegenüberliegenden Eckpunkte.
Das ist aber gerade der Diagonalenschnittpunkt.
Die Konstruktion des angegebenen Vierecks ist nicht eindeutig, da keine Angabe über die Winkel zwischen den Diagonalen gemacht ist.

7 –

Lösungen zu Seite 153

8 Die Beschreibung eignet sich für das Drachenviereck, denn jedes Viereck, bei dem die Diagonalen senkrecht aufeinander stehen, ist ein Drachenviereck.

9 a) Martin muss darauf achten, dass die Leisten orthogonal sind und dass eine der Leisten von der anderen halbiert wird.
b) Am wenigsten Schnur benötigt er, wenn er eine Raute baut, dann sind es 172 cm Schnur.

10 Die Diagonalen einer Raute sind Symmetrieachsen. Also halbieren sie auch die Winkel, durch die sie laufen.

11 a) Die Aussage ist unwahr, denn auch ein Drachenviereck besitzt orthogonale Diagonalen. Die Umkehrung ist wahr.
b) Die Aussage ist wahr. Die Umkehrung ist unwahr, denn nicht jedes gleichschenklige Trapez ist ein Rechteck.
c) Aussage und Umkehrung sind wahr.
d) Die Aussage ist unwahr, denn auch bei einem Parallelogramm sind gegenüberliegende Seiten gleich lang. Die Umkehrung ist wahr.
e) Die Aussage ist unwahr.
Gegenbeispiel:

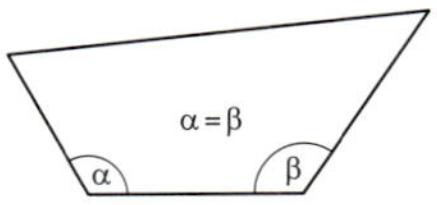

Die Umkehrung ist wahr.

12

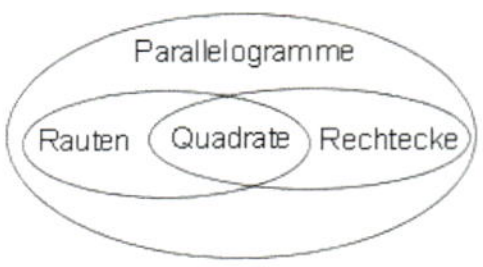

Beispiele:
- Jede Raute ist ein Parallelogramm.
- Nicht jedes Parallelogramm ist eine Raute.
- Manche Rauten sind Rechtecke.
- Jedes Quadrat ist sowohl eine Raute als auch ein Rechteck.

13 a) Rauten; b) Quadrate; c) Rechtecke

Lösungen zu Seite 191

1

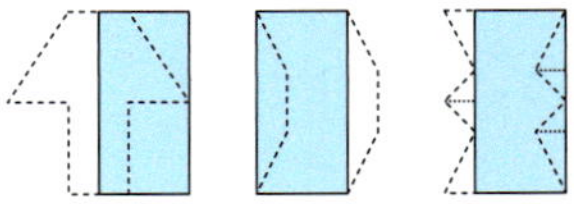

Der Flächeninhalt beträgt bei allen drei Figuren 4,5 cm².

2 a)

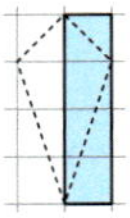

Fläche: 4 Kästchen
(oder: $A = \frac{1}{2} \cdot 4 \cdot 2 = 4$)

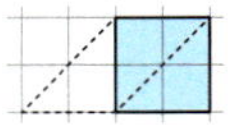

Fläche: 4 Kästchen
(oder: $A = 2 \cdot 2 = 4$)

b) Es gibt mehrere Möglichkeiten, z. B.

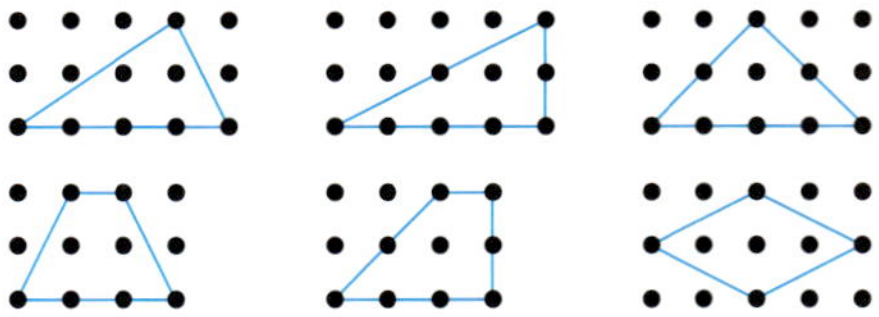

3 Beim Parallelogramm gilt: Fläche = Grundseite · Höhe

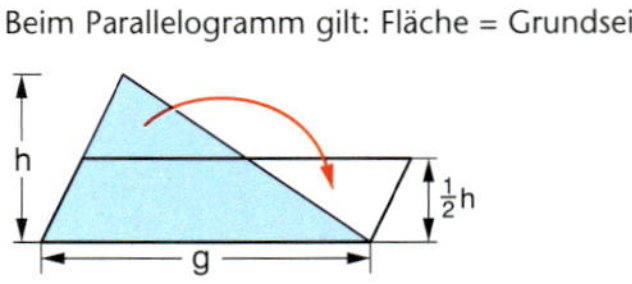

$A_\triangle = A_\square = g \cdot \frac{1}{2}h = \frac{1}{2} \cdot g \cdot h$

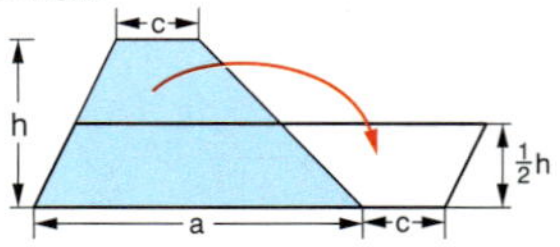

$A_\triangle = A_\square = (a + c) \cdot \frac{1}{2}h = \frac{1}{2}(a + c) \cdot h$

4 a) $A_\triangle = \frac{1}{2} \cdot g \cdot h = \frac{1}{2} \cdot 3 \cdot 4 = 6$
b) $A_\square = g \cdot h = 3 \cdot 2 = 6$
c) $A = \frac{1}{2}(a + c) \cdot h = \frac{1}{2}(5 + 2) \cdot 3{,}5 = 12{,}25$
d) $A = \frac{1}{2} \cdot d \cdot e = \frac{1}{2} \cdot 7 \cdot 4 = 14$
e) $A = 2 \cdot (2 \cdot 4 - \frac{1}{2} \cdot 1 \cdot 1 - \frac{1}{2} \cdot 1 \cdot 2 - \frac{1}{2} \cdot 3 \cdot 2) = 7$

5

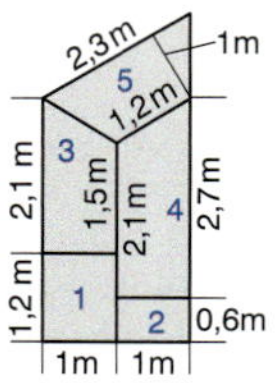

$A_1 = 1{,}2\ m \cdot 1\ m = 1{,}2\ m^2$

$A_2 = 0{,}6\ m \cdot 1\ m = 0{,}6\ m^2$

$A_3 = \frac{1}{2}(1{,}92\ m + 1{,}44\ m) \cdot 1\ m = 1{,}68\ m^2$

$A_4 = \frac{1}{2}(2{,}08\ m + 2{,}72\ m) \cdot 1\ m = 2{,}4\ m^2$

$A_5 = \frac{1}{2}(2{,}24\ m + 1{,}2\ m) \cdot 1\ m = 1{,}72\ m^2$

b) Gesamtfläche A:
$A = 2 \cdot (A_1 + A_2 + A_3 + A_4 + A_5) = 15{,}2\ m^2$
$A = 2 \cdot \frac{1}{2}(3{,}12\ m + 4{,}5\ m) \cdot 2\ m = 15{,}24\ m^2$

6 a) Die Höhe des Dreiecks muss 4 cm betragen.
Es gibt viele Möglichkeiten, da die Winkel des Dreiecks nicht festgelegt sind.

b) Die beiden parallelen Seiten a und c des Trapezes müssen zusammen 10 cm lang sein (z. B. a = 7 cm, c = 3 cm oder a = 9 cm, c = 1 cm). Dadurch und durch die nicht festgelegten Winkel gibt es viele Möglichkeiten.

c) e muss 4 cm lang sein. Es gibt mehrere Möglichkeiten, da die Größen der Winkel gegeben sind.

Lösungen zu Seite 192

7 a) Es gibt mehrere Darstellungsmöglichkeiten, z. B.:

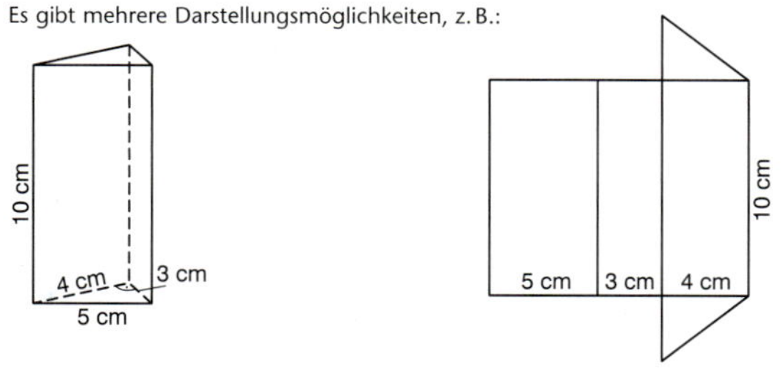

b) $V = G \cdot h = \frac{1}{2} \cdot 3\ cm \cdot 4\ cm \cdot 10\ cm = 60\ cm^3$
$O = 2 \cdot G + M = 2 \cdot (\frac{1}{2} \cdot 3\ cm \cdot 4\ cm) + 10\ cm \cdot (5\ cm + 3\ cm + 4\ cm)$
$= 132\ cm^2$

8 $V = G \cdot h = \frac{1}{2} \cdot (1{,}2\ m + 2\ m) \cdot 0{,}9\ m \cdot 2\ m = 1{,}44\ m^2 \cdot 2\ m = 2{,}88\ m^3 = 2880\ l$

9 a) $537{,}94\ cm^3$ b) $187{,}47\ cm^3$

10 a) $A = A_\triangle + A_\square + A$
$= \frac{1}{2} \cdot 2\ cm \cdot 3\ cm + 5\ cm \cdot 3\ cm + \frac{1}{2}(3\ cm + 7\ cm) \cdot 2\ cm$
$= 3\ cm^2 + 15\ cm^2 + 10\ cm^2 = 28\ cm^2$

b) Man muss das Sechseck in mindestens vier Dreiecke zerlegen. Von jedem Dreieck benötigt man Grundseite und Höhe, also müssen acht Größen bestimmt werden. In a) wurden sieben Größen gemessen.

11 $G = 20\ cm \cdot 16{,}5\ cm + \frac{1}{2}(20\ cm + 12\ cm) \cdot 3{,}5\ cm = 386\ cm^2$ (Seitenfläche)
$V = 386\ cm^2 \cdot 33\ cm = 12738\ cm^3 = 12{,}738\ dm^3$ (Volumen)
$m = 12{,}738 \cdot 2{,}3\ kg \approx 29{,}3\ kg$
Ein Stein wiegt etwa 29,3 kg.

12 Die Innenmaße des Kübels müssen gemessen werden.

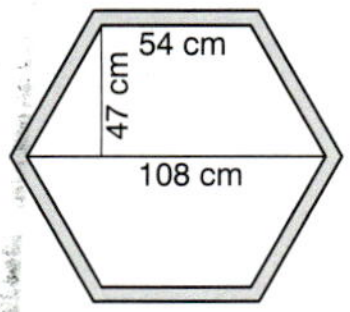

$G = 2 \cdot \frac{1}{2}(108\ cm + 54\ cm) \cdot 47\ cm$
$= 3807\ cm^2 \cdot 2 = 7614\ cm^2$
$V = 7614\ cm^2 \cdot 50\ cm = 380700\ cm^3$
$= 380{,}7\ l$
Ein Sack Pflanzerde reicht nicht, man müsste acht Säcke à 50 l kaufen.

Lösungen zu Seite 217

1 a)

Schulform	Gymnasium	Gesamtschule	Realschule	Hauptschule	Sonstige	Summe
Anz. Sch.	401801	192348	326413	233271	73718	1227551
in Prozent	32,7 %	15,7 %	26,6 %	19,0 %	6,0 %	100,0 %

b)

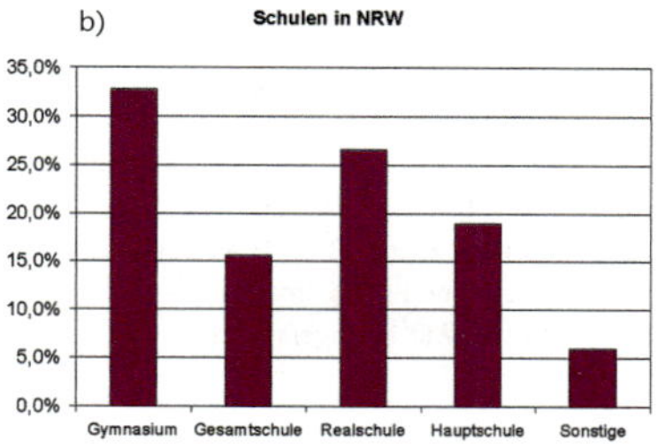

c) Die zeitliche Entwicklung der Schülerzahlen wird gut in einem Liniendiagramm dargestellt. Vorsicht! Die Hochachse beginnt hier bei 1,65 Millionen.

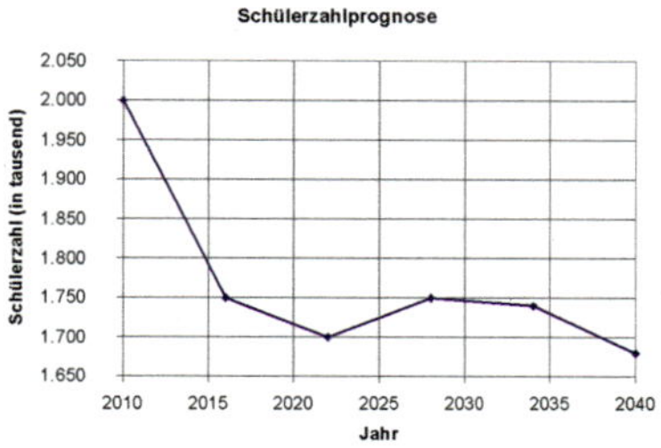

2 a) Die Lebenserwartung in den 49 betrachteten afrikanischen Ländern liegt zwischen 40 und 74 Jahren, in den meisten Ländern zwischen 50 und 59 Jahren (Median: 52 Jahre).

b) **Lebenserwartung in Europa in Jahren:**
6 68
7 0223344
7 67888888999999999
8 0000011124

Die Lebenserwartung in den 36 europäischen Ländern liegt zwischen 66 und 84 Jahren, in den meisten Ländern zwischen 76 und 79 Jahren (Median: 79 Jahre). Die Lebenserwartung in Europa scheint etwa um 27 Jahre höher zu sein als in Afrika.

3 Die Hauptursache für eine stationäre Behandlung von Kindern stellen die Verletzungen mit Häufigkeiten zwischen 74 % und über 90 % dar. Als nächst häufige Ursache kann man aus dem Diagramm Vergiftungen ablesen, wobei der Anteil bei den 1–4jährigen am höchsten ist, ebenso wie bei der dann folgenden Ursache, den Verbrennungen / Verätzungen. (Sind Kinder in diesem Alter besonders neugierig und entdeckungsfreudig?)

4 a) Stängel-Blatt-Diagramm:
1 89
2 368
3 001144588889
4 00033468

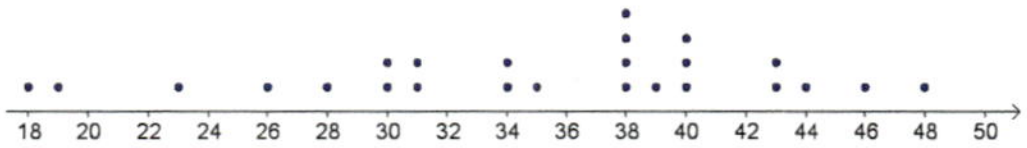

Histogramme:

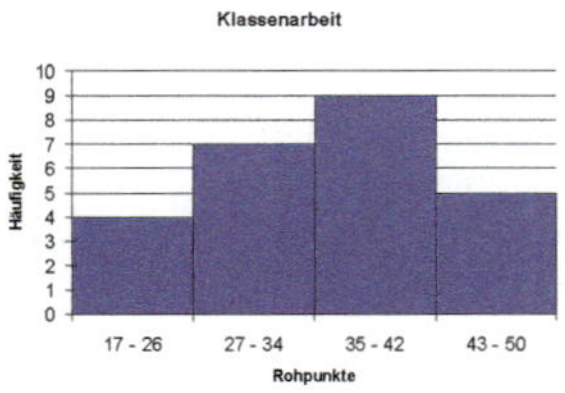

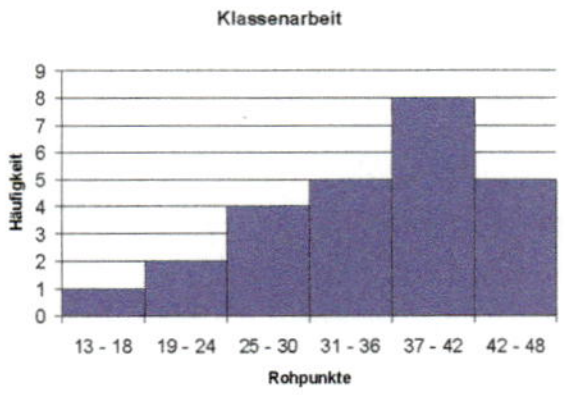

b) Herr Petermann hat verschiedene Möglichkeiten; am einfachsten (und schülerfreundlich) wäre es, bei der Einteilung von sechs in etwa gleich breiten Klassen auszugehen, also:
bis 18 Punkte: ungenügend
19–24 Punkte: mangelhaft
25–30 Punkte: ausreichend
31–36 Punkte: befriedigend
27–42 Punkte: gut
42–48 Punkte: sehr gut
Dann würde mehr als die Hälfte (13) der Arbeiten mit gut und sehr gut benotet!
In der Realität gehen Lehrer bei der Benotung nicht von gleich breiten Klassen aus. Häufig sind mindestens 50 % der erreichbaren Punkte erforderlich, um noch ein „Ausreichend" zu bekommen.

Lösungen zu Seite 218

5 a) Median: 32; arithmetisches Mittel: 40,25; Modalwert: 31
b) Der Median scheint die Besucherzahlen gut zu repräsentieren; das arithmetische Mittel wird durch die beiden „Ausreißertage" (90, 102) stark nach oben verzerrt.

6 Minimum: 0 unteres Quartil: 10 Median: 16
Maximum: 35 oberes Quartil: 20

7 a) Das arithmetische Mittel kann bei „Ausreißern" zu Ungerechtigkeiten führen, z. B. bei folgenden Noten: 2; 3; 2; 3; 2; 2; 6; 2; 1. Das arithmetische Mittel (2,6) führte hier eher zur Gesamtnote „befriedigend", obwohl sechs von neun Arbeiten mit „gut" und „sehr gut" benotet wurden. Median: 2.
b) In den meisten Fällen ist der Median gerechter, aber nicht immer. Beispiel: 5; 2; 5. Hier führte der Median (5) zur Note „mangelhaft", das arithmetische Mittel (4) aber zur Note „ausreichend".

8 a) Spannweite
b) Median der unteren (oberen) Hälfte der Daten
c) arithmetisches Mittel der beiden „mittleren" Datenwerte
d) Quartilsabstand. Zwischen dem unteren und oberen Quartil liegt die mittlere Hälfte der Daten.
e) Ausreißer liegen auf den „Antennen" in der Nähe des Minimums bzw. Maximums.

9 Aus dem Diagramm liest man ab:
Minimum: 1 unteres Quartil: 3,5 Median: 5
Maximum: 10,5 oberes Quartil: 7,5
a) Die Python ist gemäß dem Diagramm 10,50 m lang.
b) Der Median der Daten ist hier das arithmetische Mittel aus dem fünften und sechsten Datenwert. Beispiele für mögliche Kombinationen: (3,5|6,5), (4|6), (5|5). Man kann aus dem Diagramm also nur ablesen, dass die Königskobra als fünftlängste Schlange zwischen 3,5 m (unteres Quartil) und 5 m (Median) lang ist.

10 Die elf höchsten Achterbahnen:

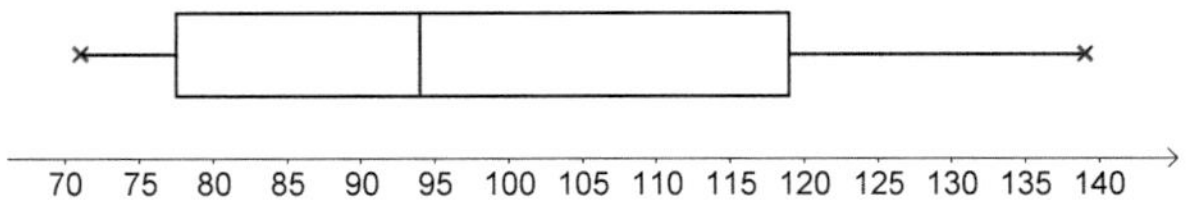

Stichwortverzeichnis

Fotoverzeichnis:
akg-images, Berlin: 30; Arco Images, Lünen: 210.4 (B. Fischer), 211.2 (NPL), 211.3 (P. Wegner); Bildarchiv Preußischer Kulturbesitz, Berlin: 94; blickwinkel, Witten: 210.5 (C. Leithold); Bridgemanart, Berlin: 198; Corbis, Düsseldorf: 77.2 (Ric Ergenbright); Wolfgang Deuter, Willich: 210.2; Erhard Friedrich Verlag, Seelze: 210.6 (mathematik lehren, Heft 19); F1 Online, Frankfurt: 42 (Widmann); M. Fabian, Hannover: 70, 74, 124, 142.B; Focus, Hamburg: 171.3 (David Nunuk/Science Photo Library); Das Fotoarchiv GmbH, Essen: 72.3; Hansa Mare Reederei, Bremen: 79; IFA-Bilderteam, Ottobrunn: 53; F. Klemm, Spabrücken: 176; A. Lergenmüller, Roxheim: 201; Mauritius, Mittenwald: 62 (imagebroker), 72.1 (Sporting Pictures), 72.2 (Bordis), 77.1 (Outside Images), 120, 121, 130.li., 141.unt. (Fuhrmann), 196 (Oxford Scientific), 210.3 (Bernhard Lehn), 211.1 (Steve Bloom); Okapia, Frankfurt: 209.2 (Martyn Colbeck/OSF); P. Ossmann, Ingelheim: 87, 91.ob., 92.1, 92.2, 93, 95; K. Peuser, Roetgen: 136, 138, 141.ob., 169.2, 172.3, 173.1, 175.1; picture-alliance, Frankfurt: 32 (ASA), 35 (dpa-Report), 66.1 (dpa), 66.2 (dpa), 68 (dpa), 75 (dpa), 91.re. unt. (dpa), 119.ob. (dpa), 187 (dpa), 197 (dpa), 209.1 (dpa), 212.1 (Sven Simon), 212.2 (dpa), 212.3 (dpa), 212.4 (Sven Simon); K.-P. Schrage, Braunschweig: 142.F; Stede, Chile: 195; Hans Tegen, Hambühren: 86, 91.re. ob.; U. Tönnies, Laatzen: 82; TopicMedia Service, Ottobrunn: 67.3, 78 (Richard H. Smith); T. Vogt, Hargesheim: 9, 22, 23.1, 23.2, 27, 29; Wildlife, Hamburg: 211.4 (S. Muller)

Übrige Fotos: G. Schmidt, Stromberg

Es war uns nicht in allen Fällen möglich, die Inhaber der Bildrechte ausfindig zu machen. Berechtigte Ansprüche werden selbstverständlich im Rahmen der üblichen Konditionen abgegolten.